GRAMMAIRE ARABE

DE

SILVESTRE DE SACY

TROISIÈME ÉDITION

PUBLIÉE PAR L'INSTITUT DE CARTHAGE

ET REVUE PAR

L. MACHUEL

DIRECTEUR GÉNÉRAL DE L'ENSEIGNEMENT PUBLIC EN TUNISIE

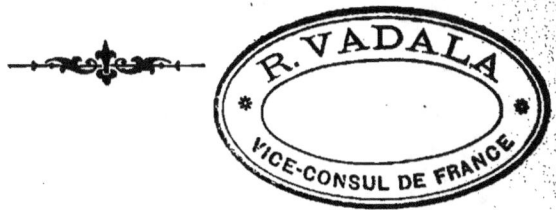

TUNIS
SOCIETE ANONYME DE L'IMPRIMERIE RAPIDE
rue Saint-Charles, dans son immeuble

1905

التحفة السنيّة في علم العربيّة

GRAMMAIRE ARABE

TOME II

التُّحْفَةُ السَّنِيَّةُ فِي عِلْمِ العَرَبِيَّةِ

GRAMMAIRE ARABE

A L'USAGE DES ÉLÈVES

DE L'ÉCOLE SPÉCIALE DES LANGUES ORIENTALES VIVANTES

AVEC FIGURES

Par M. le Baron SILVESTRE DE SACY

SECONDE ÉDITION

CORRIGÉE ET AUGMENTÉE, A LAQUELLE ON A JOINT
UN TRAITÉ DE LA PROSODIE ET DE LA MÉTRIQUE DES ARABES

TOME II

PARIS
IMPRIMÉ PAR AUTORISATION DU ROI
DU 16 SEPTEMBRE 1829
A L'IMPRIMERIE ROYALE

M DCCC XXXI

Hæc qui puer neglexerit, vel adolescentior, vir factus, in scriptoribus ARABICIS legendis versatissimus, ubique locorum hæret, sæpe pedem offendit ad minimos scrupulos, et in parvis graviter labitur. Si desideramus nucleum, cortex frangendus est, et cum aliquâ amaritudine perrumpendus. Studium linguarum, in universum, in ipsis primordiis triste est et ingratum; sed, primis difficultatibus labore improbo et ardore nobili perruptis, posteà, ubi sanctissima antiquitatis monumenta versare licet, cumulatissimè beamur.

      L. C. WALCKENAERII : *Observ. acad. ad orig. græc.*, éd. alt., p. 27.

TABLE GÉNÉRALE DES MATIÈRES
DU DEUXIÈME VOLUME

	Pages
Table des chapitres contenus dans ce deuxième volume.	ix
Livre troisième : De la syntaxe	1
Livre quatrième : De la syntaxe considérée suivant le système des grammairiens arabes.....................	509
Note additionnelle pour les deux parties de la Grammaire	600
Traité élémentaire de la prosodie et de l'art métrique des Arabes......	617
Table détaillée des matières contenues dans ce deuxième volume	673
Table des particules et autres mots arabes qui ont donné lieu à quelques observations dans ce deuxième volume	689
Table des mots techniques qui se trouvent dans le Traité élémentaire de la prosodie et de l'art métrique des Arabes...	695

APPENDICE

Quelques mots sur l'origine de la Grammaire arabe et sur les premiers grammairiens.....................	3
Vocabulaire des principaux termes techniques de la grammaire arabe.................................	11
Table des corrections et des modifications faites à la deuxième édition de la grammaire de Silvestre de Sacy	67

TABLE DES CHAPITRES

CONTENUS DANS LA IIe PARTIE

LIVRE TROISIÈME

De la Syntaxe

	Pages
Chapitre premier. *Division de la syntaxe en deux parties : la syntaxe et la construction*	1
Chap. II. *De la syntaxe proprement dite*................	2
Chap. III. *Des règles de dépendance en général*	15
Chap. IV. *De la syntaxe des verbes, par rapport à l'emploi des temps et des modes*	16
Chap. V. *De la syntaxe des noms, par rapport à l'emploi des cas*...	43
§ 1er. Du nominatif...............................	43
§ 2. Du génitif......................................	47
§ 3. De l'accusatif..................................	56
Circonstances de temps...........................	69
id. de lieu...........................	69
id. d'état............................	72
id. de manière, relatives à l'action......	76
id. de comparaison.....................	77
id. autres que celles d'état, servant à déterminer l'attribut exprimé, soit par un verbe concret, soit par un simple adjectif, soit par un nom ou un adjectif dont la relation avec le sujet est indiquée par le verbe *être*, exprimé ou sous-entendu........	78
Circonstances de motif, d'intention..................	79
Chap. VI. *De l'usage des cas pour exprimer le compellatif et la complainte*..................................	88

	Pages
Observation générale sur quelques usages des cas, usages où l'on s'éloigne des règles communes....	93
CHAP. VII. *Syntaxe du sujet et de l'attribut*	95
CHAP. VIII. *Des compléments en général*	111
CHAP. IX. *Des compléments objectifs, tant immédiats que médiats, des verbes et des changements que ces compléments éprouvent quand les verbes passent à la voix objective*	115
CHAP. X. *Syntaxe des compléments des noms*	132
CHAP. XI. *Syntaxe particulière des noms d'action*	161
CHAP. XII. *Syntaxe particulière des adjectifs verbaux, par rapport aux règles de dépendance*	178
§ 1er. Syntaxe des adjectifs verbaux appelés *noms d'agent*	179
§ 2. Syntaxe des adjectifs verbaux appelés *noms de patient*	191
§ 3. Syntaxe des adjectifs verbaux simplement qualificatifs	194
CHAP. XIII. *Syntaxe des compléments objectifs des verbes et autres compléments en cas d'inversion*	202
CHAP. XIV. *Syntaxe des propositions complémentaires*	211
CHAP. XV. *Syntaxe des verbes admiratifs et exclamatifs* ..	217
CHAP. XVI. *Concordance du verbe avec le sujet*	227
CHAP. XVII. *Règles de dépendance et de concordance qu'on doit observer lorsqu'un même nom sert de sujet à plusieurs verbes ou de sujet à un verbe et de complément à un autre, ou enfin d'attribut à plusieurs propositions*	246
CHAP. XVIII. *Concordance du sujet et de l'attribut*	252
CHAP. XIX. *Concordance des adjectifs, des articles démonstratifs et des pronoms avec les noms*	258
CHAP. XX. *Concordance des appositifs*	284
CHAP. XXI. *Concordance des mots liés par des particules conjonctives*	291

DES CHAPITRES

Pages

CHAP. XXII. *Syntaxe particulière des verbes qui ont pour complément un sujet et un attribut* 296

CHAP. XXIII. *Syntaxe particulière des verbes abstraits* ... 299

CHAP. XXIV. *Syntaxe particulière des adjectifs verbaux qui servent à exprimer le comparatif et le superlatif* 301

CHAP. XXV. *Syntaxe particulière des numératifs* 313
- § 1er. Numératifs cardinaux 313
- § 2. Numératifs ordinaux 338

CHAP. XXVI. *Syntaxe particulière de l'article déterminatif* 342

CHAP. XXVII. *Syntaxe particulière de l'adjectif conjonctif et des noms conjonctifs et interrogatifs* 343

CHAP. XXVIII. *Syntaxe des pronoms* 368

CHAP. XXIX. *Syntaxe des propositions qui font fonction de termes circonstanciels d'état* 383

CHAP. XXX. *Syntaxe des particules indéclinables* 389
- § 1er. Syntaxe des prépositions 389
- § 2. Syntaxe des expressions adverbiales elliptiques appelées *noms des verbes* 394
- § 3. Observations sur la conjonction فَ 396
- § 4. Syntaxe des particules d'exception et autres mots qui servent au même usage 402
- § 5. Syntaxe des adverbes négatifs مَا, لَا, لَنْ, لَمْ et لَمَّا 412
- § 6. Syntaxe de la particule suppositive et négative لَوْلَا 417

CHAP. XXXI. *De la construction proprement dite* 420
- § 1er. Construction du sujet, du verbe et de l'attribut. 421
- § 2. Construction des noms avec les adjectifs, les articles démonstratifs et les numératifs 434
- § 3. Construction du verbe et de ses compléments objectifs, médiats et immédiats 438
- § 4. Construction du nom et de ses compléments..... 441
- § 5. Construction des termes circonstanciels......... 442
- § 6. Construction des prépositions relativement à leurs antécédents et à leurs conséquents............. 448

CHAP. XXXII. *De l'ellipse*............................... 450

xij TABLE

Pages

Chap. XXXIII. *Du pléonasme* 476
Chap. XXXIV. *Des licences poétiques* 493

LIVRE QUATRIÈME

De la Syntaxe considérée suivant le système des grammairiens arabes

Chapitre premier. *De la proposition en général* 509
Chap. II. *De la nature des diverses propositions* 511
Chap. III. *Des parties tant essentielles qu'accessoires des propositions* 514
Chap. IV. *De l'inchoatif* .. X 515
Chap. V. *De l'énonciatif* 517
Chap. VI. *Du verbe* 518
Chap. VII. *De l'agent* 519
Chap. VIII. *Du patient* 521
Chap. IX. *Du terme circonstanciel d'état* 522
Chap. X. *Du terme spécificatif* 523
Chap. XI. *Du complément mis au génitif* 524
Chap. XII. *De la chose exceptée* 525
Chap. XIII. *Des appositifs* 526
Chap. XIV. *Observations sur les chapitres précédents* 531
Chap. XV. *De la construction* 532
Chap. XVI. *De la concordance* 539
Chap. XVII. *Des règles de la dépendance en général* 541
Chap. XVIII. *De l'influence du verbe* 542
Chap. XIX. *Du nom d'agent* 546
Chap. XX. *Du nom de patient* 549
Chap. XXI. *De l'adjectif assimilé au verbe* 551
Chap. XXII. *Du nom d'action* 554
Chap. XXIII. *Du rapport d'annexion* 557

DES CHAPITRES

	Pages
Chap. XXIV. *Du nom parfait*	559
Chap. XXV. *Des particules qui exigent le génitif*	561
Chap. XXVI. *Des particules qui ont deux régimes : l'un au nominatif, l'autre à l'accusatif*	561
Chap. XXVII. *Des particules négatives* ما *et* لا *non*	563
Chap. XXVIII. *Des particules qui mettent le nom à l'accusatif*	564
Chap. XXIX. *Des particules qui mettent le verbe au mode subjonctif*	569
Chap. XXX. *Des particules qui mettent le verbe au cas nommé djezm ou mode conditionnel*	571
Chap. XXXI. *Des noms qui mettent le verbe au mode conditionnel*	572
Chap. XXXII. *Des noms d'une signification vague*	573
Chap. XXXIII. *Des noms qui équivalent aux verbes*	574
Chap. XXXIV. *Des verbes abstraits*	574
Chap. XXXV. *Des verbes d'approximation*	577
Chap. XXXVI. *Des verbes de louange et de blâme*	578
Chap. XXXVII. *Des verbes appelés* verbes de cœur	581
Chap. XXXVIII. *Des régissants logiques*	583
Chap. XXXIX. *De la syntaxe de la forme exclamative ou admirative des verbes*	584
Chap. XL. *Observations sur quelques usages des pronoms.*	585
Chap. XLI. *Des mots appelés* abrogatifs	589
Chap. XLII. *Des adverbes de temps et de lieu et des prépositions suivies de leur complément*	591
Chap. XLIII. *Observations générales sur l'analyse grammaticale*	592
Notes additionnelles pour les deux parties de la Grammaire arabe	600
Traité élémentaire de la prosodie et de l'art métrique des Arabes	617

TABLE DES CHAPITRES

	Pages
Table des matières contenues dans ce deuxième volume...	673
Table des particules et autres mots arabes qui ont donné lieu à quelques observations dans ce deuxième volume.......................................	689
Table des mots techniques qui se trouvent dans le Traité élémentaire de la prosodie et de l'art métrique des Arabes................................	695

FIN DE LA TABLE DES CHAPITRES DE LA DEUXIÈME PARTIE

التحفة السنيّة في علم العربيّة

GRAMMAIRE ARABE

TOME II

GRAMMAIRE ARABE

LIVRE TROISIÈME

De la Syntaxe

CHAPITRE PREMIER

Division de la Syntaxe en deux parties : la Syntaxe et la Construction

1. La seconde partie de la Grammaire, celle que nous venons de parcourir, a pour objet de faire connaître les diverses formes ou inflexions dont un même mot est susceptible, suivant les différentes modifications de genre, de nombre, de temps, etc., qui sont accidentelles à l'idée principale que le mot exprime. Mais il ne suffit pas de connaître ces différentes formes : leur usage est assujetti, dans toutes les langues, à certaines règles dont la connaissance est indispensable pour la composition du discours. De plus, les mots, revêtus des formes qui leur conviennent, doivent encore être disposés dans un certain ordre, que l'on ne pourrait, le plus souvent, intervertir sans nuire au sens ou du moins à la clarté du discours. Ces deux parties de l'enseignement d'une langue, réunies, forment ce qu'on appelle la *syntaxe*. Mais, en prenant ce mot dans

une acception plus restreinte, on appelle *syntaxe* la réunion des règles qui déterminent l'usage qu'on doit faire des diverses formes dont les mots sont susceptibles, pour lier le discours et indiquer les rapports des différentes parties qui le composent; et l'on comprend sous le nom de *construction* les règles qui ont pour objet l'ordre qu'on doit établir dans la disposition respective des différentes parties. Dans certaines langues, la construction n'est presque assujettie à aucune autre règle qu'à celle de l'harmonie; dans d'autres, elle peut être réduite à un système uniforme et rigoureux. Cette différence tient principalement au nombre et à la variété des inflexions grammaticales. Plus elles sont nombreuses et variées, moins la construction doit être assujettie à une marche systématique, parce que les rapports des mots entre eux sont déjà indiqués par leurs formes. Dans le cas contraire, la construction doit adopter un ordre presque invariable, parce que ce n'est souvent que la place qu'occupent respectivement les mots qui détermine leurs rapports. La construction, dans la langue arabe, tient un milieu entre ces deux extrémités. Mais il est à propos de parler d'abord de la syntaxe proprement dite.[1]

CHAPITRE II

De la Syntaxe proprement dite

2. Avant d'entrer dans l'exposition des règles dont se compose la syntaxe de la langue arabe, il est bon de rappeler ici quelques principes généraux qui sont propres à jeter beaucoup de jour sur cette matière.

---

[1] Voyez, sur la syntaxe et son objet, mes *Principes de grammaire générale*, 2ᵉ édit., p. 231 et suiv.

DE LA SYNTAXE

3. Nous avons dit ailleurs (n° 244, Ire part.) que, toute proposition n'étant autre chose que l'énonciation d'un jugement de notre esprit et devant être le tableau fidèle de ce jugement, il est nécessaire qu'elle exprime un sujet, un attribut et l'existence intellectuelle de ce sujet avec relation à cet attribut. Je dis *existence intellectuelle,* parce que notre esprit peut concevoir et conçoit effectivement des êtres sur lesquels il forme un jugement, sans affirmer leur existence réelle.

4. De ces trois parties dont l'ensemble forme une proposition, le sujet, qui est la première, est toujours un nom ou un pronom, ou l'infinitif d'un verbe dans les langues où ce mode existe; car l'infinitif est un mode impersonnel qui participe beaucoup de la nature du nom.[1] Ces mots sont les seuls qui puissent exprimer les êtres, soit réels, soit intellectuels; et c'est pour cela qu'ils peuvent seuls faire la fonction de sujet. La seconde des trois parties d'une proposition, l'attribut, peut toujours être rendue par un nom, un pronom ou un adjectif; et la troisième, qui est l'expression de l'existence intellectuelle du sujet avec relation à l'attribut, est exprimée par le verbe substantif, ou abstrait, le seul qui ne contienne rien d'étranger à la nature du verbe proprement dit, c'est-à-dire aucun attribut déterminé (n° 246, Ire part.).

5. Quoiqu'il ne puisse pas y avoir de proposition qui ne contienne un sujet, un attribut et l'expression de l'existence intellectuelle du sujet avec relation à l'attribut, cependant il n'est pas nécessaire, dans toutes les langues, que chacune de ces trois parties d'une proposition soit exprimée par un mot particulier. Tantôt le sujet, étant un pronom, n'est exprimé que par l'inflexion que l'on donne au verbe et qui distingue la personne

---

[1] Voyez, sur la nature de l'infinitif, mes *Principes de grammaire générale,* 2e édit., p. 195 et suiv.

qui parle, de celle à qui l'on adresse la parole et de celle de laquelle on parle; ainsi, l'on dit en latin *rex sum, rex es, rex est*, tandis qu'en français on exprime le sujet par un mot séparé, en disant *je suis roi, tu es roi, il est roi*. Tantôt le sujet et l'attribut seuls sont exprimés, et le verbe abstrait, qui est le signe de l'existence intellectuelle du sujet et de sa relation à l'attribut, est supprimé, parce qu'il y a dans la forme accidentelle de l'attribut, ou dans la manière dont l'attribut est coordonné par rapport au sujet, un signe suffisant de cette existence et de cette relation; ainsi, l'on peut dire en latin, sans énoncer aucun verbe: *Tu dives, ille pauper; tu ingenuus, ille servus (tu es riche, il est pauvre; tu es libre, il est esclave).* Tantôt un seul mot exprime l'attribut et l'existence intellectuelle du sujet avec sa relation à cet attribut; et c'est là la fonction de tous les verbes autres que le verbe abstrait, et auxquels on peut, par cette raison, donner le nom de *verbes concrets* ou *attributifs* (n° 247, Ire part.); aussi n'est-il aucun de ces verbes qui ne puisse être rendu par le verbe abstrait et par un attribut: *je mange, je vais, je lis* équivalent à *je suis mangeant, je suis allant, je suis lisant.* Le verbe *être* lui-même, lorsqu'il sert à affirmer l'existence réelle, devient concret et peut être rendu par le verbe abstrait et par un attribut; ainsi, *Dieu est* signifie *Dieu est étant* ou *existant*. [1] Lorsque le verbe *être* signifie l'existence réelle, il peut être rendu en français par *il y a*. Cette manière de parler, *je suis lisant*, qui serait ridicule en français, est usitée en anglais. Dans cette langue, on dit: *I am going, I am reading, I was going (je vais, je lis, j'allais).* Souvent, un seul mot indique les trois parties de la proposition,

---

(1) Les grammairiens arabes ont bien observé cette double fonction du verbe *être* كَنَ : quand il est attributif ou concret, ils le nomment نَاتَمَّة *complet*, et, lorsqu'il n'est que verbe substantif, ou abstrait, ils l'appellent نَاقِصَة *incomplet*.

comme, en latin, *lego, dico;* ce qui est la même chose que si l'on disait *ego sum legens, ego sum dicens.*

6. Le sujet et l'attribut peuvent être simples ou composés, incomplexes ou complexes : ils sont simples ou composés, à raison du nombre d'idées qu'ils présentent à l'esprit; incomplexes ou complexes, suivant que les idées sont exprimées par un seul mot ou par l'assemblage de plusieurs mots.

7. Le sujet est simple quand il offre à l'esprit un être déterminé par une idée unique, soit que cette idée soit exprimée par un seul mot ou par la réunion de plusieurs mots, comme dans ces phrases : *Le roi est brave. Le roi d'Angleterre n'a pas le pouvoir législatif. Les hommes les plus savants sont aussi les plus modestes. Les Arabes qui habitent les déserts sont hospitaliers.* Dans chacune de ces phrases, le sujet est simple, car, quoiqu'il soit exprimé par plusieurs mots, la réunion de ces mots ne présente à l'esprit qu'une idée totale ; et l'on ne pourrait supprimer aucun de ces mots sans dénaturer cette idée.

8. Le sujet est composé quand il comprend plusieurs sujets déterminés par des idées différentes, comme dans cette phrase : *Les Arabes, les Persans et les Turcs sont mahométans.*

9. L'attribut est simple quand il n'exprime qu'une seule manière d'être du sujet, comme dans ces exemples : *L'homme est mortel. L'homme est le plus bel ouvrage du Créateur. Les sultans asiatiques gouvernent leurs sujets avec une autorité despotique.* Dans ces deux derniers exemples, l'attribut est simple, quoique exprimé par plusieurs mots, parce que tous ces mots concourent à former l'idée totale d'une seule manière d'être.

10. L'attribut est composé quand il exprime plusieurs manières d'être du sujet, comme dans cette phrase : *Les Arabes sont généreux, hospitaliers et vindicatifs.* [1]

---

(1) Voyez, sur la manière de distinguer le sujet et l'attribut simples du sujet

11. Le sujet est incomplexe quand il n'est exprimé que par un nom, un pronom ou un infinitif, comme *nous lisons; Dieu a créé toutes choses; mentir est un crime.*

12. Il est complexe quand le nom, le pronom ou l'infinitif est accompagné de quelque addition qui sert à le restreindre, à l'expliquer ou à le déterminer, comme dans ces phrases : *Moi qui suis vieux, je touche à ma fin. Un discours éloquent plaît à tout le monde. Aimer son semblable est un devoir indispensable. La loi de Mahomet est contenue dans l'Alcoran.*

13. L'attribut est incomplexe quand il est exprimé par un seul mot, soit que ce mot soit en même temps verbe et attribut, comme dans *je lis;* soit que l'attribut soit séparé du verbe, comme dans *je suis aveugle.*

14. Il est complexe quand le mot principalement destiné à énoncer la manière d'être que l'on attribue au sujet est accompagné d'autres mots qui en modifient la signification, comme dans ces phrases : *Je lis tous les jours quelques pages d'un livre arabe. Je suis aveugle pour les choses que je veux ignorer.*

15. Une proposition est simple quand le sujet et l'attribut sont simples; elle est composée quand le sujet ou l'attribut, ou l'un et l'autre, sont composés.

16. Une proposition est de même incomplexe quand le sujet et l'attribut sont incomplexes; elle est complexe quand le sujet ou l'attribut, ou l'un et l'autre, sont complexes.

17. Toutes les fois que le sujet ou l'attribut sont complexes, on peut y distinguer le sujet et l'attribut logiques du sujet et de l'attribut grammaticaux. Le sujet logique se compose de la réunion de tous les mots nécessaires pour exprimer la totalité des idées partielles qui concourent à former l'idée totale du

---

et de l'attribut composés, mes *Principes de grammaire générale,* 2ᵉ édit., p. 22 et suiv.

sujet. Le sujet grammatical, au contraire, ne consiste que dans le mot qui exprime l'idée principale, idée qui sert, en quelque sorte, de base à toutes les autres, et que toutes les idées accessoires ne font que développer, étendre, restreindre ou modifier. Si je dis: *La religion que Mohamet a fondée, et dont la force et les armes ont assuré le triomphe, est plus conforme à la raison que l'idolâtrie de la Grèce et de Rome,* le sujet logique est *la religion que Mahomet a fondée, et dont la force et les armes ont assuré le triomphe;* mais le sujet grammatical est *la religion.*

Il est facile d'appliquer cet exemple à la distinction de l'attribut logique et de l'attribut grammatical.

18. Toutes les règles de la syntaxe ont pour objet la concordance ou la dépendance. En effet, lorsque plusieurs mots se réunissent pour compléter l'expression d'une idée totale qui forme le sujet ou l'attribut d'une proposition, ces mots ont entre eux une relation d'identité, comme *le Dieu éternel,* ou un rapport de détermination, comme *le roi de Suède.*

19. La relation d'identité est indiquée par la *concordance;* car, les noms étant susceptibles de divers nombres et de divers genres, cette variété de nombres et de genres pouvant aussi avoir lieu dans les articles, les pronoms, les adjectifs et les verbes, et ces variations n'ayant d'autre destination que d'indiquer les rapports de ces diverses espèces de mots avec les noms, les règles de la concordance enseignent à en faire l'usage convenable pour fixer ces rapports.

20. Les rapports de détermination sont indiqués par la *dépendance;* car ce sont les règles de dépendance qui apprennent à employer convenablement les cas et les modes, pour distinguer les mots employés relativement et les propositions relatives des mots employés absolument et des propositions absolues, et pour établir dans les rapports la distinction convenable entre les deux termes dont ils se composent.

21. Tout rapport a nécessairement deux termes : de ces deux termes, le premier, que l'on nomme *antécédent,* a besoin du second, appelé *conséquent,* pour compléter l'expression de l'idée ; et, à raison de cela, le terme conséquent de tout rapport se nomme aussi *complément.*

22. Tantôt le conséquent est le complément immédiat de l'antécédent ; tantôt il y a entre les deux termes un mot qui sert d'exposant, c'est-à-dire qui détermine la nature du rapport. Ainsi, dans ces mots : *Une statue de bois, de* sert d'exposant ; alors le terme conséquent du rapport devient le complément grammatical de l'exposant, et l'exposant avec son complément forme le complément total de l'antécédent.

23. On peut envisager les compléments par rapport à leur signification ou par rapport à la forme de leur expression.

24. Par rapport à leur signification, ils peuvent être réduits à trois espèces : *compléments objectifs, modificatifs et circonstanciels:*

1º Le complément objectif est celui qui exprime le second terme du rapport dont l'antécédent est un mot relatif de sa nature, qui n'exprimerait qu'un sens incomplet, ou même n'en exprimerait aucun, si l'on supprimait le complément : tel est le complément de toute préposition ; tel est aussi le complément de tout verbe actif relatif. Sur quoi il est bon d'observer qu'il y a un grand nombre de verbes relatifs dont le sens ne peut être complété que par l'addition de deux termes différents et qui ont, par conséquent, deux compléments objectifs ; comme *donner quelque chose à quelqu'un; recevoir quelque chose de quelqu'un.* De ces deux compléments, celui qu'il est le plus indispensable d'exprimer peut être nommé *primitif;* celui qu'il est le moins indispensable d'exprimer doit être nommé *secondaire.* Dans les exemples donnés, le complément objectif primitif est *quelque chose;* le complément objectif secondaire est *à quelqu'un, de quelqu'un.* Il faut encore regarder comme complément objectif celui des noms appellatifs, des adjectifs ou des adverbes qui renferment nécessairement l'idée d'une relation. Ainsi dans ces exemples, *le disciple de Platon, conformément à la loi, égal à Dieu,* les mots *de Platon, à la loi, à Dieu* sont les compléments objectifs des mots *le disciple, conformément, égal,* parce que les idées de *disciple,* de *conformité,* d'*égalité* supposent nécessairement celles de *maître,* de *comparaison* entre deux objets;

2° Les compléments modificatifs sont ceux qui expriment une manière d'être particulière qu'on ajoute à l'idée principale du mot complété pour la restreindre, l'étendre ou la modifier; comme *vivre honnêtement, parler en étourdi, un homme sage, la loi la plus parfaite, un cheval de bois;*

3° Les compléments circonstanciels sont ceux qui expriment les circonstances de temps, de lieu, de moyen, d'instrument, de motif, etc.

Les compléments objectifs et modificatifs peuvent être compris sous la dénomination commune de *déterminatifs.*

25. Les compléments, par rapport à la forme de leur expression, sont incomplexes ou complexes : ils sont incomplexes, quand ils sont exprimés par un seul mot, comme, *vivre sagement, l'homme juste, je l'ai vu hier;* complexes, quand ils sont exprimés par plusieurs mots, comme *l'intérêt de toutes les puissances de l'Europe; je l'ai vu deux jours avant sa mort, vivre très sagement.* On voit, par ce dernier exemple, que le même complément peut être complexe dans une langue et incomplexe dans une autre; car, au lieu du complément complexe *très sagement,* on dirait en latin *sapientissimè.* On peut encore observer qu'un complément complexe est toujours formé de plusieurs compléments incomplexes.

26. On peut distinguer, dans les compléments complexes, le *complément logique* du *complément grammatical.* Le complément logique comprend la réunion de tous les mots nécessaires pour exprimer l'idée totale qui sert à compléter l'antécédent ; le complément grammatical n'est que le mot qui exprime la première et la principale des idées partielles qui concourent à former cette idée totale. Ainsi, dans cette proposition : *J'ai vu Turenne, dont la valeur ne le cédait en rien à celle des plus célèbres généraux de l'antiquité,* le complément logique du verbe *voir* est *Turenne, dont la valeur ne le cédait en rien,* etc. ; mais le complément grammatical est *Turenne.*

27. Tout ce que nous venons de dire mène à distinguer les *mots absolus* des *mots relatifs.* Je n'entends pas ici, par mots relatifs, ceux qui le sont de leur nature ou qui sont susceptibles de le devenir logiquement : dans ce sens, le mot *père,* par exemple, est toujours relatif ; car l'idée de *père* suppose celle de *fils.* Mais j'appelle *absolus grammaticalement* les mots qui sont employés dans une proposition sans être en relation d'identité ou en rapport de détermination avec aucun autre, et *relatifs grammaticalement* ceux, au contraire, qui sont employés avec l'une de ces deux sortes de relations à d'autres mots. La relation du sujet à l'attribut n'est ni relation d'identité, ni rapport de détermination ; elle ne rend donc pas les mots qui expriment le sujet relatifs grammaticalement à ceux qui expriment l'attribut. Dans cette phrase : *Le père est âgé,* les mots *père* et *âgé* sont employés l'un et l'autre d'une manière absolue.

28. Ce que nous disons des mots qui composent une proposition s'applique aussi aux propositions elles-mêmes. Elles sont ou *absolues* ou *relatives ;* mais il ne faut pas entendre, ici, par *relation* cet enchaînement qui existe entre toutes les propositions qui composent un discours ou qui lie les différentes parties d'un syllogisme. Cette relation est logique et non grammaticale. Une proposition est *grammaticalement absolue* quand elle forme à elle seule un sens complet ; elle est *grammatica-*

lement relative, quand elle ne forme un sens complet que par sa réunion avec une ou plusieurs autres propositions.

29. Une proposition absolue peut être impérative, prohibitive, interrogative, affirmative, négative, concessive, optative, admirative; et ces différents caractères sont indiqués ou par des mots qui n'ont d'autres fonctions que de déterminer la nature des propositions, comme *an,* en latin, pour les propositions interrogatives, *utinam* pour les propositions optatives; ou par les différents modes du verbe, ou par l'ordre dans lequel on dispose les diverses parties constitutives de la proposition.

30. Dans la réunion des propositions relatives, abstraction faite du caractère de chaque proposition en particulier, comme suppositive, conditionnelle, subjonctive, etc., on peut toujours considérer l'une des deux comme l'antécédent et l'autre comme le conséquent du rapport, et ce second terme peut aussi être nommé *complément.*

31. La nature du rapport est déterminée soit par une conjonction, soit par un mot conjonctif qui en est l'exposant; ou bien elle est seulement indiquée par la forme des propositions, les modes des verbes, etc.

32. La division que nous avons faite des compléments en objectifs, modificatifs et circonstanciels peut aussi s'appliquer aux propositions complémentaires. Elles sont *objectives,* quand elles sont nécessaires pour indiquer le second terme d'un rapport dont l'antécédent se trouve faire partie de la proposition à compléter; exemple : *Le roi voulut que le coupable avouât sa faute.* La proposition complémentaire *que le coupable avouât sa faute* est le complément objectif du verbe *voulut.* Si leur objet est seulement de modifier la proposition qui sert d'antécédent ou un des termes de cette proposition, elles sont *modificatives;* telles sont les propositions complémentaires *qui était* *instruit de sa conduite, pourvu que cela vous fasse plaisir,* dans ces phrases : *Le roi, qui était instruit de sa conduite, lui fit diverses questions. J'irai volontiers promener, pourvu que cela vous fasse plaisir.* La première modifie seulement le sujet *le roi ;* la seconde modifie la proposition entière *j'irai volontiers promener.* Enfin, les propositions complémentaires sont *circonstancielles* quand elles ajoutent uniquement l'idée d'une circonstance à la proposition qui sert d'antécédent, comme *Je partis de Constantinople ; lorsque mon fils fut revenu.*

33. Les propositions complémentaires sont aussi complexes ou incomplexes : *complexes,* quand elles sont elles-mêmes formées de plusieurs propositions qui ont entre elles les rapports d'antécédent et de conséquent ; *incomplexes,* quand elles ne sont point le résultat de plusieurs propositions réunies. Dans celles qui sont complexes, on peut distinguer la proposition complémentaire logique de la proposition complémentaire grammaticale.

34. Il y a plusieurs manières de déterminer, de restreindre, et, s'il est permis de se servir de ce terme, d'individualiser les noms appellatifs. Les articles, les adjectifs, les propositions conjonctives, les compléments déterminatifs sont employés pour produire cet effet. Mais, outre cela, il est un autre moyen d'un usage très fréquent et auquel on a recours aussi bien avec les noms propres qu'avec les pronoms et les noms appellatifs : ce moyen consiste à réunir plusieurs noms qui tous donnent l'idée de la même personne ou de la même chose, mais envisagée sous divers points de vue. *Alexandre,* nom propre commun à plusieurs hommes, est suffisamment déterminé lorsque j'y joins l'épithète *le grand,* pour que l'on sache avec certitude quel est, parmi les hommes qui ont porté le nom d'*Alexandre,* celui dont je veux parler ; mais, je puis encore ne pas m'en tenir là ; et Alexandre le Grand pouvant être envisagé comme fils de Philippe, comme roi de Macédoine, comme vainqueur de Darius, comme meurtrier de Clitus, je puis joindre à son nom l'expression de tous ces points de vue ou de quelques-uns d'entre eux, et dire : *Alexandre le Grand, roi de Macédoine, fils de Philippe, vainqueur de Darius,* etc. Ces expressions, que je nomme *appositifs,* (1) donnent lieu à quelques règles de syntaxe.

35. Outre les propositions dont se compose tout discours, il en est encore une autre partie constitutive et indispensable, et que l'on doit toujours supposer, quoique souvent elle ne soit pas exprimée; c'est celle qui sert à appeler l'attention de ceux à qui s'adresse le discours, comme quand on dit *monsieur, madame, seigneur, vous tous qui m'écoutez;* je la nomme *compellatif*. Elle peut être simple ou composée, incomplexe ou complexe. En voici une de ce dernier genre :

Fortune, dont la main couronne
Les forfaits les plus inouïs,
Du faux éclat qui t'environne
Serons-nous toujours éblouis?

En voici une qui est en même temps complexe et composée :

Faux sages, faux savants, indociles esprits,
Un moment, *fiers mortels,* suspendez vos mépris.

36. Tous les principes que nous venons de poser sont communs à toutes les langues. Nous allons maintenant passer à l'exposition des règles particulières à la syntaxe de la langue arabe.

37. La classification la plus naturelle des règles de la syntaxe serait de parcourir successivement les différentes parties intégrantes d'une proposition, soit simple, soit composée, soit principale, soit incidente, soit directe, soit subordonnée, et d'indiquer, sur chacune de leurs parties, telles que le sujet,

---

(1) Voyez mes *Principes de grammaire générale,* 2ᵉ édit., p. 270 et suiv.

l'attribut, et la relation du sujet avec l'attribut, les formes accidentelles ou inflexions qu'il convient d'employer. Par exemple, on dirait qu'en arabe, dans une proposition directe, le sujet doit être mis au nominatif, le verbe abstrait qui indique la relation avec l'attribut doit s'accorder avec le sujet en genre et en nombre, et l'attribut doit être mis à l'accusatif. Une autre manière de classer les règles de la syntaxe consiste à parcourir successivement les différentes sortes de mots qui entrent dans le discours, comme les noms, les verbes, etc., et à passer en revue les inflexions ou formes accidentelles de ces différentes espèces de mots, telles que les cas des noms, les modes des verbes, etc., en indiquant dans quelles circonstances chacune de ces formes doit être employée. En suivant cette méthode, on dira, par exemple, que le nominatif s'emploie pour indiquer le sujet d'une proposition directe; que le verbe abstrait, lorsqu'il est après le sujet, doit s'accorder avec lui en genre et en nombre, et que l'accusatif s'emploie pour indiquer l'attribut, quand il est joint avec le sujet par le verbe abstrait. La première méthode serait une véritable synthèse, la seconde approche plus de l'analyse. C'est celle-ci que nous suivrons principalement, parce que, dans l'enseignement des langues, nous commençons par expliquer, c'est-à-dire par analyser des phrases déjà composées, et que ce n'est que par la voie d'imitation que nous passons à la synthèse. Nous ne renonçons pas cependant absolument à employer aussi la première méthode, surtout pour ce qui concerne les règles de concordance.

 Je m'occuperai d'abord des règles de dépendance applicables aux verbes et aux noms, et je commencerai par les verbes, pour me conformer à l'ordre adopté dans la partie étymologique de cette grammaire. Je passerai ensuite aux règles de concordance. Après cela, j'entrerai dans quelques détails sur la syntaxe de diverses espèces de mots qui exigent des observations particulières; et ces observations seront relatives tant à la dépendance qu'à la concordance. Enfin, je parlerai de l'ellipse et du pléonasme, figures grammaticales auxquelles il est nécessaire de faire bien attention pour réussir dans l'analyse du discours.

CHAPITRE III

Des Règles de dépendance en général

38. Les règles de dépendance n'ont pour objet que les verbes, les noms, les pronoms, les adjectifs et les articles; car ces mots sont les seuls qui éprouvent l'influence des diverses parties du discours. Cette influence détermine quels sont les modes des verbes et les cas des noms ou des pronoms qu'on doit employer dans chaque circonstance.

39. Les adjectifs ne sont, à proprement parler, assujettis aux règles de dépendance qu'à cause qu'ils jouent fréquemment le rôle des noms, par l'ellipse que l'on fait du nom auquel ils se rapportent : abstraction faite de cette considération, on devrait les considérer comme assujettis uniquement aux règles de concordance.

40. Les articles démonstratifs sont assujettis aux règles de dépendance par la même raison; et, quant à l'article déterminatif أَلْ, son emploi ou son omission sont déterminés tantôt par les règles de dépendance tantôt par celles de concordance.

41. Toutes les fois qu'il y a dépendance entre deux parties du discours, l'une des deux est censée *agir* sur l'autre, la *régir* ou la *gouverner,* comme on s'exprime ordinairement. Les grammairiens arabes appellent cette influence d'une partie du discours sur une autre عَمَلْ *action;* ils nomment le mot qui exerce cette influence et qui en régit un autre عَامِلْ *agissant,* et celui qui éprouve cette même influence et qui est régi مَعْمُولْ c'est-à-dire *sur lequel on agit*. Nous emploierons communément les mots *antécédent* et *complément* pour exprimer ces deux idées.

42. Les grammairiens arabes donnent un peu plus d'étendue à cette *action* qu'on ne le fait ordinairement parmi nous. Si, par exemple, ils avaient à analyser cette phrase : *Petrus occidit Paulum,* ils diraient que le verbe *occidit* gouverne son sujet *Petrus* au nominatif et son complément *Paulum* à l'accusatif; et cette manière de s'exprimer me paraît assez juste, puisque c'est, en effet, le verbe qui joue le principal rôle dans le discours. (1) S'ils avaient à analyser cette autre phrase : *Scimus quia cùm venerit, similes ei erimus,* ils diraient que ces mots *quia similes ei erimus* sont virtuellement à l'accusatif, parce qu'ils sont le complément de *scimus;* ce qui n'empêcherait pas qu'ils n'analysassent ensuite chacun des mots *erimus, similes* et *ei,* abstraction faite de la dépendance où ils sont du mot *scimus*.

CHAPITRE IV

De la Syntaxe des Verbes par rapport à l'emploi des temps et des modes

43. Nous avons indiqué, dans la première partie de la grammaire (n°s 358 à 431), l'usage que les Arabes font des temps de leurs verbes pour exprimer le passé, le présent et le futur et les différents degrés d'antériorité ou de postériorité. Quoique le nombre de leurs temps soit bien moindre que celui des temps que les verbes admettent dans la plupart des langues euro-

---

(1) On peut voir l'application de ce principe dans ce que j'ai dit ailleurs sur les différents cas où le sujet doit être mis en latin, suivant que le verbe est à un *mode personnel,* ou à *l'infinitif,* ou au *participe,* caractères qui distinguent les propositions *directes, complémentaires* et *adverbiales.* Voyez mes *Principes de grammaire générale,* 2ᵉ édit., p. 309 et suiv.

péennes, puisqu'ils n'ont que deux temps simples, le prétérit et l'aoriste, cependant, au moyen du verbe substantif كَانَ, de l'influence des antécédents ou des conséquents, et de celle de certaines particules, ils parviennent à indiquer toutes sortes d'époques.

44. On pourrait penser que ce n'est pas à la syntaxe à régler l'emploi des divers temps du verbe; car ces différentes formes étant destinées à exprimer l'époque présente, passée ou future d'un événement, il semble que leur usage ne doive être déterminé que par celle de ces époques à laquelle appartient l'événement dont on parle et qu'on doive nécessairement employer le présent, s'il s'agit d'une action présente, le prétérit, s'il s'agit d'une action passée, enfin le futur, si l'action dont il s'agit est future.

Cependant, il n'en est pas ainsi, et il arrive souvent que, pour exprimer un événement, on emploie un temps verbal qui de sa nature ne convient pas à l'époque qu'on veut indiquer : ce qui tient à certaines règles de dépendance. Je dis, par exemple, en français, *si tu viens ici dans deux ans, tu trouveras ce jardin ruiné :* il n'est pas douteux que l'action exprimée par ces mots: *tu viens,* ne soit future; et cependant je dis *si tu viens,* en employant le temps présent, et non *si tu viendras,* en employant le futur, comme on ferait en latin et en italien. Il n'en résulte néanmoins aucune obscurité dans le langage, parce que la conjonction conditionnelle *si* et le verbe de la proposition corrélative *tu trouveras,* verbe qui est au futur, déterminent suffisamment le sens. En arabe, en pareil cas, on peut mettre l'un et l'autre verbes des deux propositions corrélatives au prétérit, parce que le seul emploi de la conjonction conditionnelle إِنْ *si* détermine ces verbes au sens futur (n° 400, Iʳᵉ part.). On dira donc: إِنْ جِئْتَ هَاهُنَا بَعْدَ سَنَتَيْنِ وَجَدْتَ هَذَا ٱلْبُسْتَانَ خَرَابًا, les deux verbes étant au prétérit.

Donnons encore un autre exemple pris de la langue française : *Si tu m'aimais, tu serais digne de ma tendresse*. *Tu m'aimais* est proprement le temps passé que l'on appelle *imparfait* ou *présent antérieur*; il exprime une chose passée par rapport à l'époque où l'on parle, mais considérée en même temps comme présente par rapport à une époque passée de laquelle on parle.

Mais ici il sert à exprimer une supposition rapportée à un temps présent ou futur : c'est que sa valeur est déterminée par la conjonction suppositive *si* [1] et par le verbe de la proposition corrélative *tu serais*, qui appartient au mode suppositif et qui exprime également le présent et le futur, mais ne peut pas exprimer le passé. En arabe, on mettra encore les deux verbes de l'une et l'autre propositions corrélatives au prétérit, parce que le seul usage de la conjonction suppositive لَوْ détermine ces deux verbes au sens suppositif (n°s 369 à 376, Ire part.). En conséquence, on dira : لَوْ أَحْبَبْتَنِي كُنْتَ مُسْتَحِقًّا لِمَوَدَّتِي.

Dans les deux cas que l'on vient de voir, c'est parce que les verbes sont dans la dépendance des conjonctions إِنْ et لَوْ, qu'on doit se servir du prétérit. Cet emploi des temps verbaux est donc déterminé par les règles de dépendance.

Mais comme, en traitant des verbes, nous avons dû nécessairement anticiper sur cette partie de la syntaxe pour déterminer la valeur des temps des verbes arabes, nous n'y reviendrons pas ici.[2] Nous nous contenterons de renvoyer à ce que

---

(1) Sur la distinction des propositions conditionnelles et suppositives, voyez ci-devant, Ire part., p. 161, n° 369, et mes *Principes de grammaire générale*, 2e édit., p. 184 et suiv.

(2) Outre les règles grammaticales qui, dans le langage ordinaire, fixent l'emploi et la valeur propre ou éventuelle des formes temporelles du verbe dans la langue arabe, il y a d'autres considérations qui influent parfois sur cette valeur, mais qui appartiennent plutôt à la rhétorique qu'à la grammaire. Voyez là-dessus la note 1, p. 210, Ire part., et le traité de rhétorique intitulé *Mokhtasar Almaâni*, p. 173 et suiv.

nous en avons dit ailleurs (nos 358 à 431, Ire part.), et nous passerons à l'usage des modes, qui appartient proprement à la syntaxe et dont nous nous sommes réservé de traiter dans cette partie de la Grammaire (no 424, Ire part.).

45. J'ai dit ailleurs (no 323, Ire part.) que je distinguais six modes dans les verbes arabes, l'*indicatif*, le *subjonctif*, le *conditionnel*, l'*énergique*, l'*impératif* et l'*impératif énergique*; et j'ai, en même temps, observé que j'avais déterminé les dénominations de ces modes par l'usage auquel chacun d'eux est employé le plus ordinairement.

46. L'aoriste est le seul temps dans lequel on distingue les quatre premiers modes par des formes particulières. Ainsi, nous avons à considérer ici l'usage des quatre modes de l'aoriste : l'*indicatif*, le *subjonctif*, le *conditionnel* et l'*énergique*.

47. L'aoriste indicatif doit être employé toutes les fois qu'il ne survient point quelqu'une des circonstances qui exigent l'emploi de l'un des trois autres modes, et que nous allons exposer successivement avec quelque détail.

48. Le mode subjonctif, destiné principalement à caractériser les propositions qui expriment les déterminations de la volonté, renferme toujours l'idée d'un temps futur et un degré plus ou moins grand d'incertitude; et c'est là ce qui distingue essentiellement ces propositions de celles qui sont simplement complémentaires ou conjonctives. [1] Cette observation sur la nature du subjonctif peut faire sentir que ce mode n'appartient qu'improprement au prétérit ou au présent; et l'on ne doit pas être surpris, d'après cela, qu'en arabe, l'aoriste soit le seul temps qui ait le mode subjonctif.

---

(1). Voyez, sur la nature des modes et leur rapport avec les différents usages de nos facultés intellectuelles, mes *Principes de grammaire générale*, 2ᵉ édit., p. 179 et suiv.; et, sur le subjonctif en particulier, le même ouvrage, p. 189.

49. L'aoriste subjonctif s'emploie : 1º après la conjonction أَنْ *que, afin que* (nº 417, Irᵉ part.). Exemples :

قَالَ فَاهْبِطْ مِنْهَا فَمَا يَكُونُ لَكَ أَنْ تَتَكَبَّرَ فِيهَا

[Dieu lui] dit : *Précipite-toi hors de là* [du paradis]; *car il ne t'appartient pas que tu t'y conduises* (c'est-à-dire *de t'y conduire*) *avec orgueil.*

يَا أَبَتِ إِنِّي أَخَافُ أَنْ يَمَسَّكَ عَذَابٌ مِنَ ٱلرَّحْمَٰنِ فَتَكُونَ لِلشَّيْطَانِ وَلِيًّا

Mon père, je crains qu'un châtiment ne t'atteigne de la part du Dieu miséricordieux, et que tu ne deviennes le compagnon de Satan.

لَا يَأْبَ كَاتِبٌ أَنْ يَكْتُبَ

Que celui qui sait écrire ne refuse pas d'écrire (littéralement : *qu'il écrive*).

فَلَا جُنَاحَ عَلَيْهِمَا أَنْ يَتَرَاجَعَا إِنْ ظَنَّا أَنْ يُقِيمَا حُدُودَ ٱللَّهِ

Il ne leur est point interdit (au mari et à la femme répudiée) *qu'ils reviennent vivre ensemble, s'ils pensent qu'ils exécuteront les lois de Dieu.*

50. L'influence de la conjonction أَنْ reste la même, quand elle est suivie de l'adverbe négatif لَا, comme أَنْ لَا, ou, avec contraction, أَلَّا. Exemple :

وَإِنْ خِفْتُمْ أَلَّا تُقْسِطُوا فِي ٱلْيَتَامَىٰ فَٱنْكِحُوا مَا طَابَ لَكُمْ مِنَ ٱلنِّسَاءِ

Et si vous appréhendez de ne point vous comporter avec équité envers les orphelins, épousez le nombre de femmes qu'il vous plaira.

51. Après les verbes qui signifient *commander, ordonner,* on trouve quelquefois la conjonction أَنْ suivie d'un verbe au prétérit, ce qui est contraire à la règle générale, puisque la proposition qui sert de complément à ces verbes exprime toujours une idée relativement future et réellement subjonctive, et à l'usage commun, qui, en ce cas, exige l'aoriste subjonctif. Il faut justifier ceci par des exemples; en voici donc quelques-uns :

DE LA SYNTAXE

وَأَمَّا ٱلْعَسْكَرُ ٱلْإِسْلَامِيُّ فَإِنَّ ٱلسُّلْطَانَ أَمَرَ ٱلْجَاوِيشَ أَنْ نَادَى فِي ٱلنَّاسِ يَا لَلْإِسْلَامِ وَعَسْكَرِ ٱلْمُوَحِّدِينَ

Quant à l'armée musulmane, le sultan fit venir le tchaousch et lui ordonna qu'il fît cette proclamation parmi les hommes : Accourez au secours de l'islamisme et de l'armée musulmane ! [1]

وَتَقَدَّمَ إِلَى ٱلثَّقَلِ أَنْ سَارَ

Il ordonna aux bagages de l'armée qu'ils se missent en marche.

Je crois que cette manière de s'exprimer renferme une ellipse et que le sens est : أَمَرَ ٱلْجَاوِيشَ بِأَنْ يُنَادِيَ فَنَادَى *il ordonna que le tchaousch proclamât, et en conséquence le tchaousch proclama*, etc., et de même : تَقَدَّمَ إِلَى ٱلثَّقَلِ بِأَنْ يَسِيرَ فَسَارَ *il donna ordre que les bagages se missent en marche, et en conséquence ils se mirent en marche*. [2]

52. La conjonction أَنْ n'exige après elle le mode subjonctif

---

(1) J'ai imprimé, conformément à l'usage, أَمَرَ ٱلْجَاوِيشَ, quoique Schultens ait écrit بِٱلْجَاوِيشَ. Dans un autre endroit, on lit effectivement أَنْ صَاحَ بِٱلنَّاسِ, p. 163.

(2) Je ne crois pas que cette manière de s'exprimer soit exacte, et je pense que, pour écrire correctement, il fallait dire, en employant une ellipse fréquente chez les meilleurs écrivains, حَتَّى نَادَى ou أَمَرَ ٱلْجَاوِيشَ فَنَادَى, حَتَّى سَارَ ou تَقَدَّمَ إِلَى ٱلثَّقَلِ فَسَارَ. C'est ainsi que Boha Eddin, dans sa *Vie de Saladin*, de laquelle sont tirés ces exemples et où il y en a beaucoup d'autres semblables, dit, en parlant d'une femme chrétienne dont le nourrisson avait été enlevé par des soldats musulmans et vendu dans le camp, que Saladin, après avoir fait racheter l'enfant et l'avoir rendu à sa mère, ordonna qu'*on la fît monter sur un cheval et qu'on la reconduisît à l'armée des croisés, avec son enfant*, ce qu'il exprime ainsi : ثُمَّ أَمَرَ بِهَا فَحُمِلَتْ عَلَى فَرَسٍ وَأُلْحِقَتْ بِعَسْكَرِهِمْ مَعَ طِفْلِهَا. Je conjecture que cette manière abusive d'employer أَنْ est imitée de l'usage semblable que font les Persans de la conjonction تَا, suivie du prétérit,

de l'aoriste, que lorsque cette conjonction, avec le verbe qui la suit, équivaut à l'infinitif ou nom d'action, que le verbe exprime un temps futur par rapport au verbe de la proposition précédente, ce qui est un caractère essentiel du subjonctif, et enfin qu'il y a entre la proposition principale et la proposition conjonctive une dépendance de subordination. Quand la proposition conjonctive est simplement complémentaire et ne renferme point les conditions précédentes, le verbe se met au prétérit, s'il s'agit d'une chose passée ; et, s'il s'agit d'une chose présente et qu'on se serve d'un verbe, on le met à l'aoriste du mode indicatif,[1] comme dans cet exemple : أَعْلَمُ أَنْ يَنُومُ *je sais qu'il dort*. Après les verbes ظَنَّ, حَسِبَ, *penser, s'imaginer*, et autres qui indiquent une opinion douteuse ou incertaine, on peut employer l'indicatif ou le subjonctif. Exemple :

أَتَظُنُّ أَنْ سَيَنْفَعُكَ حَالُكَ إِذَا آنَ آرْتِحَالُكَ أَوْ يُنْقِدُكَ مَالُكَ حِينَ تُوبِقُكَ أَعْمَالُكَ أَوْ يُغْنِي عَنْكَ نَدَمُكَ إِذَا زَلَّتْ بِكَ قَدَمُكَ

Penses-tu que ton état actuel te servira de quelque chose, quand sera arrivé pour toi l'instant du départ, ou que tes richesses te délivreront, lorsque tes œuvres te perdront, ou que tu tireras quelque avantage de ton repentir, quand le pied te glissera?

53. L'aoriste subjonctif s'emploie : 2° après la particule conjonctive كَيْ *pour que, afin de*, etc. Il en est de même des parti-

comme dans cet exemple : فَرْمُودْ پَادِشَاهْ تَا أُورَا دَرْ زِنْدَانْ نِهَادَنَدْ, à la lettre : *Jussit rex, ita ut eum miserunt in carcerem.*

(1) Lorsque la conjonction أَنْ, étant suivie d'un verbe au prétérit ou au mode indicatif de l'aoriste, n'exerce aucune influence grammaticale sur le verbe, les grammairiens arabes la considèrent comme une contraction de la conjonction أَنَّ. Voyez à ce sujet Zamakhschari, dans mon *Anthologie grammaticale arabe*, p. 248. Suivant le même grammairien, أَنْ, de sa nature, est une particule indicative du futur. *Ibid.*, p. 289.

cules composées de celles-ci : لِكَيْلَا afin que, كَيْلَا et لِكَيْ afin que... ne, de peur que. Exemples :

أَشْدُدْ بِهِ أَزْرِي وَأَشْرِكْهُ فِي أَمْرِي كَيْ نُسَبِّحَكَ كَثِيرًا

Fortifie par lui mes reins et associe-le-moi dans mes fonctions, afin que nous te rendions beaucoup de louanges.

مَا أَفَاءَ ٱللَّهُ عَلَى رَسُولِهِ مِنْ أَهْلِ ٱلْقُرَى فَلِلَّهِ وَلِلرَّسُولِ وَلِذِي ٱلْقُرْبَى وَٱلْيَتَامَى وَٱلْمَسَاكِينِ وَٱبْنِ ٱلسَّبِيلِ كَيْلَا يَكُونَ دُولَةً بَيْنَ ٱلْأَغْنِيَاءِ مِنْكُمْ

Le butin que Dieu accordera à son envoyé sur les habitants des villes [de l'Arabie] appartiendra à Dieu, à l'envoyé, à ses proches, aux orphelins, aux nécessiteux et aux voyageurs, afin que cela ne tourne pas au profit de ceux d'entre vous qui sont riches.

جَعَلَ يُوَدِّعُ مَنْ يُشَيِّعُهُ وَيَسْتَرِدُّ مَنْ يَتْبَعُهُ لِكَيْ يُجْهَلَ مَرْبَعُهُ

Il se mit à congédier ceux qui le reconduisaient et à faire retirer ceux qui le suivaient, afin que sa demeure restât ignorée.

مِنْكُمْ مَنْ يُرَدُّ إِلَى أَرْذَلِ ٱلْعُمُرِ لِكَيْلَا يَعْلَمَ مِنْ بَعْدِ عِلْمٍ شَيْئًا

Il y en a parmi vous qui seront ramenés à l'état le plus misérable, afin qu'après avoir été autrefois savants, ils ne sachent plus rien du tout.

54. Ce mode s'emploie : 3° après la préposition لِ *pour, afin de*, ayant la valeur conjonctive. Exemples :

أَذِّنْ فِي ٱلنَّاسِ بِٱلْحَجِّ يَأْتُوكَ لِيَشْهَدُوا مَنَافِعَ لَهُمْ وَيَذْكُرُوا ٱسْمَ ٱللَّهِ

Fais annoncer le pèlerinage parmi les hommes ; ils viendront [de toute part] près de toi, afin de profiter des avantages qu'il leur procure, et de célébrer le nom de Dieu.

مَا كَانَ ٱللَّهُ لِيُضِيعَ إِيمَانَكُمْ

Dieu n'était pas pour laisser périr votre foi (c'est-à-dire l'intention de Dieu n'était pas d'anéantir votre foi).

لِ n'étant point une conjonction, mais étant une préposition (n° 1049, Iʳᵉ part.), quand cette particule a un verbe pour complément, le mode subjonctif indique qu'il y a ellipse de la conjonction أَنْ. Il en est comme de cette locution latine : *Volo facias*.

55. On doit (4°) employer le mode subjonctif après la préposition حَتَّى (n° 1059, Iʳᵉ part.), indiquant le but d'une action et pouvant être rendue par *afin que* ou *jusqu'à ce que*. Exemples :

لَا تَخْرُجُ ٱلنَّفْسُ مِنَ ٱلْأَمَلِ حَتَّى تَدْخُلَ فِي ٱلْأَجَلِ

L'âme n'abandonnera pas l'espérance, jusqu'à ce qu'elle arrive à l'instant du trépas.

وَإِنْ أَحَدٌ مِنَ ٱلْمُشْرِكِينَ ٱسْتَجَارَكَ فَأَجِرْهُ حَتَّى يَسْمَعَ كَلَامَ ٱللَّهِ

Si quelqu'un des polythéistes vient se réfugier près de toi, reçois-le sous ta protection, afin qu'il entende la parole de Dieu.

حَتَّى est une préposition : il faut donc appliquer à sa construction avec un verbe au mode subjonctif ce que nous venons de dire de la préposition لِ. ⁽¹⁾ Si حَتَّى n'indique pas le but d'une

----

(1) Djewhari dit : « حَتَّى, mot de la forme فَعْلَى. C'est une particule qui « fait la fonction de préposition et remplace إِلَى, indiquant *le terme, le but*. C'est « aussi une conjonction synonyme de وَ. Quelquefois aussi elle forme le com-« mencement d'une nouvelle proposition qui vient après elle (et qui n'est plus « dans la dépendance grammaticale d'aucun antécédent), comme dans cette « phrase : *Le sang de ceux qui avaient été tués ne cessa de couler par flots dans* « *les eaux du Tigre, jusqu'à tel point* (حَتَّى) *que les eaux du fleuve devinrent* « *d'une couleur mêlée*. Si alors le verbe qui suit حَتَّى est à l'aoriste, on le met « au subjonctif, parce qu'il y a أَنْ sous-entendu. Vous dites : *Je suis allé à Coufa,* « *jusqu'à tant que j'entrasse* حَتَّى أَدْخُلَ *dans cette ville* ; حَتَّى أَدْخُلَ signifie « إِلَى أَنْ أَدْخُلَ ; mais si vous voulez dire que *vous entrez dans la ville en ce* « *moment*, vous mettrez le verbe à l'indicatif. C'est ainsi qu'on lit dans l'Alcoran : « وَزُلْزِلُوا حَتَّى يَقُولَ ٱلرَّسُولُ. Les uns lisent يَقُولَ comme indiquant le but

action, et par conséquent une idée future relativement à celle qui lui sert d'antécédent, cette particule n'a pas d'influence sur le verbe, que l'on met alors, s'il est à l'aoriste, au mode indicatif, parce que la conjonction أَنْ, en ce cas, n'aurait point elle-même cette influence.

56. Le subjonctif est exigé : 5° après la particule فَ, toutes les fois qu'elle doit être rendue par *pour que, afin que, de sorte que, de peur que* (n° 1201, Ire part.). Exemples :

زَوِّجْنِى ٱبْنَتَكَ فَأُصْلِحَ شَأْنَكَ

Donne-moi ta fille en mariage, afin que j'améliore ton état.

إِغْفِرْ لِى يَا رَبِّى فَأَدْخُلَ ٱلْجَنَّةَ

Pardonne-moi, mon Seigneur, afin que j'entre dans le paradis.

لَا تُوَاخِذْنِى فَأَهْلِكَ

ٱلْغَايَةَ ; les autres, يَقُولُ, comme indiquant *la situation* ٱلْحَالَ, comme s'il y avait حَتَّى ٱلرَّسُولُ هَذِهِ حَالُهُ. » Voici le texte de Djewhari :

حَتَّى فَعْلَى وَهِيَ حَرْفٌ تَكُونُ جَارَّةٌ بِمَنْزِلَةِ إِلَى فِى ٱلْاِنْتِهَاءِ وَٱلْغَايَةِ وَتَكُونُ عَاطِفَةً بِمَنْزِلَةِ ٱلْوَاوِ وَقَدْ تَكُونُ حَرْفَ ٱبْتِدَاءٍ يُسْتَأْنَفُ بِهَا ٱلْكَلَامُ بَعْدَهَا كَمَا قَالَ فَمَا زَالَتِ ٱلْقَتْلَى تَمُجُّ دِمَاؤُهَا بِدِجْلَةَ حَتَّى مَاءُ دِجْلَةَ أَشْكَلُ فَإِنْ أَدْخَلْتَهَا عَلَى ٱلْفِعْلِ ٱلْمُسْتَقْبَلِ نَصَبْتَهُ بِإِضْمَارِ أَنْ تَقُولُ سِرْتُ إِلَى ٱلْكُوفَةِ حَتَّى أَدْخُلَهَا بِمَعْنَى إِلَى أَنْ أَدْخُلَهَا فَإِنْ كُنْتَ فِى حَالِ دُخُولٍ رَفَعْتَ وَقُرِئَ وَزُلْزِلُوا حَتَّى يَقُولُ ٱلرَّسُولُ فَمَنْ نَصَبَ جَعَلَهُ غَايَةً وَمَنْ رَفَعَ جَعَلَهُ حَالًا بِمَعْنَى حَتَّى ٱلرَّسُولُ هَذِهِ حَالُهُ

On peut voir ce que dit, sur la particule حَتَّى, Ebn Hescham, dans mon *Anthologie grammaticale arabe*, p. 168 et 169. On verra aussi dans le même ouvrage, p. 58, 158 et 271, ce qu'il faut entendre par les mots حَرْفُ ٱبْتِدَاءٍ, يُسْتَأْنَفُ بِهَا ٱلْكَلَامُ بَعْدَهَا, dans le passage de Djewhari que je viens de transcrire.

Ne me châtie pas, en sorte que *je périsse* (ou *de peur que je ne périsse*).

لَا تَطْرُدِ ٱلَّذِينَ يَدْعُونَ رَبَّهُمْ بِٱلْغَدَاةِ وَٱلْعَشِيِّ يُرِيدُونَ وَجْهَهُ .....
فَتَطْرُدَهُمْ فَتَكُونَ مِنَ ٱلظَّالِمِينَ

Ne chasse pas ceux qui invoquent leur Seigneur, le matin et le soir, dans la vue de lui plaire......, en sorte que tu les chasses, et que tu sois du nombre des prévaricateurs (c'est-à-dire *de crainte qu'en les chassant, tu ne sois, etc.*).

هَلْ زَيْدٌ فِي ٱلدَّارِ فَأَمْضِيَ إِلَيْهِ

Zéid est-il chez lui, en sorte que j'aille le trouver?

Pour que la conjonction ف soit susceptible du sens de *pour que, afin que, de sorte que, de peur que,* et qu'elle exige, en conséquence, après elle, le mode subjonctif (n° 1201, Ire part.), il faut qu'elle exprime une conséquence, un effet de l'idée contenue dans la proposition précédente, et que cette proposition ait pour objet d'énoncer ou un *commandement* لِلْأَمْرِ, ou une *prière* لِلدُّعَآءِ, ou une *prohibition* لِلنَّهْيِ, ou une *déprécation* لِلدُّعَآءِ فِي ٱلنَّهْيِ, ou une *interrogation* لِلْٱسْتِفْهَامِ, ou un *souhait* لِلتَّمَنِّي, ou une *espérance* لِلتَّرَجِّي, ou une *exhortation pressante* لِلْعَرْضِ, (1) ou une *invitation faite avec douceur* لِلتَّحْضِيضِ, ou enfin une *négation* d'une chose future لِلنَّفْيِ.

Si l'on y fait attention, on verra que, dans tous ces cas, le verbe qu'on met au subjonctif après ف renferme l'idée d'une

_____
(1) On peut, relativement au sens que je donne aux termes techniques عَرْضٌ et تَحْضِيضٌ, consulter mon *Anthologie grammaticale arabe,* p. 205.

Un grammairien arabe a fort heureusement caractérisé le rapport indiqué dans ce cas par la conjonction ف, en disant qu'elle renferme une légère idée de conséquence d'une condition donnée فِيهَا رَآئِحَةٌ مِنْ ٱلْجَزَآءِ. *Ibid.,* p. 302.

chose future dont l'existence est subordonnée à une action de la volonté; et ce sont là, comme nous l'avons déjà dit, les conditions qui requièrent proprement l'usage du mode subjonctif. La conjonction فَ, dans ce cas, exprime le même sens que كَرَاهِيَةَ *ne voulant pas que* ou حَتَّى لِ, لِأَنْ, أَنْ; quelquefois elle répond à أَنْ (n° 1201, Ire part.).

57. Le mode subjonctif est exigé: 6° après la conjonction وَ, quand elle est employée dans la même signification que la particule فَ des exemples précédents (n° 1212, Ire part.). Ex.:

أَمْ حَسِبْتُمْ أَنْ تَدْخُلُوا ٱلْجَنَّةَ وَلَمَّا يَعْلَمِ ٱللَّهُ ٱلَّذِينَ جَاهَدُوا مِنْكُمْ وَيَعْلَمَ ٱلصَّابِرِينَ

Croyez-vous que vous entrerez dans le paradis, sans que Dieu sache auparavant qui sont ceux d'entre vous qui ont combattu courageusement, en sorte qu'*il connaisse par là ceux qui sont constants [dans leur croyance]?*

Dans l'avant-dernier mot, وَيَعْلَمَ, la conjonction وَ signifie la même chose que حَتَّى, et c'est ce qu'indique l'aoriste subjonctif.

لَا تَنْهَ عَنْ خُلُقٍ وَتَأْتِيَ مِثْلَهُ

Ne défends pas [aux autres] une certaine manière d'agir, en sorte que *tu fasses* (c'est-à-dire *tandis que tu feras en même temps*) *quelque chose de semblable*.

58. La conjonction وَ exige encore l'aoriste subjonctif lorsque, outre l'une des dix conditions dont nous avons parlé au sujet de la conjonction فَ (n° 56), elle indique simultanéité entre ce qui la précède et ce qui la suit: mais c'est qu'alors même elle peut encore être considérée comme l'équivalent de la particule حَتَّى. Exemple:

هَلْ تَأْكُلُ ٱلسَّمَكَ وَتَشْرَبَ ٱللَّبَنَ

Est-ce que tu mangeras du poisson, et que tu boiras du lait? c'est-à-dire en sorte que *tu boives en même temps du lait*; car si, dans cette phrase, la conjonction وَ était simplement copulative, il faudrait dire تَشْرَبُ comme تَأْكُلُ.

Dans tous les cas, la différence qu'il y a entre les deux conjonctions فَ et وَ, c'est que la première, فَ, indique un rapport de *cause* et d'*effet* entre les deux propositions qu'elle lie, et que la conjonction وَ, dont l'usage est plus rare, indique un rapport de *simultanéité*.[1]

59. Le mode subjonctif doit être employé : 7° après la conjonction أوْ, qui signifie proprement *ou, ou bien*, lorsqu'elle doit être traduite par *pour que, jusqu'à ce que, à moins que... ne* (n° 1219, Ire part.). Exemples :

لَأَقْتُلَنَّ ٱلْكَافِرَ أَوْ يُسْلِمَ

Certes, je tuerai l'infidèle, à moins qu'*il ne se fasse musulman*.

لَأَلْزَمَنَّكَ أَوْ تُعْطِيَنِى حَقِّى

Certes, je m'attacherai à toi jusqu'à ce que *tu me donnes ce que tu me dois*.

Dans ces propositions, il y a une ellipse que l'on pourrait suppléer ainsi : *il faut que* يَنْبَغِى أَنْ, ou de quelque manière équivalente.

60. La particule أَوْ exige aussi l'aoriste subjonctif lorsqu'elle est répétée et qu'elle signifie *soit que*. C'est ainsi qu'on lit dans l'Alcoran :

لَيْسَ لَكَ مِنَ ٱلْأَمْرِ شَىْءٌ أَوْ يَتُوبَ عَلَيْهِمْ أَوْ يُعَذِّبَهُمْ

Soit que *Dieu leur pardonne*, soit qu'*il les punisse, cela ne te regarde nullement*.

61. Dans tous les cas où les conjonctions أَوْ et وَ, فَ exigent

---

[1] Dans ce cas, quelques grammairiens donnent à la conjonction وَ la dénomination de وَاوُ ٱلصَّرْفِ. On peut consulter, sur le sens de cette dénomination, mon *Anthologie grammaticale arabe*, p. 219.

le subjonctif, il y a une ellipse dont on peut développer le sens de différentes manières, suivant les circonstances : mais quelle que soit la manière qu'on adopte, on y trouvera toujours la conjonction أَنْ ; et c'est parce que la proposition est réellement dépendante d'une autre et subjonctive que l'on emploie le mode subjonctif.

62. On emploie toujours (8°) l'aoriste subjonctif après l'adverbe négatif لَنْ (n° 416, Ire part.). Exemple :

لَنْ تَمَسَّنَا ٱلنَّارُ إِلَّا أَيَّامًا مَعْدُودَةً

Le feu ne nous touchera qu'un certain nombre de jours.

لَنْ n'est qu'une contraction de لَا أَنْ (*non quod*) qui suppose l'ellipse du verbe يَكُونُ (*erit*), en sorte que cet adverbe négatif équivaut à أَنْ لَا يَكُونُ *il n'arrivera pas que* ; et c'est à cause que cet adverbe renferme la conjonction أَنْ qu'il veut après lui le subjonctif. [1]

On emploie aussi l'adverbe لَنْ dans le sens déprécatif.

63. Le verbe se met au mode subjonctif de l'aoriste (9°) après l'adverbe إِذَا ou إِذَنْ, qui répond aux mots français *en ce cas, cela étant* ; mais il faut pour cela : 1° que l'aoriste soit employé dans la signification de futur et non dans celle de présent ; 2° que cet adverbe soit le premier mot de la phrase ; 3° que cette

---

[1] Les grammairiens arabes ne sont pas d'accord sur cette étymologie de l'adverbe négatif لَنْ. (Voyez mon *Anthologie grammaticale arabe*, p. 254.) L'auteur du *Kamous* reconnaît que لَنْ est une contraction de لَا أَنْ ; mais il rejette l'opinion des grammairiens qui prétendent que cet adverbe ajoute de l'énergie à la négation. Voici ses propres expressions : لَنْ حَرْفٌ يَنْصِبُ ٱلْمُسْتَقْبَلَ أَصْلُهَا لَا أَنْ..... وَتَرِدُ لِلِٱسْتِقْبَالِ وَلَا تُفِيدُ تَوْكِيدَ ٱلنَّفْيِ وَلَا تَوْبِيدَهُ عَلَى ٱلصَّحِيحِ وَتَرِدُ لِلدُّعَاءِ. Djewhari semble être du même avis que Firouzabadi, car il dit seulement que cette particule *sert à nier une chose future*.

phrase soit la réponse immédiate à une phrase précédente et en indique une conséquence ; 4° que l'aoriste suive immédiatement l'adverbe sans l'interposition d'aucun mot, à moins que ce ne soit une négation, un serment ou un nom vocatif. Ainsi, qu'une personne dise à une autre غَدًا أَزُورُكَ أَنَا *j'irai te voir demain,* celle-ci pourra lui répondre أُكْرِمْكَ إِذَنْ *en ce cas, je te recevrai avec honneur,* ou bien إِلَيْكَ أُحْسِنَ وَاَللّٰهِ إِذَنْ *cela étant, par Dieu! je te ferai du bien;* ou encore أُهِينَكَ لَا إِذَنْ *en ce cas, je ne te ferai pas d'affront.*

En réfléchissant sur les circonstances requises pour que l'adverbe إِذَنْ exige l'usage de l'aoriste subjonctif et sur la terminaison de cet adverbe, je suis très porté à croire que c'est encore la conjonction أَنْ qui attire dans ce cas l'aoriste subjonctif, et que إِذَنْ est pour أَنْ إِذْ ; mais alors il faut supposer l'ellipse du mot يَكُونُ, en sorte que la phrase complète serait أُكْرِمَكَ أَنْ يَكُونُ كَذَا كَانَ إِذْ *si la chose est ainsi, alors il arrivera que je t'honorerai.*(1) On voit que, dans toutes ces circons-

---

(1) Au lieu de إِذَنْ, on dit aussi إِذًا, suivant l'auteur du *Kamous.* Cet auteur observe que إِذَنْ équivaut à ذَكَرْتَ كَمَا الْأَمْرُ كَانَ إِنْ *si la chose arrive comme vous l'avez dit.*

Les conditions requises pour que إِذَنْ influe sur l'aoriste et exige le mode subjonctif prouvent évidemment, ce me semble, que ce mot est employé de deux manières :

1° Comme contraction de إِذْ, adverbe de temps conjonctif qui ne s'emploie qu'en parlant des choses simultanées, et de la conjonction أَنْ ; et comme renfermant alors une ellipse, ainsi que je l'ai dit ;

2° Comme accusatif de إِذْ, qui n'est originairement qu'un nom, ainsi que je l'ai dit ailleurs (n° 1143, Iʳᵉ part.). On écrit إِذَنْ au lieu de إِذًا, qui cependant est aussi admis : et il est si vrai que إِذَنْ n'est, en ce cas, que la représentation de

tances, la proposition qui commence par le mot إِذَنْ renferme les idées de futur et de dépendance qui caractérisent l'usage de l'aoriste subjonctif.

64. Il résulte de tout ce qui vient d'être dit de l'usage de l'aoriste subjonctif que ce sont, à proprement parler, les seules conjonctions أَنْ et كَيْ, exprimées ou sous-entendues, qui déterminent l'emploi de ce mode. La langue arabe fait donc usage de deux moyens réunis pour caractériser les propositions subjonctives, savoir : de la conjonction أَنْ et du mode subjonctif; de même qu'en latin on emploie la conjonction *ut* et le même mode. L'un de ces deux signes suffisant, à la rigueur, pour remplir cette fonction grammaticale, on ne doit pas être surpris que l'usage autorise souvent l'omission de l'un des deux, je veux dire de la conjonction.

65. La conjonction أَنْ, et tous les mots qui la remplacent ou semblent la remplacer, comme حَتَّى, كَيْ, لِ, فَ, etc., sont nommés par les grammairiens arabes اَلنَّوَاصِبُ, c'est-à-dire *mots qui mettent le verbe au cas* (ou *mode*) nommé *nasb* نَصْبُ. [1] Ce

l'accusatif إِذًا, que Djewhari observe que, quand ce mot se trouve à la fin d'une phrase, en sorte que la voix se repose dessus, on doit prononcer إِذَا, sans faire sentir le ن, comme, en pareil cas, on prononce, sans faire sentir le *tenwin*, زَيْدَا au lieu de زَيْدًا (n° 155, I⁰ part.).

J'insiste sur cette observation pour deux raisons : la première, c'est qu'elle confirme ce que j'ai cru pouvoir avancer, qu'il n'y a, à proprement parler, que les seules conjonctions أَنْ et كَيْ, exprimées ou sous-entendues, qui exigent après elles le mode subjonctif; la seconde est que cet exemple fait voir ce que j'ai eu plus d'une fois occasion de remarquer, que les préceptes de la grammaire arabe, qui au premier coup d'œil semblent n'être que l'effet du caprice ou d'une aveugle routine, sont fondés sur des raisons que l'on découvre en soumettant les règles et leurs exceptions à une analyse réfléchie.

(1) Le mode subjonctif de l'aoriste a été nommé par Erpénius et par les grammairiens qui l'ont suivi *futur antithétique*. Comme j'ai conservé sur mes ta-

mot indique proprement la finale *fatha* ou *a;* dans les noms il désigne l'accusatif, et dans les verbes le subjonctif (nos 356, 898 et 900, Ire part.).

Le mot إِذَنْ est nommé par les Arabes حَرْفُ جَوَابٍ وَجَزَاءٍ *particule de réponse et de rétribution.*

66. L'aoriste du mode conditionnel s'emploie dans plusieurs circonstances :

1º On doit en faire usage toutes les fois que deux propositions sont dans un rapport conditionnel, soit que ce rapport soit énoncé par la conjonction إِنْ *si,* ou qu'il soit exprimé par quelqu'un des mots مَنْ *quiconque,* مَا *ce que,* et ses composés كُلَّمَا

---

bleaux cette dénomination, ainsi que les autres qui ont été introduites par Erpénius, je crois à propos d'en rendre raison ici. Ce grammairien, voulant éviter les expressions barbares dont s'étaient servis jusqu'à lui ceux qui avaient donné des grammaires arabes en latin, a substitué aux mots *modzareum, rafeatum, nasbatum, giesmatum,* etc., qu'ils employaient, des dénominations plus intelligibles. Il a appelé simplement *futur* ce que l'on appelait *futurum rafeatum;* ensuite, ayant égard uniquement à la forme extérieure des autres inflexions de ce temps, il a appelé *futur antithétique* ce que l'on nommait avant lui *futurum nasbatum.* Cette nouvelle dénomination est fondée sur ce que, dans cette forme, on substitue un *fatha* au *dhamma* pour dernière voyelle, dans toutes les personnes du futur ou de l'aoriste qui n'ajoutent rien après les lettres radicales; et, en effet, le mot ἀντίθεσις, qui est grec, signifie, entre autres choses, *l'action de mettre une chose à la place d'une autre.*

Du mot grec ἀποκοπή, qui veut dire *retranchement,* il a appelé *futur apocopé* la forme que je nomme *mode conditionnel;* et il a adopté cette dénomination, parce que l'aoriste, à ce mode, perd sa dernière voyelle.

Enfin, il a nommé *futur paragogique,* du mot grec παραγωγή, *action d'allonger,* le mode énergique qui se forme par addition d'un ن avec ou sans *teschdid,* à la fin des personnes de l'aoriste.

Pour moi, ayant observé que ces diverses formes de l'aoriste expriment réellement des modes différents, j'ai cru devoir leur donner des dénominations prises de leur usage le plus ordinaire. Ces dénominations, en rappelant à l'esprit leur destination, soulagent la mémoire. Voyez, à ce sujet, mes *Principes de grammaire générale,* 2e édit., p. 205, note 2.

DE LA SYNTAXE

tout ce que, كُلَّمَا *toutes les fois que,* مَهْمَا *quelque chose que ce soit que,* أَيَّانَ, أَيْنَ, أَيْنَمَا et حَيْثُمَا *en quelque lieu que ce soit que,* إِذَمَا et *lorsque,* مَا et مَتَى *quand, en quelque temps que ce soit que,* كَيْفَ et كَيْفَمَا *de quelque manière que,* أَيُّ et أَيْمَنْ *quiconque.*

Toutes ces expressions établissent entre deux propositions un rapport conditionnel, et il est facile de leur substituer effectivement la conjonction إِنْ *si* (n° 404, Ire part.). En effet, il est indifférent de dire *Quiconque m'aime, je l'aimerai, et, en quelque lieu que je le rencontre, je le servirai,* ou de dire *Si un homme m'aime, je l'aimerai, et si je le rencontre en quelque endroit que ce soit, je le servirai.*

Il en est encore de même si l'une des deux propositions est à l'impératif et que l'autre dépende de celle-là comme d'une condition. Que l'on dise : *Faites du bien, on vous en saura gré,* c'est la même chose que si l'on disait : *Si vous faites du bien, on vous en saura gré.* (1)

---

(1) On trouve quelquefois l'aoriste du mode conditionnel employé sans qu'il y ait, dans ce qui précède, ni la conjonction إِنْ *si,* ni aucun des mots qui servent à indiquer un rapport conditionnel, ni un verbe à l'impératif. En voici un exemple tiré de l'Alcoran, sur. 61, vers. 11 :

يَا أَيُّهَا ٱلَّذِينَ آمَنُوا هَلْ أَدُلُّكُمْ عَلَى تِجَارَةٍ تُنجِيكُم مِّنْ عَذَابٍ أَلِيمٍ
تُؤْمِنُونَ بِٱللَّهِ وَرَسُولِهِ وَتُجَاهِدُونَ فِي سَبِيلِ ٱللَّهِ بِأَمْوَالِكُمْ وَأَنفُسِكُمْ ذَٰلِكُمْ
خَيْرٌ لَّكُمْ إِن كُنتُمْ تَعْلَمُونَ يَغْفِرْ لَكُمْ ذُنُوبَكُمْ

O vous qui avez cru, vous indiquerai-je un négoce qui vous fera échapper à un châtiment douloureux? [Ce négoce, c'est de] croire à Dieu et à son envoyé et d'employer vos biens et vos personnes à combattre pour la cause de Dieu : voilà ce qui est bon pour vous; si vous savez [connaître la vérité], il vous pardonnera vos péchés.

Le verbe يَغْفِرْ est ici au mode conditionnel, comme le dit Béidhawi, en vertu de l'ellipse des mots إِنْ تُؤْمِنُوا وَتُجَاهِدُوا *si vous croyez... et si vous combattez,* qui sont évidemment indiqués par ce qui précède.

Je pense au surplus que c'est là une exception qu'il serait fort hasardeux d'imiter.

Dans toutes ces circonstances, si les verbes des deux propositions sont à l'aoriste, ce qui n'est pas toujours, parce qu'on peut souvent employer dans ce cas le prétérit (n° 403, Ire part.), on les met tous deux à l'aoriste conditionnel. Je ne donne pas ici d'exemples de l'application de cette règle, parce que j'en ai donné plusieurs, en traitant du sens exprimé par l'aoriste conditionnel (n° 420, Ire part.).

67. Dans les cas dont il vient d'être parlé, si, dans la première des deux propositions corrélatives, on a fait usage du prétérit, le verbe de la seconde étant à l'aoriste, on peut employer à volonté le mode indicatif ou le mode conditionnel. Si l'on se sert du mode indicatif, cela s'appelle إِلْغَاءٌ ou لَغْوٌ. Ex. :

قُلْ لَئِنِ ٱجْتَمَعَتِ ٱلْإِنْسُ وَٱلْجِنُّ عَلَى أَنْ يَأْتُوا بِمِثْلِ هَذَا ٱلْقُرْآنِ لَا يَأْتُونَ بِمِثْلِهِ

Si les hommes et les génies se réunissent pour produire quelque chose qui ressemble à cet Alcoran, ils ne produiront rien qui lui soit pareil.[1]

وَإِنْ أَتَاهُ خَلِيلٌ يَوْمَ مَسْغَبَةٍ ۚ يَقُولُ لَا غَائِبٌ مَالِي وَلَا حَرِمُ

Si un homme dans le dénuement vient le trouver [cet homme généreux] en un jour de famine, il lui dit : « Ma fortune est à ta disposition et personne ne t'empêche d'y avoir recours. » (Voir appendice.)

---

[1] Béidhawi remarque que les mots لَا يَأْتُونَ بِمِثْلِهِ sont ici dans la dépendance d'une formule de serment qui est sous-entendue, mais suffisamment indiquée par le ل de لَئِنْ, qui est ici ce qu'on appelle *le lam frayant la voie au serment* ; sans cela, ce serait *la réponse de la condition,* où le verbe ne serait point mis au mode conditionnel, parce que le verbe de la *condition* est au prétérit. Voici ses propres expressions :

وَهُوَ جَوَابُ قَسَمٍ مَحْذُوفٍ دَلَّ عَلَيْهِ ٱللَّامُ ٱلْمُوَطِّئَةُ لِلْقَسَمِ وَلَوْلَا هِيَ لَكَانَ جَوَابَ ٱلشَّرْطِ بِلَا جَزْمٍ لِكَوْنِ ٱلشَّرْطِ مَاضِيًا

Sur le *lam* nommé ٱلْمُوَطِّئَةُ لِلْقَسَمِ, voyez mon *Anthologie grammaticale arabe*, p. 264 et 279.

68. Quelquefois il n'y a point de verbe dans la seconde proposition, ce qui n'empêche pas que le verbe de la première proposition, s'il est à l'aoriste, ne doive être mis au mode conditionnel. Exemple :

$$\text{مَا يَفْتَحِ ٱللَّهُ لِلنَّاسِ مِنْ رَحْمَةٍ فَلَا مُمْسِكَ لَهَا وَمَا يُمْسِكْ فَلَا مُرْسِلَ لَهُ مِنْ بَعْدِهِ}$$

Ce que Dieu accordera aux hommes de bienfaits, il n'y a personne qui puisse le retenir, et ce qu'il retiendra, aucun autre que lui ne peut le leur procurer.

Mais il faut observer, ce que l'on verra ailleurs avec plus de détail, que dans ce cas la seconde des deux propositions corrélatives est précédée de la particule فَ, dont l'effet est de suspendre ou plutôt d'interrompre entièrement l'influence grammaticale du rapport conditionnel. Aussi doit-on introduire cette particule toutes les fois que, par une raison quelconque, on ne peut pas rendre sensible dans la seconde proposition l'influence grammaticale des mots إِنْ, مَنْ, مَا, etc.

69. C'est par la même raison que, lorsque la seconde des deux propositions corrélatives est séparée et comme rendue indépendante de la première par l'introduction de la particule فَ, le verbe de la seconde proposition, quoique mis à l'aoriste, doit être au mode indicatif. Exemples :

$$\text{مَنْ يُؤْمِنْ بِرَبِّهِ فَلَا يَخَافُ بَخْسًا وَلَا رَهَقًا}$$

Quiconque croira à son Seigneur, celui-là ne craindra ni dommage ni perte.

$$\text{وَأَمَّا مَا يَنْفَعُ ٱلنَّاسَ فَيَمْكُثُ فِي ٱلْأَرْضِ}$$

Quant à ce qui aura de l'utilité pour les hommes, cela restera dans la terre. [1]

70. Si, dans la première proposition, on introduit avant le

---

[1] On pourrait, en général, supposer que, dans tous les cas où l'on introduit

verbe à l'aoriste le prétérit du verbe كَانَ, cet aoriste se met au mode indicatif. La raison en est que l'influence des mots nommés ٱلْجَوَازِمُ (n° 79) est épuisée par la conversion du prétérit كَانَ en futur et que l'aoriste qui suit est réduit à la valeur d'un adjectif verbal. Exemples :

مَنْ كَانَ يُرِيدُ حَرْثَ ٱلْآخِرَةِ نَزِدْ لَهُ فِي حَرْثِهِ وَمَنْ كَانَ يُرِيدُ حَرْثَ ٱلدُّنْيَا نُؤْتِهِ مِنْهَا

Celui qui voudra cultiver le champ de la vie future, nous augmenterons le profit de sa culture ; et celui qui voudra cultiver le champ de ce monde, nous lui accorderons les biens de cette vie.

إِنْ كَانَ يَكْفِيكَ نِصَابٌ مِنَ ٱلْمَالِ أَلْفَنَاهُ لَكَ فِي ٱلْحَالِ

Si une petite somme d'argent te suffit, nous te la rassemblerons à l'instant.

Dans ces exemples, كَانَ يَكْفِيكَ et كَانَ يُرِيدُ sont les équivalents de كَانَ كَافِيًا لَكَ et كَانَ مُرِيدًا ; et l'aoriste est dépouillé de toute valeur temporelle définie. Autre exemple :

إِنْ كَانَ طَعَامُ ٱلْمُلُوكِ يُوَكَّلُ لِدَفْعِ ٱلتَّلَفِ فَطَعَامُ مَوْلَانَا ٱلْأَمِيرِ يُوَكَّلُ لِذَلِكَ وَلِنَيْلِ ٱلْفَخْرِ وَٱلشَّرَفِ

ainsi la particule فَ, il y a réellement ellipse de la seconde proposition corrélative, et que cette proposition supprimée est remplacée par une autre proposition qui est ordinairement d'une signification plus générale et qui exprime la cause, le motif ou l'effet de ce qui a été dit ou indiqué auparavant. Ainsi, le sens serait, dans le premier exemple : *Quiconque croira à son Seigneur [recevra la récompense de sa foi], et, en conséquence, il ne craindra ni dommage, ni perte*; et dans le second : *Quant à ce qui aura de l'utilité pour les hommes [il ne s'en ira pas en écume comme les scories du métal en fusion, en sorte qu'il soit perdu], mais il restera dans la terre.* Le sens conduit le plus souvent dans l'Alcoran à admettre de semblables ellipses.

Je ne dois pas dissimuler que, dans le second exemple, qui est tiré de l'Alcoran, sur. 13, vers. 18, on lit communément يَنْفَعُ ; mais cela est contraire aux règles ; et, si cette leçon est admise, c'est une anomalie, comme il s'en trouve bien d'autres dans ce livre, anomalies consacrées par une sorte de superstition.

Si l'on mange le pain des rois pour se garantir de la mort, on mange celui de l'émir notre maître, et pour la même raison, et en outre pour s'en faire un honneur et un titre de gloire.

Si, dans le cas dont nous parlons, au lieu du prétérit du verbe كَانَ, on se sert de l'aoriste, il faut faire usage du mode conditionnel يَكُنْ. [1]

71. L'adverbe conjonctif إِذَا *lorsque* s'emploie aussi quelquefois en poésie, dans le même sens que إِنْ *si*, et alors il a la même influence. Exemple : إِذَا تُصِبْكَ خَصَاصَةٌ فَتَحَمَّلْ *Quand il te surviendra une faim violente, supporte-la.* [2]

72. Des deux propositions corrélatives qui se trouvent unies par la conjonction إِنْ *si*, ou par quelqu'un des mots qui en renferment la valeur conditionnelle, celle qui exprime la condition se nomme شَرْطٌ *condition*, et celle qui exprime une affirmation hypothétique جَزَاءُ ٱلشَّرْطِ *rétribution* ou *compensation de la condition*, ou simplement مُجَازَاةٌ *compensation*.

---

(1) Je crois convenable de consigner ici une observation qui aurait dû trouver place dans le premier volume de cet ouvrage (p. 206), mais que je n'ai faite que lorsque cette partie du volume était déjà imprimée; c'est que, de même qu'on emploie très fréquemment le prétérit, par forme d'énergie, pour exprimer le présent ou un futur très prochain (n° 365, Ire part.), de même on emploie quelquefois, après la particule conditionnelle إِنْ *si*, l'aoriste du mode conditionnel, en parlant d'une chose passée, quoique cette forme d'expression soit consacrée aux choses futures (n° 420, Ire part.), afin d'adoucir, par une idée d'incertitude, l'énonciation d'un fait dont on voudrait pouvoir douter. Cette observation m'a été suggérée par deux vers du *Hamasa*, où, en parlant de personnes qui avaient été tuées, les poètes ont dit إِنْ يَقْتُلُوكَ *s'ils te tuent*, au lieu qu'ils auraient dû dire إِنْ كَانُوا قَتَلُوكَ. (Voyez *Journal des Savants*, année 1830, p. 299.) Je ne la donne cependant qu'avec beaucoup de réserve, parce qu'il se pourrait faire que ceci tînt à quelque dialecte particulier.

(2) La conjonction suppositive لَوْ *si*, étant suivie de l'aoriste, n'exige point le mode conditionnel; au contraire, il faut en ce cas employer le mode indicatif.

73. Les mots حَيْثُمَا, مَا, مَنْ et autres qui exercent la même influence que la conjonction إِنْ sont appelés par les grammairiens arabes اَلْأَسْمَآءُ ٱلْمَنْقُوصَةُ, *les noms tronqués* ou *imparfaits*, parce qu'il ne leur suffit pas d'une proposition pour former un sens, et qu'ils veulent nécessairement être suivis de deux propositions.

74. On doit (2°) toujours employer l'aoriste au mode conditionnel après l'adverbe négatif لَمْ.[1]

Quand il y a plusieurs aoristes dépendants l'un de l'autre, celui qui suit immédiatement la particule لَمْ est seul au mode conditionnel. Exemple : لَمْ يَكُنْ يَعْرِفُ يَسْبَحُ *Il ne savait pas nager*.

75. 3° Après l'adverbe négatif لَمَّا, *ne pas encore*, négation qui a presque la même signification que لَمْ, il faut aussi employer le mode conditionnel. J'en ai donné un exemple ailleurs (n° 418, Ire part.); on peut y joindre ceux-ci :

وَآخَرِينَ مِنْهُمْ لَمَّا يَلْحَقُوا بِهِمْ

[*Il a envoyé son prophète*] *à d'autres d'entre eux qui n'ont point encore atteint le rang des premiers*.

بَلْ لَمَّا يَذُوقُوا عَذَابِ

Mais ils n'ont pas encore éprouvé mes châtiments.

76. 4° Après la préposition لِ, lorsqu'elle donne à l'aoriste la signification impérative, on doit employer le mode conditionnel de l'aoriste. Exemple : لِيُنْفِقْ ذُو سَعَةٍ *Que l'homme qui est dans*

---

[1] On trouve cependant quelquefois l'aoriste indicatif après لَمْ. Exemples : لَمْ تَهْجُ et أَلَمْ يَأْتِلِكَ, au lieu de لَمْ تَهْجُو et أَلَمْ يَأْتِيكَ; mais on peut supposer que la licence consiste en ce qu'on a assimilé le verbe défectueux à un verbe régulier, en conservant la troisième radicale djezmée au lieu de la supprimer : on a donc dit لَمْ يَأْتِي et لَمْ تَهْجُو, comme on dit لَمْ يَكْتُبْ et لَمْ يَجْلِسْ. Je crois en effet que cette irrégularité ne se rencontre que dans des verbes défectueux. Voyez le *Hamasa*, p. 78.

l'aisance, fasse l'aumône. Nous avons déjà observé ailleurs (nº 1056, Iʳᵉ part.) que cette préposition peut perdre sa voyelle lorsqu'elle est précédée des conjonctions وَ ou فَ.

On fait quelquefois l'ellipse de la particule لِ en laissant subsister son influence sur l'aoriste, qu'on met alors au mode conditionnel, en vertu de la particule sous-entendue, comme dans cet exemple :

مُحَمَّدْ تَفْدِ نَفْسَكَ كُلُّ نَفْسٍ

O Mahomet, que toute âme soit livrée pour la rançon de ton âme!

Mais ce cas doit être considéré comme une exception et n'a guère lieu que dans la poésie.[1]

77. 5º Le même mode de l'aoriste s'emploie toujours après l'adverbe négatif لَا, quand il a la signification prohibitive ou déprécative. Exemple : لَا تُنْفِ مَالَكَ عَلَيَّ *ne dépense pas ton argent pour moi :* تُنْفِ est le mode conditionnel de l'aoriste de أَفْنَى.

78. Si l'on fait attention : 1º que la conjonction إِنْ *si,* et tous les mots qui en renferment la valeur, donnent, même au prétérit, la signification du présent indéfini ou du temps futur (nºˢ 398 et 403, Iʳᵉ part.) ; 2º que les négations لَمْ et لَمَّا renferment en elles-mêmes le sens du temps passé, comme le reconnaissent les grammairiens arabes ; 3º que toute proposition optative, concessive, prohibitive ou déprécative porte par elle-même l'idée d'un temps futur, indépendamment de la forme verbale que l'on emploie, on ne sera pas éloigné de penser

---

(1) Voyez, à ce sujet, Béidhawi, sur le verset 14 de la surate 36ᵉ de l'Alcoran, et ma *Chrestomathie arabe*, 2ᵉ édit., t. III, p. 525 et suivantes.

On a un exemple de l'ellipse dont il s'agit dans la *Vie de Timour*, par Ahmed, fils d'Arabschah, t. I, p. 328, où on lit :

يَعْلَمْ أَهْلُ قَلْعَةِ مَارِدِينَ ٱلضُّعَفَآءُ ٱلْعَجَزَةُ ٱلْمَسَاكِينُ

Que les faibles, impuissants et pauvres habitants de la place forte de Mardin sachent, etc.

que, dans tous les cas où l'on fait usage de l'aoriste au mode conditionnel, la détermination du temps est moins dans le verbe que dans la forme même des propositions, ou dans les mots conjonctifs, les prépositions ou les adverbes qui y sont joints. On ne sera pas surpris, en conséquence, que l'aoriste conditionnel semble signifier tantôt le futur, tantôt le passé, tantôt, d'une manière indéfinie, toutes les époques du temps.

79. Tous les mots, soit noms, soit adverbes ou prépositions, qui exigent l'usage du mode conditionnel de l'aoriste sont nommés par les grammairiens arabes اَلْجَوَازِمُ, parce qu'ils requièrent après eux la forme nommée جَزْمٌ (n° 356, Ire part.).

80. L'usage des deux formes de l'aoriste énergique n'est assujetti à aucune règle fixe : on les emploie pour donner plus de force à l'expression, soit en interrogeant, soit en affirmant avec ou sans serment, soit quand l'aoriste a la signification impérative ou prohibitive (n° 423, Ire part.). Exemples :

قَدْ نَرَى تَقَلُّبَ وَجْهِكَ فِي ٱلسَّمَآءِ فَلَنُوَلِّيَنَّكَ قِبْلَةً تَرْضَاهَا

Nous voyions que tu tournais ton visage vers différentes parties du ciel; mais, certes, nous t'ordonnerons de te tourner vers un côté qui te sera agréable.

يَا بَنِيَّ إِنَّ ٱللّٰهَ ٱصْطَفَى لَكُمُ ٱلدِّينَ فَلَا تَمُوتُنَّ إِلَّا وَأَنْتُمْ مُسْلِمُونَ

Mes enfants, Dieu a choisi pour vous cette religion; gardez-vous bien de mourir sans avoir embrassé l'islamisme!

ٱهْبِطُوا مِنْهَا جَمِيعًا فَإِمَّا يَأْتِيَنَّكُمْ مِنِّي هُدًى

Descendez ensemble de ce jardin [sur la terre]; cependant, vous recevrez assurément de ma part une direction.

لَتَرَوُنَّ ٱلْجَحِيمَ ثُمَّ لَتَرَوُنَّهَا عَيْنَ ٱلْيَقِينِ ثُمَّ لَتُسْأَلُنَّ يَوْمَئِذٍ عَنِ ٱلنَّعِيمِ

Certes, vous verrez l'enfer; oui, vous le verrez d'une vue claire : certes, en ce jour-là, on vous demandera compte des délices dans lesquelles vous aurez vécu.

81. Il en est de même des deux formes de l'impératif énergique : leur usage n'est assujetti à aucune règle certaine.

82. Quoique l'emploi de l'aoriste énergique ne soit assujetti à aucune règle certaine, néanmoins il est des cas où l'usage de ce mode est très fréquent, et d'autres où il est très rare.

On emploie fréquemment l'une et l'autre formes de l'aoriste énergique, lorsqu'on exprime un ordre, une défense, un désir, lorsqu'on incite à faire quelque chose, ou qu'on interroge.

On en fait également un usage ordinaire après la conjonction إمّا *si*, composée de إنْ et de مَا explétif. Exemple :

يَا بَنِى آدَمَ إِمَّا يَأْتِيَنَّكُمْ رُسُلٌ مِنْكُمْ

O enfants d'Adam! s'il vous vient des envoyés choisis d'entre vous.....

83. Il en est de même après une formule de serment, pourvu que l'aoriste soit pris dans le sens futur, que la proposition soit affirmative, que le complément du verbe ne soit pas placé entre la formule de serment et le verbe et, enfin, que l'aoriste ne soit pas précédé de l'un des adverbes سَوْفَ , سَ et autres appelés *particules de futur* (nº 1115, Iʳᵉ part.).

Toutes ces conditions se trouvant réunies, on met le verbe au mode énergique avec l'adverbe d'affirmation لَ. Exemples :

فَبِعِزَّتِكَ لَأُغْوِيَنَّهُمْ أَجْمَعِينَ

J'en jure par ta puissance, je les séduirai tous.

قَالَ لَأَتَّخِذَنَّ مِنْ عِبَادِكَ نَصِيبًا مَفْرُوضًا وَلَأُضِلَّنَّهُمْ وَلَأُمَنِّيَنَّهُمْ وَلَآمُرَنَّهُمْ وَلَيُبَتِّكُنَّ آذَانَ الْأَنْعَامِ وَلَآمُرَنَّهُمْ وَلَيُغَيِّرُنَّ خَلْقَ اللهِ

Certes, je prendrai une certaine portion d'entre tes serviteurs, et je les séduirai ; je leur inspirerai de criminels [désirs] ; je leur donnerai des ordres, en sorte qu'ils couperont les oreilles des bestiaux ; certes, je leur donnerai des ordres, et [en y obéissant] ils défigureront les créatures de Dieu!

رَبِّ بِمَا أَغْوَيْتَنِى لَأُزَيِّنَنَّ لَهُمْ فِى الْأَرْضِ وَلَأُغْوِيَنَّهُمْ أَجْمَعِينَ

Seigneur, puisque tu m'as trompé, certes je ferai paraître agréable à leurs yeux [*le péché*] *sur la terre, et, certes, je les tromperai!*

Ces deux derniers exemples, auxquels je pourrais en joindre beaucoup d'autres, font voir que la formule de serment peut être sous-entendue.

Si quelqu'une des conditions exigées manque, on ne doit pas employer le mode énergique de l'aoriste; on se contente alors de l'adverbe affirmatif ل. Exemples:

لَأَلَى ٱللَّهِ تُحْشَرُونَ

Certes, vous serez rassemblés devant Dieu.

وَلَسَوْفَ يُعْطِيكَ رَبُّكَ فَتَرْضَى

Certes, ton Seigneur te fera un don, en sorte que tu sois satisfait.

84. Il y a d'autres cas où l'on peut employer le mode énergique de l'aoriste, quoique ce ne soit pas l'usage ordinaire. Ces cas sont:

1º Après le mot مَا explétif ou servant à généraliser un nom ou une particule (nos 1181 et 1183, Ire part.), excepté cependant dans le mot رُبَّمَا;

2º Après l'adverbe négatif لَمْ;

3º Après l'adverbe négatif لَا;

4º Dans les propositions conditionnelles où l'on emploie, pour exprimer la condition, soit toute autre conjonction que إِمَّا, soit un mot renfermant la valeur de la conjonction إِنْ *si* (nº 403, Ire part., p. 66);

5º Dans les propositions affirmatives hypothétiques qui sont dans la dépendance des propositions conditionnelles, et que l'on nomme جَزَاءُ ٱلشَّرْطِ *compensation de la condition* (nº 72).

85. Enfin, outre tous les cas dont nous venons de parler, et où l'on ne fait que rarement usage de l'aoriste énergique, les poètes emploient encore quelquefois ce mode dans les circonstances mêmes où rien n'en autorise l'usage; ce qui ne doit être considéré que comme des licences.

86. Il est bon d'observer aussi que, comme on peut substituer au ن de la seconde forme énergique la voyelle nasale اً (n° 357, Iʳᵉ part.), et dire يَفْعَلاً au lieu de يَفْعَلَنْ, il résulte de là que quand ces mots finissent une phrase et sont suivis d'une pause, on supprime la voyelle nasale et l'on dit يَـفْـعَـلَا (nᵒˢ 154 et 155, Iʳᵉ part.).

CHAPITRE VI

De la Syntaxe des Noms par rapport à l'emploi des cas

87. Nous avons parlé suffisamment ailleurs des cas en général, et, en particulier, de ceux de la langue arabe (n° 894 et 899, Iʳᵉ part.). Leur destination, ainsi que nous l'avons dit, est d'indiquer la fonction que les mots susceptibles d'être déclinés font dans chaque proposition, et les rapports dans lesquels ils sont, soit entre eux, soit avec les autres parties du discours. Nous allons examiner ici en détail les circonstances dans lesquelles chacun des trois cas, dans la langue arabe, doit être employé.

§ 1ᵉʳ — DU NOMINATIF

88. L'usage propre du nominatif est de caractériser le sujet des propositions; et l'on pourrait, à raison de cela, comme je l'ai dit ailleurs, le nommer *cas subjectif* (n° 899, Iʳᵉ part.).

89. Le sujet de tout verbe, soit actif, soit passif ou neutre, à la voix subjective comme à la voix objective, se met au nominatif, ce qui a également lieu soit que le nom précède ou suive le verbe auquel il sert de sujet. Exemple : ٱللّٰهُ يَعْلَمُ مَا تَعْمَلُونَ ou bien يَعْلَمُ ٱللّٰهُ *Dieu sait ce que vous faites.* (1)

---

(1) Il n'est peut-être pas inutile d'avertir ici, une fois pour toutes, que, dans

90. Le sujet du verbe كَانَ, faisant fonction de verbe abstrait, et celui des autres verbes de la même nature (nº 248, Iʳᵉ part.) se mettent aussi au nominatif, soit que le verbe abstrait soit exprimé ou sous-entendu : car il est très ordinaire, en arabe, de n'exprimer que le sujet et l'attribut, lorsque l'on parle d'une chose présente ou qu'on énonce une vérité indépendante de toute circonstance de temps. L'attribut se met pareillement au nominatif, quand le verbe abstrait est sous-entendu, soit que l'on place cet attribut avant ou après le sujet. Exemples :

أَكْبَرُ ٱللَّهُ

Dieu [est] très grand.

ٱللَّهُ أَعْلَمُ

Dieu [est] très savant.

أَحَبُّ شَيْءٍ ، إِلَى ٱلْإِنْسَانِ مَا مُنِعَ

Ce qui est le plus agréable aux hommes, [c'est] ce qui leur est défendu.

قِتَالٌ فِيهِ كَبِيرٌ وَصَدٌّ عَنْ سَبِيلِ ٱللَّهِ وَكُفْرٌ بِهِ وَٱلْمَسْجِدِ ٱلْحَرَامِ وَإِخْرَاجُ أَهْلِهِ مِنْهُ أَكْبَرُ عِنْدَ ٱللَّهِ وَٱلْفِتْنَةُ أَكْبَرُ مِنَ ٱلْقَتْلِ

Combattre en ce mois, [c'est] un faute grave; mais détourner de la voie de Dieu, être incrédule en lui et à la sainteté de la mosquée vénérable, et en faire sortir ceux qui la visitent, [c'est]

ce troisième livre, en traitant des règles de la syntaxe, je ne m'astreins point à suivre le système analytique des grammairiens arabes. Ainsi, dans ces mots : ٱللَّهُ يَعْلَمُ, je considère ٱللَّهُ comme le sujet du verbe, tandis que, suivant ces grammairiens, le sujet, ou plutôt, pour m'exprimer comme eux, l'*agent* ٱلْفَاعِلُ du verbe est le pronom personnel هُوَ, virtuellement compris dans يَعْلَمُ. Je sais bien qu'il est très utile de connaître le système analytique adopté par les Arabes, et que, sans cette connaissance, on serait privé des secours précieux que nous offrent leurs commentateurs et les scholiastes; mais je réserve cette partie technique de l'enseignement pour le quatrième livre.

une faute encore bien plus grave aux yeux de Dieu. Semer la discorde [est] un mal plus grand que la mort.

91. Quoique les prépositions gouvernent le génitif, cependant on trouve quelquefois le nominatif après la préposition كَ *comme* (n° 1042, Iʳᵉ part.).

92. مُنْذُ et مُذْ, signifiant *depuis* et étant employés pour désigner une époque passée ou un intervalle de temps, sont suivis du nominatif. Ainsi l'on dit : مَا رَأَيْتُهُ مُذْ يَوْمُ ٱلْجُمْعَةُ *Je ne l'ai pas vu depuis vendredi*. Les mots مُذْ et مُنْذُ sont considérés alors comme des noms, et l'on suppose une ellipse; en sorte que le sens est : *Je ne l'ai pas vu ; le commencement de l'époque depuis laquelle j'ai cessé de le voir est le vendredi.* On peut aussi considérer مُذْ et مُنْذُ comme des prépositions, et les construire avec le génitif : alors ils sont synonymes de مِنْ *de,* s'il s'agit d'une époque passée, et de فِي *dans,* s'il s'agit d'une époque présente.

93. Il arrive très souvent que le complément objectif d'un verbe qui devrait être à l'accusatif, celui d'une préposition qui devrait être au génitif, ou le complément déterminatif d'un nom qui devrait aussi être au génitif, ainsi que nous le dirons plus bas, sont déplacés du lieu qui leur appartient dans la proposition et mis au commencement de la phrase : on les met alors au nominatif et ils sont remplacés, dans le lieu qu'ils devraient occuper naturellement, par un pronom personnel affixe. Ainsi l'on dit :

ٱللَّهُ لَهُ مَا فِي ٱلسَّمَوَاتِ وَعَلَى ٱلْأَرْضِ

Dieu, à lui appartient tout ce qui est dans le ciel et sur la terre.

ٱللَّهُ رَسُولُهُ عِنْدَكُمْ

Dieu, son apôtre est au milieu de vous.

مُوسَى ٱصْطَفَيْنَاهُ

Moïse, nous l'avons choisi.

Dans ces exemples, مُوسَى ٱصْطَفَيْنَاهُ, ٱللَّهُ رَسُولُهُ, ٱللَّهُ لَهُ مَا الخ remplacent ces expressions : ٱصْطَفَيْنَا مُوسَى, رَسُولُ ٱللَّهِ, لِلَّهِ مَا; et le sens est : *Tout ce qui est dans le ciel et sur la terre appartient à Dieu; L'apôtre de Dieu est au milieu de vous; Nous avons choisi Moïse.*

Mais cette manière de s'exprimer ajoute de l'énergie au discours et lui donne une sorte d'emphase, qu'on pourrait faire sentir, en français, en disant : *C'est à Dieu qu'appartient tout ce qui est dans le ciel et sur la terre; C'est l'apôtre de Dieu même qui est au milieu de vous : Moïse est celui que nous avons choisi.*(1)

Remarquez que مُوسَى, dans le dernier exemple, est nominatif, quoiqu'il ne diffère en rien de l'accusatif, ce nom étant du nombre de ceux qui ont les trois cas semblables.

Cette construction est encore celle qui a lieu dans l'exemple suivant:

وَمَا عَمِلَتْ مِنْ سُوءٍ لَوَدَّتْ أَنَّ بَيْنَهَا وَبَيْنَهُ أَمَدًا بَعِيدًا

Ce qu'elle (l'âme) *aura fait de mal, elle serait, certes, bien contente s'il y avait un grand intervalle entre cela et elle* (c'est-à-dire *elle voudrait bien, au jour du jugement, qu'il y eût un grand intervalle entre elle et les péchés dont elle s'est rendue coupable).*

Observez que مَا *ce que* équivaut à ٱلشَّيْءِ ٱلَّذِي *la chose que*.

94. Il résulte de là qu'une même proposition semble avoir deux sujets grammaticaux, parce qu'il y a deux noms, indépendants l'un de l'autre, au nominatif : *Deus, apostolus ejus inter vos*. Mais il n'y a réellement qu'un sujet; et le mot mis au nominatif d'une manière absolue, qui semble ne pas appartenir à la proposition, et être, si je puis m'exprimer ainsi, comme

---

(1) Voyez, sur l'usage de cette construction énergique dans la langue hébraïque, Sal. *Glassii Philologia sacra*, de l'édition donnée par Dathe, t. I, p. 68 et 69. Glassius appelle cette construction *nominatif absolu*.

un hors-d'œuvre, et qui se place toujours à la tête de la proposition et avant le sujet, est le véritable complément, représenté par le pronom personnel, qui fait la fonction de complément grammatical. Ainsi, dans cette proposition اَللّٰهُ رَسُولُهُ عِنْدَكُمْ *Dieu, son apôtre est au milieu de vous (Deus, apostolus ejus inter vos)*, dont le sens est *l'apôtre de Dieu est au milieu de vous (apostolus Dei est inter vos)*, le vrai sujet grammatical est رَسُولُ *l'apôtre*; le sujet logique est رَسُولُ اَللّٰهِ *l'apôtre de Dieu*; quant à اَللّٰهُ *Dieu*, mis au nominatif, c'est le complément logique de رَسُولُ *l'apôtre*.

95. Le nominatif s'emploie souvent pour exprimer le vocatif. Je me contente d'indiquer ici cet usage, parce que je traiterai séparément de la manière d'exprimer en arabe le compellatif.

96. Il survient fréquemment au commencement de la proposition, devant le sujet ou devant le mot qui devrait être mis au nominatif absolu, certaines conjonctions ou autres particules indéclinables qui exigent qu'on substitue l'accusatif au nominatif, comme on le verra dans peu.

§ 2 — DU GÉNITIF

97. Le génitif s'emploie pour caractériser les noms qui servent de compléments à d'autres noms ou à des prépositions. Ce caractère autoriserait à désigner ce cas sous le nom de *cas complémentaire* (n° 899, Ire part.).

98. La signification vague des noms appellatifs est souvent déterminée, restreinte ou modifiée par un autre nom; comme quand on dit *une table de pierre, le Livre de Dieu, le fils de Paul*: les deux noms sont alors en *rapport*; et dans ce rapport, que l'on nomme إِضَافَةٌ *annexion* (n° 924, Ire part.), le nom dont on veut déterminer, restreindre ou modifier la signification est *l'antécédent* اَلْمُضَافُ, et celui qui opère cette détermination est le *conséquent* ou le *complément* : اَلْمُضَافُ إِلَيْهِ.

Pour désigner ce complément, on emploie en arabe le génitif.

99. La détermination exprimée par le génitif peut être fondée sur une infinité de rapports différents.

Rapport d'une qualité à celui en qui elle se trouve : حِكْمَةُ ٱللّٰهِ *la sagesse de Dieu.*

Rapport de la forme à la matière : بَيْضَةُ فِضَّةٍ *un œuf d'argent.*

Rapport de la matière à la forme : فِضَّةُ ٱلدَّرَاهِمِ *l'argent des dirhems.*

Rapport de la cause à l'effet : خَالِقُ ٱلْأَرْضِ *le Créateur de la terre.*

Rapport de l'effet à la cause : حَرُّ ٱلشَّمْسِ *la chaleur du soleil.*

Rapport de la partie au tout : رَأْسُ ٱلْحِكْمَةِ *le commencement de la sagesse.*

Rapport du tout à ses parties : كُلُّ ٱلْمَخْلُوقَاتِ *la totalité des choses créées.*

Rapport de la chose possédée au possesseur : خَزِينَةُ ٱلسُّلْطَانِ *le trésor du sultan.*

Rapport du possesseur à la chose possédée : سُلْطَانُ ٱلْبَرِّ وَٱلْبَحْرِ *le sultan de la terre et de la mer.*

Rapport de l'action à l'objet : خَلْقُ ٱلسَّمَاءِ *la création des cieux.*

Rapport de l'agent à l'objet : مُلَاقُوا رَبِّهِمْ *ceux qui iront à la rencontre de leur seigneur ;* ظَالِمُوا أَنْفُسِهِمْ *ceux qui font tort à leurs âmes ;* كَاتِبُ لِرِسَالَةٍ *celui qui a écrit la lettre.*

100. Tous ces rapports et leurs subdivisions sont partagés en deux classes par les grammairiens : ils les regardent tous comme renfermant la valeur de la préposition لِ *à,* ou celle de la préposition مِنْ *de.* Ils nomment les premiers مَا يُقَدَّرُ بِٱللَّامِ et les derniers مَا يُقَدَّرُ بِمِنْ.

Il faut pourtant ajouter que, dans bien des occasions, le rapport d'annexion renferme la valeur de la préposition فِي *dans,* ainsi qu'ils en conviennent, et que d'ailleurs cette analyse ne s'applique réellement qu'à l'annexion proprement dite, comme cela sera développé dans le quatrième livre.

101. Les mots كُلّ, جَمِيعُ *tout*, mettent aussi au génitif le nom qui leur sert de complément : mais il ne faut pas les considérer comme des adjectifs et comme effectivement synonymes du mot *tous (omnes, cuncti)*; ce sont de vrais noms qui signifient *totalité, universalité*. On dit donc : كُلُّ ٱلنَّاسِ *tous les hommes*; كُلُّ شَىْءٍ رَاجِعٌ إِلَى أَصْلِهِ *toute chose retourne à son origine*; ٱلْحَيَوَانَاتُ كُلُّهَا *tous les animaux*; ٱلنَّاسُ جَمِيعُهُمْ *tous les hommes*; à la lettre, *la totalité des hommes; l'universalité des choses; les animaux, la totalité d'eux; les hommes, l'universalité d'eux*.

أَىُّ et أَيَّةُ *lequel, laquelle*, est aussi un nom qui signifie *sorte, qualité*, avec une idée d'interrogation ou de doute. Ainsi, l'on dit أَىُّ ٱلنَّاسِ, c'est-à-dire *quoi d'hommes* ou *lequel des hommes*? لِيَبْلُوَهُمْ أَيُّهُمْ أَحْسَنُ عَمَلًا *pour éprouver qui sont ceux d'entre eux qui font de meilleures œuvres*; أَىُّ رَجُلٍ *quel homme*?

غَيْرُ, qui sert à excepter ou à rendre l'idée de privation, est proprement un nom qui signifie *différence, opposition*; aussi met-il son complément au génitif. Exemples : غَيْرُ مَخْلُوقٍ *incréé*, proprement *différence de ce qui est créé*; جَاءَ ٱلْوُزَرَاءُ وَٱلْقُضَاةُ وَغَيْرُهُمْ *les vizirs, les kadhis et autres personnes* (à la lettre *et différence d'eux*) *vinrent*.

102. Le génitif s'emploie encore pour indiquer un rapport de prééminence; il donne alors au mot qui le précède la signification superlative. Exemples : خَيْرُ ٱلْبَرِيَّةِ *la meilleure des créatures*; أَعْلَمُ ٱلْفَلَاسِفَةِ *le plus savant des philosophes*. Les mots خَيْرٌ et أَعْلَمُ, et tous ceux qui sont employés dans de semblables constructions, doivent être regardés comme des noms, ainsi

que je le dirai ailleurs : leur usage répond à peu près à celui du genre neutre des adjectifs latins, employé d'une manière absolue et sans concordance avec un nom exprimé ; c'est comme si l'on disait, en latin, *optimum creaturarum, doctissimum philosophorum,* au lieu de *optima creaturarum, doctissimus philosophorum.*

103. Le génitif s'emploie aussi comme déterminatif d'un adjectif ; mais il faut faire attention que l'adjectif renferme alors implicitement un nom qui sert de véritable antécédent au terme conséquent exprimé par le génitif. Ainsi, lorsque l'on trouve سَرِيعُ ٱلْحِسَابِ *prompt de calcul ;* شَدِيدُ ٱلْعِقَابِ *violent de châtiment,* il faut, pour se rendre raison de l'emploi du génitif, observer que ces expressions sont les équivalents de ذُو سُرْعَةِ ٱلْحِسَابِ *possesseur de la promptitude du calcul ;* ذُو شِدَّةِ ٱلْعِقَابِ *possesseur de la violence du châtiment.* De même, حَسَنُ ٱلْوَجْهِ *beau de visage,* هَدْيًا بَالِغَ ٱلْكَعْبَةِ *une victime qui arrive jusqu'à la Caâba,* كُلُّ نَفْسٍ ذَائِقَةُ ٱلْمَوْتِ *toute âme goûtera la mort,* sont les équivalents de ذُو بُلُوغِ ٱلْكَعْبَةِ , ذُو حُسْنِ ٱلْوَجْهِ et ذَائِقَةُ ذَوْقِ ٱلْمَوْتِ . Cet usage des adjectifs, et surtout des adjectifs verbaux ou noms d'agent, sera mieux développé par la suite.

104. Les noms propres, les surnoms et les sobriquets renferment souvent deux noms qui forment un rapport. J'appelle *noms propres* ce que les grammairiens arabes nomment عَلَمٌ ; *surnoms* ce qu'ils nomment كُنْيَةٌ et *sobriquets* ce qu'ils nomment لَقَبٌ . Les surnoms sont toujours composés des mots أَبُو *père,* أُمّ *mère,* أَخُو *frère,* ou autres semblables, et d'un complément. Les sobriquets, ou les *titres honorifiques* compris sous la même dénomination, sont tantôt simples, comme بَطَّةٌ , قَفَّةٌ , كُرْزٌ ,

tantôt composés, comme عَبْدُ ٱلدَّوْلَةِ, بَهَاءُ ٱلدِّينِ, أَنْفُ ٱلنَّاقَةِ, شَمْسُ ٱلْمَعَالِي. Il en est de même des noms, qui peuvent être ou simples, comme عُمَرُ *Omar,* مُحَمَّدٌ *Mohammed,* أَحْمَدُ *Ahmed,* ou composés, comme عَبْدُ ٱللّٰهِ *Abd Allah* (le serviteur de Dieu), عُبَيْدُ ٱللّٰهِ *Obéid Allah* (le petit serviteur de Dieu), عَبْدُ ٱلشَّمْسِ *Abd Alschems* (le serviteur du soleil), عَبْدُ ٱلْغَفَّارِ *Abd Algaffar* (le serviteur de celui qui pardonne). Il y a différentes espèces de noms propres composés, que l'on nomme إِسْنَادِيٌّ, مَزْجِيٌّ et إِضَافِيٌّ. La première, dont j'ai parlé ailleurs (nos 595 et 791, Ire part.), n'éprouve aucune déclinaison, et les deux mots demeurent invariables. Dans la seconde et dans la troisième, dont j'ai expliqué précédemment la nature (nos 789 et 790, Ire part.), le nom qui sert de complément se met au génitif, comme on le voit, pour la seconde espèce, dans عَبْدُ ٱلْغَفَّارِ et عُبَيْدُ ٱللّٰهِ, et pour la troisième, dans بَعَلْ بَكٍّ et حَضَرَ مَوْتَ. Dans cette troisième espèce, cependant, on peut considérer les deux parties du composé comme un seul mot [1]; et alors, le rapport cessant, la seconde partie n'est plus régie par la première, et le tout se décline sur la seconde déclinaison (no 912, Ire part.).

105. Dans les *surnoms,* كُنْيَةٌ, il y a toujours un rapport formé de deux noms, et, par conséquent, le second de ces noms est

[1] Pour les composés de cette troisième espèce, qui ont pour seconde partie وَيْهِ, particule qui est, je pense, d'origine persane, quoique les grammairiens arabes soient d'une opinion contraire, ils sont indéclinables, comme سِيبَوَيْهِ et عَمْرَوَيْهِ, le premier mot سِيبَ et عَمْرَ ayant toujours pour voyelle finale un *fatha,* et le second وَيْهِ un *kesra;* on les décline néanmoins quelquefois sur la seconde déclinaison, en disant au nominatif سِيبَوَيْهُ et, au génitif et à l'accusatif, سِيبَوَيْهَ. Les grammairiens qui admettent cette déclinaison forment aussi de ces noms des duels et des pluriels. Ceux qui ne l'admettent pas suppléent au duel et au pluriel comme pour les composés de l'espèce nommée إِسْنَادِيٌّ (no 912, Ire part.). Voyez le *Sihah,* à la racine وىه, et mon *Anthologie grammaticale arabe,* p. 40, 152 et 304.

toujours au génitif, comme dans ces exemples : اَبُو بَكْرٍ, اِبْنُ عِرْسٍ, اِبْنُ آوَى, أُمُّ ٱلْخَبَائِثِ. Il est indifférent que le premier des deux noms qui entrent dans cette composition soit pris dans son acception naturelle, comme dans أَبُو يَعْقُوبَ *le père de Yacoub,* surnom donné à un homme dont le fils se nomme *Yacoub,* ou dans une acception métaphorique, comme dans أَبُو ٱلْحُصَيْنِ, أَبُو ٱلْحِصْنِ, c'est-à-dire *le père de la forteresse,* ou *le père de la petite forteresse,* surnom donné au renard, parce qu'il se retire dans une tanière, et أُمُّ ٱلْخَبَائِثِ *la mère des péchés,* expression métaphorique qui veut dire *le vin.*

106. Enfin, dans les *sobriquets* ou *titres honorifiques* لَقَبٌ, quand ils sont composés de deux noms formant un rapport, le second se met au génitif. Exemples : زَيْنُ ٱلْعَابِدِينَ *la gloire des dévots ;* شَمْسُ ٱلْمَكَارِمِ *le soleil des vertus ;* فَخْرُ ٱلدَّوْلَةِ *l'honneur de l'État ;* بَهَاءُ ٱلدَّوْلَةِ وَٱلدِّينِ *la gloire de l'État et de la religion ;* تَاجُ ٱلْإِسْلَامِ *la couronne de l'islamisme ;* نِظَامُ ٱلْمُلْكِ *le bon ordre du royaume.*

107. Quelquefois les titres honorifiques sont composés d'un plus grand nombre de mots et renferment plusieurs rapports : alors, chacun des mots qui entrent dans leur composition se décline comme l'exige la nature du rapport. On en voit un exemple dans ce titre d'un khalife d'Égypte : ٱلظَّاهِرُ لِإِعْزَازِ دِينِ ٱللَّهِ, qui signifie *celui qui paraît pour honorer la religion de Dieu,* et dans lequel les trois mots إِعْزَازِ, دِينِ et ٱللَّهِ sont au génitif, le premier, إِعْزَازِ, comme régime de la préposition لِ, le second, دِينِ, comme complément de إِعْزَازِ, et le troisième, ٱللَّهِ, comme complément de دِينِ.

108. Les noms propres composés de l'espèce nommée تَضَمَّنِي,(1)

---

(1) Voyez la première partie, n° 595, p. 269 ; n° 936, p. 420, et n° 1188, p. 543.

DE LA SYNTAXE

s'il s'en rencontre quelques-uns, sont totalement indéclinables.

109. † Mais une autre observation importante, c'est que, le sobriquet devant être placé après le nom, on peut, quand le nom et le sobriquet ne sont chacun que d'un seul mot, mettre le sobriquet au génitif comme formant le complément du nom. Ainsi, en parlant d'un homme dont le nom est زَيْدٌ *Zéid* et le sobriquet كُرْزٌ *besace*, on dira زَيْدُ كُرْزٍ, comme on dit عَبْدُ ٱللَّهِ. Si cependant le nom avait un article, il ne pourrait plus y avoir de dépendance : ainsi l'on dirait ٱلْحَارِثُ كُرْزٌ, à cause que le nom *Alhareth* a un article ; car, comme nous le dirons ailleurs, le nom qui sert d'antécédent à un rapport formé de deux noms ne prend point d'article. (1)

---

(1) Suivant les grammairiens de Basra, dans le cas dont je parle, il faut absolument mettre le sobriquet au génitif, et l'on ne peut pas dire autrement que زَيْدُ كُرْزٍ et زَيْدُ بَطَّةٍ. Mais les grammairiens de Coufa permettent, en ce même cas, trois autres manières de s'exprimer : on peut, suivant eux : 1° faire concorder en cas le nom et le sobriquet, ce qui est la règle générale des *appositifs*, comme on le verra par la suite, et dire au nominatif سَعِيدٌ كُرْزٌ, au génitif سَعِيدٍ كُرْزٍ et à l'accusatif سَعِيدًا كُرْزًا ; 2° mettre le sobriquet au nominatif, à quelque cas que soit le nom, en sous-entendant وَهُوَ, comme سَعِيدًا كُرْزٌ, c'est-à-dire سَعِيدًا وَهُوَ كُرْزٌ ; 3° mettre le sobriquet à l'accusatif, à quelque cas que soit le nom, en sous-entendant ٱلْمُلَقَّبُ *surnommé* ou ٱلْمُسَمَّى *nommé*, comme بِسَعِيدٍ ٱلْمُسَمَّى كُرْزًا, c'est-à-dire مَرَرْتُ بِسَعِيدٍ كُرْزًا. Ebn Malec suit l'opinion des grammairiens de Basra, car il dit dans l'*Alfiyya* :

وَٱسْمًا أَتَى وَكُنْيَةً وَلَقَبًا   وَأَخِّرَنْ ذَا إِنْ سِوَاهُ صَحِبَا
وَإِنْ يَكُونَا مُفْرَدَيْنِ فَأَضِفْ   حَتْمًا وَإِلَّا أَتْبِعِ ٱلَّذِى رَدِفْ

« Le nom propre est ou un nom, ou un surnom, ou un sobriquet : quand le
« sobriquet est joint à un autre [nom ou surnom], mets-le le dernier. Si tous les

110. Les noms qui servent à la numération, depuis *trois* jusqu'à *dix*, et depuis *cent* et au-dessus, gouvernent le nom de la chose nombrée au génitif. Je traiterai séparément de la syntaxe des numératifs, ce qui me dispense d'en parler ici.

111. Le génitif sert encore à caractériser le terme conséquent de tout rapport qui a pour exposant une préposition; c'est-à-dire que les prépositions régissent leur complément au génitif. Les prépositions, ou les mots regardés comme prépositions, qui gouvernent le génitif sont عَنْ, عَلَى, حَتَّى, إِلَى, لِ, كَ, تَ, بِ, فِي, مِنْ, رُبَّ, حَاشَا, خَلَا, عَدَا et عَدَا, خَلَا, حَاشَا. Les trois mots عَدَا et خَلَا peuvent aussi être suivis de l'accusatif (n° 1061, Ire part.). Il faut joindre aux prépositions qui gouvernent le génitif la conjonction وَ, servant aux formules de serment (n° 1209, Ire part.), et la même conjonction وَ, nommée par les Arabes وَاوُ رُبَّ (n° 1103, Ire part.), c'est-à-dire وَ *tenant la place de* رُبَّ; la conjonction فَ, quand elle a la même valeur (n° 1206, Ire part.); et, enfin, مُنْذُ et مُذْ, employés comme prépositions (n° 1078, Ire part.), ainsi que dans ces exemples: مُنْذُ ٱلسَّنَةِ *depuis cette année-ci*, مُذْ ٱلْيَوْمِ *depuis aujourd'hui*.

Les adverbes قَدْ et قَطْ, signifiant *il suffit*, peuvent aussi gouverner un complément au génitif.[1]

112. Par la même raison, les prépositions, lorsqu'elles ont

« deux sont simples, construis-les, sans exception, à la manière des noms en
« rapport d'annexion; sinon, fais concorder le second avec le premier, suivant
« les règles d'*apposition* (إِتْبَاعٌ).

(Man. ar. de la Bibl. du Roi, n° 1224, fol. 14 *recto*; et man. ar. de Saint-Germain, n° 465, fol. 19 *verso*.)

Voyez aussi ce que j'ai dit sur la forme de certains noms composés, n° 930, Ire part., p. 416, note 1.

[1] Voyez ce que j'ai dit ailleurs de l'adverbe هَا (n° 1256, Ire part.) et de l'interjection وَىْ (n° 1258, Ire part.).

pour compléments des pronoms personnels, exigent l'emploi des pronoms affixes. Exemples : إِلَيَّ *vers moi*, عَلَيْهِ *sur lui*, مِنْكَ *de toi*. Il faut excepter مُذْ, مُنْذُ et حَتَّى, qui ne prennent pas les affixes.

رُبَّ prend quelquefois l'affixe de la troisième personne, comme explétif (n° 1104, Ire part.).

كَ, préposition préfixe, admet rarement les affixes (n° 1041, Ire part.).

113. Le génitif, précédé de la préposition بِ, sert souvent à exprimer l'attribut, dans les propositions négatives. Exemple : وَمَا ٱللَّهُ بِغَافِلٍ عَمَّا تَعْمَلُونَ *Dieu n'ignore pas ce que vous faites* (n° 1036, Ire part.).

Cela semble avoir lieu aussi quelquefois dans les propositions affirmatives (n° 1036, Ire part.), mais c'est un cas très rare ; il y a même des grammairiens qui n'admettent point cela et qui ont recours à une autre analyse, pour expliquer cet usage de la préposition بِ.

114. Il arrive aussi quelquefois que le nom qui semblerait devoir être au nominatif, comme faisant fonction de sujet d'un verbe, est mis au génitif, servant de complément à la préposition بِ (n° 1036, Ire part.). C'est ainsi qu'on dit : يَكْفِى بِٱللَّهِ نَصِيرًا *Dieu suffit pour défenseur*, ce qui revient à peu près à la locution française *il suffit de Dieu pour défenseur*.

115. Le génitif servant de complément à la préposition مِنْ s'emploie aussi quelquefois pour exprimer soit le sujet qui devrait être au nominatif, soit le complément direct du verbe, lequel devrait être à l'accusatif (n° 1082, Ire part.). Exemples :

مَا مِنْ دَابَّةٍ إِلَّا هُوَ آخِذٌ بِنَاصِيَتِهَا

Il n'y a point d'animal marchant [sur la terre] qu'il (Dieu) *ne tienne par les cheveux qui tombent sur le front.*

مَا تَسْبِقُ مِنْ أُمَّةٍ أَجَلَهَا

Il n'y a aucun peuple qui puisse devancer le terme qui lui a été fixé.

Il est évident que, dans ces exemples, مِنْ أُمَّةٍ et مِنْ دَابَّةٍ sont la même chose que دَابَّةٌ et أُمَّةٌ; mais il y a ici plutôt ellipse d'un antécédent, comme شَيْءٍ ou أَحَدٌ, que pléonasme de la préposition مِنْ.

116. Au reste, toutes ces locutions, soit elliptiques, soit pléonastiques, ne présentent rien de particulier ou d'anomal par rapport à l'usage des cas, et j'ai eu soin de les faire remarquer dans la première partie, en traitant des particules.

117. L'interposition du mot مَا entre une préposition et son complément ne change rien à la dépendance, et le complément doit toujours être mis au génitif (n° 1180, Ire part.). Ex. :

فَبِمَا رَحْمَةٍ مِنَ ٱللَّهِ لِنْتَ لَهُمْ

Par une miséricorde de Dieu, tu as usé de douceur envers eux.

فَبِمَا نَقْضِهِمْ مِيثَاقَهُمْ

Parce qu'ils ont enfreint leur engagement.

عَمَّا قَلِيلٍ لَيُصْبِحُنَّ نَادِمِينَ

Dans peu, certes, ils se repentiront.

مِمَّا خَطِيئَاتِهِمْ أُغْرِقُوا

A cause de leurs péchés, ils ont été submergés.

Le mot مَا doit être regardé alors comme explétif.

§ III — DE L'ACCUSATIF

118. L'accusatif, dans la langue arabe, sert à deux usages principaux : il indique les compléments immédiats des verbes transitifs et il forme des expressions adverbiales qui expriment une multitude de termes circonstanciels ou de compléments indirects ou accidentels. A raison de cette dernière fonction, qui est propre à ce cas, la dénomination de *cas adverbial* lui conviendrait très bien (n° 899, Ire part.).

119. Le nom qui sert de complément objectif à un verbe transitif (n° 251, Ire part.) se met à l'accusatif. Dans ce rapport, dont le verbe est l'antécédent et le nom le conséquent, la terminaison de l'accusatif sert d'exposant, c'est-à-dire qu'elle indique la nature de ce rapport, qui est un rapport de l'agent ou de l'action à l'objet. Exemple :

لَمْ يَشْرَبْ خَمْرًا قَطُّ

Il n'a jamais bu de vin.

120. Les verbes doublement transitifs,[1] c'est-à-dire qui ont deux compléments objectifs, les mettent tous deux à l'accusatif. Exemples :

زَوَّجْتُ زَيْدًا ٱبْنَةَ أَخِي

J'ai donné en mariage à Zéid la fille de mon frère.

سَقَوْا زَيْدًا خَمْرًا مَسْمُومَةً

Ils ont donné à boire à Zéid du vin empoisonné.

121. Le verbe abstrait كَانَ, qui exprime l'existence du sujet et son rapport à un attribut quelconque (n° 246, Ire part.), et qu'on appelle dans ce cas-là نَاقِصَةٌ *incomplet,* exige que cet attribut soit mis à l'accusatif. Exemples :

لَا يَكُونُ ٱلْحَكِيمُ حَكِيمًا حَتَّى يَغْلِبَ جَمِيعَ شَهَوَاتِهِ

Le sage ne sera point sage, jusqu'à ce qu'il dompte toutes ses passions.

أَئِذَا كُنَّا عِظَامًا وَرُفَاتًا أَئِنَّا لَمَبْعُوثُونَ

---

[1] Il faut se souvenir que je n'appelle *transitifs* que les verbes qui gouvernent leur complément immédiatement et sans l'intervention d'aucune préposition ; et de même j'entends par *verbe doublement transitif* le verbe qui régit immédiatement deux compléments. Ainsi, en latin, *discere* est, pour moi, un verbe transitif, et *docere* un verbe doublement transitif.

Quoi donc! lorsque nous serons devenus des os et de la poussière, serons-nous ressuscités?

كُونُوا حِجَارَةً أَوْ حَدِيدًا

Soyez des pierres ou du fer.

122. Le verbe كَان, ainsi que le verbe *être* en français, est quelquefois employé comme verbe attributif et signifie *exister, être existant,* ce qui lui fait donner alors la dénomination de تَامَّة *complet* : dans ce cas, il n'y a point d'attribut distinct du verbe; le sujet se met toujours au nominatif, comme celui de tout autre verbe (n° 94), et l'on doit bien se garder de le considérer comme attribut. Exemple :

وَإِنْ لَمْ يَكُنْ لَهُ وَلَدٌ وَوَرِثَهُ أَبَوَاهُ فَلِأُمِّهِ ٱلثُّلُثُ فَإِنْ كَانَ لَهُ إِخْوَةٌ فَلِأُمِّهِ ٱلسُّدُسُ

S'il n'a pas d'enfant, et que ses père et mère héritent de lui, en ce cas la mère aura le tiers de la succession; mais s'il laisse des frères, sa mère aura un sixième.

Le texte signifie à la lettre : *Si aucun n'est à lui... si des frères sont à lui...* ; et l'on voit que les mots وَلَدٌ *enfant* et إِخْوَةٌ *frères* sont le sujet de la proposition, et non l'attribut : aussi sont-ils au nominatif. (1)

---

(1) Il n'est pas rare de trouver dans les livres arabes, soit manuscrits, soit imprimés, des fautes contre les deux règles que l'on vient d'exposer. Tantôt l'attribut, après le verbe كَان, se trouve au nominatif, comme لَوْ كَانَ ٱلنَّاسُ كُلُّهُمْ عِقَالٌ خَرِبَتِ ٱلدُّنْيَا *Si tous les hommes étaient sages, le monde serait détruit* (Erpénius, *Grammaire arabe,* édit. de 1656, p. 49); عِقَالٌ est une faute; il fallait عِقَالًا. Autre exemple : لَا عِلْمَ إِلَّا مَا كَانَ مَكْتُومٌ فِي ٱلصَّدْرِ *Il n'y a de vraie science que ce qui est caché dans l'esprit* (ibid., p. 54); مَكْتُومٌ est une faute pour مَكْتُومًا. Tantôt (et ceux qui n'ont pas bien étudié la gram-

DE LA SYNTAXE

Quelquefois l'attribut est placé avant le verbe كَانَ : mais cela ne change rien à la règle de dépendance, et l'attribut se met toujours, en ce cas, à l'accusatif. Exemple : كَبِيرًا كَانَ أَوْ صَغِيرًا *qu'il soit grand ou petit.*

123. Il y a dans la langue arabe, comme je l'ai déjà dit ailleurs (n° 248, Ire part.), plusieurs verbes qui renferment l'idée

maire tombent bien plus souvent dans cette faute), le sujet du verbe كَانَ est pris pour l'attribut et mis à l'accusatif : ainsi on lit dans l'ouvrage intitulé *Pars versionis arabicæ libri Colaila*, p. 2: وَمِنْ أَمْثَالِ ذَلِكَ أَنَّهُ كَانَ تَاجِرًا وَكَانَ لَهُ بَنُونَ ثَلَاثَةٌ *Un des exemples de cela, c'est qu'il était un marchand qui avait trois fils.* تَاجِرًا est une faute; il faut تَاجِرٌ ; comme on lit ensuite بَنُونَ : l'affixe du mot أَنَّهُ ne fait point ici fonction de sujet; il est ce que les Arabes appellent ضَمِيرُ الشَّأْنِ, et la manière dont ils analysent ces sortes d'expressions et que j'exposerai plus tard prouve qu'il faut lire تَاجِرٌ au nominatif, comme sujet ou agent فَاعِلٌ du verbe كَانَ. Il en est autrement dans ce passage de l'Alcoran (sur. 4., vers. 26) : *N'épousez point les femmes qui ont été mariées à vos pères,* إِنَّهُ كَانَ فَاحِشَةً وَمَقْتًا *car cette chose est une abomination et une horreur;* c'est qu'ici l'affixe de أَنَّهُ équivaut à ذَلِكَ *cela.*

J'ai remarqué, dans l'Alcoran, un exemple qui semble d'abord contraire à ce que je dis ici. On y lit (sur. 7, vers. 80) : وَمَا كَانَ جَوَابَ قَوْمِهِ إِلَّا أَنْ قَالُوا, ce qui semble devoir être traduit ainsi : *Et la réponse de son peuple ne fut autre que de dire;* mais il faut reconnaître là une faute et lire جَوَابُ, ou il faut supposer, avec Béidhawi, qu'il y a ellipse du sujet, de شَيْءٌ, par exemple, et que le sens est *aucune chose ne fut la réponse de son peuple* (c'est-à-dire *ne fut répondue par son peuple*), *si ce n'est qu'ils dirent;* alors جَوَابَ est attribut et كَانَ verbe abstrait. Béidhawi dit :

مَا جَاؤُوا بِمَا يَكُونُ جَوَابًا عَنْ كَلَامِهِ وَلَـكِنْ قَابَلُوا نُصْحَهُ بِالْأَمْرِ بِإِخْرَاجِهِ فِيمَنْ مَعَهُ مِنَ الْمُؤْمِنِينَ مِنْ قَرْيَتِهِمْ

« Ils ne dirent rien qui pût être considéré comme une réponse à ses discours;

de l'existence, exprimée avec abstraction de tout attribut déterminé, mais modifiée seulement par quelque circonstance de temps, de durée, de localité, d'antériorité, de postériorité, de continuité, etc. Il arrive même souvent qu'on fait abstraction de cette idée modificative et qu'on emploie ces verbes comme de vrais synonymes du verbe abstrait كَانَ : aussi les grammairiens arabes les appellent-ils أَخَوَاتُ كَانَ *les sœurs du verbe* كَانَ. [1] De quelque manière, au surplus, qu'on les emploie, ils ne renferment pas proprement un attribut. Ces verbes sont : أَسْفَرَ et صَارَ آضَ *devenir*, أَمْسَى *être au soir*, أَصْبَحَ *être au matin*, être au lever de l'aurore, أَضْحَى *être vers le milieu de la matinée*, ظَلَّ *être pendant toute la durée du jour*, بَاتَ *être pendant toute la durée de la nuit*, لَيْسَ *n'être pas*, مَا زَالَ *être encore, être continuellement*, دَامَ *durer, persévérer à être*, مَا بَرِحَ, مَا فَتِئَ, مَا ٱنْفَكَّ *ne pas cesser, être sans discontinuer*, etc. Tous ces verbes, étant suivis d'un attribut, le mettent à l'accusatif. Ex. :

لَا تَعُدَّ نَفْسَكَ مِنَ ٱلنَّاسِ مَا دَامَ ٱلْغَضَبُ غَالِبًا عَلَيْكَ

Ne te compte pas au nombre des hommes, tant que la colère te dominera.

« mais ils reconnurent les bons avis qu'il leur donnait par un ordre de le faire
« sortir de leur ville, lui et les croyants qui étaient avec lui. »

On trouve de même dans l'Alcoran وَمَا كَانَ قَوْلَهُمْ إِلَّا أَنْ قَالُوا (sur. 3, vers. 147).

On peut aussi considérer إِلَّا أَنْ قَالُوا comme le vrai sujet ou *agent* فَاعِل du verbe كَانَ.

[1] On dit, dans ce cas et les autres semblables, *les sœurs*, et non *les frères*, parce que, comme je l'ai dit ailleurs, les mots tels que كَانَ, ou les particules, comme لَا, لَيْتَ, etc., quand on les considère uniquement comme des mots, abstraction faite de leur signification, sont censés être du genre féminin.

DE LA SYNTAXE

أَصْبَحْتُمْ بِنِعْمَةِ ٱللَّهِ إِخْوَانًا

Vous vous êtes trouvés frères, au matin (c'est-à-dire unis d'une amitié fraternelle), par la miséricorde de Dieu.

فَتُصْبِحُ فِي مَكَرِّهِمْ صَرِيعًا وَتُصْبِحُ طُرْقَةَ ٱلضَّبُعِ ٱلسِّغَابِ

Tu seras renversé par terre dans l'arène où ils combattent, et tu deviendras, au matin, la proie des hyènes affamées.

124. Remarquons, en passant, que comme les Arabes n'ont pas de verbe qui réponde précisément à notre verbe *avoir*, ils y suppléent par le verbe كَانَ. Ainsi, au lieu de dire *un roi avait un vizir, mon père avait un chameau*, ils disent *un roi, un vizir était à lui*, مَلِكٌ كَانَ لَهُ وَزِيرٌ ; *mon père, un chameau était à lui*, أَبِي كَانَ لَهُ جَمَلٌ, ou bien *un chameau était à mon père*, كَانَ لِأَبِي جَمَلٌ.

125. Il y a plusieurs conjonctions et autres particules qui, étant placées devant un nom, lequel devrait être au nominatif parce qu'il fait la fonction de sujet d'une proposition ou parce qu'il est placé en avant de la proposition, ainsi qu'il a été dit ci-devant (n° 98), et qu'il n'est sous l'influence d'aucun antécédent, exigent qu'on le mette à l'accusatif. Ces particules sont les conjonctions إِنَّ *car*, أَنَّ *que*, لَكِنَّ *mais*; l'adverbe conjonctif كَأَنَّ *comme si*; les adverbes لَيْتَ *plût à Dieu que*, [1] لَعَلَّ et عَلَّ *peut-être*. Exemples :

إِنَّ ٱللَّهَ غَفُورٌ رَحِيمٌ

Dieu est indulgent et clément.

---

(1) Nous apprenons de Djewhari que لَيْتَ, chez quelques Arabes, exerçait son influence sur le sujet et l'attribut et les régissait l'un et l'autre à l'accusatif. C'est d'après cela qu'un poète a dit :

يَا لَيْتَ أَيَّامَ ٱلصِّبَا لَنَا رَوَاجِعَ

Plût à Dieu que les jours de la jeunesse revinssent pour nous !

تَوَدُّ لَوْ أَنَّ بَيْنَهَا وَبَيْنَهُ أَمَدًا بَعِيدًا

Elle serait bien aise s'il y avait entre elle et lui un grand espace.

زَيْدٌ قَائِمٌ لٰكِنَّ مُحَمَّدًا جَالِسٌ

Zéid est debout, mais Mohammed est assis.

كَأَنَّ زَيْدًا أَسَدٌ

Comme si Zéid était un lion.

وَلَيْتَ ٱللَّيْلَ لَمْ يَكُنْ فَارِقًا ذَرَاهُمْ

Et plût à Dieu que la nuit ne se fût pas retirée de dessus leurs demeures.

وَمَا يُدْرِيكَ لَعَلَّ ٱلسَّاعَةَ قَرِيبٌ

Et qu'est-ce qui t'apprend [si] peut-être l'heure (de la résurrection) est proche?

وَلٰكِنَّ ٱلْمُنَافِقِينَ لَا يَفْقَهُونَ

Mais les hypocrites ne comprendront pas.

126. Pour que l'influence de ces particules s'exerce, il faut que le nom suive immédiatement la particule, ou du moins qu'il n'en soit séparé que par une préposition avec son complément : si le complément de la préposition est complexe, la particule n'en conserve pas moins son influence. Exemples :

أَئِنَّكُمْ لَتَشْهَدُونَ أَنَّ مَعَ ٱللّٰهِ آلِهَةً أُخْرَى

Rendrez-vous donc témoignage qu'il y a d'autres dieux que Dieu?

إِنَّ بِٱلشِّعْبِ ٱلَّذِي دُونَ سَلْعٍ لَقَتِيلًا

Certes, dans cette vallée qui est un peu avant Sela, il y a un mort.

يَا لَيْتَ بَيْنِي وَبَيْنَكَ بُعْدَ ٱلْمَشْرِقَيْنِ

Plût à Dieu qu'il y eût entre moi et toi la distance qu'il y a entre les deux orients (c'est-à-dire l'orient d'été et l'orient d'hiver, ou bien entre l'orient et le couchant)!

Quelquefois, après la particule إِنْ, le sujet est encore précédé de l'adverbe affirmatif لَ; ce qui n'empêche pas qu'on ne mette le sujet à l'accusatif, comme on le voit dans l'exemple précédent et dans celui-ci :

إِنَّ فِي ذَلِكَ لَعِبْرَةً لِأُولِي ٱلْأَبْصَارِ

Car il y a en cela, certes, un sujet de réflexion pour les hommes qui ont du jugement.

127. Quand ces mêmes particules prennent à la fin le monosyllabe مَا, comme إِنَّمَا, كَأَنَّمَا, لَيْتَمَا, لَعَلَّمَا et لَكِنَّمَا, elles perdent leur influence sur le nom qui les suit : le mot مَا, en ce cas, est explétif, et on le nomme مَا كَافَّةٌ *ma qui empêche,* parce qu'il empêche ces particules d'exercer aucune influence sur le nom qui les suit (n° 1182, Ire part.). On peut cependant, après لَيْتَمَا, mettre le nom à l'accusatif, en conservant au mot لَيْتَ son influence.

128. L'adverbe négatif لَا, lorsqu'il est employé pour nier, non l'attribution d'une qualité à un sujet, mais l'existence même d'une chose, soit d'une manière générale et absolue, soit dans un lieu ou dans des circonstances données, régit ordinairement à l'accusatif le nom qui le suit : dans ce cas, l'accusatif perd sa voyelle nasale ; mais il faut, pour que لَا exerce cette influence : 1° que le nom qui suit لَا ne soit ni un nom défini par sa nature, comme un nom propre, ni un nom appellatif restreint par l'article ٱلْ ou par un complément ; 2° que le nom suive immédiatement la négation. Exemples :

ذَلِكَ ٱلْكِتَابُ لَا رَيْبَ فِيهِ

C'est ici le Livre au sujet duquel il n'y a pas de doute.

لَا إِلَهَ إِلَّا ٱللَّهُ

Il n'y a pas de dieu si ce n'est Dieu.

DE LA SYNTAXE

لَا إِنْسَانَ فِي ٱلدَّارِ

Il n'y a aucun homme dans la maison.

On dirait, au contraire, لَا فِي ٱلدَّارِ إِنْسَانٌ, le mot إِنْسَانٌ étant séparé de لَا par le terme circonstanciel فِي ٱلدَّارِ.

129. Les deux particules négatives مَا et لَا, étant jointes à un sujet et à un attribut qui constituent deux parties distinctes de la proposition, et qui sont liés l'un à l'autre par l'idée de l'existence, ou, ce qui est la même chose, par le verbe abstrait sous-entendu, gouvernent l'attribut à l'accusatif. Exemples : لَا رَجُلَ حَاضِرًا *Il n'y a point d'homme qui soit présent ici*; مَا زَيْدٌ قَائِمًا *Zéid n'est pas debout*. (1)

130. Ce que nous venons de dire de l'influence grammaticale particulière à لَا quand cet adverbe nie l'existence, et de celle qui est commune aux deux adverbes négatifs لَا et مَا quand ils sont suivis d'un sujet et d'un attribut, est subordonné à certaines conditions restrictives que nous croyons devoir réserver pour le chapitre où nous traiterons spécialement de la syntaxe des particules. Nous nous bornerons ici à bien établir la différence qui existe entre les deux cas où l'adverbe négatif لَا exerce une influence grammaticale sur l'un des deux termes de la proposition qui lui est subordonnée.

131. Pour sentir cette différence, il faut observer que, dans le

---

(1) Béidhawi, sur ce passage de l'Alcoran مَا هَذَا بَشَرًا *celui-ci n'est pas un homme* (sur. 12, vers. 32), remarque que بَشَرًا est mis à l'accusatif suivant le dialecte du Hedjaz, dans lequel on construit مَا comme لَيْسَ, parce que l'un et l'autre servent à nier une circonstance d'état, et il ajoute que d'autres lisent بَشَرٌ, suivant le dialecte de Témim. Voici ses propres paroles :

هُوَ عَلَى لُغَةِ ٱلْحِجَازِ فِي إِعْمَالِ مَا عَمَلَ لَيْسَ لِمُشَارَكَتِهِمَا فِي نَفْيِ ٱلْحَالِ وَقُرِئَ بَشَرٌ عَلَى لُغَةِ تَمِيم

premier, cette négation est l'équivalent de *il n'y a point*, c'est-à-dire d'une négation et du verbe كَانَ, signifiant l'existence réelle et faisant fonction de verbe concret ; en sorte que, comme on l'a déjà dit, dans cette construction la négation nie absolument *l'existence du sujet;* dans le second cas, au contraire, les négations مَا et لَا équivalent à une négation et au verbe كَانَ, faisant fonction de verbe abstrait ou, ce qui est la même chose, au verbe négatif لَيْسَ (n° 585, Ire part.), en sorte qu'elles ne nient que *la relation de l'attribut au sujet.* Aussi, les grammairiens arabes nomment-ils l'adverbe négatif لَا, dans le premier cas, نَفْيُ ٱلْجِنْسِ *négation du genre;* et, dans le second cas, ils appellent la négation نَفْيُ حَالٍ *négation de circonstance d'état,* ou نَفْيٌ بِمَعْنَى لَيْسَ, c'est-à-dire *négation synonyme du verbe* LEISA.

132. La particule وَ, étant employée comme synonyme de مَعَ (n° 1211, Ire part.), et signifiant *avec*, met le nom qui la suit à l'accusatif. Exemples : أُسْكُنْ أَنْتَ وَزَوْجُكَ ٱلْجَنَّةَ *Habite ce jardin avec ta femme;* et مَا لَكَ وَزَيْدًا *Qu'as-tu de commun avec Zéid?* (Voir appendice.)

133. La particule إِلَّا *sinon*, les prépositions عَدَا خَلَا, حَاشَا et *excepté*, et plusieurs autres mots qui servent à faire exception exigent, dans certains cas, qu'on mette le nom qui les suit à l'accusatif; mais comme ils n'exercent cette influence que dans quelques circonstances, que dans d'autres ils sont suivis du nominatif ou du génitif, et que cette manière exige d'assez longs détails, nous en traiterons dans un chapitre séparé.

134. Les noms qui servent à la numération, depuis *onze* jusqu'à *quatre-vingt-dix-neuf*, mettent le nom de la chose nombrée à l'accusatif. Je me contente ici de renvoyer au chapitre où je traiterai de la syntaxe des numératifs.

135. Les noms indéclinables numératifs كَأَيٍّ ou كَأَيِّنْ, كَمْ *combien?* mettent aussi le nom qui les suit à l'accusatif. Exemples :

كَمْ دِرْهَمًا أَخَذْتَ *Combien de dirhems as-tu reçus?* كَايِنْ رَجُلًا قُتِلُوا *Combien d'hommes ont été tués?* Il en est de même de كَذَا, qui signifie *tant de*.

Si cependant, avant le nom indéclinable numératif ou avant la chose nombrée qui suit ce nom, il survient une préposition, la chose nombrée se met au génitif, comme complément du nom indéclinable, dans le premier cas; et, dans le second, comme complément de la préposition. Exemples : بِكَمْ دِرْهَمٍ *Pour combien de dirhems?* كَايِنْ مِنْ رَجُلٍ *Combien d'hommes?* Si les mots indéclinables dont nous venons de parler sont employés non d'une manière interrogative, mais énonciativement, le nom qui exprime la chose nombrée se met au génitif singulier ou pluriel. Exemple : لَا أَدْرِي كَمْ رِجَالٍ قَتَلْتَ *Je ne sais pas combien d'hommes tu as tués.* On peut dire aussi كَمْ رَجُلٍ.

Ces mots كَذَا, كَأَيِّ, كَايِنْ, كَمْ et quelques autres sont du nombre de ceux que les grammairiens arabes nomment كِنَايَاتٌ *expressions substituées* ou *métonymies* (nos 954 et 958, Ire part.).

On les comprend aussi, avec les articles démonstratifs et les adjectifs conjonctifs, parmi les noms d'une *signification vague et indéterminée,* مُبْهَمَةٌ, parce que leur signification demeure vague, jusqu'à ce qu'elle soit déterminée par le nom qui indique de quelle espèce de chose il s'agit : aussi ce nom s'appelle-t-il alors مُمَيِّزٌ *déterminatif.* (1)

---

(1) J'ai déjà observé, quant à كَذَا, que ce mot peut devenir le complément d'un rapport d'annexion; dans ce cas, il est virtuellement au génitif, et le nom qui lui sert d'antécédent perd sa voyelle nasale, ainsi que cela a lieu dans tous les rapports d'annexion. C'est ainsi que, dans la *Vie de Timour,* on lit (t. I, p.630) : وَقَدْ أَخَذْتُ بِلَادَ كَذَا وَكَذَا *J'ai subjugué telles et telles contrées.* L'auteur dit بِلَادَ et non بِلَادًا.

136. Les noms de mesure, comme قَفِيزٌ *boisseau*, etc., mettent le nom de la chose mesurée à l'accusatif. Exemples: ذِرَاعَانِ جَوْخًا *deux aunes de drap*; رَطْلَانِ زَيْتًا *deux livres d'huile*. Dans cette construction, le nom qui sert d'antécédent ne perd pas sa finale, le conséquent étant considéré non comme le complément, mais comme le déterminatif du nom de mesure. A cause de cela, ces sortes de noms sont appelés اِسْمٌ تَامٌّ *noms parfaits*.

On comprend encore sous cette dénomination les noms de dizaines, depuis عِشْرُونَ *vingt* jusqu'à تِسْعُونَ *quatre-vingt-dix*, parce qu'ils se comportent de même par rapport au nom de la chose nombrée, qu'ils mettent à l'accusatif, comme on le verra quand je parlerai de la syntaxe des numératifs.

137. L'accusatif sert souvent à exprimer le vocatif; je n'en parle point ici, parce que je traiterai, dans un chapitre séparé, des différentes manières d'exprimer le compellatif.

138. L'accusatif s'emploie encore dans certains cas, quand il y a exclamation ou que l'on déplore le malheur de quelque chose. J'en traiterai dans le même chapitre.

139. Outre toutes les différentes circonstances, dont nous avons parlé jusqu'ici, dans lesquelles est exigé l'emploi de l'accusatif, ce même cas sert généralement à indiquer, sous une forme adverbiale, tous les compléments circonstanciels ou déterminatifs qui pourraient être exprimés d'une manière plus développée, soit par une proposition conjonctive, soit par une préposition avec son complément. C'est surtout sous ce point de vue que l'accusatif doit être considéré comme un cas elliptique ou adverbial qui supplée, avec un avantage immense, aux adverbes proprement dits, dont le nombre est infiniment petit en arabe (n°s 1108 et 1110, Ire part.). En effet, il forme autant d'expressions adverbiales complexes ou incomplexes, ou de propositions adverbiales qu'il peut en être besoin pour exprimer toutes les circonstances modificatives du sujet, du verbe, de l'attribut ou de la proposition tout entière. Ceci exige quelques observations préliminaires.

140. J'appelle *expression adverbiale incomplexe* celle qui n'est composée que d'un seul mot mis à l'accusatif et qui renferme le sens d'une préposition et du même mot servant de complément à cette préposition; *expression adverbiale complexe* celle qui équivaut à une préposition et à un complément complexe. Enfin, il y a *proposition adverbiale* lorsque le mot mis à l'accusatif est l'équivalent d'un sujet et d'un attribut; elle peut être aussi *complexe* ou *incomplexe*.

Exemple d'une expression adverbiale complexe:

مَاتَ جُوعًا

Il mourut de faim.

Exemples d'une expression adverbiale incomplexe:

صُومُوا أَيَّامًا مَعْدُودَةً

Jeûnez un certain nombre de jours.

وَمِنَ ٱلنَّاسِ مَنْ يَشْرِى نَفْسَهُ ٱبْتِغَاءَ مَرْضَاةِ ٱللَّهِ

Parmi les hommes, il y en a qui livrent leur propre vie pour mériter la bienveillance de Dieu.

Exemple d'une proposition adverbiale incomplexe:

أَدْخُلُوا ٱلْبَابَ سُجَّدًا

Entrez par la porte, en adorant.

سُجَّدًا *en adorant* est pour وَأَنْتُمْ سُجَّدٌ *tandis que vous adorerez.*

Exemple d'une proposition adverbiale complexe:

وَهُوَ ٱلْحَقُّ مُصَدِّقًا لِمَا مَعَهُمْ

Ce [livre] est la vérité, confirmant la vérité des livres qu'ils possédaient déjà.

مُصَدِّقًا *confirmant* est pour وَهُوَ مُصَدِّقٌ *et il confirme.*

141. Il n'est aucune des circonstances où l'accusatif se trouve employé d'une manière absolue dont on ne puisse rendre raison de l'une de ces deux manières; et pour le faire voir, nous allons parcourir les différentes espèces de termes circonstanciels qui peuvent modifier les propositions ou quelqu'une de leurs parties.

142. *CIRCONSTANCES DE TEMPS*

غَدًا *demain,* ٱلْأَمْسِ *hier,* يَوْمًا *un jour,* ٱلْيَوْمَ *aujourd'hui.* Ex.:

صُومُوا أَيَّامًا مَعْدُودَةً

Jeûnez un certain nombre de jours.

قَتَلْتُهُ ٱلسَّنَةَ ٱلْمَاضِيَةَ

Je l'ai tué l'année dernière.

مَلَكَ عِشْرِينَ سَنَةً وَثَلَاثَةَ أَشْهُرٍ وَيَوْمًا وَاحِدًا

Il régna vingt ans trois mois et un jour.

143. *CIRCONSTANCES D'ÉTENDUE*

سَارُوا أَرْبَعَةَ أَمْيَالٍ

Ils marchèrent quatre milles.

سَارَ فَرْسَخَيْنِ وَإِلَّا ثَلَاثَةَ فَرَاسِخَ

Il marcha l'espace de deux ou trois parasanges.

144. *CIRCONSTANCES DE LIEU*

يَمِينًا *à droite,* يَسَارًا *à gauche,* بَرًّا وَبَحْرًا *par terre et par mer.*

Si les noms qui expriment des circonstances de lieu doivent prendre des compléments, ils deviennent les **antécédents** d'un rapport et perdent leur *tenwin;* le nom qui leur sert de **conséquent** se met alors au génitif. Exemples: وَرَاءَ ٱلْخَيْمَةِ *derrière la tente;* أَمَامَ ٱلْمَسْجِدِ *devant la mosquée.*

145. Les noms appellatifs qui désignent le lieu, la situation se mettent plus ordinairement à l'accusatif quand ils expriment une idée vague,[1] comme *devant, derrière, à droite, à gauche, en haut, en bas,* etc. (n° 1154, Ire part.).

[1] Les termes circonstanciels de temps et de lieu sont ce que les Arabes appellent مَفْعُولٌ فِيهِ; ils les nomment aussi ظَرْفٌ *vases*, mais seulement quand ils peuvent être exprimés sous forme adverbiale, par l'accusatif. Il y a certains cas où ils ne doivent pas être exprimés par l'accusatif; et s'il se trouve des exemples contraires, on doit les regarder plutôt comme des licences que comme des modèles à imiter. Voici donc ce qu'il faut observer :

1° Tout terme circonstanciel de temps, soit *vague*, مُبْهَمٌ, comme حِينًا *pendant quelque temps*, soit *défini*, مَحْدُودٌ, comme شَهْرًا *pendant un mois*, أَيَّامًا مَعْدُودَةً *pendant un petit nombre de jours*, se met bien à l'accusatif;

2° Tout terme circonstanciel de lieu *vague*, c'est-à-dire qui indique un lieu non par sa propre dénomination, mais par une dénomination qui a pour objet le rapport dans lequel il se trouve avec un autre lieu, se met aussi à l'accusatif, comme يَمِينًا, شَمَالًا, يَسَارًا, خَلْفَ, أَمَامَ, فَوْقَ, تَحْتَ, غَرْبِيَّ, *à droite, à gauche, derrière, devant, au-dessus, au-dessous, au couchant*; de même عِنْدَ *chez*, لَدَى *auprès*, وَسْطَ *au milieu*, etc.

Le plus grand nombre de ces mots ne peuvent pas s'employer sans un complément d'annexion, et c'est par cette raison qu'ils paraissent ici sans *tenwin*;

3° Tout nom de mesure itinéraire, comme مِيلٌ *mille*, فَرْسَخٌ *parasange*, se met encore à l'accusatif;

4° Au contraire, جَانِبٌ, جِهَةٌ, وَجْهٌ, خَارِجٌ *côté*, دَاخِلٌ et جَوْفٌ *extérieur*, *intérieur*, enfin tous les noms qui indiquent le lieu où se fait une action, comme مَسْجِدٌ *mosquée, lieu d'adoration*, مَقْتَلٌ *lieu où l'on tue*, مَضْرَبٌ *lieu où l'on bat*, mais qui ne désignent pas *un lieu de séjour*, بِمَعْنَى ٱلِٱسْتِقْرَارِ, ne doivent pas se mettre à l'accusatif. On ne doit pas dire أَكَلْتُ جَانِبَ ٱلدَّارِ *j'ai mangé dans un côté de la maison*, صَلَّيْتُ مَسْجِدَ ٱلنَّبِيِّ *j'ai prié dans la mosquée du prophète*, أَقَمْتُ مَقْتَلَ حُسَيْنٍ *je suis demeuré au lieu où a été tué Hoséin*, نِمْتُ خَارِجَ ٱلدَّارِ *j'ai dormi hors de la maison*; mais il faut dire

Lorsqu'ils expriment une idée plus précise, comme *la maison, le chemin, la mosquée,* on emploie plus volontiers une

أَكَلْتُ فِي جَانِبِ ٱلدَّارِ, صَلَّيْتُ فِي مَسْجِدِ ٱلنَّبِيِّ, أَقَمْتُ فِي مَقْتَلِ حُسَيْنٍ, نُمْتُ فِي خَارِجِ ٱلدَّارِ et

Quant aux noms qui signifient *lieu de séjour,* comme مَقَامٌ, مَكَانٌ, il faut faire une distinction : si le verbe ou autre mot dont ils sont un terme circonstanciel signifie lui-même *demeurer, séjourner,* comme قَامَ, أَقَامَ, *se tenir,* جَلَسَ, قَعَدَ *être assis,* on peut mettre le terme circonstanciel à l'accusatif; si le verbe ne signifie pas cela, mais exprime une autre sorte d'action, comme أَكَلَ *manger,* قَتَلَ *tuer,* on ne le peut pas. On dira donc bien قَعَدْتُ مَقَامَهُ *je m'assis à sa place*; mais on dira أَكَلْتُ فِي مَكَانِهِ *je mangeai à sa place.*

Ces observations, au reste, que j'emprunte d'un grammairien arabe, n'ont pour objet que les termes circonstanciels où l'exposant est la préposition فِي.

Voyez le مُغْرَبُ ٱلْأَظْهَارِ imprimé à Scutari, p. 49 et suiv., et mon *Commentaire sur les Séances de Hariri,* séance XIX, p. 190.

Djewhari expose la même doctrine dans le Sihah, à la racine دخل, et il ne sera pas inutile de transcrire ce passage, le texte de ce dictionnaire n'ayant pas été publié. Djewhari remarque d'abord qu'on dit دَخَلْتُ ٱلْبَيْتَ, tandis qu'on devrait dire دَخَلْتُ إِلَى ٱلْبَيْتِ, et il explique cette manière de s'exprimer en disant qu'on a mis le terme circonstanciel de lieu à l'accusatif, comme on y met le *complément direct* du verbe بِهِ ٱلْمَفْعُولُ; après quoi il justifie ainsi cette analyse:

لِأَنَّ ٱلْأَمْكِنَةَ عَلَى ضَرْبَيْنِ مُبْهَمٌ وَمَحْدُودٌ وَٱلْمُبْهَمُ نَحْوُ جِهَاتِ ٱلْجِسْمِ ٱلسِّتِّ خَلْفُ وَقُدَّامُ وَيَمِينُ وَشِمَالُ وَفَوْقُ وَتَحْتُ وَمَا جَرَى ذَلِكَ مِنْ أَسْمَاءِ هَذِهِ ٱلْجِهَاتِ نَحْوُ أَمَامَ وَوَرَاءَ وَأَعْلَى وَأَسْفَلَ وَعِنْدَ وَلَدُنْ وَوَسْطَ بِمَعْنَى بَيْنَ وَقُبَالَةَ فَهَذَا وَمَا أَشْبَهَ مِنَ ٱلْأَمْكِنَةِ يَكُونُ ظَرْفًا لِأَنَّهُ غَيْرُ مَحْدُودٍ أَلَا تَرَى أَنَّ خَلْفَكَ يَكُونُ قُدَّامًا لِغَيْرِكَ فَأَمَّا ٱلْمَحْدُودُ ٱلَّذِي لَهُ حِلْقَةٌ وَشَخْصٌ وَأَقْطَارٌ تَحُوزُهُ نَحْوُ ٱلْجَبَلِ وَٱلْوَادِي وَٱلسُّوقِ وَٱلدَّارِ وَٱلْمَسْجِدِ فَلَا يَكُونُ ظَرْفًا لِأَنَّكَ لَا

préposition. La chose, néanmoins, n'est pas absolument nécessaire ; et l'on peut leur donner la forme adverbiale, en les mettant à l'accusatif, pourvu que le sens exprimé ne soit pas celui de la préposition فِي ; mais cela doit être considéré comme des exceptions. J'en ai rapporté des exemples ailleurs (nº 1110, Ire part.).

146.   CIRCONSTANCES D'ÉTAT

Je comprends sous cette dénomination toutes les circonstances qui tendent à modifier ou à déterminer à une signification plus précise le sujet ou l'attribut, ou même les compléments du verbe, ou quelqu'un des termes circonstanciels.

147. 1º Circonstances de manière, d'état ou de situation relatives au sujet. Exemples :

ٱدْخُلُوا ٱلْبَابَ سُجَّدًا

Entrez par cette porte, en adorant.

وَلَا تَعْثَوْا فِي ٱلْأَرْضِ مُفْسِدِينَ

Ne portez pas la désolation sur la terre, en y commettant des brigandages.

Dans ces deux exemples, سُجَّدًا et مُفْسِدِينَ sont à l'accusatif, comme termes circonstanciels qui se rapportent au sujet أَنْتُمْ *vous*, compris dans le verbe. Ce terme circonstanciel, exprimé ici par un adjectif verbal et qui est nommé حَال *état* par les grammairiens arabes, peut aussi s'exprimer par le nom d'action, comme dans cet exemple : ٱلَّذِينَ يَذْكُرُونَ ٱللَّهَ قِيَامًا وَقُعُودًا

تَقُولُ قَعَدتُ ٱلدَّارَ وَلَا صَلَّيْتُ ٱلْمَسْجِدَ وَلَا نِمْتُ ٱلْجَبَلَ وَلَا قُمْتُ ٱلْوَادِيَ وَمَا جَآءَنَا مِنْ ذَلِكَ فَإِنَّمَا هُوَ بِحَذْفِ حَرْفِ ٱلْجَرِّ نَحْوَ دَخَلْتُ ٱلْبَيْتَ وَنَزَلْتُ ٱلْوَادِيَ وَصَعِدتُ ٱلْجَبَلَ

Je m'abstiens de traduire cela, parce que ce que j'ai dit précédemment suffit pour en faire comprendre parfaitement le sens.

ceux qui se souviennent de Dieu, *debout ou assis*. On aurait pu dire également قَاعِدِينَ et قَائِمِينَ.

En voici un autre exemple :

كَأَنِّي غَدَاةَ ٱلْبَيْنِ يَوْمَ تَحَمَّلُوا لَدَى سَمُرَاتِ ٱلْحَيِّ نَاقِفُ حَنْظَلِ
وُقُوفًا بِهَا صَحْبِي عَلَىَّ مَطِيَّهُمْ

Au matin de notre séparation, au jour fatal de leur départ, lorsque je me tenais près des buissons du lieu où campait la tribu, on m'eût pris pour un de ces gens qui pilent des coloquintes, tandis que mes camarades, montés sur leurs chameaux, étaient arrêtés près de moi.

وُقُوفًا, nom d'action, *en se tenant*, est là pour وَاقِفِينَ (1) *ils se tenaient*.

148. 2° Circonstances d'état relatives à l'objet. Exemples :

مَنْ يَعْصِ ٱللَّهَ وَرَسُولَهُ يُدْخِلْهُ نَارًا خَالِدًا فِيهَا

Quiconque sera rebelle à Dieu et à son apôtre, Dieu le fera entrer dans le feu, y demeurant éternellement.

خَالِدًا فِيهَا *y demeurant éternellement*, est pour وَهُوَ خَالِدٌ فِيهَا *et il y demeurera éternellement*.

لَقِيتُ ٱلسُّلْطَانَ عِنْدَهُ بَاكِيًا

J'ai rencontré le sultan chez cette personne, pleurant, c'est-à-dire *et il pleurait*.

Il arrive souvent, dans cette manière de s'exprimer, que le

---

(1) Suivant quelques grammairiens, dans ce vers d'Amrialkaïs, وُقُوفًا n'est point nom d'action, mais c'est le pluriel de وَاقِفٌ, comme on dit رُكُوعٌ, شُهُودٌ et سُجُودٌ pour les pluriels de سَاجِدٌ, رَاكِعٌ, شَاهِدٌ. C'est l'opinion de Zouzéni. D'autres grammairiens, au contraire, dont j'ai suivi l'autorité, considèrent وُقُوفًا comme nom d'action employé pour exprimer le حَال ou *terme circonstanciel d'état*. Voyez les gloses de l'édition de Lette, intitulée *Caab ben Zoheir Carmen panegyr.*, p. 50; *Amrulkéisi Moallakah*, éd. de M. Hengstenberg, p. 27, et le commentaire de Zouzéni, *ibid.*

terme circonstanciel peut se rapporter grammaticalement à plusieurs des termes de la proposition; ce n'est donc que la construction ou les circonstances du discours qui peuvent, dans ce cas, déterminer auquel de ces termes on doit le rapporter. Dans l'exemple cité, on aurait évité toute amphibologie en disant لَقِيتُ ٱلسُّلْطَانَ بَاكِيًا عِنْدَهُ *J'ai rencontré le sultan pleurant chez cette personne.*

Ainsi, dans ce vers de Schanfara : وَأَصْبَحَ عَنِّي بِٱلْغُمَيْصَاءِ جَالِسًا فَرِيقَانِ, la construction seule prouve que le terme circonstanciel جَالِسًا tombe sur عَنِّي, et non sur فَرِيقَانِ, et que l'on doit traduire : *Au matin qui suivit cette nuit, pendant que j'étais tranquillement assis à Gomaïsa, deux troupes causaient ensemble à mon sujet.* (1)

Mais lorsque cette équivoque peut avoir lieu, il est facile de l'éviter, en exprimant d'une manière plus développée la circonstance dont il s'agit. Ainsi, dans un des exemples précédents, on aurait pu dire وَهُوَ بَاكٍ *et il pleurait.*

149. A cette sorte de circonstances peuvent se rapporter, quoique ce ne soit pas ainsi que les envisagent les grammairiens arabes, tous les cas dans lesquels le verbe a pour complément direct un sujet et un attribut dont la réunion pourrait former une proposition complémentaire dans d'autres langues.

Les grammairiens arabes ont fait des classes particulières des verbes qui peuvent recevoir un complément de cette nature et ont nommé les uns *verbes de cœur*, comme *savoir, croire;* les autres, *verbes de doute* ou *de certitude*, comme *s'imaginer, penser, conjecturer;* d'autres enfin, *verbes inchoatifs*, comme *prendre une chose pour tel ou tel usage :* (2) mais

---

(1) Voyez ma *Chrestomathie arabe*, 2ᵉ éd., t. II; p. 141 du texte arabe.

(2) Pour ne pas m'exposer à des répétitions inutiles, je renvoie, à cet égard, au quatrième livre de cette grammaire, qui contiendra l'exposé de la syntaxe, suivant le système des grammairiens arabes.

c'est peut-être qu'ils n'ont pas assez généralisé la destination de l'accusatif. On peut ne voir dans cet usage de l'accusatif qu'une application de la règle générale suivant laquelle ce cas est employé comme une forme adverbiale destinée à indiquer une ellipse. En voici quelques exemples :

جَعَلَ لَكُمُ ٱلْأَرْضَ فِرَاشًا وَٱلسَّمَآءَ بِنَآءً

Il a mis la terre pour [*vous servir de*] *lit et le ciel* [*pour être au-dessus de vous*] *comme une voûte.* فِرَاشًا, c'est-à-dire لِتَكُونَ ; et de même بِنَآءً, c'est-à-dire لِتَكُونَ بِنَآءً.

إِتَّخَذُوا آيَاتِى وَمَا أُنْذِرُوا هُزُوًا

Ils ont pris mes prodiges et les avertissements qui leur ont été donnés pour [*leur servir de sujet de*] *plaisanterie.* هُزُوًا, c'est-à-dire لِتَكُونَ لَهُمْ هُزُوًا.

لَا تَحْسِبَنَّ ٱلَّذِينَ قُتِلُوا فِى سَبِيلِ ٱللَّهِ أَمْوَاتًا

N'imaginez pas de ceux qui ont été tués en combattant pour la cause de Dieu qu'ils sont morts. أَمْوَاتًا, c'est-à-dire أَنَّهُمْ أَمْوَاتٌ.

إِنَّهُمْ يَرَوْنَهُ بَعِيدًا

Ils s'imaginent, par rapport à cela, que c'est une chose éloignée. بَعِيدًا, c'est-à-dire أَنَّهُ بَعِيدٌ.

مَا أَظُنُّ ٱلسَّاعَةَ قَآئِمَةً

Je ne pense pas, relativement à l'heure du jugement dernier, qu'elle doive arriver. قَآئِمَةً, c'est-à-dire أَنَّهَا تَقُومُ.

كَذَلِكَ يُرِيهِمُ ٱللَّهُ أَعْمَالَهُمْ حَسَرَاتٍ عَلَيْهِمْ

C'est ainsi que Dieu leur fera voir que leurs actions ne seront pour eux que des sujets de gémissements. حَسَرَاتٍ عَلَيْهِمْ, c'est-à-dire أَنَّهَا حَسَرَاتٌ عَلَيْهِمْ.

150. Ce que je dis ici est si vrai, que l'on peut construire les

verbes de cœur *croire, juger, savoir* de manière qu'ils perdent toute influence, tant sur le sujet que sur l'attribut qui forment leur complément complexe. Ainsi, par exemple, au lieu de ظَنَنْتُ زَيْدًا جَاهِلًا *Je crois Zéid insensé (puto Zeidum insanum)*, on peut dire ظَنَنْتُ جَاهِلٌ زَيْدٌ *Zéid [est] insensé, je crois (Zeidus insanus, puto)*, ou bien زَيْدٌ ظَنَنْتُ جَاهِلٌ *Zeid, je crois, [est] insensé (Zéidus, puto, insanus)*; ou, enfin, ظَنَنْتُ لَزَيْدٌ جَاهِلٌ *Je crois, certes, Zéid [est] insensé (puto, utique, Zeidus insanus)*.

151. La même analyse servira à expliquer l'usage de l'accusatif, toutes les fois qu'il y a un second attribut ajouté à celui qui est compris dans la signification d'un verbe neutre ou dans celle d'un verbe transitif à la voix objective, comme خُلِقَ الْأِنْسَانُ ضَعِيفًا *l'homme a été créé* FAIBLE : dans cet exemple, ضَعِيفًا est pour حَيْثُ أَنَّهُ ضَعِيفٌ *en sorte qu'il est faible*, ou عَلَى حَالِ الضَّعْفِ *en état de faiblesse*. (1)

152. On trouve aussi un terme circonstanciel exprimé de la même manière, après la particule إِذَا *voici*, suivie de la préposition بِ et de son complément (n° 1036, Ire part.). Exemple : وَإِذَا بِهِ وَاقِفًا *et le voilà qui se tient debout;* car إِذَا بِهِ renferme l'idée d'un verbe et de son sujet et signifie la même chose que وُجِدَ ou رُئِيَ *il fut trouvé, il se trouva*.

153. *CIRCONSTANCES DE MANIÈRE*
relatives à l'action

مَنْ يَتَبَدَّلِ ٱلْكُفْرَ بِٱلْإِيمَانِ فَقَدْ ضَلَّ سَوَآءَ ٱلسَّبِيلِ

Celui qui a pris l'infidélité en échange de la foi a perdu la bonne voie.

---

(1) Par rapport à l'analyse de toutes ces propositions, il faut voir ce que j'ai dit des *sur-attributs*, dans la seconde édition de mes *Principes de grammaire générale*, p. 276 et suiv.

بِئْسَمَا ٱشْتَرَوْا بِهِ أَنْفُسَهُمْ أَن يَكْفُرُوا بِمَا أَنزَلَ ٱللَّهُ بَغْيًا

Certes, ils ont fait un bien mauvais marché, en achetant, au prix de leurs âmes, l'avantage d'être incrédules injustement à la parole que Dieu a révélée.

Dans ces deux exemples, بَغْيًا et سَوَاءَ ٱلسَّبِيلِ sont à l'accusatif, comme termes circonstanciels ou *spécificatifs* de l'action exprimée par les verbes ضَلَّ et يَكْفُرُوا.

154. C'est encore comme termes circonstanciels que le nom d'*action* (n° 619, Ire part.), le nom d'*unité* (n° 674, Ire part.) et le nom *spécificatif* (n° 671. Ire part.) sont employés souvent à l'accusatif, comme قُمْتُ وُقُوفًا *je me levai en me tenant debout,* ضَرَبَنِي ضَرْبَةً *il m'a battu en me battant,* ضَرَبَنِي ضَرْبًا *il m'a battu une seule fois,* أَحْسَنُ ضَرْبَةٍ *plus habile à battre.*

155. CIRCONSTANCES DE COMPARAISON

Il arrive très fréquemment que l'on emploie le nom d'action d'un verbe, mis à l'accusatif, pour exprimer une comparaison, au lieu de se servir de la préposition كَ *comme* avec le même nom d'action au génitif, ou de l'adverbe conjonctif كَمَا *de même que* avec un des temps du verbe. J'en ai donné ailleurs un exemple (n° 1110, Ire part.); en voici un autre que j'ai déjà cité dans la première partie de cette Grammaire (n° 484, *note*):

قُرِئَ رِدَّتْ بِنَقْلِ كَسْرَةِ ٱلدَّالِ ٱلْمُدْغَمَةِ إِلَى ٱلرَّاءِ نَقْلَهَا فِي بِيعَ وَقِيلَ

On lit aussi riddat (*au lieu de* rouddat), *en transportant le kesra du dal inséré dans la troisième radicale au* ra, *comme on le transporte dans* bia *et* kila.

نَقْلَهَا *est ici pour* كَنَقْلِهَا *ou* كَمَا يَنْقُلُونَهَا.

Dans le cas dont il s'agit ici, le verbe qui est représenté par le nom d'action peut avoir un sujet exprimé et un complément direct ou indirect, et tous les accessoires d'une proposition complète, en sorte que ce terme circonstanciel forme une véritable proposition logique, quoique, par sa forme grammaticale, il ne soit qu'un complément circonstanciel de la proposition de laquelle il dépend. Son caractère grammatical consiste en ce que le nom d'action doit être placé en tête de la proposition subordonnée, et mis à l'accusatif. Ensuite, si l'on donne pour complément immédiat au nom d'action le nom qui exprime le sujet, celui-ci sera mis au génitif, et le nom qui exprime le complément direct du verbe ou l'objet de l'action se mettra à l'accusatif; si, au contraire, on donne pour complément immédiat au nom d'action le mot qui exprime le complément direct du verbe, celui-ci sera au génitif, et le nom qui exprime le sujet devra être au nominatif. Ainsi, l'on dira :

قَتَلُوهُ قَتْلَ آبْنِهِ أَخَاهُمْ عَمْرًا *Ils le tuèrent comme son fils avait tué leur frère Amrou*, et عَذَّبَ زَيْدًا تَعْذِيبَهُ إِسْمَعِيلُ أَبُو زَيْدٍ *Il fit souffrir la torture à Zéid, comme Ismaïl, père de Zéid, la lui avait fait souffrir à lui-même.*

Cette observation s'applique en général aux propositions qui expriment des circonstances, toutes les fois qu'on leur donne la forme adverbiale : c'est ce qu'on verra plus tard.

156. *CIRCONSTANCES, autres que celles d'état, servant à restreindre ou à déterminer l'attribut exprimé soit par un verbe concret, soit par un simple adjectif, soit par un nom ou un adjectif dont la relation avec le sujet est indiquée par le verbe être, exprimé ou sous-entendu.*

نَصَبَّبَ ٱلْفَرَسُ عَرَقًا

Le cheval a été trempé de sueur.

ٱللَّهُ عَظِيمٌ قُدْرَةً

Dieu est grand en puissance.

DE LA SYNTAXE

وَهِيَ كَالْحِجَارَةِ أَوْ أَشَدُّ قَسْوَةً

Ils sont comme des pierres, ou plus forts que des pierres en dureté.

C'est ce que les grammairiens arabes appellent تَمْيِيزٌ *détermination;* et il faut rapporter à cette classe de termes circonstanciels l'usage de l'accusatif après les noms indéterminés dont nous avons parlé plus haut et après les noms de mesures de capacité, de pesanteur, de longueur, etc. (n°s 139 et 140).

157. *CIRCONSTANCES DE MOTIF, D'INTENTION*

On emploie également l'accusatif pour indiquer le motif de l'action, comme dans ces exemples : ضَرَبْتُهُ تَأْدِيبًا لَهُ *Je l'ai battu pour le corriger;* قَامَ ٱلسُّلْطَانُ إِكْرَامًا وَإِجْلَالًا لَهُ *Le sultan se leva pour lui rendre honneur et par respect pour lui.*

158. Dans tous les exemples que nous avons donnés jusqu'ici des propositions adverbiales, nous avons vu que le sujet et le verbe de ces propositions n'étaient point exprimés et que, pour analyser ces expressions elliptiques, il fallait supposer un pronom personnel qui se rapportât à la personne ou à la chose exprimée par le nom que la proposition adverbiale modifie. Il y a une autre espèce de proposition adverbiale dans laquelle le sujet ou le verbe est exprimé; alors la forme adverbiale tombe uniquement sur le mot qui forme l'attribut et que l'on place le premier pour indiquer la nature de la proposition et sa dépendance de la proposition qu'elle modifie. Ex.:

هُوَ ٱلَّذِي أَنْشَأَ جَنَّاتٍ مَعْرُوشَاتٍ وَغَيْرَ مَعْرُوشَاتٍ وَٱلنَّخْلَ وَٱلزَّرْعَ مُخْتَلِفًا أُكُلُهُ

C'est lui qui a créé des jardins en forme de berceaux, et d'autres qui ne sont point en forme de berceaux; ainsi que les palmiers et les grains dont le goût est varié.

ٱلَّذِي أُكُلُهُ مُخْتَلِفٌ est l'équivalent de مُخْتَلِفًا أُكُلُهُ.

مَا يَأْتِيهِمْ مِنْ ذِكْرٍ رَبِّهِمْ مُحْدَثٍ إِلَّا ٱسْتَمَعُوهُ وَهُمْ يَلْعَبُونَ لَاهِيَةً قُلُوبُهُمْ

Il ne leur est annoncé aucune exhortation envoyée par leur seigneur qu'ils ne l'écoutent en s'en moquant, leurs cœurs étant occupés de toute autre chose et distraits.

وَقُلُوبُهُمْ لَاهِيَةٌ équivaut à cette proposition : لَاهِيَةً قُلُوبُهُمْ.

إِنَّ لِلْمُتَّقِينَ حُسْنَ مَآبٍ جَنَّاتِ عَدْنٍ مُفَتَّحَةً لَهُمُ ٱلْأَبْوَابُ

Un séjour agréable est destiné aux hommes religieux, des jardins d'une éternelle demeure les portes leur étant ouvertes.

إِذَا رَأَيْتَهُمْ حَسِبْتَهُمْ لُؤْلُؤًا مَنْثُورًا عَالِيَهُمْ ثِيَابُ سُنْدُسٍ خُضْرٌ

Lorsque tu les verras, tu les prendras pour des perles éparses, couverts qu'ils seront d'habits d'étoffe de soie, verts.

وَلَّى تَيْمُورْلَنْكُ مَكْسُورًا أَوَائِلُهُ مِنْهُ مِرَارًا وَمَذْعُورًا أَوَاخِرُهُ

Tamerlan tourna le dos, l'avant-garde de son armée ayant été plusieurs fois battue et son arrière-garde mise en désordre par l'ennemi.

سَأَغْسِلُ عَنِّي ٱلْعَارَ بِٱلسَّيْفِ جَالِبًا   عَلَى قَضَآءِ ٱللَّهِ مَاكَانَ جَالِبًا

Certes, je me vengerai et je me laverai de cet opprobre, par le glaive, quelque malheur que puissent attirer sur moi les décrets célestes (à la lettre : les décrets célestes attirant, etc.). [1]

---

[1] Cette construction a un rapport assez sensible avec une construction usitée chez les Grecs, qui emploient dans les propositions adverbiales le nominatif au lieu du génitif appelé communément *absolu*. On peut consulter, sur ce genre de construction, la note 117 de M. Larcher sur le livre VIII d'Hérodote, 2ᵉ édit., t. V, p. 497. Aux exemples qu'il rapporte, je joins celui-ci de Xénophon (*Cyrop.*, c. III, § 22) : οἱ ἄλλοι δὲ εἵποντο, προθυμότεροι ὄντες, ἐν τῷ τοιούτῳ, εἰς τὸ διώκειν, καὶ οἱ μὴ πάνυ πρὸς τοὺς ἐναντίους ἄλκιμοι ὄντες. Les nominatifs προθυμότεροι ὄντες, οἱ ἄλκιμοι ὄντες, ont le même sens ici que des génitifs. La construction arabe, qui, dans ce cas, place l'attribut de la proposition adverbiale en premier lieu et le met à l'accusatif en laissant son sujet au nominatif, donne moins lieu à une équivoque que la construction grecque que je lui compare et qui a été quelquefois imitée par les Latins.

DE LA SYNTAXE

مَنْ هَوَى شَيْئًا مَالَ بِهِ هَوَاهُ نَحْوَهُ كَائِنًا مَا كَانَ قَبِيحًا أَوْ جَمِيلًا

Quiconque désire une chose, son inclination le pousse vers cette chose, quelle qu'elle soit, bonne ou mauvaise.

كُلُّ مَنْ فَعَلَ ذَلِكَ ضُرِبَ عُنُقُهُ كَبِيرًا كَانَ أَوْ صَغِيرًا ذَكَرًا أَوْ أُنْثَى

Quiconque fera cela aura la tête coupée, grand ou petit, homme ou femme.

Dans le dernier exemple, كَبِيرًا كَانَ أَوْ صَغِيرًا est pour وَإِنْ كَانَ كَبِيرًا أَوْ صَغِيرًا; de même, كَائِنًا مَا كَانَ est pour وَإِنْ كَانَ مَا كَانَ, et وَلَوْ جَلَبَ عَلَى قَضَآءِ ٱللَّهِ pour جَالِبًا عَلَى قَضَآءِ ٱللَّهِ.

Ce genre de propositions circonstancielles appartient à ce que les grammairiens arabes appellent حَالٌ *état*.

Ces propositions doivent toujours avoir un antécédent auquel se rapportent les circonstances d'*état* qu'elles expriment. Quelquefois cependant leur antécédent est sous-entendu; en voici un exemple :

أَيَحْسِبُ ٱلْإِنْسَانُ أَنْ لَنْ نَجْمَعَ عِظَامَهُ بَلَى قَادِرِينَ عَلَى أَنْ نُسَوِّيَ بَنَانَهُ

L'homme s'imagine-t-il donc que nous ne rassemblerons point ses ossements ? Oui, certes [nous les rassemblerons], ayant le pouvoir de replacer comme il faut les extrémités de ses doigts. (1)

L'antécédent de قَادِرِينَ est le sujet du verbe *nous les rassemblerons*, نَجْمَعُهَا, qui est sous-entendu.

159. L'accusatif s'emploie (n° 1110, Ire part.) d'une manière elliptique, en sous-entendant l'antécédent dans la dépendance duquel il devrait être. C'est ainsi qu'on dit سَمْعًا وَطَاعَةً, à la lettre,

---

(1) C'est-à-dire, suivant les commentateurs : *Puisque nous avons le pouvoir de réunir et de remettre à leur place les os de ses doigts, qui sont très petits, à plus forte raison saurons-nous bien rassembler les principaux ossements de son corps !* Je ne sais si l'auteur n'a pas voulu dire plutôt que Celui qui a su former et disposer d'une manière si admirable la main et les doigts de l'homme saura bien aussi, au dernier jour, réunir les éléments dispersés de son corps.

سَقْيًا لَهُ ; سَمِعْتُ سَمْعًا وَأَطَعْتُ طَاعَةً *en entendant et en obéissant*, pour سَقَاهُ ٱللّٰهُ سَقْيًا pour *Que Dieu verse sur lui des pluies fécondantes!* بَادِرْ أَهْلَكَ وَٱحْذَرِ ٱللَّيْلَ pour أَهْلَكَ وَٱللَّيْلَ *Malheur à toi!* تَعْسًا لَكَ *Hâte-toi de retourner près de ta famille, et prends garde à la nuit!*

Autres exemples:

سَاقَنِي إِلَيْكَ لُطْفُ ٱلْقَضَآءِ فَشُكْرًا لِيَدِهِ ٱلْبَيْضَآءِ

La bonté du destin m'a conduit vers toi, et [j'en rends] grâces à sa main blanche (c'est-à-dire qui opère des prodiges).

فَقَالَ ٱلْغُلَامُ ٱلِٱصْطِلَاءَ بِٱلْبَلِيَّةِ وَلَا ٱلْإِبْتِلَاءَ بِهَذِهِ ٱلْأَلِيَّةِ وَٱلْإِنْقِيَادُ لِلْقَوَدِ وَلَا ٱلْحَلْفُ بِمَا لَمْ يَحْلِفْ بِهِ أَحَدٌ

Le jeune homme dit alors: « [Je consens à] supporter cette épreuve, mais non à faire ce serment; [je veux bien] me soumettre à la peine du talion, mais non pas à faire un serment que personne n'a jamais fait. »

Dans tous ces exemples, les antécédents qui régissent l'accusatif sont sous-entendus.

160. C'est encore par une ellipse semblable qu'on dit, en parlant de Dieu, سُبْحَانَهُ et سُبْحَانَ ٱللّٰهِ (n° 1110. Ire part.); le sens est: *Je loue Dieu de la louange qui lui est due* أُسَبِّحُ ٱللّٰهَ تَسْبِيحَهُ ٱلَّذِي (1).

---

(1) Si les mots سُبْحَانَكَ et سُبْحَانَهُ ont été employés comme des noms de Dieu, c'est par un abus pareil à celui qui a fait regarder le verbe تَعَالَى pris dans le sens optatif: *qu'il soit exalté!* comme un nom propre de Dieu. On a aussi employé la formule سُبْحَانَ ٱللّٰهِ, et même le seul mot سُبْحَانَ suivi de مِنْ comme une formule admirative. Ainsi, le poète Ascha a dit:

قَدْ قُلْتُ لَمَّا جَآءَنِي فَخْرُهُ سُبْحَانَ مِنْ عَلْقَمَةَ ٱلْفَاخِرِ

J'ai dit, quand j'ai su sa jactance: Grand Dieu! qu'Alkama est donc fier!

Béidhawi, en citant ce vers d'Ascha, dit: « سُبْحَانَ est mis à l'accusatif, à « cause d'un verbe sous-entendu; on commence ce que l'on a à dire par cette « expression, pour faire entendre que, quelque extraordinaire que soit la chose

DE LA SYNTAXE

161. L'usage elliptique de l'accusatif a lieu aussi dans toutes ces expressions adverbiales que les Arabes nomment أَسْمَآءُ الْأَفْعَالِ, dont j'ai déjà parlé (n°ˢ 954, 1190 et 1193, Ire part.) et dont je dirai encore quelque chose en traitant de l'ellipse, comme إِيَّاكَ *prends garde à toi,* دُونَكَ *prends,* etc.

162. Quoique ce que nous avons dit pût suffire pour expliquer l'usage elliptique de l'accusatif, nous observerons encore deux circonstances où l'ellipse indiquée par l'accusatif a quelque chose de plus embarrassant pour les commençants. La première a lieu quand l'expression adverbiale ne modifie pas un des termes seulement de la proposition précédente, mais se rapporte à la proposition tout entière, ou même à une phrase composée de la réunion de plusieurs propositions.

Alors, il faut encore, pour saisir le sens de l'expression adverbiale, la convertir en une proposition complète, à laquelle on doit donner pour sujet le démonstratif هَـٰذَا *ceci,* ou ذَٰلِكَ *cela,* comme dans les exemples suivants:

وَإِنْ كَانُوا أَكْثَرَ مِنْ ذَٰلِكَ فَهُمْ شُرَكَآءُ فِي ٱلثُّلُثِ وَصِيَّةً مِنَ ٱللَّهِ

S'ils sont en plus grand nombre que cela, ils auront en commun un tiers de la succession: [ceci est] UNE LOI *qui vient de Dieu.*

وَصِيَّةً est un terme circonstanciel qui se rapporte à la loi contenue dans la proposition précédente, et que l'on ne pourrait rendre littéralement qu'en traduisant ainsi: *par manière de loi;* mais le sens est clair, si l'on fait attention que, conformément au développement que j'indique ici, وَصِيَّةً est l'équivalent de هَٰذَا وَصِيَّةٌ *ceci est une loi.*

« dont il s'agit, elle n'est pas au-dessus de la puissance de Dieu »; إِنْتِصَابُهُ بِفِعْلٍ مَتْرُوكٍ إِظْهَارُهُ وَتَصْدِيرُ ٱلْكَلَامِ بِهِ لِلتَّنْزِيهِ عَنِ ٱلْعَجْزِ عَمَّا ذُكِرَ بَعْدَهُ ; *c'est comme si l'on disait: Dieu seul, à qui rien n'est impossible, peut faire une chose semblable.*

فَإِنْ لَمْ يَكُنْ لَهُ وَلَدٌ وَوَرِثَهُ أَبَوَاهُ فَلِأُمِّهِ ٱلثُّلُثُ فَإِنْ كَانَ لَهُ إِخْوَةٌ فَلِأُمِّهِ ٱلسُّدُسُ مِنْ بَعْدِ وَصِيَّةٍ يُوصِى بِهَا أَوْ دَيْنٍ أَبَآؤُكُمْ وَأَبْنَآؤُكُمْ لَا تَدْرُونَ أَيُّهُمْ أَقْرَبُ لَكُمْ نَفْعًا فَرِيضَةً مِنَ ٱللَّهِ

S'il ne laisse pas d'enfants, et qu'il ait pour héritiers ses père et mère, le tiers de la succession appartiendra à sa mère, mais s'il a des frères, sa mère n'aura que le sixième, après que l'on aura prélevé les legs qu'il pourra avoir faits, et les dettes. Vous ne savez pas qui de vos pères ou de vos enfants a un droit plus prochain à profiter de vos biens : [ceci est] UN RÈGLEMENT *qui vient de Dieu.*

On ne peut rendre compte de l'emploi de l'accusatif dans le mot فَرِيضَةً qu'en le regardant comme un terme circonstanciel qui se rapporte aux lois exprimées dans les propositions précédentes, de même que وَصِيَّةٍ dans le premier exemple : mais il y a ceci de particulier que, dans ce dernier exemple, une proposition tout entière est insérée, comme par parenthèse, entre le terme circonstanciel et les propositions auxquelles il se rapporte. Il faut donc regarder فَرِيضَةً comme l'équivalent de هَذَا فَرِيضَةٌ *ceci est un règlement*.

163. Outre les cas dans lesquels cette sorte d'analyse peut servir à expliquer l'emploi de l'accusatif, il se rencontre souvent des passages où l'emploi de ce même cas ne semble pouvoir être rapporté à aucune règle générale. Ces sortes de constructions tiennent moins à la syntaxe ordinaire de la langue qu'au style figuré. On ne peut les expliquer que par des ellipses ; et c'est le sens seul qui indique quel est le mot sous-entendu qu'il faut suppléer et qui est réellement l'antécédent dont le nom mis à l'accusatif est le complément. C'est le second cas dont j'ai parlé. On comprendra mieux ce que je veux dire par les exemples suivants :

قَالُوا كُونُوا هُودًا أَوْ نَصَارَى تَهْتَدُوا قُلْ بَلْ مِلَّةَ إِبْرَهِيمَ حَنِيفًا

Ils ont dit : Soyez Juifs ou chrétiens, vous serez conduits dans la bonne voie. Dis-leur : [Suivez] plutôt LA RELIGION *d'Abraham, [qui était] orthodoxe.*

Je n'insiste pas ici sur حَنِيفًا, terme circonstanciel qui se rapporte à *Abraham* et qui est l'équivalent de وَهُوَ حَنِيفٌ; mais ce que je veux faire remarquer, c'est que مِلَّةَ est à l'accusatif quoiqu'on ne voie dans la proposition aucun verbe transitif dont ce nom puisse être le complément ni aucune autre circonstance qui paraisse exiger l'accusatif. C'est qu'il y a ici ellipse du mot اتَّبِعُوا *suivez*; ce mot se trouve virtuellement compris dans l'expression كُونُوا هُودًا أَوْ نَصَارَى *soyez Juifs ou chrétiens*, qui est la même chose que si l'on avait dit: اتَّبِعُوا مِلَّةَ اليَهُودِ *Suivez la loi des Juifs*, etc.

إِنَّا أَوْحَيْنَا إِلَيْكَ كَمَا أَوْحَيْنَا إِلَى نُوحٍ وَالنَّبِيِّينَ مِنْ بَعْدِهِ ..... وَآتَيْنَا دَاوُودَ زَبُورًا وَرُسُلًا قَدْ قَصَصْنَاهُمْ عَلَيْكَ مِنْ قَبْلُ وَرُسُلًا لَمْ نَقْصُصْهُمْ عَلَيْكَ وَكَلَّمَ اللَّهُ مُوسَى تَكْلِيمًا رُسُلًا مُبَشِّرِينَ وَمُنْذِرِينَ لِئَلَّا يَكُونَ لِلنَّاسِ عَلَى اللَّهِ حُجَّةٌ بَعْدَ الرُّسُلِ

Nous t'avons communiqué la révélation comme nous l'avons communiquée à Noé et aux prophètes qui l'ont suivi. Nous avons donné à David le psautier; [nous avons envoyé] DES APÔTRES *dont nous t'avons déjà raconté l'histoire, et* DES APÔTRES *dont nous ne t'avons pas raconté l'histoire. Dieu a parlé à Moïse face à face; [il a envoyé]* DES APÔTRES *chargés d'annoncer aux hommes des récompenses, et de les menacer de châtiments, afin que les hommes n'eussent aucun prétexte à alléguer contre Dieu, après la mission de ces apôtres.*

Le mot رُسُلًا se trouve jusqu'à trois fois dans cette phrase, sans que l'on voie de quel antécédent il peut être le complément et sans qu'on puisse le considérer comme un terme circonstanciel; il est donc impossible de le traduire sans restituer un verbe dont il doit être le complément. Ce verbe est pour les deux premières fois أَرْسَلْنَا *nous avons envoyé*, dont la signification se trouve comprise virtuellement dans ces mots: *Nous avons donné à David le psautier;* car, Dieu n'accordant la révélation qu'à ses prophètes ou apôtres, c'est comme si l'on avait dit: *Nous avons envoyé comme notre apôtre David, à qui nous avons révélé le psautier.* C'est encore le verbe أَرْسَلَ *il a envoyé*, qu'il faut suppléer devant رَسُلًا, dans la dernière partie de notre exemple; et, ce qui le fait connaître, c'est que ce verbe est virtuellement compris dans ces mots: *Dieu a parlé à Moïse face à face*, qui, par la même raison que nous avons donnée ci-dessus, équivalent à cette proposition plus développée: *Dieu a envoyé pour apôtre Moïse, à qui il a parlé face à face.*

Ainsi, dans toutes les circonstances pareilles à celles-ci, on doit regarder comme certain qu'il y a ellipse d'un verbe et que l'accusatif forme le complément de ce verbe; et, si l'on fait attention à ce qui précède cette expression elliptique, on n'aura pas de peine à reconnaître quel est le verbe qu'il faut suppléer dans chaque circonstance particulière pour rendre à la proposition toutes ses parties intégrantes.

164. La règle que nous venons de donner en considérant l'accusatif comme une forme adverbiale elliptique est d'une si grande fécondité et son application est si générale, qu'on peut même y rapporter les autres usages de ce cas que nous avons exposés précédemment.

Ainsi, quand nous avons dit (nos 121 et 123), en envisageant le verbe كَانَ et les verbes أَمْسَى, أَضْحَى, أَصْبَحَ, etc., comme des verbes abstraits, que, dans les propositions où l'attribut est lié au sujet par quelqu'un de ces verbes, le mot qui exprime l'attribut se met à l'accusatif, nous avons suivi l'analogie des autres langues dans lesquelles il y a réellement un verbe abstrait. Mais on peut envisager la chose sous un autre point de vue qui me paraît plus exact et dire qu'il n'y a point, dans la langue arabe, de verbe purement abstrait; que les fonctions du verbe abstrait sont remplies dans cette langue par la forme du rapport qu'on établit entre le sujet et l'attribut, comme nous le dirons plus loin, et que le verbe كَانَ, ainsi que tous les autres que nous avons d'abord considérés comme des verbes abstraits, sont de véritables verbes attributifs qui renferment l'idée de l'existence réelle comme attribut du sujet. Alors l'analyse de cette proposition : كَانَ لُقْمَانُ حَكِيمًا *Lokman était sage,* est la même que celle de cette autre proposition : مَاتَ حُسَيْنٌ شَهِيدًا *Hoséin mourut martyr.* لُقْمَانُ *Lokman* est le sujet, comme حُسَيْنٌ *Hoséin* ; كَانَ est un verbe attributif qui renferme en même temps l'idée du verbe abstrait et de l'attribut كَائِنٌ *existant,* de même que مَاتَ *mourut,* c'est-à-dire *fut mourant;* enfin, حَكِيمًا *sage* est un terme circonstanciel ou modificatif, un sur-attribut (n° 151 exprimé sous une forme adverbiale et qui équivaut à وَهُوَ حَكِيمٌ ou mieux à بِحَكِيمٍ. [1]

165 On pourrait en dire autant de tous les accusatifs servant de compléments aux verbes transitifs, car ce sont de véritables déterminatifs, qui restreignent la signification de l'attribut compris dans le verbe en indiquant l'objet et le terme précis de l'action. En effet, tandis que certains verbes prennent leur complément immédiatement et le mettent à l'accusatif, un grand nombre d'autres ne le prennent que par l'entremise d'une préposition : or, c'est un principe, confirmé à chaque instant par la grammaire de la langue arabe, que l'adverbe est l'équivalent d'une préposition et de son complément.

Mais, sans insister sur cette observation, qui peut être con-

---

[1] C'est ainsi que l'on peut dire, dans les propositions négatives, مَا زَيْدٌ كَاذِبًا, ou بِكَاذِبٍ ; مِنَ ٱلْكَاذِبِينَ à la lettre, *non Zeidus mendacem,* ou *in mendaci,* ou *mendacibus.*

testée et que je n'ai hasardée que pour montrer toute la fécondité de la règle que j'ai établie, passons à une autre qui n'est pas moins frappante.

166. Nous avons vu (nos 134 à 136) que plusieurs numératifs et les noms de poids et de mesures mettent le nom de la chose nombrée ou mesurée à l'accusatif. Ces noms, mis à l'accusatif, semblent d'abord servir de compléments au numératif, ou au nom de poids ou de mesure. La preuve, cependant, que ce ne sont pas de véritables compléments, c'est que les mots qui semblent faire fonction d'antécédents ne perdent point leur voyelle nasale au singulier ou leur ن final au duel et au pluriel (n° 1009, Ire part.). On ne dit pas مُدًّا شَعِيرٍ, رَطْلُ زَيْتٍ, عِشْرُو رَجُلٍ, mais on dit عِشْرُونَ رَجُلًا *vingt hommes*, رَطْلٌ زَيْتًا *une livre d'huile*, مُدَّانِ شَعِيرًا *deux boisseaux d'orge*. Ces accusatifs ne sont évidemment point des compléments objectifs; ce sont des compléments circonstanciels ou déterminatifs, sous une forme adverbiale à laquelle on a recours parce que la forme de l'antécédent ne permet pas de faire usage du génitif pour exprimer le conséquent. On dira par la même raison, et de la même manière, مِلْءَ ٱلْأَرْضِ ذَهَبًا *plein la terre d'or*.

CHAPITRE VI

De l'usage des Cas pour exprimer le Compellatif et la Complainte

167. J'ai défini ailleurs (n° 35) ce que j'entends par *compellatif*. Les Arabes expriment cette idée par le mot مُنَادًى, qui signifie *celui qui est appelé*, et ils nomment حُرُوفُ ٱلنِّدَاءِ ou حُرُوفُ ٱلْمُنَادَاةِ *particules d'appel*, les adverbes qui indiquent le compellatif et qui sont يَا, أَيَا, هَيَا, أَيْ et أ.

DE LA SYNTAXE

168. Comme le nominatif et l'accusatif peuvent servir pour exprimer le compellatif, pour lequel les Grecs et les Latins ont un cas particulier nommé *vocatif*, nous devons rendre compte ici des diverses circonstances qui déterminent l'usage des différents cas arabes pour exprimer le compellatif.

169. Si *ce que l'on appelle* اَلْمُنَادَى, est exprimé par un nom propre ou par un nom appellatif, mais déterminé à des choses ou à des personnes présentes aux yeux de celui qui appelle, soit *réellement*, حَقِيقَةً, soit par une sorte de prosopopée et par *une opération de l'esprit*, حُكْمًا, le nom se met au nominatif sans voyelle nasale. Exemples : يَا مُحَمَّدُ *O Mohammed!* يَا زَيْدُ *O Zéid!* On dit de même يَا سَمَاءُ *O ciel!* si l'on regarde le ciel. Au duel et au pluriel régulier, on ne doit pas retrancher le ن final. Exemples : يَا رَجُلَانِ *O vous deux que je vois!* يَا نَبِيُّونَ *O prophètes qui êtes ici présents!* Mais il faut pour cela que le nom appellatif n'ait ni complément immédiat, ni complément joint par une préposition, ni aucun autre mot avec lequel il soit dans une relation de sujet et d'attribut ou d'antécédent et de conséquent. Si quelqu'une de ces circonstances a lieu, il se met à l'accusatif. Ainsi, l'on dit يَا عَبْدَ اَللَّهِ *O Abd Allah! (O serviteur de Dieu!)* يَا رَفِيقًا بِالْعِبَادِ *O miséricordieux envers les hommes!* يَا خَيْرًا مِنْ زَيْدٍ *O toi qui es meilleur que Zéid!* يَا مُعْطًى كُلَّ خَيْرٍ *O toi qui as reçu toute sorte de biens!* يَا حَسَنًا وَجْهُهُ *O toi dont le visage est beau!* يَا طَالِعًا اَلْجَبَلَ *O toi qui montes la montagne!*

On emploie de même l'accusatif, si la chose appelée est exprimée par un nom appellatif ou un adjectif indéterminé, c'est-à-dire sans article, et n'est pas censée être sous les yeux de celui qui parle. Exemple : يَا نَبِيًّا *O prophète!*

170. Lorsque le nom de la chose appelée est au nominatif, on peut le regarder, avec quelques grammairiens, comme indiquant l'ellipse de l'impératif اِسْمَعْ *écoute,* ou تَعَالَ *viens.* Quand il est à l'accusatif, on peut supposer l'ellipse de أَدْعُو *j'appelle.*

171. L'adjectif ou le nom appellatif joint au nom de celui qu'on appelle et n'indiquant avec lui qu'un même individu se met indifféremment au nominatif ou à l'accusatif. On dit donc يَا مُحَمَّدُ ٱلنَّبِيُّ ou يَا مُحَمَّدُ ٱلنَّبِيَّ *O Mohammed le prophète!* يَا زَيْدُ ٱلْعَاقِلُ ou يَا زَيْدُ ٱلْعَاقِلَ *O Zéid le sage!* Si c'est un nom qui ait un complément, il faut le mettre au nominatif. Exemple: يَا إِبْرَهِيمُ خَلِيلَ ٱللَّهِ *O Abraham, ami de Dieu!* Cependant, le mot ٱبْنُ *fils* se met toujours, dans ce cas, à l'accusatif, avec cette particularité que si les mots ٱبْنُ *fils* ou ٱبْنَةُ *fille* se trouvent entre deux noms propres, ils perdent toujours l'*élif* d'union, et, dans ce cas, le nom propre qui les précède peut se mettre au nominatif ou à l'accusatif. Ainsi l'on peut dire يَا زَيْدُ بْنَ عَمْروٍ ou يَا زَيْدَ بْنَ عَمْروٍ *O Zéid, fils d'Amrou!* Si, au contraire, ces mots ne sont pas entre deux noms propres, ils conservent leur *élif* d'union, et le nom qui les précède se met toujours au nominatif. On dit donc يَا زَيْدُ ٱبْنَ أَخِى *O Zéid, fils de mon frère!* يَا رَجُلُ ٱبْنَ زَيْدٍ *O homme, fils de Zéid!* يَا رَجُلُ ٱبْنَ أَخِى *O homme, fils de mon frère!* Cette distinction dans la manière d'écrire les mots ٱبْنُ et ٱبْنَةُ, quand ils sont entre deux noms propres, n'est pas particulière aux formules compellatives.

172. Quand on ajoute au nom de la chose appelée l'affixe de la première personne, on peut le faire soit de la manière ordinaire, يَا غُلَامِى, soit de l'une des manières suivantes: يَا غُلَامِىَ, يَا غُلَامَاهْ, يَا غُلَامِ, يَا غُلَامَا, يَا غُلَامِيَهْ *O mon serviteur!* [1]

C'est ainsi qu'on dit au diminutif يَا بُنَىَّ *O mon petit enfant!*

---

[1] On écrit aussi quelquefois غُلَامِى; du moins est-ce ainsi que, dans plu-

au lieu de يَا غُلَامِي ou يَا غُلَامَ pour يَا غُلَامٌ, comme يَا بُنَيَّ. Dans بُنَيِّ, il y a suppression du ى qui caractérise le pronom affixe de la première personne, suivant ce qui a été dit ailleurs (n° 1011, I⁰ part.), et l'on écrit بُنَيَّ au lieu de بُنَيِّ, comme رَبِّ au lieu de رَبِّي.

Au lieu de يَا أُمِّي *O ma mère!* يَا أَبِي *O mon père!* on peut dire يَا أَبَتِ ou يَا أَبَتَ, et يَا أُمَّتِ ou يَا أُمَّتَ.

173. La particule يَا ne peut jamais être suivie immédiatement de l'article اَلْ. Lors donc que le nom de la chose appelée est restreint par un article, on interpose entre ce nom et la particule l'article démonstratif هَذَا ou les mots suivants, composés de cet article ou de l'adverbe هَا, أَيُّهَذَا, أَيُّهَا, أَيَّتُهَا. Exemples : يَا هَذَا الرَّجُلُ *O hommes!* يَا أَيُّهَا النَّاسُ *O un tel!*

174. Quand le nom de la chose appelée est restreint, soit par l'article, soit par un complément, ou que c'est un nom propre, on peut supprimer la particule يَا. Exemples : أَيُّهَا النَّاسُ *O hommes!* رَبَّنَا *O notre Seigneur!* فَاطِرَ السَّمَاوَاتِ وَالْأَرْضِ *O Créateur des cieux et de la terre!* يُوسُفُ *O Joseph!* On peut

sieurs manuscrits de l'Alcoran (sur. 25, vers. 30), on trouve écrit يَا وَيْلَتَى, quoique dans d'autres on lise يَا وَيْلَتِي ou يَا وَيْلَتَنَا.

On dit aussi ابْنَ أَبَا pour ابْنَ أَبِي *fils de mon père*, expression qu'on emploie quelquefois en s'adressant la parole à soi-même.

On lit dans l'Alcoran (sur. 7, vers. 150) أُمَّ ابْنَ *(fils de ma mère)*, au lieu de ابْنَ أُمِّي, et l'on trouve même cela écrit en un seul mot : يَبْنَؤُمَّ pour يَا ابْنَ أُمِّي (sur. 20, vers. 95).

Dans les anciens manuscrits, quand يَا est suivi d'un mot qui commence par un *élif*, on retranche l'*élif* de يَا. On écrit donc يَامِيرَ الْمُؤْمِنِينَ au lieu de يَا أَمِيرَ الْمُؤْمِنِينَ *O prince des croyants!*

aussi retrancher cette particule devant le conjonctif مَنْ. Ex.:
مَنْ لَا يَمُوتُ *O toi qui ne meurs pas!* à la lettre *ô celui qui ne meurt pas!*

Il est bon d'observer que les Arabes emploient d'ordinaire les pronoms et les verbes de la troisième personne, quand ils appellent. Ils disent : يَا هٰذَا *O celui-ci!* يَا هَاؤُلَاءِ *O ceux-ci!* pour *ô toi! ô vous!* يَا أَيُّهَا ٱلَّذِينَ آمَنُوا *O ceux qui ont cru!* pour *ô vous qui avez cru!*

175. Lorsque le nom propre de la chose appelée a plus de trois lettres, on retranche quelquefois la dernière lettre. On peut pareillement retrancher le ة des noms propres féminins, lors même qu'ils n'ont que trois lettres: ainsi, on peut dire يَا ثَبَ, يَا هُبَ, يَا سُعَا, يَا بَغْلَ, يَا مَعْتُ, يَا مَنْصُ, يَا مَرْوَ au lieu de يَا مَعْتُوقُ *O Matouk!* يَا مَرْوَانُ *O Merwan!* يَا مَنْصُورُ *O Mansour!* يَا بَعْلَبَكُّ *O Baalbec!* يَا سُعَادُ *O Soad!* يَا هُبَةُ *O Hoba!* يَا ثُبَةُ *O Thoba!* et ainsi des autres.

On dit de même يَا صَاحِ au lieu de يَا صَاحِبِي *O mon ami!* Ce *retranchement* se nomme تَرْخِيمُ ٱلْمُنَادَى.

176. Lorsqu'on *appelle quelqu'un à son secours,* ce que les Arabes nomment إِسْتِغَاثَةٌ, on emploie le génitif précédé de la particule لَ, qui tient lieu de la préposition لِ, mais à laquelle on donne pour voyelle un *fatha,* afin d'éviter la confusion (n° 1049, Iʳᵉ part.). Exemple : يَا لَزَيْدٍ *O Zéid [viens au secours]!* Zéid est ici *la personne qu'on appelle au secours :* ٱلْمُسْتَغَاثُ.

Si l'on exprime aussi le nom de *la personne contre laquelle on a besoin de secours,* ٱلْمُسْتَغَاثُ مِنْ أَجْلِهِ, on le met au génitif, précédé de la préposition لِ.

177. Si l'on appelle au secours plusieurs personnes l'une après l'autre, en répétant devant chaque nom la particule يَا, il faut aussi employer chaque fois la préposition لَ avec un *fatha*. Si, au contraire, on ne répète pas يَا, mais qu'on joigne par une conjonction les noms de ceux qu'on appelle au secours, on emploiera, pour le premier nom, لِ par un *fatha*, et, pour les autres, لِ par un *kesra*. Ainsi l'on dira : يَا لَقَوْمِي وَيَا لَأَمْثَالِ قَوْمِي *O ma famille!* et *O vous qui ressemblez à ma famille!* et, au contraire, يَا لَلْكُهُولِ وَلِلشُّبَّانِ *O vieillards et jeunes gens!* Dans cet autre exemple : يَا لَلنَّاسِ لِلْكَاذِبِ *O hommes, [venez me secourir] contre le menteur!* le لِ du mot لَلنَّاسِ a un *fatha*, parce que les hommes sont ceux qu'on appelle au secours ; mais celui du mot لِلْكَاذِبِ a un *kesra*, parce que le menteur est celui contre lequel on implore le secours des hommes.

178. On emploie aussi la même formule pour exprimer *l'admiration*, اَلتَّعَجُّبُ ; et le nom qui exprime *le sujet de l'admiration*, اَلْمُتَعَجَّبُ مِنْهُ, se conforme aux mêmes règles que celui qui exprime *la chose dont on implore le secours*, اَلْمُسْتَغَاثُ.

179. Après *la particule de complainte* وَا, nommée حَرْفُ ٱلتَّنْدِبَةِ, le nom qui exprime *la chose dont on déplore la perte*, اَلْمَنْدُوبُ, se met au nominatif ou à l'accusatif, en suivant à cet égard les mêmes règles que nous venons d'exposer pour le compellatif. Ainsi, l'on dira : وَا مُحَمَّدُ *Hélas! Mohammed*, en mettant le nom propre au nominatif ; et, au contraire, on dira : وَا عَبْدَ ٱللَّهِ *Hélas! Abd Allah*, en mettant عَبْدَ à l'accusatif, à cause que ce nom a un complément.

OBSERVATION générale sur quelques usages des cas, usages où l'on s'éloigne des règles communes

180. † Suivant les grammairiens arabes, on met quelquefois un nom à un cas autre que celui qui serait requis par les règles de la dépendance ou de la concordance et qu'indique l'analyse grammaticale, en vertu d'une espèce d'attraction exercée sur ce mot par un autre dont il est voisin et à la désinence duquel il se conforme. Ainsi l'on dit : جُحْرُ ضَبٍّ خَرِبٍ *un* *trou de lézard (dhabb) abandonné (latibulum lacertæ libycæ desertæ)*, tandis qu'on devrait dire خَرِبٌ *(desertum)*, parce que l'adjectif est qualificatif de جُحْر et non de ضَبّ. C'est ainsi que le poète Amrialkaïs a dit:

$$\text{كَأَنَّ تَبِيرًا فِي عَرَانِينِ وَبْلِهِ كَبِيرُ أُنَاسٍ فِي بِجَادٍ مُزَمَّلِ}$$

On dirait que le mont Thébir, au commencement de la pluie que verse ce nuage, est un homme puissant enveloppé d'un manteau d'étoffe rayée.

Dans ce vers, l'adjectif مُزَمَّلٍ *enveloppé* devrait être au nominatif, parce qu'il se rapporte à كَبِيرُ, et le poète ne l'a mis au génitif qu'à cause du voisinage de بِجَادٍ. [1]

181. † Il se rencontre assez souvent, surtout dans l'Alcoran, des noms mis au nominatif, ou à l'accusatif, sans qu'on aperçoive en vertu de quelle règle de concordance ou de dépendance on leur a donné ce cas. Les grammairiens arabes disent alors qu'ils sont mis au nominatif ou à l'accusatif, comme exprimant la *louange*, بِآلْمَدْحِ, ou le *blâme* بِآلذَّمِّ, ou la *compassion*, بِآلتَّرَحُّمِ. L'analyse, dans ces circonstances, exige qu'on suppose, si le nom est au nominatif, l'ellipse d'un sujet, comme هُوَ *il [est]*, et, s'il est à l'accusatif, celle d'un verbe, comme أَعْنِي *je veux dire*. Je reviendrai sur ce sujet quand je traiterai de la concordance du nom et de l'adjectif. [2]

182. † On peut regarder comme une sorte de concordance d'attraction l'emploi qui se fait souvent du génitif après l'adverbe négatif لَا, quoique la dépendance semblât requérir le nominatif ou l'accusatif; l'usage du génitif n'est alors déterminé que par un génitif précédent. Exemples:

---

[1] Voyez le commentaire de Zouzéni, dans l'édition de ce poème intitulée *Amrulkeisi Moallakah*, et donné par M. Hengstenberg, et l'édition des *Sept Moallaka*, donnée à Calcutta, p. 54. Zouzéni assure que cette anomalie est fréquente chez les écrivains arabes. J'observe que M. Hengstenberg a écrit mal à propos خُجَرُ au lieu de جُحْرُ.

[2] Voyez, à ce sujet, mon *Anthologie grammaticale arabe*, p. 53.

DE LA SYNTAXE

مَا مِنْ دَابَّةٍ فِي ٱلْأَرْضِ وَلَا طَآئِرٍ يَطِيرُ بِجَنَاحَيْهِ إِلَّا أُمَمٌ أَمْثَالُكُمْ

Il n'y a ni bêtes sur la terre, ni oiseaux volant à l'aide de leurs deux ailes qui ne soient autant de peuples semblables à vous.

Au lieu de طَآئِرٍ, il eût été plus conforme à l'analogie de dire مِنْ طَآئِرٍ ou طَآئِرٌ (1).

كَانَ مَظْلُومًا فِيهِ غَيْرَ مَهِيبٍ فِي ٱلنُّفُوسِ وَلَا مُطَّلِعٍ عَلَى حَقَائِقِ ٱلْأُمُورِ

C'était un homme faible qui se laissait facilement mener, qui n'inspirait aucun respect aux gens, et qui ne voyait point les choses sous leur vrai point de vue.

Il semble qu'on devait dire وَلَا مُطَّلِعًا, car cet adjectif doit être en concordance avec مَظْلُومًا et غَيْرَ, et non avec مَهِيبٍ. Il faut donc supposer qu'il y a pléonasme de لَا, ce qu'on peut aussi appliquer au premier exemple.

CHAPITRE VII

Syntaxe du Sujet et de l'Attribut

183. Il ne suffit pas que deux ou plusieurs mots soient agrégés ensemble pour qu'il en résulte un sens ; il faut qu'il y ait entre eux une relation de sujet et d'attribut, qu'un de ces mots, pour le moins, exprime la chose dont on parle et qui est le sujet du jugement que porte notre esprit, et qu'un autre mot ou même plusieurs expriment la qualité que l'on aperçoit dans cette chose, l'attribut sous lequel on l'envisage. C'est ce que les grammairiens arabes expriment en disant :

---

(1) Béidhawi, sur ce passage de l'Alcoran (sur. 6, vers. 38), observe qu'il y a des lecteurs qui prononcent طَآئِرٍ au nominatif, comme concordant avec le *cas virtuel* ٱلْمَحَلّ de مِنْ دَابَّةٍ, qui tient la place de دَابَّةٌ.

اَلْكَلَامُ هُوَ اللَّفْظُ الدَّالُّ عَلَى مَعْنًى يَحْسُنُ السُّكُوتُ عَلَيْهِ

La phrase est une énonciation (de mots) indiquant un sens après lequel on peut fort bien se taire. (1)

En vain dirait-on : *Dieu, anges, hommes ; les cieux et la terre ; les créatures de Dieu ; les animaux raisonnables ; Dieu lui-même ; mon frère Michel le grammairien :* toutes ces agrégations de mots ne produiraient point un sens, elles n'offriraient à l'esprit que des idées isolées, mais ne contiendraient l'expression d'aucun jugement. Il en est tout autrement quand je dis *Dieu est sage ; l'homme est fragile ; tout passe,* parce que, dans ces exemples, les mots sont liés par la relation de sujet et d'attribut.

Cette *relation de sujet et d'attribut* est nommée par les Arabes إِسْنَادٌ *action d'appuyer* ; l'attribut qui s'appuie en quelque sorte sur le sujet s'appelle مُسْنَدٌ *appuyé*, et le sujet مُسْنَدٌ إِلَيْهِ *ce sur quoi une chose est appuyée*. La réunion du sujet et de l'attribut, lors même qu'un seul mot les renferme l'un et l'autre, forme ce que l'on appelle جُمْلَةٌ *somme* et que nous nommons *proposition*. Ainsi, زَيْدٌ نَائِمٌ *Zéid* [*est*] *dormant ;* مَاتَ عَمْرُو *Amrou est mort ;* وَقَعْتُ *je suis tombé,* sont des propositions.

184. Les propositions que je viens de donner pour exemples sont en même temps des *phrases,* ou ce que les Arabes appellent كَلَامٌ *discours*, parce qu'elles offrent un sens parfait. Il n'en serait pas de même si je disais : *Si Zéid dort ; si Amrou était mort ; quiconque est tombé ;* le sens demeurerait incomplet, et il faudrait, pour le compléter, ajouter une autre proposition, et dire, par exemple : *Si Zéid dort, il oubliera son chagrin ; si Amrou était mort, on ne redouterait plus sa vengeance ; quiconque est tombé a compassion de ceux auxquels il arrive un pareil malheur.*

185. La proposition جُمْلَةٌ peut être ou *nominale*, إِسْمِيَّةٌ, ou

---

(1) Voyez, à ce sujet, mon *Anthologie grammaticale arabe*, p. 155 et 225.

verbale فِعْلِيَّةٌ. Pour comprendre cette distinction, il faut faire attention que, dans la langue arabe, il n'est pas nécessaire d'employer le verbe pour exprimer la relation du sujet et de l'attribut. On dit ٱللَّهُ غَفُورٌ *Dieu indulgent,* مَحْمُودٌ بَخِيلٌ *Mahmoud avare,* pour *Dieu est indulgent, Mahmoud est avare*. Dans ce cas, la proposition est nominale. Si, au contraire, l'attribut est exprimé par un verbe et placé avant le sujet, comme dans ces exemples : مَاتَ أَخِي *Mon frère est mort,* جَاءَ رَفِيقُهُمْ *Leur camarade est venu,* la proposition est verbale.

186. Quelquefois, le mot qui devrait proprement être considéré comme l'attribut est sous-entendu, et l'on se contente d'exprimer un terme circonstanciel dépendant de cet attribut. On dit, par exemple, يُوسُفُ فِي ٱلْمَسْجِدِ *Joseph dans la mosquée;* أَنْتَ مِنَ ٱلْكَاذِبِينَ *Toi du nombre des menteurs,* pour *Joseph est dans la mosquée; tu es du nombre des menteurs*. Les grammairiens nomment ces propositions جُمْلَةٌ ظَرْفِيَّةٌ *propositions circonstancielles locales,* [1] quand elles expriment une circonstance de lieu, comme dans le premier exemple, et جُمْلَةٌ جَارِيَةٌ مَجْرَى ٱلظَّرْفِيَّةِ *propositions qui imitent la proposition circonstancielle locale,* quand la circonstance qui tient lieu d'attribut est autre qu'une circonstance de lieu, ainsi que dans le second exemple et dans ceux-ci : نَحْنُ لِلَّهِ *Nous à Dieu,* c'est-à-dire *nous appartenons à Dieu;* أَجْرُنَا عَلَى ٱللَّهِ *Notre récompense sur Dieu,* c'est-à-dire *notre récompense est à la charge de Dieu*.

---

(1) Le mot ظَرْفٌ signifie proprement *vase,* et l'on nomme ainsi les termes circonstanciels de temps et de lieu qui renferment la valeur de la préposition فِي, sans doute parce que le lieu et le temps de l'action sont considérés comme le *contenant* et l'action comme le *contenu*. On distingue ces deux espèces de termes circonstanciels en nommant ceux qui indiquent le lieu ظَرْفُ مَكَانٍ *vase de lieu* et ceux qui indiquent le temps ظَرْفُ زَمَانٍ *vase de temps*.

187. Dans les propositions nominales, l'une des deux parties constitutives de la proposition se nomme مُبْتَدَأٌ, ce qui signifie proprement *le terme par lequel on commence*, et que nous pouvons appeler *l'inchoatif;* l'autre se nomme خَبَرٌ, c'est-à-dire *l'énonciatif* ou *le prédicat*. C'est ordinairement[1] le sujet qui fait la fonction d'*inchoatif*, tandis que c'est l'attribut qui occupe la place d'*énonciatif*.

188. Dans les propositions verbales, les deux parties constitutives de la proposition sont le *verbe* فِعْلٌ, et l'*agent* فَاعِلٌ. Les Arabes ne considèrent le sujet comme *agent* que quand il est précédé du verbe; dans tout autre cas, le verbe est censé renfermer son *agent*, qui est un pronom.

189. Il faut encore distinguer les propositions en *simples* et en *composées*. Les propositions simples sont celles dont nous avons parlé jusqu'ici et qui ne renferment qu'un sujet et un attribut, ou, pour parler comme les grammairiens arabes, un inchoatif et un prédicat, si elles sont nominales, ou un verbe

---

(1) Je dis *ordinairement*, parce que, dans certains cas, les grammairiens arabes regardent comme خَبَرٌ ou *prédicat* le véritable sujet de la proposition et comme مُبْتَدَأٌ ou *inchoatif* le mot qui exprime l'attribut.

En termes de logique, l'attribut s'appelle اَلْمَحْمُولُ *ce qui est porté*, et le sujet اَلْمَوْضُوعُ *ce qui est posé*.

Ces mots techniques ont été employés métaphoriquement par Ebn Arabschah, auteur de la *Vie de Timour*, dans une phrase que le traducteur, M. Manger, n'a point comprise (t. II, p. 988), et que voici :

فَلَا أَضَعُ ٱلْمَحْمُولَ إِلَّا وَقَدْ حُمِلَ ٱلْمَوْضُوعُ فَلَا أَذْكُرُ ٱلْخَبَرَ إِلَّا وَقَدْ نُسِيَ ٱلْمُبْتَدَأُ

L'auteur avait dit que son travail ne procédait que lentement, et pour ainsi dire par soubresauts, et il ajoute : « Je ne plaçais l'*attribut* que quand le *sujet* « était déjà emporté, et je ne me souvenais de l'*énonciatif* que quand l'*inchoatif* « était déjà oublié. »

et son agent, si elles sont verbales. Les propositions circonstancielles sont aussi comprises dans le nombre des propositions simples. Toutes ces sortes de propositions ne cessent point d'être simples, quand l'une de leurs deux parties constitutives ou toutes les deux sont complexes. Ainsi ces propositions : *Le fils d'Arabschah* [*est*] *le plus éloquent des écrivains arabes ; Le khalife Haroun, surnommé Raschid, fit mourir son vizir Djafar et toute sa famille*, sont simples comme celles-ci : *Hariri* [*est*] *éloquent, Haroun tua Djafar.*

Les propositions composées sont : 1° celles dont le sens n'est complet que par la réunion d'une autre proposition, telles que celles que nous avons données plus haut pour exemples : *Si Zéid dort, il oubliera son chagrin ; Si Amrou était mort, on ne redouterait plus sa vengeance ;* celles dans lesquelles on trouve une proposition complète et une portion d'une autre proposition ; exemples : زَيْدٌ غُلَامُهُ مَرِيضٌ *Zéid, son serviteur malade*, c'est-à-dire *le serviteur de Zéid est malade ;* جَعْفَرُ مَاتَ غُلَامُهُ *Djafar, son serviteur est mort,* c'est-à-dire *le serviteur de Djafar est mort.* Le premier de ces exemples est composé d'un inchoatif ou sujet, *Zéid,* et d'une proposition nominale complète, غُلَامُهُ مَرِيضٌ *son serviteur* [*est*] *malade,* qui fait ici la fonction de prédicat ou d'attribut. Dans le second, il y a un sujet ou inchoatif, *Djafar,* qui a pour prédicat la proposition verbale complète, مَاتَ غُلَامُهُ *son serviteur est mort,* formée d'un verbe et d'un agent.[1] Il en est de même de cet exemple : آللَّهُ يُحِبُّ

---

(1) C'est ainsi que les Arabes analysent toutes les propositions où il se rencontre deux sujets distincts au nominatif, ou, selon l'expression de quelques grammairiens, un *nominatif absolu.* (Voyez ci-devant, n° 93, p. 45 de cette seconde partie.)

Les grammairiens arabes nomment ces propositions جُمْلَةٌ ذَاتُ وَجْهَيْنِ *propositions à deux faces,* c'est-à-dire *mixtes,* parce qu'elles participent de la nature des propositions nominales en ce qu'elles ont un nom pour inchoatif, et de celle des propositions verbales par leur prédicat, composé d'un verbe et de son agent.

اَلْمُتَّقِينَ *Dieu aime les gens pieux*. Le mot اَللَّهُ *Dieu*, précédant le verbe, est considéré non comme agent du verbe يُحِبُّ *aime*, mais comme inchoatif ou sujet; son attribut est la proposition verbale complète يُحِبُّ, formée du verbe *aime* et du pronom personnel de la troisième personne *il*, qui existe virtuellement dans le verbe et qui fait la fonction d'agent. Ainsi, les deux mots اَللَّهُ يُحِبُّ signifient *Dieu, il aime*, et forment une proposition composée.

Il faut se souvenir que les particules مَا et أَنْ, suivies d'un verbe, équivalent souvent à un nom d'action (n° 1184 et 1232, Ire part.) et peuvent, dans ce cas, servir de sujet ou d'attribut à une proposition. Exemple: سَاءَنِى أَنْ مَاتَ أَخُوكَ *Il m'a fait peine* QUE *ton frère est mort*, c'est-à-dire *la mort de ton frère m'a fait de la peine*.

190. Nous ne nous étendrons pas davantage sur ces dénominations et sur les subdivisions des propositions nominales et verbales: ce que nous venons d'en dire est plus que suffisant pour l'intelligence des règles que nous avons à exposer ici, par rapport à la syntaxe du sujet et de l'attribut; car nous n'adoptons point, dans cette partie de la grammaire, le système d'analyse des grammairiens arabes.

191. Si le sujet et l'attribut étaient toujours liés par le verbe abstrait, il n'y aurait aucune difficulté à les distinguer l'un de l'autre dans chaque proposition; cela serait d'autant plus facile que l'attribut serait toujours à l'accusatif, comme nous l'avons dit précédemment (n° 121). Mais le verbe abstrait n'est pas toujours exprimé, ou, si on l'aime mieux, il n'y a pas véritablement de verbe abstrait dans la langue arabe (n° 164): de là il résulte que, dans les propositions nominales (n° 185), la relation de l'attribut au sujet doit être indiquée autrement.

Quand le verbe كَانَ, ou quelqu'un de ceux qui sont nommés *imparfaits* et qui font la fonction du verbe abstrait, sont exprimés et lient le sujet avec l'attribut, le sujet s'appelle اِسْمُ كَانَ *le nom du verbe* CANA, et l'attribut خَبَرُ كَانَ *le prédicat du verbe* CANA.

Dans ce cas, comme nous l'avons dit précédemment, l'attribut, si c'est un mot déclinable, se met à l'accusatif. Si c'est une expression complexe, composée par l'usage de أَنْ ou مَا, ainsi que je l'ai dit tout à l'heure, elle n'est que *virtuellement à l'accusatif*, مَنْصُوبٌ مَحَلًّا. Exemple:

لَيْسَ عَلَيْكُمْ جُنَاحٌ أَنْ لَا تَكْتُبُوهَا

Ce n'est pas pour vous une faute de ne pas l'écrire.
Cette proposition conjonctive أَنْ لَا تَكْتُبُوهَا remplace كَوْنَكُمْ عَدَمَ كِتَابَتِكُمْ إِيَّاهَا ou غَيْرَ كَاتِبِيهَا.

192. Le nominatif est le cas propre du sujet et de l'attribut (n⁰ˢ 88 et 90); et c'est par ce cas qu'on exprime, dans les propositions nominales, l'idée de l'existence du sujet et de sa relation à l'attribut, idée qui, dans la plupart des langues, s'exprime par le verbe abstrait. Ainsi, dans ces mots: اَللَّهُ كَرِيمٌ *Dieu [est] libéral,* le sujet est اَللَّهُ *Dieu* et l'attribut كَرِيمٌ *libéral;* la relation du sujet à l'attribut est exprimée par le nominatif.

193. De cette manière d'exprimer la relation du sujet à l'attribut, il naît quelquefois une sorte d'obscurité, et l'on peut douter si deux mots qui sont au nominatif, et dont l'un est un nom et l'autre un adjectif, forment réellement une proposition complète ou s'ils ne forment que le sujet complexe d'une proposition dont l'attribut doit être énoncé par d'autres mots. C'est ainsi que *Deus justus,* en latin, peut former une proposition et signifier *Dieu [est] juste,* mais qu'il ne forme qu'un sujet complexe dans cette proposition: *Deus justus recte judicat (le Dieu juste juge équitablement).*

Plusieurs circonstances contribuent cependant à **rendre** cette espèce d'obscurité extrêmement rare dans la langue arabe.

194. On distingue facilement le sujet de l'attribut, quand le sujet est un nom déterminé et l'attribut un nom ou un adjectif indéterminé. La raison en est que, suivant la règle de concordance que l'on verra ci-après, quand l'adjectif ne fait avec le nom qu'une même partie de la proposition, il doit être déterminé ou indéterminé, comme le nom même auquel il se rapporte.

195. Le nom est déterminé : 1° par sa nature, comme les noms propres ; 2° par l'article déterminatif اَلْ ; 3° par un complément, soit que ce complément soit un nom au génitif ou un pronom affixe (n° 928, Ire part.) ; mais, pour que le nom qui a un autre nom pour complément soit déterminé, il faut que le complément soit lui-même déterminé, ou de sa nature, ou par l'article, ou enfin autrement. ⁽¹⁾ Les pronoms personnels sont déterminés par leur nature ; enfin, les articles démonstratifs le sont pareillement ; et si les pronoms personnels ou les articles démonstratifs sont en concordance avec des noms, il faut que ces noms soient déterminés de quelqu'une des trois manières indiquées précédemment.

Ainsi, dans toutes les propositions suivantes : يُوسُفُ مَرِيضٌ (Josephus ægrotus), اَلسُّلْطَانُ مَرِيضٌ (sultanus ægrotus), أَبُو يُوسُفَ مَرِيضٌ (pater Josephi ægrotus), أَبِي مَرِيضٌ (pater meus ægrotus), هَذَا خَيْرٌ (hoc bonum), هُوَ مَرِيضٌ (ille ægrotus), il n'y a point de doute que les mots مَرِيضٌ malade et خَيْرٌ bon, ne forment les attributs, et qu'il ne faille traduire, *Joseph [est] malade, le sultan [est] malade, le père de Joseph [est] malade, mon père [est] malade, il [est] malade, cela [est] bon*; parce que مَرِيضٌ et خَيْرٌ, qui forment les attributs, sont indéterminés et qu'au contraire toutes les expressions qui indiquent les sujets sont déterminées.

---

(1) Nous expliquerons ceci plus en détail en traitant de la syntaxe de l'article déterminatif.

DE LA SYNTAXE 103

196. Les grammairiens arabes établissent pour règle qu'il est de la nature du sujet, ou plutôt de l'inchoatif, d'être déterminé, et de celle de l'attribut ou du prédicat d'être indéterminé : mais cette règle est sujette à beaucoup d'exceptions.

197. Lorsque le sujet et l'attribut sont l'un et l'autre déterminés, on emploie souvent pour les distinguer, et pour empêcher qu'on ne les confonde en une seule partie constitutive de la proposition, les pronoms personnels, que l'on place entre le sujet et l'attribut ; alors, toute équivoque est impossible. C'est ce qu'on voit dans les exemples suivants : ٱللّٰهُ هُوَ ٱلْحَيُّ ٱلْقَيُّومُ *Dieu*, LUI, *le vivant et l'existant par lui-même* ; أُولَٰئِكَ هُمْ وَقُودُ ٱلنَّارِ *Ceux-là*, EUX, *l'aliment du feu* ; ٱلْغِنَى هُوَ ٱلْقُنُوعُ *La richesse*, ELLE, *la disposition à se contenter de ce que l'on possède* ; ذَٰلِكَ ٱلرَّجُلُ هُوَ أَنَا *Cet homme*, LUI, *moi* ; أَنَا هُوَ ٱلرَّبُّ إِلَٰهُكَ *Moi*, LUI, *le Seigneur ton Dieu* ; مَنْ هُوَ أَنَا *Qui*, LUI, *moi?* que l'on doit traduire ainsi : *Dieu est le vivant et l'existant par lui-même ; ceux-là seront l'aliment du feu ; la richesse est la disposition à se contenter de ce que l'on possède ; cet homme-là, c'est moi ; je suis le Seigneur, ton Dieu ; qui suis-je, moi ?* (1) Dans ces propositions, les pronoms personnels remplacent le verbe abstrait, et distinguent le sujet de l'attribut ; mais, outre cela, ils donnent à l'expression une sorte d'énergie ou d'emphase qui ne peut être rendue en français, dans les propositions énonciatives, que par ce tournures : *c'est Dieu qui est le vivant, etc. ; ce sont ceux-là qui seront l'aliment du feu ; c'est la disposition à se contenter de ce que l'on possède qui est la richesse ; c'est moi qui suis cet homme-là ; c'est moi qui suis le Seigneur, ton Dieu.*
Les Arabes nomment dans ce cas le pronom ضَمِيرُ ٱلْفَصْلِ

---

(1) Le dernier exemple est tiré de la *Vie de Timour*, t. II, p. 892. La proposition ici étant interrogative, il y a déplacement des termes ; le sujet est أَنَا et l'attribut مَنْ.

pronom de séparation; d'autres le nomment عِمَاد *soutien, pilier*, parce qu'il empêche que le mot qui le suit ne perde la qualité d'attribut, de même que, dans une maison, le pilier empêche le toit de tomber. [1]

198. Remarquons en passant que, lors même que le sujet est un pronom personnel de la première ou de la seconde personne, on emploie toujours celui de la troisième personne pour *pronom de séparation*, c'est-à-dire pour séparer le sujet de l'attribut, comme on le voit dans les derniers exemples et dans ceux-ci : أَنَا هُوَ ٱلطَّرِيقُ وَٱلْحَقُّ وَٱلْحَيَاةُ *Je suis la voie, la vérité et la vie;* أَنَا هُوَ نُورُ ٱلْعَالَمِ *Je suis la lumière du monde.*

199. Toute équivoque est encore levée quand le sujet est mis à l'accusatif, à cause qu'il est précédé de quelqu'une des particules indéclinables أَنَّ, إِنَّ, etc. (n° 125); car ces particules n'influent pas sur l'attribut, qui demeure au nominatif. Il arrive

---

(1) Voyez le مُعْرَبُ ٱلْإِظْهَارِ, p. 154, et la Grammaire d'Ebn Farhât (man. ar. de la Bibl. du Roi, n° 1295 A, fol. 94 *recto*). Suivant ce dernier grammairien, on ne doit pas considérer, dans ce cas-là, les pronoms personnels comme des pronoms; il les appelle حَرْفُ فَصْلٍ *particules de séparation*.

Je crois utile de consigner ici une observation de Béidawi sur ce passage de l'Alcoran (sur. 40, vers. 22) : كَانُوا هُمْ أَشَدَّ مِنْهُمْ قُوَّةً *Ils étaient, eux, plus forts que ceux-ci.* Béidhawi observe que le *pronom de séparation*, qui ne se place d'ordinaire qu'entre deux mots déterminés, a été ms ici entre un mot déterminé, qui est le pronom renfermé dans كَانُوا, et un mot indéterminé, أَشَدَّ, à raison de ce que la forme comparative, suivie de مِنْ, a cela de semblable à un mot déterminé qu'elle ne peut pas recevoir l'article ل. Voici ses termes :

وَإِنَّمَا جِيءَ بِٱلْفَصْلِ وَحَقُّهُ أَنْ يَقَعَ بَيْنَ مَعْرِفَتَيْنِ لِمُضَارَعَةِ أَفْعَلَ مِنْ لِلْمَعْرِفَةِ فِي ٱمْتِنَاعِ دُخُولِ ٱللَّامِ عَلَيْهِ

Je crois que cela serait susceptible d'une meilleure analyse mais l'observation de Béidhawi n'en est pas moins de quelque importance.

souvent, dans ce cas, que l'on met devant l'attribut l'adverbe affirmatif لَ, ou un pronom personnel. (1) Exemples :

إِنَّ ٱللَّهَ ثَالِثُ ثَلَاثَةٍ

Certes, Dieu est le troisième entre trois personnes. (2)

إِنَّ ٱللَّهَ لَذُو فَضْلٍ عَلَى ٱلنَّاسِ

Car Dieu est assurément plein de bonté pour les hommes.

إِنَّ ٱللَّهَ لَهُوَ ٱلْعَزِيزُ ٱلْحَكِيمُ

Car Dieu est assurément le fort et le sage.

إِنَّكَ أَنْتَ ٱلْوَهَّابُ

C'est toi qui es le libéral.

إِنَّا نَحْنُ نَرِثُ ٱلْأَرْضَ

Ce sera nous qui hériterons de la possession de la terre.

إِنِّي أَنَا رَبُّكَ

Car c'est moi qui suis ton seigneur.

Dans ce cas, si le sujet est un pronom personnel, on emploie les affixes qui servent d'accusatif ; et alors, si l'on met un pronom personnel entre le sujet et l'attribut, on prend celui de la même personne à laquelle appartient l'affixe. On ne dit pas إِنِّي هُوَ رَبُّكَ, ni إِنَّكَ هُوَ ٱلْوَهَّابُ, comme dans le cas dont nous avons parlé précédemment (n° 198), mais on dit إِنَّكَ أَنْتَ ٱلْوَهَّابُ et إِنِّي أَنَا رَبُّكَ.

200. Il n'y a que deux cas où l'on pourrait éprouver quelque

---

(1) Dans ce cas, le sujet n'est plus *inchoatif*, مُبْتَدَأً : on le nomme إِسْمُ إِنَّ nom de la particule إِنَّ; car il est de l'essence de l'inchoatif de n'être point régi, du moins par un *antécédent sensible*, عَامِلٌ لَفْظِيٌّ.

(2) Voyez Alcoran, sur. 5, vers. 77, édition de Hinckelmann.

difficulté à distinguer le sujet de l'attribut. Cela pourrait avoir lieu, ou parce que l'un et l'autre seraient incomplexes et indéterminés, ou parce que l'un et l'autre seraient déterminés, sans qu'il y eût aucun signe sensible qui les séparât l'un de l'autre.

201. Le premier cas n'a jamais lieu, suivant les grammairiens arabes, qui veulent que le sujet ne puisse être indéterminé que dans les circonstances suivantes : 1° quand la proposition est *circonstancielle locale,* ظَرْفِيَّة (n° 186), et que le terme circonstanciel local, considéré comme attribut, précède le sujet; exemple: فِى ٱلْمَسْجِدِ حِمَارٌ *Il y a un âne dans la mosquée;* 2° quand le sujet est précédé d'une particule d'interrogation: هَلْ إِنْسَانٌ فِى ٱلدَّارِ *Y a-t-il un homme dans la maison?* 3° quand il est précédé d'un adverbe négatif: مَا أَحَدٌ فِى ٱلدَّارِ *Il n'y a personne dans la maison;* 4° quand le sujet est un diminutif; [1] 5° quand il est précédé de l'adverbe d'affirmation لَ; 6° quand c'est un nom d'une signification générale, comme كُلٌّ; 7° quand la proposition exprime un vœu, comme : سَلَامٌ عَلَيْكُمْ *Salut sur vous!* 8° quand c'est un mot qui renferme l'équivalent de la conjonction *si* (n°s 404, Ire part., et 66, IIe part.), comme مَنْ *quiconque,* مَا *quoi que ce soit que.* Dans la plupart de ces circonstances, et dans quelques autres que j'omets, il n'y a lieu à aucune équivoque. [2]

---

[1] La raison pour laquelle le *diminutif* peut former le sujet, quoiqu'il soit indéterminé, c'est sans doute qu'il est envisagé comme une expression complexe renfermant l'idée d'un nom et celle de l'adjectif صَغِيرٌ *petit.* Par une suite de cela, il y a un commencement de détermination.

[2] Ebn Farhât dit que le sujet peut être encore indéterminé quand il est joint à un adjectif, ou que c'est un adjectif verbal suivi d'un complément, comme ضَارِبٌ زَيْدًا, ou enfin un nom qui a pour complément un autre nom indéterminé, comme حِمَارُ بُسْتَانِيٍّ ou بِئْرُ سَبْعٍ *un âne d'un jardinier.* (Voyez man. ar. de la Bibl. du Roi, n° 1295 A, fol. 91 *recto*.) Dans ces deux derniers cas, il y

DE LA SYNTAXE 107

Si l'on trouve quelques exemples qui semblent contraires à ceci, il faut les expliquer au moyen d'une ellipse. (1)

a réellement une sorte de détermination incomplète, comme je le dirai ailleurs.

Quoique, suivant les grammairiens arabes, il soit de la nature du sujet d'être déterminé, et de celle de l'attribut d'être indéterminé, le contraire se rencontre quelquefois. Djewhari, par exemple, au mot رَأْس, dit qu'il y a en Syrie un village, nommé بَيْتُ رَأْسٍ, où l'on vendait des vins célèbres, et il cite ce vers de Hasan :

كَأَنَّ سَبِيَّةً مِنْ بَيْتِ رَأْسٍ   يَكُونُ مِزَاجُهَا عَسَلٌ وَمَآءُ

On dirait du vin de Béit-Ras que le miel et l'eau sont le mélange dont il est formé.

Et il ajoute que « le poète a mis مِزَاجَ à l'accusatif, comme attribut de كَانَ, « en sorte que le nom ou sujet de ce verbe est indéterminé, et son attribut dé-« terminé, ce qui, dit-il, est permis, parce qu'il s'agit ici d'un nom d'espèce ou « appellatif; mais, ajoute-t-il, si l'attribut était un nom déterminé pur, cela serait « mauvais ».

وَإِنَّمَا نَصَبَ مِزَاجَهَا عَلَى أَنَّهُ خَبَرُ كَانَ فَجُعِلَ ٱلْإِسْمُ نَكِرَةً وَٱلْخَبَرُ مَعْرِفَةً وَإِنَّمَا جَازَ ذَلِكَ مِنْ حَيْثُ كَانَ إِسْمَ جِنْسٍ وَلَوْكَانَ ٱلْخَبَرُ مَعْرِفَةً مَحْضَةً لَقَبُحَ

Au surplus, on peut remarquer que le poète aurait pu dire, si la rime ne s'y fût opposée, يَكُونُ مِزَاجُهَا عَسَلًا وَمَآءً que le mélange dont il est formé est du miel et de l'eau ; et alors la construction serait rentrée dans la règle commune.

J'expliquerai ailleurs ce qu'on entend par *détermination pure ou parfaite.*

(1) En voici un exemple (Alcoran, sur. 12, vers. 18) : Jacob, voyant la chemise de Joseph teinte de sang que ses autres enfants lui présentaient comme une preuve que son fils chéri avait été dévoré par les bêtes, leur répond : بَلْ سَوَّلَتْ لَكُمْ أَنْفُسُكُمْ أَمْرًا *Vos âmes vous ont suggéré quelque chose [de criminel]* ; et il ajoute : فَصَبْرٌ جَمِيلٌ ; ce qu'il semble que l'on devrait traduire ainsi : *User de patience est convenable*. Mais Béidhawi dit que le sens est فَأَمْرِى صَبْرٌ جَمِيلٌ, c'est-à-dire *mon affaire ou mon devoir est une patience parfaite*, ou bien فَصَبْرٌ جَمِيلٌ أَجْمَلُ c'est-à-dire *une patience parfaite est plus à propos*. Djélal Eddin

202. Si le sujet est indéterminé, mais complexe, il n'y a lieu à aucune équivoque, comme on le voit dans ces exemples :

قَوْلٌ مَعْرُوفٌ وَمَغْفِرَةٌ خَيْرٌ مِنْ صَدَقَةٍ يَتْبَعُهَا أَذًى

Des paroles obligeantes et de l'indulgence [sont] *préférables à une aumône suivie de mauvais procédés.*

أَمَةٌ مُؤْمِنَةٌ خَيْرٌ مِنْ مُشْرِكَةٍ وَلَوْ أَعْجَبَتْكُمْ

Une servante vraie croyante [est] *meilleure qu'une servante polythéiste, quand même celle-ci vous paraîtrait plus belle.*

203. Le second cas est assez fréquent ; mais il est rare qu'il en résulte une véritable difficulté.

Il n'y en a aucune quand le sujet est complexe, comme dans les exemples suivants :

مَثَلُ ٱلَّذِينَ يُنْفِقُونَ أَمْوَالَهُمْ فِي سَبِيلِ ٱللَّهِ كَمَثَلِ حَبَّةٍ أَنْبَتَتْ سَبْعَ سَنَابِلَ

adopte la première de ces deux analyses, et dit : وَهُوَ خَبَرُ مُبْتَدَأٍ مَحْذُوفٍ, c'est-à-dire que أَمْرِي est le sujet sous-entendu, et وَهُوَ أَمْرِي صَبْرٌ جَمِيلٌ l'attribut.

Il en est de même de cet autre passage (sur. 61, vers. 13) : وَأُخْرَى تُحِبُّونَهَا

..... *et une autre chose qui vous fera plaisir, une* نَصْرٌ مِنَ ٱللَّهِ وَفَتْحٌ قَرِيبٌ *assistance de la part de Dieu et une victoire prochaine.* Suivant Béidhawi, si l'on suppose le sens fini avant نَصْرٌ, il y a un sujet sous-entendu, qui peut être هِيَ et se rapporter à أُخْرَى ; ou bien l'on peut considérer أُخْرَى comme un nominatif qui est le sujet dont نَصْرٌ, etc., est l'attribut.

Dans tous les exemples pareils, il faut avoir recours à une ellipse pour ramener l'expression à l'analogie grammaticale. Si, par exemple, on trouve كُلٌّ فَانٍ, il faut faire attention que le mot كُلٌّ *universalité,* suppose toujours après lui un complément ; que, par conséquent, il y a ellipse du complément ٱلنَّاسِ, ou de tout autre que l'ensemble du discours pourrait exiger, et que le sens est *la totalité des hommes périt,* c'est-à-dire *tous les hommes sont mortels.*

Les exemples de sujets indéterminés ne sont pas rares dans les poètes, mais il n'en résulte d'ordinaire aucune obscurité dans le sens.

La ressemblance de ceux qui dépensent leurs richesses pour la cause de Dieu [est] *comme la ressemblance d'un grain qui a produit sept épis;* c'est-à-dire *ceux qui dépensent leurs biens pour la cause de Dieu sont semblables à un grain qui a produit sept épis.*

اَلدِّينُ عِنْدَ اَللَّهِ اَلْإِسْلَامُ

La religion aux yeux de Dieu [est] *l'islamisme.*

Dans ces exemples de propositions nominales (nº 185), l'absence du verbe abstrait ne peut faire aucune difficulté, parce que le sujet, étant complexe, est suffisamment distingué de l'attribut.

Il n'en est pas de même de certaines propositions nominales dont le sujet est incomplexe; le sens de ces propositions peut être équivoque. Ainsi, مُحَمَّدٌ رَسُولُ اَللَّهِ peut signifier *Mahomet* [est] *l'apôtre de Dieu*, ou *Mahomet, l'apôtre de Dieu*; عَلِيٌّ وَلِيُّ اَللَّهِ peut signifier *Ali est l'ami de Dieu* ou *Ali, l'ami de Dieu*. La raison en est qu'ici le sujet et l'attribut sont déterminés : le sujet, par la qualité même de nom propre; l'attribut, parce que c'est un nom appellatif suivi d'un complément déterminé (nº 195). Mais il est évident que, pour traduire *Mahomet, l'apôtre de Dieu, Ali, le lieutenant de Dieu*, il faudrait que ces mots fussent suivis de quelques autres mots que l'on pût regarder comme l'attribut du sujet et le complément de la proposition : s'ils sont isolés, comme dans les exemples donnés, ou suivis d'une série de mots qui constituent une nouvelle proposition, il est certain qu'ils forment alors à eux seuls une proposition complète et que, par conséquent, on doit y trouver un sujet distinct et un attribut distinct. [1]

---

[1] Cette réflexion suffit pour déterminer le sens de ces propositions : هَذَا بَعْلِي شَيْخًا *celui-ci, qui est avancé en âge, est mon mari* (Alcoran, sur. 11, vers. 75); شَيْخًا est à l'accusatif, comme terme circonstanciel (nº 147), pour

204. Il arrive quelquefois que l'un des deux termes d'une proposition est formé d'une proposition complète tout à fait indépendante grammaticalement de l'autre terme, comme cela serait, par exemple, en français, si l'on disait : *Dieu dit : « Que « la lumière soit, et la lumière fut », est le sublime porté au plus haut degré.* Dans ce cas, le sujet ou l'attribut étant une proposition tout entière, ne peuvent être assujettis à aucune influence grammaticale sensible, et les grammairiens arabes disent qu'ils *sont au nominatif virtuellement* : مَرْفُوعٌ مَحَلًّا. Il en est de même quand le sujet ou l'attribut sont formés par les particules أَنْ ou مَا faisant fonction de nom d'action (nº 189).

205. Ce que je viens d'observer relativement au sujet et à l'attribut s'applique aussi aux compléments objectifs des verbes et à d'autres parties du discours, et j'aurai occasion d'y revenir plus d'une fois.

وَهُوَ شَيْخٌ *et il est vieux* ; وَٱللَّهُ ٱلْمُسْتَعَانُ عَلَى مَا تَصِفُونَ *Dieu [est] celui dont il faut implorer l'assistance contre ce que vous racontez* (Alcoran, sur. 12, vers. 18).

Dans le premier exemple, suivant le commentateur Béidhawi, هَذَا est le sujet, بَعْلِى l'attribut et شَيْخًا un terme circonstanciel d'état qui modifie le sujet هَذَا. Il remarque que quelques-uns lisent شَيْخٌ, et « alors, dit-il, ce mot est l'attribut « d'un sujet sous-entendu هُوَ, ou bien un second attribut du sujet هَذَا ; ou bien « شَيْخٌ est l'attribut, et les deux mots هَذَا et بَعْلِى forment ensemble le sujet ; « بَعْلِى est un *permutatif* de هَذَا ».

وَهَذَا بَعْلِى شَيْخًا نَصْبُهُ عَلَى ٱلْحَالِ وَٱلْعَامِلُ فِيهَا مَعْنَى ٱسْمِ ٱلْإِشَارَةِ وَقُرِئَ بِٱلرَّفْعِ عَلَى أَنَّهُ خَبَرٌ مَحْذُوفٌ أَىْ هُوَ شَيْخٌ أَوْ خَبَرٌ بَعْدَ خَبَرٍ أَوْ هُوَ ٱلْخَبَرُ وَبَعْلِى بَدَلٌ

On verra plus loin ce qu'il faut entendre par *permutatif* بَدَلٌ.

CHAPITRE VIII

Des Compléments en général

206. Quoique nous ayons déjà parlé plusieurs fois des compléments, il ne sera pas inutile de traiter ici ce sujet dans toute son étendue et d'indiquer en détail les différentes sortes de compléments et les noms que leur donnent les grammairiens arabes : cela facilitera l'intelligence de ce que nous avons à dire concernant la syntaxe de diverses sortes de compléments et leur influence sur les mots qui leur servent d'antécédents.

207. Les principales parties du discours sont les noms, les verbes et les adjectifs. Les noms servent ordinairement de sujet, les adjectifs d'attribut; les verbes lient le sujet avec l'attribut, et souvent ils renferment l'idée du verbe et celle de l'attribut. Les noms peuvent être modifiés, expliqués, restreints ou déterminés par des adjectifs, des appositifs ou des propositions conjonctives : ce qui n'a rien de commun avec ce que nous entendons par *compléments* et ne donne lieu qu'à des rapports d'identité et, par conséquent, à des règles de concordance. Les compléments servent bien aussi à modifier, déterminer, expliquer ou restreindre la signification des noms, des adjectifs, des verbes, souvent même celle de la proposition tout entière : mais les rapports qu'ils expriment ne sont point des rapports d'identité : ce sont des *rapports de relation*, s'il est permis de s'exprimer ainsi. Si je dis : *Le juste David, roi d'Israël et prophète, aussi grand par sa pénitence que par ses vertus,* les mots *juste, David, roi, prophète, grand* expriment tous des idées différentes, mais qui ne sont que des manières diverses d'envisager un même sujet, qui est *David :* ce sont des rapports d'identité. Au contraire, les mots *Israël, vertus, pénitence* expriment des idées d'objets réels ou intellectuels qui sont hors de *David* et qui n'ont avec *David* que des rapports de relation : ce sont des compléments.

208. Les compléments ont des relations plus ou moins étroites, plus ou moins nécessaires avec leurs antécédents ; et à raison de cela, je les ai distingués en compléments *objectifs, modificatifs* et *circonstanciels* (n° 24) : à raison de leur expression, ils sont complexes ou incomplexes (n° 25). Mais, sans revenir sur ces distinctions, que nous avons exposées ailleurs, entrons dans quelques détails sur la manière dont les Arabes envisagent ce sujet et sur les noms qu'ils donnent aux diverses sortes de compléments.

209. Les compléments des verbes sont tous désignés sous le nom de مَفْعُولٌ, c'est-à-dire *patient* ou *qui reçoit l'impression de l'action*. Mais cette dénomination se subdivise en مَفْعُولٌ صَرِيحٌ *patient pur* ou *parfait* et مَفْعُولٌ غَيْرُ صَرِيحٍ *patient qui n'est pas pur* ou *patient imparfait*. La première classe comprend les compléments qui sont gouvernés à l'accusatif immédiatement par le verbe ; la seconde, ceux que le verbe ne gouverne que médiatement, avec le secours d'une préposition. Ces derniers sont donc formés d'une *préposition,* حَرْفُ جَرٍّ ou جَارٌّ, et du *nom qu'elle régit,* مَجْرُورٌ ; aussi les appelle-t-on جَارٌّ وَمَجْرُورٌ.

210. Les compléments des noms, que l'on peut regarder comme des compléments modificatifs ou circonstanciels, ont le génitif pour cas caractéristique, ainsi que nous l'avons dit (n° 98). Le rapport qui est entre les deux noms, dont l'un fait la fonction d'antécédent et l'autre celle de conséquent ou complément, se nomme إِضَافَةٌ *annexion ;* l'antécédent s'appelle مُضَافٌ *annexé* et le conséquent مُضَافٌ إِلَيْهِ *qui reçoit une annexe*.

211. Les compléments modificatifs, qui expriment une circonstance du sujet ou de l'attribut, ou même de la proposition entière, se nomment حَال *état, circonstance d'état;* l'accusatif est leur cas caractéristique (nº 147).

212. Les compléments spécificatifs, qui expriment la nature de la chose nombrée, mesurée ou pesée (nº 136), ou qui déterminent l'objet spécial d'une qualité vague (nº 156), comme *agréable* A LIRE, *désagréable* PAR SA VOIX, etc., ont aussi l'accusatif pour cas caractéristique. L'espèce de rapport à laquelle ils appartiennent se nomme تَمْيِيز *spécification;* l'antécédent se nomme مُمَيَّز *spécifié* et le conséquent ou complément مُمَيَّزبِه *spécificatif.*

213. Revenons maintenant aux compléments des verbes, compléments qui, comme nous l'avons dit, sont appelés مَفْعُول *patients,* ou مَفْعُول صَرِيح *patients parfaits.* Ils se partagent en cinq subdivisions :

1º مَفْعُول مُطْلَق *patient absolu,* ou مَصْدَر *principe,* c'est-à-dire *nom d'action du verbe.* C'est le nom verbal (nº 619, Iʳᵉ part.) joint au verbe lui-même, comme ضَرَبْتُ ضَرْبًا *j'ai frappé en frappant,* ou à un verbe d'une signification analogue, comme جَلَسَ قُعُودًا *il s'est assis en s'asseyant.* Dans ces deux cas, le nom verbal est employé *pour donner de l'énergie* لِلتَّأْكِيد. On comprend sous cette classe de compléments des verbes le *nom d'unité* (nº 674, Iʳᵉ part.), le *nom spécificatif* (nº 679, Iʳᵉ part.) et le *nom d'action modifié par un adjectif.* Exemples :

ضَرَبْتُهُ ضَرْبَةً وَضَرَبَنِى ضَرْبَتَيْنِ

Je l'ai frappé d'un coup, et il m'a frappé de deux coups.

ضَرَبْتُهُ ضَرْبَةً وَضَرَبَنِى طَعْنَةً

Je l'ai frappé en le frappant, et il m'a frappé en me perçant.

ضَرَبْتُهُ ضَرْبًا مُوجِعًا

Je l'ai frappé d'un coup douloureux.

Dans le premier exemple, le nom verbal est employé comme

nom d'unité, للتَّعْدَاد *pour la numération;* dans le second, comme nom spécificatif, للتَّمْييز *pour spécifier;* enfin, dans le troisième, comme simple nom d'action, للتَّنوُّع *avec désignation de l'espèce;*

2° مَفْعُولٌ بِهِ, ou simplement مَفْعُولٌ *patient;* c'est l'objet de l'action, le véritable complément objectif du verbe. Exemple : قَتَلْتُ عَمْرًا *J'ai tué Amrou.* Si le verbe a plusieurs compléments objectifs, on les distingue en *premier* et *second patient,* مَفْعُولٌ أَوَّلُ, et مَفْعُولٌ ثَانٍ. Exemple : أَطْعَمْتُ عُثْمَانَ خُبْزًا مَسْمُومًا *J'ai fait manger à Othman du pain empoisonné.* Certains verbes peuvent même en avoir jusqu'à trois, suivant la manière de parler des grammairiens arabes (n° 149). Exemple : يُرِي ٱلنَّاسَ أَعْمَالَهُمْ سَيِّئَةً *Il fera voir aux hommes [que] leurs œuvres [sont] mauvaises;*

3° مَفْعُولٌ فِيهِ *patient dans lequel,* c'est-à-dire complément qui exprime le lieu ou le temps de l'action; on le nomme aussi ظَرْفُ ٱلْمَكَانِ *le vase du lieu,* et ظَرْفُ ٱلزَّمَانِ *le vase du temps,* c'est-à-dire terme circonstanciel de lieu ou de temps (n°s 142 et 144);

4° مَفْعُولٌ مِنْ أَجْلِهِ ou مَفْعُولٌ لَهُ *patient à cause duquel,* c'est-à-dire terme circonstanciel exprimant le motif de l'action (n° 157). Exemple : خَرَجْتُ إِلَى مُلَاقَاتِهِ إِكْرَامًا لَهُ *Je suis sorti au-devant de lui, pour lui faire honneur;*

5° مَفْعُولٌ مَعَهُ *patient avec lequel,* c'est-à-dire terme circonstanciel exprimant la personne ou la chose qui a pris part à l'action. Ce complément exige l'emploi de la conjonction وَ, signifiant مَعَ *avec,* et gouvernant l'accusatif (n° 132). Exemple : مَا صَنَعْتَ وَزَيْدًا *Qu'as-tu fait avec Zéid ?*

214. Par la manière dont nous avons envisagé tous les compléments circonstanciels comme des formes adverbiales (n°s 139 et suiv.), il ne nous reste à considérer ici, avec quelque détail, que le مَفْعُولٌ بِهِ ou véritable *complément objectif* du verbe, soit immédiat et sans préposition, soit médiat et par l'intermédiaire d'une préposition. Nous parlerons ensuite du complément des noms ou du rapport nommé إِضَافَة *annexion*, et enfin de ce qui concerne les compléments des noms d'action et des adjectifs verbaux.

CHAPITRE IX

Des Compléments objectifs tant immédiats que médiats des Verbes, et des changements que ces compléments éprouvent quand les verbes passent à la voix objective.

215. Nous avons distingué les verbes, à raison de leur relation avec leurs compléments, en *transitifs* et *intransitifs* (n° 251, Ire part.), et nous avons appelé *verbes transitifs* tous ceux qui, étant susceptibles d'avoir des compléments, les prennent immédiatement, c'est-à-dire sans l'intervention d'aucune préposition.

Nous avons observé aussi (n° 252, Ire part.) qu'il y a des verbes doublement transitifs, c'est-à-dire qui, pouvant recevoir deux compléments, les prennent tous deux immédiatement.

Les compléments objectifs des verbes sont réunis par les grammairiens arabes sous la dénomination commune de فَضْلَة et au pluriel de فَضَلَات, comme qui dirait *choses superflues et qui sont en dehors du nécessaire*. Ils en exceptent cependant les compléments des verbes dits *verbes de cœur* et autres du même genre, tels que ظَنَّ, حَسِبَ, etc., et avec raison, puisque ces verbes ont réellement pour compléments des propositions complètes, et que, laissés seuls et sans compléments, ils ne donneraient aucun sens. Je pense que les Arabes ont appelé ces parties de la proposition فَضْلَة, parce qu'elles sont effectivement comme surabondantes à la constitution de la proposition, qui consiste essentiellement dans la réunion d'un sujet et d'un attribut. (1)

216. Le complément d'un verbe transitif et les deux compléments d'un verbe doublement transitif sont toujours à l'accusatif (nos 119 et 120). Quand le complément objectif d'un verbe transitif est placé par inversion avant le verbe, on indique alors le plus souvent le rapport par la préposition ل. Exemple : إِنْ كُنْتُمْ لِلرُّؤْيَا تَعْبُرُونَ *Si vous interprétez cette vision.* (2)

217. On pourrait, comme je l'ai dit ailleurs (n° 165), considérer tous les compléments des verbes transitifs comme des compléments circonstanciels exprimés sous une forme elliptique ou adverbiale; et l'observation que je viens de faire sur ce qui a lieu dans le cas d'inversion fortifie singulièrement cette manière de voir. Mais, quoique cette idée me paraisse simplifier la théorie de l'usage des cas, pour ne me pas éloigner de la manière ordinaire d'envisager cette partie de la syntaxe, je considérerai ces compléments comme des complé-

---

(1) A l'occasion de ce vers, de l'*Alfiyya*, d'Ebn Malec :

وَيَحْذَفُ فَضْلَةٍ أَجِزْ إِنْ لَمْ يَضِرْ   كَحَذْفِ مَا سِيقَ جَوَابًا أَوْ حُصِرْ

Un commentateur observe « qu'il doit être permis de supprimer le complément « objectif d'un verbe, pourvu que cela ne nuise point à la clarté du discours; « dans le cas contraire, on ne doit pas le supprimer. Par exemple, on ne peut pas « le supprimer en répondant à une question qui a pour objet ce complément, « comme si l'on vous avait demandé : *Qui avez-vous frappé?* On ne le peut pas « non plus quand on restreint l'action du sujet à un certain objet, en disant, par « exemple : *Je n'ai frappé que Zéid.* »
(Voyez le manuscrit arabe de Saint-Germain-des-Prés, n° 465, fol. 67 *verso*, 96 *verso*, etc.)

(2) Cet exemple est tiré de l'Alcoran (sur. 12, vers. 43), et Béidhawi remarque, à cette occasion, que la préposition ل est ici pour *fortifier l'influence de l'antécédent* لِتَقْوِيَةِ ٱلْعَامِلِ ; « car, quand le verbe, ajoute-t-il, est mis après son com- « plément, sa force est moindre, et on le fortifie au moyen de ل, comme cela se « fait pour le nom d'agent. »

ments objectifs placés sous l'influence directe du verbe, indiquée par l'accusatif.

218. Il n'y a que l'usage et les dictionnaires qui puissent apprendre quels sont, d'entre les verbes, ceux qui gouvernent immédiatement leur complément et ceux qui le gouvernent médiatement au moyen d'une préposition. Le même verbe intransitif peut aussi se lier à ses compléments par diverses prépositions et varier sa signification à raison de ces différentes manières d'exprimer la nature du rapport qui est entre le verbe et le complément. Ainsi, خَرَجَ مِنْ signifie *sortir de*.....; خَرَجَ عَلَى *se révolter contre*.....; خَرَجَ عَنْ *être hors de*....., *n'être pas susceptible de*.....; خَرَجَ إِلَى *partir pour aller à*..... De même دَخَلَ إِلَى signifie *entrer dans un lieu* ou *chez une personne;* دَخَلَ عَلَى signifie *surprendre quelqu'un en entrant dans l'endroit où il est;* le verbe نَظَرَ transitif, c'est-à-dire régissant immédiatement son complément, signifie *voir;* intransitif, avec إِلَى, il signifie *regarder;* avec فِي, *examiner, lire;* avec لِ, *pourvoir aux besoins de quelqu'un, s'occuper de ses intérêts;* le verbe أَشَارَ, avec بِ, signifie *ordonner* une chose; avec إِلَى, il veut dire *montrer* quelqu'un; avec عَلَى, *donner un avertissement* ou *un ordre* à quelqu'un. Des détails sur cet objet n'appartiennent point à la grammaire.

219. J'ai dit que, quand les verbes prennent leurs compléments par le moyen d'une préposition, leur signification varie suivant la préposition qui sert de lien entre le verbe et son complément; j'ajoute qu'il n'y a que l'usage et les dictionnaires qui puissent apprendre quelles prépositions peuvent exprimer les rapports qui sont entre un verbe et ses compléments et quelle influence diverses prépositions exercent sur la signification d'un même verbe. Je crois néanmoins devoir faire ici sur ce sujet important quelques observations **générales**.

1º Il arrive souvent qu'un verbe qui, dans son sens propre, est transitif et gouverne son complément à l'accusatif, étant employé dans un sens métaphorique, devient intransitif. Il en est ainsi des verbes أَشَادَ *élever un édifice*, et جَذَبَ *tirer*, qui, appliqués à un sens figuré, gouvernent leur complément par le moyen de la préposition بِ. On dit donc أَشَادَ بِذِكْرِهِ *il a élevé sa renommée*, جَذَبَ بِضَبْعِهِ *il l'a aidé à s'agrandir;* à la lettre, *il l'a tiré par son bras*.

De même, وَضَعَ *mettre, poser, déposer*, est un verbe transitif; mais quand on le prend dans le sens de *rabaisser le mérite* de quelqu'un, on le construit avec la préposition مِنْ et l'on dit وَضَعَ مِنْهُ. Le verbe أَخَذَ, comme transitif, veut dire *prendre;* construit avec la préposition بِ, il signifie *commencer à, se mettre à faire;* avec la préposition مِنْ, *fatiguer, affaiblir, diminuer*.

Par un procédé semblable, بَايَعَ, comme transitif, signifie *prêter serment de fidélité* à quelqu'un, et comme intransitif, بَايَعَ لَهُ, *lui faire présenter serment de fidélité;*

2º Il y a des verbes qui semblent transitifs dans certains cas et intransitifs dans d'autres, comme بَعَثَ. Si l'on veut dire *envoyer un messager*, il est transitif, et l'on dit بَعَثَ رَسُولًا; mais, s'il s'agit d'*envoyer une lettre*, le même verbe est intransitif, et il faut dire بَعَثَ بِكِتَابٍ. Si l'on y fait bien attention, on reconnaîtra que dans le fait ce verbe suppose toujours deux compléments, qu'on n'envoie un messager que pour porter ou dire quelque chose, et que l'envoi d'une lettre ou de toute autre chose exige toujours qu'on fasse usage d'un porteur. Ainsi, quoique l'on n'énonce souvent que l'un des deux compléments, le verbe est toujours transitif par rapport à la personne, et intransitif par rapport à la chose, tout comme le verbe أَرْسَلَ;

3º Il y a un grand nombre de verbes qui, selon qu'ils adoptent pour compléments des prépositions différentes, semblent exprimer des idées absolument opposées, comme عَدَلَ إلَى *se diriger vers un lieu,* عَدَلَ عَنْ *s'écarter d'un lieu,* شُغِلَ بِهِ *être occupé de quelque chose,* شُغِلَ عَنْهُ *être distrait de quelque chose.* C'est que ce sont ici des idées corrélatives : on ne peut se diriger vers un lieu sans s'écarter d'un autre, s'occuper d'une chose sans distraire son esprit de toute autre chose. Ainsi, dans ce cas-ci comme dans le précédent, lorsqu'on n'énonce qu'un seul complément, il y en a nécessairement deux, et le sens du verbe n'est réellement complété que quand on les énonce tous deux, en disant, par exemple : شُغِلْتُ بِحُبِّ ٱللّٰهِ عَنْ كُلِّ مَا سِوَاهُ. *L'amour de Dieu m'*A OCCUPÉ *et m'*A DISTRAIT DE *tout ce qui n'est pas Lui;*

4º Une autre observation plus délicate et d'une application très fréquente, c'est que les verbes, en s'unissant à leurs compléments par une préposition qui ne convient pas à leur signification propre et naturelle, assument en eux-mêmes la valeur d'un autre verbe au sens duquel s'applique la préposition et dont on fait l'ellipse. Ainsi, قَامَ *se tenir debout, se lever,* étant joint à إلَى, signifie *se lever et aller vers quelqu'un;* قَامَ إلَيْهِ est donc synonyme de قَامَ وَتَقَدَّمَ إلَيْهِ. De même تَقَدَّمَ إلَى veut dire *s'avancer vers quelqu'un;* uni à la préposition بِ, تَقَدَّمَ signifie *s'avancer vers quelqu'un et lui donner ordre* de faire quelque chose. Exemple :

تَقَدَّمَ إلَيْهِمْ بِأَنْ يَقْعُدُوا فِي ٱلْكَمِينِ

Il leur ordonna de se tenir en embuscade.

C'est la même chose que si l'on eût dit : تَقَدَّمَ إلَيْهِمْ وَأَمَرَهُمْ بِأَنْ يَقْعُدُوا فِي ٱلْكَمِينِ. Ajoutons encore un exemple.

Le verbe رَضِيَ بِ veut dire *être content d'une chose;* si l'on ajoute la préposition عَنْ avec un second complément, le sens est *être content d'une chose, en sorte qu'on ne se soucie pas d'une autre.* **Exemple** :

أَرَضِيتُمْ بِٱلْحَيٰوةِ ٱلدُّنْيَا عَنِ ٱلْآخِرَةِ

Êtes-vous contents de la vie présente, en sorte que vous n'ayez point de désir de la vie future?

Cela revient donc à l'expression complète أَرَضِيتُمْ بِٱلْحَيٰوةِ ٱلدُّنْيَا وَأَغْنَتْكُمْ عَنِ ٱلْآخِرَةِ. Il en est de même des verbes مَالَ, رَغِبَ et d'une multitude d'autres. Cette observation jette un grand jour sur le style des Arabes;

5° Une autre observation qui est d'une grande importance, c'est que les verbes qui ont entre eux une analogie de signification ont d'ordinaire une même manière de s'unir à leurs compléments. Ainsi, كَشَفَ *découvrir*, ou plutôt *ôter le voile*, prend, par le moyen de la préposition عَن, le complément indiquant la chose qu'on met à découvert. Par suite de cela, tous les verbes qui renferment l'idée de *mettre au jour* ou de *faire paraître* ce qui était ignoré ou caché, comme سَأَلَ *interroger*, adoptent la même construction : on dit donc إِنْ سَأَلَتْ عَنِّي *si tu demandes des nouvelles de moi*.

Autre exemple : أَمَرَ *commander* régit deux compléments, le premier immédiatement, c'est la personne à laquelle l'ordre est donné; le second par le moyen de la préposition بِ, c'est la chose ordonnée; on dira donc : أَمَرَ ٱلسُّلْطَانُ زَيْدًا بِضَرْبِ عَمْرٍو

Le sultan commanda à Zéïd de battre Amrou. On peut au verbe أَمَرَ *commander* substituer أَشَارَ *faire signe avec le doigt*, تَقَدَّمَ إِلَى *s'avancer vers*, verbes qui, pris métaphoriquement, signifient *ordonner :* alors la personne à laquelle l'ordre est donné deviendra le régime des prépositions إِلَى ou عَلَى; mais ce sera toujours la préposition بِ qui unira au verbe le complément qui indique la chose ordonnée : on dira تَقَدَّمَ إِلَى زَيْدٍ et أَشَارَ عَلَى زَيْدٍ بِضَرْبِهِ; بِضَرْبِهِ;

6° Certains verbes qui, d'après leur signification, semblent devoir être intransitifs, deviennent transitifs dans l'usage : tels sont دَخَلَ *entrer*, أَتَى et جَآءَ *venir*, قَرُبَ et دَنَا *être proche, s'ap-*

procher; on les emploie tantôt avec une préposition, tantôt sans préposition, et il est naturel de supposer que leur usage fréquent dans le discours a amené l'ellipse de la préposition;

7º Les verbes neutres qui, en conséquence de leur signification, n'ont pas de complément direct et qui expriment l'idée d'un *mouvement,* comme قَامَ *se lever* et *se tenir debout,* نَهَضَ *se soulever, se dresser,* جَاءَ et أَتَى *venir,* ذَهَبَ *s'en aller,* en prenant un complément par le moyen de la préposition بِ, deviennent relatifs (nº 250, Iʳᵉ part.) et signifient *faire lever, mettre debout* ou *sur pied, dresser, amener, emmener;*

8º Il n'est pas rare que des verbes intransitifs de leur nature deviennent transitifs, comme عَلِمَ *savoir* et خَبَرَ *connaître;* ces verbes ayant la forme neutre فَعِلَ, étaient vraisemblablement dans l'origine intransitifs et gouvernaient leur complément au moyen de la préposition بِ; mais, dans l'usage actuel, ils sont employés indifféremment comme transitifs ou intransitifs. D'autres verbes transitifs par rapport à l'un de leurs compléments, et intransitifs à l'égard de l'autre, deviennent quelquefois doublement transitifs. C'est ainsi qu'un poète a dit : أَمَرْتُكَ الْخَيْرَ, au lieu de أَمَرْتُكَ بِالْخَيْرِ, *Je t'ai commandé le bien;*

9º Enfin, il n'est pas rare que des verbes qui, de leur nature, exigeaient un complément direct, soient employés, dans certaines significations, comme s'ils étaient neutres. Il y a lieu de penser que cela tient à une ellipse consacrée par l'usage à l'égard de certains verbes qui revenaient souvent dans le discours. Cette observation me paraît devoir s'appliquer à un très grand nombre de verbes de la quatrième forme (nº 277, Iʳᵉ partie). Pour donner ici des exemples de l'application de cette observation, je citerai les verbes أَبَى et تَأَبَّى, qu'on emploie dans le sens de *se défendre, se refuser à la soumission,* mais dont le sens propre est *refuser une chose* et *la rejeter;* كَسَرَ, qui signifie *briser, rompre,* et qui se prend, en parlant d'un oiseau, pour tomber et *s'abattre*; رَدَّ, qui signifie *rendre, rapporter*, et qui se prend dans le sens d'*être utile, être profitable*. Ces sortes de transmutations d'un verbe actif et transitif en un verbe neutre ne tiennent qu'à l'ellipse des compléments. [1]

Je me borne à ces observations générales : la pratique, encore mieux que les exemples, en fera connaitre l'importance, en en multipliant les applications.

220. Il est convenable de considérer maintenant ce qui arrive aux verbes transitifs et à leurs compléments, quand ces verbes passent de la voix subjective à la voix objective.

Lorsqu'un verbe transitif est employé à la voix subjective d'une manière relative, il y a nécessairement un sujet indiqué implicitement ou explicitement, un verbe et un complément objectif, comme dans ces propositions : *Le* قَتَلَ ٱلسُّلْطَانُ وَزِيرَهُ *sultan tua son vizir;* قَتَلَ أَخَاهُ *il tua son frère.* Dans la première, le sujet est exprimé explicitement; dans la seconde, il se trouve implicitement dans le verbe.

Si ce verbe passe à la voix objective, le sujet disparaitra, et le complément objectif prendra sa place. On dira : قُتِلَ ٱلْوَزِيرُ ou قُتِلَ وَزِيرُ ٱلسُّلْطَانِ *Le vizir* ou *le vizir du sultan fut tué;* قُتِلَ أَخُو ٱلسُّلْطَانِ *Le frère du sultan fut tué.* Dans ce cas, le sujet du verbe ne se nomme plus فَاعِل *agent*, il s'appelle ٱلنَّائِبُ عَنِ ٱلْفَاعِلِ *ce qui tient lieu de l'agent.*

221. Tel est, comme je l'ai dit ailleurs, [2] le principal usage de la voix objective : c'est de pouvoir exprimer une action en ne la considérant que par rapport à celui qui en reçoit l'impression, et faisant abstraction de l'agent. Si l'on veut ne pas faire

---

(1) Voyez, à ce sujet, mon *Commentaire sur les Séances de Hariri*, séance XXXVII°, p. 418.

(2) Voyez mes *Principes de grammaire générale*, 2° édit., p. 212 et suiv.

abstraction totale de l'agent, mais seulement fixer principalement l'attention sur la personne ou la chose qui est l'objet de l'action et qui en reçoit l'impression, on peut ajouter le sujet ou agent sous la forme d'un terme circonstanciel, au moyen d'une préposition, et dire *le vizir fut tué* PAR LE SULTAN; mais ce genre de construction est rare en arabe.

222. Le verbe transitif, en passant à la voix objective, n'a plus, comme on voit, de complément objectif. Il n'en est pas de même des verbes doublement transitifs. Ceux-ci conservent le second de leurs compléments sous la forme de complément, tandis que le premier devient le sujet de la proposition.

Ainsi, l'on dit, à la voix subjective, سَقَى ٱلسَّلْطَانُ وَزِيرَهُ مَآءً مَسْمُومًا *le sultan donna à boire à son vizir de l'eau empoisonnée* (à la lettre, *abreuva son vizir d'eau empoisonnée*); et à la voix objective, سُقِيَ ٱلْوَزِيرُ مَآءً مَسْمُومًا *le vizir reçut pour boisson une eau empoisonnée* (à la lettre, *fut abreuvé d'une eau empoisonnée*).

On dira de même, à la voix subjective, أَعْطَى زَيْدٌ عَمْرًا ثَوْبًا مُفَخَّرًا *Zéid a gratifié Amrou d'un habit magnifique*; آتَى مُوسَى قَوْمَهُ كِتَابًا *Moïse a apporté un livre à son peuple*. A la voix objective, on dira أُعْطِيَ عَمْرٌو ثَوْبًا مُفَخَّرًا *Amrou a été gratifié d'un habit magnifique*; أُوتِيَ قَوْمُ مُوسَى كِتَابًا *le peuple de Moïse a reçu un livre*.[1]

223. Cette construction s'explique tout naturellement, en considérant le second complément comme un terme circonstanciel exprimé sous une forme elliptique ou adverbiale; mais, si l'on veut le considérer comme un second complément immé-

---

[1] On pourrait trouver une construction semblable dans ce vers de Virgile :
Et mutata suos requiérunt flumina cursus.
Mais cette manière de s'exprimer est plutôt un hellénisme. La construction dont il s'agit est la même que celle-ci : *Ab illo edocti sumus musicam.*

diat du verbe, il faut, pour développer le sens contenu dans ces propositions tant actives que passives et se rendre raison du double complément de ces verbes, observer qu'ils renferment l'équivalent de deux propositions, l'une principale et l'autre subordonnée, qui ont chacune leur sujet et leur attribut. Dans chacune de ces propositions, le verbe est relatif, c'est-à-dire qu'il a un complément objectif, mais de telle manière que le complément objectif du premier verbe est aussi le sujet du second. Dans l'expression arabe, un seul verbe, réunissant les attributs des deux sujets, gouverne immédiatement les deux compléments; et il est superflu d'exprimer séparément le sujet de la seconde proposition, parce qu'il n'est autre que le complément du premier verbe : ainsi, أَطْعَمْتُ آبْنَكَ خُبْمًا est l'équivalent de cette phrase : *J'ai été mettant* TON FILS *en cet état, que* TON FILS *a été mangeant de la viande,* c'est-à-dire *j'ai fait que ton fils a mangé de la viande.* Le sujet de la première proposition est *je*, l'attribut est *mettant,* le complément objectif du verbe est *ton fils ; ton fils* est aussi le sujet de la seconde proposition, *mangeant* est l'attribut de cette seconde proposition; *de la viande* est le complément objectif du verbe *manger.* Or, le verbe أَطْعَمْتُ renfermant l'idée des deux attributs *mettant* et *mangeant,* c'est pour cela qu'il gouverne immédiatement les deux compléments.

224. Le verbe transitif, en passant à la voix objective, cesse, comme nous l'avons dit, d'avoir un complément; il cesse donc, en quelque sorte, d'être transitif.

Mais, si le verbe est doublement transitif, il conserve, en passant à la voix objective, un de ses deux compléments et, par conséquent, il devient simplement transitif. Pour en sentir la raison, reprenons l'exemple que nous avons apporté ci-dessus, et nous verrons que des deux verbes dont le sens est renfermé dans le verbe doublement transitif, il n'y en a réellement qu'un qui passe à la voix objective. أَطْعَمْتُ آبْنَكَ خُبْمًا est l'équivalent de *j'ai été mettant ton fils en cet état, que ton fils a été mangeant de la viande;* أَطْعَمَ ٱبْنَكَ لَحْمًا est l'équivalent de *ton fils a été mis en cet état, qu'il a mangé de la viande.* Par le développement de cette expression, on voit que *ton fils*, qui, dans la première proposition, était le complément objectif du verbe *mettre*, en devient le sujet : mais *de la viande*, complément objectif du verbe *manger* dans la première proposition, ne change pas de nature par le changement de voix; il demeure complément objectif du verbe *manger*, et voilà pourquoi en arabe il reste à l'accusatif.

225. Il est bon de faire ici une observation particulière sur le verbe أَتَى, et, à la voix objective, أُوتِيَ, qui revient fréquemment dans l'Alcoran, comme dans cette phrase : ٱلَّذِينَ أُوتُوا ٱلْكِتَابَ *Ceux qui ont reçu le Livre.* Le verbe أَتَى *venir,* est un de ces verbes qui, comme je l'ai dit précédemment (n° 219), intransitifs dans l'origine, sont devenus transitifs par l'usage. Ainsi, au lieu de se joindre par la préposition إِلَى au complément qui indique le lieu où l'on vient ou la personne qu'on va trouver, il régit immédiatement le nom de ce lieu ou de cette personne à l'accusatif. On dit donc : أَتَانِي أَخُوكَ *Ton frère est venu [chez] moi.* Ce même verbe, à la quatrième forme, doit signifier *faire venir, apporter,* et par cette raison il reçoit deux compléments objectifs, celui qui exprime la chose apportée et celui qui exprime la personne ou le lieu qui est le terme de l'action, et il gouverne ces deux compléments à l'accusatif. Mais, si le verbe آتَى, à la quatrième forme, ne signifiait que *faire venir,* il aurait toujours pour premier complément la *chose qui vient,* et pour second complément *la personne* ou *le lieu* qui est le terme de l'action, et, par conséquent, en passant à la voix objective, la chose apportée deviendrait le sujet du verbe, tandis que la personne ou le lieu qui est le terme de l'action resterait comme complément à l'accusatif. Or, c'est

précisément le contraire qui a lieu; et si l'on dit à l'actif : آتَى ٱللَّهُ بَنِى إِسْرَآئِلَ كِتَابًا *Dieu a apporté aux enfants d'Israël un livre,* on dira au passif : أُوتُوا بَنُو إِسْرَآئِلَ كِتَابًا.

Pour avoir une solution générale applicable à toutes les circonstances où la quatrième forme du verbe أَتَى se trouve, soit à la voix subjective avec deux accusatifs, soit à la voix objective avec un seul, il faut avoir égard à la génération successive des différentes significations que ce verbe a reçues. *Faire venir,* c'est à peu près la même chose qu'*amener, apporter; apporter quelque chose à quelqu'un,* c'est *faire qu'il prenne* ou *qu'il reçoive cette chose.* Appliquons ce développement aux exemples que nous venons de donner. Sous la forme active, le sens sera *Dieu* A MIS *les enfants d'Israël en cet état, qu'ils* ONT REÇU *un livre;* et, sous la forme passive, *les enfants d'Israël* ONT ÉTÉ MIS *en cet état, qu'ils* ONT REÇU *un livre.*

En employant la locution passive, le complément objectif du premier verbe doit en devenir le sujet, et le sujet doit se changer en complément. La proposition subordonnée ne doit éprouver aucun changement, et, par conséquent, le verbe *recevoir* doit conserver son sujet et son complément. C'est ce qui arrive ici; et voilà pourquoi كِتَابًا est à l'accusatif dans la phrase passive comme dans la phrase active. Autre exemple :

مَا أُوتِىَ مُوسَى وَعِيسَى وَمَا أُوتِىَ ٱلنَّبِيُّونَ مِنْ رَبِّهِمْ

Ce que Moïse et Jésus ont reçu, ce que les prophètes ont reçu de la part de leur Seigneur. (1)

---

(1) Si l'on s'en tenait à la signification *faire venir,* qui est la signification primitive de cette quatrième forme, on ne pourrait pas rendre raison des phrases dans lesquelles ce verbe est employé à la voix objective. Effectivement, si l'on dit, à la première forme, *liber venit eos* pour [*ad*] *eos,* on doit dire, à la quatrième forme, *Deus fecit librum venire* ou *ita ut veniret ad eos;* et par conséquent, à la voix objective de cette même forme, *liber factus est à Deo ita ut veniret* [*ad*] *eos.*

Or, on voit que si c'était là le développement de la phrase passive, ce ne serait

226. J'ai dit précédemment (n° 149) qu'il y a des verbes qui ont pour complément un sujet et un attribut, tous deux à l'accusatif, et dont la réunion forme une proposition complémentaire, comme ظَنَنْتُ زَيْدًا عَاقِلًا *j'ai cru que Zéid était sage,* اِخَذُوا آلدِّينَ لَعِبًا *ils ont pris la religion pour jouet.* [1] Si ces verbes passent à la voix objective, l'attribut de la proposition complémentaire demeure à l'accusatif. Cela ne doit faire aucune difficulté en considérant, ainsi que je l'ai fait, cet attribut comme un terme circonstanciel (n° 149).

227. Parmi ces verbes, il y en a qui sont doublement transitifs. Quand ceux-ci passent à la voix objective, ils conservent

pas *liber*, mais *eos*, qui serait le complément objectif du verbe *venire* de la proposition subordonnée; que *liber*, qui, dans la proposition active, serait le complément objectif du verbe *fecit* de la proposition principale, deviendrait, dans la proposition passive, le sujet du même verbe, et que, par conséquent, il serait mis au nominatif, en sorte que la proposition passive devrait être أُوتِيَهُمْ كِتَابٌ *factus est liber venire [ad] eos.*

Ce n'est pas gratuitement que je suppose que آتَى, signifiant *donner quelque chose à quelqu'un,* équivaut à *faire que quelqu'un reçoive* ou *prenne quelque chose*; cela est si vrai que أَعْطَى, qui est le verbe propre pour signifier *donner,* est la quatrième forme de عَطَا, qui signifie *prendre avec la main, recevoir.* Ainsi, la signification propre de أَعْطَى est *faire prendre, faire recevoir.* Il est même vraisemblable que آتَى, dans le sens de *donner,* doit son origine au mot أَعْطَى mal prononcé : car, parmi les nations mêmes auxquelles la langue arabe est naturelle, il y a beaucoup de gens qui confondent la prononciation du *ain* avec celle de l'*élif.*

(1) Il peut arriver que, dans ces propositions complémentaires, l'attribut soit exprimé par un verbe à un temps personnel, comme dans cet exemple, tiré de l'Alcoran)sur. 8, vers. 61) :

وَلَا تَحْسِبَنَّ آلَّذِينَ كَفَرُوا سَبَقُوا

Et ne t'imagine pas que ceux qui ont été incrédules ont échappé [à la vengeance divine].

Dans cet exemple, سَبَقُوا est pour سَابِقِينَ.

un complément complexe formé d'un sujet et d'un attribut, ou plutôt un complément immédiat et un terme circonstanciel elliptique, qui est une véritable proposition adverbiale (n° 151). Exemple : يُرِيهِمُ ٱللَّهُ أَعْمَالَهُمْ خَبِيثَةً *Dieu leur montrera leurs œuvres mauvaises,* pour يُرِيهِمُ ٱللَّهُ أَعْمَالَهُمْ أَنَّهَا خَبِيثَةٌ *Dieu leur fera voir leurs œuvres, qu'elles sont mauvaises.* Il est clair que أَعْمَالَهُمْ *leurs œuvres* constitue une partie de la proposition distincte de خَبِيثَةً *mauvaises,* puisque, si ces deux mots formaient une seule partie de la proposition, il faudrait dire أَعْمَالَهُمُ ٱلْخَبِيثَةَ ; car أَعْمَالَ étant déterminé par le complément هُمْ, il serait nécessaire que l'adjectif le fût par l'article ٱلْ, comme on le verra plus tard. Supposons que cette proposition passe à la voix objective : on dira يُرَوْنَ أَعْمَالَهُمْ خَبِيثَةً *on leur fera voir* (à la lettre *ils seront faits voir*) *que leurs œuvres sont mauvaises.*

228. Ce n'est pas seulement le véritable complément objectif ou مَفْعُولٌ بِهِ (n° 213) des verbes transitifs à la voix subjective qui peut devenir le sujet des mêmes verbes quand ces verbes passent à la voix objective. Il y a quelques compléments ou termes circonstanciels qui peuvent devenir sujets de la proposition, lorsqu'on lui donne la forme passive.

229. Un de ces compléments est le nom d'action du verbe lui-même, nommé مَصْدَرٌ et مَفْعُولٌ مُطْلَقٌ (n° 213); car, au lieu que l'on dit, à la voix subjective, ضَرَبَ ضَرْبًا *il a frappé en frappant* ou *par un coup,* سَارَ سَيْرًا *il a marché en marchant* ou *par une marche,* on peut dire, à la voix objective, ضُرِبَ ضَرْبٌ *un coup a été frappé,* سِيرَ سَيْرٌ *une marche a été marchée.*

230. Un autre complément que l'on peut employer de la même manière est celui qui indique l'action par une circonstance de temps ou de lieu qui en est inséparable; c'est le ظَرْفُ ٱلْمَكَانِ وَٱلزَّمَانِ, nommé aussi مَفْعُولٌ فِيهِ (n° 213). Ainsi, comme l'on dit, sous forme active, سَارَ شَهْرًا وَيَوْمًا *il marcha un mois et un jour,* سَارَ أَمْيَالًا ثَلَاثَةً *il marcha trois milles,* on peut dire aussi, sous la forme passive, سِيرَ شَهْرٌ وَيَوْمٌ *un mois et un jour furent marchés,* سِيرَ أَمْيَالٌ ثَلَاثَةٌ *trois milles furent marchés.* (1)

On peut considérer dans ce cas le terme circonstanciel de temps ou de lieu comme remplaçant le nom d'action dont on a fait ellipse, en sorte que, tant sous la forme active que sous la forme passive, *un mois et un jour* est pour *une marche d'un mois et un jour* et *trois milles* pour *une marche de trois milles.*

231. Enfin, il y a une troisième manière d'employer les verbes à la voix objective, c'est de ne leur donner aucun sujet déterminé ; alors, ils se construisent avec leurs compléments, absolument de la même manière qu'à la voix objective. Cette sorte de construction n'a lieu que par rapport aux compléments médiats des verbes, compléments dont le rapport est indiqué par une préposition. On peut comparer cet usage de la voix objective à celui de la même voix chez les Latins, quand elle est employée de la manière vulgairement, quoique improprement, appelée *impersonnelle,* comme *itum est, ventum est, conclamatur.* Comme donc on dit, à la voix subjective, اِحْتَاجَ إِلَى دِينَارٍ *il a eu besoin d'argent,* خَرَجَ مِنَ ٱلْمَدِينَةِ *il sortit de la ville,* غَضِبَ عَلَى زَيْدٍ *il entra en colère contre Zéid,* أَمَرَ بِقَتْلِهِ *il donna ordre de le tuer,* قَالَهُ *il dit cela,* أَخْبَرَهُ بِمَا جَرَى *il lui rendit compte de ce qui était arrivé,* on dira de même, à la voix objective, sans un sujet déterminé, اُحْتِيجَ إِلَى دِينَارٍ,

---

(1) C'est ainsi que Cicéron *(Orat. pro Archia poeta)* a dit : *Hunc video mihi principem et ad suscipiendam et ad INGREDIENDAM rationem horum studiorum exstitisse.* Quintilien, parlant d'un semblable usage de la voix passive, en latin, dit : *Est etiam quidam tertius modus, ut urbs habitatur ; unde et campus curritur, mare navigatur. (Institut. orator.,* lib. I, 5.)

ce أُخْبِرَ بِمَا جَرَى, قِيلَ, أُمِرَ بِقَتْلِهِ, غُضِبَ عَلَى زَيْدٍ, خُرِجَ مِنَ ٱلْمَدِينَةِ,
qu'on ne pourra rendre en français que par le sujet indéterminé *on*, avec la voix subjective, ou par la voix objective, en donnant au verbe un sujet déterminé. Ainsi, il faudra dire : *On eut besoin d'argent*, ou *l'argent devint nécessaire*; *on sortit de la ville*, ou *la ville fut évacuée*; *on entra en colère*, ou *la colère s'alluma contre Zéid*; *on donna l'ordre*, ou *l'ordre fut donné de le tuer*; *on dit*, ou *il fut dit*; *on rendit compte*, ou *le compte fut rendu de ce qui était arrivé*.(1)

232. Tous les compléments médiats des verbes intransitifs ou de ceux qui, étant transitifs par rapport à un de leurs compléments, sont intransitifs par rapport aux autres (n° 225, Ire part.), se construisent avec la voix objective de même qu'avec la voix subjective. Ainsi, comme l'on dit, à la voix subjective :

أَمَرْتُ زَيْدًا بِقَتْلِ عَمْرٍو

J'ordonne à Zéid de tuer Amrou.

سَارَ بِزَيْدٍ مِنْ بَغْدَادَ إِلَى ٱلْمَدِينَةِ

Il conduisit Zéid de Bagdad à Médine.

لَمْ يَقْدِرِ ٱلسُّلْطَانُ عَلَى أَخْذِهِ

Le sultan ne put le prendre.

جَاءَ عُمَرُ ٱلنَّبِيَّ بِنَاسٍ مِنَ ٱلْعَرَبِ

Omar amena au prophète quelques hommes d'entre les Arabes.

On dit de même, en employant la voix objective :

---

(1) Jam (dit Quintilien) *Itur in antiquam sylvam, nonne propriæ cujusdam rationis est? nam quod initium ejus inveneris? cui simile* Fletur. *Accipimus aliter ut*,

                Panditur interea domus omnipotentis Olympi;
aliter ut,
             ....Totis
        Usque adeo turbatur agris.
  (*Institut. orator.*, lib. I, 5.)

DE LA SYNTAXE

أَمَرَ زَيْدٌ بِقَتْلِ عَمْرٍو

Zéid reçut l'ordre de tuer Amrou.

سِيرَ بِزَيْدٍ مِنْ بَغْدَاذَ إِلَى ٱلْمَدِينَةِ

Zéid fut conduit de Bagdad à Médine.

لَمْ يُقْدَرْ عَلَى أَخْذِهِ

Il fut impossible de le prendre.

جِيءَ ٱلنَّبِيَّ بِنَاسٍ مِنَ ٱلْعَرَبِ

On amena au prophète quelques hommes d'entre les Arabes.[1]

233. Il arrive quelquefois que le complément objectif d'un verbe, au lieu d'être un mot déclinable, est une proposition conjonctive formée par les particules أَنْ ou مَا faisant fonction de nom d'action. Exemple :

إِنْ كَانَ ٱلَّذِى عَلَيْهِ ٱلْحَقُّ سَفِيهًا أَوْ ضَعِيفًا أَوْ لَا يَسْتَطِيعُ أَنْ يُمِلَّ هُوَ فَلْيُمْلِلْ وَلِيُّهُ

Si celui dont c'est le devoir [de dicter les dernières volontés] est imbécile ou malade, ou ne peut pas dicter (à la lettre, qu'il dicte), alors, que celui qui le suit (dans l'ordre de la parenté) dicte.

234. Le complément d'un verbe peut aussi être une proposition tout entière, indépendante grammaticalement de tout antécédent. Exemples :

وَتَرَكْنَا عَلَيْهِ فِى ٱلْآخِرِينَ سَلَامٌ عَلَى نُوحٍ

---

[1] C'est ainsi qu'on lit dans l'Alcoran (sur. 7, vers. 5) : فَلَنَسْأَلَنَّ ٱلَّذِينَ أُرْسِلَ إِلَيْهِمْ وَلَنَسْأَلَنَّ ٱلْمُرْسَلِينَ Certes, nous demanderons compte à ceux vers lesquels on a envoyé, et, certes, nous demanderons compte pareillement à ceux qui ont été envoyés. أُرْسِلَ إِلَيْهِمْ (missum fuit ad eos) est une construction pareille à celle de la voix subjective أَرْسَلْنَا إِلَيْهِمْ (misimus ad eos).

Nous avons laissé reposer sur lui, parmi les générations les plus reculées, ce vœu (qu'on a coutume de faire quand on prononce son nom): Paix sur Noé!

هَلْ تَرَى تَبَّتْ تُحَاذِى قِيلَ يَا أَرْضُ ٱبْلَعِى

Penses-tu donc que ce passage [de l'Alcoran]: Que deviennent percluses (les mains d'Abou-Lahab)! puisse soutenir la comparaison avec [cet autre passage]: Il fut dit alors: O terre, engloutis [les eaux du déluge]!

Dans ce dernier exemple, les verbes تَبَّتْ et تُحَاذِى sont tous deux virtuellement à l'accusatif, comme formant les deux compléments de رَأَى *juger* (n° 120); et قِيلَ, avec tout ce qui suit, est virtuellement au même cas, comme complément objectif du verbe تُحَاذِى, tandis que يَا أَرْضُ ٱبْلَعِى est virtuellement au nominatif, comme sujet du verbe قِيلَ.(1)

CHAPITRE X

Syntaxe des Compléments des Noms

235. Les rapports qui ont lieu entre les noms, et que les Arabes nomment إِضَافَة *annexion,* influent sur la forme extérieure des noms qui sont les antécédents et les conséquents ou compléments de ces rapports, et sur leur signification.

236. Leur influence sur la forme extérieure consiste dans les effets suivants: 1° L'*antécédent* ou ٱلْمُضَافُ perd son *tenwin* ou voyelle nasale, car les voyelles nasales ne pouvant jamais

---

(1) Cet exemple est tiré de la *Vie de Timour*, par Ahmed, fils d'Arabschah, t. II, p. 992. On y a lu mal à propos تُحَارِى ou تُحَارِى.

Nous disons de même en français: *Le qu'en dira-t-on gouverne la plupart des hommes. Il ne faut pas craindre le qu'en dira-t-on. Un tiens vaut mieux que deux tu l'auras. Vivre à bouche que veux-tu?*

avoir place qu'à la fin des mots, et les deux mots qui sont en annexion étant censés n'en plus faire qu'un seul, le premier doit nécessairement perdre sa voyelle nasale. Au duel et au pluriel régulier masculin, l'annexion fait perdre à l'antécédent la syllabe finale ن ou نَ. Je renvoie, à cet égard, à ce que j'ai dit ailleurs (nos 738 et 739, Ire part.). Si le complément est un pronom affixe, cela donne lieu à quelques autres changements dans les inflexions de l'antécédent, comme je l'ai exposé en son lieu (nos 806 et 807, Ire part.) ;

2° Si l'antécédent est de la seconde déclinaison, il se décline en ce cas comme les noms de la première (n° 738, Ire part.) ;

3° Le *conséquent,* اَلْمُضَافُ إِلَيْهِ, doit être mis au génitif (n° 98).

237. L'influence de ce même rapport sur le sens consiste en ce que l'antécédent qui était *indéterminé,* نَكِرَةٌ, devient *déterminé,* مَعْرِفَةٌ, d'où il suit qu'il ne doit point avoir d'article déterminatif. Mais ceci exige quelques distinctions, car le rapport d'annexion ne produit pas toujours cet effet sur l'antécédent, qui, dans certains cas, reste indéterminé.

238. Pour connaitre quelle règle on doit suivre à cet égard, il faut savoir qu'on distingue deux sortes d'annexion, nommées, l'une, *annexion pure* ou *parfaite,* إِضَافَةٌ مَحْضَةٌ, et *annexion logique,* إِضَافَةٌ مَعْنَوِيَّةٌ; l'autre, *annexion imparfaite,* إِضَافَةٌ غَيْرُ مَحْضَةٍ, et *annexion purement grammaticale,* إِضَافَةٌ لَفْظِيَّةٌ.

239. L'annexion parfaite exprime, ou un rapport de *propriété,* لِلْإِخْتِصَاصِ, dont la préposition لِ *à* pourrait être l'exposant et dans lequel le conséquent est absolument différent de l'antécédent, comme celui-ci : غُلَامُ زَيْدٍ *l'esclave de Zéid;* ou un rapport du *genre à l'espèce,* لِلْجِنْسِ, dont la préposition مِنْ *de* pourrait être l'exposant, et dans lequel l'antécédent est une partie du conséquent, comme ceux-ci : ثَوْبُ حَرِيرٍ *une robe de* soie, حُقَّةُ ذَهَبٍ *une botte d'or*. Quelques grammairiens admettent aussi le rapport d'annexion comme représentant la préposition فِي *dans*. Exemple : صَوْمُ شَهْرٍ *un jeûne d'un mois*.[1]

240. Ce que je viens de dire, que l'annexion remplace l'une des deux prépositions لِ ou مِنْ, devient très sensible lorsque, par une raison quelconque, on intervertit l'ordre des deux termes qu'on aurait pu mettre en rapport d'annexion et que le mot qui aurait dû en être *l'antécédent*, ٱلْمُضَافُ, est placé après celui qui en aurait été *le conséquent*, ٱلْمُضَافُ إِلَيْهِ. Exemples :

خَرَجَ مِنَ ٱلْعِرَاقِيِّينَ ٱلرُّؤُسُ وَٱلْأَبْطَالُ

Les chefs et les plus braves des habitants de l'Irak sortirent.

ضَرَبُوا مِنْهُمُ ٱلْأَعْنَاقَ وَٱلرُّؤُسَ

Ils leur coupèrent les cous et les têtes.

ٱضْرِبُوا مِنْهُمْ كُلَّ بَنَانٍ

Frappez, à eux tous, le bout des doigts.

قَوِيَ مِنْهُ ٱلرَّأْسُ وَٱلظَّهْرُ

---

[1] Cette doctrine des grammairiens arabes, qui regardent tout rapport d'annexion comme une expression elliptique renfermant la valeur d'une des prépositions لِ, مِنْ ou فِي, n'a pas l'approbation de M. Lee. « C'est, suivant lui *(a Grammar of the hebrew language*, p. 316), rendre la construction moins simple qu'elle ne l'était originairement, ou, en d'autres termes, rendre difficile une matière fort simple, en mettant en construction respective un plus grand nombre de mots qu'il n'y en avait, en effet, dans l'exemple sous sa forme primitive. »

Ce raisonnement est fondé sur ce que, dans la vérité, les particules elles-mêmes sont réellement des noms. Cette objection ne me paraît pas solide, et l'emploi obligé des prépositions, dans le cas d'inversion, justifie pleinement la doctrine des grammairiens arabes. Mais on peut douter si M. Lee les a bien compris, puisqu'il écrit ضَرْبٌ وَاقِعٌ فِي ٱلْيَوْمِ et خَاتَمٌ مِنْ فِضَّةٍ, غُلَامٌ لِزَيْدٍ au lieu de ٱلضَّرْبُ ٱلْوَاقِعُ فِي ٱلْيَوْمِ et ٱلْخَاتَمُ, ٱلْغُلَامُ.

Sa tête et son dos devinrent forts.

Quelquefois même, quoiqu'il n'y ait point d'inversion, on exprime la préposition au lieu d'employer l'annexion. Exemp.:

$$اُذْكُرْ رَبَّكَ فِي نَفْسِكَ دُونَ ٱلْجَهْرِ مِنَ ٱلْقَوْلِ$$

Prie ton Seigneur en toi-même, sans prononcer les paroles à haute voix.

Dans cet exemple, on pouvait dire دُونَ جَهْرِ ٱلْقَوْلِ, en employant l'annexion.

241. Toutes les fois qu'on peut conserver l'antécédent d'un semblable rapport dans l'état d'indétermination, le conséquent étant déterminé, on ne saurait employer la forme de l'annexion. Ainsi, l'on dit: صَدِيقٌ لَهُ ; بِرَحْمَةٍ مِنْهُ *par une miséricorde, de lui*; *un ami, à lui*; مَاتَ لِي أَخٌ *il est mort un frère, à moi*. Si l'on disait مَاتَ أَخِي, صَدِيقُهُ, بِرَحْمَتِهِ, le sens serait *par sa miséricorde, son ami, mon frère est mort*. On sent facilement la différence des deux manières de s'exprimer.

242. On emploie aussi quelquefois cette forme, lorsque rien ne s'opposerait à ce qu'on fit usage de l'annexion, par une figure de rhétorique, l'indétermination servant, par le vague même qu'elle laisse, à agrandir les idées. C'est ainsi qu'un poète a dit:

$$وَقِرْبَةِ أَقْوَامٍ جَعَلْتُ عِصَامَهَا   عَلَى كَاهِلٍ مِنِّي ذَلُولٍ مُرَحَّلِ$$

Souvent, une outre d'une troupe de voyageurs, j'en ai placé la courroie sur un dos de moi, accoutumé à la fatigue et exercé de longue main à un travail pénible. [1]

243. Dans l'annexion parfaite, l'antécédent est ordinairement un nom indéterminé et le conséquent un nom déterminé, et

---

(1) Voyez *Amrulkaisi Moallakah*, éd. Hengstenberg, vers 46.

C'est, pour l'analyse, la même chose que si le poète eût dit: عَلَى كَاهِلِي وَهْوَ كَاهِلٌ ذَلُولٌ مُرَحَّلٌ *Sur mon dos, qui est un dos accoutumé à la fatigue*, etc.

l'effet de leur union est de déterminer l'antécédent, comme dans ces exemples : غُلَامُ عَمْرٍو *l'esclave d'Amrou,* أَمَةُ أُخْتِي *la servante de ma sœur,* وَزِيرُ ٱلسُّلْطَانِ *le vizir du sultan.* Quelquefois l'antécédent et le conséquent sont indéterminés ; alors, l'antécédent ne change point d'état et demeure indéterminé, comme اِمْرَأَةٌ رَجُلٍ حَجَّامٍ *une femme d'un barbier,* حِمَارُ بَقَّالٍ *un âne d'un marchand d'herbages,* صَاحِبُ مَالٍ *un possesseur de richesses.* Dans ce cas, quoique l'antécédent ne devienne pas *déterminé,* مُعَرَّفٌ, il perd cependant quelque chose du vague de sa signification[1] et il devient, suivant les grammairiens arabes, *particularisé,* مُخَصَّصٌ. Jamais l'antécédent ne peut avoir l'article déterminatif.[2]

---

[1] On sent bien, en effet, que ces expressions : *Un vizir d'un sultan, un âne d'un jardinier,* sont moins vagues que celles-ci : *un vizir, un âne,* mais ne sont pas déterminées et individualisées, comme si l'on disait *le vizir du sultan, l'âne du jardinier.* C'est ce qu'Ebn Malec exprime ainsi dans son *Alfiyya* :

نُونًا تَلِي ٱلْإِعْرَابَ أَوْ تَنْوِينَا   مِمَّا تُضِيفُ ٱحْذِفْ كَطُورِ سِينَا

وَٱلثَّانِي ٱجْرُرْ وَٱنْوِ مِنْ أَوْ فِي إِذَا   لَمْ يَصْلُحْ إِلَّا ذَاكَ وَٱللَّامَ خُذَا

لِمَا سِوَى ذَيْنِكَ وَٱنْسُسْ أَوَّلَا   أَوْ أَعْطِهِ ٱلتَّـ ـرِيةَ ٍ بِٱلَّذِي تَلَا

« Retranchez le *noun* ou le *tenwin* qui suit la voyelle caractéristique des cas, « dans l'antécédent de tout rapport d'annexion, comme dans l'exemple *touri sina,* « et mettez le conséquent au génitif ; sous-entendez *de* ou *dans,* quand l'une de « ces prépositions est la seule qui convienne ; dans tout autre cas, sous-entendez « *a* et rendez l'antécédent *particularisé* ou *déterminé* par le conséquent. »
(Man. ar. de la Bibl. du Roi, n° 129. fol. 17 *recto,* et man. de Saint-Germ., n° 465, fol. 102 *recto.*)

Dans le second vers, خُذَا est pour خُذَنْ, impératif énergique.

[2] Tel est le sentiment des divers grammairiens arabes que j'ai consultés et tel est aussi, je crois, l'usage constant de tous les écrivains anciens ; mais j'ai remarqué dans divers auteurs moins anciens, tels qu'Ahmed, fils d'Arabschah, Makrizi, Soyouti, Abou 'lmahasen, etc., un grand nombre d'exemples contraires à cette règle, et dans lesquels l'antécédent et le conséquent ont l'un et l'autre l'article

244. L'annexion imparfaite est celle dans laquelle l'antécédent exprime un attribut, une qualité, et est ou un adjectif verbal (n° 617, Ire part.), ou l'un de ces adjectifs que l'on appelle صِفَةٌ مُشَبَّهَةٌ *qualificatifs assimilés* (n° 621, Ire part.), et le conséquent est ou le complément d'un verbe, ou le sujet dont l'antécédent est l'attribut. Exemple : ضَارِبُ زَيْدٍ, à la lettre, *un frappant de Zéid,* c'est-à-dire *un homme qui frappe Zéid.* Ici, ضَارِبُ fait la fonction de verbe et زَيْدٍ celle de complément objectif du verbe. L'expression conforme à l'analogie grammaticale serait donc ضَارِبٌ زَيْدًا *un frappant Zéid,* et le rapport d'annexion tient ici la place du rapport de *l'agent à l'objet de l'action* ou, ce qui est la même chose, du *verbe* فِعْل à son déterminatif. Je n'ai observé cela que dans les rapports de *la chose à la matière dont elle est faite,* comme ceux-ci : *la boîte d'or, la croix de bois.* Exemples :

ٱلْقَرَمِى ٱلْخَشَبِ

Les billots de bois.

وَأَمَرَهُ بِٱلْكَشْفِ عَمَّا كَانَ يُضْرَبُ بِرَسْمِ خَمِيسِ ٱلْعَدَسِ مِنَ ٱلْخَرَارِيبِ ٱلذَّهَبِ

Il lui ordonna de vérifier ce que l'on fabriquait de kharoubas d'or pour les distributions du jeudi des lentilles (le jeudi saint).

فَأَمَرَ ٱلنَّصَارَى بِلَبْسِ ٱلسَّوَادِ وَتَعْلِيقِ ٱلصُّلْبَانِ ٱلْخَشَبِ فِى أَعْنَاقِهِمْ وَمُنِعُوا مِنْ رُكُوبِ ٱلْخَيْلِ وَأَنْ يَكُونَ رُكُوبُهُمْ ٱلْبِغَالَ وَٱلْحَمِيرَ بِٱلسُّرُوجِ ٱلْخَشَبِ

Il enjoignit aux chrétiens de porter des vêtements noirs et de suspendre à leur cou des croix de bois; il leur fut défendu de se servir de chevaux pour monture, et ordonné de ne mettre que des selles de bois sur les mulets et les ânes qu'ils monteraient.

أَشْبَعَ ٱلْجَمَّ ٱلْغَفِيرَ مِنَ ٱلْقُرْصِ ٱلشَّعِيرِ

Il a rassasié une multitude nombreuse avec le pain d'orge.

وَلَمَّا كَانَتْ مَوَدَّةُ خُدَايْدَادَ وَشَيْخِ نُورِ ٱلدِّينِ كَٱجُرَّةِ ٱلْفَخَّارِ

Et attendu que l'amitié de Khodaïdad et de Schéikh Nour Eddin était semblable à un vase d'argile.

M. Lee (*a Grammar of the hebrew language,* p. 302) a observé qu'une pareille

complément objectif بِهِ مَفْعُولٌ (n° 213). Autre exemple : رَجُلٌ حَسَنُ ٱلْوَجْهِ *un homme beau de visage*. L'annexion entre l'adjectif *beau* et le nom *visage* tient ici la place d'un rapport dans lequel le nom *visage* serait le sujet ou مُبْتَدَأٌ, et l'adjectif *beau* serait l'*attribut* خَبَرٌ. L'expression conforme à l'anologie grammaticale serait donc رَجُلٌ وَجْهُهُ حَسَنٌ *un homme dont le visage est beau*, ou رَجُلٌ حَسَنٌ وَجْهَا *un homme beau, quant au visage*.

Sous cette dernière forme, وَجْهَا serait ce qu'on appelle تَمْيِيزٌ *spécification* ou مُمَيَّزٌ بِهِ *spécificatif* et حَسَنٌ ce qu'on nomme مُمَيَّزٌ *spécifié* (n° 212).

245. Cette espèce d'annexion n'a aucune influence logique sur l'antécédent, qui demeure dans sa signification vague et indéterminée, lors même que le conséquent est déterminé, soit de sa nature, soit par l'article أَلْ. Si l'on veut déterminer l'antécédent, il faut lui donner l'article. On dit donc :

$$\text{هَذَى بَالِغُ ٱلْكَعْبَةِ}$$

construction a lieu en héreu, et il a cité cet exemple : הַבָּקָר הַנְּחֹשֶׁת (II, *Rois*, chap. XVI, vers. 17); mais on pourrait, sans trop de témérité, rejeter un très petit nombre d'exemples isolés, contraires à l'usage commun. (Voyez M. Ewald, *Krit. Gramm. der Ebr. Sprache*, p. 581.) Le même savant pense qu'il n'y a aucune raison de supposer ni que cette construction soit moderne, ni qu'il y ait véritablement, en ce cas, rapport d'annexion : il n'y voit qu'un *appositif*, تَابِعٌ, de l'espèce nommée بَدَلٌ *permutatif*. Cette dernière supposition est très admissible, quoiqu'il me paraisse aussi plus naturel de recourir à l'ellipse de la préposition مِنْ. On pourrait encore supposer que le nom qui indique la matière fait fonction de *spécificatif*, تَمْيِيزٌ, et doit être prononcé à l'accusatif. Alors, dans l'exemple cité du 2° livre des *Rois*, הַבָּקָר הַנְּחֹשֶׁת serait la même construction que שְׁלֹשִׁים הַכֶּסֶף (*Zach.*, chap. XI, vers. 13).

Du reste, je me crois fondé à regarder cela comme une construction moderne, jusqu'à ce qu'on en cite un exemple tiré de l'Alcoran ou des écrivains des premiers siècles de l'islamisme.

Une victime qui arrive jusqu'à la Caâba.

ٱلْمُقِيمُوا ٱلصَّلَاةِ

Ceux qui s'acquittent de la prière.

ٱلضَّارِبُ رَأْسِ ٱلْجَانِي

Celui qui frappe la tête du pêcheur.

مُحَمَّدُ ٱلْحَسَنُ ٱلْوَجْهِ

Mohammed le beau de visage.

Le premier exemple, pris de l'Alcoran, prouve bien que ce genre d'annexion ne rend point l'antécédent déterminé, car, si بَالِـغُ eût été déterminé par le complément ٱلْكَعْبَة, il aurait fallu que le nom هَذَى le fût aussi par l'article.

Une autre preuve de cette vérité, c'est que l'on peut mettre cette espèce d'annexion après la particule رُبَّ, qui ne souffre jamais à sa suite que des expressions indéterminées. Exemp. :

رُبَّ رَاجِينَا عَظِيمِ ٱلْأَمَلِ مُرَوَّعِ ٱلْقَلْبِ قَلِيلِ ٱلْحَيْلِ

Il y a beaucoup de gens qui mettent en nous leur espoir, qui ont conçu de grandes espérances, dont le cœur est troublé par l'effroi, dont l'espoir est peu fécond en ressources.

Les quatre rapports d'annexion que contient cet exemple ne peuvent être qu'indéterminés, puisqu'ils sont dans la dépendance de رُبَّ.

246. Il faut observer que, pour donner l'article ٱل à l'antécédent, il faut que le conséquent soit lui-même déterminé par cet article, comme dans ٱلْمُقِيمُوا ٱلصَّلَاةِ, ou que le conséquent soit lui-même un rapport d'annexion complet dont le second terme ait l'article, comme dans ٱلضَّارِبُ رَأْسِ ٱلْجَانِي, ou, enfin, que l'antécédent soit au duel ou au pluriel, comme ٱلضَّارِبَا زَيْدٍ et ٱلضَّارِبُوا زَيْدٍ. On ne peut pas dire au singulier, avec l'article,

ٱلضَّارِبُ زَيْدٍ ; avec les affixes, cela peut avoir lieu et l'on dit bien ٱلضَّارِبُكَ et ضَارِبُكَ. Je reviendrai là-dessus dans peu.

247. Quelquefois le complément ou conséquent du rapport d'annexion est une proposition tout entière. Exemple :

سَقَتْهُ يَدُ ٱلْمَنِيَّةِ كَأْسَ وَسُقُوا مَآءً حَمِيمًا فَقَطَّعَ أَمْعَآءَهُمْ

La main de la mort lui donna à boire la coupe [de cet oracle divin] : « Et on les a abreuvés d'une eau bouillante, qui a déchiré leurs entrailles. » (1)

248. Les propositions conjonctives commençant par les particules أَنْ et أَنَّ que, et par أَنْ et مَا faisant avec le verbe qui les suit fonction de nom d'action, peuvent servir de compléments à des rapports d'annexion. Exemples :

ٱسْتَجِيبُوا لِرَبِّكُمْ مِنْ قَبْلِ أَنْ يَأْتِىَ يَوْمٌ لَا مَرَدَّ لَهُ

Obéissez à votre Seigneur, avant que vienne un jour que rien ne pourra éloigner.

فَمَا ٱخْتَلَفُوا إِلَّا مِنْ بَعْدِ مَا جَآءَهُمُ ٱلْعِلْمُ

Ils n'ont été divisés d'opinions qu'après que leur est venue la science certaine.

أَدْخَلُوا عَلَيْهِ جَمَاعَةً مِنَ ٱلْعُدُولِ لِيُشَاهِدُوهُ إِظْهَارَ أَنَّهُ مَاتَ حَتْفَ أَنْفِهِ

On fit entrer dans le lieu où il était plusieurs assesseurs de la justice pour qu'ils le vissent de leurs yeux, dans le dessein de feindre qu'il était mort de mort naturelle.

---

(1) Cet exemple est tiré de la *Vie de Timour*, par Ahmed, fils d'Arabschah, t. II, p. 488 de l'édition de M. Manger, qui a eu tort de corriger كَأْسَ et d'y substituer كَأْسًا.

En analysant cette phrase, un grammairien arabe dirait que tout le texte cité de l'Alcoran وَسُقُوا ٱلخ est *mis au génitif virtuellement*, مَجْرُورٌ مَحَلًّا, comme مُضَافٌ إِلَيْهِ *complément* d'un rapport d'annexion.

DE LA SYNTAXE

ٱلْمُعَيْدِيَ يُنْسَبُ إِلَى مَعَدٍّ وَقَدْ نَسَبُوهُ بَعْدَ أَنْ صَغَّرُوهُ وَخَفَّفُوا مِنْهُ ٱلدَّالَ

Moaïdi est un adjectif patronymique dérivé de Maâdd, mais, avant de former cet adjectif, on a fait passer le primitif à la forme diminutive et l'on a supprimé le redoublement du DAL.

249. C'est un principe général du rapport d'annexion, que les deux termes ne doivent pas être identiques, c'est-à-dire que le complément ne doit pas être, sous le même nom ou sous un autre nom, la même chose que l'antécédent. On ne doit pas non plus établir un rapport d'annexion entre deux mots qui ne forment par leur réunion que le nom d'un seul et unique être, entre un nom et son adjectif ou un adjectif et le nom qu'il qualifie. Ces sortes d'annexion ont lieu cependant quelquefois, mais elles doivent s'expliquer par des ellipses. Exemples :

سَعِيدُ كُرْزٍ *Saïd de besace,* c'est-à-dire *Saïd [surnommé] besace;* [1]
يَوْمُ ٱلْخَمِيسِ *le jour du jeudi,* c'est-à-dire *le jour [nommé] jeudi;* [2]
صَلَاةُ ٱلْأُولَى *la prière de la première,* c'est-à-dire *la première prière;* سَحْقُ عَمَامَةٍ *un usé de turban,* c'est-à-dire *un turban usé.*

Pour développer ces constructions, il faut considérer ces expressions elliptiques comme l'équivalent de celles-ci : سَعِيدُ ٱلْمُسَمَّى بِكُرْزٍ *Saïd nommé du surnom de besace;* ٱلْيَوْمُ ٱلْمُسَمَّى بِٱلْخَمِيسِ *le jour nommé du surnom de jeudi;* صَلَاةُ ٱلسَّاعَةِ ٱلْأُولَى

---

(1) Voyez ci-devant, n° 109, p. 53, et *ibid.*, note 2.

(2) Cette espèce de rapport est nommé إِضَافَةُ ٱلْمُتَرَادِفِ إِلَى مُرَادِفِهِ *annexion de deux mots dont l'un est en croupe sur l'autre* ou *le suit inséparablement.* C'est précisément le cas dont j'ai parlé dans la note 1, sur le n° 930 de la première partie, p. 416.

Le mot تَرَادُفٌ signifie *une série de plusieurs mots distincts l'un de l'autre, qui n'indiquent cependant qu'un seul objet et sous un seul point de vue,* ٱلتَّرَادُفُ هُوَ تَوَالِي ٱلْأَلْفَاظِ ٱلْمُفْرَدَةِ ٱلدَّالَّةِ عَلَى مُسَمًّى وَاحِدٍ بِٱعْتِبَارٍ وَاحِدٍ (Man. ar. de la Bibl. du Roi, n° 1326.)

la prière de la première heure; شَىْءٌ سَحْقُ مِنْ عَمَامَةٍ *une chose usée [de la nature] de turban.*

250. Cette dernière construction, dans laquelle l'adjectif ou un nom qui en fait la fonction est en rapport d'annexion avec le nom qu'il qualifie et le prend pour son complément, est d'un usage assez fréquent et elle opère même une sorte de détermination imparfaite du nom qui sert de complément. C'est ce qu'on sentira mieux par les exemples suivants :

أَحَبُّ شَىْءٍ إِلَى ٱلنَّاسِ مَا مُنِعَ

La chose qui plaît le plus aux hommes, c'est ce qui est défendu.

وَلَا تَكُونُ أَوَّلَ كَافِرٍ بِهِ

Tu ne seras pas le premier à refuser d'y croire.

أَنْتُمْ خَيْرُ أُمَّةٍ أُخْرِجَتْ لِلنَّاسِ

Vous êtes la meilleure nation qui ait paru dans le genre humain.

إِنَّ أَوَّلَ بَيْتٍ وُضِعَ لِلنَّاسِ لَلَّذِى بِبَكَّةَ

Le premier édifice qui ait été donné aux hommes [pour y adorer Dieu], c'est assurément celui qui est à La Mecque.

فَلَمَّا وَعَيْتُ مَا دَارَ بَيْنَهُمَا تُقْتُ إِلَى أَنْ أَعْرِفَ عَيْنَيْهِمَا

Lorsque j'eus entendu les discours qui avaient eu lieu entre eux, je conçus un vif désir de connaître leurs personnes à tous deux.

251. Lorsqu'un nom qui est duel logiquement, c'est-à-dire qui exprime la valeur du duel, est en rapport d'annexion avec un complément qui est lui-même au nombre duel, l'antécédent se met mieux au pluriel : on peut cependant le mettre aussi au singulier ou même au duel. Exemple :

إِنْ تَتُوبَا إِلَى ٱللَّهِ فَقَدْ صَغَتْ قُلُوبُكُمَا وَإِنْ تَظَاهَرَا عَلَيْهِ فَإِنَّ ٱللَّهَ هُوَ مَوْلَاهُ

(Femmes du prophète), si vous revenez toutes deux à Dieu par la pénitence, car les cœurs de vous deux se sont écartés [de la justice], Dieu vous pardonnera; si, au contraire, vous vous assistez l'une l'autre contre lui, c'est Dieu qui est son protecteur.

Puisqu'il s'agit de deux personnes, le mot *cœurs* est logiquement du duel, mais il est mis au pluriel grammatical, parce qu'il est en rapport d'annexion avec le pronom duel كُمَا, qui lui sert de complément. On aurait pu dire, mais moins élégamment, قَلْبَاكُمَا et قَلْبُكُمَا.

Voici un exemple où l'antécédent du duel est au singulier:

ضَرَبَ بِآسْمِهِ وَآسْمِ مُتَوَلَّاهُ آلدِّرْهَمَ وَآلدِّينَارَ وَخَطَبَ بِآسْمِهِمَا فِي جَوَامِعِ آلأَنْصَارِ

Il fit frapper les pièces d'argent et d'or au nom de Timour et de celui qu'il avait constitué souverain, et il fit faire la prière publique AU NOM D'EUX DEUX *dans les grandes mosquées des villes capitales.*

En voici d'autres où l'antécédent du duel est aussi lui-même au duel et où l'exactitude de l'expression semble exiger effectivement l'emploi du duel:

إِنْ أَخْبَرْتِنِى بِخَبَرِهِمَا وَإِلَّا قَتَلْتُكِ أَوْ قَتَلْتُ نَفْسِى فَأَخْبَرَتْهُ بِمَقْتَلِهِمَا وَقَاتِلَيْهِمَا

(Il dit à sa mère): Si tu m'apprends L'AVENTURE D'EUX DEUX, *à la bonne heure; sinon, je te tuerai ou je me donnerai la mort à moi-même. En conséquence, elle l'instruisit du* LIEU DE L'ASSASSINAT D'EUX DEUX *(c'est-à-dire du lieu où ils avaient été tués tous les deux) et [des noms] des* DEUX MEURTRIERS *de l'un et de l'autre.*

L'auteur a mis l'antécédent du duel au singulier dans خَبَرِهِمَا et مَقْتَلِهِمَا, parce que cela ne pouvait donner lieu à aucun malentendu, mais comme il voulait énoncer positivement que les deux hommes dont il parlait avaient été tués par deux assassins différents, il a dit قَاتِلَيْهِمَا, en mettant l'antécédent au duel.

كَمِنَا فِي ٱلرَّمْلِ أَيَّامًا حَتَّى هَدَأَ ٱلطَّلَبُ ثُمَّ رَحَلَا إِلَى أَرْضَيْهِمَا

Ils se cachèrent tous deux dans le sable durant quelques jours, jusqu'à ce que les recherches eussent cessé, puis ils partirent tous deux pour leurs DEUX *pays respectifs.*

Ici, dans أَرْضَيْهِمَا, l'antécédent est au duel, pour faire comprendre que les deux hommes dont on parle habitaient deux contrées différentes. [1]

Il faut excepter de la règle précédente les deux mots كِلَا et كِلْتَا, qui ont la forme grammaticale du duel [2] et ne se joignent jamais qu'à des compléments du même nombre (n° 210).

252. Il arrive quelquefois qu'un nom, formant l'antécédent d'un rapport d'annexion, prend pour complément une proposition tout entière. Alors cette proposition est *virtuellement au génitif*, مَخْفُوضٌ مَحَلًّا. Exemple :

وَلَا يَعْبَأُ بِهِمْ وَلَا يَسْمَعُ دُعَاءَهُمْ حَتَّى سَقَتْهُ ٱلْمَنِيَّةُ كَأْسَ وَسُقُوا مَآءً حَمِيمًا

Il ne faisait aucune attention à eux et il n'écoutait point leurs prières, jusqu'au moment où la mort lui fit avaler la coupe de cette sentence [de *l'Alcoran*] : « *Et on les a abreuvés d'une eau bouillante.* »

On peut, comme on le voit par la traduction, dans cet exemple et dans tous les cas pareils, supposer l'ellipse de قَوْلِهِ تَعَالَى *de ces paroles de Dieu*, قَوْلِهِ صَلَّى ٱللَّهُ عَلَيْهِ وَسَلَّمَ *de ce mot du prophète*, قَوْلِهِمْ فِي ٱلْمَثَلِ *de ce qu'on dit en proverbe*, ou autre chose semblable.

(1) Voyez le commentaire de Tebrizi sur le *Hamasa*, édit. de M. Freytag, p. 86 et 87.

(2) Les grammairiens arabes ne regardent point كِلَا et كِلْتَا comme des duels. (Voyez mon *Anthologie grammaticale arabe*, p. 96.)

253. Il y a un assez grand nombre de noms qui ne sont jamais employés hors d'un rapport d'annexion, rapport dont le second terme est exprimé ou sous-entendu. Les uns exigent absolument que le conséquent soit exprimé; tels sont ذُو *possesseur*, أُولُو *possesseurs*, مِثْلُ *ressemblance*, سِوَى *exception*; les autres supposent toujours un complément, mais ce complément peut être sous-entendu, et alors le nom qui sert d'antécédent prend le *tenwin* ou l'article déterminatif, en compensation du complément dont on fait ellipse. De ce nombre sont كُلٌّ *totalité*, بَعْضٌ *partie*, أَيٌّ *quel*, ou plutôt *quoi, quelle sorte*. Exemples:

لَا ٱلشَّمْسُ يَنْبَغِي لَهَا أَنْ تُدْرِكَ ٱلْقَمَرَ وَلَا ٱللَّيْلُ سَابِقُ ٱلنَّهَارِ وَكُلٌّ فِي فَلَكٍ يَسْبَحُونَ

Il ne faut point que le soleil atteigne la lune; la nuit non plus ne devance point le jour dans sa course, et chacun [de ces astres] court dans une sphère particulière.

كُلٌّ *chacun*, à la lettre *totalité*, est pour كُلُّهَا *la totalité d'eux*.

تِلْكَ ٱلرُّسُلُ فَضَّلْنَا بَعْضَهُمْ عَلَى بَعْضٍ

Parmi ces envoyés, nous avons élevé une portion d'entre eux au-dessus d'une portion.

بَعْضٍ *d'une portion* est pour بَعْضِهِمْ *d'une portion d'entre eux.*

ٱهْبِطُوا بَعْضُكُمْ لِبَعْضٍ عَدُوٌّ

Descendez, et soyez ennemis les uns des autres.

أَيًّا مَا تَدْعُوا فَلَهُ ٱلْأَسْمَاءُ ٱلْحُسْنَى

De quelque manière que vous l'appeliez, à lui appartiennent les noms glorieux.

أَيًّا مَا est pour أَيَّ ٱسْمٍ *de quelque nom que ce soit que.*

254. Les mots qui ne peuvent point être employés hors d'un rapport d'annexion restent indéterminés, lors même qu'ils ont pour complément un nom déterminé. Exemples :

يَا رُبَّ غَيْرِكِ فِي ٱلنِّسَاءِ غَرِيرَةٍ بَيْضَاءَ قَدْ مَتَّعْتُهَا بِطَلَاقِ

Oh! combien d'autres femmes que toi, dupes de mon inconstance, malgré la blancheur qui relevait leurs charmes, ont reçu de moi un divorce sans retour!

فَمِثْلِكِ حُبْلَى قَدْ طَرَقْتُ وَمُرْضِعٍ فَأَلْهَيْتُهَا عَنْ ذِي تَمَائِمَ مُحْوِلِ

Déjà j'ai visité, à la faveur de la nuit, beaucoup d'autres femmes que toi, enceintes ou nourrices; pour moi, celles-ci ont oublié l'enfant âgé à peine d'un an et que couvraient encore les amulettes du premier âge.

Dans ces deux exemples, si les mots غَيْرِ et مِثْلِ étaient déterminés par l'annexion de l'affixe كِ, ils ne pourraient ni être sous la dépendance de رُبَّ et de فَ remplaçant رُبَّ (nᵒˢ 1103 et 1206, Iʳᵉ part.), ni être joints aux adjectifs غَرِيرَةٍ, بَيْضَاءَ, حُبْلَى et مُرْضِعٍ, qui sont indéterminés.

255. Les Arabes comprennent parmi les noms qui ne sont point employés hors d'un rapport d'annexion et qui sont indéclinables beaucoup de mots que l'on peut regarder comme des adverbes, des adverbes conjonctifs ou des prépositions; mais leur manière d'envisager ces mots me parait la plus juste. Tels sont عِنْدَ *chez* (nᵒ 1005, Iʳᵉ part.), لَدَى *auprès*, إِذْ *lorsque*, en parlant d'un événement présent, إِذَا *lorsque*, en parlant d'un événement futur, حَيْثُ *en quelque lieu que*, etc. Les mots إِذْ et حَيْثُ ont pour complément une proposition, soit nominale, soit verbale (nᵒ 185). Exemples:

جَاءَ أَبِي إِذْ زَيْدٌ أَمِيرٌ

Mon père est venu quand Zéid était émir.

مَاتَ أَبِي إِذْ وُلِدَ عُمَرُ

Mon père est mort lorsque Omar est né.

جَلَسْتُ حَيْثُ أَنْتَ جَالِسٌ

Je m'assiérai partout où tu seras assis.

حَيْثُ أَقَامَ ٱلسُّلْطَانُ أَقَمْتُ

Partout où se tiendra le sultan, je m'y tiendrai.

Quant à l'adverbe conjonctif إِذَا, il ne peut avoir après lui qu'une proposition verbale. Exemple : آتِيكَ إِذَا طَلَعَتِ ٱلشَّمْسُ *Je viendrai te trouver, quand le soleil se lèvera.*

Le mot إِذْ prend un *tenwin* quand il sert de complément à un autre nom, comme يَوْمَئِذٍ *en ce jour-là* (n° 1143, Ire part.) : alors il y a une ellipse, dont ce *tenwin* est la compensation.

حَيْثُ a quelquefois pour complément un nom isolé et non une proposition, mais ce cas est très rare. Exemple :

وَنَطْعَنُهُمْ تَحْتَ ٱلْحُبَا بَعْدَ ضَرْبِهِمْ بِبِيضِ ٱلْمَوَاضِي حَيْثُ لَيِّ ٱلْعَمَائِمِ

Nous les percerons de nos lances au-dessous de la ceinture, après les avoir frappés du tranchant de nos épées à l'endroit des replis du turban (c'est-à-dire *sur la tête*). [1]

256. Plusieurs des noms qui indiquent le temps ou les portions du temps, comme وَقْتٌ et حِينٌ *temps,* يَوْمٌ *jour,* سَاعَةٌ *heure,* imitent la construction de إِذْ et prennent des propositions pour compléments ; alors, le nom qui sert d'antécédent à ce rapport d'annexion perd sa voyelle nasale, comme cela a lieu dans tous les rapports de ce genre. Exemples :

هَذَا يَوْمُ يَنْفَعُ ٱلصَّادِقِينَ صِدْقُهُمْ

C'est là le jour auquel la justice des hommes justes leur sera utile.

حِينَ أَتَتْ مَنْزِلَهَا

Quand elle vint dans son logis.

ٱلسَّلَامُ عَلَىَّ يَوْمَ وُلِدْتُ وَيَوْمَ أَمُوتُ وَيَوْمَ أُبْعَثُ حَيًّا

---

[1] Voyez le commentaire de l'*Alfiyya*, manuscrit arabe de Saint-Germain, n° 465, folio 105 *recto.*

La paix [a été] sur moi au jour auquel je suis né, et [elle sera pareillement sur moi] au jour où je mourrai et au jour où je ressusciterai vivant.

لَهُ ٱلْمُلْكُ يَوْمَ يُنْفَخُ فِي ٱلصُّورِ

A lui appartiendra la royauté, au jour où l'on sonnera de la trompette.

أَنْظِرْنِي إِلَى يَوْمِ يُبْعَثُونَ

Donne-moi du répit jusqu'au jour où ils seront rappelés à la vie.

مِنْ يَوْمِ حَادَثَنِي

Depuis le jour qu'il m'eut parlé.

وَقْتَ أَنْ ٱسْتَتَرَ

Dans le temps qu'il se cacha.

يَوْمَ هُمْ بَارِزُونَ

Au jour où ils ont disparu.

زَمَنَ ٱلْحَجَّاجُ أَمِيرٌ

Au temps où Haddjadj était gouverneur.

On voit, par les deux derniers exemples, que le complément, dans ce genre de rapport, peut être une proposition nominale, mais cela n'a lieu que pour les propositions qui expriment un sens passé. Quand le sens est futur, la proposition qui forme le complément doit être nécessairement une proposition verbale (n° 185). C'est ici la même distinction que nous avons déjà établie entre إِذْ et إِذَا (n° 1144, Ire part., et n° 255).

257. Parmi les noms qui expriment le temps ou les portions du temps, ceux qui s'emploient d'une manière vague et indéterminée sont les seuls avec lesquels ce genre de construction puisse avoir lieu. La raison en est que ce sont les seuls qui soient réellement synonymes de إِذْ. On ne pourrait pas employer de cette manière les mots نَهَارٌ *jour*, opposé à *nuit*, شَهْرٌ *mois*, سَنَةٌ *année*, etc.

258. Dans la construction dont il s'agit, les mots حِينٌ, يَوْمٌ, وَقْتٌ et autres peuvent aussi être employés comme indéclinables, ayant toujours un *fatha* pour voyelle finale. Ainsi, au lieu de هَذَا يَوْمٌ يَنْفَعُ, مِنْ يَوْمٍ حَادَثَنِي, إِلَى يَوْمٍ يُبْعَثُونَ, on peut dire هَذَا يَوْمَ يَنْفَعُ, مِنْ يَوْمَ حَادَثَنِي, إِلَى يَوْمَ يُبْعَثُونَ. C'est un nouveau trait de conformité entre ces noms employés dans un sens vague et les noms indéclinables إِذْ et إِذَا. (1)

---

(1) Suivant Ebn Malec, quand les mots وَقْتٌ, يَوْمٌ et سَاعَةٌ, حِينٌ sont en rapport d'annexion, et que le verbe de la proposition qui leur sert de complément est au prétérit, on peut décliner ces noms ou les employer comme indéclinables ; mais il vaut mieux prendre ce dernier parti. Quand, au contraire, le verbe de la proposition complémentaire est à l'aoriste, ou que cette proposition est composée d'un *inchoatif* et d'un *prédicat* (n° 187), il faut employer ces noms de temps comme déclinables. Ebn Malec ne condamne pas cependant ceux qui, en ce cas, les emploient comme indéclinables :

وَآخْتَرْ بِنَا مَثْلَوْ فِعْلٍ بُنِيَا   وَآبْنِ أَوْ أَعْرِبْ مَا كَإِذْ قَدْ أُجْرِيَا

أَعْرِبْ وَمَنْ بَنَا فَلَنْ يُفَنَّدَا   وَقَبْلَ فِعْلٍ مُعْرَبٍ أَوْ مُبْتَدَا

« Les noms assimilés au mot إِذْ et employés dans le même sens peuvent être
« indéclinables ou déclinés ; il est préférable de les employer comme indéclina-
« bles, quand ils sont suivis d'un verbe *indéclinable* (c'est-à-dire *au prétérit*).
« Devant un verbe *décliné* (c'est-à-dire *à l'aoriste*) et devant un inchoatif, décline-
« les ; cependant ceux qui, dans ce cas, ne les déclinent pas, ne doivent pas être
« taxés d'erreur. »
(Man. ar. de la Bibl. du Roi, n° 1291, fol. 17 et 18, et man. ar. de Saint-Germain, n° 465, fol. 106 *recto*.)

Ceci tient à un principe plus général, qui est que, dans un rapport d'annexion, toutes les fois que le complément est indéclinable, l'antécédent peut devenir indéclinable. On en trouve un exemple dans ce vers de la *Moallaka* d'Amrialkaïs :

وَيَوْمَ عَقَرْتُ لِلْعَذَارَى مَطِيَّتِي   فَيَا عَجَبًا مِنْ كُورِهَا ٱلْمُتَحَمَّلِ

où يَوْمَ est, non pas à l'accusatif, mais *indéclinable prononcé par un fatha* : مَبْنِيٌّ عَلَى ٱلْفَتْحِ, parce qu'il a pour complément un verbe au prétérit, quoi-

259. Il y a quelques exemples, mais en très petit nombre, de verbes servant de complément à des noms autres que ceux qui expriment le temps ou une portion du temps. Le plus remarquable est une formule de serment qui a pour antécédent ذِي, génitif de ذُو, et pour complément l'aoriste du verbe سَلِمَ mis à la seconde personne, mais au nombre et au genre qui conviennent à la personne à laquelle on adresse la parole. On dit donc, en parlant à un homme seul : لَا بِذِي تَسْلَمُ مَا كَانَ كَذَا وَكَذَا, ce qui signifie *Non, j'en jure par Celui qui te conserve en bonne santé, telle ou telle chose n'a point eu lieu*, ou لَا وَسَلَامَتِكَ *Non, j'en jure par ta bonne santé*. Si l'on parle à une femme, on dit بِذِي تَسْلَمِينَ ; à deux person-

qu'il soit joint par la conjonction وَ, avec un antécédent au nominatif وَلَا سِيَّمَا, ou au génitif وَرُبَّ يَوْمٍ . يَوْمُ (Voyez là-dessus le commentaire de Zouzéni, dans *Amrulkaïsi Moallaka*, édition Hengstenberg.)

Djewhari, au mot خشفا, fait la même observation à l'occasion de ce vers :

إِذَا كَبَّدَ ٱلنَّجْمُ ٱلسَّمَآءَ بِشَتْوَةٍ عَلَى حِينَ هَرَّ ٱلْكَلْبُ وَٱلثَّلْجُ خَاشِفُ

Lorsque, durant l'hiver, les Pléiades occupent le sommet du ciel, à une époque où l'on entend le chien grogner et la neige craquer sous les pieds.

Il cite aussi un autre vers qui commence ainsi :

عَلَى حِينَ أَلْهَى ٱلنَّاسَ جُلُّ أُمُورِهِمْ

Au moment où les hommes sont distraits par leurs plus grands intérêts.

Béidhawi rappelle le même principe, en expliquant ces deux passages de l'Alcoran : مِثْلَ مَا أَنَّكُمْ تَنْطِقُونَ (sur. 51, vers. 13), et يَوْمَ هُمْ عَلَى ٱلنَّارِ يُفْتَنُونَ (*ibid.*, vers. 23). Il dit à l'occasion de ce dernier texte :

قِيلَ أَنَّهُ مَبْنِيٌّ عَلَى ٱلْفَتْحِ لِإِضَافَتِهِ إِلَى غَيْرِ مُتَمَكِّنٍ وَهُوَ مَا إِنْ كَانَتْ بِمَعْنَى شَيْءٍ. أَوْ أَنَّ بِمَا خَبَرُهُ إِنْ جُعِلَتْ زَائِدَةً وَمَحَلُّهُ ٱلرَّفْعُ عَلَى أَنَّهُ صِفَةُ ٱلْحَقِّ

nes, on dit بِذِى تَسْلَمُونَ; à plusieurs hommes, بِذِى تَسْلَمَانِ; enfin, à plusieurs femmes, بِذِى تَسْلَمْنَ. On dit encore de même : اذْهَبْ بِذِى تَسْلَمُ, c'est-à-dire اذْهَبْ بِسَلَامَتِكَ *Va-t'en, je t'en conjure au nom de ton salut;* au duel, اذْهَبْ بِذِى تَسْلَمَانِ, et ainsi du reste.[1]

La même construction a lieu dans le vers suivant :

قَدْ كَانَ قَبْلَ يُعَدَّ مِنْ قَتْلَى رَشَى   أَسَدًا لِآسَادِ الشَّرَى بَذَّاذَا

Avant qu'il fût compté au nombre des victimes d'un jeune faon, c'était un lion, dévorant les lions de Schéra.

[1] Djewhari cite à cette occasion le grammairien Akhfasch, qui dit expressément que le verbe تَسْلَمُ est le complément d'un rapport d'annexion dont ذِى est l'antécédent, et qui rapporte un vers d'un poète dans lequel se trouve un exemple pareil, et que voici :

بِآيَةِ يُقْدِمُونَ الْخَيْلَ زُورًا   كَأَنَّ عَلَى سَنَابِكِهَا مُدَامَا

Akhfasch observe que dans ce vers يُقْدِمُونَ sert de complément d'annexion au nom آيَةِ, mais que les exemples de cette forme d'expression sont rares, parce qu'il n'y a que les noms qui expriment l'idée de *temps* qui puissent être mis immédiatement en rapport d'annexion avec des verbes.

Ce vers, que je ne traduis pas, est aussi cité dans le مغنى اللبيب d'Ebn Hescham, et dans le الوسيط فى النحو, mais il est resté sans explication dans le commentaire de Soyouti sur les vers cités dans le *Mogni'llébib* (man. ar. de la Bibl. du Roi, n° 1238, fol. 163 *verso*), aussi bien que dans le *Wasit fi'lnahou*. Au lieu de زورا, on y lit شعنا.

Il me semble que les mots بِذِى تَسْلَمُ sont susceptibles d'une autre analyse. Je suis porté à croire que ذِى est ici le génitif de ذُو pour الَّذِى (n° 991, 1re part.), et qu'il tient la place de مَا, faisant, avec le verbe qui le suit, fonction de nom d'action. Cela supposé, بِذِى تَسْلَمُ est la même chose que بِمَا تَسْلَمُ, c'est-à-dire بِسَلَامَتِكَ.

Si ذِى ne remplace pas ici مَا, on peut l'assimiler à ذَوَا, ذَوَى, ذُو et ذَوِى, servant à remplacer la déclinaison des duels et des pluriels dans les noms indéclinables, comme سِيبَوَيْهِ et تَأَبَّطَ شَرًّا (n° 888, 1re part.).

Mais cet exemple s'éloigne moins de la règle commune, parce que قَبْلَ exprime une circonstance de temps.

260. Parmi les noms qui ne s'emploient qu'en rapport d'annexion, les uns, comme nous l'avons dit, exigent que le conséquent de ce rapport soit exprimé, les autres souffrent l'ellipse du conséquent. Nous en avons donné des exemples. Nous devons ajouter que, dans le cas où cette ellipse a lieu, plusieurs de ces mots deviennent indéclinables et prennent pour voyelle finale un *dhamma*. Ces mots sont قَبْلُ *avant,* بَعْدُ *après,* حَسْبُ *suffisamment,* غَيْرُ *différemment,* دُونَ *sans,* أَوَّلُ *premièrement,* عَلُ *en haut,* فَوْقُ *au-dessus,* تَحْتُ *au-dessous,* وَرَاءَ *derrière,* أَمَامُ *devant,* يَمِينُ *à droite,* شَمَالُ *à gauche,* et خَلْفُ *derrière,* plusieurs autres qui ont le même sens.

Si ces mêmes noms sont employés d'une manière absolue et sans un complément sous-entendu, ils suivent la syntaxe commune. S'ils ont un complément exprimé, ils se conforment aussi aux règles ordinaires. Il arrive même assez souvent que, dans une même phrase, on peut les regarder comme déclinables ou comme indéclinables, selon l'analyse que l'on adopte. Exemples :

عِنْدِي رَجُلٌ لَا غَيْرُ

Il y a un homme chez moi, pas davantage.

قَبَضْتُ عَشَرَةً لَيْسَ غَيْرُ

J'en ai pris dix, il n'y en a pas davantage.

قَبَضْتُ عَشَرَةً فَحَسْبُ

J'en ai pris dix, cela me suffit.

لَهُ الْأَمْرُ مِنْ قَبْلُ وَمِنْ بَعْدُ

A lui appartient le commandement avant [cela] *et après* [cela]. Dans cet exemple, pris de l'Alcoran, on doit, suivant quelques grammairiens, lire مِنْ قَبْلُ وَمِنْ بَعْدُ *auparavant et après*, parce que les mots بَعْدُ et قَبْلُ sont pris, selon eux, dans un sens absolu.

عَلَى أَيِّنَا تَعْدُو ٱلْمَنِيَّةُ أَوَّلُ

Quel que soit celui d'entre nous que la mort frappera en premier.

سَافَرْتُ مَعَ ٱلْقَوْمِ وَدُونُ

J'ai voyagé avec ces gens-là et sans [eux].

ٱبْدَأْ بِذَا مِنْ أَوَّلُ

Commence cela de [son] origine.

جَآءَ ٱلْقَوْمُ وَزَيْدُ أَمَامُ وَعَمْرُو خَلْفُ

Les gens sont venus ; Zéid était devant [eux] et Amrou derrière [eux].

فَسَاغَ لِي ٱلشَّرَابُ وَكُنْتُ قَبْلًا أَكَادُ أَغَصُّ بِٱلْمَآءِ ٱلزُّلَالِ

J'avale le vin à grands traits, moi qui, auparavant, pouvais à peine avaler, sans être suffoqué, l'eau la plus fraîche.

وَنَحْنُ قَتَلْنَا ٱلْأَسْدَ أَسْدَ خَفِيَّةٍ   فَمَا شَرِبُوا بَعْدًا عَلَى لَذَّةِ خَمْرًا

Nous avons tué ces lions, semblables aux lions de Khafayya; depuis ce moment, ils n'ont plus goûté le plaisir de vider des coupes remplies de vin.

Dans ces deux derniers exemples, les mots قَبْلًا et بَعْدًا sont déclinés, étant employés d'une manière absolue.

261. Tous les mots dont il vient d'être parlé, étant employés comme indéclinables, avec le *dhamma* pour voyelle finale, deviennent de véritables adverbes, et pour s'exprimer exactement, il faut dire qu'ils renferment la valeur de leur terme conséquent et non pas qu'il y a ellipse de ce conséquent. (1)

(1) C'est ce qu'Ebn Malec exprime ainsi :

وَٱضْمُمْ بِنَآءً غَيْرَ إِنْ عَدِمْتَ مَا   لَهُ أُضِيفَ نَاوِيًا مَا عُدِمَا

262. لَدُنْ *auprès* est encore un nom qui ne se trouve point hors d'un rapport d'annexion. On le joint à la préposition مِنْ, et l'on dit مِنْ لَدُنْ.⁽¹⁾

قَبْلُ كَغَيْرِ بَعْدُ حَسْبُ أَوَّلُ   وَدُونُ وَٱلْجِهَاتُ أَيْضًا وَعَلُ
وَأَعْرِبُوا نَصْبًا إِذَا مَا نُكِّرَا   قَبْلًا وَمَا مِنْ بَعْدِهِ قَدْ ذُكِرَا

« Si le mot غَيْرُ manque de son complément, renfermant en lui-même le sens
« du complément qui lui manque, faites-le indéclinable, en lui donnant pour
« terminaison un *dhamma*. Les mots أَوَّلُ, حَسْبُ, بَعْدُ, قَبْلُ et دُونُ, ceux
« qui expriment les *six régions* (le devant, le derrière, la gauche, la droite, le
« dessus, le dessous) et le mot عَلُ suivent la même règle que غَيْرُ. Mais on donne
« la terminaison de l'accusatif à قَبْلُ et aux autres mots que nous venons d'in-
« diquer à la suite de celui-ci quand on les emploie d'une manière absolue et
« indéterminée. »

Ce que je dis ici, que la règle dont il s'agit n'a d'application que quand les mots قَبْلُ, غَيْرُ, etc., renferment en eux-mêmes leur complément, est si vrai que les grammairiens admettent le cas où il y a ellipse du complément sans que l'antécédent en renferme la valeur, et veulent que, dans ce cas, l'antécédent بَعْدُ, قَبْلُ ou autre se décline, mais sans *tenwin*, comme si le conséquent était exprimé. Ils citent pour exemple ce vers d'un poète :

وَمِنْ قَبْلِ نَادَى كُلَّ مَوْلًى قَرَابَةٍ   فَمَا عَطَفَتْ مَوْلًى عَلَيْهِ ٱلْعَوَاطِفُ

« Avant [cela], chaque chef de famille a convoqué sa parenté, sans que nul
« sentiment d'affection ait détourné et fléchi en sa faveur aucun des chefs. »

Dans ce vers on dit مِنْ قَبْلِ, le complément ذَلِكَ étant *sous-entendu*, مَحْذُوفٌ, mais non *compris, quant au sens, selon l'intention* de celui qui parle, مَنْوِيٌّ ٱلْمَعْنَى, dans le mot قَبْلُ.

Suivant cette même analyse, on peut prononcer ainsi, dans deux des exemples que j'ai donnés, en أَبْدَأُ بِذَا مِنْ أَوَّلٍ et لَهُ ٱلْأَمْرُ مِنْ قَبْلٍ وَمِنْ بَعْدٍ, sous-entendant les compléments de قَبْلٍ, بَعْدٍ et أَوَّلٍ.

(Man. ar. de la Bibl. du Roi, n° 1234, fol. 66 *recto*, et n° 1291, fol. 18 *recto* ; man. ar. de Saint Germ., n° 465, fol. 108 *recto*.)

(1) Dans le dialecte des Arabes de Kaïs, on dit مِنْ لَدُنِ. Quelques lecteurs

263. مَعَ *avec* appartient à cette même classe de noms. On dit aussi مَعْ comme nom indéclinable. Quelques grammairiens admettent l'expression مِنْ مَعَهُ comme لَدُنْهُ. On dit aussi مَعًا, dans un sens adverbial, pour جَمِيعًا *ensemble* (n° 1122, Ire part.).

264. Parmi les mots qui ne se rencontrent jamais que dans un rapport d'annexion, et dont le conséquent doit être nécessairement exprimé, nous devons faire une mention spéciale de كِلَا et كِلْتَا *tous deux*. Le premier de ces mots se joint à un complément du genre masculin, et le second, que l'on écrit aussi كِلْتَ et كِلْتَا, à un complément du genre féminin.[1] Ils ne peuvent avoir pour conséquent qu'un nom déterminé, soit de sa nature, comme les noms propres, les noms personnels, les articles démonstratifs, soit par l'article déterminatif ou par l'annexion à un nom déterminé, et ce conséquent doit être au duel ou du moins avoir la valeur d'un duel, comme cela arrive au pronom affixe نَا *nous*, quand il se rapporte à deux personnes, ou à l'article démonstratif ذَلِكَ, se rapportant pareillement à deux choses. Exemples :

كِلَا ٱلرَّجُلَيْنِ وَكِلْتَا ٱلْأَمْرَتَيْنِ

Les deux hommes et les deux femmes.

كِلَانَا فَعَلْنَا ذَلِكَ

Tous deux, nous avons fait cela.

إِنَّ لِلْخَيْرِ وَلِلشَّرِّ مَدًى   وَكِلَا ذَلِكَ وَجْهُ وَقِبَلُ

de l'Alcoran lisent, en suivant ce dialecte, مِنْ لَدُنِهِ au lieu de مِنْ لَدُنْهُ, qui est la prononciation reçue.

(1) J'ai trouvé dans la *Vie de Timour*, par Ahmed, fils d'Arabschah (t. I, p. 83, édit. de M. Manger), كِلَا suivi d'un duel féminin. Voici le passage :

وَٱلْمِلَّةُ وَهِيَ ٱلثَّوْرَةُ ٱلْجِنْكِبْزْخَانِيَّةُ مُمَقَّاةً فِي كِلَا ٱلدَّوْلَتَيْنِ

On lit de même dans l'édition de Calcutta, page 29, et dans plusieurs bons manuscrits.

Le bien et le mal ont un terme marqué, et ces deux choses arrivent tour à tour. (1)

$$\text{فِي كِلْتَ رِجْلَيْهَا سُلَامَى وَاحِدَةٌ ۞ كِلْتَاهُمَا مَقْرُونَةٌ بِزَآئِدَةٍ}$$

A chacun de ses deux pieds est un os du nom de solama, *et chacun de ces os est accompagné d'un autre qui est superflu.*

On ne peut pas donner pour conséquent à كِلْتَا et كِلَا deux individus exprimés isolément l'un de l'autre. Ainsi, l'on ne doit pas dire كِلَا زَيْدٍ وَعَمْرٍو *tous deux, Zéid et Amrou,* il faudrait dire زَيْدٌ وَعَمْرٌو كِلَاهُمَا *Zéid et Amrou, tous les deux.*

On trouve cependant quelques exemples de cette construction, mais c'est une licence. Exemple :

$$\text{كِلَا أَخِي وَخَلِيلِي وَاجِدِي عَضُدًا ۞ فِي ٱلنَّآئِبَاتِ وَإِلْمَامِ ٱلْمُلِمَّاتِ}$$

Mon frère et mon ami me trouvent tous deux pour appui dans leurs infortunes et lorsqu'ils sont en butte à l'adversité. (2)

265. Le nom qui sert d'antécédent à un rapport d'annexion peut avoir plusieurs conséquents liés par des conjonctions. Exemples :

$$\text{عَالِمُ ٱلْغَيْبِ وَٱلشَّهَادَةِ}$$

---

(1) Ce vers fait partie d'un poème composé à l'occasion de la bataille d'Ohod, par Abd Allah, fils d'Alzabari, ابن الزعبرى, poète des Koréischites. (Voyez le man. ar. de la Bibl. du Roi, n° 1238, fol. 122 recto, et le الوسيط في النحو Explication des vers cités, p. 35.)

(2) Quoique كِلَا et كِلْتَا aient la forme d'un duel, on les considère dans l'usage comme des noms singuliers indéclinables, et quand ils servent de sujet à une proposition, l'attribut se met d'ordinaire au singulier.

Lorsque كِلَا et كِلْتَا ont pour complément des pronoms affixes, ils deviennent déclinables et l'on dit au génitif et à l'accusatif كِلَى et كِلْتَى.

Voyez mon *Anthologie grammat. arabe,* p. 95, 120 et 227 ; mon *Commentaire sur les Séances de Hariri,* séance IX, p. 87, et le commentaire de Zouzéni sur la *Moallaka* de Lébid, dans mon édition de *Calila et Dimna,* p. 304 du texte arabe.

DE LA SYNTAXE

Celui qui sait les choses cachées et les choses présentes.

خَلْقُ ٱلسَّمَوَاتِ وَٱلْأَرْضِ

La création des cieux et de la terre.

266. Quelquefois aussi plusieurs antécédents n'ont qu'un seul conséquent placé après le dernier des antécédents. Ex. :

قَطَعَ ٱللّٰهُ يَدَ وَرِجْلَ مَنْ فَعَلَ هٰذَا

Que Dieu coupe la main et le pied de celui qui a fait cela !

Dans ce cas, il y a ellipse du conséquent après le premier antécédent ; mais de pareils exemples sont très rares et contraires à l'analogie. L'expression régulière serait يَدَ مَنْ فَعَلَ هٰذَا وَرِجْلَهُ.

267. L'ellipse du conséquent a lieu quelquefois sans qu'il se trouve, comme dans l'exemple précédent, exprimé après un second antécédent. Exemple :

أَفَوْقَ ذَلِكَ تَنَامُ أَمْ أَسْفَلَ مِنْهُ pour أَفَوْقَ تَنَامُ أَمْ أَسْفَلَ

Dormiras-tu au-dessus de cela, ou au-dessous ?

On a déjà vu d'autres exemples d'une semblable ellipse, tels que مِنْ أَوَّلٍ، وَمِنْ بَعْدُ، مِنْ قَبْلٍ (n° 261, note), mais ils sont tous de peu d'autorité.

268. L'ellipse de l'antécédent a lieu plus régulièrement quand il se trouve déjà exprimé dans un autre rapport. Ex. :

أَكُلَّ ٱمْرِئٍ تَحْسِبِينَ ٱمْرَأً ۞ وَنَارٍ تُوقَّدُ فِي ٱللَّيْلِ نَارًا

T'imagines-tu donc que tout homme que tu vois est [réellement] un homme [digne de ce nom] et que [tout] feu que l'on allume durant la nuit est [réellement] un feu [signal d'hospitalité] ? [1]

---

[1] Les Arabes hospitaliers allumaient des feux sur les lieux élevés, pour que les voyageurs, avertis par ce signal, vinssent chercher un asile et des rafraîchissements sous leurs tentes. Je conjecture que c'est cet usage qu'avait en vue le poète duquel ce vers est tiré.

L'ellipse de ce genre n'a rien de surprenant ni d'embarrassant, puisqu'il ne s'agit que de suppléer, dans le second rapport d'annexion, un antécédent déjà exprimé dans le rapport précédent.

269. L'ellipse a quelque chose de plus dur quand cet antécédent est différent de celui qui se trouve exprimé dans le premier rapport et que rien n'indique la valeur de l'antécédent qu'il faut suppléer. Exemple :

يُرِيدُونَ عَرَضَ ٱلدُّنْيَا وَٱللَّهُ يُرِيدُ ٱلْآخِرَةِ

Ils recherchent les biens casuels de ce monde, mais Dieu recherche les biens [durables] de la vie future ou [*les œuvres qui ont pour objet*] *la vie future.* (1)

On voit que le sens reste ici un peu incertain, parce qu'on ne peut guère supposer que le second rapport d'annexion ait pour antécédent, comme le premier, le mot عَرَض, qui signifie *des biens matériels, sensibles, sujets aux accidents,* et qu'il faut, par conséquent, lui supposer un autre antécédent, comme بَاقِي *les biens durables,* ou عَمَل *les œuvres.* Autre exemple :

رَأَيْتُ ٱلتَّيْمِيَّ تَيْمَ عَدِيٍّ

J'ai vu le Téimite [*l'homme de cette famille*] *de Téim qui appartient à la descendance d'Adi.*

Comme il y a plusieurs familles dont les auteurs se nommaient *Téim,* le mot *Téimite* ne suffit pas pour désigner précisément un descendant de l'une ou de l'autre de ces familles ; c'est pour cela que, dans cet exemple, on ajoute que le descendant de *Téim* dont il s'agit appartient à celle des familles de ce nom dont la généalogie remonte à Adi ; mais l'antécédent

---

(1) Dans cet exemple, tiré de l'Alcoran (sur. 8, vers. 68), on lit communément ٱلْآخِرَةَ, leçon qui ne présente aucune difficulté.

dont تَيْم est le complément est sous-entendu ; ce peut être أَحَدٌ *un homme.*

C'est précisément ce qui a lieu dans les exemples que j'ai déjà rapportés ailleurs (n° 786, Ire part., note) et dans toutes les constructions pareilles. لَمَّا كَانَتِ الْأَيَّامُ النَّاصِرِيَّةُ مُحَمَّدِ بْنِ قَلَاوُونَ est une expression elliptique pour لَمَّا كَانَتِ الْأَيَّامُ النَّاصِرِيَّةُ أَعْنِي أَيَّامَ الْمَلِكِ النَّاصِرِ مُحَمَّدِ بْنِ قَلَاوُونَ *Lorsque fut arrivé le règne* NASÉRIQUE, *je veux dire le règne de Mélic Alnaser Mohammed, fils de Kélaoun.*

270. — C'est une règle générale que les deux termes qui forment un rapport d'annexion ne doivent point être séparés l'un de l'autre et que le conséquent doit suivre immédiatement l'antécédent. Cette règle, cependant, est susceptible de certaines exceptions : quelques-unes concernent particulièrement les cas où l'antécédent est un nom d'action ou un adjectif verbal ; nous en parlerons dans les chapitres suivants, en traitant de la syntaxe spéciale de ces deux espèces de mots. Mais on peut aussi, surtout en poésie, dans les rapports d'annexion entre deux noms, séparer l'antécédent du conséquent. En voici divers exemples :

إِنَّ الشَّاةَ تَسْمَعُ صَوْتَ وَاللَّهِ رَبِّهَا

La brebis entend la voix, PAR DIEU ! *de son maître.*

كَأَنَّ بِرْذَوْنَ أَبَا عَاصِمٍ زَيْدٍ حِمَارٌ دُقَّ بِاللِّجَامِ

On dirait que le bidet, ô ABOU ASEM, *de Zéid est un âne efflanqué auquel on a mis un mors.*

نَجَوْتُ وَقَدْ بَلَّ الْمُرَادِيُّ سَيْفَهُ مِنَ ابْنِ أَبِي شَيْخِ الْأَبَاطِحِ طَالِبِ

Je me suis échappé, et déjà le descendant de Morad avait trempé son épée dans le sang du fils d'Abou, LE MAÎTRE DES LIEUX MARÉCAGEUX, *Taleb ;* c'est-à-dire *du fils d'Abou Taleb, qui était maître des terres basses situées entre Waset et Basra.*

كَمَا خُطَّ الْكِتَابُ بِكَفِّ يَوْمًا يَهُودِيِّ

Comme si le Livre était écrit de la main, UN JOUR, d'un Juif; c'est-à-dire *était écrit un jour de la main d'un Juif*.

$$\text{هُمَا أَخَوَا فِي ٱلْحَرْبِ مَنْ لَا أَخَا لَهُ}$$

Ils sont tous deux les frères, A LA GUERRE, de quiconque n'a pas de frère.

$$\text{يُسْقَى آمْتِيَاحًا نَدَى ٱلْمِسْوَاكِ رِيقَهَا}$$

Lorsqu'il se nettoie la bouche, est abreuvé de l'eau LE CURE-DENT de sa salive; c'est-à-dire *son cure-dent est abreuvé de l'eau de sa salive*.

$$\text{أَنْجَبَ أَيَّامَ وَالِدَاهُ بِهِ إِذْ نَجَلَاهُ}$$

Ils ont produit une noble progéniture, au jour où SON PÈRE ET SA MÈRE, EN SA PERSONNE, *ils lui ont donné la naissance*; c'est-à-dire *son père et sa mère ont produit en sa personne une noble progéniture, au jour où ils lui ont donné la naissance*.

La construction naturelle en arabe eût été $\text{أَنْجَبَ وَالِدَاهُ بِهِ أَيَّامَ إِذْ نَجَلَاهُ}$ ⁽¹⁾.

271. On insère aussi quelquefois ما explétif entre l'antécédent et le conséquent d'un rapport d'annexion. Exemples :

$$\text{يَا شَاةَ مَا قَنَصٍ لِمَنْ حَلَّتْ لَهُ ۞ حَرُمَتْ عَلَيَّ وَلَيْتَهَا لَمْ تَحْرُمِ}$$

O brebis de proie (c'est-à-dire *qui mérite qu'on en fasse sa proie*), *pour l'homme à qui la possession en est permise. Elle m'est interdite, et plût à Dieu qu'elle ne me fût pas interdite !* ⁽²⁾

$$\text{كُلُّ مَا ذَلِكَ مِنِّي خُلُقٌ ۞ وَبِكُلٍّ أَنَا فِي ٱلرَّوْعِ جَدِيرُ}$$

Tout cela fait partie de mes qualités naturelles, et je suis capable de toutes ces choses au moment de la terreur.

---

(1) Il y a ici un pléonasme remarquable, car أَيَّامَ est synonyme de إِذْ (n° 255).

(2) Voyez *Antaræ poëma arab. Moallakah*, édit. Menil, p. 45, 108 et 218.

DE LA SYNTAXE

Ces exemples et tous les autres de ce genre ne doivent être regardés que comme des licences poétiques autorisées par la nécessité du mètre ou de la rime; il n'y a que l'interposition d'un serment entre les deux termes du rapport qui soit permise, même hors de la nécessité. (1)

CHAPITRE XI

Syntaxe particulière des Noms d'action

272. Nous avons défini ailleurs (n° 619, Ire part.) ce que c'est que le nom appelé par les Arabes *nom d'action,* إِسْمُ ٱلْفِعْلِ, ou *principe,* مَصْدَرٌ, et nous avons rendu raison de cette dernière dénomination. Nous avons aussi observé que les noms d'action se divisent en مَصْدَرٌ مِيمِيٌّ *noms d'action qui ajoutent un* MIM *aux radicales,* et مَصْدَرٌ غَيْرُ مِيمِيٍّ *noms d'action qui se forment sans ajouter un* MIM *aux radicales.*

Mais cette distinction ne s'applique qu'aux noms d'action dérivés de la forme primitive du verbe. Les noms d'action dérivés de la troisième forme du verbe, qui sont régulièrement de la forme مُفَاعَلَةٌ, ne doivent pas, quoiqu'ils aient un *mim,* être

---

(1) C'est ce qu'enseigne Ebn Malec en ces termes :

وَلَمْ يُعَبْ ....
فَصْلُ يَمِينٍ وَٱضْطِرَارًا وُجِدَا بِـأَجْنَبِيٍّ أَوْ بِنَعْتٍ أَوْ نِدَا

« On ne peut point taxer de faute l'interposition d'un serment; et l'on trouve
« des exemples de l'interposition d'un terme étranger, d'une épithète, ou d'un
« vocatif, dans le cas de nécessité. »

Ce que les grammairiens appellent أَجْنَبِيٌّ, c'est une partie de la proposition autre que l'antécédent (soit le sujet ou l'agent), le complément du verbe, ou un terme circonstanciel. (Man. ar. de la Bibl. du Roi, n° 1234, fol. 67 *recto;* man. ar. de St-Germ., n° 465, fol. 110 *recto*).

regardés comme appartenant à la première de ces deux divisions. Au contraire, مَحْمَدَةٌ et مَضْرَبٌ, noms d'action de ضَرَبَ frapper, et de حَمِدَ louer, doivent être classés dans cette division.

273. Il faut encore distinguer entre les noms d'action proprement dits, nommés مَصْدَرٌ *principes*, et ceux que l'on appelle اِسْمٌ لِلْمَصْدَرِ, c'est-à dire *noms qui tiennent lieu du principe*, ou *du nom d'action* (n° 623, Ire part.). La première dénomination ne convient qu'aux noms d'action dérivés suivant une forme régulière du verbe dont ils expriment l'action, comme :

ضَرْبٌ *l'action de frapper*, de ضَرَبَ *frapper*;

حَزَنٌ *tristesse*, de حَزَنَ *être triste*;

خُشُونَةٌ *âpreté*, de خَشُنَ *être âpre, raboteux*;

تَكْلِيمٌ *l'action de parler à quelqu'un*, de كَلَّمَ *parler*;

مُلَاقَاةٌ *rencontre*, de لَاقَى *rencontrer quelqu'un*;

إِكْرَامٌ *l'action d'honorer*, de أَكْرَمَ *honorer*;

تَعَلُّمٌ *l'action d'apprendre*, de تَعَلَّمَ *apprendre, s'instruire*;

تَمَاوُتٌ *l'action de contrefaire le mort*, de تَمَاوَتَ *contrefaire le mort*;

اِنْهِزَامٌ *fuite*, de اِنْهَزَمَ *être mis en fuite, fuir*;

اِنْتِصَارٌ *victoire*, de اِنْتَصَرَ *être secouru de Dieu, vaincre*;

اِحْمِرَارٌ *rougeur*, de اِحْمَرَّ *être rouge*;

اِسْتِمَالَةٌ *sollicitation*, de اِسْتَمَالَ *solliciter*;

اِسْوِيدَادٌ *noirceur foncée*, de اِسْوَادَّ *être d'un noir foncé*, etc.

La seconde dénomination convient aux noms qui ne sont point dérivés, d'une manière régulière et analogique, du verbe dont ils expriment l'action. Tels sont :

وَضُوءٌ *lustration, ablution*, faisant la fonction de nom d'action de تَوَضَّأَ *se laver, se purifier*, verbe dont le nom d'action devrait être, suivant l'analogie, تَوَضُّؤٌ;

غُسْل *l'action de se laver,* faisant la fonction de nom d'action de إِغْتَسَل *se laver,* verbe dont le nom d'action est إِغْتِسَال;

كَلَام *l'action de parler,* faisant la fonction de nom d'action et tenant lieu de تَكْلِيم, vrai nom d'action du verbe كَلَّم *parler à quelqu'un.* (1)

274. Il est encore nécessaire d'observer que, suivant la définition que nous avons donnée ailleurs du *nom d'action* (n° 619, Ire part.), nous comprenons sous cette dénomination les noms abstraits dérivés, soit des verbes qui expriment *une action*, comme قَتْل *l'action de tuer,* de قَتَل *tuer,* soit des verbes qui expriment une impression reçue, comme إِنْفِصَام *l'action d'être sevré,* de إِنْفَصَم *être sevré,* soit enfin ceux qui n'expriment qu'une simple manière d'être, comme إِحْمِرَار *rougeur,* de إِحْمَرّ *être rouge;* إِعْوِجَاج *tortuosité,* de إِعْوَجّ *être tortu.*

275. Le noms d'action étant, comme je l'ai fait voir ailleurs, de véritables noms abstraits destinés à exprimer une action ou une manière d'être indépendamment de tout sujet, objet ou autre idée accessoire, et étant, par cela même, susceptibles du sens passif comme du sens actif (n° 640, Ire part.), il semble qu'on ne devrait en faire usage que lorsqu'on veut exprimer l'action ou la manière d'être, abstraction faite de toutes ces idées accessoires. Le contraire, cependant, a souvent lieu; et il arrive fréquemment que l'on emploie le nom d'action, comme on pourrait employer le verbe lui-même, avec un sujet et un

---

(1) Il y a quelques diversités d'opinions entre les grammairiens arabes, relativement aux caractères qui distinguent le vrai *nom d'action,* ou مَصْدَر, du nom qui, sans avoir la forme du nom d'action, en fait les fonctions, et qu'on nomme, à cause de cela, إِسْم لِلْمَصْدَر. Voyez, à ce sujet, le tome I, p. 281, note 1.

complément objectif.[1] Cet usage du nom d'action donne lieu à quelques règles de syntaxe particulières à cette espèce de noms, et dont nous allons nous occuper.

276. Le nom d'action participe de la nature du verbe duquel il vient; il est, comme lui, transitif ou intransitif : il est neutre, si le verbe est neutre; mais si le verbe est actif, le nom d'action peut être employé dans le sens actif ou dans le sens passif (n° 640, Ire part.).

S'il s'agit d'un nom d'action provenant d'un verbe transitif, il peut avoir un sujet et un complément objectif.

277. Le sujet seul ou le complément seul étant exprimés, ils peuvent être en rapport d'annexion avec le nom d'action, c'est-à-dire être gouvernés au génitif par ce nom. Exemple:

وَمَا كَانَ ٱسْتِغْفَارُ إِبْرَهِيمَ لِأَبِيهِ إِلَّا عَنْ مَوْعِدَةٍ وَعَدَهَا إِيَّاهُ

La demande de pardon d'Abraham pour son père n'eut lieu (à la lettre *et non fuit deprecatio Abrahæ pro patre suo*) *qu'en vertu d'une promesse qu'il lui avait faite.*

إِبْرَهِيمَ, mis au génitif, comme complément du nom d'action ٱسْتِغْفَارُ, est réellement le sujet; le complément objectif, qui devrait être ٱللَّهَ *Dieu*, est sous-entendu. C'est ce dont on s'assurera en substituant le verbe au nom d'action, et disant : ٱسْتَغْفَرَ إِبْرَهِيمُ ٱللَّهَ لِأَبِيهِ *Abraham demanda pardon à Dieu pour son père (Deprecatus est Abraham Deum pro patre suo), en disant,* etc. Autre exemple :

---

[1] Cette espèce d'abus dans l'usage du nom abstrait est semblable à celui par lequel, dans plusieurs langues, l'infinitif, dont la fonction propre est de lier l'idée de l'existence avec celle d'un attribut, sans exprimer le sujet dans lequel se trouve l'existence, devient, contre sa nature, un mode personnel, ou du moins en fait la fonction, étant joint à un sujet déterminé. (Voyez mes *Principes de grammaire générale*, 2e édition, p. 194 et p. 195, note 1.)

DE LA SYNTAXE

لَا يَسْأَمُ الْإِنْسَانُ مِنْ دُعَآءِ الْخَيْرِ

L'homme ne se lasse point de demander le bonheur.

Si l'on substitue le verbe au nom d'action دُعَآءِ, on sentira que le sujet est *l'homme* et le complément objectif *le bonheur :* car le sens est : *de cela qu'il demande le bonheur.*

De même, dans cette phrase : لَقَدْ ظَلَمَكَ بِسُؤَالِ نَعْجَتِكَ *Il a commis une injustice envers toi en demandant ta brebis,* le sens est بِـأَنْ سَأَلَ نَعْجَتَكَ *.... en cela qu'il a demandé ta brebis.*

278. On peut aussi, dans le même cas, si le nom exprime le sujet, le mettre au nominatif, et s'il exprime le complément objectif, le mettre à l'accusatif, mais cela n'a guère lieu que quand le nom d'action est séparé du nom qui exprime le sujet ou le complément objectif par un terme circonstanciel qui empêche de faire usage du rapport d'annexion, rapport dans lequel les deux termes doivent d'ordinaire se suivre immédiatement (n° 216). Exemples :

إِطْعَامٌ فِى يَوْمٍ ذِى مَسْغَبَةٍ يَتِيمًا

L'action de donner à manger, en un jour de famine, à un orphelin.

بِضَرْبٍ بِالسُّيُوفِ رُؤُسَ قَوْمٍ   أَزَلْنَا هَامَهُنَّ عَنِ الْمَقِيلِ

En frappant avec nos épées les têtes de certaines gens, nous leur avons épargné la peine de faire la méridienne.

يَتِيمًا et رُؤُسَ sont à l'accusatif comme compléments objectifs des noms d'action إِطْعَامٌ et ضَرْبٍ.

Le nom d'action, en ce cas-là, doit conserver son *tenwin*.[1]

---

[1] Cette manière de construire le nom d'action comme le verbe lui-même ne doit pas être regardée comme un motif suffisant pour envisager le nom d'action comme un véritable infinitif, un mode du verbe. Les Latins ont quelquefois employé le nom d'action de la même manière, comme dans ces exemples : *Quid tibi hanc curatio est rem! Quid tibi nos tactio est!* (Voyez Schultens, *Instit. ad fund.*

Il peut aussi prendre l'article déterminatif; et, dans ce cas, le complément objectif peut suivre immédiatement le nom d'action. Exemples:

ضَعِيفُ ٱلنِّكَايَةِ أَعْدَاءَهُ يَخَالُ ٱلْفِرَارَ يُرَاخِى ٱلْأَجَلْ

Faible en ce qui concerne l'action de frapper ses ennemis, il s'imagine qu'en fuyant, on ajourne l'heure de la mort.

لَقَدْ عَلِمَتْ أُولَى ٱلْمُغِيرَةِ أَنَّنِى ضَرَبْتُ وَلَمْ أَنْكُلْ عَنِ ٱلضَّرْبِ مِسْمَعًا

Les premiers d'entre la cavalerie agile savent que j'ai frappé, et que la peur ne m'a jamais empêché de frapper un homme. [1]
(Voir l'Appendice.)

279. Le sujet et le complément objectif d'un verbe transitif qui est représenté par le nom d'action étant exprimés l'un et l'autre, on peut mettre le sujet en rapport d'annexion avec le nom d'action, c'est-à-dire au génitif, et le complément objectif à l'accusatif, ou mettre le complément objectif au génitif et le sujet au nominatif, ou enfin mettre le sujet au nominatif et le complément objectif à l'accusatif, soit en conservant au nom d'action son *tenwin*, soit en lui donnant l'article, soit enfin en le mettant en rapport d'annexion avec un terme circonstanciel. Exemples du premier cas:

لَوْلَا دَفْعُ ٱللّٰهِ ٱلنَّاسَ بَعْضَهُمْ بِبَعْضٍ لَفَسَدَتِ ٱلْأَرْضُ

Si Dieu n'avait pas opposé les hommes les uns aux autres, la terre aurait été dévastée.

كَانَ قَتْلُ ٱلْخَلِيفَةِ جَعْفَرًا فِى هٰذِهِ ٱلسَّنَةِ

Ce fut en cette année que le khalife fit mourir Djafar.

---

ling. hebr., p. 287.) C'est encore une construction analogue à celle-ci que l'on observe dans ce passage de Cicéron (*in Pison*): *Jamne vides, bellua, jamne sentis, quæ sit hominum querela frontis tuæ!*

(1) Je suis ici un commentateur de l'*Alfiyya*, qui dit: مِسْمَعًا يَغْبِى رَجُلًا.

DE LA SYNTAXE

اُذْكُرُوا ٱللَّهَ كَذِكْرِكُمْ أَبَآءَكُمْ

Souvenez-vous de Dieu, comme vous vous souvenez de vos pères.

ذِكْرُ رَحْمَةِ رَبِّي عَبْدَهُ

Mémorial de la miséricorde de mon seigneur envers son serviteur.

Ce genre de construction, où le sujet est mis au génitif et le complément objectif à l'accusatif, est le plus ordinaire. Le contraire, cependant, est aussi fort usité; je veux dire la construction dans laquelle le complément objectif est mis au génitif et le sujet au nominatif. Cela a lieu surtout quand le complément objectif est un pronom et le sujet un nom. Exemples:

سَفَتْهُمْ رِيحُ ٱلْفَنَآ سَفْيَ ٱلرِّمَالِ يَدُ ٱلدَّبُورِ

Le vent de la mort les a dispersés, comme disperse les sables la main du vent du couchant.

وَمَنَعَ ٱلنَّاسَ كَافَّةً مِنْ مُخَاطَبَتِهِ أَحَدٌ وَمُكَاتَبَتِهِ بِسَيِّدِنَا وَمَوْلَانَا

Il défendit que qui que ce fût, en lui adressant la parole ou en lui écrivant, l'appelât notre seigneur *et* notre maitre.

تَنْفِي يَدَاهَا ٱلْحَصَى فِي كُلِّ هَاجِرَةٍ نَفْيَ ٱلدَّرَاهِيمِ تَنْقَادُ ٱلصَّيَارِفِ

Ses deux pieds de devant chassent les cailloux, dans la plus grande ardeur du jour, comme les changeurs font passer rapidement les pièces d'argent qui leur sont données en paiement.

حَجُّ ٱلْبَيْتِ مَنِ ٱسْتَطَاعَ إِلَيْهِ سَبِيلًا

L'action d'aller en pèlerinage à la maison sainte, pour quiconque le peut (à la lettre *itio domûs, quicumque potest*).

280. Si les deux compléments d'un nom d'action, représentant, l'un le sujet du verbe, l'autre son complément objectif, sont des pronoms, on peut attacher au nom d'action deux pronoms affixes. Exemple :

حُبِّيهِ عَلَّمَنِي ٱلتَّنَسُّكَ

L'amour que je lui porte m'a appris la piété.

281. Voici maintenant des exemples des autres constructions dont j'ai parlé, mais qui sont plus rares :

$$\text{بَلَغَنِي تَطْلِيقُ ٱلْيَوْمَ زَيْدٌ هِنْدًا}$$

J'ai appris que Zéid a répudié aujourd'hui Hind.

$$\text{بَلَغَنِي ٱلْقَتْلُ مَحْمُودٌ أَخَاهُ}$$

J'ai appris que Mahmoud a tué son frère.

$$\text{أَعْجَبَنِي ٱنْتِظَارُ يَوْمَ ٱلْجُمْعَةِ مُحَمَّدٌ عَمْرًا}$$

Je suis charmé de ce que Mohammed attende Amrou, le jour du vendredi.

282. La même sorte de syntaxe a lieu, quoique plus rarement, avec les noms qui, sans être noms d'action, en font la fonction. Exemples :

$$\text{بِعِشْرَتِكَ ٱلْكِرَامَ تُعَدُّ مِنْهُمْ}$$

En fréquentant les hommes généreux, tu seras compté parmi eux.

$$\text{بَعْدَ عَطَائِكَ ٱلْمِأَةَ ٱلرِّتَاعَا}$$

Après que tu as fait don de cent femelles de chameaux abandonnées dans les pâturages.

$$\text{مِن قُبْلَةِ ٱلرَّجُلِ زَوْجَتَهُ ٱلْوُضُو}$$

Un homme qui a donné un baiser à sa femme est obligé à la purification.

Les mots قُبْلَةً, عَطَاءً, عِشْرَةٌ ne sont point des noms d'action, et cependant ils gouvernent les compléments objectifs ٱلْكِرَامَ, زَوْجَتَهُ, et ٱلْمِأَةَ ٱلرِّتَاعَا, à l'accusatif.

283. S'il s'agit d'un nom d'action provenant d'un verbe neutre ou d'un verbe intransitif, il ne peut avoir de complément objectif, du moins immédiat, puisque les verbes de cette sorte n'en ont point : alors, le sujet du verbe se joint ordinairement au nom d'action, par un rapport d'annexion. Exemples :

أَعْجَبَنِي آسْوِدَادُ وُجُوهِهِمْ

La noirceur de leurs visages m'a surpris.

وُقُوعُ زَيْدٍ إِلَى ٱلْأَرْضِ كَانَ كَذَلِكَ

La chute de Zéid à terre eut lieu de la sorte.

On pourrait aussi, en ce cas, donner au nom d'action le *tenwin* ou l'article déterminatif, et mettre le sujet au nominatif, surtout s'il était séparé du nom d'action par un terme circonstanciel; mais cette construction n'est pas usitée. [1]

284. Ce que nous avons dit relativement aux noms d'action qui appartiennent à des verbes transitifs s'applique également aux noms d'action dérivés des verbes doublement transitifs; il ne s'agit que d'ajouter leur second complément objectif à l'accusatif, comme l'on ferait si l'on eût employé le verbe lui-même au lieu du nom d'action. Ainsi, l'on dira :

إِنَّ ٱلنَّاسَ كَرِهُوا إِطْعَامَ مُحَمَّدٍ عَمْرًا خُبْزًا مَسْمُومًا

On trouva mauvais que Mohammed eût fait manger à Amrou du pain empoisonné.

285. Ce qui a été dit précédemment (n° 239), que tout rapport d'annexion peut se résoudre en l'une des prépositions

---

[1] Je dis ceci principalement sur l'autorité de Martellotto (*Intit. ling. ar.*, p. 443), et cela paraît conforme à la règle générale, que *le nom d'action régit à la manière du verbe*; car, selon la façon de parler des grammairiens arabes, *le verbe régit le sujet au nominatif*. Aschmouni, dans son commentaire sur l'*Alfiyya* d'Ebn Malec, indique deux exceptions à la règle générale dont je parle, mais il ne fait pas exception du cas dont il s'agit : donc, il en admet la possibilité. Il nous apprend même que les grammairiens de Basra permettaient de mettre le sujet du nom d'action au nominatif, quand le nom d'action a la signification passive, et qu'Ebn Malec, dans un de ses ouvrages, a adopté ce sentiment. Ainsi, l'on pourrait dire : أَعْجَبَنِي قَتْلُ ٱلْيَوْمَ زَيْدٌ *Je suis étonné que Zéid ait été tué aujourd'hui.* (Man. ar. de la Bibl. du Roi, n° 1234, fol. 68 recto.)

DE LA SYNTAXE

مِنْ, لِ, فِى ou, est également applicable aux rapports d'annexion dont l'antécédent est un nom d'action.

Quand c'est le sujet du verbe qui devient le *complément* du nom d'action, ou ٱلْمُضَافُ إِلَيْهِ, le rapport d'annexion équivaut à la préposition مِنْ. Ainsi ces mots: ٱسْتِغْفَارُ إِبْرَهِيمَ لِأَبِيهِ, sont la même chose que ٱلْاِسْتِغْفَارُ ٱلْحَاصِلُ مِنْ إِبْرَهِيمَ لِأَبِيهِ.

Quand le nom d'action, formant l'antécédent du rapport d'annexion, prend pour complément le مَفْعُولٌ بِهِ ou *complément objectif* du verbe, le complément qui devait représenter le sujet du verbe étant sous-entendu, ou, s'il est exprimé, étant mis au nominatif, c'est à la préposition لِ qu'équivaut le rapport d'annexion. Ainsi, سَقْىَ ٱلرِّمَالِ يَدُ ٱلدَّبُورِ est la même chose que si l'on eût dit: سَقَى يَدُ ٱلدَّبُورِ لِلرِّمَالِ.

Enfin, si l'on donne pour complément au nom d'action qui forme l'antécédent d'un rapport d'annexion un terme circonstanciel, le sujet du verbe étant énoncé au nominatif et le complément objectif à l'accusatif, c'est la préposition فِى qui est représentée par le rapport d'annexion. Dans cet exemple: اِنْتِظَارُ يَوْمِ ٱلْجُمْعَةِ مُحَمَّدٌ عَمْرًا, il est évident que يَوْمِ ٱلْجُمْعَةِ équivaut à فِى يَوْمِ ٱلْجُمْعَةِ. (1).

---

(1) Il n'est pas toujours indifférent d'employer le nom d'action en rapport d'annexion ou de se servir des prépositions مِنْ et لِ pour indiquer sa relation avec le sujet ou avec le complément objectif du verbe. La raison en est que, sous la forme de rapport d'annexion, il devient le plus souvent déterminé, tandis que, dans l'autre forme d'expression, il reste dans une parfaite indétermination. Par exemple, il me semble que cette manière de s'exprimer:

لَا أَمْلِكُ لِنَفْسِى نَفْعًا وَلَا ضَرًّا

Je ne puis me faire à moi-même ni bien ni mal,

a quelque chose de plus général que si l'on eût dit:

286. Les noms d'action dérivés des verbes intransitifs se conduisent, à l'égard de leurs compléments, comme ces verbes eux-mêmes, c'est-à-dire qu'ils se joignent à leurs compléments indirects, avec les mêmes prépositions. Ainsi, l'on dit:

مَا لِي قُدْرَةٌ عَلَى ذَلِكَ

Je n'ai pas le pouvoir de faire cela;

كَانَ خُرُوجُهُ عَلَى ٱلسُّلْطَانِ فِي تِلْكَ ٱلدِّيَارِ

Sa révolte contre le sultan eut lieu dans ce pays;

إِخْرَاجُ أَهْلِهِ مِنْهُ

L'action d'expulser de ce lieu ceux qui l'habitaient,

de même que l'on dirait, قَدَرَ عَلَى ذَلِكَ *Il a pu cela,* خَرَجَ عَلَى ٱلسُّلْطَانِ *Il se révolta contre le sultan,* أَخْرَجَهُ مِنْهُ *Il l'en fit sortir.*

287. Il arrive néanmoins quelquefois que les noms d'action se joignent à leur complément au moyen d'une préposition, quoique le verbe dont ils représentent la signification soit transitif et prenne son complément immédiatement. Cela a lieu surtout lorsqu'il y a inversion et que le complément est placé avant le nom d'action; la même chose arrive quelquefois, comme on l'a vu précédemment, au complément objectif des verbes (n° 216).

288. Les noms d'action dérivés des verbes abstraits se con-

لَا أَمْلِكُ نَفْعَ نَفْسِي وَلَا ضَرَّهَا

Je ne puis faire ni mon propre bien, ni mon propre mal.

Très souvent, on n'est déterminé, pour le choix entre ces deux manières de s'exprimer, que par l'harmonie, la rime, le parallélisme, ou quelque autre motif étranger au sens. Ainsi, tandis qu'au verset 191 de la 7e surate de l'Alcoran (édit. de Hinckelmann), on lit: لَا يَسْتَطِيعُونَ لَهُمْ نَصْرًا, au verset 96, on lit:

لَا يَسْتَطِيعُونَ نَصْرَكُمْ.

struisent avec leur sujet au génitif et leur attribut à l'accusatif. Exemples :

وَكَوْنُ ٱلْإِنْسَانِ مَخْلُوقًا هُوَ مِنْ أُصُولِ ٱلدِّينِ

C'est un des articles fondamentaux de la religion, que l'homme est créé.

كَانَ قَرِيبًا مِنَ ٱلنَّاسِ مَعَ كَوْنِهِ شَدِيدَ ٱلْبَأْسِ

Il était d'un accès facile pour tout le monde, quoiqu'il fût doué d'une force très grande.

289. Les noms d'action peuvent avoir pour complément objectif, au lieu d'un nom, une proposition conjonctive commençant par l'une des deux particules أَنْ et مَا, qu'on nomme à cause de cet usage ٱلْحُرُوفُ ٱلْمَصْدَرِيَّةُ (nos 1184 et 1232, Ire part.) : alors, on dit que ces propositions sont *virtuellement au génitif*, comme formant le complément d'un rapport d'annexion : مَجْرُورٌ مَحَلًّا عَلَى أَنَّهُ مُضَافٌ إِلَيْهِ. Exemple :

أَدْخَلُوا عَلَيْهِ جَمَاعَةً لِيُشَاهِدُوهُ إِظْهَارَ أَنَّهُ مَاتَ حَتْفَ أَنْفِهِ

On fit entrer plusieurs personnes dans le lieu où il était, pour qu'elles le vissent, dans le dessein de faire croire qu'il était mort de mort naturelle.

290. Les noms d'action, quoique dérivés de verbes transitifs, peuvent être employés d'une manière vague et indéterminée, et sans complément, soit parce que le complément est suffisamment indiqué par ce qui précède ou ce qui suit, soit parce qu'on n'a pas intention de le déterminer. Exemples :

صَدَّ عَنْ سَبِيلِ ٱللَّهِ وَكُفْرٌ بِهِ أَكْبَرُ عِنْدَ ٱللَّهِ

Détourner de la voie de Dieu et être incrédule en lui, c'est aux yeux de Dieu un plus grand crime.

ٱلطَّلَاقُ مَرَّتَانِ فَإِمْسَاكٌ بِمَعْرُوفٍ أَوْ تَسْرِيحٌ بِإِحْسَانٍ

A la lettre : *le divorce deux fois, et ensuite garder avec bons traitements, ou renvoyer avec bienfaits :* c'est-à-dire *le divorce peut se faire jusqu'à deux fois; ensuite, il faut, ou garder sa femme en vivant bien avec elle, ou la renvoyer (par un troisième divorce absolu) en lui faisant quelque gratification.*

291. De tout ce que nous avons dit il résulte que, le verbe étant représenté par le nom d'action, le sujet, qui de sa nature doit être au nominatif (n° 89), se trouve souvent au génitif comme complément du nom d'action, et que le complément objectif du verbe se trouve fréquemment aussi au génitif, quoique de sa nature il dût être à l'accusatif (n° 119).

Or, il peut arriver que le nom qui sert de sujet ou de complément objectif doive être en concordance de cas avec un adjectif ou un appositif, ou même avec un autre nom joint au premier par une conjonction.

Dans ce cas, on peut mettre ces autres mots au génitif, comme le nom avec lequel ils ont un rapport de concordance grammaticale; on peut aussi, en ne considérant que leur rapport logique avec le verbe représenté par le nom d'action, les mettre au nominatif, si le nom auquel ils se rapportent fait fonction de sujet, et à l'accusatif, s'il fait fonction de complément objectif. Exemple :

حَتَّى تَهَجَّرَ فِي ٱلرَّوَاحِ وَهَاجَهُ طَلَبُ ٱلْمُعَقِّبِ حَقَّهُ ٱلْمَظْلُومُ

En sorte qu'un soir il a quitté sa demeure, et il a poussé [son chameau] comme un homme qui cherche à rattraper son bien qu'on lui a enlevé, et qui a éprouvé une injuste violence, poursuit [le ravisseur]. [1]

ٱلْمَظْلُومُ est ici au nominatif quoiqu'il se rapporte à ٱلْمُعَقِّبِ,

---

[1] Je ne garantis pas d'avoir bien saisi le sens de ce vers, mais cela est indifférent, quant à l'analyse grammaticale.

qui est au génitif, parce que ce dernier mot fait réellement la fonction de sujet, le sens étant كَمَا يَطْلُبُ ٱلْمُعَقِّبُ ٱلْمَظْلُومُ حَقَّهُ.
Autre exemple :

كَرِهْتُ أَكْلَ ٱلْخُبْزِ وَٱللَّحْمِ

J'ai en horreur l'action de manger du pain et de la viande.

On peut, dans cet exemple, mettre ٱللَّحْمِ au génitif, comme ٱلْخُبْزِ; ou à l'accusatif, en considérant ٱلْخُبْزَ comme complément objectif du verbe أَكَلَ, représenté par le nom d'action أَكْلَ; ou enfin au nominatif, en envisageant ٱلْخُبْزُ comme le sujet du verbe passif أَكَلَ, représenté par le même nom d'action.[1]

292. Tout ce que nous avons dit sur la syntaxe des noms d'action n'a d'application à ces noms qu'autant qu'ils sont employés d'une manière qui représente effectivement le verbe, c'est-à-dire qu'autant qu'ils renferment l'idée de l'existence jointe à celle du temps, et la valeur d'un attribut. La marque à laquelle on reconnaît que les noms d'action sont employés en ce sens, c'est qu'on peut alors leur substituer le verbe avec une des deux particules nommées مَصْدَرِيَّة, parce qu'elles donnent au verbe la valeur du nom d'action; ce sont أَنْ pour le passé et le futur (n° 1184, Ire part.), et مَا pour le présent (n° 1232, Ire part.). Faute de cette condition, le nom d'action perd son influence *verbale*, et n'agit plus sur les autres parties du discours qu'à la manière des noms. Ainsi, si l'on dit : مَرَرْتُ فَإِذَا لَهُ صَوْتٌ صَوْتَ حِمَارٍ *Je passais, et voilà qu'il criait [comme] la voix d'un âne*, il ne faut pas croire que صَوْتَ soit ici à l'accusatif comme complément objectif gouverné par le nom d'action

---

[1] Cette dernière construction est remarquable : elle prouve, ce que j'ai dit plus d'une fois, que le nom d'action est susceptible du sens passif comme du sens actif. (Voyez le man. ar. de St-Germ., n° 465, fol. 112 *recto*, et le man. de la Bibl. du Roi, n° 1234, fol. 69 *recto*.)

(1) صَوْتٌ ; أَنْ يُصَوِّتَ ; car le nom صَوْتٌ n'est point équivalent à أَنْ يُصَوِّتَ il n'exprime point une idée d'existence et de temps. Si donc صَــوْتٌ est à l'accusatif, c'est comme terme circonstanciel (nº 155) renfermant l'équivalent de كَصَـوْتٍ *comme la voix,* ou de يُشْبِهُ صَوْتًا *qui ressemble à la voix.*

293. Je rappellerai ici ce que j'ai déjà eu occasion d'observer en traitant des particules (nos 1184 et 1232, Irᵉ part.), que le nom d'action est souvent représenté par le verbe, mis à un temps personnel, précédé des particules أَنْ et مَا. Exemples :

وَيَدْرَؤُا عَنْهَا ٱلْعَذَابَ أَنْ تَشْهَدَ أَرْبَعَ شَهَادَاتٍ بِٱللَّهِ إِنَّهُ مِنَ ٱلْكَاذِبِينَ

Qu'elle affirme quatre fois, en prenant Dieu à témoin, qu'il [que son mari] *est du nombre des menteurs,* [cela] *l'exemptera du châtiment.*

أَنْ تَصُومُوا خَيْرٌ لَكُمْ

Que vous jeûniez, [cela] *est bon pour vous.*

وَدُّوا مَا عَنِتُّمْ

Ils ont désiré que vous périssiez, c'est-à-dire *votre perte.*

294. Le nom d'action perd son influence verbale quand il est au pluriel,(2) ou sous la forme de diminutif, ou sous celle de nom d'unité, ou quand il est modifié, soit par un adjectif interposé entre ce nom et son complément, soit par quelque autre terme accessoire. Quelques-unes de ces conditions cependant sont sujettes à des exceptions. Ainsi, l'on trouve des exemples

---

(1) صَوْتٌ, comme représentant l'action du verbe صَوَّتَ, n'est pas proprement un *nom d'action,* مَصْدَرٌ, c'est un *nom qui remplace un nom d'action,* إِسْمٌ لِلْمَصْدَرِ. (Voyez ci-devant, nº 273, p. 162.)

(2) Quelques grammairiens arabes donnent même pour règle générale que le *masdar* n'a point de pluriel, mais cela veut dire que, quand il passe à ce nombre, il cesse d'être *nom d'action.*

de noms d'action au pluriel, ou sous la forme du nom d'unité, qui, nonobstant ces circonstances, gouvernent leur complément, à l'accusatif, à la manière des verbes.

295. On trouve quelquefois le nom d'action gouvernant un complément à l'accusatif, sans cependant qu'on puisse lui substituer l'une des particules أَنْ ou مَا suivie du verbe; mais c'est qu'alors le nom d'action remplace le verbe lui-même à un mode personnel, en sorte qu'il est censé renfermer en lui-même le pronom sujet du verbe. Exemple :

يَمُرُّونَ بِٱلدَّهْنَا خِفَافًا عِيَابُهُمْ وَيَرْجِعْنَ مِنْ دَارِينَ بُجْرَ ٱلْحَقَائِبِ
عَلَىٰ حِينَ أَلْهَى ٱلنَّاسَ جُلُّ أُمُورِهِمْ فَنَدْلًا زُرَيْقُ ٱلْمَالَ نَدْلَ ٱلثَّعَالِبِ

Ils passent à Dehna, leurs sacs étant légers [et vides] : mais leurs besaces reviennent pleines et gonflées de Darin, à un moment où les hommes sont occupés de leurs plus grands intérêts. Vite donc, famille de Zoreïk, hâtez-vous d'enlever leurs troupeaux avec la rapidité du renard qui enlève sa proie. (1)

فَنَدْلًا est ici pour فَٱنْدُلِي ; mais c'est une forme poétique dont on peut rendre raison par une ellipse.

296. Nous avons vu précédemment que, dans les rapports d'annexion, le complément doit suivre immédiatement l'antécédent; cependant, lorsque l'antécédent est un nom d'action, il est permis d'interposer son complément objectif entre l'antécédent et le conséquent. C'est ainsi qu'on lit dans l'Alcoran :

---

(1) Ces vers sont rapportés par Djewhari, au mot ندل, et il remarque que les Arabes disent en proverbe : أَكْسَبُ مِنَ ٱلثَّعْلَبِ *Plus avide de profit que le renard.* (Au lieu de يَرْجِعْنَ, on lit dans Djewhari يَخْرُجْنَ.) Il observe que زُرَيْقُ est le nom d'une *tribu*, قَبِيلَةٌ, et que نَدْلًا est pour ٱنْدُلِي. (Voyez aussi le commentaire sur l'*Alfiyya*, man. ar. de la Bibl. du Roi, n° 1234, fol. 68 *recto*, et man. ar. de St-Germ., n° 465, fol. 112 *verso*.)

زُيِّنَ لِكَثِيرٍ مِنَ ٱلْمُشْرِكِينَ قَتْلُ أَوْلَادَهُمْ شُرَكَآئِهِمْ

Il a paru beau à bien des polythéistes que leurs associés (les génies, les faux dieux) tuassent leurs enfants. [1]

يَفْرُكُ حَبَّ ٱلسُّنْبُلِ ٱلْكُنَافِجِ بِٱلْقَاعِ فَرْكَ ٱلْقُطْنَ ٱلْمَحَالِجِ

Elles (les sauterelles) font sortir le grain des riches épis qui ornent la plaine, comme le fléau nettoie le coton de ses graines.

فَسُقْنَاهُمْ سَوْقَ ٱلْبُغَاثِ ٱلْأَجَادِلِ

Nous les avons mis en fuite et poursuivis, comme les éperviers font fuir l'émouchet.

La raison de cette exception est facile à sentir, c'est que le complément objectif du nom d'action a un rapport très immédiat avec ce nom et ne peut pas être regardé comme un terme étranger à l'expression de l'action dont il s'agit.

---

(1) On lit ordinairement dans l'Alcoran (sur. 6, vers. 138) :

زُيِّنَ لِكَثِيرٍ مِنَ ٱلْمُشْرِكِينَ قَتْلُ أَوْلَادِهِمْ شُرَكَآؤُهُمْ

Leurs associés (c'est-à-dire les démons, associés des polythéistes) ont fait trouver bon à un grand nombre d'entre eux le meurtre de leurs enfants.

Mais Djelal Eddin remarque que, « suivant une autre leçon, on met زُيِّنَ à la « voix objective, قَتْلُ au nominatif, أَوْلَاد à l'accusatif, comme complément « objectif, et شُرَكَا au génitif, comme complément d'annexion ; qu'il y a alors, « à la vérité, une séparation entre l'antécédent et le conséquent de ce rapport, « parce que le complément objectif est placé entre les deux termes, mais que « cela ne nuit point à leur relation. »

وَفِي قِرَاءَةٍ بِبِنَائِهِ لِلْمَفْعُولِ وَرَفْعِ قَتْلُ وَنَصْبِ ٱلْأَوْلَادِ بِهِ وَجَرِّ شُرَكَآئِهِمْ بِإِضَافَةٍ وَفِيهِ ٱلْفَصْلُ بَيْنَ ٱلْمُضَافِ وَٱلْمُضَافِ إِلَيْهِ بِٱلْمَفْعُولِ وَلَا يَضُرُّ

Voyez à ce sujet le commentaire sur l'*Alfiyya*, man. ar. de Saint-Germ., n° 465, folio 109 *recto et verso*.

CHAPITRE XII

Syntaxe particulière des Adjectifs verbaux, par rapport aux règles de dépendance

297. J'ai déjà observé précédemment (n° 103) que les adjectifs prennent souvent des compléments à la manière des noms et que le génitif est le cas qui caractérise ces compléments; mais il arrive aussi très fréquemment que les adjectifs verbaux exercent sur les noms et les pronoms qui sont, à leur égard, en rapport de dépendance, la même influence qu'exercent les verbes. L'usage de ces adjectifs donne lieu à diverses règles de syntaxe qu'il est à propos de développer ici.

298. Je renferme sous le nom commun d'*adjectifs verbaux* ou *dérivés des verbes* trois sortes d'adjectifs que les Arabes distinguent par les trois dénominations de *noms d'agent,* إِسْمُ ٱلْفَاعِلِ ; *noms de patient,* إِسْمُ ٱلْمَفْعُولِ (n° 734, Iʳᵉ part.), et *qualificatifs assimilés,* صِفَةٌ مُشَبَّهَةٌ (n° 621, Iʳᵉ part.). Je nommerai ces derniers *adjectifs verbaux simplement qualificatifs*. Les noms d'agent dérivent de la voix subjective des verbes; les noms de patient, de la voix objective (n° 738, Iʳᵉ part.); les adjectifs verbaux simplement qualificatifs, de la voix subjective. Les noms d'agent et de patient tiennent un peu de la nature des participes, parce qu'ils peuvent être employés de manière à indiquer une circonstance accessoire de temps et qu'ils expriment l'attribut renfermé dans leur signification comme accidentel et passager; cependant, comme ils n'indiquent par eux-mêmes aucune circonstance de temps liée à l'idée de l'existence, je ne les considère point comme de vrais participes. Les simples qualificatifs, qui indiquent des qualités habituelles et subsistantes, n'ont pas même cette nuance qui rapproche les noms d'agent et de patient de la valeur du verbe. Ainsi, جَزِعٌ, simple qualificatif, signifie *peureux, timide;* mais جَازِعٌ, nom d'agent, signifie *effrayé, craignant*. Il est impossible, cependant, d'établir une ligne de démarcation précise entre les noms d'agent et les simples qualificatifs, et il arrive souvent qu'ils s'emploient les uns pour les autres.

La manière dont ces trois sortes d'adjectifs verbaux influent sur les mots avec lesquels ils sont en rapport n'étant pas la même, nous considérerons ici chaque espèce séparément.

§ Ier — SYNTAXE DES ADJECTIFS VERBAUX APPELÉS NOMS D'AGENT

299. Le nom d'agent, ou adjectif verbal dérivé de la voix subjective, suit la nature du verbe dont il est formé; il est, comme lui, actif ou neutre, transitif ou intransitif.

300. Le nom d'agent sert souvent, comme le verbe, à exprimer l'attribut d'un sujet. Le sujet du verbe devant se mettre au nominatif (n° 89) toutes les fois que le nom d'agent a un sujet, on met ce sujet au nominatif. Ainsi, l'on dira عَمْرُو ٱلْقَاتِلُ أَبُوهُ مَحْمُودًا زَيْدٌ نَاكِحٌ *Amrou, dont le père a tué Mahmoud;* ٱبْنُهُ غَدًا زُبَيْدَةَ *Le fils de Zéid épousera demain Zobéide,* de même que l'on dirait زَيْدٌ يَنْكِحُ et عَمْرُو ٱلَّذِى قَدْ قَتَلَ أَبُوهُ مَحْمُودًا ٱبْنُهُ غَدًا زُبَيْدَةَ.

301. Si, cependant, le nom d'agent est employé pour exprimer une qualité comme inhérente au sujet et sans qu'elle soit liée à aucune circonstance de temps, on peut le mettre en rapport d'annexion avec son sujet. On dira donc bien زَيْدٌ ٱلضَّارِبُ ٱلْأَبِ *Zéid, dont le père est sujet à frapper*. On pourrait aussi mettre le sujet à l'accusatif, en le considérant comme un terme circonstanciel déterminatif (n° 139), ou le mettre au nominatif, en l'envisageant comme le sujet d'un verbe. Le nom d'agent, dans le cas dont il s'agit, rentre dans la classe des adjectifs verbaux simplement qualificatifs, dont nous parlerons plus loin. On pourrait donc dire زَيْدٌ الضَّارِبُ أَبًا et زَيْدٌ الضَّارِبُ الْأَبَ comme زَيْدٌ الضَّارِبُ أَبُوهُ.

302. La construction dans laquelle le nom, qui, dans la vérité, est le sujet ou nom d'agent de l'adjectif verbal, est mis au génitif et gouverné par cet adjectif n'a guère lieu que pour les noms d'agent dérivés des verbes neutres. On l'emploie aussi quelquefois pour les noms d'agent dérivés des verbes transitifs, quand ils n'ont point de complément exprimé ; la raison en est qu'alors ces noms d'agent rentrent encore dans la classe des simples qualificatifs. Exemple :

مَا الرَّاحِمُ الْقَلْبِ ظَلَّامًا وَإِنْ ظُلِمَا   وَلَا الْكَرِيمُ بِمَتَاعٍ وَإِنْ حُرِمَا

L'homme dont le cœur est compatissant ne fait jamais aucune injustice, quoiqu'il ait lui-même éprouvé l'injustice des autres, et l'homme généreux ne repousse jamais [ceux qui ont recours à lui], quoiqu'il ait éprouvé un refus.

Dans cet exemple, الرَّاحِمُ الْقَلْبِ tient lieu de الَّذِي قَلْبُهُ رَحِيمٌ, et l'on a pu employer le rapport d'annexion, parce que رَاحِمٌ n'est point réellement ici nom d'agent, mais est simple adjectif, comme كَرِيمٌ, et est équivalent de رَحِيمٌ.

303. Les noms d'agent dérivés des verbes dont la signification est relative (n° 250, Ire part.) sont pareillement relatifs. Ils peuvent donc avoir un ou plusieurs compléments objectifs médiats ou immédiats, selon que les verbes d'où ils dérivent sont intransitifs, transitifs ou doublement transitifs.

304. Si le verbe est intransitif, l'adjectif verbal se joint à son complément par la même préposition que l'on emploierait avec le verbe lui-même. Exemples :

DE LA SYNTAXE

كُلٌّ لَهُ قَانِتُونَ *Tous lui obéissent.*

وَمَا ٱللَّهُ بِغَافِلٍ عَمَّا تَعْمَلُونَ *Dieu n'ignore pas ce que vous faites.*

إِنَّ ٱللَّهَ عَلَى كُلِّ شَيْءٍ قَدِيرٌ *Certainement, Dieu peut tout.*

305. Le nom d'agent se joint souvent à son complément par le moyen de la préposition لِ, quoique le verbe d'où il dérive soit transitif, ce qui a lieu quand il y a inversion et que le complément précède le nom d'agent. La même chose arrive aussi au complément objectif des verbes eux-mêmes (n° 216). Exemples :

وَكَانُوا لَنَا عَابِدِينَ

Et ils nous adoraient.

مَا كُنَّا لِلْغَيْبِ حَافِظِينَ

Nous ne répondons pas de la conservation de ce qui est caché.

La même chose a lieu quelquefois sans inversion, comme dans cet exemple :

سَمَّاعُونَ لِلْكَذِبِ أَكَّالُونَ لِلسُّحْتِ

Des gens qui prêtent l'oreille au mensonge, qui mangent ce qui est défendu (c'est-à-dire *qui font l'usure*).

Le verbe سَمِعَ, signifiant *prêter l'oreille*, gouverne son complément par le moyen de la préposition لِ, et par conséquent la même manière de s'exprimer doit avoir lieu avec l'adjectif verbal سَمَّاعٌ; mais il n'en est pas de même du verbe أَكَلَ; et je pense que l'adjectif verbal أَكَّالُونَ n'est construit ici avec la préposition لِ qu'en raison du parallélisme.

Autre exemple :

لَا غَالِبَ لَكُمُ ٱلْيَوْمَ مِنَ ٱلنَّاسِ

Aucun d'entre les hommes, aujourd'hui, n'aura le dessus sur vous.

Si l'on eût dit غَالِبُكُمْ, on aurait moins bien reconnu l'influence de l'adverbe négatif لَا, qui est ici لِنَفْيِ ٱلْجِنْسِ, sur le mot غَالِبٌ (n° 1132, Iʳᵉ part., et n° 128).

306. Si le verbe est transitif, le nom d'agent peut régir son complément de deux manières :

1° Il peut le régir à l'accusatif, de même que le régirait le verbe. Exemples :

مَا أَنْتَ بِتَابِعٍ قِبْلَتَهُمْ وَمَا بَعْضُهُمْ بِتَابِعٍ قِبْلَةَ بَعْضٍ

Tu ne suivras pas leur kibla et ils ne suivront pas la kibla les uns des autres.

سَارِعُوا إِلَى جَنَّةٍ أُعِدَّتْ لِلْمُتَّقِينَ وَٱلْكَاظِمِينَ ٱلْغَيْظَ

Hâtez-vous d'arriver à ce jardin qui a été préparé pour les hommes pieux et pour ceux qui étouffent leur colère.

مِنْ حَمَلْنَ بِهِ وَهُنَّ عَوَاقِدٌ   حُبَكَ ٱلنِّطَاقِ وَشَبَّ غَيْرَ مُهَبَّلِ

Du nombre de ces enfants qu'elles ont conçus, à l'instant où elles attachaient les cordons de leurs jupes (c'est-à-dire où elles s'apprêtaient à partir), et qui ont atteint l'adolescence sans éprouver aucun accident. [1] (Voir l'Appendice.)

ثُمَّ زَادُوا أَنَّهُمْ فِي قَوْمِهِمْ غُفُرٌ ذَنْبَهُمْ غَيْرَ فُجْرِ

Ils ont ajouté que leur conduite, au milieu de leur peuple, était d'être indulgents pour leurs fautes et de ne se permettre aucun excès. (Voir l'Appendice.)

[1] Ce vers est tiré des commentaires sur l'*Alfiyya*, et on y lit عَوَاقِدٌ par une licence poétique ; c'est ainsi qu'on lit أَوَالِفَ au lieu de أَوَالِفُ dans cet autre vers, cité dans les mêmes commentaires :

أَلْقَاطِنَاتِ ٱلْبَيْتَ غَيْرَ ٱلرَّيَّمِ   أَوَالِفًا مَكَّةَ مِنْ وُرْقِ ٱلْحُمَى

Ces fauves colombes qui, familiarisées avec le séjour de La Mecque, habitent la maison sainte sans jamais s'en écarter.

أَوَالِفُ est le pluriel de أَلِفَةٌ, comme عَوَاقِدُ et غُفُرٌ sont les pluriels de عَاقِدَةٌ et غَفُورٌ.

Dans le dernier vers, ٱلْحُمَى est pour ٱلْحُمَامِ, le م étant retranché par une licence qu'on nomme تَرْخِيمٌ, et l'*élif* changé en ى.

DE LA SYNTAXE

Ces derniers exemples font voir que les pluriels irréguliers se comportent, à cet égard, comme les pluriels réguliers ;

2° Le nom d'agent peut aussi régir son complément au génitif. Exemples :

رَبَّنَا إِنَّكَ جَامِعُ ٱلنَّاسِ

Seigneur, tu rassembleras les hommes.

كُلُّ نَفْسٍ ذَائِقَةُ ٱلْمَوْتِ

Toute âme éprouvera la mort.

ٱلَّذِينَ يَظُنُّونَ أَنَّهُمْ مُلَاقُوا رَبِّهِمْ

Ceux qui croient qu'ils comparaîtront devant leur seigneur.

Dans ce dernier cas, le nom d'agent peut avoir l'article déterminatif, pourvu que le complément soit lui-même déterminé ou par l'article, comme ٱلضَّارِبُ ٱلْعَبْدِ *celui qui frappe le serviteur*, ou par un complément qui ait cet article, comme ٱلضَّارِبُ رَأْسِ ٱلْعَبْدِ *celui qui frappe la tête du serviteur* ; mais on ne peut pas donner l'article déterminatif à l'antécédent si le conséquent est indéterminé, comme ٱلضَّارِبُ عَبْدٍ *celui qui frappe un serviteur*, ou s'il est déterminé de toute autre manière que de l'une des deux qu'on vient d'indiquer. Ainsi, l'on ne pourrait pas dire ٱلضَّارِبُ زَيْدٍ *celui qui frappe Zéid*, ni ٱلضَّارِبُ عَبْدِ زَيْدٍ *celui qui frappe le serviteur de Zéid*, ni ٱلضَّارِبُ عَبْدِهِ *celui qui frappe son serviteur*. Ces constructions, cependant, interdites quand le nom d'agent est au singulier, peuvent avoir lieu lorsque le nom d'agent est au duel ou au pluriel. Exemples :

إِنْ يَغْنِيَا عَنِّي ٱلْمُسْتَوْطِنَا عَدَنٍ   فَإِنِّي لَسْتُ يَوْمًا عَنْهُمَا بِغَنِي

Si les deux habitants d'Aden qui y ont fixé leur séjour se passent de moi, pour moi je ne saurais me passer d'eux un seul jour.

ٱلشَّاتِمَيْ عِرْضِي وَإِنْ لَمْ أَشْتِمْهُمَا

......*ces deux hommes qui ont outragé mon honneur, quoique je ne les eusse point insultés.*

وَٱلْمُسْتَقِلُّوا كَثِيرَ مَا وَهَبُوا

Et ceux qui estiment toujours trop petits les dons abondants qu'ils ont faits.

307. Lorsque le nom d'agent gouverne son complément à l'accusatif, à la manière des verbes transitifs, il ne perd point son *tenwin*. Au duel et au pluriel régulier, il ne perd pas non plus sa finale ن ou نِ, ce qui effectivement ne doit pas avoir lieu, puisque la suppression du *tenwin* et du ن final est un effet du rapport d'annexion. On peut cependant, au duel et au pluriel, supprimer le ن final et dire ٱلضَّارِبَا زَيْدًا *les deux qui frappent Zéid* et ٱلضَّارِبُوا زَيْدًا *ceux qui frappent Zéid*, comme si l'antécédent appartenait à un rapport d'annexion. [1]

Le nom d'agent peut aussi, dans le même cas, avoir l'article déterminatif, parce que le complément objectif mis à l'accusatif n'opère point, comme le complément des rapports d'annexion, la détermination de l'antécédent.

308. Si le complément objectif est un pronom, on peut employer les pronoms isolés composés qui représentent l'accusatif (nº 1017, Iʳᵉ part.), ou les pronoms affixes (nº 1006, Iʳᵉ part.). Si l'on emploie les affixes, l'antécédent perdra son *tenwin*, mais si l'antécédent est un duel ou un pluriel sain, il pourra indifféremment perdre ou conserver son ن final. Ainsi, l'on pourra dire ٱلضَّارِبَانِهِ et ٱلضَّارِبَاهُ *les deux personnes qui le frappent*; ٱلضَّارِبُونَكَ et ٱلضَّارِبُوكَ *ceux qui te frappent*.

On emploie assez souvent, en ce cas-là, pour la première personne du singulier, l'affixe نِي, dont la destination propre est de représenter l'accusatif et qui, à cause de cela, ne se joint d'ordinaire qu'aux verbes (nº 1008, Iʳᵉ part.). Exemples :

---

(1) Voyez le commentaire d'Aschmouni sur l'*Alfiyya* (man. ar. de la Bibl. du Roi, nº 1234, folio 64 *recto*) et la grammaire d'Ebn Farhât, nº 1295, folio 106 *verso*.

DE LA SYNTAXE

هَلْ أَنْتُمْ صَادِقُوفِ

Userez-vous envers moi de bonne foi [en me tenant parole]?

لَيْسَ ٱلْمُوَافِينِي لِيُرْفَدَ خَائِبًا

Celui qui vient me trouver pour recevoir de moi quelque don n'est point frustré de son espoir.

غَيْرُ ٱلدَّجَّالِ أَخْوَفُنِي عَلَيْكُمْ

Il y a un autre que l'antéchrist qui m'inspire plus de crainte que lui pour vous.

وَلَيْسَ بِمُعِينِي وَفِي ٱلنَّاسِ مُمْتِعٌ صَدِيقٌ إِذَا أَعْيَا عَلَىَّ صَدِيقٍ

Il ne m'est pas à charge, mais, parmi les hommes, il y a tel ami capable de venir par des dons à mon secours, si un ami m'était à charge.

هَلْ أَنْتُمْ مُطْلِعُونِ فَأَطَّلِعَ

Me permettez-vous de regarder, en sorte que je voie [ce qui se passe dans l'enfer]?

Cet usage de l'affixe ني prouve que l'on doit ou du moins que l'on peut, dans ces cas-là, envisager les pronoms affixes comme des compléments objectifs mis à l'accusatif.[1]

309. Si le nom d'agent provient d'un verbe doublement tran-

---

[1] Le dernier exemple est tiré de l'Alcoran (sur. 37, vers. 52 et 53); on le lit et on l'explique de plusieurs manières. Celle que j'ai adoptée est une de celles que propose Béidhawi, qui dit :

« On peut aussi supposer que celui qui parle adresse la parole aux anges, et
« que le pronom affixe tient lieu du pronom isolé, comme dans ce passage : *Ce*
« *sont ceux qui ordonnent le bien et qui le mettent en pratique.* »

أَوْ خَاطَبَ ٱلْمَلَائِكَةَ عَلَى وَضْعِ ٱلْمُتَّصِلِ مَوْضِعَ ٱلْمُنْفَصِلِ كَقَوْلِهِ هُمُ ٱلْآمِرُونَ ٱلْخَيْرَ وَٱلْفَاعِلُونَهُ

Voyez le commentaire d'Aschmouni sur l'*Alfiyya* (man. ar. de la Bibl. du Roi, n° 1234, folio 14 *recto*).

sitif qui a deux compléments objectifs immédiats (n° 216), ou d'un verbe qui a pour régime un sujet et un attribut (n° 149), on peut user de la même syntaxe avec le nom d'agent et lui donner pour régime deux accusatifs, ou bien mettre le premier complément en rapport d'annexion au génitif et mettre le second à l'accusatif. On dira donc أَنَا كَاسٍ زَيْدًا ثَوْبًا مُفَخَّرًا ou أَنَا كَاسِي زَيْدٍ ثَوْبًا مُفَخَّرًا *Je revêtirai Zéid d'un bel habit*. On dira de même هَلْ أَنْتَ ظَانٌّ عَمْرٍو عَاقِلًا ou هَلْ أَنْتَ ظَانٌّ عَمْرًا عَاقِلًا *Est-ce que tu crois qu'Amrou est [un homme] sensé ?*

Par la même raison, on joindra, si l'on veut, deux affixes au nom d'agent et l'on dira مُعْطِيكَهُ *Celui qui te le donne*, مُطْعِمُنِيهَا *Celui qui me la fait manger*.

310. Nous avons vu (n° 307) que les duels et les pluriels masculins réguliers du nom d'agent peuvent perdre leur ن final quand ils sont les antécédents d'un rapport dont le conséquent est à l'accusatif. La même chose peut avoir lieu quand ils sont suivis de leur sujet au nominatif. Ainsi, l'on peut dire ٱلْقَاتِلُ أَخَوَاهُ *L'émir dont* ou bien جَاءَ ٱلْأَمِيرُ ٱلْقَاتِلَانِ أَخَوَاهُ مُحَمَّدًا *les deux frères ont tué Mohammed est venu*. [1]

311. Lorsque le nom d'agent gouverne son complément au génitif, s'il se trouve après ce complément immédiat quelque autre nom qui doive concorder avec lui en cas, on peut mettre cet autre nom au génitif, en observant la concordance grammaticale, ou le mettre à l'accusatif, en se conformant à la concordance logique, car les noms d'agent exprimant le même rapport que le verbe, leur complément est toujours logiquement un véritable complément objectif. Exemples :

---

(1) J'emprunte cette règle d'Ebn Farhât (manusc. arabe de la Biblioth. du Roi, n° 1295 A, folio 106 *verso*).

DE LA SYNTAXE

مُبْتَغِي جَاهٍ وَمَالًا مَنْ نَهَضْ

Quiconque se lève [pour travailler], cherche à acquérir de l'honneur et des richesses.

هَلْ أَنْتَ بَاعِثٌ دِينَارٍ حَاجَتِنَا   أَوْ عَبْدَ رَبٍّ أَخَا عَوْنٍ بْنِ مِخْرَاقٍ

Envoies-tu, pour venir à notre secours, Dinar, ou bien Abd Rabbi, frère d'Aun, le fils de Mikhrak?

إِنَّ اللَّهَ فَالِقُ الْحَبِّ وَالنَّوَى يُخْرِجُ الْحَيَّ مِنَ الْمَيِّتِ وَمُخْرِجُ الْمَيِّتِ مِنَ الْحَيِّ... فَالِقُ الْإِصْبَاحِ وَجَاعِلُ اللَّيْلَ سَكَنًا وَالشَّمْسَ وَالْقَمَرَ حُسْبَانًا

Certes, c'est Dieu qui ouvre la graine et le noyau pour faire sortir le vivant du mort, qui fait sortir le mort du vivant..., qui fait éclore l'aurore, qui fait de la nuit le temps du repos, du soleil et de la lune un moyen de calculer le temps et ses révolutions. (1)

Ce dernier exemple offre les différentes constructions du nom d'agent. Le même adjectif verbal جَاعِلُ, qui gouverne le nom اللَّيْلَ au génitif, gouverne à l'accusatif les noms الشَّمْسَ et الْقَمَرَ, qui sont plus éloignés.

312. Quand le nom d'agent, doublement transitif, gouverne son premier complément au génitif et son second à l'accusatif, on peut interposer le second complément entre le nom d'agent et le premier complément, qui sont entre eux en rapport d'annexion. Exemples :

مَا زَالَ يُوقِنُ مَنْ يَؤُمُّكَ بِالْغِنَى   وَسِوَاكَ مَانِعُ فَضْلَهُ الْمُحْتَاجَ

Quiconque a recours à toi est assuré de voir ses vœux comblés par de riches dons, tandis que d'autres que toi refusent leurs bienfaits à ceux qui sont dans le besoin.

---

(1) Hinckelmann a imprimé, dans son édition : جَعَلَ اللَّيْلَ ; mais la leçon que je suis est celle des manuscrits et elle est confirmée par l'autorité de Djelal Eddin et des grammairiens arabes (Alcoran, sur. 6, vers. 95 et 96).

DE LA SYNTAXE

فَلَا تَحْسِبَنَّ ٱللَّهَ مُخْلِفَ وَعْدَهُ رُسُلِهِ

Ne t'imagine pas que Dieu frustre ses serviteurs de l'effet de ses promesses. (1)

313. Tout ce que nous avons dit de l'influence du nom d'agent sur son complément s'applique à tous les noms d'agent ou adjectifs verbaux formés de la voix subjective, tant des verbes primitifs que de toutes les formes de verbes dérivés, mais cependant sous certaines restrictions :

1° Il faut que les adjectifs verbaux dérivés de la voix subjective du verbe primitif soient ou de la forme commune فَاعِلٌ, ou des formes مِفْعَالٌ, فَعُولٌ et فَعَّالٌ, qui ont une valeur emphatique ou fréquentative. Cela a lieu aussi quelquefois, mais rarement, avec ceux des formes فَعِيلٌ et فَعِلٌ. Exemples :

فَتَاتَانِ أَمَّا مِنْهُمَا فَشَبِيهَةٌ ۞ هِلَالًا وَأُخْرَى مِنْهُمَا تُشْبِهُ ٱلْبَدْرَا

Deux jeunes filles, dont l'une ressemble à la nouvelle lune et l'autre à l'astre de la nuit dans son plein;

2° Si le nom d'agent est employé sans article, il faut qu'il exprime un événement présent ou futur; s'il exprime un événement passé, il ne peut plus être qu'en rapport d'annexion à la manière des noms et il gouverne son complément au génitif.(2) Avec l'article, il s'emploie indifféremment pour tous les temps;

---

(1) On lit aussi مُخْلِفَ وَعْدِهِ رُسُلَهُ (Alcoran, sur. 14, vers. 48).

(2) Tel est le sentiment unanime des grammairiens arabes que j'ai lus et des commentateurs de l'Alcoran.

Il se trouve pourtant, dans l'Alcoran même, un assez grand nombre de passages où le nom d'agent, employé sans article et gouvernant son complément à l'accusatif, semble devoir exprimer nécessairement une chose passée. Les commentateurs, dans ce cas-là, pour ne point déroger à la règle, supposent ordinairement qu'il y a alors cette figure qu'ils appellent حِكَايَةُ حَالٍ مَاضِيَةٍ, c'est-à-dire *récit d'une chose passée, énoncée comme si elle était présente* et se pas-

DE LA SYNTAXE

3° Il faut en outre qu'il soit précédé ou, comme s'expriment les grammairiens arabes, qu'*il se fasse un point d'appui*, يَعْتَمِدُ عَلَى, d'un sujet auquel il serve d'attribut ou d'un antécédent auquel il s'attache, soit comme terme circonstanciel d'état, soit comme qualificatif, ou, enfin, qu'il soit précédé d'une particule interrogative ou négative. Exemples de ces différents cas :

زَيْدٌ ضَارِبٌ أَبُوهُ أَخَا لِي

Zéid, son père frappe (c'est-à-dire *le père de Zéid frappe*) *un de mes frères.*

جَاءَنِي عَمْرُو طَالِبًا أَدَبًا

Amrou est venu me trouver, désirant recevoir l'instruction.

مَرَرْتُ بِفَارِسٍ طَالِبٍ ثَأَرَ أَبِيهِ

sait au moment même où on la raconte. C'est ainsi notamment que, dans le récit de l'histoire des *Sept Dormants* (Alcoran, sur. 18, vers. 17), Béidhawi explique ces mots, employés en parlant de leur chien : وَكَلْبُهُمْ بَاسِطٌ ذِرَاعَيْهِ ; il explique de la même façon ceux-ci, de la même surate (vers. 5) : فَلَعَلَّكَ بَاخِعٌ نَفْسَكَ, عَلَى آثَارِهِمْ أَنْ لَمْ يُؤْمِنُوا بِهَذَا الْحَدِيثِ, si l'on prononce أَنْ, et non pas إِنَّ.

Pour moi, je doute beaucoup de la vérité de cette règle, qui ne me semble d'ailleurs fondée sur aucune raison plausible. Dans ces mots d'un vers que j'ai cité précédemment, وَهُنَّ عَوَاقِدُ حُبَّكَ التِّطَاقِ, il s'agit certainement d'une circonstance passée, puisque c'est là un حَالَ ou *terme circonstanciel d'état* qui dépend du prétérit حَمَلْنَ. De même, dans un vers que je vais citer dans l'instant et qui appartient au poème célèbre d'Ascha (*Chrestomathie arabe*, 2ᵉ édit., t. II, p. 155 du texte arabe), les mots كَنَاطِحٍ صَخْرَةً expriment incontestablement l'idée d'une chose passée, puisque les verbes أَوْهَى et لَمْ يَضِرْ ne peuvent être traduits que par le passé ; et, toutefois, la mesure du vers démontre évidemment qu'on ne saurait prononcer autrement que كَنَاطِحٍ صَخْرَةً, ce que d'ailleurs les scoliastes de ce poème ont soin de faire remarquer.

J'ai passé près d'un cavalier qui désire venger la mort de son père.

هَلْ مُكْرِمٌ أَنْتَ زَيْدًا

Honoreras-tu Zéid ?

مَا مُجِيرٌ أَحَدٌ عَدُوَّ أَحِبَّائِهِ

Personne n'accorde un asile à l'ennemi de ses amis.

Cependant, il arrive souvent que le nom sur lequel l'adjectif verbal devrait s'appuyer comme qualificatif est sous-entendu.

كَنَاطِحٍ صَخْرَةً يَوْمًا لِيُوهِيَهَا فَلَمْ يَضِرْهَا وَأَوْهَى قَرْنَهُ ٱلْوَعِلُ

Comme [un bouquetin] qui, un jour, frappait de sa corne une roche pour la briser, il ne lui a fait aucun mal, et le bouquetin n'a brisé que sa propre corne.

314. Les particules *compellatives*, نِدَاء, autorisent aussi, du moins en apparence, l'emploi du nom d'agent régissant le complément objectif à l'accusatif, comme cela a lieu avec les particules interrogatives et négatives. Exemples :

يَا طَالِعًا جَبَلًا

O [homme] montant sur la montagne !

يَا صَارِفًا عَنِّي ٱلْمَوَدَّةَ وَٱلزَّمَانُ لَهُ صُرُوفٌ

O [homme] qui détournes de moi ton amitié, tandis que le temps est sujet à tant de vicissitudes ! [1]

315. La raison sur laquelle sont fondées ces conditions, c'est qu'elles rapprochent le nom d'agent de la nature du verbe ; mais ces règles sont sujettes à des exceptions, et, d'ailleurs, elles donnent lieu à quelques différences d'opinions.

---

[1] Les grammairiens arabes veulent, dans ce cas, que cette forme d'expression soit autorisée, non à cause de la particule compellative, mais à cause d'un nom sous-entendu auquel le nom d'agent sert de qualificatif. (Voyez, au surplus, mon *Commentaire sur les Séances de Hariri*, séance XXIX°, p. 319.)

316. Observons que le nom d'agent ayant l'article déterminatif équivaut à un adjectif conjonctif et à un verbe. Ainsi, هٰذَا ٱلْقَاتِلُ أَبُوهُ عَمْرًا est équivalent de هٰذَا ٱلَّذِى قَتَلَ أَبُوهُ عَمْرًا *celui-ci dont le père a tué Amrou* (n° 444, Ire part.).

§ II — SYNTAXE DES ADJECTIFS VERBAUX APPELÉS NOMS DE PATIENT

317. Les adjectifs verbaux appellés *noms de patient* et dérivés de la voix objective des verbes, tant primitifs que dérivés, suivent en général, pour leur syntaxe, à l'égard des noms qui leur servent de sujet et de complément, les mêmes règles que les noms d'agent, autant du moins que le permet la différence des significations active et passive. L'influence de ces adjectifs est donc celle qu'exercerait le verbe lui-même.

318. Les verbes neutres n'ayant point de voix objective, il n'en peut être question ici.

319. Les verbes transitifs, en passant à la signification passive, prennent pour sujet grammatical le mot qui formait leur complément immédiat lorsqu'ils étaient à la voix subjective, comme je l'ai exposé précédemment (n° 220). Il en est de même des adjectifs verbaux dérivés de leur voix objective.

320. Il faut observer ici que l'adjectif verbal formé de la voix objective s'emploie, aussi bien que la voix objective elle-même, de trois manières différentes :

1° Il qualifie la chose ou la personne sur laquelle tombe l'action. Exemple :

ٱلنَّاسُ ٱلْمَضْرُوبُونَ

Les hommes battus, c'est-à-dire *qui ont été battus* ou *que l'on a battus* (n° 220);

2° Il qualifie l'action même exprimée par le verbe à la voix subjective (n°s 228 et 229). Exemple :

اَلضَّرْبُ ٱلْمَضْرُوبُ

Le coup frappé (c'est-à-dire *que l'on a frappé*);

3° Il qualifie une chose ou une personne qui ne servirait que de complément indirect au verbe mis à la voix subjective (n° 230); le plus souvent, dans ce cas, il n'est joint à aucun nom, le nom étant sous-entendu. Exemples :

اَلْمَوْضِعُ ٱلْمَخْرُوجُ مِنْهُ

Le lieu d'où l'on est sorti.

اَلْمَوْضِعُ ٱلْمَدْخُولُ إِلَيْهِ

Le lieu où l'on est entré.

321. Le sujet du nom de patient se met au nominatif. Ex.:

زَيْدٌ مَقْتُولٌ حَالًا أَبُوهُ

Zéid, dont le père est tué en cet instant.

On peut aussi le mettre au génitif, en établissant entre l'adjectif verbal et son sujet un rapport d'annexion; ou le mettre à l'accusatif, sous forme adverbiale, comme complément circonstanciel; on dira donc bien زَيْدٌ مَقْتُولُ ٱلْأَبِ ou ٱلْمَقْتُولُ أَبًا.

322. Si l'adjectif verbal dérive de la voix objective d'un verbe doublement transitif, il gouverne nécessairement à l'accusatif le second complément objectif du verbe. On dira donc زَيْدٌ مُعْطًى عَبْدُهُ دِرْهَمًا *L'esclave de Zéid est gratifié d'une pièce d'argent*, à la lettre : *Zéid, son esclave est gratifié d'une pièce d'argent;* زَيْدٌ ٱلْمُعْطَى عَبْدُهُ دِرْهَمًا *Zéid, dont l'esclave a été gratifié d'une pièce d'argent.*

323. Ce que nous disons ici de la syntaxe des adjectifs verbaux qui sont dérivés des verbes à la voix objective s'applique aussi à ceux d'entre les adjectifs de la forme فَعِيلٌ qui ont la signification passive.

324. Les conditions requises pour que les noms d'agent exercent sur leur sujet et leurs compléments la même influence que le verbe (n° 292) sont applicables aux noms de patient.

325. Observons que, pour se rendre raison de la manière dont on emploie en arabe les adjectifs verbaux dérivés de la voix objective des verbes, il faut souvent changer la forme de l'expression, ce qui se fait : 1° en substituant à ces adjectifs le verbe lui-même, au prétérit ou à l'aoriste de la voix objective; 2° en restituant, s'il y a lieu, un sujet qui était sous-entendu; 3° enfin, en substituant à l'article ال l'adjectif conjonctif اَلَّذِى, ou bien, s'il n'y a point d'article, en introduisant les noms conjonctifs vagues مَنْ ou مَا. Exemples :

اَلْوَالِدَاتُ يُرْضِعْنَ أَوْلَادَهُنَّ حَوْلَيْنِ كَامِلَيْنِ وَعَلَى ٱلْمَوْلُودِ لَهُ رِزْقُهُنَّ

Les mères nourriront leurs enfants deux ans entiers, et le père sera obligé de fournir à la subsistance des mères.

اَلْمَوْلُودِ لَهُ est l'équivalent de اَلرَّجُلِ ٱلَّذِى وُلِدَ لَهُ وَلَدٌ *l'homme à qui il est né un enfant.*

لَا تُضَارَّ وَالِدَةٌ بِوَلَدِهَا وَلَا مَوْلُودٌ لَهُ بِوَلَدِهِ

Il ne faut pas qu'une mère soit grevée par son enfant, ni un père par son fils.

مَوْلُودٌ لَهُ est équivalent de مَنْ وُلِدَ لَهُ وَلَدٌ *qui que ce soit à qui un fils est né.*

أَمَّا ٱلْأَهْرَامُ ٱلْمُتَحَدَّثُ عَنْهَا ٱلْمُشَارُ إِلَيْهَا فَثَلَاثَةُ أَهْرَامٍ

Quant aux pyramides dont on parle tant, qui ont acquis une si grande célébrité, elles sont au nombre de trois.

Ces expressions ٱلْمُتَحَدَّثُ عَنْهَا ٱلْمُشَارُ إِلَيْهَا sont la même chose que ٱلَّتِى يُتَحَدَّثُ عَنْهَا ٱلَّتِى يُشَارُ إِلَيْهَا *desquelles il est parlé, qui sont montrées au doigt.* Les verbes passifs qui n'ont point de sujet grammatical, comme dans cet exemple : يُتَحَدَّثُ et

يُشَارُ, doivent être expliqués ainsi, en substituant l'actif au passif : ٱلَّتِي يَتَحَدَّثُونَ عَنْهَا ٱلنَّاسُ وَيُشِيرُونَ إِلَيْهَا *dont les hommes parlent et qu'ils montrent au doigt.*

أَمَّا ٱلْمَسْلُوكُ فِيهِ ٱلْمَطْرُوقُ كَثِيرًا فَزَلَاقَةٌ

Le chemin par lequel on marche et qui est très fréquemment pratiqué, c'est un glacis.

Ces mots ٱلْمَسْلُوكُ فِيهِ ٱلْمَطْرُوقُ sont l'équivalent de مَا يُسْلَكُ فِيهِ ٱلنَّاسُ, ou, ce qui est la même chose, فِيهِ مَا يُطْرَقُ وَيَطْرُقُونَهُ *l'endroit où les hommes marchent et qu'ils pratiquent.*

Autre exemple :

إِهْدِنَا ٱلصِّرَاطَ ٱلْمُسْتَقِيمَ صِرَاطَ ٱلَّذِينَ أَنْعَمْتَ عَلَيْهِمْ غَيْرِ ٱلْمَغْضُوبِ عَلَيْهِمْ

Dirige-nous vers le droit chemin, vers le chemin de ceux que tu as comblés de bienfaits, et qui n'ont point été un objet de colère.

Au lieu de غَيْرِ ٱلْمَغْضُوبِ عَلَيْهِمْ, on aurait pu dire ٱلَّذِينَ لَمْ يُغْضَبْ عَلَيْهِمْ (à la lettre, *contra quos invectum non est cum iracundiâ*), ou, ce qui est la même chose, quoique d'une manière plus déterminée, أَحَدٌ ٱلَّذِينَ لَمْ يَغْضَبْ عَلَيْهِمْ غَاضِبٌ ou *contre lesquels personne ne s'est mis en colère.*

L'auteur a certainement voulu dire *contre lesquels tu ne t'es point mis en colère;* mais il a employé une locution qui ne renferme aucune détermination du sujet du verbe, sans doute à cause de l'emphase que produit le vague de l'expression.

Cette manière d'employer les adjectifs verbaux dérivés de la voix objective des verbes, sans aucun sujet grammatical, n'a rien qui doive surprendre, puisque l'on emploie de même les verbes à la voix objective, ainsi qu'on l'a vu plus haut (n° 231).

§ III — SYNTAXE DES ADJECTIFS VERBAUX SIMPLEMENT QUALIFICATIFS

326. Les adjectifs dont il s'agit ici sont dérivés des verbes, aussi bien que les deux espèces d'adjectifs dont nous avons parlé précédemment; mais il y a cette différence que toutes les formes des verbes, soit primitifs, soit dérivés, donnent naissance à des noms d'agent et à des noms de patient, qui dérivent, les premiers de la voix subjective et les derniers de la voix objective, suivant des règles fixes et déterminées, au lieu que les adjéctifs dont il s'agit ici ne sont assujettis à aucune forme déterminée, quoique souvent ils se confondent, à cet égard, avec les noms d'agent.

327. Ces adjectifs diffèrent aussi des noms d'agent et de patient, quant à leur signification et aux rapports dont ils sont susceptibles;

1° Les adjectifs verbaux, appelés *noms d'agent* et *de patient*, peuvent avoir, comme les verbes d'où ils dérivent, une signification absolue ou une signification relative; et dans ce dernier cas, ils sont susceptibles d'avoir des compléments objectifs : les adjectifs verbaux simplement qualificatifs n'ont point de compléments objectifs, ils n'ont que des compléments circonstanciels. Il y a donc, à cet égard, entre ces deux sortes d'adjectifs, la même différence qu'il y a, en latin ou en français, entre les participes et les simples adjectifs dérivés des verbes, par exemple entre *temperans,* participe dans ces phrases : *temperans famœ,* ou *principes temperantes imperium prudentiâ,* et le même mot, simple adjectif, dans celle-ci : *hominis frugi et temperantis functus officium;* entre *doctus,* participe quand on dit *doctus musicam,* et adjectif lorsqu'on dit *homo doctus.* La même différence se remarque, en français, entre ces deux expressions *un homme tempérant,* et *un prince tempérant la rigueur de l'autorité par une sage prudence;*

2° Les noms d'agent et de patient renferment, du moins jusqu'à un certain point, l'idée de la production de l'attribut qu'ils expriment comme liée à une circonstance accessoire de temps (n° 298); en sorte que, s'ils avaient des formes diverses pour exprimer le passé, le présent et le futur, ils seraient de véritables participes. Les adjectifs simplement qualificatifs, comme أَحْمَرُ *rouge,* كَرِيمٌ *généreux,* شَرِيفٌ *noble,* n'expriment qu'une qualification dépouillée de toute autre idée accessoire.

328. Les adjectifs verbaux formés des verbes, soit primitifs, soit dérivés, qui n'expriment qu'une simple manière d'être, comme طَهَرَ *être pur,* حَسُنَ *être beau,* إِسْتَقَامَ *être droit,* ou une action qui ne sort pas du sujet, comme قَامَ *se tenir debout,* doivent être considérés très souvent comme appartenant à la classe des adjectifs verbaux simplement qualificatifs, quoiqu'ils aient la forme des noms d'agent. Exemples : طَاهِرُ ٱلْقَلْبِ *pur de cœur,* ضَامِرُ ٱلْبَطْنِ *mince de ventre,* مُعْتَدِلُ ٱلْهَوَآءِ *tempéré d'air,* c'est-à-dire *d'un climat tempéré,* مُسْتَقِيمُ ٱلْأَخْلَاقِ *droit de qualités naturelles,* c'est-à-dire *d'un bon caractère.* Il en est de même des adjectifs verbaux dérivés de la voix objective des verbes simplement transitifs, comme مُسْتَجَابُ ٱلدُّعَآءِ [*un homme*] *exaucé de prières,* c'est-à-dire *dont les prières sont exaucées.*

329. Quoique les adjectifs simplement qualificatifs, tels que : *beau, sage, modeste, rouge,* n'aient point de compléments objectifs, ils peuvent être modifiés par des compléments circonstanciels ; on peut dire : *un homme beau de taille, un jeune homme sage dans sa dépense, un philosophe modeste dans ses paroles, un enfant roux de cheveux.* Pour peu qu'on fasse attention à ces expressions, on reconnaîtra que les adjectifs *beau, sage, modeste, roux* qualifient beaucoup moins ici les noms *homme, jeune homme, philosophe, enfant,* avec lesquels ils sont en concordance, que les noms *taille, dépense, paroles, cheveux,* qui leur servent de compléments circonstanciels. Cela est si vrai, que l'on pourrait dire : *un homme laid, mais beau de taille ; un jeune homme corrompu, mais sage dans sa dépense ; un philosophe orgueilleux, mais modeste dans ses paroles ; un enfant* *très blanc, roux de cheveux*. Veut-on donc réduire ces expressions à leur juste valeur, il faudra dire : *un homme dont la taille est belle; un jeune homme dont la dépense est sage*, c'est-à-dire bien réglée; *un philosophe dont les paroles sont modestes; un enfant dont les cheveux sont roux*.

Ces adjectifs, avec leur complément circonstanciel, forment donc réellement une proposition conjonctive, qui a pour sujet le complément circonstanciel et pour attribut l'adjectif; et cette proposition entière forme la qualification complexe du nom auquel elle est jointe par l'adjectif conjonctif. Ainsi, dans le dernier exemple, l'adjectif *roux* qualifie le nom *cheveux*; mais la proposition conjonctive *dont les cheveux sont roux* qualifie le nom *enfant*.

330. Les Arabes expriment cette sorte de rapport entre l'adjectif et le nom qui lui sert de complément circonstanciel de trois manières :

1º Ils conservent à l'adjectif son *tenwin* ou son article déterminatif, et ils mettent le complément au nominatif. Exemples : حَسَنُ أَبُوهُ ou جَآءَنِى رَجُلٌ حَسَنُ ٱلْأَبِ *Il est venu me trouver un homme dont le père est beau;* مَرَرْتُ بِرَجُلٍ قَبِيحٍ ٱلْوَجْهُ ou قَبِيحٌ وَجْهُهُ *J'ai passé près d'un homme laid de visage;*

2º Ils mettent les deux mots en rapport d'annexion, le complément étant au génitif. Exemples : جَآءَنِى رَجُلٌ حَسَنُ ٱلْوَجْهِ ou حَسَنٌ وَجْهُهُ *Il est venu me trouver un homme beau de visage;* حَسَنٍ وَجْهِهِ ou مَرَرْتُ بِرَجُلٍ حَسَنِ ٱلْوَجْهِ *J'ai passé près d'un homme beau de visage;*

3º Ils conservent à l'adjectif le *tenwin* ou l'article, et mettent le complément à l'accusatif, sous forme de terme circonstanciel. Exemples : حَسَنُ ٱلْوَجْهَ ou جَآءَنِى رَجُلٌ حَسَنٌ وَجْهًا *Il est venu me trouver un homme beau de visage;* مَرَرْتُ بِرَجُلٍ حَسَنٍ وَجْهًا ou حَسَنٍ ٱلْوَجْهَ *J'ai passé près d'un homme beau de visage*. Si le complément est sans article, il imite le terme circonstanciel appelé *déterminatif* (n° 156); s'il a l'article, il imite le complément objectif du verbe (n° 119).

Le premier genre de syntaxe est conforme à l'analyse logique de ces expressions. Le second est contraire à cette analyse, et, quoique formant grammaticalement un rapport d'annexion, il ne renferme pas une véritable détermination de l'antécédent; aussi l'antécédent peut-il être déterminé par l'article, pourvu que le conséquent le soit pareillement. Le troisième genre de syntaxe exprime bien le double rapport qui existe entre l'adjectif et le nom qu'il qualifie grammaticalement, et entre le nom qu'il qualifie logiquement.

331. Le nom qui, dans cette forme d'expression, est en rapport d'annexion avec l'adjectif et lui sert de complément se nomme en arabe سَبَبٌ *cause,* parce que c'est lui qui est *cause* que la qualification exprimée par l'adjectif est appliquée au nom qualifié par cet adjectif. On le nomme aussi, par la même raison, سَبَبُ ٱلْمَوْصُوفِ, c'est-à-dire *la cause qui rend le nom qualifié propre à recevoir* la qualification. Quant à l'adjectif qualificatif, il se nomme سَبَبِيّ *relatif à la cause.* En effet, quand je dis : un enfant *roux de cheveux,* ce sont les *cheveux* de cet enfant qui sont la *cause* de l'application que je lui fais de l'épithète *roux;* et l'on peut dire avec vérité que cette épithète ne lui convient qu'*occasionnellement,* mais non réellement.[1]

332. Dans les trois genres de syntaxe dont je viens de par-

---

[1] L'*adjectif qualificatif* نَعْتٌ est, ou *réel, effectif* حَقِيقِيّ, comme quand je dis : *un homme sage,* ou occasionné par une cause étrangère, comme dans l'exemple : *un enfant roux de cheveux.*

Voyez Th. Obicin, *Grammat. arab. Agrumia appellata,* p. 130; Ebn Farhât, man. arabe de la Bibl. du Roi, n° 1295 A, fol. 122 *verso*; les commentaires sur l'*Alfiyya* d'Ebn Malec, man. arabe de la Bibl. du Roi, n° 1234, fol. 73 *recto,* et man. arabe de St-Germ., n° 465, fol. 120 *recto.*

ler, l'adjectif verbal qui forme l'antécédent du rapp rt peut être employé avec ou sans article déterminatif; et le nom qui forme le complément de cet adjectif peut être ou indéterminé ou déterminé; dans ce dernier cas, il peut être déterminé : 1º par l'article déterminatif; 2º par un complément qui ait cet article; 3º par un affixe; 4º par un complément déterminé lui-même par un affixe. Il en résulte un grand nombre de constructions différentes, dont les unes sont tout à fait rejetées par les grammairiens; d'autres désapprouvées, et cependant autorisées par quelques exemples; d'autres tolérées, mais d'un usage rare; d'autres enfin généralement admises et d'un usage fréquent, mais plus ou moins élégantes. Nous n'indiquerons ici que les principales :

CONSTRUCTIONS DÉSAPPROUVÉES, MAIS DONT IL Y A DES EXEMPLES

رَجُلٌ حَسَنٌ وَجْهُهُ *Un homme beau de visage.*

زَيْدٌ ٱلْحَسَنُ وَجْهُهُ *Zéid, le beau de visage.*

رَجُلٌ حَسَنٌ وَجْهُ أَبٍ *Un homme dont le père est beau de visage.*

زَيْدٌ ٱلْحَسَنُ وَجْهُ أَبٍ *Zéid, dont le père est beau de visage.*

CONSTRUCTIONS TOLÉRÉES, MAIS D'UN USAGE RARE.

رَجُلٌ حَسَنٌ ٱلْوَجْهَ
رَجُلٌ حَسَنٌ وَجْهَهُ   } *Un homme beau de visage.*
رَجُلٌ حَسَنٌ وَجْهِهِ

رَجُلٌ حَسَنٌ وَجْهَ ٱلْأَبِ
رَجُلٌ حَسَنٌ وَجْهَ أَبِيهِ   } *Un homme dont le père est beau de visage.*
رَجُلٌ حَسَنٌ وَجْهِ أَبِيهِ

DE LA SYNTAXE

CONSTRUCTIONS BONNES

رَجُلٌ حَسَنُ ٱلْوَجْهُ
رَجُلٌ حَسَنٌ وَجْهُهُ
رَجُلٌ حَسَنٌ وَجْهًا } *Un homme beau de visage.*
رَجُلٌ حَسَنُ ٱلْوَجْهِ
رَجُلٌ حَسَنٌ وَجْهٍ

رَجُلٌ حَسَنٌ وَجْهُ ٱلْأَبِ
رَجُلٌ حَسَنٌ وَجْهُ أَبِيهِ
رَجُلٌ حَسَنٌ وَجْهُ أَبٍ } *Un homme dont le père est beau de visage.*
رَجُلٌ حَسَنٌ وَجْهِ ٱلْأَبِ
رَجُلٌ حَسَنٌ وَجْهِ أَبٍ

زَيْدٌ ٱلْأَحْسَنُ ٱلْوَجْهُ
زَيْدٌ ٱلْأَحْسَنُ وَجْهُهُ
زَيْدٌ ٱلْأَحْسَنُ ٱلْوَجْهَ } *Zéid, le beau de visage.*
زَيْدٌ ٱلْأَحْسَنُ وَجْهَهُ
زَيْدٌ ٱلْأَحْسَنُ وَجْهًا
زَيْدٌ ٱلْأَحْسَنُ ٱلْوَجْهِ

زَيْدٌ ٱلْأَحْسَنُ وَجْهُ ٱلْأَبِ
زَيْدٌ ٱلْأَحْسَنُ وَجْهُ أَبِيهِ
زَيْدٌ ٱلْأَحْسَنُ وَجْهُ أَبٍ } *Zéid, dont le père est beau de visage.*
زَيْدٌ ٱلْأَحْسَنُ وَجْهَ أَبِيهِ
زَيْدٌ ٱلْأَحْسَنُ وَجْهَ أَبٍ
زَيْدٌ ٱلْأَحْسَنُ وَجْهِ ٱلْأَبِ

DE LA SYNTAXE

CONSTRUCTIONS REJETÉES

زَيْدٌ أَحْسَنُ وَجْهِهِ
زَيْدٌ أَحْسَنُ وَجْهٍ } *Zéid, le beau de visage.*

زَيْدٌ أَحْسَنُ وَجْهِ أَبِيهِ
زَيْدٌ أَحْسَنُ وَجْهِ أَبٍ } *Zéid, dont le père est beau de visage..*

333. L'adjectif verbal simplement qualificatif peut, même lorsqu'il est joint à l'article déterminatif, prendre les affixes. Exemple :

ٱلْقَبِيحُ ٱلْمَنْظَرِ ٱلشَّدِيدُ ٱلرَّأْسِ وَٱلصَّغِيرُهُ

Celui qui est laid de figure, qui a la tête forte, et qui l'a petite.

334. Il faut observer que, dans toutes les constructions dont nous venons de parler, l'adjectif verbal doit concorder en cas avec le nom auquel il se rapporte grammaticalement. On le met donc au nominatif, au génitif ou à l'accusatif, sans que cela change rien, du reste, à l'application des règles que nous avons données. Exemple :

بِبُهْمَةٍ مُنِيتَ شَهْمٍ قَلْبُ مُنَجَّدٍ لَا ذِى كَهَامٍ يَنْبُو

Tu as été mis à l'épreuve par l'attaque d'un cavalier au cœur intrépide, éprouvé par l'infortune, dont l'épée n'est point émoussée et n'a point perdu son tranchant.

Je reviendrai là-dessus, quand je traiterai de la concordance.

335. Observez aussi, en passant, que le complément des noms d'agent étant mis à l'accusatif, on peut le placer avant son antécédent, comme on peut le faire avec le verbe lui-même, ce qui ne peut pas avoir lieu avec les adjectifs verbaux simplement qualificatifs.

CHAPITRE XIII

Syntaxe des Compléments objectifs des Verbes et autres Compléments, dans le cas d'inversion

336. Selon la construction la plus ordinaire en arabe, dans les propositions verbales (nº 185), on place d'abord le verbe, en second lieu le sujet, et ensuite le complément objectif du verbe, soit immédiat, comme dans قَتَلَ زَيْدٌ عَمْرُوا *Zéid a tué Amrou*, soit médiat, comme dans مَرَّ عَمْرُو بِزَيْدٍ *Amrou a passé près de Zéid*. On peut néanmoins placer le complément objectif avant le verbe, ainsi que nous le dirons quand nous parlerons de la construction. Exemple :

فَرِيقًا هَدَى

Il a dirigé une partie d'entre eux.

337. Nous avons déjà rendu compte d'une autre construction dans laquelle le complément objectif du verbe est mis au commencement de la proposition, sous forme de nominatif absolu (nº 93), et est remplacé après le verbe par un pronom personnel qui le représente et lui sert de rappel, et nous avons fait connaître de quelle manière les grammairiens arabes analysent ces propositions (nº 189). On peut dire, suivant cette construction, فَرِيقٌ حَقَّ عَلَيْهِمُ ٱلضَّلَالَةُ *une partie, l'égarement est tombé justement sur elle*, au lieu de حَقَّ ٱلضَّلَالَةُ عَلَى فَرِيقٍ *l'égarement est tombé justement sur une partie*. On dirait de même عَمْرُو قَتَلَهُ زَيْدٌ *Amrou, Zéid l'a tué*, au lieu de قَتَلَ زَيْدٌ عَمْرُوا *Zéid a tué Amrou*.

Dans cette manière de s'exprimer, le verbe, soit transitif, soit intransitif, perd son influence sur son complément objectif immédiat ou médiat, parce qu'il transporte cette influence sur le pronom qui représente ce complément; on appelle cette sorte de construction اِشْتِغَالُ, ce qui signifie *être détourné* ou *distrait de son objet;* le complément objectif déplacé se nomme ٱلْمَشْغُولُ عَنْهُ *l'objet duquel est détournée* ou *distraite* l'influence du verbe; et enfin le pronom, qui, en attirant sur lui-même l'influence du verbe, la distrait de dessus le complément objectif, se nomme ٱلشَّاغِلُ *ce qui détourne* ou *distrait.*

338. Mais il est encore un autre genre de syntaxe qui peut avoir lieu dans ce cas, et qui même est quelquefois d'une obligation indispensable : elle consiste à mettre à l'accusatif le complément objectif ainsi déplacé, et représenté par un pronom personnel.[1] Exemples :

إِنْ زَيْدًا لَقِيتَهُ فَجِئْنِي بِهِ

Si tu rencontres Zéid, amène-le moi.

كُلَّمَا عَمْرًا مَرَرْتَ بِهِ فَسَلِّمْ عَلَيْهِ

Toutes les fois que tu passeras auprès d'Amrou, salue-le.

فَرِيقًا هَدَى وَفَرِيقًا حَقَّ عَلَيْهِمُ ٱلضَّلَالَةُ

Il a dirigé une partie [d'entre eux], et une autre partie, l'égarement est tombé justement sur elle. [2]

Dans ce dernier exemple, فَرِيقًا حَقَّ est la même chose, pour le sens, que فَرِيقٌ حَقَّ.

339. Tantôt le complément objectif, ainsi déplacé, doit nécessairement être mis au nominatif, tantôt il doit nécessairement être mis à l'accusatif. Quelquefois, l'un ou l'autre cas

---

(1) On peut consulter, sur ce sujet, Sibawaïh, dans mon *Anthol. grammat. ar.,* p. 365 et suiv., et les commentaires de l'*Alfiyya* sur le chapitre intitulé اِشْتِغَالُ ٱلْعَامِلِ عَنِ ٱلْمَعْمُولِ. Man. arabe de la Bibl. du Roi, n° 1234, fol. 40 *verso* et 41, et man. arabe de St-Germ., n° 465, fol. 63 et suivants.

(2) Cet exemple est tiré de l'Alcoran, sur. 7, vers. 28.

peut être admis indifféremment. Enfin, il y a des circonstances où l'un des deux est préférable, sans que cependant on exclue l'usage de l'autre. Je vais entrer là-dessus dans quelques détails.

340. Si le complément objectif, placé devant un verbe, est précédé de quelque conjonction conditionnelle ou suppositive, de quelque adverbe conjonctif ou excitatif, ou, en général, de quelque mot qui, par sa nature, *doive être suivi d'un verbe*, مُخْتَصٌّ بِٱلْفِعْلِ, il faut nécessairement mettre le complément objectif à l'accusatif. La raison en est que, vu la liaison intime qui est entre le mot qui précède ce complément et le verbe qui suit ce même complément, celui-ci ne peut être considéré, dans ce cas, comme le sujet ou l'*inchoatif*, مُبْتَدَأً, d'une proposition nominale. On dira donc nécessairement :

إِنْ مُحَمَّدًا زُرْتُهُ أَنْعَمَ عَلَيَّ

Si je visite Mohammed, il m'accordera quelques bienfaits.

لَوْ زَيْدًا قَتَلَهُ عَمْرُو لَأَحْسَنَ إِلَى ٱلنَّاسِ جَمِيعِهِمْ

Si Amrou eût tué Zéid, il aurait rendu service à tous les hommes en général.

هَلَّا مُحَمَّدًا سَمِعْتُ مِنْهُ مَا أَحْزَنَنِي

Certes, j'ai ouï de Mohammed une chose qui m'a attristé.

مَهْمَا مَحْمُودًا رَأَيْتُهُ أَكْرَمْتُهُ

Toutes les fois que je verrai Mahmoud, je l'honorerai.

On ne pourrait pas dire dans ces exemples مَحْمُودٌ, مُحَمَّدٌ, زَيْدٌ au nominatif, à cause des particules إِنْ, لَوْ, هَلَّا, مَهْمَا, dont la nature est d'être suivies immédiatement d'un verbe.

341. Si le complément objectif déplacé est précédé d'un mot qui soit employé d'ordinaire devant le sujet ou inchoatif des propositions nominales, le complément objectif doit être nécessairement mis au nominatif. Il en est de même si, entre le complément objectif déplacé et le verbe, il se trouve un mot qui, par sa nature, *doive être toujours au commencement d'une phrase :* مُخْتَصٌّ بِصَدْرِ ٱلْكَلَامِ. Dans ces deux cas, le complément objectif déplacé ne peut être considéré que comme l'inchoatif d'une proposition composée (n° 189), et, par conséquent, il ne peut être mis à aucun autre cas qu'au nominatif, parce qu'il serait contraire à la nature de ces mots que ce qui vient après eux exerçât sur eux aucune influence. Exemples :

وَإِذَا زَيْدٌ يَضْرِبُهُ عَمْرُو *Et voilà qu'Amrou frappe Zéid.*

وَإِذَا فَاطِمَةُ مَرَّ بِهَا عَلِيٌّ *Et voilà qu'Ali a passé auprès de Fatime.*

زَيْدٌ هَلْ رَأَيْتَهُ *As-tu vu Zéid ?*

مُحَمَّدٌ مَا كَلَّمْتُهُ *Je n'ai point parlé à Mohammed.*

أَبُو بَكْرٍ لَأُحِبُّهُ *Certes, j'aime Abou Becr.*

عَمْرُو إِنْ ثَقِفْتُهُ قَتَلْتُهُ *Si je rencontre Amrou, je le tuerai.*

Dans les deux premiers exemples, le nominatif est exigé, parce que إِذَا signifiant *voilà*, et indiquant un événement subit et inattendu,[1] ne se place que devant le sujet ou l'attribut d'une proposition nominale.

Dans les quatre derniers exemples, on doit employer le nominatif, parce qu'il est de la nature de هَلْ, adverbe interrogatif de مَا, adverbe négatif ; de لَ, adverbe affirmatif, et de إِنْ, conjonction conditionnelle, ainsi que de tous les mots qui renferment la valeur d'une condition ou d'une supposition, d'être toujours placés en tête de la phrase.

La même chose a lieu dans ce passage de l'Alcoran, à cause de l'adverbe قَدْ, interposé entre le complément déplacé et le verbe :

ثُمَّ أَنْزَلَ عَلَيْكُمْ نُعَاسًا يَغْشَى طَائِفَةً مِنْكُمْ وَطَائِفَةٌ قَدْ أَهَمَّتْهُمْ أَنْفُسُهُمْ

Ensuite, Dieu vous a envoyé un profond sommeil qui s'est em-

---

[1] On nomme dans ce cas-là l'adverbe إِذَا *adverbe exprimant un événement imprévu* إِذَا ٱلْمُفَاجَآةِ (n° 1122, 1ʳᵉ part.).

paré d'une portion d'entre vous, et une autre portion a été agitée par ses propres pensées. (1)

342. Si le complément objectif déplacé dépend d'un verbe qui exprime une prière, un ordre ou une défense, c'est-à-dire qui soit à l'impératif, ou à l'aoriste conditionnel ou énergique dans le sens impératif ou prohibitif, on peut le mettre au nominatif et à l'accusatif; mais l'accusatif est préférable. Ex. :

اَللّٰهُمَّ عَبْدَكَ ارْحَمْهُ وَابْنَ عَبْدِكَ لَا تَجْعَلْهُ مِنَ الْكَافِرِينَ

Mon Dieu, aie pitié de ton serviteur, et ne permets pas que le fils de ton serviteur soit du nombre des infidèles!

343. Il en est de même si le complément est précédé d'une particule dont l'usage le plus ordinaire soit d'être placée immédiatement avant un verbe, comme le sont les adverbes interrogatifs, les adverbes négatifs مَا et لَا, l'adverbe conjonctif حَيْثُ, quand il n'est pas joint au mot مَا. Exemples :

مَا زَيْدًا كَلَّمْتُهُ وَحَيْثُ عَمْرًا لَقِيتُهُ جِئْتُ بِهِ إِلَيْكَ

Je n'ai point parlé à Zéid, et quelque part que je rencontre Amrou, je te l'amènerai.

لَا الشَّمْسُ يَنْبَغِي لَهَا أَنْ تُدْرِكَ الْقَمَرَ

Il ne faut point que le soleil atteigne la lune.

Dans ce dernier exemple, emprunté de l'Alcoran, le complément est mis au nominatif, quoique précédé de لَا.

344. L'adverbe interrogatif هَلْ forme une exception (n° 341), exigeant absolument, quand il précède le complément objectif déplacé, que ce complément soit à l'accusatif.

345. On peut encore employer le nominatif ou l'accusatif,

---

(1) On peut supposer dans cet exemple que la proposition وَطَآئِفَةٌ قَدْ أَهَمَّتْهُمْ الخ fait fonction de *terme circonstanciel d'état* حَالٌ : alors le و n'est pas considéré comme حَرْفُ الْعَطْفِ *conjonction*; il est synonyme de l'adverbe de temps إِذْ. Voyez ce que dit là-dessus Sibawaïh, dans mon *Anthol. gramm. ar.*, p. 369.

si le complément déplacé est joint par une particule conjonctive au complément objectif d'une proposition verbale, ou même en général à une proposition verbale. La raison en est qu'il est toujours préférable qu'il y ait identité entre les deux termes joints ensemble par une particule conjonctive. Ainsi l'on peut dire نَبَّهْتُهُ وَعَمْرًا زَيْدٌ قَامَ ou وَعَمْرٌو Zéid s'est levé, et j'ai réveillé Amrou, et de même, كَلَّمْتُهُ وَخَالِدًا زَيْدًا لَقِيتُ ou وَخَالِدٌ j'ai rencontré Zéid et j'ai adressé la parole à Khaled; mais, dans l'un et l'autre exemple, l'accusatif est préférable au nominatif. Si l'on interpose أَمَّا entre le complément déplacé et le premier verbe, il faut donner la préférence au nominatif.

346. On suivrait aussi la règle précédente, si le verbe de la première proposition était le verbe substantif كَانَ, ou l'un des verbes analogues à كَانَ, comme أَصْبَحَ, أَمْسَى, etc. (n° 248, 1re part.), ou un verbe neutre ou passif. Exemples :

كُنْتُ حَبِيبَكَ وَعَمْرًا كُنْتُ عَدُوًّا لِأَبِيهِ

J'ai été ton ami; mais pour Amrou, j'ai été l'ennemi de son père.

جَلَسَ مُحَمَّدٌ وَجَعْفَرًا أَذْهَبْتُهُ

Mohammed s'assit, et je fis partir Djafar.

قُتِلَ زَيْدٌ وَعَمْرًا لَمْ يَقْتُلُوهُ

Zéid fut tué, mais ils ne tuèrent pas Amrou.

347. Si la proposition où se trouve l'inversion est jointe immédiatement par une conjonction à l'une de ces propositions composées que l'on nomme *propositions à deux faces* (n° 189 note), parce qu'elles imitent par leur inchoatif les propositions nominales, et, par leur prédicat ou *énonciatif* خَبَر composé, les propositions verbales, le complément objectif déplacé se met indifféremment au nominatif ou à l'accusatif. On dira donc,

indistinctement, وَعَمْرُو جَرَحْتُهُ ou bien عُمَرُ قُتِلَ وَعَمْرًا جَرَحْتُهُ
Omar a été tué, et j'ai blessé Amrou. (1)

Il ne faut pas oublier que عُمَرُ قُتِلَ, dans le système des Arabes, est la même chose que عُمَرُ قُتِلَ هُوَ, et qu'il y a ici par conséquent une proposition *à deux faces*.

348. Dans tous les cas non prévus par les règles précédentes, on peut employer le nominatif ou l'accusatif, mais le nominatif est préférable. Ainsi, l'on peut dire زَيْدًا قَتَلْتَهُ وَعَبْدُ اَللّٰهِ جَرَحْتَهُ *Tu as tué Zéid, et tu as blessé Abd Allah;* mais il vaut mieux dire زَيْدٌ قَتَلْتَهُ وَعَبْدُ اَللّٰهِ جَرَحْتَهُ, sous la forme d'une proposition composée.

349. Toutes les règles précédentes s'appliquent également, comme je l'ai dit au commencement de ce chapitre (n° 337), au complément immédiat des verbes transitifs et au complément médiat des verbes intransitifs, et de même qu'on dit زَيْدٌ مَا et مَا زَيْدًا كَلَّمْتُهُ *Je n'ai point parlé à Zéid,* on dit aussi زَيْدٌ مَا مَرَرْتُ بِهِ et مَا زَيْدًا مَرَرْتُ بِهِ *Je n'ai point passé auprès de Zéid.*

350. Elles ont aussi leur application lorsque le complément déplacé par l'inversion n'est point le complément objectif du verbe, mais est le second terme d'un rapport qui a pour antécédent le complément médiat ou immédiat du verbe. Exemples :

(1) Comme on peut dire : أَزَيْدًا ضَرَبْتُ أَخَاهُ et أَزَيْدًا ضَرَبْتُ مُحِبَّهُ, on peut aussi dire : أَزَيْدًا ضَرَبْتُ عَمْرًا أَخَاهُ et أَزَيْدًا ضَرَبْتُ رَجُلًا يُحِبُّهُ, même عَمْرًا وَأَخَاهُ. Dans ces exemples, عَمْرًا et رَجُلًا sont أَجْنَبِي, c'est-à-dire *des mots étrangers au rapport,* mais أَخَاهُ et يُحِبُّهُ sont سَبَبِي, c'est-à-dire *relatifs à la cause,* سَبَبٌ, qui est ici زَيْدٌ, à raison du pronom affixe qui leur est attaché. (Voyez les commentaires sur l'*Alfiyya,* man. arabe de la Bibl. du Roi, n° 1234, fol. 42 *recto,* et man. arabe de S*-Germ., n° 465, fol. 65 *verso.*)

DE LA SYNTAXE

مَا زَيْدًا كَلَّمْتُ عَبْدَهُ ou زَيْدٌ مَا كَلَّمْتُ عَبْدَهُ

Je n'ai point parlé au serviteur de Zéid.

مَا زَيْدًا أَمَرْتُ بِقَتْلِ ٱبْنِهِ ou زَيْدٌ مَا أَمَرْتُ بِقَتْلِ ٱبْنِهِ

Je n'ai point donné ordre de tuer le fils de Zéid.

351. La chose serait encore la même, si le complément déplacé était le complément objectif ou circonstanciel d'un second verbe appartenant à une proposition destinée à qualifier le complément du premier verbe, comme dans ces exemples :

مَا زَيْدًا كَلَّمْتُ أَحَدًا لَقِيَهُ ou زَيْدٌ مَا كَلَّمْتُ أَحَدًا لَقِيَهُ

Je n'ai parlé à personne qui ait rencontré Zéid.

مَا عَمْرًا رَأَيْتُ أَحَدًا مَرَّ بِهِ ou عَمْرٌو مَا رَأَيْتُ أَحَدًا مَرَّ بِهِ

Je n'ai vu personne qui ait passé près d'Amrou.

هَلْ زَيْدًا لَقِيتَ أَحَدًا سَافَرَ صُحْبَتَهُ ou زَيْدٌ هَلْ لَقِيتَ أَحَدًا سَافَرَ صُحْبَتَهُ

Est-ce que tu as rencontré quelqu'un de ceux qui ont voyagé avec Zéid ?

352. Enfin, ces mêmes règles ont lieu avec les adjectifs verbaux, pourvu qu'ils soient employés de manière à conserver la valeur du verbe, sans l'article déterminatif أَلْ : la raison de cette restriction, c'est que l'article a, dans ce cas, la valeur de l'adjectif conjonctif, et que la proposition conjonctive ne peut exercer aucune influence sur ce qui précède son antécédent. Ainsi, l'on ne peut pas dire أَزَيْدًا أَنْتَ ٱلضَّارِبُهُ *Est-ce toi qui frappes Zéid ?* parce que زَيْدٌ étant placé avant أَنْتَ, antécédent de la proposition conjonctive ٱلضَّارِبُهُ, qui équivaut à ٱلَّذِى يَضْرِبُهُ, cette dernière proposition ne peut avoir aucune influence sur le mot زَيْدٌ.

353. Toutes les règles de syntaxe dont il vient d'être question dans ce chapitre se réduisent à mettre au nominatif ou à l'accusatif un complément objectif, ou autre, que l'on a déplacé et mis avant son antécédent et auquel on a substitué un pronom affixe qui occupe dans la proposition la place propre à ce complément. Par cette inversion, et par la substitution de ce pronom au nom qu'il représente, ce nom se trouve isolé et étranger, en quelque sorte, à la proposition. Si l'on réfléchit que le véritable motif de cette construction irrégulière est de fixer spécialement l'attention de ceux qui écoutent sur le nom ainsi déplacé, on sentira que l'on ne pouvait mieux faire que de le mettre, autant que possible, au commencement de la proposition, dont il devient en quelque sorte le sujet, et que, par une suite nécessaire, le nominatif était le cas qu'il convenait le mieux d'employer, les deux autres cas indiquant une dépendance et le nom dont il s'agit étant parfaitement indépendant (n°s 93 et 94).

Si cependant, dans certains cas, on emploie l'accusatif, les grammairiens arabes ont recours, pour rendre raison de cela, à une ellipse, et ils supposent qu'on doit sous-entendre devant ce nom un verbe auquel le nom sert de complément. Ce verbe est ou le verbe même de la proposition, s'il est transitif, ou un verbe d'une signification analogue, si celui-là est intransitif. Ainsi, pour analyser ces propositions: لَوْ زَيْدًا قَتَلَهُ عَمْرُو *Si Amrou eût tué Zéid,* مَهْمَا مَحْمُودًا مَرَرْتُ بِهِ *Toutes les fois que je passerai auprès de Mahmoud*, ils les rétablissent ainsi dans leur intégrité: مَهْمَا جَاوَزْتُ مَحْمُودًا et لَوْ قَتَلَ زَيْدًا قَتَلَهُ عَمْرُو مَرَرْتُ بِهِ. Cette analyse est si peu naturelle, que l'on ne saurait donner aux propositions ainsi complétées un sens plausible.

Rien n'est plus facile cependant que de se rendre compte de cette syntaxe particulière : il suffit de considérer l'accusatif comme une forme adverbiale et le nom comme un terme circonstanciel. Le sens littéral des deux propositions données pour exemples sera donc : *Si, par rapport à Zéid, Amrou l'eût tué...; toutes les fois, à l'égard de Mahmoud, que je passerai*

DE LA SYNTAXE 211

près de lui... Cette syntaxe rentre tout naturellement dans un des usages les plus fréquents de l'accusatif (n°s 156 et 164), et l'on y a recours quand quelque circonstance ne permet pas d'employer le nominatif. [1]

CHAPITRE XIV
Syntaxe des Propositions complémentaires

354. Une proposition peut avoir pour complément une autre proposition. De ces deux propositions qui forment un rapport, l'une peut être nommée *antécédente*, et l'autre *conséquente* ou *complémentaire* (n°s 28 à 31).

Comme c'est le verbe qui caractérise essentiellement la nature des propositions, c'est principalement le verbe des propositions complémentaires que nous avons à considérer ici.

355. Le rapport qui est entre deux propositions peut être indiqué par une conjonction, comme إِنْ *si,* exprimant une condition, لَوْ *si*, exprimant une supposition, أَنْ *que*, كَيْ *afin que*, ou par les prépositions لِ *pour* et حَتَّى *jusque*, après lesquelles on sous-entend la conjonction أَنْ (n°s 1055 et 1060, Ire part.). Il peut l'être aussi par le mode du verbe de la proposition conséquente, et même, dans les propositions conditionnelles et suppositives, par le temps ou le mode des verbes des deux propositions, tant de celle qui sert d'antécédent que de celle qui sert de complément. J'ai suffisamment développé cela en traitant des modes (n° 46 et suiv.).

356. Je n'ajoute à cet égard qu'une observation : c'est que

---

[1] On peut voir sur l'objet dont il est question ici, et dans tout ce chapitre, les fragments que j'ai donnés de la grammaire de Sîbawaïh, dans mon *Anthologie grammaticale arabe*, p. 365 à 370, et auxquels j'ai déjà renvoyé.

les verbes qui gouvernent ordinairement leur complément par le moyen d'une préposition, la conservent aussi lorsqu'ils ont pour complément une proposition dans laquelle le verbe est précédé de la conjonction أَنْ. Ainsi, l'on dit وَلَمْ يَقْدِرْ عَلَى أَنْ يُدْرِكَنِي ...*et il ne put pas m'atteindre*. Le verbe antécédent régit alors la proposition qui lui sert de complément, comme il régirait le nom d'action dont elle est l'équivalent; عَلَى أَنْ يُدْرِكَنِي est la même chose que عَلَى إِدْرَاكِي.

357. Le rapport entre la proposition antécédente et la proposition complémentaire n'est pas toujours indiqué par un exposant tel qu'une conjonction ou une préposition : la seule apposition d'un verbe à un autre verbe indique que la seconde proposition est complémentaire (n° 415, Ire part.); le verbe de la proposition complémentaire est toujours, en ce cas, à l'aoriste du mode indicatif. (1) Exemples :

ثُمَّ ٱسْتَوَى عَلَى ٱلْعَرْشِ يُدَبِّرُ ٱلْأَمْرَ

Puis il s'est assis sur le trône pour diriger toute chose.

فَآنْصَاعَتْ تَقْتَصُّ مَدْرَجَهَا وَتَنْشُدُ مُدْرَجَهَا

Elle revint, parcourant de nouveau le chemin qu'elle avait déjà parcouru, et cherchant son papier.

وَقَدِ ٱعْتَلَقَ شَيْخٌ بِرُدْنِهِ يَدَّعِي أَنَّهُ فَتَكَ بِٱبْنِهِ

---

(1) Pour ne pas confondre ici des choses d'une nature fort différente, il est nécessaire d'observer que, par *propositions complémentaires*, je n'entends pas seulement celles qui sont nécessaires pour former un sens complet, comme les *propositions subjonctives* ou *hypothétiques*, mais que je comprends aussi sous cette dénomination les propositions *circonstancielles*. Ainsi, quand on dit : *Il s'avança, en me menaçant*, les mots *en me menaçant* forment, suivant moi, une *proposition complémentaire*, tout aussi bien que les mots *qu'il se taise* et *je lui répondrai*, dans ces phrases : *Je désire qu'il se taise; S'il m'attaque, je lui répondrai*. Seulement, la première est *circonstancielle*, la seconde *subjonctive* et la troisième *hypothétique*.

Un vieillard s'était comme suspendu à sa manche, prétendant que ce jeune homme avait tué son fils.

Quoique l'on puisse et que l'on doive même souvent exprimer le sens de ces propositions complémentaires, en français, par *pour, afin de, afin que,* les Arabes ne les considèrent cependant que comme des termes circonstanciels exprimant une circonstance future ou présente que l'on aurait pu même rendre par un adjectif verbal; ainsi l'on aurait pu dire مُقْتَصَّةٌ et مُدَّعِيًا : aussi doit-on souvent employer, pour les traduire, le participe ou le gérondif (n° 415, Ire part.).

358. Il y a des verbes qui sont toujours ou presque toujours employés à régir immédiatement d'autres verbes qui leur servent de compléments. Tels sont ceux que les Arabes nomment أَفْعَالُ ٱلْمُقَارَبَةِ *verbes de proximité,* parce qu'ils expriment un événement futur et prochain, et ceux qu'ils appellent أَفْعَالُ ٱلْإِنْشَاءِ ou أَفْعَالُ ٱلشُّرُوعِ *verbes inchoatifs,* parce qu'ils expriment la même idée que nous rendons, en français, par *commencer à..., se mettre à...*

359. Les verbes de proximité sont عَسَى *il peut se faire que, peut-être que ;* كَادَ, كَرَبَ, أَوْشَكَ *il a été sur le point de, il s'en est peu fallu que... ne,* et quelques autres moins usités. ⁽¹⁾ Les verbes عَسَى et كَرَبَ ne sont d'usage qu'au prétérit. Le premier se joint plus ordinairement au verbe qui lui sert de complément, par le moyen de la conjonction أَنْ ; le verbe كَادَ, au contraire, et les autres se joignent le plus souvent immédiatement au verbe de la proposition complémentaire. Cependant, on trouve aussi عَسَى employé sans la conjonction أَنْ et كَادَ, ainsi que أَوْشَكَ employé avec cette conjonction. Exemples :

---

(1) Voyez le chapitre de l'*Alfiyya*, d'Ebn Malec, relatif à ces verbes, dans mon *Anthologie grammaticale arabe*, p. 319 et suiv.

عَسَى أَنْ تَكْرَهُوا شَيْئًا وَهُوَ خَيْرٌ لَكُمْ وَعَسَى أَنْ تُحِبُّوا شَيْئًا وَهُوَ شَرٌّ لَكُمْ

Il peut se faire que quelque chose vous déplaise, et que cependant cela vous soit avantageux ; et il peut se faire que vous aimiez quelque chose, et que cela vous soit mauvais.

هَلْ عَسَيْتُمْ إِنْ كُتِبَ عَلَيْكُمُ ٱلْقِتَالُ أَلَّا تُقَاتِلُوا

Arrivera-t-il donc, si l'on vous ordonne de combattre, que vous ne combattiez pas ?

عَسَى ٱلْهَمُّ ٱلَّذِي أَمْسَيْتُ فِيهِ يَكُونُ وَرَاءَهُ فَرَجٌ قَرِيبٌ

Peut-être le chagrin que j'ai éprouvé ce soir sera-t-il bientôt suivi d'un prompt soulagement.

عَسَى يَرَى نَارَكَ مَنْ يَمُرُّ إِنْ جَلَبَتْ ضَيْفًا فَأَنْتَ حُرٌّ

Peut-être quelque voyageur, en passant, apercevra-t-il ton feu : s'il attire un hôte chez moi, tu seras affranchi.

يَكَادُ ٱلْبَرْقُ يَخْطَفُ أَبْصَارَهُمْ

Peu s'en faut que l'éclair ne leur ravisse la vue.

كَادَ يَتَمَيَّزُ مِنَ ٱلْغَيْظِ

Peu s'en fallut qu'il ne crevât de colère.

وَقَدْ صَارَ لِسِهَامِهِمْ غَرَضًا وَكَادَ جَوْهَرُهُ أَنْ نَصِيرَ عَرَضًا

Il devint le but de leurs flèches, et il s'en fallut peu que sa substance ne devînt accident (c'est-à-dire qu'il ne fût réduit au néant).

360. Le verbe كَادَ étant précédé d'une négation, on doit faire tomber, en français, la négation sur le verbe de la proposition complémentaire. Exemples :

وَمَا كَادُوا يَفْعَلُونَ

Peu s'en est fallu qu'ils ne le fissent pas.

مَا لِهَؤُلَاءِ ٱلْقَوْمِ لَا يَكَادُونَ يَفْقَهُونَ حَدِيثًا

Qu'ont donc ces gens-là? peu s'en faut qu'ils ne comprennent rien de ce qu'on leur dit.

361. Les verbes inchoatifs sont جَعَلَ, أَخَذَ, أَنْشَأَ, أَقْبَلَ, طَفِقَ, عَلِقَ, طَبَقَ. Ils signifient, comme je l'ai dit, *commencer à....; se mettre à...* Exemples :

وَأَقْبَلَتْ يَوْمَ جَدَّ ٱلْبَيْنُ فِي حُلَلٍ سُودٍ تَعَضُّ بَنَانَ ٱلنَّادِمِ ٱلْخَصِرِ

Au jour où notre séparation devait avoir lieu, elle s'avança vêtue d'habits noirs, en mordant ses doigts comme fait l'homme agité par le repentir et le désespoir.

فَجَعَلُوا يَتَجَسَّسُونَ ٱلْأَخْبَارَ وَيَتَتَبَّعُونَ ٱلْآثَارَ

Ils se mirent à rechercher avec soin toutes les nouvelles, et à suivre à la piste toutes les traces.

لَمَّا أَتَى حَاتِمٌ ٱلْإِبِلَ طَفِقَ يَبْتَغِي ٱلنَّاسَ فَلَا يَجِدُهُمْ

Lorsque Hatem fut venu auprès des chameaux, il se mit à aller à la recherche de ces hommes, sans les trouver.

362. Il y a aussi des verbes qui gouvernent des propositions complémentaires, composées seulement d'un sujet et d'un attribut, sans que le verbe *être* y soit exprimé. C'est ainsi que l'on dit, en latin, *existimo te sapientem, assumsi eum mihi amicum*, c'est-à-dire *existimo illud quod tu es sapiens, assumsi eum ut esset mihi amicus ;* et en français, *je te crois sage*, c'est-à-dire *je crois que tu es sage*. J'en ai parlé précédemment (nos 149 et 150).

363. Une proposition tout entière peut servir de complément à une préposition : ce qui n'a rien d'extraordinaire lorsque cette proposition commence par l'un des mots conjonctifs مَنْ *celui qui, celui que,* ou *ce qui, ce que ;* car ces mots, renfermant réellement la valeur des mots *l'homme qui, l'homme que,* et *la chose qui, la chose que,* peuvent servir tout ensemble de complément à une préposition et d'adjectif conjonctif formant le sujet ou le complément du verbe de la proposition conjonctive. Exemples :

$$\text{سَأَلْتُهَا عَنْ مَا أَصَابَهَا}$$

Je l'ai interrogée SUR CE QUI *lui est arrivé*.

$$\text{أَذْهَبُ بِمَنْ ثَقِفْتُهُ}$$

Je m'en irai AVEC CEUX QUE *je rencontrerai*, c'est-à-dire *j'emmènerai ceux que je rencontrerai*.

La même chose peut avoir lieu avec l'adjectif conjonctif الَّذِي, quand son antécédent n'est pas exprimé.

364. Mais ce qui mérite d'être observé, c'est que l'on trouve quelquefois une proposition tout entière, soit verbale, soit nominale, servant immédiatement de complément à une préposition, le nom qui devrait servir de complément à la préposition et le conjonctif qui devrait servir de sujet au verbe étant l'un et l'autre sous-entendus. Exemples :

$$\text{وَآللَّهِ مَا لَيْلٌ بِنَامَ صَاحِبُهُ وَلَا مُخَالِطٌ اللَّيَّانِ جَانِبُهْ}$$

Par ta vie ! la nuit que j'ai passée n'est pas (celle d'un homme qui) a joui du sommeil et dont le flanc s'est reposé sur une couche molle.

On voit que مَا لَيْلٌ بِنَامَ est une expression elliptique qui revient à celle-ci : مَا لَيْلِي بِلَيْلِ رَجُلٍ نَامَ.

$$\text{وَآللَّهِ مَا هِيَ بِنِعْمَ ٱلْوَلَدُ نَصْرُهَا بُكَاءٌ وَبِرُّهَا سَرِقَةٌ}$$

Par Dieu ! (dit un Arabe à qui l'on annonçait qu'il lui était né une fille), *ce n'est pas là un enfant (dont on puisse dire) : le bel enfant ! sa seule défense, ce sont des pleurs ; son armure, des habits de soie.*

مَا هِيَ بِنِعْمَ ٱلْوَلَدُ est l'équivalent de نِعْمَ ٱلْوَلَدُ مَا هِيَ بِوَلَدٍ يُقَالُ عَلَيْهِ, comme on le voit par la traduction.

$$\text{تَنَادَوْا بِٱلرَّحِيلِ غَدًا}$$

DE LA SYNTAXE   217

Ils se sont crié les uns aux autres : A demain le départ!
On voit que la proposition nominale tout entière آلرَّحِيلُ غَدًا forme le complément de la préposition بـ. On peut aussi prononcer بِآلرَّحِيلِ, et alors ce sera une proposition verbale avec ellipse du verbe, comme si l'on eût dit تَنَادَوْا بِآجْعَلُوا آلرَّحِيلَ غَدًا.

On peut comparer cela avec ce que j'ai dit ci-devant (nº 234) des propositions servant de complément objectif à un verbe.

365. Il y a encore un autre cas où le verbe, et même une proposition entière, peut devenir le complément immédiat d'une préposition : c'est lorsque cette proposition, abstraction faite des rapports qui existent entre les mots qui la composent et de la valeur de chacun d'eux en particulier, est envisagée comme le nom d'un être intellectuel. C'est ainsi que nous disons : *Je ne me soucie pas du* QU'EN DIRA-T-ON ; *un* TIENS *vaut mieux que deux* TU L'AURAS. Exemple :

أَنَّهَاكُمْ عَنْ قِيلَ وَقَالَ

Il vous a interdit l'usage du IL FUT DIT *et* UN TEL A DIT.

CHAPITRE XV
Syntaxe des Verbes admiratifs et exclamatifs

366. On peut, comme nous l'avons dit ailleurs (nº 588, Iʳᵉ partie), former de chaque verbe trilitère primitif un *verbe admiratif,* فِعْلُ ٱلتَّعَجُّبِ. La forme de ce verbe est مَا أَفْعَلَ et أَفْعِلْ. ⁽¹⁾ Sous la première de ces deux formes, le nom ou le

---

(1) J'ai dit, dans le tome premier de cet ouvrage (nº 589), que, sous ces deux formes, le verbe d'admiration est invariable. Je crois utile d'insister sur cela, spécialement en ce qui regarde la forme أَفْعِلْ, qui a le caractère extérieur de

pronom qui désigne la personne ou la chose qui est *l'objet de l'admiration,* مِنْهُ ٱلْمُتَعَجَّبُ, se place immédiatement après le verbe, et se met à l'accusatif, comme مَا أَحْسَنَ زَيْدًا *Zéid est extrêmement beau*. Si c'est un pronom, on emploie les affixes; et si ce pronom est de la première personne, il faut se servir de l'affixe نِي, parce que les pronoms affixes représentent ici l'accusatif (n° 1008, Iʳᵉ part.). Sous la deuxième forme, le mot qui exprime l'objet de l'admiration doit se mettre au génitif, précédé de la particule بِ. Exemples:

فَمَا أَصْبَرَهُمْ عَلَى ٱلنَّارِ

Il sera bien terrible, le feu qu'ils auront à souffrir!

مَا أَكْيَسَ نَفْسَهُ وَأَظْهَرَ دَلَائِلَ ٱلْفَضْلِ عَلَيْهِ وَأَقْوَى مِنَّةَ ٱلْعَقْلِ عِنْدَهُ وَأَوْسَعَ فِى ٱلْبَلَاغَةِ ذَرْعَهُ

Son naturel est charmant; les marques d'un rare mérite brillent singulièrement en lui, il a reçu en partage une intelligence supérieure, et il possède un talent éminent en fait d'éloquence.

أَسْمِعْ بِهِمْ وَأَبْصِرْ

Ils entendront alors et ils verront très clairement.

أَكْرِمْ بِهَا خَلَّةً لَوْ أَنَّهَا صَدَقَتْ مَوْعُودَهَا

Certes, elle serait d'un caractère bien digne d'estime, si elle était fidèle à ses promesses.

أَكْرِمْ بِخَلْقِ نَبِيٍّ زَانَهُ خُلُقٌ

Elle est digne d'admiration, la figure de ce prophète, duquel l'excellence est relevée par des qualités estimables.

---

l'impératif. Quand même on s'adresserait, en employant cette formule, à deux ou à plusieurs personnes, le verbe admiratif ne prendrait point la forme du duel ou du pluriel. (Voyez, à ce sujet, mon *Commentaire sur les Séances de Hariri*, séance IIIᵉ, p. 30.)

أَكْرِمْ بِهِ أَصْفَرَ رَاقَتْ صُفْرَتُهُ   جَوَّابَ آفَاقٍ تَرَامَتْ سَفْرَتُهُ

On ne saurait trop honorer ce [métal] jaune, d'une couleur charmante, qui traverse toutes les régions de la terre, et dont les voyages se succèdent sans cesse. [1]

367. Il arrive quelquefois que l'on sous-entend le nom ou le pronom qui devrait exprimer l'objet de l'admiration; mais ce cas est très rare et n'a lieu que quand il n'en peut résulter aucune obscurité, comme dans ces exemples:

جَزَى ٱللَّهُ عَنِّي وَٱلْجُزَاءُ بِفَضْلِهِ   رَبِيعَةَ خَيْرًا مَا أَعَفَّ وَأَكْرَمَا

Que Dieu récompense pour moi (car c'est de sa grâce que vient toute récompense) et qu'il comble de biens Rébia! Certes (Rébia) est très tempérant et très généreux.

فَذَلِكَ إِنْ يَلْقَ ٱلْمَنِيَّةَ يَلْقَهَا   حَمِيدًا وَإِنْ يَسْتَغْنِ يَوْمًا فَأَجْدِرِ

Celui-là, s'il trouve la mort, il mourra digne de louanges, et s'il obtient un jour des richesses, certes, il en est bien digne.

Dans ces exemples, مَا أَعَفَّ وَأَكْرَمَا est pour مَا أَعَفَّ رَبِيعَةَ بِذَلِكَ, et de même فَأَجْدِرْ est pour فَأَجْدِرْ بِهِ, c'est-à-dire وَأَكْرَمَهُ ou بِكَوْنِهِ مُسْتَغْنِيًا. [2]

368. On peut interposer entre le verbe admiratif et son

---

(1) Dans cet exemple et dans les autres exemples pareils de la seconde forme des verbes admiratifs, la préposition بِ prend souvent pour complément un *pronom* مُضْمَرٌ, au lieu du *nom spécial,* مُظْهَرٌ, de la personne ou de la chose sur laquelle tombe l'admiration; mais c'est à la condition que ce nom doit être énoncé ensuite sous la forme d'un terme circonstanciel, pour expliquer ce qu'il y avait de vague dans le pronom. Cette figure de langage est très commune en arabe. Il arrive aussi fréquemment le contraire, c'est-à-dire qu'on emploie le *nom spécial* ٱلْمُظْهَرُ, lorsque l'expression naturelle serait de faire usage du *pronom* ٱلْمُضْمَرُ. Je reviendrai là-dessus, quand je parlerai de la syntaxe des pronoms.

(2) Voyez le *Hamasa*, édit. de M. Freytag, p. 209.

complément, une préposition avec son complément, un terme circonstanciel de temps ou de lieu, un adverbe ou un compellatif. Exemple :

مَا أَحْسَنَ فِي ٱلْهَيْجَآءِ لِقَآءَهَا   وَأَكْثَرَ فِي ٱللَّزَبَاتِ عَطَآءَهَا

Son aspect est de toute beauté, au jour des combats! Ses dons sont très abondants, au temps de la disette!

369. Les verbes admiratifs peuvent avoir pour complément un verbe précédé des mots مَا et أَنْ, qui, comme je l'ai dit ailleurs, donnent aux temps du verbe la valeur des noms d'action (nos 1184 et 1232, Ire part.). Exemples :

خَلِيلَيَّ مَا أَحْرَى بِذِي ٱللُّبِّ أَنْ يُرَى صَبُورًا

O mes amis! c'est la chose qui convient le mieux, à un homme sage, de se montrer patient [dans l'adversité]!

مَا أَحْسَنَ بِٱلرَّجُلِ أَنْ يَصْدُقَ وَمَا أَقْبَحَ بِهِ أَنْ يَكْذِبَ

Il est très beau à l'homme de dire la vérité ; il est très honteux pour lui de dire le mensonge.

تَقَدَّمُوا وَأَحَبُّ إِلَيْنَا بِأَنْ تَكُونَ ٱلْمُتَقَدِّمَا

Ils se sont avancés les premiers, et il eût été bien plus agréable pour nous de te voir avancer le premier.

370. Outre le complément propre aux verbes admiratifs, et qu'on peut considérer comme faisant partie de leur essence, ils peuvent avoir des compléments objectifs, c'est-à-dire des compléments qui seraient dans la dépendance médiate ou immédiate du verbe duquel dérivent les formules admiratives, suivant que ce verbe est de sa nature transitif ou intransitif. Si ce verbe est intransitif, les formules admiratives se conformeront à la manière dont il régit son complément : s'il est transitif, les formules admiratives devront s'attacher le complément objectif par une préposition. Exemple :

مَا أَحَبَّ ٱلْمُؤْمِنَ لِلَّهِ وَمَا أَحَبَّهُ إِلَى ٱللَّهِ وَمَا أَعْرَفَهُ بِٱلْحَقِّ وَأَطْلَبَهُ لِلْعِلْمِ وَأَزْهَدَهُ فِي ٱلدُّنْيَا وَأَسْرَعَهُ إِلَى ٱلْخَيْرِ وَأَبْعَدَهُ مِنَ ٱلْإِثْمِ وَأَحْرَصَهُ عَلَى ٱلْحَمْدِ

Le vrai croyant aime Dieu avec transport et est fortement aimé de Dieu; il connaît parfaitement la vérité et recherche ardemment la science; il a un profond dégoût pour le monde; il vole avec empressement vers le bien, et s'éloigne avec horreur du péché; il est très avide de louange.

Ce sont le plus souvent les prépositions ب ou لِ qui remplacent, en ce cas, l'action immédiate du verbe primitif transitif.

Si, après les formules admiratives, on trouve un complément à l'accusatif, ce n'est pas un complément objectif, mais c'est un complément spécificatif ou circonstanciel, comme dans cet exemple : أَكْرِمْ بِهَا خُلَّةً (nº 366), dont le sens littéral est : *Elle serait bien estimable, en fait d'amitié, si…,* etc.

371. Les verbes nommés par les Arabes أَفْعَالُ ٱلْمَدْحِ وَٱلذَّمِّ, *verbes de louange et de blâme* (nº 586, Iʳᵉ part.), ont aussi une syntaxe particulière. Ces verbes sont, pour la louange, نِعْمَ *être bon*, et, pour le blâme, بِئْسَ *être mauvais.* [1] Ce sont des verbes neutres, qui doivent être suivis de leur agent, ou sujet grammatical, au nominatif. Ce sujet doit être un nom appellatif, et ce nom doit être déterminé par l'article أَلْ, mais de ce genre de détermination dans lequel l'article est employé لِلْجِنْسِ, c'est-à-dire *pour exprimer l'espèce tout entière* comprise sous le nom appellatif (nº 962, Iʳᵉ part.). Si le sujet, au lieu d'être in-

---

[1] Les verbes نِعْمَ et بِئْسَ n'ont que cette troisième personne pour le masculin, et نِعْمَتْ et بِئْسَتْ pour le féminin. Cependant, on a dit quelquefois au duel نِعْمَا, et au pluriel نِعْمُوا (nº 586, Iʳᵉ part.).

complexe, comme بِئْسَ ٱلْمِهَادُ *mauvaise est la demeure*, est complexe et formé de plusieurs noms en rapport d'annexion, il suffit que le dernier de ces noms soit déterminé par l'article, comme بِئْسَ غُلَامُ صَاحِبِ ٱلْكَافِرِ *mauvais est l'esclave de l'ami de l'infidèle*.

Il est très rare que les verbes نِعْمَ et بِئْسَ aient pour sujet grammatical un nom appellatif, soit indéterminé, soit déterminé à un ou à plusieurs individus, ou bien un nom propre, comme نِعْمَ رَجُلٌ *beau est un homme*, نِعْمَ جَلِيسٌ سُلْطَانٍ *beau est un favori d'un sultan*, بِئْسَ زَيْدٌ *mauvais est Zéid*.

372. Les propositions composées des verbes de louange et de blâme et d'un nom appellatif pris dans toute l'étendue dont il est susceptible expriment nécessairement des idées générales, comme نِعْمَ ٱلشَّاعِرُ *beau est le poète :* car ici *le poète* ne signifie pas tel ou tel poète en particulier, mais il est pris pour *tous les poètes*, comme quand nous disons : *Le poète ressemble au peintre*. Lors cependant qu'on emploie ces expressions, c'est ordinairement pour en faire l'application à quelqu'un ou à quelque chose en particulier. On détermine donc ces propositions générales à un sujet particulier en ajoutant le nom qui exprime ce sujet, et qui doit toujours être déterminé, soit par sa nature, soit par les articles, soit par annexion : ce nom se met aussi au nominatif. On l'appelle ٱلْمَخْصُوصُ بِٱلْمَدْحِ أَوِ ٱلذَّمِّ *l'objet spécial de la louange et du blâme*. Exemples :

بِئْسَ ٱلِٱسْمُ ٱلْفُسُوقُ بَعْدَ ٱلْإِيمَانِ

Mauvais est le nom, le libertinage après la foi, c'est-à-dire c'est un nom bien mauvais, que celui de débauché, après qu'on a été appelé croyant. (1)

---

(1) Voyez l'Alcoran, sur. 49, vers. 11.

DE LA SYNTAXE

نِعْمَ ٱلرَّجُلُ زَيْدٌ

Beau est l'homme, Zéid, c'est-à-dire *Zéid est bel homme.*

بِئْسَ ٱلْعَبْدُ عَبْدُكَ

Mauvais est le serviteur, ton serviteur, c'est-à-dire *ton serviteur est mauvais serviteur.*

نِعْمَتِ ٱلْمُغْنِيَةُ مُغْنِيَةُ ٱلسُّلْطَانِ

Agréable est la cantatrice, la cantatrice du sultan, c'est-à-dire *la cantatrice du sultan est agréable cantatrice.*

نِعْمَ ٱلْغُلَامُ غُلَامُ أَبِى ٱلْوَزِيرِ

Beau est le page, le page du père du vizir, c'est-à-dire *le page du père du vizir est beau page.*

نِعْمَ ٱلشَّاعِرُ أَنْتَ

Beau est le poète, toi, c'est-à-dire *tu es un beau poète.*

On voit, par ces exemples, que le nom qui exprime les individus est le véritable sujet logique qui a pour attribut complexe la proposition, composée du verbe et du nom appellatif qui sert de sujet grammatical au verbe.

373. Si le nom qui exprime le sujet individuel est connu, parce qu'il a déjà été énoncé, on peut le sous-entendre. Ainsi, Mahomet, ayant déjà parlé de Job, met dans la bouche de Dieu ces paroles : إِنَّا وَجَدْنَاهُ صَابِرًا نِعْمَ ٱلْعَبْدُ *Nous l'avons trouvé patient; excellent est le serviteur,* sous-entendant *Job*, c'est-à-dire *Job est excellent serviteur.*

On peut aussi quelquefois sous-entendre tout à fait le nom appellatif qui devrait former le sujet grammatical du verbe, surtout si, le verbe étant du genre féminin, il est facile de reconnaître quel est le sujet sous-entendu. Cela, néanmoins, arrive très rarement.

374. Une autre syntaxe très ordinaire, c'est de sous-entendre le sujet grammatical du verbe de louange ou de blâme (ou, ce qui est la même chose, de lui donner pour sujet vague le pronom de la troisième personne *il* ou *elle*, compris virtuellement dans le verbe lui-même), et d'ajouter, sous forme de terme circonstanciel à l'accusatif, le nom même qui aurait dû former le sujet grammatical. Ce nom alors doit toujours être indéterminé. Ainsi, dans tous les exemples donnés, on aurait pu dire : نِعْمَ رَجُلًا زَيْدٌ, نِعْمَ عَبْدًا عَبْدُكَ, بِئْسَ السُّلْطَانِ مُغْنِيَةً مُغْنِيَةٌ نِعْمَتْ, نِعْمَ غُلَامًا غُلَامُ أَبِى الْوَزِيرِ, نِعْمَ شَاعِرًا أَنْتَ, etc. [1]

375. On peut aussi répéter deux fois le même nom, sous la forme de sujet grammatical du verbe et sous celle de terme circonstanciel, ce qui forme un pléonasme. Exemple :

وَالتَّغْلِبِيُّونَ بِئْسَ الْفَحْلُ فَحْلُهُمْ فَحْلًا وَأُمُّهُمْ زَلَّاءُ مِنْطِيقٌ

Les enfants de Tagleb, mauvais est l'étalon, leur étalon, en fait d'étalon, et leur mère est une jument dont la croupe est décharnée et qui déguise la maigreur de ses flancs par un embonpoint postiche; c'est-à-dire *l'étalon* (ou *le père dont les enfants de Tagleb tirent leur origine*) *est mauvais étalon, en tant qu'étalon.*

---

[1] C'est par suite de cette double ellipse que, dans ce passage de l'Alcoran (sur. 4, vers. 61) : إِنَّ اللَّهَ نِعِمَّا يَعِظُكُمْ بِهِ, on peut douter si مَا représente le mot شَيْئًا mis à l'accusatif et indéterminé, comme terme circonstanciel qualifié par la préposition يَعِظُكُمْ بِهِ, ou bien s'il représente le nom : الشَّيْءُ, déterminé et mis au nominatif comme sujet grammatical de نِعْمَ, le sujet logique que les Arabes nomment l'*objet spécial de la louange*, الْمَخْصُوصُ بِالْمَدْحِ, étant sous-entendu. C'est ce que Béidhawi exprime ainsi :

أَىْ نِعْمَ شَيْئًا يَعِظُكُمْ بِهِ أَوْ نِعْمَ الشَّيْءُ الَّذِى يَعِظُكُمْ بِهِ فَمَا مَنْصُوبَةٌ مَوْصُوفَةٌ يَعِظُكُمْ بِهِ أَوْ مَرْفُوعَةٌ مَوْصُولَةٌ بِهِ وَالْمَخْصُوصُ بِالْمَدْحِ مَحْذُوفٌ وَهُوَ الْمَأْمُورُ بِهِ مِنْ أَدَاءِ الْأَمَانَاتِ وَالْعَدْلِ فِى الْحُكُومَاتِ

DE LA SYNTAXE

376. Le verbe سَآءَ *être mauvais*, et tous ceux que l'on peut former des verbes trilitères, en les assimilant à بِئْسَ et نِعْمَ, se conforment aux mêmes règles de syntaxe.⁽¹⁾

(1) Suivant les commentateurs de l'*Alfiyya* d'Ebn Malec, les verbes de louange et de blâme, dérivés des verbes trilitères, doivent être de la forme فَعُلَ; et c'est effectivement le sentiment d'Ebn Malec lui-même, qui dit :

وَٱجْعَلْ كَبِئْسَ سَآءَ وَٱجْعَلْ فَعُلَا   مِنْ ذِي ثَلٰثَةٍ كَنِعْمَ مُسْجَلَا

« Assimile le verbe سَآءَ au verbe بِئْسَ; et de tout verbe trilitère, sans aucune « restriction, fais un verbe de la forme فَعُلَ, assimilé en tout au verbe نِعْمَ. »

On en donne pour exemple ce passage de l'Alcoran : كَبُرَتْ كَلِمَةً تَخْرُجُ
مِنْ أَفْوَاهِهِمْ, dont le sens est : بِئْسَ كَلِمَةٌ تَخْرُجُ مِنْ أَفْوَاهِهِمْ قَوْلُهُمْ ٱتَّخَذَ
ٱللّٰهُ وَلَدًا, c'est-à-dire, à la lettre, *il est bien abominable, en fait de parole, ce propos qu'ils ont tenu [en disant] que Dieu a un fils.* (Man. ar. de la Bibl. du Roi, n° 1291, fol. 21 verso, et 1234, fol. 78 recto; et man. arabe de S¹-Germ., n° 465, fol. 127 verso.)

Cependant, Djewhari, ainsi que je l'ai déjà dit (n° 586, Iʳᵉ part., *note*), veut que l'on puisse donner aussi à ces verbes la forme فَعُلَ; je rapporterai ici son texte:

وَقَدْ حَسُنَ ٱلشَّيْءُ وَإِنْ شِئْتَ خَفَّفْتَ ٱلضَّمَّةَ فَقُلْتَ حَسْنَ ٱلشَّيْءُ وَلَا
يَجُوزُ أَنْ تُنْقَلَ ٱلضَّمَّةُ إِلَى ٱلْحَآءِ لِأَنَّهُ خَبَرٌ وَإِنَّمَا يَجُوزُ ٱلنَّقْلُ إِذَا كَانَ
بِمَعْنَى ٱلْمَدْحِ أَوِ ٱلذَّمِّ لِأَنَّهُ يُشْبِهُ فِي جَوَازِ ٱلنَّقْلِ بِنِعْمَ وَبِئْسَ وَذَلِكَ
أَنَّ ٱلْأَصْلَ فِيهِمَا نَعِمَ وَبَئِسَ فَسُكِّنَ ثَانِيهِمَا وَنُقِلَ حَرَكَتُهُ إِلَى مَا قَبْلَهُ
وَكَذَلِكَ كُلُّ مَا كَانَ فِي مَعْنَاهُمَا قَالَ ٱلشَّاعِرُ

أَعْطِيهِمْ مَا أَرَادُوا حُسْنَ ذَا أَدَبَا   لَمْ تَمْنَعِ ٱلنَّاسَ مِنِّي مَا أَرَدْتُ وَمَا
     أَرَادَ حُسْنَ هَذَا أَدَبًا فَخُفِّفَ وَنُقِلَ

(Man. ar. de la Bibl. du Roi, n° 1246.)

Le manuscrit porte, dans le vers cité, أَحْسَنَ; mais c'est évidemment une faute du copiste. Je ne traduis point ce texte, parce que j'en ai donné le sens dans la note à laquelle je renvoie.

Il en est de même du verbe حَبَّذَا ou حَبَّ ذَا *être excellent*, et, avec une négation, لَا حَبَّ ذَا *n'être pas excellent :* ذَا fait ici fonction de sujet grammatical, et demeure toujours invariable comme le verbe. On dit donc حَبَّ ذَا فَاطِمَةُ *Fatime est excellente*, et حَبَّذَا ٱلْمُسْلِمُونَ *les Musulmans sont excellents*. Du reste, ce verbe suit la même syntaxe que نِعْمَ.

On peut cependant supprimer ذَا et dire, comme avec le verbe نِعْمَ et autres verbes de louange et de blâme, حَبَّ زَيْدٌ رَجُلًا, ou, suivant une syntaxe particulière à cette circonstance, حَبَّ بِزَيْدٍ رَجُلًا *Il est excellent, en tant qu'homme, Zéid*, c'est-à-dire *Zéid est homme excellent*.

Quand on emploie ce verbe sans l'article démonstratif ذَا, on prononce plus ordinairement حَبَّ.

On peut construire tous les verbes d'admiration, formés des verbes trilitères, comme حَبَّ, quand il n'est pas joint à ذَا.

CHAPITRE XVI
Concordance du Verbe avec le Sujet

377. La concordance étant destinée à mettre, entre les différents mots d'une proposition, la même liaison qui est entre les diverses idées qui concourent à former un jugement de notre esprit, il est naturel que le verbe qui indique l'existence du sujet et sa relation à l'attribut soit assujetti à concorder avec le sujet, en genre, en nombre et en personne ; aussi peut-on poser pour règle générale que le verbe arabe doit avoir avec son sujet tous ces caractères de concordance. Cette règle néanmoins est sujette à un grand nombre d'exceptions, qui ont lieu surtout lorsque le verbe précède le sujet. [1]

---

(1) Je n'ai aucun égard ici au système des grammairiens arabes, qui ne regar-

Le sujet pouvant être placé avant ou après le verbe, nous allons exposer les règles de concordance relatives à chacun de ces deux cas.

378. Lorsque le nom qui sert de sujet précède le verbe, on doit faire concorder le verbe en genre et en nombre avec le nom.[1] Exemples :

اللَّهُ يَبْدَأُ الْخَلْقَ ثُمَّ يُعِيدُهُ

Dieu produit les créatures, ensuite il les rend à la vie.

امْرَأَةُ الْعَزِيزِ تُرَاوِدُ فَتَاهَا عَنْ نَفْسِهِ

La femme d'Aziz sollicite son esclave de s'abandonner à elle.

هَذِهِ بِضَاعَتُنَا رُدَّتْ إِلَيْنَا

Notre argent que voici nous a été rendu. [2]

---

dent, en général, le mot qui fait les fonctions de sujet d'une proposition comme le vrai sujet du verbe, ou l'*agent*, que quand il est placé après le verbe. (Voyez ci-devant, n° 188.)

(1) Si l'on trouve quelquefois, surtout dans l'Alcoran, des passages où cette règle semble n'être pas observée, cela tient à quelque ellipse. En voici un exemple pris de la sur. 40, vers. 37 :

الَّذِينَ يُجَادِلُونَ فِي آيَاتِ اللَّهِ بِغَيْرِ سُلْطَانٍ أَتَاهُمْ كَبُرَ مَقْتًا عِنْدَ اللَّهِ

Il semble qu'on devrait dire كَبُرُوا, le verbe ayant pour sujet الَّذِينَ. Béidhawi explique cela en disant que الَّذِينَ est ici pour مَنْ, ou bien qu'il forme le complément d'un rapport d'annexion dont l'antécédent est sous-entendu, en sorte qu'en faisant disparaître l'ellipse, l'expression serait جِدَالُ الَّذِينَ يُجَادِلُونَ. Il me semble plus naturel de regarder الَّذِينَ et toute la proposition conjonctive comme un nominatif absolu, et de supposer qu'il y a ellipse, après le verbe كَبُرَ, d'un sujet qui peut être ذَلِكَ مِنْهُمْ ou جِدَالُهُمْ, ou plutôt qui n'est autre que le pronom هُوَ renfermé virtuellement dans le verbe كَبُرَ, et signifiant *cela*. On peut voir là-dessus le chapitre XXVIII ci-après.

(2) Alcoran, sur. 12, vers. 65. On pourrait supposer qu'il y a ici deux propo-

هَلِ ٱلْمُؤْمِنَاتُ رَجَعْنَ

Les vraies croyantes sont-elles de retour?

379. La même chose a lieu si le sujet du verbe est sous-entendu, à cause qu'il est déjà connu, ayant été exprimé auparavant. Exemple :

فَلَمَّا فَرَغَ ٱلشَّيْخُ مِنْ دُعَائِهِ أَجَالَ خَمْسَهُ فِي وِعَائِهِ فَأَبْرَزَ مِنْهُ رِقَاعًا قَدْ كُتِبْنَ بِأَلْوَانِ ٱلْأَصْبَاغِ فِي أَوَانِ ٱلْفَرَاغِ فَنَاوَلَهُنَّ عَجُوزَةً ٱلْحَيْزَبُونَ وَأَمَرَهَا بِأَنْ تَتَوَسَّمَ ٱلزَّبُونَ فَمَنْ آنَسَتْ نَدَى يَدَيْهِ أَلْقَتْ وَرَقَةً مِنْهُنَّ لَدَيْهِ

Quand le scheïkh eut fini ses compliments et ses vœux, il mit la main dans son sac, et il en tira divers papiers, écrits en toute sorte de couleurs, et à loisir; il les remit à la vieille, courbée sous le poids des années, et lui ordonna de chercher dans l'assemblée ceux qu'elle croirait susceptibles d'être dupes, et de présenter un de ces papiers à chacun de ceux dont la main lui semblerait familiarisée avec les actes de bienfaisance.

Les verbes أَجَالَ, أَبْرَزَ, نَاوَلَ et أَمَرَ sont au singulier et au masculin, parce qu'ils ont pour sujet le pronom هُوَ *il*, sous-entendu, qui se rapporte au mot ٱلشَّيْخُ *le scheïkh*.

Le verbe كُتِبْنَ est au pluriel et au féminin, parce qu'il a pour sujet le pronom هُنَّ *elles*, sous-entendu, qui se rapporte à رِقَاعًا *des papiers*.

Enfin, les verbes أَلْقَتْ, آنَسَتْ et تَتَوَسَّمَ sont au singulier et au féminin, parce qu'ils ont pour sujet le pronom هِيَ *elle*, sous-entendu, qui se rapporte à عَجُوزٌ *vieille femme*.

sitions, la première nominale, ayant pour sujet هٰذِهِ et pour attribut بِضَاعَتُنَا, et la seconde verbale, ayant pour sujet ou agent le pronom هِيَ, renfermé dans le verbe. Ce qui pourrait autoriser cette analyse, c'est que, dans le cas contraire, il eût été plus conforme à la construction ordinaire de dire : بِضَاعَتُنَا هٰذِهِ.

DE LA SYNTAXE

380. Il faut seulement observer que, si le sujet ou le nom auquel se rapporte le pronom sous-entendu qui fait la fonction de sujet, est un pluriel irrégulier venant d'un nom, soit masculin, soit féminin, ou un pluriel régulier féminin, le verbe peut se mettre et se met même le plus ordinairement au singulier féminin. Ainsi, dans l'exemple précédent, on aurait pu dire كُتِبَتْ au lieu de كُتِبْنَ. Voici un exemple de cette concordance:

أَلَا يَا حَمَامَاتِ ٱلْأَرَاكِ تَحَمَّلِي رِسَالَةَ صَبٍّ لَا يُفِيقُ مِنَ ٱلسُّكْرِ
وَقُولِي ضِرَارٌ فِي ٱلْقُيُودِ مُكَبَّلٌ بَعِيدٌ مِنَ ٱلْأَوْطَانِ فِي بَلَدٍ وَعْرِ
حَمَائِمَ نَجْدٍ إِنْ رَأَيْتِ خِيَامَنَا فَقُولِي كَذَاكَ ٱلدَّهْرُ عُسْرٌ عَلَى يُسْرِ

O colombes qui vous reposez sur les rameaux de l'arac! chargez-vous du message d'un amant qui ne peut point revenir de son ivresse!

Dites: Dhèrar est retenu captif dans les fers, loin de sa patrie, dans une terre sauvage.

Colombes de Nedjd! si vous voyez nos tentes, dites: Tels sont les jeux de la fortune: un malheur succède à un état heureux. (1)

J'ai dit que cela a également lieu soit que le pluriel irrégulier provienne d'un singulier masculin ou d'un singulier féminin. La raison de cette concordance est, suivant les grammairiens arabes, que tout pluriel irrégulier est censé renfermer la valeur du mot جَمَاعَة *une troupe,* qui est singulier et féminin.

---

(1) La pièce de vers de laquelle j'ai emprunté ce passage se trouve, d'une manière plus étendue, dans l'*Anthologie arabe* de M. Grangeret de Lagrange, Paris, 1828. Cet exemple est remarquable, en ce que la concordance irrégulière dont il s'agit a lieu avec le verbe à la seconde personne, ce qui est, je crois, extrêmement rare.

On verra dans peu la même chose (n° 388) dans un exemple où le verbe précède le sujet.

Cependant, si le pluriel irrégulier exprime des êtres raisonnables du genre masculin, comme نَاسٌ *des hommes,* مَلَائِكَةٌ *des anges,* on peut mettre le verbe au pluriel masculin. Exemples :

لِلّٰهِ مَلَائِكَةٌ يَتَعَاقَبُونَ فِيكُمْ مَلَائِكَةٌ بِٱللَّيْلِ وَمَلَائِكَةٌ بِٱلنَّهَارِ

Dieu a des anges qui se relèvent pour veiller sur vous, les uns pendant la nuit, les autres durant le jour.

إِنَّ ٱلْمُلُوكَ إِذَا دَخَلُوا قَرْيَةً أَفْسَدُوهَا

Les rois, quand ils entrent dans une ville, la ravagent.

381. Lorsque le verbe précède le sujet, si le sujet est un nom singulier et masculin, la concordance est toujours observée. Exemple :

أَنْسَاهُ ٱلشَّيْطَانُ ذِكْرَ رَبِّهِ

Satan lui fit oublier le souvenir de son Seigneur.

382. Si le sujet est un nom singulier féminin, le verbe doit concorder avec le sujet en nombre ; mais il peut n'être point en concordance pour le genre.

Il faut se rappeler ici la distinction que nous avons faite ailleurs (nº 806, Iʳᵉ part.) du *féminin réel,* حَقِيقِيُّ ٱلتَّأْنِيثِ, c'est-à-dire qui exprime un être du sexe féminin, et du *féminin de convention,* مَجَازِيُّ ٱلتَّأْنِيثِ, ou *métaphorique,* غَيْرُ حَقِيقِيِّ ٱلتَّأْنِيثِ, qui est purement grammatical. [1]

---

[1] Quelques grammairiens arabes sont allés jusqu'à avancer qu'on peut employer comme masculins tous les noms féminins qui ne sont tels que par convention. Ebn Khallican fait mention de cette opinion dans les *Vies des Hommes illustres,* article de Mahleb, fils d'Abou Sofyan, à l'occasion d'une élégie composée par un poète nommé Ziyad Eladjem, زِيَادُ ٱلْأَعْجَمِ, sur la mort de Mahleb, et dans laquelle on trouve ce vers :

إِنَّ ٱلسَّمَاحَةَ وَٱلْمُرُوَّةَ ضُمِّنَا   قَبْرٌ بِمَرْوَ عَلَى ٱلطَّرِيقِ ٱلْوَاضِحِ

Un tombeau placé à Mérou, sur le chemin public, a reçu dans son sein la bonté et l'humanité.

383. Si le sujet du genre féminin est un féminin réel, et qu'il suive immédiatement le verbe, le verbe doit être mis au féminin; si le nom ne suit pas immédiatement le verbe, le verbe peut être mis au masculin ou au féminin; mais le mieux est de le mettre au féminin. Exemples:

قَالَتِ ٱمْرَأَةُ ٱلْعَزِيزِ

La femme d'Aziz dit.

رَاوَدَتْهُ ٱلَّتِي هُوَ فِي بَيْتِهَا عَنْ نَفْسِهِ

Celle dans la maison de qui il était le pressa de s'abandonner à elle.

إِنَّ ٱمْرَأَ غَرَّةٌ مِنْكُنَّ وَاحِدَةٌ

L'une d'entre vous a séduit un homme.

384. Si le sujet est un féminin de convention, on peut mettre le verbe à tel genre que l'on veut, soit qu'il précède immédiatement ou médiatement son sujet. Dans le second cas, le verbe est mieux au masculin. Exemples :

لِئَلَّا يَكُونَ لِلنَّاسِ عَلَيْكُمْ حُجَّةٌ

Afin que les hommes n'aient aucun prétexte contre vous.

فَيَنْظُرُونَ كَيْفَ كَانَ عَاقِبَةُ ٱلَّذِينَ مِنْ قَبْلِهِمْ

Ils voient quelle a été la fin de ceux qui les ont précédés.

ٱللَّبَنُ ٱلصَّرِيحُ هُوَ ٱلَّذِي قَدْ ذَهَبَ رَغْوَتُهُ وَإِذَا ذَهَبَتِ ٱلرَّغْوَةُ فَٱللَّبَنُ عُرْيَانٌ

Le lait pur est celui dont l'écume s'en est allée; et lorsque l'écume s'en est allée, le lait est nu.

385. Si le verbe est séparé du sujet féminin par إِلَّا, on le met au masculin. Exemple :

مَا زَكَى إِلَّا فَتَاةُ ٱبْنِ ٱلْعَلَاءِ

Il n'y a eu d'innocent que la servante d'Ebn Alâ.

La raison de cette concordance est facile à sentir : c'est que le vrai sujet du verbe n'est pas le nom qui suit إِلَّا, mais le mot أَحَدٌ *aucun,* sous-entendu avant cette particule.

On peut cependant aussi faire concorder le verbe en genre avec le nom qui suit إِلَّا. Ainsi, dans notre exemple, on peut dire مَا زَكَتْ إِلَّا فَتَاةٌ ; alors, le mot فَتَاةٌ sera sous-entendu après le verbe زَكَتْ.

386. Les verbes بِئْسَ, نِعْمَ et autres semblables, ayant pour sujet un nom appellatif pris dans toute l'étendue de sa signification (n° 372), peuvent être mis au masculin ou au féminin, lorsque le sujet est féminin : mais il est plus élégant de mettre le verbe au masculin ; ainsi, il vaut mieux dire نِعْمَ الْاِمْرَءَةُ زَيْنَبُ que نِعْمَتْ الْاِمْرَءَةُ زَيْنَبُ *Zéinab est excellente femme.*

387. Lorsque le sujet est un nom pluriel masculin, le verbe placé avant le sujet se met ordinairement au singulier. Ex. :

أَنُؤْمِنُ كَمَا آمَنَ ٱلسُّفَهَاءُ

Est-ce que nous croirons, comme ont cru les insensés ?

فَبَدَّلَ ٱلَّذِينَ ظَلَمُوا قَوْلًا

Ceux qui étaient impies substituèrent d'autres paroles.

388. Si le sujet est un pluriel irrégulier venant d'un singulier, soit masculin, soit féminin, le verbe peut être mis au singulier masculin ou féminin. Exemples :

يَحْمِلُ عَرْشَ رَبِّكَ فَوْقَهُمْ يَوْمَئِذٍ ثَمَانِيَةٌ

En ce jour-là, huit [anges] porteront sur leurs têtes le trône de ton Seigneur.

ثُمَّ قَسَتْ قُلُوبُهُمْ مِنْ بَعْدِ ذَٰلِكَ

Leurs cœurs se sont endurcis après cela.

فَقَدْ كُذِّبَتْ رُسُلٌ مِنْ قَبْلِكَ

D'autres envoyés avant toi ont été traités de menteurs.

ذَٰلِكَ بِأَنَّهُ كَانَتْ تَأْتِيهِمْ رُسُلُهُمْ

Cela a été ainsi, parce que leurs envoyés venaient les trouver.

مَتَى كَانَ ٱلْخِيَامُ بِذِى طَلُوحٍ سُقِيتِ ٱلْغَيْثَ أَيَّتُهَا ٱلْخِيَامُ

Lorsque les tentes seront dressées à Dhou-Talouh; puissiez-vous, ô tentes, être arrosées d'une pluie abondante!

389. Lorsque le sujet est un pluriel masculin régulier, on ne peut pas mettre le verbe au féminin; mais on le peut avec بَنُونَ, pluriel de ٱبْنُ *fils*, et avec les mots pareils à celui-ci qui, ayant la terminaison des pluriels masculins réguliers, ne conservent pas cependant la forme de leur singulier, car ces pluriels sont de vrais pluriels *rompus* ou irréguliers (nº 839, Iʳᵉ part.). Ex. :

قَالَتْ بَنُوا إِسْرَآئِيلَ

Les enfants d'Israël ont dit.

390. On peut aussi mettre le verbe au féminin, et même au pluriel féminin, lorsque le nom qui le suit et qui lui sert de sujet est un nom collectif, comme قَوْمٌ *nation*, ou un nom qui exprime une espèce entière, comme غَنَمٌ *brebis*, طَيْرٌ *oiseau*. Ex. :

إِنِّى أَرَانِى أَحْمِلُ فَوْقَ رَأْسِى خُبْزًا تَأْكُلُ ٱلطَّيْرُ مِنْهُ

Je voyais que je portais sur ma tête du pain dont les oiseaux mangeaient.

قَالَتِ ٱلْيَهُودُ لَيْسَتِ ٱلنَّصَارَى عَلَى شَىْءٍ. وَقَالَتِ ٱلنَّصَارَى لَيْسَتِ ٱلْيَهُودُ عَلَى شَىْءٍ.

Les Juifs ont dit : « Les Chrétiens ne professent point une religion véritable. » Et les Chrétiens ont dit : « Les Juifs ne professent point une religion véritable. »

وَلَاقَى دُونَ نَايِهِمْ طِعَانًا   يُلَاقِى عِنْدَهُ ٱلذِّيبَ ٱلْغُرَابُ
وَخَيْلًا تَغْتَذِى رِيحَ ٱلْمَوَامِى   وَيَكْفِيهَا مِنَ ٱلْمَآءِ ٱلسَّرَابُ
وَلَٰكِنْ رَبَّهُمْ أَسْرَى إِلَيْهِمْ   فَمَا نَفَعَ ٱلْوُقُوفُ وَلَا ٱلذَّهَابُ

وَلَا لَيْلٌ أَجَنَّ وَلَا نَهَارٌ   وَلَا خَيْلٌ حَمَلْنَ وَلَا رِكَابُ

Autour des parcs qui servent d'asile à leurs troupeaux, tout autre que lui aurait trouvé un rempart de braves guerriers dont les coups meurtriers fournissent à la pâture des loups et des corbeaux; des chevaux auxquels il ne faut d'autre nourriture que le vent qui souffle dans les déserts; qui se contentent, pour étancher leur soif, de la vapeur qui s'élève sur les terres brûlées de l'ardeur du soleil. Mais c'était leur Maître et leur Seigneur qui s'avançait contre eux, au milieu de la nuit : ni la résistance, ni la fuite n'ont pu les mettre à l'abri de sa vengeance; ni les ombres de la nuit, ni la clarté du jour ne leur ont été d'aucun secours contre lui; ni leurs chevaux, ni leurs chameaux n'ont pu les soustraire à ses coups.

391. Le sujet étant un pluriel féminin, le verbe qui le précède peut être au singulier féminin, ou même au singulier masculin, pourvu toutefois que le sujet soit un féminin de convention ou un pluriel irrégulier. Exemples :

فَأَصَابَهُمْ سَيِّئَاتُ مَا كَسَبُوا وَالَّذِينَ ظَلَمُوا مِنْ هَٰؤُلَاءِ سَيُصِيبُهُمْ سَيِّئَاتُ مَا كَسَبُوا

Les mauvaises actions qu'ils avaient faites sont tombées sur eux; il en sera de même de ceux d'entre ce peuple qui sont impies : les mauvaises actions qu'ils auront faites tomberont sur eux.

قَالَ نِسْوَةٌ فِي ٱلْمَدِينَةِ

Quelques femmes de la ville dirent.

فَبَكَى بَنَاتِي شَجْوَهُنَّ وَزَوْجَتِي   وَٱلطَّامِعُونَ إِلَيَّ ثُمَّ تَصَدَّعُوا

Mes filles ont pleuré leur malheur, ainsi que ma femme et tous ceux qui m'aimaient; ensuite, ils se sont séparés.

مِنْ بَعْدِ مَا جَاءَتْكُمُ ٱلْبَيِّنَاتُ

Après que des preuves évidentes vous sont parvenues.

DE LA SYNTAXE

إِنِّي أَرَى سَبْعَ بَقَرَاتٍ سِمَانٍ يَأْكُلُهُنَّ سَبْعٌ عِجَافٌ

Je vois sept vaches grasses que mangent sept [vaches] maigres.

On trouve aussi quelquefois des pluriels féminins réguliers joints à un verbe masculin singulier. Exemple :

إِذَا جَآءَكَ ٱلْمُؤْمِنَاتُ مُهَاجِرَاتٍ فَٱمْتَحِنُوهُنَّ

Quand les vraies croyantes viendront te trouver, cherchant un refuge [à Médine, vous autres musulmans], éprouvez-les.

Mais ces exemples sont rares et peuvent être regardés comme des licences. Dans celui-ci, on peut justifier le défaut de concordance par l'interposition du pronom affixe entre le verbe et le sujet. [1]

392. On emploie quelquefois les verbes au pluriel masculin, quoiqu'ils aient pour sujet ou agent un pluriel irrégulier qui ne signifie pas des êtres raisonnables; mais c'est qu'alors, par une figure du langage, on personnifie ces êtres privés de raison ou même insensibles, et on leur attribue l'intelligence, la parole ou le sentiment. Exemple :

قَالُوا لِجُلُودِهِمْ لِمَ شَهِدتُّمْ عَلَيْنَا قَالُوا أَنْطَقَنَا ٱللَّهُ

Ils ont dit à leurs peaux : pourquoi avez-vous rendu témoignage contre nous ? Elles ont répondu : Dieu nous a fait parler.

393. Les noms des tribus arabes sont ordinairement du féminin; mais comme ce sont des noms collectifs, ils peuvent aussi concorder avec des verbes pluriels masculins. Exemples :

---

(1) Certains grammairiens justifient cette concordance en sous-entendant le pluriel irrégulier : ٱلنِّسَاءُ *les femmes,* ou en disant que l'article, dans ٱلْمُؤْمِنَاتُ, tient lieu de l'adjectif conjonctif ٱللَّاتِي, pluriel irrégulier.

Il y a aussi des grammairiens qui autorisent sans restriction cette concordance irrégulière, tant au singulier qu'au pluriel, et qui permettent de dire قَالَ فُلَانَةُ *une telle a dit*; قَالَ ٱلْهِنْدَاتُ *les [femmes nommées] Hind ont dit.*

تَجَمَّعَتْ عَامِرُ بْنُ صَعْصَعَةَ عُقَيْلٌ وقُشَيْرٌ..... وَكِلَابُ بْنُ رَبِيعَةَ بْنِ عَامِرٍ..... وَتَشَاكَوْا مَا يُلْحِقُهُمْ مِنْ سَيْفِ ٱلدَّوْلَةِ وَتَوَافَقُوا عَلَى ٱلتَّضَامُنِ فِيمَا بَيْنَهُمْ

Les familles d'Amer, fils de Sasaḍ, d'Okaïl et de Koschéir, et les enfants de Kélab, fils de Rébia, fils d'Amer, se rassemblèrent, et s'étant plaints réciproquement de la conduite de Séif Eddaula à leur égard, ils convinrent de se liguer tous ensemble.

وَتَمْلِكُ أَنْفُسَ ٱلثَّقَلَيْنِ طُرًّا   فَكَيْفَ تَحُوزُ أَنْفُسَهَا كِلَابُ
وَمَا تَرَكُوكَ مَعْصِيَةً وَلَكِنْ   يُعَافُ ٱلْوَرْدُ وَٱلْمَوْتُ ٱلشَّرَابُ

Les hommes et les génies sont également en ton pouvoir; comment la tribu de Kélab pourrait-elle espérer de demeurer maîtresse d'elle-même? Ils ne t'ont point abandonné par une révolte criminelle, mais comme [on s'éloigne] d'une citerne, quand elle offre pour boisson une mort assurée.

394. Le duel est sujet aux mêmes règles de concordance que le pluriel. Exemples :

دَخَلَ ٱلسِّجْنَ مَعَهُ فَتَيَانِ

Deux jeunes gens entrèrent avec lui dans la prison.

قَالَتِ ٱلرِّجْلَانِ

Les deux pieds dirent.

إِذْ هَمَّتْ طَآئِفَتَانِ مِنْكُمْ أَنْ تَفْشَلَا

Lorsque deux corps de troupe d'entre vous avaient conçu le projet de se comporter lâchement.

Il peut arriver pourtant que le verbe soit au pluriel masculin, quoiqu'il ait pour sujet un duel féminin; mais c'est lorsque le nom féminin qui est mis au duel est collectif et signifie une réunion d'êtres raisonnables. Exemple :

وَإِنْ طَآئِفَتَانِ مِنَ ٱلْمُؤْمِنِينَ ٱقْتَتَلُوا فَأَصْلِحُوا بَيْنَهُمَا

Si deux troupes d'entre les croyants combattent l'une contre l'autre, mettez la paix entre elles deux.

DE LA SYNTAXE

395. Quoique, comme nous l'avons dit, quand le verbe précède le sujet, il soit d'usage de mettre le verbe au singulier avec le sujet pluriel ou duel, cependant on peut aussi faire concorder le verbe en nombre et en genre avec le sujet. Ex. :

تَوَلَّى قِتَالَ ٱلْمَارِقِينَ بِنَفْسِهِ   وَقَدْ أَسْلَمَاهُ مُبْعَدٌ وَحَمِيمُ

Il a combattu en personne contre les rebelles, et tous, tant proches qu'éloignés, l'ont laissé sain et sauf.

نَصَرُوكَ قَوْمِي فَٱعْتَزَزْتَ بِنَصْرِهِمْ   وَلَوْ آتَّهَمْ خَذَلُوكَ كُنْتَ ذَلِيلًا

Mon peuple a combattu pour toi, et le secours qu'ils t'ont donné a fait ta gloire : s'ils t'eussent manqué de foi, tu aurais été couvert de confusion.[1]

رَأَيْنَ ٱلْغَوَانِي ٱلشَّيْبَ لَاحَ بِعَارِضِي   فَأَعْرَضْنَ عَنِّي بِٱلْخُدُودِ ٱلنَّوَاضِرِ

Les jeunes femmes ont vu briller sur mon visage les poils blancs de la vieillesse, et elles ont détourné de moi la fraîcheur de leurs joues.[2]

---

[1] Les grammairiens arabes prétendent qu'on emploie quelquefois le verbe au duel et au pluriel, quoiqu'on n'adresse la parole qu'à une seule personne, et que cela indique que le verbe mis au duel ou au pluriel devait être répété plusieurs fois. Ainsi, dans l'Alcoran (sur. 23, vers. 101), أَرْجِعُونِ serait pour أَرْجِعْنِي أَرْجِعْنِي et (sur. 50, vers. 23) أَلْقِيَا serait pour أَلْقِ أَلْقِ. De même, dans la *Moallaka* d'Amrialkaïs, قِفَا نَبْكِ serait pour قِفْ قِفْ نَبْكِ. Je crois qu'on ne doit regarder cela que comme une subtilité. Et relativement à l'exemple cité de la surate 23, إِذَا جَآءَ أَحَدَهُمُ ٱلْمَوْتُ قَالَ رَبِّ ٱرْجِعُونِ, je pense que, s'il n'y a point de faute, c'est un exemple, très rare dans ces temps anciens, du pluriel employé au lieu du singulier, par respect. Béidhawi, dans son commentaire, propose lui-même cette solution, car il dit en propres termes : ٱلْوَاوُ لِتَعْظِيمِ ٱلْمُخَاطَبِ.

[2] On désigne ordinairement ce genre de concordance sous cette formule :

396. Dans les temps exprimés par la réunion du verbe كَانَ et du prétérit ou de l'aoriste d'un autre verbe, si le sujet est placé entre les deux verbes, on se conforme, pour le verbe كَانَ, aux règles de concordance du verbe précédant le sujet, et, pour le second, à celles de la concordance du verbe placé après le sujet.

397. Lorsque le sujet est un nom collectif et qu'il précède le verbe, on met ordinairement le verbe au pluriel. Exemples :

وَلَـٰكِنَّ أَكْثَرَ ٱلنَّاسِ لَا يَشْكُرُونَ

Mais la plupart des hommes ne sont pas reconnaissants.

فَرِيقٌ مِنْهُمْ يَخْشَوْنَ ٱلنَّاسَ

Une portion d'entre eux craignent les hommes.

وَقَدْ كَانَ فَرِيقٌ مِنْهُمْ يَسْمَعُونَ كَلَامَ ٱللَّهِ

Une partie d'entre eux entendaient la parole de Dieu.

398. Quelquefois le sujet semble exprimé par un nom au génitif, précédé de la préposition مِنْ, comme dans cet exemple : [1]

مَا جَاءَنَا مِنْ بَشِيرٍ وَنَذِيرٍ

Il ne nous est pas venu DE *prédicateur ni* DE *moniteur.*

Mais, cette manière de s'exprimer, assez approchante de la locution française par laquelle je la traduis, renferme une ellipse, et le verbe est réellement en concordance avec le sujet sous-entendu, qui est شَيْ *une chose*, ou أَحَدٌ *quelqu'un*.

La concordance cependant est la même qui devrait avoir lieu si le nom qui sert de complément à la préposition مِنْ était effectivement le sujet et était en conséquence mis au nominatif. Exemple :

أَكَلُونِي ٱلْبَرَاغِيثُ *les puces m'ont mangé.* Il paraît qu'elle est particulière quelques tribus arabes.

---

[1] Voyez, à cet égard, ce que j'ai dit dans la première partie (n° 1082).

DE LA SYNTAXE

مَا تَسْبِقُ مِنْ أُمَّةٍ أَجَلَهَا

Aucun peuple ne devance le terme qui lui est assigné. (1)

399. Si le sujet est composé, c'est-à-dire s'il est formé de plusieurs sujets partiels, le verbe peut encore être placé avant ou après le sujet; si le verbe est placé avant le sujet composé, on peut le mettre au pluriel, comme dans l'exemple suivant:

جِئْنَا أَنَا وَأَنْتَ وَأَخَذْنَا حَاجَتَنَا مِنْهُ

Nous viendrons, moi et toi, et nous en prendrons autant qu'il nous sera nécessaire.

On peut aussi le mettre au singulier, en le faisant concorder avec celui des sujets partiels qui le suit immédiatement. Ex.:

تَكَلَّمَتْ مَرْيَمُ وَهَرُونُ فِي مُوسَى

Marie et Aaron parlèrent contre Moïse.

وَيَسْنُدُ هَرُونُ وَبَنُوهُ أَيْدِيَهُمْ عَلَى رَأْسِهِ

Aaron et ses fils mettront leurs mains sur sa tête.

400. Si le verbe est après le sujet composé, il se met au duel, lorsque le sujet composé n'exprime que deux individus, et au pluriel, lorsqu'il en exprime un plus grand nombre. Ex.:

سُلَحْفَاةٌ وَأَرْنَبٌ مَرَّةً تَسَابَقَا وَجَعَلَا آخَذَ بَيْنَهُمَا الْجَبَلَ

Une tortue et un lièvre disputèrent un jour à qui des deux arriverait le premier, et ils prirent pour but la montagne.

ٱلْبَطْنُ وَٱلرِّجْلَانِ تَخَاصَمُوا

---

(1) On peut considérer cela comme une concordance logique (n° 404), ou bien supposer une ellipse, en sorte que l'expression complète serait: مَا تَسْبِقُ أُمَّةٌ مِنْ أُمَّةٍ أَجَلَهَا. Je préfère la première hypothèse.

Le ventre et les deux pieds disputèrent ensemble.

401. On met de même le verbe au duel, si les deux noms appellatifs mis au singulier et formant le sujet composé signifient non des individus, mais des espèces entières. Exemple :

$$\text{وَٱلنَّجْمُ وَٱلشَّجَرُ يَسْجُدَانِ}$$

Et les plantes et les arbres adorent.

402. Si le sujet composé renferme un nom au singulier et un autre au pluriel, pourvu que ce soit un pluriel irrégulier, on met le verbe au duel. La raison de cette concordance est sans doute celle que j'ai déjà donnée (n° 380). Exemple :

$$\text{فَاِذَا نُفِخَ فِى ٱلصُّورِ نَفْخَةٌ وَاحِدَةٌ وَحُمِلَتِ ٱلْأَرْضُ وَٱلْجِبَالُ فَدُكَّتَا دَكَّةً وَاحِدَةً}$$

Quand il aura été sonné une fois de la trompette, que la terre et les montagnes auront été emportées et auront été brisées une fois.

403. Quant à la concordance du genre dans ce cas, si les sujets partiels sont de différents genres, on met ordinairement le verbe au masculin. Exemple :

$$\text{ٱلْكَسَلُ وَكَثْرَةُ ٱلنَّوْمِ يُبْعِدَانِ مِنَ ٱللهِ وَيُورِثَانِ ٱلْفَقْرَ}$$

La paresse et l'excès du sommeil éloignent de Dieu et attirent la pauvreté.

404. Le sujet étant complexe et formé de deux noms appellatifs en rapport d'annexion, c'est-à-dire dont le second sert de complément au premier, il n'est pas rare que le verbe s'accorde en genre avec le nom qui forme le complément du rapport d'annexion, quoique, suivant la règle ordinaire, il dût s'accorder avec l'antécédent, qui est le vrai sujet grammatical.

On peut regarder la concordance, en ce cas, comme une concordance logique, parce qu'on y a plus égard au rapport logique qui unit les idées qu'au rapport grammatical qui se trouve entre les mots. Et, effectivement, cette concordance, qui semble transporter au nom qui sert d'antécédent au rapport d'annexion le genre qui n'appartient dans la réalité qu'au nom qui forme le complément, n'a lieu que dans le cas où l'on pourrait, sans nuire essentiellement au sens, supprimer l'antécédent et se contenter d'exprimer le conséquent. (1) Exemples :

يَوْمَ تَجِدُ كُلُّ نَفْسٍ مَا عَمِلَتْ مِنْ خَيْرٍ مُحْضَرًا

Au jour où toute âme trouvera prêt ce qu'elle aura fait de bien.

ثُمَّ تُوَفَّى كُلُّ نَفْسٍ مَا كَسَبَتْ

Ensuite, chaque âme recevra complètement ce qu'elle aura mérité.

وَكُلٌّ أَبِيٌّ بَاسِلٌ غَيْرَ أَنَّنِي   إِذَا عَرَضَتْ أُولَى ٱلطَّرَائِدِ أَبْسَلُ

Tous ils repoussent les insultes, tous ils combattent avec bravoure; cependant, alors que se présente la plus redoutable des troupes ennemies, à laquelle il faut donner la chasse, je suis encore plus brave qu'eux tous.

كُنْتُمْ خَيْرَ أُمَّةٍ أُخْرِجَتْ لِلنَّاسِ

Vous êtes le meilleur peuple qui ait été produit parmi les hommes.

إِنِّي لَمَّا سَمِعْتُ قَوْلَهُ ثَلَثِينَ أَلْفًا ٱسْتَرْخَتْ جَمِيعُ أَعْضَائِي

Lorsque je l'entendis prononcer la somme de trente mille [dinars], tous mes membres se relâchèrent.

كَفَى لَكَ فَخْرًا أَنَّ أَكْرَمَ حُرَّةٍ   فَذَتْكَ بِشَدْيِ وَٱلْخَلِيفَةَ وَاحِدٍ

C'est une gloire suffisante pour toi, qu'une des femmes libres les plus nobles a nourri du même sein et toi et le khalife.

---

(1) Voyez les commentaires sur l'*Alfiyya* d'Ebn Malec (man. ar. de la Bibl. du Roi, n° 1234, fol. 64 *recto*, et man. de St-Germ., n° 465, fol. 104 *recto*).

On trouve un autre exemple de concordance logique dans les vers suivants :

قِفَا نَبْكِ مِنْ ذِكْرَى حَبِيبٍ وَمَنْزِلِ بِسِقْطِ ٱللِّوَى بَيْنَ ٱلدَّخُولِ فَحَوْمَلِ
فَتُوضِحَ فَٱلْمِقْرَاةِ لَمْ يَعْفُ رَسْمُهَا لِمَا نَسَجَتْهَا مِنْ جَنُوبٍ وَشَمْأَلِ

Arrêtez-vous, mes deux amis ; pleurons au souvenir d'une amante, et d'une habitation qui était placée au pied de cette colline sablonneuse, entre Dakhoul, Haumal, Taudhih et Mikrat, et dont les traces ne sont point encore effacées, malgré les vents du midi et du nord qui ont sillonné à l'envi cette solitude.

Le nom conjonctif مَا, qui sert ici de sujet, est en concordance avec le verbe féminin نَسَجَتْ, parce qu'il représente le mot رِيح *vent,* qui est du genre féminin.

Voici un autre exemple du même genre :

فَتُظْلِمُ بَغْدَادُ وَتَجْلُو لَنَا ٱلدُّجَى بِمَكَّةَ مَا تَمْحُو ثَلَاثَةُ أَقْمُرِ

Alors Bagdad est enveloppée de ténèbres, et CE QUI *est capable d'effacer l'éclat de trois lunes dissipe pour nous à La Mecque l'obscurité.*

Le poète a voulu dire *trois soleils,* pour indiquer Djafar le Barmécide et ses deux fils ; et quoiqu'il n'ait pas même nommé le *soleil,* il a mis les verbes au féminin, tandis que, d'après l'analogie grammaticale, le sujet étant مَا, les verbes auraient dû être au masculin.

Il en est de même dans cette manière de s'exprimer : مَنْ كَانَتْ أُمَّكَ *Quelle était ta mère ?* Le verbe est mis au féminin, quoique le nom conjonctif مَنْ soit grammaticalement du genre masculin, parce que le sens est : أَيُّ ٱمْرَأَةٍ *Quelle femme ?* [1]

---

[1] On pourrait observer ici que, dans ces expressions interrogatives, مَنْ ou مَا forme réellement l'attribut et que le sujet est *ta mère ;* et d'après cette consi-

DE LA SYNTAXE 243

405. La concordance des mots كِلَا et كِلْتَا, dont il a déjà été parlé précédemment (n° 264), exige quelques observations particulières.

Il faut d'abord remarquer que, quoique ces deux mots aient la forme caractéristique du duel et qu'ils soient effectivement destinés uniquement à indiquer la réunion de deux choses, ils sont généralement considérés, sous le point de vue de la concordance, comme des noms singuliers. Par une conséquence de cela, le verbe qui leur sert d'attribut doit être au singulier. Exemples:

كِلَانَا مَا يَنَالُ مَعَهُ شُبْعَةً وَلَا تَرْقَأُ لَهُ مِنَ ٱلطَّوَى دَمْعَةٌ

Chacun de nous deux, avec lui, n'obtient jamais de quoi se rassasier, et jamais nos yeux ne cessent de verser des larmes par l'effet de la faim.

كِلْتَا ٱلْجَنَّتَيْنِ آتَتْ أُكُلَهَا

Chacun des deux jardins a produit son fruit bon à manger.

كِلَانَا إِذَا مَا نَالَ شَيْئًا أَفَاتَهُ

Chacun de nous deux, quand il possède quelque chose, le laisse échapper.

dération, la concordance serait ce qu'elle doit être: mais alors أُمّ devrait être au nominatif.

On trouve dans l'Alcoran, suivant la leçon adoptée par quelques lecteurs (sur. 6, vers. 23), un exemple frappant d'une semblable concordance, dans laquelle le genre du verbe كَان est déterminé, non par le sujet, mais par l'attribut; le voici: ثُمَّ لَمْ تَكُنْ فِتْنَتُهُمْ إِلَّا أَنْ قَالُوا. En lisant ainsi, il est indubitable que le sujet du verbe est إِلَّا أَنْ قَالُوا, c'est-à-dire غَيْرَ قَوْلِهِمْ شَيْءٌ, et que l'attribut est فِتْنَتُهُمْ. C'est donc ici une sorte de concordance d'attraction, concordance dont la langue arabe offre d'ailleurs de fréquents exemples.

Cependant, il arrive quelquefois que le verbe qui se rapporte à كِلَا ou كِلْتَا est mis au duel ou au féminin singulier s'il précède le mot كِلَا; mais c'est alors une concordance logique (n° 404), et le verbe est mis en rapport avec le complément des mots كِلَا ou كِلْتَا, et non avec ces mots eux-mêmes. (1)

406. Nous avons vu ce qui concerne la concordance du verbe avec son sujet, quant au genre et au nombre; le verbe doit aussi suivre certaines règles pour concorder avec le sujet, quant aux personnes : ces règles peuvent se réduire à deux.

407. Le verbe s'accorde toujours en personne avec le sujet exprimé ou sous-entendu, et la même concordance a lieu s'il y a plusieurs sujets qui soient de la même personne.

On doit dire cependant : مَا جَاءَنِي إِلَّا أَنْتَ *Il n'est venu me trouver que toi;* مَا قَتَلَهُ إِلَّا أَنَا *Personne ne l'a tué, si ce n'est moi;* mais il n'y a là rien de contraire à la règle, puisqu'il est évident que le sujet du verbe جَاءَ, dans ces exemples, est أَحَدٌ sous-entendu.

408. Si un même verbe a plusieurs sujets de différentes personnes, il s'accorde en personne avec celui des sujets qui, comme disent ordinairement les grammairiens, est de la personne *la plus noble*, c'est-à-dire de celle dont la relation est la plus proche avec celui qui parle : la première personne a la préférence sur les deux autres et la seconde sur la troisième.

جِئْنَا أَنَا وَأَنْتَ وَأَخَذْنَا حَاجَتَنَا مِنْهُ

Nous viendrons, moi et toi, et nous en prendrons autant qu'il nous sera nécessaire.

أَنَا وَالْغُلَامُ نَمْضِي إِلَى ثَمَّ وَنَسْجُدُ

Moi et le jeune homme, nous irons jusque-là, et nous adorerons.

Dans ces exemples, le verbe est à la première personne,

---

(1) On peut consulter là-dessus ce que disent Hariri, dans mon *Anthologie grammaticale arabe*, p. 95 et 96; Zouzéni, dans son commentaire sur la *Moallaka*

parce que l'un des sujets auxquels il se rapporte est de cette même personne. Dans l'exemple suivant, le verbe ayant deux sujets, dont l'un est de la seconde personne et l'autre de la troisième, il est à la seconde personne, conformément à la règle que nous venons de donner. Exemple :

أَنْتَ وَجُمُوعُكَ ٱحْضُرُوا بَيْنَ يَدَيِ ٱللَّهِ مَعَ هٰرُونَ

Toi et ceux de ton parti, trouvez-vous devant Dieu avec Aaron.

409. Le sujet indéterminé que nous exprimons en français par *on* se rend ordinairement en arabe par la troisième personne du pluriel masculin. Exemple : زَعَمُوا *on a raconté.*

410. On peut aussi employer, comme en latin, la voix objective d'une manière indéterminée : قِيلَ *il a été dit, on a dit;* جِيءَ بِهِ *(ventum est cum eo) on l'a amené* (n° 231).

411. Il se rencontre assez souvent des verbes dont le sujet n'est point exprimé. Ils répondent à ceux que les grammairiens appellent ordinairement *verbes impersonnels :* tels sont, par exemple, les verbes latins *pluit, fulgurat.* Dans notre langue, le sujet de ces verbes est exprimé par le pronom de la troisième personne *il,* comme *il pleut, il tonne.* Il en est de même en arabe : ces verbes se mettent à la troisième personne et au masculin. On ne doit pas croire que ces verbes n'aient pas véritablement de sujet; car il serait absurde de supposer une proposition qui exprimât un attribut sans relation à aucun sujet. Il y a donc ici une ellipse. Pour concevoir la raison de cette ellipse, il faut faire attention que la plupart des verbes que l'on emploie ainsi expriment des effets dont les causes ne sont point connues, au moins du commun des hommes. C'est pour cela que le sujet n'est exprimé que d'une manière indé-

---

de Lébid (voyez *Calila et Dimna,* ou *Fables de Bidpaï,* p. 305 du texte arabe); Djewhari, dans le *Sihah* et Béidhawi sur le verset 31 de la surate 18 de l'Alcoran.

terminée. Ainsi, lorsqu'on dit *il pleut,* c'est comme si l'on disait *la cause inconnue de laquelle provient la pluie, pleut.* Il y a d'autres cas où l'on peut rendre raison de l'ellipse en substituant au pronom de la troisième personne le sujet *une chose;* ainsi, lorsque l'on dit *il arriva qu'il mourut le lendemain,* c'est comme si l'on disait *une chose arriva, et cette chose est qu'il mourut le lendemain.* Mais, dans ce cas-là même, on voit que le pronom de la troisième personne n'indique qu'un sujet indéterminé, qui est déterminé ensuite par la proposition conjonctive. Ce que nous exprimons en français par le pronom de la troisième personne, les Arabes l'indiquent en mettant le verbe à la troisième personne : ainsi, il disent مَطَرَ *il a plu,* ثَلَجَ *il a neigé.*

CHAPITRE XVII

Règles de dépendance et de concordance qu'on doit observer lorsqu'un même nom sert de sujet à plusieurs verbes, ou de sujet à un verbe et de complément à un autre, ou enfin d'attribut à plusieurs propositions.

412. Il peut arriver qu'un même nom serve de sujet à deux verbes, ou même à un plus grand nombre; il peut arriver pareillement que le même nom serve de sujet à un verbe et de complément à un autre. Cette sorte de lutte entre deux parties du discours qui exercent une influence ou pareille ou différente sur le même mot est nommée par les grammairiens arabes *contestation au sujet de l'action,* تَنَازُعٌ فِي ٱلْعَمَلِ, [1] c'est-à-dire de l'influence des antécédents ou *régisseurs,* عَوَامِلُ, sur les

---

(1) L'historien de Timour, Ahmed, fils d'Arabschah, a fait allusion à ce term technique de la syntaxe arabe dans un passage que les interprètes n'ont point

compléments. Il ne faut pas perdre de vue que, suivant ces grammairiens, le sujet d'un verbe est régi par ce verbe, aussi bien que le complément (n° 42).

Pour ne point embrouiller la question dont il s'agit, nous ne supposerons que deux verbes qui exercent une influence commune sur un même mot, et nous n'entrerons point dans l'examen des diverses opinions qui partagent les grammairiens.

Voyons d'abord ce qui a lieu lorsque le même nom sert de sujet à plusieurs verbes.

413. Si le nom qui sert de sujet est placé avant les verbes, il n'y a aucune difficulté : les deux verbes concordent avec le sujet, suivant les règles ordinaires. Exemples :

مَرْيَمُ قَامَتْ وَبَكَتْ

Marie se leva et pleura. [1]

entendu. En décrivant une chasse, il dit (tom. II, p. 844, édition de M. Manger) :

وَحِينَ يَلْتَأَمُ عَلَى ٱلْوُحُوشِ حَلْقَةُ ٱلْكَيْدِ وَيَصِحُّ أَنْ يَتَنَازَعَا فِعْلَا رَمَى وَأَضْنَى كُلًّا مِنْ عَمْرٍو وَزَيْدٍ

« [Il ordonna que] au moment où le cercle de la ruse serait fermé et envelop-« perait le gibier, et lorsque serait venu l'instant où les deux verbes *tirer à coups de flèches* et *assommer sur la place* se disputeraient à qui régirait (comme sujet) « Amrou et Zéid... » ; c'est-à-dire au moment où le gibier serait tellement environné de toute part et réduit à l'impossibilité d'échapper, qu'Amrou et Zéid, c'est-à-dire tout le monde, pourrait tirer sur les bêtes ou les assommer.

Ceci prouve combien il est nécessaire de connaître les termes techniques de la grammaire arabe, pour entendre les écrivains qui y font souvent allusion.

(1) Il est bon de rappeler ici que, suivant les grammairiens arabes, مَرْيَمُ n'est point, dans cette construction, le sujet du verbe, mais est un inchoatif, et que le véritable sujet est le *pronom caché* sous la forme du verbe (n° 1021, Ire part.; n° 189, IIe part.). L'auteur du commentaire sur l'*Alfiyya* dit, en expliquant le cas dont il s'agit : « Ebn Malec a eu soin de dire : *si deux antécédents* « *agissent sur un nom qu'ils précèdent*, pour faire sentir que la *contestation* ne « peut pas avoir lieu quand les deux *antécédents* sont placés après le *régime*,

هُمْ يَأْمُرُونَ بِٱلْمَعْرُوفِ وَيَنْهَوْنَ عَنِ ٱلْمُنْكَرِ

Ils commandent ce qui est bien et défendent ce qui est mal.

414. Si les deux verbes précèdent le sujet, l'un des deux est censé avoir pour sujet le nom exprimé, et il suit les règles de concordance exposées précédemment (n°s 381 et suivants); l'autre a pour sujet le pronom sous-entendu qui représente ce nom, et il doit être en concordance exacte de nombre et de genre avec ce même pronom. Exemples :

يُحْسِنَانِ وَيُسِيءُ ٱبْنَاكَ

Tes deux fils font le bien et pratiquent le mal.

بَغَى وَٱعْتَدَيَا عَبْدَاكَ

Tes deux esclaves ont prévariqué et commis des violences.

« comme dans *Zéid s'est levé et s'est assis,* parce qu'alors chacun des deux an-
« técédents épuise sa propre influence sur le pronom qu'il renferme et qui se
« rapporte au nom qui précède : il n'y a donc pas de *contestation* entre eux. Cette
« contestation, au contraire, a lieu quand les deux antécédents précèdent leur
« *régime,* comme dans cet exemple : *S'est levé et s'est assis, Zéid ;* car chacun des
« deux antécédents est en rapport logique avec *Zéid* et est propre à régir ce
« nom ; mais l'un des deux seulement exerce son influence grammaticale sur le
« mot *Zéid,* et l'autre ne l'exerce que sur le pronom qui représente ce nom. »
Voici le texte d'Ebn Malec et de son commentateur :

إِنْ عَامِلَانِ ٱقْتَضَيَا فِي ٱسْمٍ عَمَلْ   قَبْلُ فَلِلْوَاحِدِ مِنْهُمَا ٱلْعَمَلْ
قَالَ قَبْلُ تَنْبِيهًا عَلَى أَنَّ ٱلتَّنَازُعَ لَا يَتَأَتَّى بَيْنَ عَامِلَيْنِ مُتَأَخِّرَيْنِ نَحْوَ زَيْدٌ
قَامَ وَقَعَدَ لِأَنَّ كُلًّا مِنْهُمَا مَشْغُولٌ بِمِثْلِ مَا شُغِلَ بِهِ ٱلْآخَرُ مِنْ ضَمِيرِ ٱلِٱسْمِ
ٱلسَّابِقِ فَلَا تَنَازُعَ بَيْنَهُمَا بِخِلَافِ ٱلْمُتَقَدِّمَيْنِ نَحْوَ قَامَ وَقَعَدَ زَيْدٌ فَإِنَّ كُلًّا
مِنْهُمَا مُتَوَجِّهٌ فِي ٱلْمَعْنَى إِلَى زَيْدٍ صَالِحٌ لِلْعَمَلِ فِي لَفْظِهِ فَيَعْمَلُ أَحَدُهُمَا
فِيهِ وَٱلْآخَرُ فِي ضَمِيرِهِ

(Voyez le man. ar. de St-Germ., n° 465, fol. 68 recto.)

Dans le premier exemple, le verbe يَسِي exerce son influence sur le sujet, اَبْنَاكَ, et, à cause de cela, il est au singulier, quoique le sujet soit au duel, conformément à la concordance ordinaire (nº 394); mais le verbe يُحْسِنَانْ est au duel, parce qu'il a pour sujet le pronom sous-entendu هُمَا, ou, pour parler comme les grammairiens arabes, la terminaison اَنْ, ou plutôt la voyelle ا, qui est le *pronom affixe nominatif* du duel (nº 814, Iʳᵉ part.).

Dans le second exemple, c'est le premier verbe, بَغَى, qui exerce son influence sur le sujet, عَبْدَاكَ, et qui, à cause de cela, est au singulier; le second verbe, au contraire, est au duel, parce qu'il a pour sujet le pronom sous-entendu هُمَا, ou la terminaison ا, *pronom affixe nominatif* du duel.

De ces deux manières de s'exprimer, la seconde est la plus autorisée. Quelques grammairiens admettent aussi, dans ce cas, l'influence commune des deux verbes sur le même sujet et permettent de dire يُحْسِنُ وَيَسِيءَ اَبْنَاكَ.

415. Lorsque le même nom sert de sujet à l'un des deux verbes et de complément à l'autre, il faut faire attention à la manière dont les deux verbes sont disposés.

416. Si l'on met d'abord le verbe auquel le nom sert de complément, et ensuite celui auquel il sert de sujet, on sous-entendra tout à fait le complément et l'on mettra le nom au nominatif, comme sujet. Exemples:

ضَرَبْتُ وَضَرَبَنِي زَيْدٌ

J'ai frappé, [Zéid] et Zéid m'a frappé.

مَرَرْتُ وَمَرَّ بِي عَمْرُو

J'ai passé, [près d'Amrou] et Amrou a passé près de moi.

Quelques grammairiens permettent cependant de substituer un pronom affixe au nom, pour servir de complément au premier verbe, et de dire : ضَرَبْتُهُ وَضَرَبَنِى زَيْدٌ *J'ai frappé* LUI, *et Zéid m'a frappé*, c'est-à-dire *j'ai frappé Zéid, et il m'a frappé*.

417. Si l'on met d'abord le verbe auquel le nom sert de sujet et ensuite celui auquel il sert de complément, on supprimera tout à fait le complément et l'on observera, pour la concordance du premier verbe avec le sujet, les règles ordinaires. Exemple :

ضَرَبَنِى وَضَرَبْتُ آلزَّيْدَانِ

Les deux Zéids m'ont frappé, et je [les] ai frappés.

On peut aussi exprimer le nom sous la forme de complément et donner au verbe dont l'influence aurait dû s'exercer sur ce nom comme sur son sujet la terminaison qui indique sa concordance avec le pronom qui représente ce sujet. Ex. :

ضَرَبُونِى وَضَرَبْتُ آلزَّيْدِينَ

Ils m'ont frappé, et j'ai frappé les Zéids, c'est-à-dire *les Zéids m'ont frappé, et je les ai frappés*.

ضَرَبَانِى وَضَرَبْتُ آلزَّيْدَيْنِ

Tous deux m'ont frappé et j'ai frappé les deux Zéids, c'est-à-dire *j'ai frappé les deux Zéids, et les deux Zéids m'ont frappé*.

418. S'il s'agit d'un verbe qui doive avoir un sujet et un attribut, tel que كَانَ *être,* صَارَ *devenir,* et que l'attribut soit commun à deux propositions, comme dans cet exemple : *J'étais malade, et Zéid était malade,* on peut se contenter d'exprimer une seule fois l'attribut, le supprimant tout à fait pour la seconde fois ou le représentant par un *pronom isolé composé* (nº 1017, Iʳᵉ part.). On dira donc : كُنْتُ وَكَانَ زَيْدٌ مَرِيضًا *J'étais et Zéid était malade;* ou كُنْتُ إِيَّاهُ وَكَانَ زَيْدٌ مَرِيضًا *J'étais* CELA, *et Zéid était malade;* ou enfin كُنْتُ وَكَانَ زَيْدٌ مَرِيضًا إِيَّاهُ *J'étais, et Zéid était malade,* CELA, c'est-à-dire *Zéid était malade et je l'étais*.

La première de ces trois manières de s'exprimer est la plus autorisée.

Ceci suppose que les deux sujets sont du même genre et du même nombre; dans le cas contraire, il faudrait répéter l'attribut.

419. La même chose à peu près a lieu par rapport aux verbes tels que ظَنَّ *croire,* حَسِبَ *juger,* qui ont pour complément une proposition entière formée d'un sujet et d'un attribut mis tous deux à l'accusatif (n° 149), comme dans cet exemple : ظَنَنْتُ زَيْدًا عَالِمًا *J'ai cru Zéid savant*, c'est-à-dire *j'ai cru que Zéid était savant.* Il peut arriver que l'attribut soit commun à deux propositions, et par conséquent à deux sujets différents, et que le nom qui dans l'une des propositions est le sujet du verbe *croire* soit dans l'autre le sujet de la proposition complémentaire. Tel est cet exemple : *Zéid m'a cru savant, et j'ai cru Zéid savant.* En se conformant à ce qu'on vient de lire dans le numéro précédent, on pourra dire en arabe : ظَنَّنِى وَظَنَنْتُ زَيْدًا عَالِمًا *Il m'a cru, et j'ai cru Zéid savant;* ou bien ظَنَّنِى إِيَّاهُ وَظَنَنْتُ زَيْدًا عَالِمًا *Il m'a cru* CELA, *et j'ai cru Zéid savant;* ou enfin ظَنَّنِى وَظَنَنْتُ زَيْدًا عَالِمًا إِيَّاهُ *Il m'a cru, et j'ai cru Zéid savant,* CELA, c'est-à-dire *j'ai cru Zéid savant, et il m'a cru tel.*

Entre ces trois manières de s'exprimer, la première est la plus autorisée.

Si les sujets étaient de genre ou de nombre différent, il faudrait répéter l'attribut. Exemple :

أَظُنُّ وَيَظُنَّانِى أَخَا زَيْدًا وَعَمْرًا أَخَوَيْنِ

Je regarde Zéid et Amrou comme mes deux frères, et tous deux me regardent aussi comme leur frère (à la lettre, *existimo et existimant me fratrem, Zeidum et Amrum, fratres*).

Quelques grammairiens autorisent en ce cas les deux formules suivantes :

DE LA SYNTAXE

أَظُنُّ وَيَظُنَّانِى إِيَّاهُ زَيْدًا وَعَمْرًا أَخَوَيْنِ

Je crois, et ils me croient CELA, *Zéid et Amrou,* [*mes*] *deux frères.*

أَظُنُّ وَيَظُنَّانِى زَيْدًا وَعَمْرًا أَخَوَيْنِ

Je crois, et ils me croient, Zéid et Amrou, [*mes*] *deux frères.*

Dans ce dernier exemple, c'est le second verbe qui n'a point d'influence sur son sujet, les noms *Zéid* et *Amrou,* sujet du verbe يَظُنَّانِ, étant sous-entendus.

Si c'était le premier verbe dont le sujet fût sous-entendu, et que l'on dît [*Zéid et Amrou*] *me croient leur frère, et je crois Zéid et Amrou mes deux frères* (à la lettre, *existimant me fratrem, et ego existimo Amrum et Zeidum fratres*), on pourrait s'exprimer en arabe des trois manières suivantes : يَظُنَّانِى وَأَظُنُّ زَيْدًا وَعَمْرًا أَخَوَيْنِ أَخَا *Ils me croient, et je crois Zéid et Amrou* [*mes*] *deux frères,* [*leur*] *frère;* ou bien يَظُنَّانِى وَأَظُنُّ زَيْدًا وَعَمْرًا أَخَوَيْنِ إِيَّاهُ *Ils me croient, et je crois Zéid et Amrou* [*mes*] *deux frères,* CELA; ou enfin يَظُنَّانِى وَأَظُنُّ زَيْدًا وَعَمْرًا أَخَوَيْنِ *Ils me croient, et je crois Zéid et Amrou* [*mes*] *deux frères.* (1)

CHAPITRE XVIII
Concordance du Sujet et de l'Attribut

420. Il n'y a de concordance entre le sujet et l'attribut que quand l'attribut est un adjectif; et il faut avoir soin, à cet égard, de ne pas considérer comme adjectifs un grand nombre de mots qui peuvent être rendus en français et dans d'autres

---

(1) Toutes ces manières de parler qui paraissent, il faut l'avouer, bien peu naturelles, sont sans doute d'un usage extrêmement rare; car à peine me rappelé-je en avoir rencontré des exemples ailleurs que chez les grammairiens.

langues par des adjectifs, mais qui, en arabe, sont de véritables noms, tels que خَيْرٌ *bien,* شَرٌّ *mal,* et tous les mots qui expriment une idée comparative ou superlative et qui sont de la forme أَفْعَلُ. Ces noms répondent à peu près au genre neutre des adjectifs latins employés sans aucun nom auquel ils se rapportent, ou avec le mot *quid,* comme *bonum, malum, melius, melius quid, majus quid,* etc. C'est ainsi qu'on dit, en arabe :

أَمَةٌ مُؤْمِنَةٌ خَيْرٌ مِنْ مُشْرِكَةٍ

Une servante vraie croyante est meilleure (est melius quid) qu'une servante polythéiste.

ٱلْبَاقِيَاتُ ٱلصَّالِحَاتُ خَيْرٌ عِنْدَ رَبِّكَ ثَوَابًا

Les bonnes œuvres sont excellentes (sunt optimum quid), auprès de ton seigneur, quant à leur récompense.

ٱلْفِتْنَةُ أَشَدُّ مِنَ ٱلْقَتْلِ

La sédition est pire (gravius quid) que le meurtre.

421. La concordance entre le sujet et l'attribut adjectif ne concerne que le nombre et le genre.

422. Les règles de cette concordance sont à peu près les mêmes que celles de la concordance du verbe avec le sujet.

423. L'attribut adjectif étant placé après le sujet, concorde avec lui en genre et en nombre (n° 378), à moins que le sujet ne soit un pluriel irrégulier ; car, alors, l'attribut peut être au singulier féminin (n° 380). Exemples :

كَانَ أَبَوَاهُ مُؤْمِنَيْنِ

Ses père et mère étaient vrais croyants.

تَعْمَى ٱلْقُلُوبُ وَٱلْعُيُونُ نَاظِرَةٌ

Les cœurs sont aveugles, quoique les yeux soient clairvoyants.

وُجُوهٌ يَوْمَئِذٍ خَاشِعَةٌ عَامِلَةٌ نَاصِبَةٌ تَصْلَى نَارًا حَامِيَةً

En ce jour-là, il y aura des visages baissés vers la terre, fatigués, abattus de lassitude, qui supporteront la violence d'un feu ardent.

424. Si l'adjectif verbal qui forme l'attribut précède le sujet, ce qui a lieu dans les propositions interrogatives et négatives, et que le sujet soit un pluriel ou un duel, on doit mettre l'attribut au singulier. Exemples :

أَدَاخِلٌ آلرَّجُلَانِ

Est-ce que les deux hommes entrent?

مَا خَارِجٌ آلرِّجَالُ

Les hommes ne sortent point.

425. Ce serait ici le lieu de traiter de la concordance entre le sujet et l'attribut dans les propositions adverbiales de la nature de celles dont j'ai parlé précédemment (nº 158) et dont le caractère est que l'adjectif qui forme l'attribut précède le sujet, exprimé ou sous-entendu. Mais comme ces sortes de propositions, nommées حَـال, c'est-à-dire *termes circonstanciels d'état,* par les grammairiens arabes, sont toujours dans la dépendance d'un antécédent qu'elles qualifient, et que cet antécédent influe sur leur concordance, je remets à en parler au chapitre où je traiterai de la concordance des adjectifs avec les noms.

426. Si le sujet est un nom collectif, l'attribut peut être au pluriel. Exemple : كُلٌّ لَهُ قَانِتُونَ *tous lui obéissent* (nº 397).

427. Si le sujet grammatical, étant du masculin, a pour complément un nom féminin qui soit le véritable sujet logique, l'attribut peut se rapporter au sujet logique et être mis au féminin. L'attribut peut pareillement être mis au masculin, si le sujet grammatical, étant du féminin, a pour complément un nom masculin qui puisse être considéré comme le sujet logique (nº 404). Exemples :

$$\text{كُلُّ نَفْسٍ ذَائِقَةُ ٱلْمَوْتِ}$$

Toute âme éprouvera la mort.

$$\text{رُؤْيَةُ ٱلْفِكْرِ مَا يَؤُولُ لَهُ ٱلْأَمْرُ ۞ مُعِينٌ عَلَى ٱجْتِنَابِ ٱلتَّوَانِي}$$

La vue de l'esprit, qui considère l'issue des événements, aide à secouer la paresse.

$$\text{أَتْيُ ٱلْفَوَاحِشِ عِنْدَهُمْ مَعْرُوفَةٌ ۞ وَلَدَيْهِمْ تَرْكُ ٱلْجَمِيلِ جَمَالٌ}$$

Commettre des actions criminelles, c'est chez eux un mérite, et ils comptent pour un titre de gloire de renoncer à ce qui est honnête.

Dans ce dernier exemple, مَعْرُوفَةٌ est au féminin singulier, parce qu'il concorde avec ٱلْفَوَاحِشِ, pluriel irrégulier.[1]

428. Ce que nous avons observé précédemment (n° 405) relativement à la concordance des verbes avec les mots كِلَا et كِلْتَا, en ce qui concerne le nombre, s'applique également aux propositions nominales qui ont pour attribut un adjectif. Ex. :

$$\text{كِلَانَا غَنِيٌّ عَنْ أَخِيهِ حَيَوَتَهُ}$$

Chacun de nous, pendant sa vie, sait se passer de son frère.

$$\text{فِي كِلْتَ رِجْلَيْهَا سُلَامَى وَاحِدَةٌ ۞ كِلْتَاهُمَا مَقْرُونَةٌ بِزَائِدَةٍ}$$

A chacun de ses deux pieds il y a un os nommé SOLAMA, et chacun de ces deux os est accompagné d'un autre qui est superflu.

$$\text{أَمِنْ شَرْبَةٍ مِنْ مَاءِ كَرْمٍ شَرِبْتُهَا ۞ غَضِبْتَ عَلَيَّ ٱلْآنَ طَابَ لِيَ ٱلسُّكْرُ}$$
$$\text{سَأَشْرَبُ فَٱغْضَبْ لَا رَضِيتَ كِلَاهُمَا ۞ حَبِيبٌ إِلَى قَلْبِي عُقُوقُكَ وَٱلْخَمْرُ}$$

Quoi donc! est-ce pour une coupe du jus de la vigne que j'ai avalée, que tu t'es mis en colère contre moi? de ce moment, je trouve des charmes à l'ivresse. Oui, je boirai : mets-toi donc en

---

(1) Peut-être vaudrait-il mieux considérer ici مَعْرُوفَةٌ comme nom ; car les adjectifs, en passant au genre féminin, prennent très souvent la nature des noms.

colère ; *puisses-tu n'avoir jamais aucune satisfaction ! Te désobéir et boire du vin, ces deux choses plaisent à mon cœur.*

429. Lorsqu'une proposition nominale a pour sujet un article démonstratif ou un pronom, si l'attribut est du genre féminin, ou si c'est un pluriel irrégulier qui, lors même qu'il provient d'un singulier masculin, concorde régulièrement avec des adjectifs, des pronoms et des verbes au singulier féminin, l'article démonstratif ou le pronom se met le plus souvent au féminin et au singulier, quoiqu'il se rapporte à un antécédent du genre masculin. C'est une sorte de concordance d'attraction. Exemples :

ذٰلِكَ لِتُؤْمِنُوا بِٱللَّهِ وَتِلْكَ حُدُودُ ٱللَّهِ

Cela, [est ainsi ordonné] afin que vous croyiez en Dieu, et ce sont là les règles de Dieu.

فَمَا زَالَتْ تِلْكَ دَعْوَاهُمْ حَتَّى جَعَلْنَاهُمْ حَصِيدًا

Cela n'a pas cessé d'être leur prétention, jusqu'à ce que nous les ayons réduits à l'état de grains que l'on a moissonnés.

تِلْكَ آيَاتُ ٱللَّهِ نَتْلُوهَا عَلَيْكَ

Ce sont là les merveilles de Dieu que nous te récitons.

إِنْ هِيَ إِلَّا حَيَوتُنَا ٱلدُّنْيَا وَمَا نَحْنُ بِمَبْعُوثِينَ

Elle n'est (c'est-à-dire cette promesse que vous nous faites n'est) que notre vie présente, et jamais nous ne serons ressuscités.

إِنَّ هٰذِهِ تَذْكِرَةٌ فَمَنْ شَاءَ ٱتَّخَذَ إِلَى رَبِّهِ سَبِيلًا

Ceci est un avertissement, et quiconque voudra [en profiter] prendra [cet avertissement] comme un moyen de s'approcher de son seigneur.

خُذْهَا إِلَيْكَ وَصِيَّةً لَمْ يُوصِهَا قَبْلِي أَحَدُ

Prends, pour ton usage, ce discours comme un legs tel que personne n'en a fait avant moi.

وَتِلْكَ مِنْهُ غَيْرُ مَأْمُونَةٍ أَنْ يَفْعَلَ ٱلشَّيْءَ إِذَا قَالَهُ

Cela est [de sa part] une chose dont on ne doit pas se croire à l'abri; [je veux dire] qu'il fasse ce qu'il a dit.

Nous dirions: *Il ne faut pas s'y fier, car il est homme à le faire comme il le dit.*

لَكِنَّهَا نَفْثَةُ مَصْدُورٍ إِذَا جَاشَ لُغَامٌ مِنْ نَوَاحِيهَا عَمَى

Mais ce sont là (c'est-à-dire *mes plaintes contre la fortune sont*) *les crachats d'un poitrinaire, autour desquels se projette, lorsque son mal s'irrite, une salive épaisse.* [1]

430. Nous devons rappeler ici qu'il y a deux cas où l'attribut doit être mis à l'accusatif, quoique le sujet soit au nominatif : c'est : 1° dans les propositions nominales négatives (n° 129); 2° dans les propositions adverbiales qui sont exprimées sous forme de termes circonstanciels, et où l'attribut est placé le premier. Nous en avons donné des exemples ailleurs (n° 158).

Au surplus, nous traiterons spécialement, dans le chapitre suivant, de la concordance qu'il convient d'observer dans ces sortes de propositions.

Au contraire, le sujet se met à l'accusatif, l'attribut restant au nominatif, après إِنَّ et les particules analogues (n° 125).

Nous renvoyons aussi au chapitre suivant une autre observation concernant les adjectifs qui concordent en même temps avec deux noms (n° 329), comme attributs par rapport à l'un de ces noms, et qualificatifs par rapport à l'autre.

---

(1) C'est un vers du poème *Maksoura*, d'Ebn Doréid. (Voyez A. Schultens, *Liber Jobi*, etc., t. I, p. 28.) Le verbe عَمَى peut être rendu par رَمَى, comme verbe actif, ou par اِرْتَفَعَ et تَفَرَّقَ, سَالَ, comme verbe neutre. Si on le prend dans le premier sens, il y a un complément sous-entendu.

CHAPITRE XIX
Concordance des Adjectifs, des Articles démonstratifs et des Pronoms avec les Noms

431. On a vu précédemment ce qui concerne la concordance des adjectifs, des articles démonstratifs et des pronoms avec les noms, quand ces mots forment l'attribut d'une proposition dont les noms sont le sujet (nos 420 et suiv.).

Nous allons considérer ici les adjectifs et les articles démonstratifs comme simplement qualificatifs, et formant, avec le nom auquel ils se rapportent, une seule partie intégrante du discours, soit le sujet, soit l'attribut, soit un complément quelconque.

432. Sous ce point de vue, les adjectifs sont nommés نَعْتٌ et صِفَةٌ *qualificatifs*, et le nom auquel ils se rapportent est appelé مَوْصُوفٌ et مَنْعُوتٌ *qualifié*. Ils appartiennent à la classe des parties du discours que les grammairiens arabes désignent sous le nom de تَوَابِعُ *termes qui suivent*, c'est-à-dire qui se conforment, pour la syntaxe, à un autre mot dont ils sont comme les accessoires. Je parlerai plus en détail de cela dans le chapitre suivant, en traitant de la concordance des *appositifs*.

433. L'adjectif, considéré comme qualificatif, doit concorder avec le nom qu'il qualifie, ou, ce qui est la même chose, auquel il se rapporte, relativement à quatre choses : 1º la qualité de défini ou d'indéfini ; 2º le nombre ; 3º le genre ; 4º le cas.

434. Les articles déterminatifs اذَا, هَذَا, ذَلِكَ et autres, étant définis de leur nature, ne peuvent se joindre qu'à des noms définis soit par l'article déterminatif, soit autrement : ils doivent aussi concorder avec les noms en nombre et en genre. Quant aux cas, ils n'en ont point, si ce n'est au duel : à ce nombre, ils concordent en cas avec les noms auxquels ils se rapportent.

435. Les pronoms ne sont jamais employés à qualifier les noms, mais seulement à les représenter. Ils ont, au surplus, avec les noms qu'ils représentent, la même concordance de genre et de nombre que les adjectifs ont avec les noms qu'ils qualifient.

436. Nous avons dit que l'adjectif s'accorde avec le nom, par rapport à la qualité de *défini* ou d'*indéfini*, c'est-à-dire que l'adjectif doit être défini ou déterminé par l'article اَلْ, toutes les fois que le nom est déterminé soit par l'article اَلْ, soit par un complément déterminatif, soit enfin par la qualité de nom propre. Ainsi, l'on doit dire : اَلْكِتَابُ ٱلْعَظِيمُ *le livre excellent;* كِتَابُ مُوسَى ٱلْعَظِيمُ *le livre excellent de Moïse;* كِتَابُهُ ٱلْمُكْرَّمُ *son livre respectable;* إِبْرَهِيمُ ٱلْأَمِينُ *le fidèle Abraham.* Si, au contraire, le nom était indéterminé, l'adjectif le serait aussi. On dira donc كِتَابٌ عَتِيقٌ *un vieux livre.*

437. La valeur de l'adjectif est quelquefois exprimée par une proposition soit verbale, soit nominale. Cette sorte de proposition, que l'on pourrait nommer *adjective* ou *qualificative*, et que les grammairiens arabes appellent صِفَةٌ, étant de sa nature indéterminée, ne se joint qu'à des noms indéterminés qui sont alors désignés sous le nom de مَوْصُوفٌ. [1] Exemples :

---

(1) Voyez mon *Anthologie grammaticale arabe*, p. 158 et 162.

Quand l'antécédent est déterminé, la proposition n'est plus considérée comme *qualification*, صِفَةٌ ; elle devient alors un *terme circonstanciel d'état*, حَالٌ.

Une proposition, dans tout son ensemble, est toujours considérée comme indéterminée, à moins qu'elle ne soit *conjonctive*, صِلَةٌ, et voilà pourquoi elle ne peut qualifier un antécédent déterminé autrement que sous la forme de حَالٌ ou *terme circonstanciel*. Je crois même que, quand la proposition est conjonctive, elle est toujours considérée, en elle-même, comme *indéterminée*, نَكِرَةٌ ; et qu'il n'y a de déterminé que l'*adjectif conjonctif* ٱلْمَوْصُولُ.

مَرَرْتُ بِرَجُلٍ يَنُومُ

J'ai passé près d'un homme [qui] dormait.

يَنُومُ est la même chose que نَائِمٌ *dormant.*

قَوْلُ مَعْرُوفٍ وَمَغْفِرَةٌ خَيْرٌ مِنْ صَدَقَةٍ يَتْبَعُهَا أَذًى

Des paroles obligeantes et de l'indulgence valent mieux qu'une aumône [que] suivent de mauvais procédés.

إِنْ كَذَّبُوكَ فَقَدْ كُذِّبَ رُسُلٌ مِنْ قَبْلِكَ جَاؤُوا بِٱلْبَيِّنَاتِ

S'ils te traitent de menteur, on a accusé de mensonge avant toi d'autres envoyés, [qui] avaient donné des signes évidents [de leur mission].

أَوَّلُ بَيْتٍ وُضِعَ لِلنَّاسِ

Le premier temple [qui] a été bâti pour les hommes. (1)

هُوَ ٱلَّذِى أَنْزَلَ عَلَيْكَ ٱلْكِتَابَ مِنْهُ آيَاتٌ مُحْكَمَاتٌ هُنَّ أُمُّ ٱلْكِتَابِ

C'est lui qui t'a envoyé le livre [qui] renferme des versets d'un sens clair, [lesquels] sont la partie fondamentale de ce livre.

مِنْ قَبْلِ أَنْ يَأْتِيَ يَوْمٌ لَا بَيْعٌ فِيهِ وَلَا خُلَّةٌ وَلَا شَفَاعَةٌ

Avant que vienne le jour auquel il n'y aura plus ni convention mercantile, ni amitié, ni médiation.

438. Ces sortes de propositions peuvent et doivent même, le plus souvent, être rendues en français sous forme de propositions conjonctives, comme je viens de le faire en traduisant يَنُومُ par les mots *qui dormait;* mais, en arabe, elles diffèrent, par un caractère essentiel, des propositions qui ont pour sujet l'adjectif conjonctif ٱلَّذِى; car l'adjectif conjonctif étant, de sa

---

(1) Il ne faut point perdre de vue que les mots وُضِعَ, جَاؤُوا et يَنُومُ sont de véritables propositions verbales dont le sujet est renfermé dans le verbe: c'est, pour le premier et le troisième exemples, هُوَ, et pour le deuxième, هُمْ.

DE LA SYNTAXE

nature, *défini* ou *déterminé,* les règles de concordance du nom qualifié avec l'adjectif qualificatif ne permettent pas de mettre une proposition qui a pour sujet cet adjectif conjonctif en rapport d'identité avec un nom indéterminé (nº 436). On ne peut donc pas dire مَرَرْتُ بِرَجُلٍ ٱلَّذِى يَنُومُ. D'ailleurs, il n'y a point, en arabe, d'autre adjectif conjonctif qu'on puisse employer quand l'antécédent est indéterminé ; car مَنْ et مَا sont des noms conjonctifs qui renferment en même temps et la valeur de l'adjectif conjonctif et celle d'un antécédent, et qui signifient *celui qui* ou *celui que, la chose qui* ou *la chose que.*

Les propositions qui sont jointes à un antécédent par l'adjectif conjonctif, et qu'on appelle صِلَةٌ, équivalent donc à un adjectif déterminé par l'article أَلْ; celles au contraire dont je parle ici, et que j'appelle *propositions qualificatives,* équivalent à un adjectif indéterminé. Ainsi, ٱلْمَلِكُ ٱلَّذِى يَعْدِلُ *le roi qui est juste,* est la même chose que ٱلْمَلِكُ ٱلْعَادِلُ *le roi juste;* مَلِكٌ يَعْدِلُ *un roi [qui] est juste,* est la même chose que مَلِكٌ عَادِلٌ *un roi juste.*

439. Lorsqu'une proposition qualificative renferme un verbe qui a un sujet différent du nom qualifié par cette proposition, il faut qu'elle contienne un pronom affixe qui se rapporte au nom qu'elle qualifie. Ce pronom forme réellement la connexion du nom qualifié avec la proposition qui le qualifie. Exemples :

مَرَرْتُ بِرَجُلٍ أَبُوهُ نَائِمٌ

Je passai près d'un homme dont le père dormait (à la lettre, *le père de* LUI *dormant*).

زَوَّجْتُ ٱبْنِى بِٱمْرَأَةٍ كَانَ عَمْرُو يُحِبُّهَا

J'ai marié mon fils à une femme qu'aimait Amrou (à la lettre, *Amrou aimait* ELLE).

On retranche cependant assez souvent ce pronom, quand

la connexion est d'ailleurs suffisamment indiquée par le sens.
Exemples :

$$\text{وَطُولُ ٱلْعَهْدِ أَمْ مَالٌ أَصَابُوا} \qquad \text{فَمَا أَدْرِى أَغَيَّرَهُمْ تَنَاءٍ}$$

Je ne sais si c'est l'éloignement et la longueur du temps qui ont altéré leurs sentiments, ou si c'est de l'argent [lequel] ils ont reçu.

Le poète aurait dû dire مَالٌ أَصَابُوهُ *de l'argent, ils ont reçu* LUI ; mais il a supprimé le pronom هُ *lui*, sans qu'il en résulte aucune obscurité.

440. On trouve quelquefois un nom restreint par l'article, et joint à une proposition qualificative ou à un de ces mots qui, suivant ce que nous avons dit ailleurs, restent indéterminés, lors même qu'ils ont un complément, tels que ذُو, مِثْلُ (n° 253) ; mais, outre que ces exemples sont rares, cela n'a jamais lieu que quand l'article est employé pour donner au nom appellatif la valeur de l'*espèce entière*, لِلْجِنْسِ, c'est-à-dire toute la latitude dont ce nom est susceptible (n° 262, 1re part.).
Exemple :

$$\text{مَا يَنْبَغِى لِلرَّجُلِ مِثْلِكَ}$$

Il ne convient pas à l'homme, quel qu'il soit, tel que toi.

On dirait de même لِلرَّجُلِ يُشْبِهُكَ *à l'homme quelconque [qui] te ressemble.* [1]

441. La concordance de l'adjectif avec le nom, par rapport au *cas*, ne souffre point d'exception, si ce n'est dans les circonstances que nous avons indiquées en parlant du compellatif (n° 171), et quand la particule négative لَا, employée لِنَفْىِ ٱلْجِنْسِ *pour nier l'espèce entière*, exerce, comme je le dirai plus tard, sur le nom qui la suit une influence qui ne s'étend point sur l'adjectif par lequel ce nom est qualifié.

442. Si un nom a plusieurs adjectifs, on peut quelquefois se

---

(1) Voyez, sur ce cas, dans lequel il y a non une détermination complète, mais seulement un commencement de détermination, mon *Anthologie grammaticale arabe*, p. 162 et 163.

dispenser de les mettre en concordance de cas avec le nom; mais il faut, pour cela, que le nom soit tellement déterminé par lui-même, que les adjectifs ne soient point nécessaires à sa détermination, comme dans cet exemple :

مَرَرْتُ بِزَيْدٍ ٱلْعَاقِلِ ٱلْكَرِيمِ ٱلْفَاضِلِ

J'ai passé près de Zéid, le sage, le généreux, le vertueux.

Zéid, nom propre, étant suffisamment déterminé par lui-même, on peut mettre tous les adjectifs au nominatif ou à l'accusatif. Dans le premier cas, on sous-entend هُوَ *il est*, et dans le second, أَعْنِي *je veux dire* (n° 181). Si tous les adjectifs sont nécessaires pour la détermination précise du nom, ils doivent tous être en concordance de cas avec lui. Si un seul ou une partie seulement des adjectifs est nécessaire à cette détermination, on peut mettre les autres au nominatif ou à l'accusatif.[1]

443. Quant à la concordance de l'adjectif en *genre* et en *nombre* avec le nom auquel il se rapporte, elle est, en général, la même que celle du verbe avec le nom qui le précède et qui lui sert de sujet (n°s 378 à 380). Ce que nous disons ici des adjectifs est commun aux pronoms, soit isolés, soit affixes, et aux articles démonstratifs.

Lorsque le nom est singulier ou duel, et masculin, la concordance est toujours régulière.

Si le nom est singulier ou duel, et féminin, la concordance est pareillement régulière.

Mais si le nom est un pluriel, soit masculin, pourvu que ce ne soit pas un pluriel régulier, soit féminin, on le fait concorder le plus ordinairement avec des adjectifs et des pronoms

---

[1] C'est là ce que les grammairiens appellent des noms *mis au nominatif*, مَرْفُوعٌ, ou *à l'accusatif*, مَنْصُوبٌ, *pour la louange*, لِلْمَدْحِ, ou *pour le blâme* لِلذَّمِّ. J'en ai parlé précédemment (n° 181). On peut consulter là-dessus l'*Alfiyya* d'Ebn Malec, chapitre des *qualificatifs*, ٱلنَّعْتُ.

singuliers et féminins.[1] C'est ce qu'on voit dans les exemples suivants :

$$\text{زُيِّنَ لِلنَّاسِ حُبُّ ٱلشَّهَوَاتِ مِنَ ٱلنِّسَآءِ وَٱلْبَنِينَ وَٱلْقَنَاطِيرِ ٱلْمُقَنْطَرَةِ مِنَ ٱلذَّهَبِ وَٱلْفِضَّةِ وَٱلْخَيْلِ ٱلْمُسَوَّمَةِ}$$

Les hommes se complaisent dans l'amour des choses qui sont l'objet de leurs désirs, comme des femmes, des enfants, des talents amoncelés d'or et d'argent et des chevaux de grand prix.

Dans cet exemple, le mot خَيْلٌ, quoique singulier, est construit comme le serait un pluriel irrégulier, conformément à ce qui a déjà été observé (n° 390).

$$\text{وَعِنْدَهُ ٱلْجَحَافِلُ ٱلْكَافِلَةُ وَٱلْخَوَاصِلُ ٱلْوَاصِلَةُ وَٱلْعَسَاكِرُ ٱلْكَاسِرَةُ وَٱلْقَسَاوِرُ ٱلْفَاسِرَةُ وَٱلْبَوَاتِرُ وَٱلْوَاتِرَةُ وَٱلْجُنُودُ وَٱلْبُنُودُ وَٱلْأُسُودُ ٱلسُّودُ وَٱلْفَيَالِقُ ٱلْفَوَالِقُ وَٱلْبَيَارِقُ ٱلْبَوَارِقُ}$$

Il avait près de lui les escadrons qui arrivaient en foule, les provisions qui affluaient abondamment, les armées destructrices, les guerriers dévorants, les glaives qui pourfendent, les cohortes et les drapeaux, les lions noirs, les légions qui rompent [les obstacles] et les étendards qui brillent comme la foudre.

$$\text{لَهُمْ جَنَّاتٌ تَجْرِي مِنْ تَحْتِهَا ٱلْأَنْهَارُ}$$

Des jardins sous lesquels coulent des fleuves leur sont destinés.

$$\text{فَقُلْنَا لَهُمْ كُونُوا قِرَدَةً خَاسِئِينَ فَجَعَلْنَاهَا نَكَالًا لِمَا بَيْنَ يَدَيْهَا وَمَا خَلْفَهَا}$$

Nous leur avons dit : Soyez changés en singes, [pour être des] objets de mépris ; et nous les avons rendus [ces singes] un exemple pour leur siècle et pour les siècles suivants.

$$\text{أَوْلَادٌ كَثِيرَةٌ}$$

Un grand nombre d'enfants.

---

(1) Cette concordance irrégulière doit cependant être restreinte aux expressions où l'on parle à la troisième personne. En parlant à plusieurs femmes ou à plusieurs choses du genre masculin ou féminin, on ne pourrait pas employer les pronoms féminins singuliers.

444. Cette concordance irrégulière, tant de l'adjectif que du pronom, a rarement lieu quand le nom signifie des créatures raisonnables; mais, dans ce cas-là même, elle n'est pas sans exemple, pourvu que le nom ne soit pas un pluriel régulier. C'est ce qu'on voit dans le vers suivant:

مِنْ عَهْدِ عَادٍ كَانَ مَعْرُوفًا لَنَا   أَسْرُ ٱلْمُلُوكِ وَقَتْلُهَا وَقِتَالُهَا

Depuis le siècle d'Ad, ç'a toujours été notre coutume de mettre les rois dans les fers, de les tuer et de les combattre.

445. On peut aussi faire concorder les noms masculins pluriels, pourvu toutefois qu'ils n'expriment pas des êtres raisonnables, avec des adjectifs pluriels féminins. Ainsi, l'on dit: أُسُودٌ ضَارِيَاتٌ *des lions dévorants*, جِبَالٌ رَاسِيَاتٌ *des montagnes solidement affermies*, سُيُوفٌ مُرْهَفَاتٌ *des glaives affilés*, أَيَّامٌ مَعْدُودَاتٌ *des jours comptés*. Mais cette sorte de concordance est beaucoup moins fréquente que la précédente.

446. Cette même concordance irrégulière, qui est la plus ordinaire, n'exclut pas cependant la concordance régulière, qui peut aussi avoir lieu, soit que l'on emploie les pluriels réguliers ou les pluriels irréguliers des adjectifs; mais avec cette restriction que le pluriel régulier des adjectifs masculins et les pronoms pluriels masculins ne peuvent être employés que quand le nom auquel ils se rapportent signifie des êtres raisonnables ou des êtres que, par une figure de rhétorique, on assimile à des êtres raisonnables. Exemples:

قُوا أَنْفُسَكُمْ نَارًا وَقُودُهَا ٱلنَّاسُ وَٱلْحِجَارَةُ عَلَيْهَا مَلَآئِكَةٌ غِلَاظٌ شِدَادٌ لَا يَعْصُونَ ٱللَّهَ مَا أَمَرَهُمْ وَيَفْعَلُونَ مَا يُؤْمَرُونَ

Prenez garde d'exposer vos âmes à un feu qui dévore les hommes et les pierres, et dont l'intendance est confiée à des anges durs et forts qui ne désobéissent point aux ordres que Dieu leur donne et qui font tout ce qui leur est commandé.

وَمَا عَلَّمْتُمْ مِنَ ٱلْجَوَارِحِ مُكَلِّبِينَ تُعَلِّمُونَهُنَّ مِمَّا عَلَّمَكُمُ ٱللَّهُ فَكُلُوا مِمَّا أَمْسَكْنَ عَلَيْكُمْ

Quant aux oiseaux de proie que vous aurez instruits en les dressant comme des chiens de chasse, et en leur communiquant une partie de la science que Dieu vous a donnée, il vous est libre de manger de la proie qu'ils ont prise pour vous.

خُذْ أَرْبَعَةً مِنَ ٱلطَّيْرِ فَصُرْهُنَّ إِلَيْكَ ثُمَّ ٱجْعَلْ عَلَىٰ كُلِّ جَبَلٍ مِنْهُنَّ جُزْءًا ثُمَّ ٱدْعُهُنَّ يَأْتِينَكَ سَعْيًا

Prends quatre oiseaux, approche-les de toi [et coupe-les en plusieurs parties]; puis, mets-en des portions sur chacune des montagnes; appelle-les ensuite, et ils accourront vers toi.

تُسَبِّحُ لَهُ ٱلسَّمَوَاتُ ٱلسَّبْعُ وَٱلْأَرْضُ وَمَنْ فِيهِنَّ

Les sept cieux et la terre, et toutes les créatures qui les habitent, célèbrent ses louanges.

إِنِّي رَأَيْتُ أَحَدَ عَشَرَ كَوْكَبًا وَٱلشَّمْسَ وَٱلْقَمَرَ رَأَيْتُهُمْ لِي سَاجِدِينَ

J'ai vu douze étoiles, et le soleil et la lune; je les ai vus qui m'adoraient.

يَا أَيُّهَا ٱلنَّمْلُ ٱدْخُلُوا مَسَاكِنَكُمْ لَا يَحْطِمَنَّكُمْ سُلَيْمَانُ وَجُنُودُهُ

Fourmis, entrez dans vos demeures, et alors Salomon et ses troupes ne vous écraseront point.

وَلِي دُونَكُمْ أَهْلُونَ سِيدٌ عَمَلَّسٌ   وَأَرْقَطُ زُهْلُولٌ وَعَرْفَاءُ جَيْأَلُ
هُمُ ٱلْأَهْلُ لَا مُسْتَوْدَعُ ٱلسِّرِّ ذَائِعٌ   لَدَيْهِمْ وَلَا ٱلْجَانِي بِمَا جَرَّ يُخْذَلُ

D'autres compagnons me dédommageront de la perte de votre société: un loup endurci à la course, un léopard au poil ras, une hyène à l'épaisse crinière; avec ces camarades-là, on ne craint point de voir trahir son secret; le coupable, avec eux, n'appréhende point d'être abandonné pour une faute qu'il a commise.

Dans le troisième exemple, طَيْرٌ est en concordance avec des pronoms féminins pluriels, par la raison que l'on a dite ailleurs, comme dans l'exemple لَا خَيْلَ حَمَلْنَ (n° 390).

Dans le quatrième, les mots سَمَوَات et أَرَضٌ sont en concordance avec le pluriel féminin هُنَّ, comme dans l'exemple rapporté ci-devant (n° 379) : أَبْرَزَ مِنْهُ رِقَاعًا قَدْ كُتِبَنْ.

Dans le cinquième exemple et les suivants, les pronoms sont du pluriel masculin, parce que le *loup*, le *léopard* et l'*hyène*, ainsi que les *astres* et les *fourmis*, auxquels ils se rapportent, sont considérés comme des êtres raisonnables susceptibles d'adorer, ou doués de la faculté de comprendre et de parler (n° 392).

447. On trouve quelquefois un pronom au pluriel masculin, quoique l'antécédent auquel il se rapporte soit un pluriel irrégulier qui, ne signifiant point par lui-même des êtres intelligents, devrait donner lieu à la concordance irrégulière. Mais la raison en est que ce nom est employé métaphoriquement, pour exprimer des êtres intelligents. Exemple :

هَلْ أَنَا بِدْعٌ مِنْ عَرَانِينَ عُلًى   جَارَ عَلَيْهِمْ صَرْفُ دَهْرٍ وَآعْتَدَى

Suis-je donc le premier des nez relevés en bosse (c'est-à-dire *des hommes distingués par leur naissance ou par leur mérite*) *contre lequel les vicissitudes de la fortune aient exercé leur injuste violence ?* (1)

448. Il faut encore observer, par rapport à la concordance du nombre, que les noms d'une signification collective, quoique

---

(1) En écrivant, comme je l'ai fait, مِنْ عَرَانِينَ عُلًى, le mot عُلًى est le pluriel de l'adjectif أَعْلَى, féminin عَلْيَا. On peut aussi prononcer مِنْ عَرَانِينَ عُلَى, et alors عُلَى est un nom signifiant *hauteur* et qui est en rapport d'annexion avec عَرَانِينَ.

Le mot عَرَنِينَ signifie proprement la *partie supérieure du nez* qui est relevée en bosse.

Ce vers est tiré du poème nommé *Maksoura*, d'Ebn Doréid.

de forme singulière, se joignent bien avec des adjectifs pluriels (nº 397). Exemple :

$$\text{أَنصُرْنَا عَلَى ٱلْقَوْمِ ٱلْكَافِرِينَ}$$

Secours-nous contre les gens incrédules!

Par la même raison, كَثِيرٌ, étant au singulier, est souvent en concordance avec un nom pluriel, comme dans les deux exemples suivants :

$$\text{كَأَيِّن مِنْ نَبِيٍّ قُتِلَ مَعَهُ رِبِّيُّونَ كَثِيرٌ}$$

Combien n'y a-t-il pas eu de prophètes avec lesquels ont été tués un grand nombre de myriades d'hommes!

$$\text{وَبَثَّ مِنْهُمَا رِجَالًا كَثِيرًا وَنِسَآءً}$$

Il a fait sortir de ces deux personnes un grand nombre d'hommes et de femmes. (1)

449. On trouve quelquefois, surtout dans les poètes, un nom féminin en concordance avec un adjectif masculin, parce qu'on a fait usage de ce nom féminin pour exprimer une chose ou un animal du genre masculin. C'est ainsi qu'un poète a dit : كَسَامِعَتَيْ شَاةٍ بِحَوْمَلَ مُفْرَدٍ, en faisant concorder شَاةٌ, nom féminin, avec مُفْرَدٍ, adjectif masculin, parce que par شَاةٌ il a voulu dire ثَوْرٌ وَحْشِيٌّ *un cerf.* (2)

450. Le mot مَنْ *quiconque, celui qui*, est aussi employé comme un nom collectif, et se trouve en concordance avec des pronoms pluriels. Exemple :

$$\text{فَمَنْ تَبِعَ هُدَايَ فَلَا خَوْفٌ عَلَيْهِمْ وَلَا هُمْ يَحْزَنُونَ}$$

(1) On peut aussi regarder, dans ce cas, كَثِيرٌ comme un nom *en apposition*, ce dont il sera parlé plus loin, et c'est peut-être ce qu'il y a de plus convenable.

(2) Voyez le vers 35 de la *Moallaka* de Tarafa, édition de M. Vullers. Il paraît par le *Sihah* que les grammairiens considèrent شَاةٌ comme un nom commun, c'est-à-dire qui a les deux genres.

Mais pour ceux qui auront suivi ma direction, ils n'auront aucun sujet de crainte et ils n'éprouveront aucune affliction.

451. Il y a un genre de propositions nominales, formées d'un sujet exprimé ou sous-entendu et d'un attribut, et dépendantes d'un antécédent qu'elles qualifient (n° 430), dont la concordance plus compliquée exige des développements particuliers. Ce sont celles que les grammairiens arabes nomment حَـال et que j'appelle *termes circonstanciels d'état*. J'ai dit (n°s 147, 148 et 158) que le caractère de ces propositions est que leur attribut doit être placé avant le sujet et mis à l'accusatif, quel que soit le cas de l'antécédent que ces propositions qualifient.

452. Ces propositions sont de deux sortes : les unes ont pour sujet un nom qui vient médiatement ou immédiatement après l'attribut et qui doit toujours être mis au nominatif, comme dans cet exemple :

إِنَّ لِلْمُتَّقِينَ حُسْنَ مَآبٍ جَنَّاتِ عَدْنٍ مُفَتَّحَةً لَهُمُ ٱلْأَبْوَابُ

Un séjour agréable est destiné aux hommes religieux : des jardins d'une éternelle demeure dont les portes leur seront ouvertes.

Les autres ont pour sujet un pronom personnel sous-entendu dont le genre et le nombre sont déterminés par l'antécédent que la proposition adverbiale qualifie, comme dans les exemples suivants :

مَنْ يَعْصِ ٱللَّهَ وَرَسُولَهُ يُدْخِلْهُ نَارًا خَالِدًا فِيهَا

Quiconque sera rebelle à Dieu et à son envoyé, [Dieu] le fera entrer dans le feu, où il demeurera éternellement.

ٱدْخُلُوا ٱلْبَابَ سُجَّدًا

Entrez par la porte, en vous prosternant.

Dans le premier de ces deux exemples, le sujet de خَالِدًا est هُوَ, qui se rapporte immédiatement à ه, pronom affixe de يُدْخِلْهُ.

et médiatement à مَنْ; dans le second, le sujet de سُجَّدًا est أَنْتُمْ, qui se rapporte au pronom renfermé dans le verbe ٱدْخُلُوا.

On voit que ces propositions adverbiales qualificatives pourraient être exprimées équivalemment des deux manières suivantes :

1° وَٱلْأَبْوَابُ مُفَتَّحَةٌ لَهُمْ
    وَهْوَ خَالِدٌ فِيهَا
    وَأَنْتُمْ سُجَّدٌ

2° فِي حَالِ كَوْنِ ٱلْأَبْوَابِ مُفَتَّحَةً لَهُمْ
    فِي حَالِ كَوْنِهِ خَالِدًا فِيهَا
    فِي حَالِ كَوْنِكُمْ سُجَّدًا

Venons maintenant à la concordance, en fait de détermination de genre et de nombre.

453. Il est de l'essence de ces propositions adverbiales qualificatives que leur attribut soit indéterminé ; et si l'on s'écarte quelquefois de cette règle, c'est par licence. Ainsi, quand le poète Ascha dit :

قَالَتْ هُرَيْرَةُ لَمَّا جِئْتُ زَآئِرَهَا

Horéira a dit, lorsque je suis venu la visiter, etc.,

il a usé d'une licence poétique, et il devait dire زَآئِرًا إِيَّاهَا ou bien زَآئِرًا, laissant le mot زَآئِرًا indéterminé.

454. Lorsque le sujet est un nom exprimé, l'adjectif concorde en genre et en nombre avec ce nom, régulièrement ou irrégulièrement, suivant les règles que nous avons établies précédemment pour la concordance des verbes avec les noms. Exemples :

هُوَ ٱلَّذِي أَنْشَأَ جَنَّاتٍ مَعْرُوشَاتٍ وَغَيْرَ مَعْرُوشَاتٍ وَٱلنَّخْلَ وَٱلزَّرْعَ مُخْتَلِفًا أُكُلُهُ

C'est lui qui a créé des jardins en forme de berceaux, et d'autres qui ne sont point en forme de berceaux, ainsi que les palmiers, et les grains dont les fruits sont de différentes natures.

Il faut observer que مُخْتَلِفًا est ici en concordance avec أَكُلُهُ
et non pas avec ٱلزَّرْعِ ; la preuve en est qu'il est indéterminé.

مَا يَأْتِيهِم مِّن ذِكْرٍ مِّن رَّبِّهِم مُّحْدَثٍ إِلَّا ٱسْتَمَعُوهُ وَهُمْ يَلْعَبُونَ لَاهِيَةً قُلُوبُهُمْ

Il ne leur est annoncé aucun avertissement nouveau, envoyé par leur Seigneur, qu'ils ne l'écoutent en jouant, leurs cœurs étant distraits.

إِذَا رَأَيْتَهُمْ حَسِبْتَهُمْ لُؤْلُؤًا مَّنثُورًا عَالِيَهُمْ ثِيَابُ سُندُسٍ

Quand tu les verras, tu les prendras pour des perles étalées, étant vêtus d'habits de satin. (1)

وَلَّى تَيْمُرْلَنْكَ مَكْسُورًا أَوَائِلُهُ مِنْهُ مِرَارًا وَمَذْعُورًا أَوَاخِرُهُ

Tamerlan tourna le dos, l'avant-garde de son armée ayant été plusieurs fois battue par l'ennemi et son arrière-garde mise en déroute. (2)

Dans ces divers exemples, on a dit : أَكُلُهُ مُخْتَلِفًا, لَاهِيَةً قُلُوبُهُمْ, عَالِيَهُمْ ثِيَابٌ, مَكْسُورًا أَوَائِلُهُ et مَذْعُورًا أَوَاخِرُهُ, comme on aurait pu dire, en faisant usage des temps personnels des verbes, قَدْ كُسِرَ أَوَائِلُهُ, يَعْلُوهُمْ ثِيَابٌ, تَلْهُو قُلُوبُهُمْ, يَخْتَلِفُ أَكُلُهُ et enfin وَقَدْ ذُعِرَ أَوَاخِرُهُ (nos 381 et suiv.).

455. Lorsque le sujet est un pronom sous-entendu, ce pronom, s'il était exprimé, concorderait régulièrement ou irrégulièrement, conformément aux règles que nous avons données

---

(1) Alcoran, sur. 76, vers. 20. Quelques grammairiens lisent au nominatif عَالِيهِمْ. Si on lit à l'accusatif, c'est un exemple d'un adjectif faisant fonction de terme circonstanciel d'état, et déterminé (n° 453). On lit de même, surate 16, verset 30 : ٱلَّذِينَ يَتَوَفَّاهُمُ ٱلْمَلَائِكَةُ ظَالِمِي أَنفُسِهِمْ. Mais, dans tous ces cas, il n'y a pas une véritable détermination.

(2) J'ai déjà fait usage de plusieurs de ces exemples, en parlant de l'emploi de l'accusatif ; ici, je les considère sous le point de vue de la concordance.

(nos 443 et suiv.), avec le nom auquel il se rapporte, et cette même concordance détermine celle de l'attribut. Ainsi, dans les exemples que nous avons donnés (no 452), خَالِدًا, qui est pour هُوَ خَالِدٌ ou وَهُوَ خَالِدٌ, concorde avec l'antécédent مَنْ; de même, سُجَّدًا, qui est pour أَنْتُمْ سُجَّدٌ ou وَأَنْتُمْ سُجَّدًا, concorde avec l'antécédent أَنْتُمْ, renfermé dans le verbe أُدْخُلُوا. Autres exemples:

لَا تَعْثَوْا فِي الْأَرْضِ مُفْسِدِينَ

Ne portez pas la désolation sur la terre, en y commettant le brigandage.

إِذَا جَاءَكَ الْمُؤْمِنَاتُ مُهَاجِرَاتٍ فَامْتَحِنُوهُنَّ

Quand les vraies croyantes viendront te trouver, cherchant un refuge, [à Médine, vous autres musulmans] éprouvez-les.

فَكَانَ يَحْيَى وَبَنُوهُ كَالنُّجُومِ زَاهِرَةً وَالْبُحُورِ زَاخِرَةً وَالسُّيُولِ دَافِعَةً وَالْغُيُوثِ مَاطِرَةً

Yahya et ses enfants étaient comme les astres, quand ils brillent; les mers, quand elles sont gonflées; les torrents, quand ils entraînent [ce qui leur fait obstacle]; les pluies, quand elles inondent [la terre].

On a dit مُفْسِدِينَ, مُهَاجِرَاتٍ, زَاهِرَةً, etc., comme on aurait dit وَهِيَ زَاهِرَةٌ, وَهُنَّ مُهَاجِرَاتٌ, وَأَنْتُمْ مُفْسِدُونَ, etc.

456. Si, à un nom qui est au duel ou au pluriel, et qui exprime par conséquent plusieurs individus, on veut joindre des adjectifs qui ne se rapportent chacun qu'à un seul des individus, il faut faire concorder ces adjectifs en genre et en cas avec le nom auquel ils se rapportent; mais on doit les mettre au singulier, quoique le nom soit au duel ou au pluriel. Exemples:

كَانَ لِي صَاحِبَانِ عَاقِلٌ وَجَاهِلٌ

J'avais deux amis, [l'un] sensé et [l'autre] imbécile.

كَانَ لِبَعْضِ الْمُلُوكِ ثَلَاثَةُ وُزَرَاءَ كَرِيمٌ وَبَخِيلٌ وَمُسْرِفٌ

Un certain roi avait trois vizirs, [l'un] généreux, [un autre] avare, et [le troisième] prodigue.

Dans cette manière de s'exprimer, il y a réellement ellipse des noms dont les adjectifs sont les attributs ou les qualificatifs; c'est comme si l'on disait: كَانَ لِي صَاحِبَانِ أَحَدُهُمَا عَاقِلٌ وَٱلْآخَرُ جَاهِلٌ *J'avais deux amis, l'un était sensé et l'autre était imbécile;* ou bien: كَانَ لِي صَاحِبَانِ صَاحِبٌ عَاقِلٌ وَصَاحِبٌ جَاهِلٌ *J'avais deux amis, un ami sensé et un ami imbécile.*

457. Si un même attribut est commun à deux ou à plusieurs noms singuliers, et que tous ces noms soient au même cas et du même genre, il faut mettre l'attribut au duel ou au pluriel, suivant le nombre des personnes auxquelles il se rapporte, et, du reste, le faire concorder en cas et en genre avec ces noms. Exemple:

كَلَّمْتُ عَمْرًا وَكَاتَبْتُ زَيْدًا ٱلشَّاعِرَيْنِ

J'ai parlé à Amrou, et j'ai écrit à Zéid, les deux poètes.

Si les noms n'étaient point au même cas, l'adjectif ne concorderait qu'en genre, et on le mettrait soit au nominatif, soit à l'accusatif. Ainsi, l'on dirait كَلَّمْتُ عَمْرًا وَكَتَبْتُ إِلَى زَيْدٍ ٱلشَّاعِرَانِ ou ٱلشَّاعِرَيْنِ. Dans le premier cas, on sous-entendrait هُمَا, et le sens serait: *ce sont les deux poètes;* et, dans le second, أَعْنِي, et cela signifierait, à la lettre, *je veux dire les deux poètes* (n° 367).

458. Tout ce que nous avons dit jusqu'ici de la concordance irrégulière des pronoms avec les noms ne s'applique qu'aux pronoms de la troisième personne. Les pronoms de la première personne, qui n'ont aucune variété de genre, sont toujours en concordance de nombre avec les noms auxquels ils se rapportent; ceux de la seconde personne concordent en genre et en nombre.

459. La concordance des adjectifs verbaux des formes فَعُولٌ, فَعِيلٌ, مِفْعَالٌ, مِفْعَلٌ et مِفْعِيلٌ exige quelques observations particulières (n°s 804 et 812, Ire part.).

460. Ces adjectifs sont du genre commun, et si quelquefois ils prennent la terminaison ة, c'est comme forme énergique (nos 742 et 744, Ire part.). Ainsi, l'on dit également رَجُلٌ مَلُولَةٌ *un homme dédaigneux*, et إِمْرَأَةٌ مَلُولَةٌ *une femme dédaigneuse*; on dit aussi رَجُلٌ مِقْدَامَةٌ *un homme brave à l'excès*; رَجُلٌ دَاهِيَةٌ *un homme très fin*.

461. Quelques-uns des adjectifs de ces formes ont cependant les deux genres et suivent les règles ordinaires de concordance. Tels sont ظَرِيفٌ, féminin ظَرِيفَةٌ, *joli*; مِيقَانٌ, féminin مِيقَانَةٌ, *crédule*; مِسْكِينٌ, féminin مِسْكِينَةٌ, *pauvre*; عَدُوٌّ, féminin عَدُوَّةٌ, *ennemi*; رَحِيمٌ, féminin رَحِيمَةٌ, *clément*.

462. Les adjectifs de la forme فَعُولٌ ont aussi les deux genres et suivent la concordance ordinaire, quand ils ont la signification passive. Hors de ce cas-là, ils concordent, sous la forme masculine, avec des noms des deux genres. Exemples :

تُوبُوا إِلَى ٱللَّهِ تَوْبَةً نَصُوحًا

Convertissez-vous à Dieu par une pénitence sincère.

صَفْرَاءَ مَيْطَلَ مَتُوفٌ زِينُهَا رَصَائِعُ قَدْ نِيطَتْ إِلَيْهَا

Un arc long et robuste, sonore, que décorent les courroies auxquelles il est suspendu.

قَالَتْ أَنَّى يَكُونُ لِي غُلَامٌ وَلَمْ يَمْسَسْنِي بَشَرٌ وَلَمْ أَكُ بَغِيًّا

Elle dit: Comment aurais-je un fils ? Aucun homme ne m'a touchée, et je n'ai point été coupable d'union illicite.

إِنَّهَا بَقَرَةٌ لَا ذَلُولٌ تُثِيرُ ٱلْأَرْضَ

C'est une vache qui n'est point accoutumée au joug, ni à labourer la terre.

463. Les adjectifs de la forme فَعِيلٌ, ayant le sens passif ou neutre, et étant joints au nom qu'ils qualifient, concordent indifféremment avec des noms masculins ou féminins. Exemples :

$$\text{رَأَيْتُ آمْرَءَةً قَتِيلًا}$$

J'ai vu une femme tuée.

$$\text{مَرَرْتُ بِجَارِيَةٍ جَرِيحٍ}$$

J'ai passé près d'une jeune fille blessée.

$$\text{لِنُحْيِيَ بِهِ بَلْدَةً مَيْتًا}$$

Afin que par elle (c'est-à-dire *par cette eau*) *nous rendissions la vie à une contrée qui était morte.*

$$\text{أَرْسَلْنَا عَلَيْهِمُ ٱلرِّيحَ ٱلْعَقِيمَ}$$

Nous avons envoyé contre eux le vent stérile (c'est-à-dire *qui n'amène point à sa suite des pluies qui fécondent la terre*).

Si le nom est féminin, mais sous-entendu, on donne ordinairement à l'adjectif la terminaison féminine. Exemples :

$$\text{حُرِّمَتْ عَلَيْكُمُ ٱلْمَيْتَةُ وَٱلدَّمُ وَٱلنَّطِيحَةُ}$$

Les charognes, le sang, et toute [*bête*] *qui a été frappée de la corne vous sont interdits.*

$$\text{أَكِيلَةُ ٱلسَّبُعِ}$$

La [*bête*] *qui a été mangée par les animaux féroces.*

Ces mêmes adjectifs, ayant le sens actif, admettent la terminaison féminine et suivent la concordance régulière.

On trouve cependant des adjectifs de la forme فَعِيلٌ qui prennent la terminaison féminine quoiqu'ils aient la signification passive et que le nom féminin qu'ils qualifient soit exprimé. Ainsi, l'on dit خَصْلَةٌ ذَمِيمَةٌ *une qualité digne de blâme*, et حَمِيدَةٌ *digne de louange*.

464. Nous avons parlé fort au long, dans un des chapitres précédents, des cas où un adjectif semble qualifier en même temps deux noms, quoique, dans la vérité, l'adjectif ne forme alors, avec le nom qui le suit et qui est dans sa dépendance, qu'une qualification complexe du nom qui le précède; et nous avons fait voir que, dans cette expression : *Un enfant roux de cheveux*, c'est l'expression complexe *roux de cheveux* tout entière, et non le seul adjectif *roux*, qui est le qualificatif du mot *enfant*, le sens étant *un enfant dont les cheveux sont roux* (n° 329). L'adjectif, dans ce cas, est donc qualificatif par rapport au nom qui le précède, et attribut par rapport à celui qui le suit. Nous avons aussi fait connaître les diverses manières d'indiquer en arabe le double rapport de cet adjectif : nous devons ajouter ici ce qui concerne la concordance des adjectifs dans ce cas.

465. La première chose à observer, c'est que l'adjectif, dans le cas dont il s'agit, doit concorder, par rapport à la qualité de défini ou d'indéfini, avec le nom qui le précède. Ainsi, l'on doit dire رَجُلٌ حَسَنُ ٱلْوَجْهِ *un homme beau de visage*, et زَيْدٌ ٱلْحَسَنُ ٱلْوَجْهِ *Zéid, le beau de visage*.

Il ne faut pas perdre de vue que l'espèce d'annexion qui a lieu entre حَسَنٌ et ٱلْوَجْهِ laisse l'antécédent indéterminé (n° 330).

466. En second lieu, si l'adjectif gouverne son complément au génitif, il doit concorder, en genre, en nombre et en cas, avec le nom qui le précède, comme il concorderait s'il était en rapport logique et grammatical avec ce nom, c'est-à-dire s'il le qualifiait purement et simplement. Il faudra donc dire :

مَرَرْتُ بِرَجُلٍ حَسَنِ ٱلْوَجْهِ *J'ai passé près d'un homme beau de visage*;

رَأَيْتُ ٱمْرَأَةً حَسَنَةَ ٱلْوَجْهِ *J'ai vu une femme belle de visage*;

جَاءَنِي رَجُلَانِ حَسَنَا ٱلْوَجْهِ *Il m'est venu deux hommes beaux de visage*;

رَأَيْتُ رِجَالًا حِسَانَ ٱلْوَجْهِ *J'ai vu des hommes beaux de visage*.

Il en serait de même si le nom qui suit l'adjectif était mis à l'accusatif sous forme de complément circonstanciel ou spécificatif, comme dans cet exemple :

مَرَرْتُ بِرَجُلٍ حَسَنٍ وَجْهَها

J'ai passé près d'un homme beau de visage.

467. Mais si le nom qui suit l'adjectif est mis au nominatif, alors l'adjectif concorde, quant au cas, avec le nom qui le précède; et, quant au genre et au nombre, avec le nom qui le suit, en observant cependant que la concordance de l'adjectif en genre et en nombre avec le nom qui le suit est sujette aux mêmes irrégularités que celles qui ont lieu dans la concordance du verbe avec son sujet, quand le verbe précède le sujet (n°s 381 et suiv.). On dira donc :

مَرَرْتُ بِرَجُلٍ حَسَنٍ وَجْهُهُ *J'ai passé près d'un homme beau de visage;*

مَرَرْتُ بِآمْرَةٍ حَسَنٍ وَجْهُهَا *J'ai passé près d'une femme belle de visage;*

مَرَرْتُ بِرِجَالٍ حَسَنَةٍ وُجُوهُهُمْ *J'ai passé près de quelques hommes beaux de visage;*

مَرَرْتُ بِنِسْوَةٍ حَسَنٍ مَنْظَرُهُنَّ *J'ai passé près de plusieurs femmes belles d'aspect;*

رَأَيْتُ رَجُلًا مَرِيضًا غِلْمَانُهُ
رَأَيْتُ رَجُلًا مَرْضَى غِلْمَانُهُ *J'ai vu un homme dont les serviteurs sont malades.* (1)

Donnons quelques exemples de cette construction :

ثُمَّ يُخْرِجُ بِهِ زَرْعًا مُخْتَلِفًا أَلْوَانُهُ

Ensuite il fait sortir de la terre par elle (par le moyen de cette eau) des grains de différentes espèces.

---

(1) On peut même, si le nom qui suit l'adjectif est au pluriel, mettre l'adjectif au pluriel régulier et dire مَرَرْتُ بِرَجُلٍ مَرِيضِينَ غِلْمَانُهُ, si l'on admet, pour le verbe précédant son sujet, la syntaxe connue sous la formule أَكَلُونِي ٱلْبَرَاغِيثُ (n° 395, p. 237, note 2).

أَخْرِجْنَا مِنْ هَذِهِ ٱلْقَرْيَةِ ٱلظَّالِمِ أَهْلُهَا

Fais-nous sortir de cette ville, dont les habitants sont méchants.

فَوَيْلٌ لِلْقَاسِيَةِ قُلُوبُهُمْ مِنْ ذِكْرِ ٱللَّهِ

Malheur [aux hommes] dont le cœur est trop dur pour se souvenir de Dieu!

يَجْعَلَ مَا يُلْقِي ٱلشَّيْطَانُ فِتْنَةً لِلَّذِينَ فِي قُلُوبِهِمْ مَرَضٌ وَٱلْقَاسِيَةِ قُلُوبُهُمْ

Dieu rendra les suggestions de Satan un sujet de scandale, pour ceux dans le cœur desquels il y a une maladie, et pour [les hommes] dont les cœurs sont endurcis.

Dans le troisième et le quatrième exemple, il faut sous-entendre le mot ٱلنَّاسِ, *les hommes*, avant ٱلْقَاسِيَةِ.

فَكُنْ حَدِيثًا حَسَنًا ذِكْرُهُ   فَإِنَّمَا ٱلنَّاسُ أَحَادِيثُ

Sois un récit dont le souvenir soit beau (c'est-à-dire dont on ne parle qu'en bien); car les hommes ne sont que des récits. (1)

وَكَثِيرَةٍ غُرَبَاؤُهَا مَجْهُولَةٍ   تُرْجَى نَوَافِلُهَا وَيُخْشَى ذَامُهَا

Souvent il est arrivé que, dans [un palais] où se trouvent beaucoup d'étrangers et dont les habitants sont inconnus [les uns aux autres], palais dont on espère les faveurs et dont on craint le blâme, etc.

Il y a, dans ce dernier exemple, deux ellipses remarquables : 1° celle du nom qualifié par كَثِيرَةٍ غُرَبَاؤُهَا, nom qui ne peut être autre que دَارٍ; 2° celle de سُكَّانُهَا ou غُرَبَاؤُهَا après مَجْهُولَةٍ : mais ce sont là des licences poétiques.

468. Les adjectifs, quoique destinés à se joindre à des

---

(1) C'est-à-dire que la seule chose à laquelle on doive attacher quelque importance, c'est de laisser une bonne renommée, parce qu'il n'y a de réel et de durable, dans l'existence de l'homme, que la réputation qu'il laisse après lui.

noms, s'emploient fréquemment seuls, parce qu'on fait ellipse du nom. Cet usage de l'adjectif est surtout très fréquent en arabe. On emploie alors ordinairement le genre masculin, quand le nom sous-entendu indique un être animé, et le genre féminin, quand il indique une chose inanimée. Exemples : سَيِّئَاتِكُمْ *vos péchés,* ٱلصَّالِحَاتُ *les bonnes œuvres,* عَجَائِبُ *des merveilles,* كَبِيرَةٌ et au pluriel كَبَائِرُ *péché mortel.* Le singulier masculin de l'adjectif est aussi employé quelquefois, quoique plus rarement, comme nom d'une chose inanimée; ainsi l'on trouve dans l'Alcoran : صَالِحًا *une bonne œuvre.* (1)

469. Il arrive assez fréquemment qu'on supprime le nom, en ne conservant que l'adjectif ou la proposition conjonctive qui fait la fonction d'adjectif. Exemples :

فِيهِنَّ قَاصِرَاتُ ٱلطَّرْفِ

Parmi elles seront des [femmes] modestes du regard (c'est-à-dire *au regard modeste*).

يَرْمِي بِكَفَّيْ كَانَ مِنْ أَرْمَى ٱلْبَشَرِ

Il lance [des flèches] avec les deux mains [d'un homme] qui est du nombre des hommes les plus habiles à lancer des flèches.

كَأَنَّكَ مِنْ جِمَالِ بَنِي أُقَيْشٍ   يُقَعْقَعُ بَيْنَ رِجْلَيْهِ بِشَنِّ

On dirait que tu es [un chameau] du nombre des chameaux des Benou-Okaïsch, entre les pieds duquel on fait ballotter avec fracas une vieille outre. (2)

---

(1) Rien n'est plus commun que *la conversion de l'adjectif en nom,* ٱلنَّقْلُ مِنَ ٱلْوَصْفِيَّةِ إِلَى ٱلْٱسْمِيَّةِ, par l'addition du ة, signe du genre féminin. Voyez, à ce sujet, mon *Commentaire sur les Séances de Hariri,* séance XXXI, p. 337.

(2) Voyez, sur ce vers, ma *Chrestomathie arabe,* 2ᵉ édit., t. II, p. 422.

Dans le premier de ces exemples, le mot نِسَاءٌ *des femmes* est sous-entendu; dans le second, il faut sous-entendre رَجُلٍ *d'un homme*, complément de كَفَّى; et, dans le troisième, جَمَلٌ *un chameau*, auquel se rapporte l'affixe de رِجْلَيْهِ.

470. Quelquefois, au lieu d'adjectif qualificatif, on emploie un nom d'action : par exemple, عَدْلٌ *justice*, au lieu de عَادِلٌ *juste*. Alors, ce nom se conforme à celui qu'il qualifie, par rapport à la qualité de fini ou d'indéfini, et par rapport au cas; mais il conserve toujours son genre particulier, et il demeure au singulier, à quelque nombre que soit le nom qualifié. Ainsi, l'on dira رَجُلٌ عَدْلٌ *un homme juste*, رَجُلَانِ عَدْلٌ *deux hommes justes*, رِجَالٌ عَدْلٌ *des hommes justes*. (1) Exemple :

عَسَى رَبُّهُ إِنْ طَلَّقَكُنَّ أَنْ يُبْدِلَهُ أَزْوَاجًا خَيْرًا مِنْكُنَّ مُسْلِمَاتٍ مُؤْمِنَاتٍ قَانِتَاتٍ وَأَبْكَارًا

Il pourra bien arriver, s'il vous répudie, que son seigneur lui donne, en votre place, des épouses meilleures que vous, musulmanes, vraies croyantes, obéissantes et vierges.

471. Les articles démonstratifs concordent en genre et en nombre avec les noms auxquels ils se rapportent, en observant à cet égard qu'on emploie communément les articles démons-

---

(1) Ebn Malec, dans son *Alfiyya*, dit positivement à ce sujet :

وَنَعَتُوا بِمَصْدَرٍ كَثِيرَا   وَٱلْتَزَمُوا ٱلْإِفْرَادَ وَٱلتَّذْكِيرَا

Sur quoi un commentateur observe que l'on dit رَجُلٌ رِضًى et اِمْرَأَةٌ رِضًى, et de même avec le duel رَجُلَانِ رِضًى et avec le pluriel رِجَالٌ رِضًى. « Il « paraît, ajoute-t-il, qu'on a voulu, par là, faire sentir qu'il y a là une ellipse et « que dans l'origine on devait dire رَجُلٌ ذُو رِضًى au féminin اِمْرَأَةٌ ذَاتُ رِضًى, « et de même au duel masculin ذَوَا رِضًى et, au pluriel, ذَوُو رِضًى. »

(Voyez le manuscrit 465 de St-Germain, fol. 134 *recto*.)

tratifs singuliers féminins تِلْكَ, هَذِهِ, ذِي, etc., avec les noms pluriels irréguliers, et généralement dans tous les cas où cette concordance irrégulière a lieu pour les adjectifs et les pronoms. Ainsi, l'on dit تِلْكَ ٱلْعَسَاكِرُ *ces armées-là*, هَذِهِ ٱلْأَيَّامُ *ces jours-ci*, تِلْكَ ٱلْمَكَاتِيبُ *ces écrits-là*, هَذِهِ ٱلْخَيْلُ *ces chevaux-ci*, هَذِهِ ٱلْأَلْفُ أَلْفِ دِينَارٍ *ce million de dinars*. (1)

472. Cependant, quand le démonstratif précède le nom auquel il se rapporte, on met quelquefois le démonstratif au singulier et au masculin, quoique le nom soit au duel ou que ce soit un pluriel rompu; on se sert aussi du démonstratif pluriel أُولَآئِكَ avec des pluriels rompus, et même avec des noms collectifs au singulier. Ainsi, l'on dit ذَلِكَ ٱلرَّجُلَانِ *ces deux hommes-là*, دَهِشَتْ هَذَا ٱلنَّاسُ *ces hommes-ci*, ذَاكَ ٱلْقُصُورُ *ces palais*, دَمُ وَاحِدٍ مِنْ أُولَآئِكَ *ces têtes furent étourdies*, أُولَآئِكَ ٱلرُّؤُوسُ ٱلْجَمَاعَةِ *le sang de l'un de cette troupe*. Dans ces deux derniers exemples, il est évident qu'on a employé le pluriel أُولَآئِكَ, parce qu'on a entendu par ٱلرُّؤُوسُ et ٱلْجَمَاعَةِ des êtres raisonnables. (2)

473. Les articles démonstratifs dans la formation desquels entre le pronom de la seconde personne, outre leur concordance avec le nom auquel ils se rapportent, sont encore susceptibles de concorder en genre et en nombre avec la personne à laquelle on adresse la parole. Ainsi, pour dire *ce livre*, on

---

(1) Quoique les mots أَلْفٌ *mille* et دِينَارٌ *dinar* soient grammaticalement du nombre singulier, il est évident que logiquement ils expriment un pluriel : voilà pourquoi ils sont en concordance avec هَذِهِ.

(2) Tous ces exemples, excepté le second, sont tirés de la *Vie de Timour*, par Ahmed, fils d'Arabschah, t. II, p. 890, 502, 624 et 622. Le second exemple est tiré de Moténabbi. Voyez ma *Chrestomathie arabe*, 2ᵉ édit., t. III, p. 44. J'ai donc vraisemblablement eu tort de supposer, dans mes notes, p. 45, que le poète avait considéré ٱلنَّاسُ comme un singulier.

dira, si l'on parle à un homme seul, ذَلِكَ ٱلْكِتَابُ ; si l'on parle à deux hommes ou à deux femmes, ذَلِكُمَا ٱلْكِتَابُ ; si l'on parle à plusieurs hommes, ذَلِكُمْ ٱلْكِتَابُ, et à plusieurs femmes, ذَلِكُنَّ ٱلْكِتَابُ. Il en est de même de تِلْكَ (n° 969, Ire part.). Toutefois, cette concordance est rare, et l'on emploie plus ordinairement ذَلِكَ et تِلْكَ, quels que soient le genre et le nombre des personnes auxquelles on parle.

474. L'adjectif conjonctif ٱلَّذِي, ٱلَّتِي suit les mêmes règles de concordance que tous les autres adjectifs. Etant déterminé de sa nature, il ne peut se joindre qu'à des noms déterminés (n° 436). Il concorde avec son antécédent en cas, ce qui toutefois n'est sensible qu'au duel seulement ; il concorde aussi en genre et en nombre, soit régulièrement, soit irrégulièrement, suivant les règles que nous avons données. Exemples :

آمَنُوا بِآيَاتِ ٱللَّهِ ٱلَّتِي أَنْزَلَهَا عَلَى نَبِيِّهِ

Ils ont cru aux versets que Dieu a envoyés à son prophète.

تَوَكَّلُوا عَلَى ٱللَّهِ فِي ٱلشَّدَائِدِ ٱلَّتِي تُصِيبُكُمْ

Ayez confiance en Dieu dans les malheurs qui vous arrivent.

ٱللَّاتِي يَأْتِينَ ٱلْفَاحِشَةَ مِنْ نِسَائِكُمْ فَٱسْتَشْهِدُوا عَلَيْهِنَّ أَرْبَعَةً مِنْكُمْ

Celles de vos femmes qui auront commis un adultère, que quatre d'entre vous déposent contre elles.

أُمَّهَاتُكُمُ ٱللَّاتِي أَرْضَعْنَكُمْ

Vos mères qui vous ont allaités.

وَٱللَّذَانِ يَأْتِيَانِ ٱلْفَاحِشَةَ مِنْكُمْ فَآذُوهُمَا

Les deux personnes d'entre vous qui auront commis un adultère, châtiez-les.

أَرِنَا ٱللَّذَيْنِ أَضَلَّانَا

Montre-nous [les deux individus] qui nous ont égarés.

أَنْشَدَ ٱلْبَيْتَيْنِ ٱلْمُطْرَفَيْنِ ٱللَّذَيْنِ أَسْكَتَا كُلَّ نَاطِبٍ

Il récita les deux vers excellents qui imposèrent silence à tous ceux qui parlaient.

أَعْظِمْ بِٱلْعُمَرَيْنِ ٱللَّذَيْنِ كَانَا فِي هَذِهِ ٱلْأُمَّةِ بِمَنْزِلَةِ ٱلْقَمَرَيْنِ

Ils sont bien grands, les deux Omar qui ont été parmi ce peuple comme deux lunes brillantes.

Il est bon de faire observer, par rapport aux trois derniers exemples, que le sujet ou *agent*, فَاعِلٌ, des verbes أَضَلَّا, أَسْكَتَا et كَانَا n'est point l'adjectif conjonctif, mais bien le pronom هُمَا renfermé dans les verbes. La même analyse doit s'appliquer à tous les cas où l'adjectif conjonctif est suivi d'un verbe qui qualifie le nom auquel cet adjectif se rapporte. L'adjectif conjonctif concorde virtuellement en cas avec l'antécédent qu'il qualifie, quoique cette concordance ne soit pas sensible. Ainsi, dans le premier et le second exemple, ٱللَّتِي est au génitif, comme آيَاتٍ et ٱلشَّدَائِدِ; dans le troisième, ٱللَّاتِي est au nominatif, comme concordant avec ٱلتِّسَاءُ sous-entendu; et, dans le quatrième, au même cas, comme concordant avec أُمَّهَاتٌ.

Je reviendrai plus tard sur la syntaxe des conjonctifs. (1)

_____

(1) L'adjectif conjonctif ٱلَّذِي semble avoir été employé quelquefois comme un nom collectif susceptible de concorder avec des verbes au singulier et au pluriel. Moténabbi a dit :

أَنَالَ ٱلشَّرَفَ ٱلْأَعْلَى تَقَدُّمُهُ   فَمَا ٱلَّذِي يَتَوَقَّى مَا أَتَى نَالُوا

Sa hardiesse à s'avancer lui a valu le plus haut degré de gloire; qu'ont gagné, au contraire, ces gens qui attendent les événements fâcheux qui pourraient leur arriver?

Dans ce vers, ٱلَّذِي est en concordance avec يَتَوَقَّى, singulier, et نَالُوا, pluriel; et l'on ne peut pas supposer que le poète ait employé ٱلَّذِي comme pluriel (n° 979, Ire part.), puisque le verbe qui le suit est au singulier.

(Voyez M. Grangeret de Lagrange, *Anthologie arabe*, p. 10 du texte arabe.)

CHAPITRE XX

Concordance des Appositifs

475. Les *appositifs* sont, comme je l'ai dit ailleurs (n° 34), des noms réunis à un autre nom qui a été d'abord exprimé, et ils ne font que présenter la même personne ou la même chose sous divers points de vue, pour mieux en déterminer l'idée. Je rappellerai ici l'exemple que j'ai déjà donné : *Alexandre le Grand, roi de Macédoine, fils de Philippe, vainqueur de Darius*, exemple dans lequel les expressions *roi de Macédoine, fils de Philippe, vainqueur de Darius* sont les appositifs de la première expression, *Alexandre le Grand*.

476. Les grammairiens arabes comprennent les appositifs, comme les adjectifs, dans la classe des parties du discours qu'ils nomment تَوَابِعُ (n° 432); et cela avec raison, puisqu'il est de la nature des appositifs de concorder *avec le mot auquel ils sont apposés,* ٱلْمَتْبُوعُ.

Ils distinguent cinq espèces de ces mots : 1° les *qualificatifs*, ٱلنَّعْتُ, dont j'ai parlé dans le chapitre précédent ; 2° les *corroboratifs*, ٱلتَّوْكِيدُ, qui ajoutent quelque force à l'expression, comme le mot *tous* dans ces phrases : *Ils sont venus tous, je les ai tous vus,* ou le mot *eux-mêmes* dans celle-ci : *Ils sont venus eux-mêmes* ; 3° les *conjonctifs explicatifs,* عَطْفُ ٱلْبَيَانِ, comme *Omar* dans cette expression : *Abou Djafar Ómar ;* 4° les *conjonctifs d'ordre,* عَطْفُ ٱلنَّسَقِ, c'est-à-dire les mots qui sont joints à d'autres par des conjonctions ou des adverbes, comme *et, mais, ou, et puis, aussi, même, non,* etc. ; 5° les *mots mis en remplacement* et qu'on peut nommer *permutatifs,* بَدَلٌ, comme *Zéid* dans cette phrase : *Ton frère, Zéid, est venu me voir.* Chacune de ces cinq divisions est susceptible de plusieurs sous-divisions. La cinquième ne diffère de la troisième que par une nuance peu sensible. La quatrième n'appartient point à ce que j'appelle *appositifs*.

477. On peut donner pour règle générale que les appositifs concordent en cas, et, autant que leur nature le permet, en genre et en nombre avec le nom avec lequel ils sont en rapport d'apposition; le plus souvent aussi ils sont, comme ce nom, déterminés ou indéterminés. Exemples:

فِي هَذِهِ ٱلسَّنَةِ تُوُفِّيَ أَبُو ٱلْحُسَيْنِ أَحْمَدُ بْنُ مُحَمَّدٍ ٱلْقَدُورِيُّ ٱلْحَنَفِيُّ

En cette année-ci, mourut Abou'lhosaïn Ahmed Kodouri Hanefi (c'est-à-dire de la secte d'Abou Hanifa), fils de Mohammed.

ٱلْمِصْبَاحُ يُوقَدُ مِنْ شَجَرَةٍ مُبَارَكَةٍ زَيْتُونَةٍ

La lumière de cette lampe est entretenue [du produit] d'un arbre béni, d'un olivier.

يُسْقَى مِنْ مَآءٍ صَدِيدٍ

Il sera abreuvé d'eau, de pus.

Dans le premier exemple, أَحْمَدُ et ٱبْنُ sont en concordance avec أَبُو, comme appositifs; dans le second, زَيْتُونَةٍ concorde avec شَجَرَةٍ, et dans le troisième صَدِيدٍ avec مَآءٍ, par la même raison.

478. Il en est de même quand l'appositif restreint ou détermine l'étendue du mot avec lequel il est en rapport d'apposition, ou le réduit à un point de vue particulier. Exemples:

أَكَلْتُ ٱلرَّغِيفَ نِصْفَهُ

J'ai mangé le pain, la moitié de lui.

أَعْجَبَنِي زَيْدٌ حُسْنُهُ

Zéid, la beauté de lui m'a plu.

لِي أَصْحَابٌ غَيْرُكُمْ أُحِبُّهُمْ

J'ai des camarades, autres que vous, qui me sont chers.

رَأَيْتُ رَجُلًا غَيْرَكُمْ يَدْخُلُ ٱلْبَيْتَ

J'ai vu un homme, autre que vous, entrer dans la maison.

479. Les exemples que je viens de donner n'appartiennent qu'improprement à la classe des appositifs. A plus forte raison ne peut-on pas regarder, rigoureusement parlant, comme appositif une expression que l'on substitue à une autre qui était échappée par une erreur involontaire, comme si l'on disait : *J'ai vu Ibrahim...* et que, se reprenant, on ajoutât tout de suite *...Isaac :* c'est-à-dire *je me trompe, ce n'est point Ibrahim que j'ai vu, mais Isaac.* Les grammairiens arabes font de ce cas une des sous-divisions des *permutatifs,* بَدَلٌ.

Au reste, dans ce cas-là même, l'expression substituée concorde en cas avec celle à laquelle on la substitue.

480. On peut, avec plus de raison, rapporter aux appositifs une partie des expressions nommées *corroboration* ou *corroboratifs,* تَوْكِيدٌ, par les grammairiens arabes. Celles dont je parle ici se subdivisent en deux espèces, dont la première répond au mot français *même* ou au latin *ipse,* et la seconde répond au mot français la *totalité,* et remplace l'adjectif *tout,* qui n'a point d'équivalent exact en arabe.

481. La première espèce renferme les mots نَفْسٌ *âme* et عَيْنٌ *œil.* On dit, en arabe : *J'ai vu Amrou, son âme,* رَأَيْتُ عَمْرًا نَفْسَهُ ou *son œil,* عَيْنَهُ, pour dire : *J'ai vu Amrou lui-même.* [1]

Ces mots ne sont jamais en apposition qu'avec des noms déterminés soit par l'article, soit autrement, ou avec des pronoms; ils concordent en cas avec le nom avec lequel ils sont

---

[1] Les mots نَفْسٌ et عَيْنٌ ne sont pas toujours appositifs : ainsi, si l'on dit قَتَلَ نَفْسَهُ *Il s'est tué lui-même,* جَآءَ بِنَفْسِهِ *Il est venu en personne* (à la lettre *il est venu avec son âme),* نَفْسٌ n'est point appositif.

en rapport d'apposition; ils concordent aussi avec ce même nom en nombre, en observant que l'on ne peut employer dans cette acception aucune autre forme de pluriel que أنفُس et أَعْيُن, et que, si le nom ou le pronom avec lequel ces mots sont en rapport d'apposition est au duel, on doit employer le pluriel, et non le duel des appositifs نَفْس et عَيْن (n° 251). Enfin, ces appositifs doivent être en rapport d'annexion avec des pronoms affixes qui concordent en genre et en nombre avec le mot dont نَفْس et عَيْن sont les appositifs.

جَاءَ زَيْدٌ نَفْسُهُ Zéid lui-même est venu;

جَاءَتْ زَيْنَبُ نَفْسُهَا Zéinab elle-même est venue;

رَأَيْتُ ٱلْأَمِيرَيْنِ أَنْفُسَهُمَا J'ai vu les deux émirs eux-mêmes;

مَرَرْتُ بِٱلْمَرْيَمَيْنِ أَنْفُسِهِمَا Je passai près des deux Maries elles-mêmes;

قَتَلَهُ ٱلْوُزَرَاءُ أَنْفُسُهُمْ Les vizirs eux-mêmes l'ont tué;

قَتَلَتْهُ نِسَاؤُهُ أَنْفُسُهُنَّ Ses femmes elles-mêmes l'ont tué.

Si ces appositifs sont en rapport d'apposition avec un pronom affixe, on peut interposer un pronom isolé entre le pronom affixe et l'appositif. On peut donc dire رَأَيْتُكَ نَفْسَكَ ou رَأَيْتُكَ أَنْتَ نَفْسَكَ, ou enfin رَأَيْتُكَ إِيَّاكَ نَفْسَكَ, je t'ai vu toi-même; (1) مَرَرْتُ بِكَ أَنْتَ نَفْسِكَ ou مَرَرْتُ بِكَ نَفْسِكَ j'ai passé auprès de toi-même.

---

(1) Suivant quelques grammairiens, si, dans ce cas, on emploie le pronom isolé qui représente l'accusatif (n° 1017, Ire part.), comme إِيَّاكَ, il est *permutatif*, بَدَل; si l'on emploie le pronom isolé nominatif, comme أَنْتَ, il est *corroboratif*, مُؤَكِّد.

Au surplus, il est nécessaire d'observer qu'on ne peut faire usage des pronoms

Si l'on veut donner un appositif de ce genre à un pronom servant de sujet à un verbe, on ne peut pas mettre l'appositif après le verbe sans interposer réellement le pronom personnel entre le verbe et l'appositif. Ainsi, l'on ne peut pas dire قُمْتَ أَنْتَ نَفْسُكَ ni قُمْتَ نَفْسُكَ, mais il faut dire قُمْتَ أَنْتَ نَفْسُكَ *tu t'es levé toi-même*; قُومُوا أَنْتُمْ أَنْفُسَكُمْ *levez-vous vous-mêmes*.

482. La deuxième espèce de *corroboratifs* dont je parle renferme les mots كُلّ *universalité*, جَمِيع *totalité*, عَامَّة *généralité*, et quelques autres de la même signification.

Leur concordance avec le nom avec lequel ils sont en rapport d'apposition est la même que celle de نَفْس et عَيْن, si ce n'est que, par la nature même de leur signification, ils demeurent toujours au singulier. Exemples :

جَاءَ الْجَيْشُ كُلُّهُ *L'armée tout entière est venue*;

جَاءَتِ الْقَبِيلَةُ كُلُّهَا *La tribu tout entière est venue*;

رَأَيْتُ الْقَوْمَ كُلَّهُمْ *J'ai vu tous ces gens-là*;

مَرَرْتُ بِالنِّسَاءِ كُلِّهِنَّ *J'ai passé auprès de toutes ces femmes*;

{ جَاءَ الْجَيْشُ جَمِيعُهُ
{ جَاءَ الْجَيْشُ عَامَّتُهُ } *L'armée entière est venue.*

483. Avec un pronom affixe duel, on ne peut pas employer d'autre mot que كِلَا pour le masculin et كِلْتَا pour le féminin (n° 251); au génitif et à l'accusatif, on dit كِلَيْ et كِلْتَيْ. (1) Ex. :

isolés, composés de إِيَّا, que dans le cas où le pronom affixe qui précède représente un accusatif, comme cela a lieu dans رَأَيْتُكَ إِيَّاكَ.

(1) Il faut se rappeler que كِلَا et كِلْتَا se déclinent quand ils sont en rapport d'annexion avec un pronom affixe : dans toute autre circonstance, ces deux mots

جَآءَ عَمْرٌو وَعُمَرُ كِلَاهُمَا *Amrou et Omar sont venus tous deux;*

رَأَيْتُ عَمْرًا وَعُمَرَ كِلَيْهِمَا *J'ai vu Amrou et Omar, tous les deux;*

زَوَّجْتُهُ زَيْنَبَ وَفَاطِمَةَ كِلْتَيْهِمَا *Je lui ai fait épouser Zéinab et Fatime, toutes les deux.*

484. كُلٌّ et les mots de la même signification s'emploient plus ordinairement comme appositifs, avec des noms déterminés; ils peuvent cependant servir d'appositifs à des noms indéterminés, pourvu que ces noms expriment par eux-mêmes des choses renfermées dans des limites certaines. Ainsi, l'on dit شَهْرٌ كُلُّهُ *un mois tout entier,* سَنَةٌ جَمِيعُهَا *une année entière;* mais on ne pourrait pas joindre ces appositifs à des mots qui exprimeraient une étendue vague, comme وَقْتٌ *temps,* مُدَّةٌ *durée,* à moins que ces mêmes mots ne fussent déterminés par l'article ou par un complément. (1)

485. Après l'appositif كُلٌّ, on peut ajouter encore un autre appositif qui concorde en genre, en nombre et en cas avec le même nom qui est déjà en rapport d'apposition avec كُلٌّ. Ce nouvel appositif est, pour le singulier, au masculin أَجْمَعُ, au féminin جَمْعَآءُ; et, pour le pluriel, au masculin أَجْمَعُونَ et au féminin جُمَعُ. Exemple:

فَسَجَدَ ٱلْمَلَآئِكَةُ كُلُّهُمْ أَجْمَعُونَ

Tous les anges adorèrent.

On ne doit pas employer pour le duel أَجْمَعَانِ au masculin, ni جَمْعَاوَانِ au féminin.

sont indéclinables (n° 914, I⁽ʳᵉ⁾ part.). Ainsi, l'on dira: رَأَيْتُ كِلَا أَخَوَيْكَ *J'ai vu tes deux frères,* et مَرَرْتُ بِكِلْتَا أُخْتَيْكَ *J'ai passé auprès de tes deux sœurs.*

(1) Voyez ce qui a été dit plus haut (n° 440) de la concordance d'un nom restreint par l'article démonstratif, avec un appositif indéterminé de sa nature.

On peut mettre أَجْمَعُ comme appositif, seul, et indépendamment de كُلّ.

486. On joint quelquefois à أَجْمَعُ d'autres appositifs dont le sens est le même et qui suivent la même déclinaison et les mêmes règles de concordance. Ce sont :

POUR LE SINGULIER		POUR LE PLURIEL	
Masculin	Féminin	Masculin	Féminin
أَكْتَعُ	كَتْعَاءَ	أَكْتَعُونَ	كُتَعُ
أَبْصَعُ	بَصْعَاءَ	أَبْصَعُونَ	بُصَعُ
أَبْتَعُ	بَتْعَاءَ	أَبْتَعُونَ	بُتَعُ

Si l'on réunit tous ces appositifs synonymes ou plusieurs d'entre eux, on doit les placer suivant l'ordre où ils sont présentés ici. Exemple :

جَاءَ ٱلْجَيْشُ كُلُّهُ أَجْمَعُ أَكْتَعُ أَبْصَعُ أَبْتَعُ

L'armée tout entière est venue.

Quelquefois, mais rarement, on emploie un de ces derniers appositifs seul, sans qu'il soit précédé de كُلّ et de أَجْمَعُ.

يَا لَيْتَنِي كُنْتُ صَبِيًّا مُرْضَعًا   تَمِيلِي ٱلذَّلْفَاءَ هَوْلَا أَكْتَعَا
إِذَا بَكَيْتُ قَبَّلَتْنِي أَرْبَعًا   إِذَنْ ظَلِلْتُ ٱلدَّهْرَ أَبْكِي أَجْمَعَا

Plût à Dieu que je fusse un enfant à la mamelle, porté, pendant une année entière, entre les bras de cette belle au nez charmant, et que chaque fois que je pleurerais, elle me donnât quatre baisers! Ah! s'il en était ainsi, je passerais tout mon temps à pleurer. (Voir Appendice.)

On voit, dans ces vers : 1° أَكْتَعُ employé comme appositif avec un nom indéterminé (n° 440) et sans être précédé de كُلّ ni de أَجْمَعُ ; 2° أَجْمَعُ employé aussi sans être précédé de كُلّ ;

3° l'appositif أَجْمَعُ séparé de ٱلدَّهْرَ, avec lequel il est en apposition, par le verbe أَبْكِي.

487. Les grammairiens arabes comprennent sous le nom de *corroboratifs*, تَوْكِيدٌ, quelques autres manières de s'exprimer dont je parlerai en traitant du pléonasme. [1]

CHAPITRE XXI
Concordance des Mots liés par des Particules conjonctives

488. Les appositifs n'ont pas besoin de particules conjonctives pour se lier avec les mots avec lesquels ils sont en rapport d'apposition ; car le rapport qui est entre les choses signifiées par un nom et par ses appositifs est un rapport d'identité. Il n'en est pas de même quand plusieurs sujets différents ont un attribut commun ou que plusieurs attributs différents appartiennent à un même sujet, ou que divers antécédents ont un conséquent commun, ou enfin que divers conséquents ont un même antécédent. L'union qui existe alors entre ces divers sujets, attributs, antécédents ou conséquents s'in-

---

(1) Il n'est peut-être pas inutile de faire observer ici que le mot وَحْدَ, suivi d'un affixe, comme وَحْدَهُ, وَحْدَكَ, وَحْدِي, n'est point un appositif. C'est une expression adverbiale, invariable, qui doit toujours être à l'accusatif, et qu'il ne faut point faire concorder avec le nom auquel se rapporte le pronom affixe qui lui sert de complément (n° 1122, 1re part.). Voici deux exemples dans lesquels la rime démontre qu'il faut toujours prononcer وَحْدَ :

وَسَارَ شَاهُ مَلِكُ وَحْدَهُ مِنْ غَيْرِ عُدَّةٍ وَعِدَّةٍ

Schah Mélic marcha tout seul, sans provisions ni troupes.

فَبَقِيتُ أَنَا وَهُوَ وَحْدَنَا وَلَمْ يَبْقَ أَحَدٌ عِنْدَنَا

Nous restâmes seuls, lui et moi, et il ne demeura personne auprès de nous.

dique ordinairement par des conjonctions ou d'autres particules conjonctives. Exemples : *Le ciel* ET *la terre sont l'ouvrage de Dieu; Dieu est bon* ET *juste; Dieu a créé l'homme* ET *la femme; tout dans la terre* ET *le ciel, dans les villes* ET *les campagnes, nous rappelle à l'idée d'une providence divine;* NI *la raison* NI *la religion n'autorisent le crime; ce n'est pas Dieu,* MAIS *c'est l'homme, qui est l'auteur du mal; le bonheur* OU *le malheur, la vie* OU *la mort, tout est indifférent au vrai stoïcien.*

Les mots liés ainsi par des conjonctions doivent nécessairement concorder entre eux en cas, si ce sont des noms, et en modes, si ce sont des verbes, parce que la qualité de sujet, d'attribut, d'antécédent ou de complément leur est commune. Leur concordance est donc plutôt une suite de règles de dépendance qu'une véritable concordance. Si je dis : *Deus creavit cœlum et terram, et mare, et omnia quæ in eis sunt*, ce n'est point comme concordant avec *cœlum* que *terram, mare* et *omnia* sont à l'accusatif, mais comme autant de compléments immédiats du verbe *creavit*.

489. J'ai déjà dit que les grammairiens arabes envisagent ceci comme une sorte de concordance; c'est ce qu'ils nomment عَطْفُ ٱلنَّسَقِ *conjonctifs d'ordre* (nº 476).

Ils comptent neuf particules indéclinables qui produisent cette concordance; ce sont وَ *et*, فَ *et*, ثُمَّ *puis*, حَتَّى *et même* (nº 1059, Ire part.), أَمْ *ou bien*, أَوْ *ou*, بَلْ *mais*, لَا *non pas*, لَكِنْ *mais*. (1)

(1) Les grammairiens arabes considèrent, dans ce cas-là, أَمْ, حَتَّى et لَا comme des particules conjonctives, حُرُوفُ عَطْفٍ, parce qu'ils déterminent la nature des particules dans les différents usages auxquels elles servent, bien moins par leur signification que par leur influence grammaticale. Voyez sur le sens propre du mot عَطْفٍ, comme terme technique de grammaire, mon *Anthologie grammaticale arabe*, p. 274.

DE LA SYNTAXE

L'usage de ces diverses particules peut donner lieu à plusieurs observations; mais je me contente de renvoyer le lecteur à ce que j'en ai dit dans la première partie.

490. Je rappellerai seulement ici qu'il y a certains cas où quelques-unes de ces particules ne font plus fonction de simple conjonction; elles régissent alors le nom qui les suit, soit au génitif, comme حَتَّى quand il signifie *jusqu'à* (n° 1059, Ire part.), et وَ dans les formules de serment, soit à l'accusatif, comme وَ signifiant *avec* (n° 1211, Ire part.).

491. Plusieurs de ces particules ont aussi, dans certains cas, une influence particulière sur le verbe qui les suit; ce sont أَوْ, وَ, فَ et حَتَّى : elles cessent alors d'être de simples *conjonctifs d'ordre*, et leur influence grammaticale consiste à mettre le verbe qui les suit au mode subjonctif, si ce verbe est à l'aoriste. Cela a été suffisamment développé ci-devant (n°s 55 à 61).

492. Dans les propositions conditionnelles exprimées au moyen de la conjonction إِنْ *si*, ou de quelqu'un des mots qui renferment la valeur de cette conjonction, le verbe, s'il est à l'aoriste, doit être mis au mode conditionnel. Il en est de même du verbe de la proposition affirmative hypothétique qui est dans la dépendance de la proposition conditionnelle et qui forme le terme conséquent du rapport dont cette proposition conditionnelle est l'antécédent (n°s 66 et suiv.).

Si, dans la proposition conditionnelle, il survient un second verbe joint avec le premier par les conjonctions فَ ou وَ, ce second verbe peut être mis à l'aoriste conditionnel, comme celui auquel il est joint par la conjonction; on peut aussi le mettre au mode subjonctif, donnant alors aux conjonctions فَ ou وَ la valeur de أَنْ *que, en sorte que* (n°s 56 et 57). On peut donc dire : إِنْ تَأْتِنِى فَتُحَدِّثْنِى حُدِّثْكَ *Si tu viens me trouver, et si tu causes avec moi, je causerai avec toi,* ou bien : إِنْ تَأْتِنِى فَتُحَدِّثَنِى

أُحَدِّثُكَ Si *tu viens me trouver, en sorte que tu causes avec moi, je causerai avec toi.*

Si, dans la proposition affirmative hypothétique qui forme le terme conséquent du rapport dont la proposition conditionnelle est l'antécédent, il survient, après le verbe mis à l'aoriste conditionnel, un nouveau verbe joint au premier par l'une des conjonctions فَ ou وَ, on peut mettre ce second verbe soit à l'aoriste conditionnel, comme *conjonctif d'ordre*, soit à l'indicatif, comme *appartenant à une nouvelle proposition indépendante de la précédente*, عَلَى الِٱسْتِئْنَافِ, ou au subjonctif, en donnant à la conjonction فَ ou وَ la valeur de أَنْ *en sorte que.* On peut donc dire, dans l'exemple suivant : إِنْ تُبْدُوا مَا فِي أَنْفُسِكُمْ أَوْ تُخْفُوهُ يُحَاسِبْكُمْ بِهِ ٱللَّهُ فَيَغْفِرُ لِمَنْ يَشَاءُ وَيُعَذِّبُ مَنْ يَشَاءُ Si *vous manifestez ce qui est dans vos cœurs, ou si vous le cachez, Dieu vous en fera rendre compte, et il pardonnera à qui il voudra, et il livrera aux tourments qui il voudra ;* mais on peut aussi, au lieu de فَيَغْفِرُ et وَيُعَذِّبُ, dire فَيَغْفِرَ et وَيُعَذِّبَ, ou bien encore فَيَغْفِرْ et وَيُعَذِّبْ.(1)

493. Avec l'adverbe conjonctif ثُمَّ *et puis*, il faudrait nécessairement employer l'indicatif ou le mode conditionnel, cet adverbe conjonctif n'ayant jamais la valeur de la conjonction أَنْ.

494. Si l'on veut joindre par une conjonction le pronom sous-entendu qui sert de sujet à un verbe avec un autre pronom ou un nom, l'usage le plus ordinaire est d'exprimer effectivement le pronom personnel après le verbe. Exemples :

مَا لَمْ تَعْلَمُوا أَنْتُمْ وَلَا آبَاؤُكُمْ

Ce que vous ne saviez, [ni] vous *ni vos pères.*

---

(1) Cet exemple est tiré de l'Alcoran, sur. 2, vers. 284 ; et les lecteurs de l'Alcoran se partagent entre ces trois manières de lire les deux derniers verbes. Le sens est toujours à peu près le même.

DE LA SYNTAXE

فَلَمَّا وَصَلَ سَعْدُ إِلَى ٱلْقَادِسِيَّةِ ٱحْتَاجَ هُوَ وَمَنْ مَعَهُ إِلَى ٱلْأَقْوَاتِ

Quand Saâd fut arrivé à Kadisiyya, il eut besoin de vivres, LUI *et ceux qui étaient avec lui.*

Il arrive cependant souvent que ce pronom reste sous-entendu, surtout quand il y a quelque mot interposé entre le verbe et la particule conjonctive.

495. Si l'on veut joindre par une particule conjonctive plusieurs compléments d'une même préposition ou d'un même nom, dont le premier soit un pronom affixe représentant le génitif, il est convenable de répéter l'antécédent.[1] Exemples :

ٱللَّهُ يُنَجِّيكُمْ مِنْهَا وَمِنْ كُلِّ كَرْبٍ

Dieu vous délivrera d'elle et DE *toute affliction.*

قَالَ لَهَا وَلِلْأَرْضِ

Il dit à elle et à la terre.

496. Il y a cependant des exemples, surtout en poésie, dans lesquels on se dispense de répéter l'antécédent. Exemples :

وَكَفَرَ بِهِ وَٱلْمَسْجِدِ ٱلْحَرَامِ

Il n'a point cru en lui et [en] *la mosquée inviolable.*

وَٱتَّقُوا ٱللَّهَ ٱلَّذِى تَسَآءَلُونَ بِهِ وَٱلْأَرْحَامَ

Craignez Dieu, au sujet de qui vous avez des discussions entre vous, aussi bien [qu'au sujet] *des proches parents.* [2]

---

(1) Voyez, à ce sujet, les observations de Hariri sur les cas où l'on doit répéter le mot بَيْنَ, et ceux où il ne faut pas le répéter, dans mon *Anthologie grammaticale arabe*, p. 86.

(2) C'est ici un passage de l'Alcoran, sur. 4, vers. 1. Plusieurs lecteurs y lisent وَٱلْأَرْحَامِ ; d'autres lisent à l'accusatif وَٱلْأَرْحَامَ comme étant un nouveau complément du verbe ٱتَّقُوا, et le sens est, alors, *respectez aussi vos parents.*

مَا فِيهَا غَيْرُهُ وَفَرَسِهِ

Il n'y a personne autre que lui et [que] son cheval.

إِذَا أَوْقَدُوا نَارًا لِحَرْبِ عَدُوِّهِمْ   فَقَدْ خَابَ مَنْ يَصْلَى بِهَا وَسَعِيرِهَا

Lorsqu'ils allument le feu de la guerre pour consumer leurs ennemis, malheur à quiconque vient se chauffer à lui (c'est-à-dire à ce feu) et [à] sa flamme ardente!

CHAPITRE XXII

Syntaxe particulière des Verbes qui ont pour complément un Sujet et un Attribut

497. J'ai déjà parlé ailleurs (n° 149) de diverses espèces de verbes auxquels on donne pour complément un sujet et un attribut qui constituent une proposition complémentaire. Ceux d'entre ces verbes qui signifient *croire, juger, penser, imaginer*, et qu'on nomme, à cause de cela, *verbes de cœur,* أَفْعَالُ ou أَفْعَالٌ قَلْبِيَّةٌ ٱلْقَلْبِ, exigent quelques observations particulières.

498. Ces verbes peuvent perdre leur influence sur la proposition qui leur sert de complément, en deux circonstances :

La première est lorsqu'on place le verbe entre le sujet et l'attribut de la proposition complémentaire, ou après l'un et l'autre. Exemples :

آتٍ ٱلْمَوْتُ تَعْلَمُونَ *La mort doit venir, vous [le] savez;*

هُمَا سَيِّدَانَا يَزْعُمَانِ *Ils [sont] tous deux nos maîtres, disent-ils;*

Enfin, il y a des lecteurs qui lisent au nominatif وَٱلْأَرْحَامُ, regardant ce mot comme un sujet dont l'attribut est كَذَلِكَ sous-entendu ; en sorte que le sens est : *Il en est de même de vos parents.* Béidhawi préfère la première leçon.

زَيْدٌ ظَنَنْتُ كَاذِبٌ *Zéid, je crois, [est] menteur.*

On peut aussi, dans l'un et l'autre cas, conserver au verbe son influence et mettre le sujet et l'attribut à l'accusatif. Cependant, quand le verbe est après les deux termes de la proposition complémentaire, il vaut mieux *le dépouiller de son influence*, ce qui s'appelle إِلْغَآءٌ.

499. La seconde circonstance qui peut faire perdre à ces verbes leur influence sur la proposition complémentaire, c'est lorsque, le verbe étant placé avant la proposition complémentaire, il se trouve à la tête de cette proposition une particule affirmative, interrogative, négative ou autre, qui, par sa nature, doit occuper le commencement d'une proposition. Ex.:

عَلِمْتُ لَزَيْدٌ كَاذِبٌ *Je sais [que] certainement Zéid est menteur;*

ظَنَنْتُ مَا أَنْتَ إِلَّا كَافِرٌ *Je pense [que] tu n'es qu'un infidèle;*

عَلِمْتُ أَزَيْدٌ آتٍ أَمْ عَمْرُو *Sais-tu si Zéid vient, ou Amrou?*

Cette sorte de construction s'appelle تَعْلِيقٌ *laisser en suspens.*

500. Ces mêmes verbes peuvent avoir pour complément une proposition composée d'un sujet et d'un verbe, ou d'un sujet et d'un terme circonstanciel de temps ou de lieu, le verbe ou l'attribut étant sous-entendu. Cela ne change rien à leur syntaxe, si ce n'est que leur influence n'est que virtuelle sur le verbe ou sur le terme circonstanciel. Les grammairiens arabes disent alors que ces mots sont *virtuellement à l'accusatif*, عَلَى أَنَّهُ مَفْعُولٌ مَنْصُوبٌ مَحَلًّا, comme *second complément du verbe,* ثَانٍ لِلْفِعْلِ. Exemples:

شَجَاكَ أَظُنُّ رَبْعَ ٱلظَّاعِنِينَ

Le séjour qu'occupaient autrefois ceux qui ont quitté leur demeure t'inspire, je crois, de la tristesse.

Le mot رَبْعَ est à l'accusatif, comme sujet de la proposition complémentaire dont l'attribut est le verbe شَجَا. On peut aussi dire ici رَبَعُ au nominatif, parce que le verbe est entre les deux termes de la proposition complémentaire (n° 498).

$$\text{لَقَدْ عَلِمْتَ لَتَأْتِيَنَّ مَنِيَّتُكَ}$$

Certes, tu sais [que] ton trépas arrivera assurément.

Ici, le verbe n'a aucune influence sur la proposition complémentaire تَأْتِيَنَّ مَنِيَّتُكَ, à cause de l'interposition de l'adverbe لَ.

501. Lorsque les verbes qui ont pour complément un sujet et un attribut, et dont il vient d'être question, sont employés à la voix objective, le nom qui servait de sujet à la proposition complémentaire devient le sujet grammatical du verbe, et le mot qui formait l'attribut de la proposition complémentaire demeure à l'accusatif (n° 226); mais il faut alors envisager ce mot comme un terme circonstanciel déterminatif (n° 151). Ex.:

$$\text{يُظَنُّ زَيْدٌ كَاذِبًا}$$

Zéid est réputé menteur.

502. Les noms d'action et les adjectifs verbaux formés des verbes dont il est ici question exercent la même influence que ces verbes et sont sujets aux mêmes exceptions. Exemples :

$$\text{أَأَنْتَ ظَانٌّ زَيْدًا عَاقِلًا}$$

Crois-tu [que] Zéid [est] raisonnable?

$$\text{مَرَرْتُ بِرَجُلٍ مَظْنُونٍ أَبُوهُ حَكِيمًا}$$

J'ai passé près d'un homme dont le père est réputé philosophe.

$$\text{أَعْجَبَنِي ظَنُّكَ زَيْدًا كَرِيمًا}$$

Je suis charmé que tu croies Zéid généreux.

CHAPITRE XXIII

Syntaxe particulière des Verbes abstraits

503. Le verbe كَانَ *être,* et les autres verbes qui ne renferment que la valeur du verbe abstrait نَاقِصَةً *incomplet,* unie à une circonstance de temps ou de durée, et qui, par conséquent, servent à joindre un sujet à un attribut exprimé indépendamment du verbe, exigent que le sujet soit au nominatif et l'attribut à l'accusatif (n°s 90 et 121).

504. Si ces verbes sont employés comme verbes *complets,* تَامَّةً, c'est-à-dire comme verbes attributifs renfermant en eux-mêmes l'attribut, ils n'exercent d'influence que sur le sujet, qui doit être au nominatif (n° 121).

505. L'attribut, mis à l'accusatif après les verbes abstraits, peut être considéré comme terme circonstanciel adverbial (n° 164).

506. Le nom d'action du verbe كَانَ est très souvent employé, comme le verbe lui-même, avec un sujet et un attribut, le sujet étant mis au génitif, sous forme de complément d'un rapport d'annexion, et l'attribut à l'accusatif. L'adjectif verbal كَائِنٌ *étant* met aussi l'attribut qui le suit à l'accusatif. Ex. :

لِكَوْنِكَ قَوِيًّا وَكَوْنِ غَيْرِكَ ضَعِيفًا

Parce que tu es fort et que les autres sont faibles.

مُحَمَّدٌ ٱلْكَائِنُ نَبِيًّا وَآدَمُ بَيْنَ ٱلْمَاءِ وَٱلطِّينِ

Mahomet, qui était déjà prophète lors même qu'Adam n'était encore que de la terre et de l'eau.

507. Nous avons observé que le verbe كَانَ, joint à l'aoriste ou au prétérit d'un autre verbe, donne au premier de ces temps la valeur de l'imparfait (n° 425, Ire part.) et au second la valeur du plus-que-parfait (n°s 366 et 368, Ire part.). Ajoutons ici que le nom d'action du verbe كَانَ peut être employé de la même manière. Exemples :

مِنْ كَوْنِهِ قَدْ وَجَدَهَا عَلَى ٱلطَّرِيقِ

Parce qu'il l'avait trouvée sur le chemin.

مِنْ كَوْنِهِمْ لَا يَعْرِفُونَ أَيُّنَا فَعَلَ هَذَا

Parce qu'ils ne savaient pas qui de nous avait fait cela. (1)

508. Il arrive quelquefois que le verbe كَانَ est employé d'une manière pléonastique et qu'il perd toute influence gram-

---

(1) Les grammairiens arabes envisagent, dans le cas dont il s'agit, le verbe mis au prétérit ou à l'aoriste comme l'attribut du verbe كَانَ, et ils n'ont point imaginé de regarder cela comme des temps composés de la réunion de deux verbes. Ainsi, si l'on dit : كَانَ ٱلسُّلْطَانُ خَرَجَ, le sens est le même que si l'on eût dit : كَانَ ٱلسُّلْطَانُ خَارِجًا مِنْ قَبْلُ *Le sultan a été sortant auparavant,* c'est-à-dire *était sorti.* Si l'on dit : كَانَ أَبِي يَكْرَهُ مِنِّي هَذَا ٱلْفِعْلَ, le sens est le même que si l'on eût dit : كَانَ أَبِي كَارِهًا مِنِّي هَذَا ٱلْفِعْلَ *Mon père a été désapprouvant* (c'est-à-dire *désapprouvait*) *cette manière d'agir de ma part.* Dans ces exemples, خَرَجَ et يَكْرَهُ sont des propositions verbales composées d'un verbe et d'un agent ou pronom caché (n° 189), et ces propositions forment l'attribut du verbe كَانَ et sont par conséquent *virtuellement à l'accusatif,* مَنْصُوبُ ٱلْمَحَلِّ. Le sujet du verbe كَانَ est, dans la première proposition, أَبِي ; et, dans la seconde, ٱلسُّلْطَانُ.

Au surplus, la théorie que j'ai adoptée, relativement à l'usage des formes temporelles des verbes arabes, est tellement liée dans toutes ses parties, que je la regarde comme incontestable. Les Persans, pour exprimer l'imparfait, imitent le procédé de la langue arabe, car ils réunissent la particule می, qui indique, de sa nature, le présent, avec le prétérit du verbe, ou bien ils la contractent avec le prétérit, en la réduisant à un ی précédé d'un *kesra* et la joignant à la fin du verbe ; ils disent indifféremment فَرْمُودِی می ou فَرْمُودی, *il ordonnait.*

maticale, en sorte que les mots qui semblent devoir former son sujet et son attribut ne forment plus qu'une proposition nominale. Cela n'a lieu qu'au prétérit, et le verbe peut se placer entre les deux termes de la proposition nominale, ou avant la proposition tout entière. Exemples:

أَوَ نَبِيٌّ كَانَ مُوسَى

Moïse était-il donc un prophète?

إِذَا مُتَّ كَانَ ٱلنَّاسُ صِنْفَانِ شَامِتٌ وَآخَرُ مُثْنٍ بِٱلَّذِى كُنْتُ أَصْنَعُ

Quand je serai mort, voici ce qui arrivera: les hommes [seront divisés en] deux partis [à mon égard]; l'un qui censurera, l'autre qui louera ce que je faisais [pendant ma vie]. [1]

CHAPITRE XXIV

Syntaxe particulière des Adjectifs verbaux qui servent à exprimer le Comparatif et le Superlatif

509. Les adjectifs verbaux qui servent à exprimer le comparatif et le superlatif, et qui sont toujours, comme il a été dit ailleurs (n° 746, Ire part.), de la forme أَفْعَلُ, étant sujets à quelques règles de syntaxe particulières, par rapport tant à la dépendance qu'à la concordance, nous croyons nécessaire d'en traiter ici d'une manière spéciale. [2]

---

(1) Voyez, à ce sujet, mon *Anthologie grammaticale arabe*, p. 335 et 336. Le cas dont il s'agit ici est extrêmement rare.

(2) J'ai envisagé ces adjectifs comme dérivés des adjectifs verbaux d'une signification positive; les grammairiens arabes les envisagent comme dérivés immédiatement des verbes. Suivant les mêmes grammairiens, on ne peut point former d'adjectif verbal comparatif: 1° des racines qui ne sont point verbes; 2° des verbes, soit primitifs, soit dérivés, qui ont plus de trois lettres; 3° des verbes

510. Les adjectifs verbaux d'une signification comparative ou superlative peuvent être employés ou comme antécédents d'un rapport d'annexion ayant pour complément un nom ou un adjectif, ou d'une manière absolue avec l'article déterminatif, ou enfin hors de tout rapport d'annexion et sans article.

511. Etant antécédents d'un rapport d'annexion, ils doivent demeurer invariablement au masculin et au singulier, si leur complément est indéterminé. Ainsi, il faut dire هِيَ أَفْضَلُ ٱمْرَأَةٍ *c'est une femme excellente,* comme on dit هُوَ أَفْضَلُ رَجُلٍ *c'est un homme excellent;* هُمْ أَعْظَمُ رِجَالٍ *ce sont de très grands hommes.*

dont l'adjectif est lui-même de la forme أَفْعَلُ, comme أَعْمَى *aveugle;* 4° de la voix objective; 5° des verbes qui n'ont point une conjugaison complète, comme عَسَى *il peut se faire que;* 6° de ceux dont la signification n'est susceptible ni de plus ni de moins, comme مَاتَ *mourir*. Quoique ces observations soient justes, elles sont cependant sujettes à quelques exceptions. Ainsi, l'on dit أَلَصُّ *plus voleur,* de لِصٌّ *voleur,* quoique cette racine n'offre point de verbe; أَعْطَى *plus enclin à donner,* أَكْرَمُ *plus disposé à honorer,* أَخْصَرُ *abrégeant davantage,* أَحْوَجُ *ayant un plus grand besoin,* quoique ces adjectifs ne puissent tirer leur origine que des verbes dérivés أَعْطَى *donner,* أَكْرَمَ *honorer,* اِخْتَصَرَ *abréger,* اِحْتَاجَ *avoir besoin*. On dit aussi أَهْوَجُ *plus sot,* quoique l'adjectif verbal positif dérivé du verbe هَوِجَ *être sot,* soit lui-même أَهْوَجُ; أَشْغَلُ *plus occupé,* أَعْنَى *plus enclin à s'occuper de quelque chose,* quoique ces adjectifs appartiennent nécessairement, par leurs significations, à la voix objective; شُغِلَ *être occupé,* عُنِيَ *être appliqué à quelque chose.*

On trouve même les adjectifs qui indiquent les couleurs, comme أَبْيَضُ *blanc,* أَسْوَدُ *noir,* employés quelquefois avec la signification comparative.

Au reste, ces exceptions sont rares et l'on peut les regarder comme des licences; il faut seulement observer que les verbes de la quatrième forme, أَفْعَلَ, donnent assez fréquemment naissance à des adjectifs verbaux comparatifs.

(Voyez, à ce sujet, mon *Anthologie grammaticale arabe,* p. 74.)

512. Si le complément du rapport d'annexion est déterminé, l'adjectif comparatif peut demeurer invariablement au singulier et au masculin, de quelque genre et de quelque nombre que soit le nom ou le pronom qu'il qualifie. Exemples :

$$ هِيَ أَفْضَلُ ٱلنِّسَآءِ $$

Elle est la plus excellente des femmes.

$$ أَنْتُمَا أَصْدَقُ ٱلصَّادِقِينَ $$

Vous deux êtes les plus véridiques des hommes véridiques.

$$ لَتَجِدَنَّهُمْ أَحْرَصَ ٱلنَّاسِ عَلَى ٱلْحَيَوٰةِ ٱلدُّنْيَا $$

Tu les trouveras assurément les plus avides de la vie présente, entre tous les hommes.

$$ أَجْرَأُ ٱلنَّاسِ عَلَى ٱلْأَسَدِ أَكْثَرُهُمْ لَهُ رُؤْيَةً $$

Le plus hardi d'entre les hommes contre le lion, c'est celui qui l'a vu le plus souvent.

Il peut aussi concorder en genre et en nombre avec le nom qu'il qualifie. Exemples :

$$ هِيَ فُضْلَى ٱلنِّسَآءِ $$

Elle est la plus excellente des femmes.

$$ هُمَا أَفْضَلَا ٱلْقَوْمِ $$

Ils sont tous deux les plus excellents hommes de ce peuple.

On trouve ces deux différentes manières de s'exprimer réunies dans l'exemple suivant :

$$ أَلَا أُخْبِرُكُمْ بِأَحَبِّكُمْ إِلَيَّ وَأَقْرَبِكُمْ مِنِّي مَجَالِسَ يَوْمَ ٱلْقِيَامَةِ أَحَاسِنُكُمْ أَخْلَاقًا $$

Ne faut-il pas que je vous apprenne quels sont ceux d'entre vous que j'aime le plus ? Ceux d'entre vous qui seront le plus près de moi par [les] places [qu'ils occuperont] au jour de la résurrection, ce sont ceux qui se distinguent par le meilleur caractère.

513. Employé d'une manière absolue avec l'article déterminatif, l'adjectif verbal comparatif doit concorder en genre et en nombre avec le nom ou le pronom auquel il sert d'attribut. Exemples :

هُمَا ٱلْأَعْدَلَانِ

Ils sont les deux hommes les plus justes.

هُمَا ٱلصُّغْرَيَانِ

Elles sont les deux femmes les plus petites.

هُمُ ٱلْأَفْضَلُونَ بَيْنَ ٱلنَّاسِ

Ils sont les plus excellents entre les hommes.

جَعَلَ كَلِمَةَ ٱلَّذِينَ كَفَرُوا ٱلسُّفْلَى وَكَلِمَةُ ٱللَّهِ هِيَ ٱلْعُلْيَا

Il a rendu la parole (c'est-à-dire la puissance) de ceux qui ont été incrédules la plus basse, et la parole de Dieu a été la plus haute.

On peut employer au pluriel masculin la forme régulière أَفْعَلُونَ ou la forme irrégulière أَفَاعِلُ. Au féminin, on peut de même se servir du pluriel régulier de la forme فُعْلَيَاتٌ ou du pluriel irrégulier de la forme فُعَلُ.

514. Employé hors de tout rapport d'annexion et sans article, l'adjectif verbal comparatif n'éprouve aucune variation de genre ni de nombre ; il est invariablement du singulier masculin ; il doit toujours être suivi de la préposition مِنْ, qui gouverne le mot qui exprime *le terme de comparaison avec infériorité relative,* ٱلْمُفَضَّلُ عَلَيْهِ. Si quelquefois cette préposition et son régime ne sont point exprimés, c'est une ellipse. Exemples :

ٱلْفِتْنَةُ أَشَدُّ مِنَ ٱلْقَتْلِ

La sédition est pire que le meurtre.

نَحْنُ أَحَقُّ بِٱلْمُلْكِ مِنْهُ

Nous avons plus de droit au royaume que lui.

وَمَا شَيْءٌ أَفْسَدُ لِطِبَاعِ ٱلنَّاسِ مِنْ هَذِهِ ٱلشَّجَرَةِ ٱلْخَبِيثَةِ

Il n'y a rien au monde de plus nuisible au tempérament des hommes que cette maudite plante.

بُعُولَتُهُنَّ أَحَقُّ بِرَدِّهِنَّ

Leurs maris ont plus de droit à les reprendre.

ٱللَّهُ أَعْلَمُ

Dieu est plus savant.

Dans ces deux derniers exemples, il y a ellipse de مِنْ et de son complément. Il faut suppléer, dans le premier, مِنْ غَيْرِهِمْ *que tout autre*; et, dans le second, مِنَّا *que nous* ou مِنْ غَيْرِهِ *que tout autre que lui.*

515. Cette ellipse est assez fréquente, quand l'adjectif comparatif fait fonction d'attribut, comme dans les exemples précédents; elle a rarement lieu quand il est qualificatif ou quand il sert de terme circonstanciel, comme dans l'exemple suivant : تَرَوَّجِي وَآتِي مَكَانًا أَجْدَرَ أَنْ تَقِيلِي, dont le sens est : أَجْدَرَ أَنْ تَقِيلِي فِيهِ مِنْ هَذَا ٱلْمَكَانِ *Va-t'en [ô femme], et retire-toi dans un lieu plus propre que celui-ci pour y faire la méridienne.*

516. Quand l'adjectif comparatif est employé en rapport d'annexion, ou bien avec l'article déterminatif, il ne doit point être suivi de مِنْ ; et si quelquefois, dans le second cas, on le trouve suivi de مِنْ et d'un complément, ce complément n'exprime pas un terme de comparaison.

517. L'adjectif de la forme أَفْعَلُ, employé en rapport d'annexion, ou avec l'article, exprime le superlatif et répond à l'expression française *le plus*, comme on le voit dans ces exemples :

ٱللَّهُ أَرْحَمُ ٱلرَّاحِمِينَ

Dieu est LE PLUS *miséricordieux de [tous] les miséricordieux.*

اَللّٰهُ هُوَ الْأَكْبَرُ

Dieu est LE PLUS *grand.*

Suivi de مِنْ et d'un complément, il n'exprime qu'un comparatif et répond simplement au mot français *plus*. Exemple :

أَحْمَدُ أَصْدَقُ مِنْكَ

Ahmed est PLUS *véridique que toi.*

518. Quand l'adjectif comparatif est en rapport d'annexion avec un complément indéterminé, comme dans cet exemple : هُوَ أَفْضَلُ رَجُلٍ, le sens est le même que si l'on disait : هُوَ أَفْضَلُ *Il est plus excellent [que tout autre], en tant qu'un homme.* رَجُلًا Aussi, le complément doit-il être du même genre et du même nombre que le nom ou le pronom qui sert de sujet à la proposition. Exemple :

هُمَا أَفْضَلُ رَجُلَيْنِ

Eux deux sont plus excellents, en tant que deux hommes ; c'est-à-dire *ce sont deux hommes excellents.*

Ce complément fait ici fonction de terme circonstanciel spécificatif (nº 153) ; cela est si vrai, qu'il faut le mettre à l'accusatif si l'adjectif est déterminé par un autre complément en rapport d'annexion. Exemple :

هُوَ أَفْضَلُ النَّاسِ رَجُلًا

Il est le meilleur des hommes, en tant qu'un homme.

Cette façon de s'exprimer revient à celle qui a lieu avec les verbes de louange et de blâme (nºs 374 et 375).

519. L'objet de comparaison et la préposition مِنْ à laquelle il sert de complément doivent être placés après l'adjectif comparatif. L'inversion cependant doit avoir lieu quand la phrase est interrogative. Exemple :

مِنْ أَيِّهِمْ أَنْتَ أَفْضَلُ

Lequel d'entre eux surpasses-tu en excellence ?

Dans tout autre cas, si l'on se permet cette inversion, c'est une licence, comme dans les exemples suivants :

فَقَالَتْ لَنَا أَهْلًا وَسَهْلًا وَزَوَّدَتْ جَنَى ٱلنَّخْلِ بَلْ مَا زَوَّدَتْ مِنْهُ أَطْيَبُ

Elle nous a dit : Soyez les bienvenus, et elle nous a offert à manger les fruits des palmiers ; non contente de cela, elle nous a présenté quelque chose de meilleur encore que ces fruits.

وَلَا عَيْبَ فِيهَا غَيْرَ أَنَّ قُطُوفَهَا سَرِيعٌ وَأَنْ لَا شَىْءَ مِنْهُنَّ أَكْسَلُ

On ne saurait trouver en elles aucun défaut, si ce n'est que leur trot est pressé et que rien ne les surpasse en paresse.

520. Le rapport qui est entre l'adjectif comparatif et l'objet comparé peut être assimilé à celui qui est entre l'antécédent et le complément des rapports d'annexion : aussi ne doit-on, en général, interposer entre l'adjectif et l'objet de comparaison aucun terme étranger. On peut cependant y interposer des compléments circonstanciels qui modifient le sens de l'adjectif comparatif (n° 270). Exemples :

زَيْدٌ أَكْثَرُ مَالًا مِنْ عَمْرٍو

Zéid est plus riche EN ARGENT qu'Amrou.

أَنْتَ أَحْظَى عِنْدِي مِنْ غَيْرِكَ

Tu es plus agréable A MES YEUX que tout autre que toi.

521. Nous avons dit ailleurs (nos 300 et 306) que les adjectifs verbaux peuvent imiter la syntaxe du verbe et exercer la même influence que le verbe sur le sujet et sur les compléments.

Cette influence est beaucoup moins forte dans les adjectifs verbaux qui expriment le comparatif et le superlatif, et, à cause de cela, ils ne peuvent guère exercer la même influence que les verbes sur leur sujet placé après eux.

Ainsi, l'on ne doit pas dire : مَرَرْتُ بِرَجُلٍ أَحْسَنَ مِنْهُ أَبُوهُ *J'ai passé près d'un homme dont le père est plus beau que lui*, comme l'on peut dire : مَرَرْتُ بِرَجُلٍ حَسَنٍ أَبُوهُ *J'ai passé près d'un homme dont le père est beau* (n° 330).

La raison en est qu'ici on ne pourrait pas substituer le verbe à l'adjectif verbal; car on ne pourrait pas dire مَرَرْتُ بِرَجُلٍ يَحْسُنُ مِنْهُ أَبُوهُ ; et l'on exprimerait un sens différent si l'on disait مَرَرْتُ بِرَجُلٍ يَحْسُنُ أَبُوهُ كَحُسْنِهِ, ce qui signifierait seulement : *J'ai passé près d'un homme dont le père est beau comme lui.* Pour rendre le même sens en employant le verbe, il faudrait ajouter quelque chose qui exprimât l'idée de comparaison et de supériorité relative et dire, par exemple : مَرَرْتُ بِرَجُلٍ يَحْسُنُ أَبُوهُ أَكْثَرَ مِنْهُ. Si donc on veut mettre au nominatif le nom qui forme le sujet de l'adjectif comparatif, il faut le placer avant l'adjectif comparatif et dire : مَرَرْتُ بِرَجُلٍ أَبُوهُ أَحْسَنُ مِنْهُ, à la lettre : *J'ai passé près d'un homme, son père [est] plus beau que lui ;* et alors أَبُوهُ sera au nominatif, non pas comme agent de l'adjectif verbal, mais comme sujet ou inchoatif d'une proposition nominale dont أَحْسَنُ sera l'attribut.

522. Il y a cependant un cas où, après l'adjectif comparatif, le nom qui lui sert de sujet est considéré comme agent et mis comme tel au nominatif : c'est lorsque la proposition qui renferme la comparaison est affirmative et précédée d'une proposition négative, que le mot qui fait fonction d'agent est tout à fait étranger au nom qualifié par l'adjectif comparatif et exprime le terme comparé avec infériorité relative, et enfin que la comparaison se compose de deux idées, comme dans ces exemples :

مَا رَأَيْتُ رَجُلًا أَحْسَنَ فِي عَيْنِهِ ٱلْكُحْلُ مِنْهُ فِي عَيْنِ زَيْدٍ

Je n'ai point vu d'homme dans l'œil duquel le collyre soit plus beau que dans celui de Zéid.

مَا مِنْ أَيَّامٍ أَحَبَّ إِلَى ٱللَّهِ فِيهَا ٱلصَّوْمُ مِنْهُ فِي عَشْرِ ذِي ٱلْحِجَّةِ

Il n'y a point de jours dans lesquels le jeûne soit plus agréable à Dieu que le dixième jour du mois de dhou'lhiddja. (1)

La raison pour laquelle cette manière de s'exprimer est permise en ce cas, c'est qu'en substituant la préposition كَ *comme* à مِنْ, on pourrait mettre le verbe à la place de l'adjectif verbal. En effet, on exprimerait, quoique avec une légère différence, la même idée de comparaison et de supériorité relative, (2) si l'on disait:

مَا رَأَيْتُ رَجُلًا يَحْسُنُ فِى عَيْنِهِ ٱلْكُحْلُ كَحُسْنِهِ فِى عَيْنِ زَيْدٍ

(1) Dans ces deux exemples, la forme de la phrase est négative, *je n'ai point vu;* la proposition qui renferme la comparaison est affirmative, *le collyre est plus beau dans son œil,* etc.; le mot qui fait fonction d'agent, *le collyre* est étranger au nom qualifié *homme,* car on ne dit point *son collyre*, le mot *collyre* est ici le terme comparé avec infériorité relative, car c'est *le collyre dans l'œil de tout autre homme* qui est moins agréable que *le collyre dans l'œil de Zéid;* enfin, cet objet comparé, et qui est envisagé comme relativement inférieur, n'est pas incomplexe; il est complexe et formé de la réunion de deux idées : ce n'est pas le *collyre* seul, c'est *le collyre dans l'œil d'un homme autre que Zéid.*

Il serait trop long de développer les raisons en vertu desquelles toutes ces conditions sont requises pour que cette manière de s'exprimer puisse être admise.

(2) La construction permise dans les exemples donnés serait mauvaise si l'expression n'avait pas la forme négative : ainsi, l'on ne pourrait pas dire رَأَيْتُ رَجُلًا أَحْسَنُ فِى عَيْنِهِ ٱلْكُحْلُ مِنْهُ فِى عَيْنِ زَيْدٍ, mais il faudrait dire : رَأَيْتُ رَجُلًا ٱلْكُحْلُ أَحْسَنُ فِى عَيْنِهِ مِنْهُ فِى عَيْنِ زَيْدٍ *J'ai vu un homme dans l'œil duquel le collyre est plus agréable que dans celui de Zéid.* On ne doit pas non plus, même avec la forme négative, dire : مَا رَأَيْتُ رَجُلًا أَحْسَنُ مِنْهُ أَبُوهُ *Je n'ai point vu un homme dont le père soit plus beau que cet homme lui-même,* parce qu'il manque une des conditions exigées, le terme de comparaison ne se composant pas ici de deux idées.

Au reste, il y a diverses opinions sur cette matière parmi les grammairiens arabes.

(Voyez le man. ar. de la Bibl. du Roi, n° 1234, fol. 79 *verso* et 80 *recto*, et le man. ar. de St-Germain, n° 465, fol. 130 et suiv.)

Je n'ai point vu d'homme dans l'œil duquel le collyre soit aussi agréable que dans celui de Zéid.

مَا مِنْ أَيَّامٍ يُحِبُّ اللّٰهُ فِيهَا الصَّوْمَ كَمَحَبَّتِهِ إِيَّاهُ فِى عَشْرِ ذِى ٱلْحَجَّةِ

Il n'y a point de jours dans lesquels le jeûne soit aussi agréable à Dieu que dans le dixième jour du mois de dhou'lhiddja.[1]

523. Les adjectifs verbaux comparatifs ne prennent point de compléments immédiats à l'accusatif, lors même qu'ils sont dérivés de verbes transitifs; et, s'il y a quelques exemples du contraire, c'est l'effet d'une ellipse.

524. Si l'adjectif verbal comparatif dérive d'un verbe qui exprime l'*amour* ou la *haine*, il se joint par la préposition لِ au complément qui indique l'objet du verbe, et par la préposition إِلَى au complément qui indique le sujet du verbe. Exemples :

ٱلْمُؤْمِنُ أَحَبُّ لِلّٰهِ مِنْ نَفْسِهِ

Le vrai croyant aime Dieu plus que lui-même.

ٱلْمُؤْمِنُ أَحَبُّ إِلَى ٱللّٰهِ مِنْ غَيْرِهِ

Le vrai croyant est plus aimé de Dieu que tout autre.

525. S'il dérive d'un verbe transitif qui signifie *science, connaissance*, il se joint à son complément objectif par la préposition بِ. Exemple :

أَنَا أَعْرَفُ بِٱلْحَقِّ مِنْكُمْ

Je sais mieux la vérité que vous.

526. S'il dérive d'un verbe transitif qui signifie toute autre

---

[1] On voit par cet exemple que l'adjectif verbal comparatif أَحَبُّ a ici le sens passif (n° 509, note), ce qui résulte d'ailleurs de sa construction avec la préposition إِلَى. Il peut aussi avoir le sens actif, mais alors il serait construit avec la préposition لِ, comme on va le voir.

chose que cela, il régit son complément objectif par la préposition لِ. Exemple :

$$هُوَ أَطْلَبُ لِلْعِلْمِ مِنْكُمْ$$

Il recherche plus que vous la science.

527. Les adjectifs verbaux comparatifs dérivés de verbes intransitifs se conforment, à cet égard, aux verbes dont ils dérivent, c'est-à-dire qu'ils gouvernent leurs compléments par le moyen de la préposition que le verbe lui-même exigerait. Exemple :

$$هُوَ أَزْهَدُ فِى ٱلدُّنْيَا وَأَسْرَعُ إِلَى ٱلْخَيْرِ وَأَبْعَدُ مِنَ ٱلْإِثْمِ وَأَحْرَصُ عَلَى ٱلْحَمْدِ$$

Il est plus détaché du monde, plus prompt à embrasser le bien, plus éloigné du crime et plus avide de louanges.

528. Les règles que l'on vient de donner pour la syntaxe des adjectifs de la forme أَفْعَلُ n'ont leur application que lorsque les adjectifs verbaux de cette forme sont employés avec une valeur comparative ou superlative. Il n'est pas rare qu'ils soient employés avec la valeur positive; en ce cas, ils suivent les règles ordinaires de dépendance et de concordance. Ex.:

$$رَبُّكُمْ أَعْلَمُ بِمَا فِى نُفُوسِكُمْ$$

Dieu connaît ce qui est dans vos âmes.

$$هُوَ ٱلَّذِى يُبْدِئُ ٱلْخَلْقَ ثُمَّ يُعِيدُهُ وَهُوَ أَهْوَنُ عَلَيْهِ$$

C'est lui qui tire les créatures du néant et qui les rend à la vie (après leur mort); et c'est pour lui une chose facile.

$$إِنَّ ٱلَّذِى سَمَكَ ٱلسَّمَآءَ وَبَنَى لَهَا بَيْتًا دَعَآئِمُهُ أَعَزُّ وَأَطْوَلُ$$

Celui qui a solidement posé les cieux et qui a élevé leur tente, dont les piliers sont forts et longs.

529. L'emploi des adjectifs comparatifs donne souvent lieu à une manière elliptique de s'exprimer que nous devons faire remarquer.

On en a déjà vu des exemples ci-devant (nº 522); en voici encore quelques-uns :

هُوَ أَحْوَجُ إِلَىَّ مِنِّى إِلَيْهِ

Il a plus besoin de moi que je n'ai besoin de lui.

وَهُوَ بِٱلْجَامُوسِ أَشْبَهُ مِنْهُ بِٱلْفَرَسِ

Et il ressemble plus au buffle qu'au cheval.

هُمْ لِلْكُفْرِ يَوْمَئِذٍ أَقْرَبُ مِنْهُمْ لِلْإِيمَانِ

En ce jour-là, ils étaient plus voisins de l'incrédulité qu'ils ne l'étaient de la foi.

غَيْرَ أَنَّ ٱلْقَلَقَ وَٱلْغَشْىَ وَٱلْكَرْبَ فِى ٱلْحَصْبَةِ أَكْثَرُ مِنْهُ فِى ٱلْجُدَرِىِّ وَوَجَعُ ٱلظَّهْرِ بِٱلْجُدَرِىِّ أَخَصُّ مِنْهُ بِٱلْحَصْبَةِ

Si ce n'est que les angoisses, les syncopes, les serrements de cœur sont plus fréquents dans la rougeole que dans la petite vérole, et que la douleur de dos au contraire est plus particulière à la petite vérole qu'à la rougeole.

Dans le premier de ces exemples, مِنِّى est pour مِنِ ٱحْتِيَاجِى *que je n'ai besoin.* Dans le second, مِنْهُ est pour مِنْ تَشَبُّهِهِ ou مِمَّا هُوَ شَبِيهٌ *qu'il n'est semblable.* Il en est de même des autres.

530. L'ellipse peut encore être poussée plus loin. Ainsi, au lieu de dire : مَا رَأَيْتُ رَجُلًا أَحْسَنَ فِى عَيْنِهِ ٱلْكُحْلُ مِنْهُ فِى عَيْنِ زَيْدٍ *Je n'ai point vu d'homme dans l'œil duquel le collyre soit plus agréable que dans celui de Zéid,* ce qui est l'équivalent de مِنْ حُسْنِهِ فِى عَيْنِ زَيْدٍ *qu'il n'est agréable dans l'œil de Zéid,* on pourrait dire aussi مِنْ عَيْنِ زَيْدٍ *que l'œil de Zéid,* et même مِنْ زَيْدٍ *que Zéid,* manières de s'exprimer où l'ellipse est plus forte.

531. L'adjectif comparatif suivi de مَا indique le plus haut degré de supériorité. Exemple :

فَارَقْنَا أَحْوَ مَا نَحْنُ إِلَيْهِ فِى مَخَالِبِ أَعْدَائِنَا

DE LA SYNTAXE

Il nous quitta et nous laissa entre les griffes de nos ennemis, au moment où nous avions le plus grand besoin de lui.

Je pense que, dans cette sorte de construction, أَحْوَجَ مَا نَحْنُ إِلَيْهِ forme une proposition nominale exprimant *un terme circonstanciel d'état,* حَالٌ, et qui revient à ceci : أَحْوَجَ كَوْنِنَا فِى حَالِ, ou bien à cette proposition : وَنَحْنُ أَحْوَجُ مَا إِلَيْهِ. Il me semble qu'il y a une ellipse et que l'expression complète serait أَحْوَجَ مَا يَكُونُ.(1)

CHAPITRE XXV

Syntaxe particulière des Numératifs

§ Ier — NUMÉRATIFS CARDINAUX

532. Les numératifs cardinaux de la langue arabe peuvent être, en général, considérés comme des noms qui régissent le nom ou l'adjectif qui exprime la chose nombrée. Les numératifs simples, depuis *un* jusqu'à *dix*, les numératifs composés indéclinables, depuis *onze* jusqu'à *dix-neuf*, et les numératifs d'unités qui entrent dans les numératifs composés, depuis *vingt et un* et au-dessus jusqu'à *quatre-vingt-dix-neuf*, etc., ont la distinction du masculin et du féminin. Les numératifs de dizaines, depuis *vingt* jusqu'à *quatre-vingt-dix*, ont la forme

---

(1) On peut voir ce que j'ai dit, relativement à cet usage, dans la 1re part. (n° 1186), p. 543.

On peut aussi supposer que مَا est ici dépouillé de toute valeur conjonctive et que أَحْوَجَ مَا est la même chose que « أَحْوَجَ شَىْءٍ ». (Voyez Ebn Hescham, dans mon *Anthologie grammaticale arabe,* p. 178.)

des pluriels masculins réguliers : مِائَةٌ *cent* est un nom féminin; أَلْفٌ *mille* est un nom masculin.

Nous avons à considérer, par rapport à la syntaxe des numératifs cardinaux, les règles de la dépendance et celles de la concordance.

533. Le nombre singulier et le nombre duel des noms et des adjectifs dispensent d'exprimer les numératifs *un* et *deux*, quand le nom de la chose nombrée est lui-même exprimé et qu'il n'y a que des unités; mais, quand la chose nombrée n'est pas exprimée, on emploie أَحَدُ pour le masculin et إِحْدَى pour le féminin, en rapport d'annexion, en leur donnant pour complément le nom ou le pronom qui exprime la catégorie d'êtres à laquelle appartient la chose dont il s'agit et faisant concorder le numératif en genre avec ce nom. Exemples : أَحَدُ ٱلنَّاسِ *L'un des hommes*, إِحْدَى ٱلنِّسَآءِ *l'une des femmes*.

Le complément d'annexion a ici la valeur de la préposition مِنْ, c'est comme si l'on disait : أَحَدُ مِنَ ٱلنَّاسِ *L'un d'entre les hommes*, إِحْدَى مِنَ ٱلنِّسَآءِ *l'une d'entre les femmes*; on peut aussi s'exprimer de la sorte.

On emploie souvent أَحَدُ sans complément, et il est alors synonyme de رَجُلٌ. Exemple : لَا أَحَدَ فِي ٱلدَّارِ *Il n'y a personne dans la maison*.

Quand on veut exprimer l'idée d'*un seul*, on fait usage de وَاحِدٌ pour le masculin et de وَاحِدَةٌ pour le féminin. Exemple :

ثُمَّ إِنَّ ٱلْوُزَرَآءَ جَآءُوا وَاحِدًا وَاحِدًا

Ensuite, les vizirs vinrent un à un.

534. On emploie quelquefois, quoique très rarement, le numératif *deux*, qui est ٱِثْنَانِ pour le masculin et ٱِثْنَتَانِ pour le féminin, avec le nom de la chose nombrée, mis au duel, ce qui est une sorte de pléonasme. Alors, le numératif se place comme adjectif après le nom de la chose nombrée et concorde avec lui en genre et en cas. Exemples:

$$مَرَرْتُ بِرَجُلَيْنِ ٱثْنَيْنِ$$

J'ai passé près de deux hommes.

$$فَٱسْلُكْ فِيهَا مِنْ كُلِّ زَوْجَيْنِ ٱثْنَيْنِ$$

Fais-y entrer [dans l'arche] de toute espèce d'animaux,[1] *deux individus [mâle et femelle].*

Si le nom de la chose nombrée n'est pas exprimé, on fait concorder ce numératif en genre avec le nom sous-entendu.

535. On trouve aussi le numératif اِثْنَانِ *deux*, en rapport d'annexion avec le nom de la chose nombrée mis au singulier, comme اِثْنَا حَنْظَلٍ *deux grains de coloquinte;* mais c'est une licence.

536. Depuis *trois* jusqu'à *dix*, les numératifs sont employés comme adjectifs ou comme noms. Comme adjectifs ils concordent en genre et en cas avec le nom de la chose nombrée. Ex.:

$$كَانَ لَهُ بَنُونَ ثَلَاثَةٌ وَبَنَاتٌ خَمْسٌ$$

Il avait trois fils et cinq filles.

Comme noms, ils précèdent le nom de la chose nombrée, qu'ils régissent sous forme de rapport d'annexion: le numératif perd son *tenwin*, et le nom qui lui sert de complément se met au génitif pluriel. Il faut observer de ne point employer alors les pluriels réguliers et de donner la préférence aux formes de pluriels irréguliers, destinées à caractériser un petit nombre (n° 872, Ire part.). Cette dernière règle n'est pas d'une rigoureuse obligation. Il faut aussi faire concorder le numératif en genre avec le nom de la chose nombrée. Exemples: ثَلَاثَةُ رِجَالٍ *trois hommes*, سِتُّ بَنَاتٍ *six filles*.

---

[1] Dans cet exemple, qui est tiré de l'Alcoran, sur. 23, vers. 28, quelques lecteurs prononcent كُلٍّ; mais la leçon que j'ai suivie est plus autorisée.

537. Tous les numératifs, depuis *un* jusqu'à *dix*, se conforment aux règles ordinaires de dépendance, pour leurs rapports avec les autres parties du discours, c'est-à-dire pour l'usage des cas. On dira donc :

جَاءَنِى أَرْبَعَةُ رُسُلٍ *Il m'est venu quatre envoyés.*

مَرَرْتُ بِسِتَّةِ رِجَالٍ *J'ai passé auprès de six hommes.*

عَاشَ خَمْسَةَ أَشْهُرٍ وَثَلَاثَةَ أَيَّامٍ *Il vécut cinq mois et trois jours.*

538. Si, après le numératif, on exprime, non pas la chose nombrée, mais un nom destiné à signifier l'espèce entière, comme طَيْرٌ *oiseau*, غَنَمٌ *brebis*, ou un nom collectif, comme رَهْطٌ *famille*, ذَوْدٌ *bande de chameaux*, il est plus régulier d'exprimer le rapport entre le numératif et la chose nombrée par la préposition مِنْ. Exemples : أَرْبَعَةٌ مِنَ ٱلطَّيْرِ *quatre d'entre les oiseaux*; تِسْعَةٌ مِنَ ٱلرَّهْطِ *neuf de la famille.* Il y a, en ce cas, ellipse du nom qui devait exprimer la chose nombrée ; car c'est comme si l'on eût dit أَرْبَعَةُ طُيُورٍ مِنَ ٱلطَّيْرِ *quatre oiseaux d'entre les oiseaux;* تِسْعَةُ أَشْخَاصٍ مِنَ ٱلرَّهْطِ *neuf personnes de la famille.*

539. On exprime cependant quelquefois cette idée par un simple rapport d'annexion. Exemples :

وَكَانَ فِى ٱلْمَدِينَةِ تِسْعَةُ رَهْطٍ

Il y avait dans la ville neuf [hommes] d'une famille.[1]

لَيْسَ فِيمَا دُونَ خَمْسِ ذَوْدٍ صَدَقَةٌ

Il n'est point dû d'aumône pour ce qui est au-dessous de cinq [individus] d'une bande de chameaux.

وَأَشْبَهَهَا فِى ذَلِكَ تِسْعَةُ رَهْطٍ ثَمُودَ وَمَاذَا

---

[1] Cet exemple est pris de l'Alcoran, sur. 27, vers. 49.

Ils ressemblèrent tous deux en cela aux neuf personnes de la tribu de Thémoud, puis ils s'en retournèrent. (1)

Pour rendre raison de ces expressions d'une manière plausible, il faut supposer que le nom générique ou collectif est ici pour le nom individuel : رَهْط *famille,* pour رَجُل *homme;* et ذَوْد *bande de chameaux,* pour جَمَل *chameau.* (2)

540. On trouve quelquefois, après les numératifs dont il s'agit, le nom de la chose nombrée mis à l'accusatif, sous forme de terme circonstanciel spécificatif, comme خَمْسَةٌ أَثْوَابًا, au lieu de خَمْسَةُ أَثْوَابٍ *cinq habits.*

541. Quoique le nom de la chose nombrée, qui sert de complément aux numératifs dont il est ici question, doive être mis au pluriel, il faut en excepter le mot مِائَة *cent,* qui se met au singulier lorsqu'il sert de complément aux numératifs d'unités, comme je le dirai tout à l'heure.

542. Les numératifs composés, depuis *onze* jusqu'à *dix-neuf* (n° 936, Ire part.); les numératifs de dizaines et d'unités, depuis *vingt* jusqu'à *quatre-vingt-dix* (n° 937, Ire part.), et les numératifs composés de dizaines et d'unités, depuis *vingt et un* jusqu'à *quatre-vingt-dix-neuf* (n° 938, Ire part.), régissent tous le nom de la chose nombrée, au singulier et à l'accusatif, sous forme

---

(1) Cet exemple est tiré de la *Vie de Timour*, par Ahmed, fils d'Arabschah, édition de M. Manger, t. II, p. 572. M. Manger a traduit : *tribui Themudarum et Aadœorum;* mais, l'auteur ayant certainement fait allusion au passage de l'Alcoran, sur. 27, vers. 49, où il n'est question que de *Thémoud*, n'a pas pu associer à cette tribu celle d'*Ad;* d'ailleurs, il aurait dû dire وَعَاد, ce qui détruirait la rime.

(2) Le mot نَفَر qui, de sa nature, est collectif, s'emploie de la même manière que رَهْط. (Voyez ce que dit à ce sujet Hariri, dans mon *Anthologie grammaticale arabe,* p. 83 à 85.)

de complément spécificatif (n° 136). Les noms de dizaines qui ont la forme des pluriels masculins réguliers, comme عِشْرُونَ *vingt*, n'éprouvent aucun changement dans ce rapport.[1] Excepté les numératifs de dizaines, qui n'admettent point les deux genres, tous les autres doivent concorder en genre avec le nom de la chose nombrée. Exemples : أَحَدَ عَشَرَ كَوْكَبًا *onze étoiles*, تِسْعٌ وَتِسْعُونَ نَعْجَةً *quatre-vingt-dix-neuf brebis*.

543. On trouve quelquefois, après ces numératifs, le nom de la chose nombrée mis au pluriel, comme dans cet exemple, emprunté de l'Alcoran :

وَقَطَّعْنَاهُمُ ٱثْنَتَيْ عَشْرَةَ أَسْبَاطًا

Nous les avons divisés en douze tribus.

C'est une irrégularité que l'on peut justifier par une ellipse, en supposant que l'auteur a voulu dire : قَطَّعْنَاهُمْ ٱثْنَتَيْ عَشْرَةَ قِطْعَةً أَعْنِي أَسْبَاطًا *Nous les avons divisés en douze portions, je veux parler de tribus.* Il est d'autant plus naturel d'admettre cette analyse que سِبْطٌ *tribu* étant du masculin, si أَسْبَاطًا était le régime propre du numératif, celui-ci aurait dû être du genre masculin, tandis qu'il est ici du féminin.[2]

544. Le nom de la chose nombrée étant mis au singulier après les numératifs dont il s'agit ici, si on lui joint une épithète, on peut la faire concorder en nombre grammaticalement ou

---

(1) Il faut observer que, dans les numératifs composés de dizaines et d'unités, depuis *vingt et un* jusqu'à *quatre-vingt-dix-neuf*, ce qui est au-dessus des dizaines se nomme نَيِّفٌ ou نَيْفٌ *excédent.*

(2) إِثْنَتَيْ doit être alors considéré comme un *permutatif*, أَسْبَاطًا de بَدَلُ de عَشْرَةَ قِطْعَةً ou de sous-entendu ; et cette analyse me paraît d'autant plus vraisemblable qu'après أَسْبَاطًا l'auteur ajoute encore un autre permutatif, أُمَمًا.

logiquement avec le nom qu'elle qualifie. Ainsi, l'on pourra dire عِشْرُونَ دِينَارًا نَاصِرِيًّا, en observant la concordance grammaticale, et عِشْرُونَ دِينَارًا نَاصِرِيَّةٌ, en observant la concordance logique : *vingt pièces d'or au coin de Naser*.

545. Dans les numératifs formés de dizaines et d'unités, au-dessus de *vingt*, il faut toujours placer les unités avant les dizaines. Exemples : ثَلَاثَةٌ وَثَمَانُونَ عَامًا *quatre-vingt-trois ans,* خَمْسَةٌ وَعِشْرُونَ دِينَارًا *vingt-cinq pièces d'or*.

546. Depuis *onze* jusqu'à *dix-neuf*, les numératifs, étant indéclinables, ne sont assujettis à aucune règle de dépendance. Depuis *vingt* jusqu'à *quatre-vingt-dix-neuf*, ils se conforment aux règles ordinaires, pour leurs rapports avec les diverses parties du discours. Exemples :

قُتِلَ أَرْبَعَةٌ وَثَلَاثُونَ رَجُلًا

Trente-quatre hommes furent tués.

مَرَرْتُ بِخَمْسٍ وَأَرْبَعِينَ نَاقَةً

J'ai passé auprès de quarante-cinq femelles de chameau.

ذَبَحْتُ سِتًّا وَتِسْعِينَ شَاةً

J'ai égorgé quatre-vingt-seize brebis.

547. Tous les numératifs de dizaines, depuis *vingt* jusqu'à *quatre-vingt-dix*, peuvent devenir les antécédents d'un rapport d'annexion qui a pour complément le nom du possesseur de la chose nombrée, ou un pronom personnel qui le représente.

Alors on sous-entend le nom de la chose nombrée, d'où il suit que cette manière de s'exprimer ne peut avoir lieu que quand cette chose est déjà connue.

Dans cette manière de s'exprimer, les numératifs de dizaines perdent leur terminaison نَ, comme les pluriels masculins réguliers, (n° 1009, 1re part.), et le nom qui leur sert de complément se met au génitif. Exemples : عِشْرُو زَيْدٍ *les vingt [chevaux] de Zéid*, ثَلَاثُوكَ *tes trente [esclaves]*. (1)

Cela a lieu pareillement dans les dates, le nom du mois dont on parle servant de complément d'annexion au mot عِشْرُونَ ou مِشْرِينَ. Exemples :

وَقَدْ قَتَلَ غَالِبَ ٱلْعَسْكَرِ ٱلْعَطَشُ وَٱلصَّمُوزُ لِأَنَّهُ كَانَ ثَامِنَ عِشْرِي تَمُوزَ

La soif et la fatigue firent périr une grande partie de l'armée, car c'était le 28 du mois de tamouz. (2) (Voir Appendice.)

548. Les numératifs composés indéclinables, excepté اثْنَا عَشَرَ et اثْنَتَا عَشْرَةَ *douze*, admettent aussi cette sorte d'annexion. Dans ce cas, ils demeurent indéclinables, suivant la plupart des grammairiens; suivant d'autres, ils deviennent déclinables. Le premier des deux mots dont ils sont composés prend les trois cas et se met au nominatif, au génitif ou à l'accusatif, selon les rapports dans lesquels il se trouve avec les autres parties du discours; le second mot de leur composition, عَشَرَ ou

---

(1) On trouve souvent, dans les écrivains des siècles inférieurs, les affixes joints au numératif عِشْرِينَ *vingt*, sans que ce numératif perde pour cela sa terminaison نَ; cela a lieu dans les dates. Ainsi, après avoir rapporté plusieurs faits arrivés dans le mois de ramadhan, ils diront : وَفِي عِشْرِينَهُ تُوُفِّيَ ٱلشَّيْخُ مُحَمَّدُ بْنُ عُمَرَ *Le vingt de ce mois mourut le scheikh Mohammed, fils d'Omar*. Je ne vois point que les grammairiens admettent cette manière de s'exprimer. On en trouvera plus loin d'autres exemples.

(2) M. Manger a traduit le *dix-huit*, mais c'est une faute, et j'ai fait voir ailleurs que l'historien de Timour, Ahmed, fils d'Arabschah, qui a pu se tromper sur la date de la bataille d'Angora, ne s'est pas mépris en faisant concorder le 28 de tamouz, ou juillet, avec le 27 du mois lunaire de dhou'lhiddja. (Voyez à ce sujet mon *Mémoire sur une correspondance inédite de Tamerlan avec Charles VI*, dans les *Mémoires de l'Institut, classe d'histoire et de littérature anciennes*, t. VI, page 492.)

عَشَرَةُ, se met au génitif comme complément du premier; [1] et le nom ou pronom qui les suit se met au même cas, comme régi par عَشَرُ ou عَشَرَةُ. Exemples :

هَذِهِ خَمْسَةَ عَشَرَكَ Ce sont ici tes quinze [chameaux].

خُذْ خَمْسَةَ عَشَرَكَ Prends tes quinze [chameaux].

أَعْطِ مِنْ خَمْسَةَ عَشَرَكَ Donne [quelques-uns] de tes quinze [chameaux].

Enfin, d'autres grammairiens laissent la première partie du numératif composé indéclinable et donnent à la seconde partie les trois inflexions des cas : ils disent au nominatif خَمْسَةَ عَشَرُ, au génitif خَمْسَةَ عَشَرِ et à l'accusatif خَمْسَةَ عَشَرَ, comme si les deux mots n'en faisaient qu'un seul; mais cette forme est rejetée du plus grand nombre, comme mauvaise.

549. Le numératif مَائَةٌ cent est un nom féminin; il fait au duel مَائَتَانِ, ce qui exprime *deux cents*. Les autres numératifs de centaines sont formés des numératifs d'unités du genre féminin ثَلَاثُ *trois*, أَرْبَعُ *quatre*, etc., et du mot مَائَةٌ *cent*. Dans cette composition, les numératifs d'unités perdent leur *tenwin*, et le mot مَائَةٌ se met au génitif, comme ثَلَاثُ مَائَةٍ, ou, en un seul mot, ثَلَاثُمَائَةٍ *trois cents*. Ces deux mots forment un rapport d'annexion, de même que ثَلَاثُ نِسَاءٍ *trois femmes*. On emploie ici les numératifs d'unités du genre féminin, parce que مَائَةٌ *cent*, qui est véritablement la chose nombrée, est féminin : ثَلَاثُ مَائَةٍ signifie littéralement *trois centaines*, ou, plus littéralement encore, *un trio de centaines*.

La seule anomalie à observer ici, c'est que مَائَةٌ se met au sin-

---

(1) La première partie de ces composés s'appelle صَدْرٌ *partie antérieure, poitrail*, et la seconde عَجُزٌ *partie postérieure*.

gulier, tandis que, avec les numératifs d'unités, le nom qui exprime la chose nombrée se met régulièrement au pluriel.[1]

On trouve quelquefois dans cette composition le mot مَائَةٌ au pluriel, comme ثَلَثُ مِئِينَ ou ثَلَثُ مِيَاتٍ *trois cents*; mais les exemples en sont très rares.

550. Après les numératifs de centaines, le nom de la chose nombrée se met au génitif singulier, sous la forme de complément d'un rapport d'annexion, et le numératif de centaine qui lui sert d'antécédent perd son *tenwin*, et au duel sa terminaison نِ. Exemples : مَائَةُ رَجُلٍ *cent hommes*; مِائَتَا حِمَارٍ *deux cents ânes*; خَمْسُ مِائَةِ كَلْبٍ *cinq cents chiens*.

551. Les numératifs de centaines sont quelquefois employés avec le nom de la chose nombrée mis à l'accusatif singulier,

---

[1] A ce que j'ai dit sur la manière de former les numératifs de centaines, dans la première partie (n° 940), je dois ajouter que les auteurs des deux commentaires sur l'*Alfiyya* contenus dans les manuscrits arabes, n° 1234 de la Bibliothèque du Roi et n° 465 de Saint-Germain, ne laissent aucun doute sur l'opinion que j'ai adoptée. Le premier de ces auteurs s'exprime ainsi :

مُمَيِّزُ ٱلثَّلَاثَةِ وَأَخَوَاتِهَا لَا يَكُونُ إِلَّا مَجْرُورًا فَإِنْ كَانَ ٱسْمَ جِنْسٍ أَوِ ٱسْمَ جَمْعٍ جُرَّ بِمِنْ وَإِنْ كَانَ غَيْرَهُمَا فَبِإِضَافَةِ ٱلْعَدَدِ إِلَيْهِ وَحَقُّهُ حِينَئِذٍ أَنْ يَكُونَ جَمْعًا مُكَسَّرًا مِنَ ٱلْقِلَّةِ.... فَيُضَافُ لِلْمُفْرَدِ وَذَلِكَ إِنْ كَانَ مِائَةً نَحْوَ ثَلَاثُمِائَةٍ وَسَبْعُ مِائَةٍ

« Le *spécificatif* de *trois* et des autres numératifs de la même série est toujours
« mis au génitif; si c'est un nom qui exprime l'espèce, ou un nom collectif, il
« est mis au génitif, étant régi par la préposition *de*; si c'est un nom autre que
« ceux-là, il est mis au génitif comme complément d'annexion du numératif :
« alors, ce doit être un pluriel rompu, de petite pluralité. Le numératif a quel-
« quefois pour complément d'annexion un singulier, ce qui a lieu quand le com-
« plément est le mot *cent*, comme dans *trois cents*, *sept cents*. » (Man. ar. de la
Bibl. du Roi, n° 1234, fol. 129 *recto*.)

Voyez aussi le man. n° 465 de Saint-Germain, fol. 194 *verso*.

sous forme de complément spécificatif. Exemple : إِذَا عَاشَ ٱلْفَتَى مِأَيْتَيْنِ عَامًا فَقَدْ ذَهَبَ ٱلْمَسَرَّةُ وَٱلْفَتَاءُ *Quand l'homme a vécu deux cents ans, la joie et la jeunesse sont évanouies pour lui.* (C'est une licence.)[1]

552. Le numératif أَلْفٌ *mille* est un nom masculin : il gouverne le nom de la chose nombrée, au génitif singulier, comme complément d'un rapport d'annexion. Exemples : أَلْفُ رَجُلٍ *mille hommes,* أَلْفُ مَدِينَةٍ *mille villes.* Le duel de ce numératif, أَلْفَانِ, sert à exprimer le nombre *deux mille*. Exemples : أَلْفَا كِتَابٍ *deux mille volumes,* أَلْفَا قَرْيَةٍ *deux mille villages.*

553. Les autres numératifs de *mille* se forment en donnant le mot أَلْفٌ *mille* pour complément aux numératifs d'unités, de dizaines et de centaines, et observant de le mettre au génitif pluriel quand il est dans la dépendance des numératifs depuis *trois* jusqu'à *dix;* à l'accusatif singulier quand il est dans celle des numératifs depuis *onze* jusqu'à *quatre-vingt-dix-neuf;* enfin, au génitif singulier quand il est dans celle de tous les autres, depuis *cent* et au-dessus. Quant au nom de la chose nombrée, il est alors le complément du mot أَلْفٌ *mille,* et par conséquent il est toujours au génitif singulier. Observez d'ailleurs que أَلْفٌ *mille* est du genre masculin et que les numératifs auxquels il sert de complément doivent concorder avec lui en genre. Exemples : ثَلَاثَةُ ٱلْآفِ رَجُلٍ *trois mille hommes;* أَلْفَا لَيْلَةٍ *deux mille nuits;* عِشْرُونَ أَلْفَ رَطْلٍ *vingt mille livres de poids;* أَحَدَ عَشَرَ أَلْفَ دِينَارٍ *onze mille pièces d'or;* ثَلَاثَةٌ وَثَلَاثُونَ أَلْفَ دِينَارٍ *trente-trois mille pièces d'argent;* أَلْفُ دِرْهَمٍ ثَلَاثُ مِأَيَةِ أَلْفِ دِينَارٍ *trois cent mille pièces d'or,* أَلْفُ أَلْفِ دِينَارٍ *un million* (à la

---

(1) Quelques grammairiens admettent aussi que le nom de la chose nombrée peut être mis au pluriel après le numératif de centaines. Cela n'est fondé que sur un seul exemple fort équivoque, emprunté de l'Alcoran. (Voyez ci-devant, Iʳᵉ part., p. 422, note.)

lettre, *un mille de mille*) *de pièces d'or*, خَمْسَةُ آلَافِ أَلْفِ دِرْهَمٍ *cinq millions de pièces d'argent*, أَلْفَا أَلْفِ جَمَلٍ *deux millions de chameaux*.

554. Si le nombre qu'on veut exprimer est composé de numératifs de différentes classes, il suffit de mettre le nom de la chose nombrée après tous les numératifs, en lui donnant le nombre et le cas exigés par le dernier des numératifs. Ex.:

بَيْنَ ٱلْهِجْرَةِ وَبَيْنَ ٱلطُّوفَانِ ثَلَاثَةُ آلَافٍ وَتِسْعُمِائَةٍ وَأَرْبَعٌ وَسَبْعُونَ سَنَةً

Entre l'hégire et le déluge, il y a trois mille neuf cent soixante-quatorze ans. [1]

بَيْنَ ٱلْهِجْرَةِ وَبَيْنَ آدَمَ عَلَى مُقْتَضَى ٱلتَّوْرَاةِ ٱلْعِبْرَانِيَّةِ أَرْبَعَةُ آلَافٍ وَسَبْعُ مِائَةٍ وَإِحْدَى وَأَرْبَعُونَ سَنَةً

Entre l'hégire et Adam, suivant le Pentateuque hébreu, il y a quatre mille sept cent quarante et un ans.

بَيْنَ تَبَلْبُلِ ٱلْأَلْسُنِ وَبَيْنَ ٱلْهِجْرَةِ عَلَى ٱخْتِيَارِ ٱلْمُؤَرِّخِينَ ثَلَاثَةُ آلَافٍ وَثَلَثُمِائَةٍ وَأَرْبَعُ سِنِينَ وَأَمَّا عَلَى ٱخْتِيَارِ ٱلْمُنَجِّمِينَ فَتَنْقُصُ عَنْهُ مِائَتَيْنِ وَتِسْعًا وَأَرْبَعِينَ سَنَةً

Entre la confusion des langues et l'hégire, il y a, selon l'opinion des historiens, trois mille trois cent quatre ans; mais, selon celle des astronomes, il faut ôter de ce nombre deux cent quarante-neuf ans.

ثَمَانِمِائَةِ أَلْفٍ وَتِسْعُ مِائَةٍ وَٱثْنَانِ وَثَلَاثُونَ فَارِسًا

Huit cent mille neuf cent trente-deux cavaliers.

On peut aussi répéter le nom de la chose nombrée après chaque classe de numératifs, en lui donnant chaque fois le

---

(1) Dans cet exemple et dans les suivants, la répétition du mot بَيْنَ est une faute. (Voyez Hariri, dans mon *Anthologie grammaticale arabe*, p. 86.)

nombre et le cas exigés par le numératif qui le précède immédiatement. Exemples :

$$\text{آلْغَرِيَّةُ عِبْرَتُهَا أَلْفَا أَلْفِ دِينَارٍ وَمِايَةُ أَلْفِ دِينَارٍ وَأَرْبَعَةٌ وَأَرْبَعُونَ أَلْفَ دِينَارٍ وَثَمَانُونَ دِينَارًا جَيْشِيَّةً}$$

L'évaluation du revenu de la province de Garbiyyèh est de deux millions cent quarante-quatre mille quatre-vingts pièces d'or militaires. (1)

$$\text{آلْوَجْهُ ٱلْقِبْلِيُّ عِبْرَتُهُ ثَلَاثَةُ آلَافِ أَلْفِ دِينَارٍ وَثَلَثُمِائَةِ أَلْفِ دِينَارٍ وَخَمْسَةٌ وَخَمْسُونَ أَلْفَ دِينَارٍ وَثَمَانِمِائَةِ دِينَارٍ وَثَمَانِيَةُ دَنَانِيرَ}$$

L'évaluation du revenu de la partie méridionale (de l'Egypte) est de trois millions trois cent cinquante-cinq mille huit cent huit pièces d'or.

555. Lorsqu'il y a des mille de mille (c'est-à-dire des millions), des centaines de mille, des dizaines et des unités de mille, il est d'usage de répéter le mot *mille* après les mille de mille, les centaines de mille et les unités jointes aux dizaines de mille. Exemple :

$$\text{جُمْلَةُ ذَلِكَ تِسْعَةُ آلَافِ أَلْفٍ وَخَمْسُمِائَةِ أَلْفٍ وَأَرْبَعَةٌ وَثَمَانُونَ أَلْفًا وَمِائَتَانِ وَأَرْبَعَةٌ وَسِتُّونَ دِينَارًا}$$

Le total de cela est neuf millions cinq cent quatre-vingt-quatre mille deux cent soixante-quatre pièces d'or.

556. S'il y a des mille de million (des milliards) des centaines, des dizaines et des unités de million, il faut de même répéter les mots ألْفُ ألْفٍ *mille de mille* ou *million*, après

---

(1) Le *dinar militaire* avait en Egypte une valeur différente de la pièce d'or courante : c'était une monnaie fictive.

Le mot جَيْشِيَّة fait ici fonction de pluriel (n° 544.)

les milliards, les centaines de million et les unités jointes aux dizaines de million. Exemple :

أَلْفُ أَلْفِ أَلْفٍ وَمِائَتَا أَلْفِ أَلْفٍ وَثَلَاثَةٌ وَسَبْعُونَ أَلْفَ أَلْفٍ وَأَرْبَعُ
مِائَةِ أَلْفٍ وَخَمْسَةٌ وَسِتُّونَ أَلْفًا وَخَمْسُمِائَةٍ وَثَلَاثَةٌ وَتِسْعُونَ دِينَارًا وَنِصْفٌ
وَثُلُثٌ وَثُمُنٌ

Un milliard deux cent soixante-treize millions quatre cent soixante-cinq mille cinq cent quatre-vingt-treize pièces d'or, plus un demi, un tiers et un huitième.

557. Nous avons dit plus haut que les numératifs simples peuvent être employés comme adjectifs ; il en est de même des autres numératifs. Exemples :

وَجَذَبَ الشَّبَكَةَ إِلَى الْأَرْضِ إِذْ هِيَ مُمْتَلِئَةٌ حِيتَانًا كِبَارًا مِائَةٌ ثَلَثَةٌ
وَخَمْسِينَ

Il tira à terre le filet, et il était plein de cent cinquante-trois gros poissons.

مَمَالِيكُهُمْ ثَمَانِيَةُ آلَافٍ فَارِسٍ مِنْ ذَلِكَ كُشَّافٌ وَوُلَاةٌ بِالْأَقَالِيمِ
خَمْسُ مِائَةٍ أَرْبَعَةٌ وَسَبْعُونَ

Les mamloucs forment huit mille cavaliers, parmi lesquels sont compris cinq cent soixante-quatorze tant caschefs qu'intendants établis dans les provinces.

558. La concordance de genre entre les numératifs et le nom de la chose nombrée demande quelques observations particulières.

Lorsque nous avons dit que le numératif doit concorder en genre avec le nom de la chose nombrée, cela doit s'entendre du genre dont est au singulier le nom de la chose nombrée ; car si ce nom est masculin au singulier et féminin au pluriel, il doit être mis en concordance avec des numératifs masculins. Ainsi, l'on doit dire ثَلَاثَةُ حَمَّامَاتٍ *trois bains,* quoique حَمَّامَاتٌ soit un pluriel féminin, parce que son singulier حَمَّامٌ est masculin. Cette règle n'est cependant pas généralement admise.

559. Le nom de la chose nombrée étant sous-entendu, le numératif doit concorder en genre avec ce nom. Exemples :

إِنِّى أَرَى سَبْعَ بَقَرَاتٍ سِمَانٍ يَأْكُلُهُنَّ سَبْعٌ عِجَافٌ

Je voyais sept vaches grasses que mangeaient sept [vaches] maigres.

تَزْرَعُونَ سَبْعَ سِنِينَ دَأَبًا ثُمَّ يَأْتِى مِنْ بَعْدِ ذٰلِكَ سَبْعٌ شِدَادٌ

Vous ensemencerez comme de coutume pendant sept années, ensuite il viendra sept [années] fâcheuses.

مِنْهُمْ مَنْ يَمْشِى عَلَى أَرْبَعٍ

Parmi eux, il y en a qui marchent à quatre [pattes].

إِذَا مَا اصْطَبَحْتُ أَرْبَعًا خَطَّ مِئْزَرِى وَأَتْبَعْتُ دَلْوِى فِى السَّمَاحِ رِشَآءَهَا

Quand je vide au matin quatre [coupes de vin], ma robe [que je laisse traîner fièrement par terre], trace des lignes [sur le sable], et au seau [que j'avais déjà donné avant d'avoir bu], j'ajoute encore la corde.

Il faut, dans cet exemple, sous-entendre كَأْسَاتٍ, et se souvenir que كَأْسٌ est du genre féminin (n° 807, Ire part.).

560. Il faut observer, en second lieu, que, dans cette concordance, on a égard tantôt au genre du nom que l'on emploie, tantôt au genre de la chose désignée par ce nom; c'est-à-dire que la concordance est tantôt grammaticale et tantôt logique.

561. Si la chose nombrée est exprimée par un nom, il faut avoir égard au genre grammatical de ce nom. Ainsi, si l'on emploie le nom شَخْصٌ *personne*, qui est masculin, on dira au masculin ثَلٰثَةُ أَشْخُصٍ *trois personnes*, quoique l'on entende parler de *trois femmes*; et de même, si l'on emploie le nom عَيْنٌ *personne*, qui est féminin, on dira au féminin ثَلٰثُ أَعْيُنٍ *trois personnes*, quoiqu'on entende parler de *trois hommes*.

562. Si, à ce nom, qui par lui-même est d'un genre différent de celui de la chose qu'on veut désigner, on ajoute quelque autre désignation plus précise qui détermine plus spécialement l'objet dont il s'agit, il faut alors préférer la concordance logique, et n'avoir point égard au genre du nom exprimé, comme dans ces exemples :

فَكَانَ مِجَنِّي دُونَ مَنْ كُنْتُ أَتَّقِي   ثَلَثُ شُخُوصٍ كَاعِبَانِ وَمُعْصِرُ

Trois personnes, deux jeunes filles dont les attraits commencent à se développer et une autre déjà nubile, m'ont servi de bouclier contre les ennemis dont je redoutais l'attaque.

وَإِنَّ كِلَابًا هَذِهِ عَشَرُ أَبْطُنٍ   وَأَنْتَ بَرِىٌّ مِنْ قَبَائِلِهَا الْعَشْرِ

Cette tribu de Kélab est divisée en dix branches; mais tu n'as rien de commun avec ces dix branches.

Dans le premier de ces exemples, le mot شُخُوصٍ, quoique pluriel d'un nom masculin, est en concordance avec ثَلَثُ, numératif féminin, parce que les mots كَاعِبَانِ et مُعْصِرُ, qui suivent, et qui sont des épithètes particulières aux femmes, détruisent l'équivoque du mot شُخُوصٍ *personnes* et déterminent ce mot à un sens féminin.

Dans le second, أَبْطُنٍ, pluriel de بَطْنٌ, nom masculin, est pareillement en concordance avec le numératif féminin عَشَرُ, parce que le mot قَبَائِلُ, qui suit, fait voir que بَطْنٌ est employé ici dans le sens de قَبِيلَةٌ *tribu,* nom qui est du genre féminin.

563. Quelquefois même, sans qu'aucun autre mot détermine le sens d'un nom masculin à une idée qui exige le genre féminin, ou le sens d'un nom féminin à une idée qui exige le genre masculin, on a égard, pour le genre du numératif avec lequel on le fait concorder, au sens plutôt qu'au genre grammatical. Ainsi, quoique نَفْسٌ *âme,* soit un nom féminin, on peut dire ثَلَثَةُ أَنْفُسٍ *trois hommes,* n'ayant égard qu'au sens du mot نَفْسٌ, qui est ici l'équivalent de رَجُلٌ *homme.*

564. Si la chose nombrée est exprimée, non pas par un nom, mais par un adjectif, ou par un mot qui, adjectif dans son origine, ne désigne la chose que par une qualité, il ne faut point avoir égard au genre du mot exprimé, et il faut au contraire faire concorder le numératif avec le genre du nom sous-entendu que cette épithète rappelle à l'esprit. Ainsi, si l'on emploie l'expression رَبَعَاتُ, dont le singulier est رَبْعَةُ, mot féminin qui se dit également d'un homme et d'une femme et qui signifie *une personne d'une structure carrée,* on le joindra à un numératif masculin quand on aura en vue des hommes, et à un numératif féminin quand on parlera de femmes. C'est ainsi qu'on lit dans l'Alcoran : مَنْ جَآءَ بِٱلْحَسَنَةِ فَلَهُ عَشَرُ أَمْثَالِهَا ; le numératif عَشَرُ est au féminin, quoique مَثَلُ soit du masculin, parce que أَمْثَالُ n'est réellement ici qu'une épithète du nom حَسَنَاتُ sous-entendu : *Quiconque aura fait une bonne chose, recevra dix [bonnes choses] équivalentes à celle qu'il aura faite.* [1]

565. Lorsque le numératif n'est point suivi du nom de la chose nombrée, mais qu'il est mis en rapport, par la préposition مِنْ *de,* avec le nom qui exprime la classe d'êtres à laquelle appartient la chose nombrée, il faut observer la concordance grammaticale entre le genre du nom et celui du numératif. Ainsi, l'on dira أَرْبَعَةُ مِنَ ٱلْغَنَمِ *trois d'entre les brebis,* en mettant le numératif au masculin, parce que غَنَمُ *brebis,* nom d'espèce, est du masculin ; au contraire, on dira ثَلَاثُ مِنَ ٱلْبَطِّ *trois d'entre les oies,* en mettant le numératif au féminin, parce que le nom d'espèce بَطُّ *oie,* est du féminin. La même chose aurait lieu quand même après le nom d'espèce on ajouterait une épithète

---

[1] Voyez ce que dit à ce sujet Hariri, dans mon *Anthologie grammaticale arabe,* page 76.

qui caractérisât le genre de la chose nombrée. Ainsi, l'on dirait ثَلٰثَةٌ مِنَ ٱلْغَنَمِ إِنَاثٌ *trois d'entre les brebis femelles,* en conservant ثَلٰثَةُ au masculin, et ثَلٰثٌ مِنَ ٱلْبَطِّ ذُكُورٌ *trois d'entre les oies mâles,* en conservant ثَلٰثٌ au féminin.

Cette règle est fondée sur ce que l'on doit suppléer après le numératif le nom même qui sert de complément à la préposition مِنْ, comme dans les exemples donnés, où l'on pourrait dire ثَلٰثَةُ أَغْنَامٍ مِنَ ٱلْغَنَمِ *trois brebis d'entre les brebis,* ثَلٰثٌ بُطُوطٍ مِنَ ٱلْبَطِّ *trois oies d'entre les oies.* Par la même raison, on devra dire ثَلٰثَةٌ مِنَ ٱلْأَرْهَاطِ ثَلٰثٌ مِنَ ٱلْقَبَائِلِ *trois d'entre les tribus,* et *trois d'entre les familles,* parce que le sens est ثَلٰثٌ قَبَائِلَ مِنْ ٱلْقَبَائِلِ *trois tribus d'entre les tribus,* et ثَلٰثَةٌ أَرْهُطٍ مِنَ ٱلْأَرْهَاطِ *trois familles d'entre les familles.*

Si l'épithète qui caractérise le genre était placée entre le numératif et le nom d'espèce, le numératif concorderait avec le genre désigné par cette épithète. On dirait donc ثَلٰثُ إِنَاثٍ مِنَ ٱلْغَنَمِ *trois femelles d'entre les brebis,* ثَلٰثَةُ ذُكُورٍ مِنَ ٱلْبَطِّ *trois mâles d'entre les oies.*

566. Si le nom de la chose nombrée a les deux genres, comme حَالٌ *état,* on peut indifféremment mettre le numératif au masculin ou au féminin.

567. Si le nom qui sert de complément au numératif est un nom propre, on n'a égard, pour la concordance, qu'au sexe des individus indiqués par ce nom, et non à la forme grammaticale du nom. Ainsi, l'on doit dire ثَلٰثَةُ ٱلطَّلْحَاتِ *les trois Talhas,* أَرْبَعُ ٱلزَّيْنَبَاتِ *les quatre Zéinabs.* Au surplus, ceci ne peut souffrir aucune difficulté, puisque les noms propres d'hommes sont toujours du genre masculin et les noms propres de femmes toujours du genre féminin, lors même que les

premiers ont une terminaison féminine, comme طَلْحَة *Talha*, et les seconds une terminaison masculine, comme *Zéinab*.

568. Quand les numératifs sont employés comme nombres abstraits, ainsi que dans cet exemple : *Trois est la moitié de six*, ils ont la forme masculine. Il faut donc dire ثَلٰثَةُ نِصْفُ سِتَّةٍ, et ainsi des autres.

569. On peut comprendre sous le même numératif des choses de différents genres, comme quand on dit : *J'ai quatre cents poules et coqs*, ou *J'ai quatre cents tant poules que coqs*. Dans ce cas, les numératifs, depuis *six* jusqu'à *dix*, se conforment au genre du nom qui les suit immédiatement ; on dit donc : لِي ثَمَانِيَة لِي ثَمَانِي إِمَاءٍ وَأَعْبُدٍ ; أَعْبُدٍ وَإِمَاءٍ *J'ai huit serviteurs et servantes* ; *J'ai huit servantes et serviteurs*. Au-dessous de *six*, il faut exprimer le nombre de chaque espèce séparément.

Si les numératifs sont composés, comme *onze* et les suivants, il faut toujours employer le masculin pour les êtres raisonnables, sans avoir égard à l'ordre dans lequel les noms de différents genres sont placés. On dira donc : عِنْدِي خَمْسَةَ عَشَرَ عَبْدًا وَجَارِيَةً *J'ai quinze serviteurs et servantes*, ou عِنْدِي خَمْسَةَ عَشَرَ جَارِيَةً وَعَبْدًا *J'ai quinze servantes et serviteurs*.

Pour les êtres sans raison, on fera concorder le numératif en genre avec le nom qui le suit immédiatement. Exemples :

عِنْدِي خَمْسَةَ عَشَرَ جَمَلًا وَنَاقَةً

J'ai quinze chameaux mâles et femelles.

عِنْدِي خَمْسَ عَشْرَةَ نَاقَةً وَجَمَلًا

J'ai quinze chameaux femelles et mâles.

Si, la chose nombrée étant des êtres sans raison, le nom qui l'exprime ne suit pas immédiatement le numératif, celui-ci sera toujours du féminin. Exemples :

عِنْدِي خَمْسَ عَشْرَةَ مَا بَيْنَ جَمَلٍ وَنَاقَةٍ

J'ai quinze tant chameaux mâles que chameaux femelles.

عِنْدِى خَمْسَ عَشْرَةَ مَا بَيْنَ نَاقَةٍ وَجَمَلٍ

J'ai quinze tant chameaux femelles que chameaux mâles.

570. Lorsqu'on est dans le cas d'employer le pronom féminin de la troisième personne, en rapport avec un nombre, il est plus élégant d'employer le pronom pluriel هُنَّ, si le nombre est petit, et le pronom singulier هِيَ, ou comme affixe هَا, quand le nombre est grand. [1]

571. Les numératifs peuvent être déterminés par l'article اَلْ. Cette détermination peut avoir lieu :

1° Quand les numératifs sont employés d'une manière abstraite. Exemple :

اَلثَّلَاثَةُ نِصْفُ اَلسِّتَّةِ

Le nombre trois est la moitié du [nombre] six;

2° Quand le nom de la chose nombrée est sous-entendu, soit parce qu'il a déjà été exprimé, soit parce qu'il est facile à suppléer. Exemples :

اَلْأَشُدُّ هُوَ سِنُّ اَلْوُقُوفِ مَا بَيْنَ اَلثَّلَاثِينَ وَاْلأَرْبَعِينَ

Ce qu'on appelle la force de l'âge, ce sont les années où l'homme est dans un état stationnaire, entre la trentaine et la quarantaine (c'est-à-dire de trente à quarante ans).

وَتُومَا أَحَدُ اَلْاِثْنَىْ عَشَرَ لَمْ يَكُنْ مَعَهُمْ

Et Thomas, l'un des douze, n'était pas avec eux.

فَرَجَعَ اَلسَّبْعُونَ بِفَرَحٍ

Les soixante-dix disciples revinrent ensuite avec joie;

3° Quand le numératif est mis comme adjectif après le nom

---

[1] Voyez Hariri, dans mon *Anthologie grammaticale arabe*, p. 91.

de la chose nombrée, ce nom étant déterminé. Exemples : ٱلرِّجَالُ ٱلْخَمْسَةُ *les cinq hommes,* قَبَآئِلُهَا ٱلْعَشْرُ *ses dix tribus;*

4º Quand le numératif précède la chose nombrée et que l'un et l'autre, ne formant qu'une seule partie du discours, doivent être déterminés.

572. Dans ce dernier cas, avec les numératifs depuis *trois* jusqu'à *dix,* on doit donner l'article au nom de la chose nombrée seulement. Exemple :

هَلْ يُرْجِعُ ٱلتَّسْلِيمَ أَوْ يَكْشِفُ ٱلْعَمَى   ثَلَاثُ ٱلْأَثَافِي وَٱلدِّيَارُ ٱلْبَلَاقِعُ

Est-ce que les trois pierres qui formaient les soutiens de leur marmite, et ces lieux inhabités, me rendront le salut et dissiperont mon aveuglement?

On peut aussi donner l'article au numératif, quoique cette forme soit moins usitée. Exemple :

ٱلسَّبْعَةُ دَعَائِمُ ٱلنَّامُوسِيَّةُ

Les sept préceptes fondamentaux de la loi.

Quelques grammairiens permettent de donner l'article au numératif et à la chose nombrée et de dire ٱلْخَمْسَةُ ٱلْأَثْوَابِ *les cinq habits.*

573. Avec les numératifs depuis *onze* jusqu'à *dix-neuf,* on donne l'article aux deux mots indéclinables dont ces numératifs sont composés,[1] ou seulement au premier des deux. Ex. :

$$\left.\begin{array}{l}\text{ٱلْأَحَدَ عَشَرَ دِرْهَمًا}\\ \text{ٱلْأَحَدَ ٱلْعَشَرَ دِرْهَمًا}\end{array}\right\}$$ *Les onze pièces d'argent.*

$$\left.\begin{array}{l}\text{ٱلْاِثْنَتَا عَشْرَةَ نَاقَةً}\\ \text{ٱلْاِثْنَتَا ٱلْعَشْرَةَ نَاقَةً}\end{array}\right\}$$ *Les douze femelles de chameaux.*

---

[1] C'est l'opinion des grammairiens de Coufa, et de Hariri.

كَانَ يَضْرِبُ ٱلسِّكَّةَ بِٱسْمِ ٱلْاِثْنَىٰ عَشَرَ إِمَامًا

Il frappait la monnaie au nom des douze imams.

574. Avec les numératifs de dizaines, on donne l'article au numératif ; et s'il y a des unités et des dizaines, chacun des numératifs prend l'article. Exemple :

ٱلسَّبْعَةُ وَٱلسَّبْعُونَ جَمَلًا

Les soixante-dix-sept chameaux.

575. Avec les numératifs de centaines et de mille, on donne l'article à la chose nombrée ou au numératif. (1) Exemples :

ثَلَثُمَائَةِ ٱلدِّينَارِ *Les trois cents pièces d'or.*

مَا فَعَلْتَ ثَلَاثَةَ آلَافِ ٱلدِّرْهَمِ *Qu'as-tu fait des trois mille pièces d'argent ?*

هٰذِهِ ٱلْأَلْفُ أَلْفِ دِينَارٍ *Ce million de pièces d'or.*

576. Si, en ce cas, après le nom de la chose nombrée, il survient un adjectif, il doit être déterminé (n° 361) ; exemple :

ٱلسَّبْعُونَ مِخْرَاقًا ٱلصِّغَارُ *Les soixante-dix petites bondes ;* et je pense qu'il doit toujours concorder en cas avec celui des deux mots (je veux dire du numératif ou du nom de la chose nombrée) auquel est attaché l'article. Nous avons déjà parlé de ce qui concerne la concordance de nombre (n° 544).

577. Quant à la concordance de genre, il faut suivre les règles ordinaires de la concordance des noms avec les verbes, les adjectifs, les articles, etc., comme on a pu l'observer dans plusieurs des exemples précédents. En voici encore un :

إِنَّ صَاحِبَ ٱلدُّنْيَا يَطْلُبُ ثَلَاثَةَ أُمُورٍ لَا يُدْرِكُهَا إِلَّا بِأَرْبَعَةِ أَشْيَاءَ أَمَّا ٱلثَّلَاثَةُ ٱلَّتِي يَطْلُبُ

---

(1) Hariri n'admet que la première de ces manières de s'exprimer. Ebn Farhât reconnaît l'une et l'autre. (Man. ar. de la Bibl. du Roi, n° 1295 A, fol. 119 recto.)

L'homme en ce monde recherche trois choses qu'il ne peut se procurer que par le moyen de quatre autres : quant aux trois [choses] qu'il recherche, ce sont, etc.

578. Il y a toutefois à ce sujet une observation essentielle à faire. Les numératifs ordinaux masculins peuvent être employés en rapport d'annexion avec des pronoms affixes féminins, lorsque ces pronoms se rapportent à des pluriels rompus qui viennent d'un singulier masculin. Exemple :

وَهَذَا ٱللَّفْظُ يَجِيءُ عَلَى ثَلْثَةِ أَوْجُهٍ أَوَّلُهَا ٱلْإِخْبَارُ وَثَانِيهَا ٱلدُّعَآءُ

Ce mot s'emploie de trois manières : la première, comme énonciation d'un fait arrivé; la seconde, comme expression d'un souhait.....

Dans cet exemple, les antécédents أَوَّل et ثَانِي sont masculins, parce qu'ils sont en concordance avec وَجْه, nom sous-entendu, qui est du masculin, et les affixes qui servent de compléments sont au singulier féminin, parce qu'ils se rapportent au pluriel rompu أَوْجُه. On dirait de même :

ٱلْبَيْتُ ٱلْأَوَّلُ مِنَ ٱلْأَبْيَاتِ ٱلْمَذْكُورَةِ

Le premier des vers cités.

579. Dans les dates d'années, il est d'usage d'employer les numératifs cardinaux en rapport d'annexion avec le nom سَنَة *année,* qui sert d'antécédent à ce rapport. Ce nom est alors déterminé par les numératifs qui lui servent de complément : en conséquence, il n'a point d'article. Les numératifs doivent concorder en genre avec le mot سَنَة, qui est féminin. [1] On place d'abord les unités, puis les dizaines, les centaines et les mille, en interposant la conjonction وَ *et* entre chaque numératif. Ex :

---

[1] On trouve cependant dans la *Vie de Timour,* par Ahmed, fils d'Arabschah, et dans d'autres écrivains, سَنَةَ أَحَدِ.

ثُمَّ دَخَلَتْ سَنَةُ سِتٍّ وَتِسْعِينَ وَثَلَثْمَائَةٍ وَأَلْفٍ

Ensuite commença l'année 1396.

فِي سَنَةِ ثَلَثَ عَشْرَةَ وَثَمَانِمَائَةٍ تُوُفِّيَ أَبُو ٱلْحَسَنِ عَلِيٌّ

En l'année 813 mourut Abou'lhasan Ali.

S'il s'agissait de dater les années d'un règne ou de la vie d'un homme, il faudrait employer les numératifs ordinaux. Ex :

فِي ٱلسَّنَةِ ٱلسَّادِسَةِ مِنْ مُلْكِ ٱلْمَلِكِ ٱلْأَشْرَفِ شَعْبَانَ

En la sixième année du règne de Mélic Alaschraf Schaban.

580. Je dois ajouter ici une observation sur la manière dont les anciens écrivains arabes indiquaient les jours des mois.

Les Arabes datent des nuits, et non pas des jours, parce que leur usage civil est de commencer la durée des vingt-quatre heures après le coucher du soleil.

Ainsi, pour dater du commencement du mois de redjeb, on dit لِأَوَّلِ لَيْلَةٍ مِنْ رَجَبٍ *La première nuit de redjeb;* on dit aussi غُرَّةَ رَجَبٍ ou لِغُرَّةِ رَجَبٍ *A la nouvelle lune de redjeb*. On peut encore employer مُهَلَّ et مُسْتَهَلَّ au lieu de غُرَّةَ. (1)

On dit ensuite, pour le 1er jour, لِلَيْلَةٍ خَلَتْ *une nuit étant passée du,* etc.

Pour le 2e, لِلَيْلَتَيْنِ خَلَتَا *deux nuits étant passées.*

Pour le 3e, لِثَلَاثٍ خَلَوْنَ *trois [nuits] étant passées.*

On sous-entend لَيَالِي *nuits*, et l'on met le numératif au féminin et le verbe au féminin pluriel. On continue ainsi pour les jours suivants, jusqu'au *onzième* exclusivement. On dit donc :

Pour le 4e, لِأَرْبَعٍ خَلَوْنَ *quatre [nuits] étant passées.*

---

(1) Ceci est conforme à une observation du grammairien Abou Ali Farési, rapportée par Hariri. Voyez mon *Anthologie grammaticale arabe,* p. 90.

DE LA SYNTAXE

Pour le 5e, لِخَمْسٍ خَلَوْنَ *cinq* [*nuits*] *étant passées.*
Pour le 6e, لِسِتٍّ خَلَوْنَ *six* [*nuits*] *étant passées.*
Pour le 7e, لِسَبْعٍ خَلَوْنَ *sept* [*nuits*] *étant passées.*
Pour le 8e, لِثَمَانٍ خَلَوْنَ *huit* [*nuits*] *étant passées.*
Pour le 9e, لِتِسْعٍ خَلَوْنَ *neuf* [*nuits*] *étant passées.*
Pour le 10e, لِعَشْرٍ خَلَوْنَ *dix* [*nuits*] *étant passées.*

Pour le onzième jour et les suivants, on observe la même forme, si ce n'est que le nom sous-entendu est لَيْلَةٌ au singulier, et qu'en conséquence le verbe se met au singulier féminin. Ainsi, l'on dit :

Pour le 11e, لِإِحْدَى عَشْرَةَ خَلَتْ *onze* [*nuits*] *étant passées.*
Pour le 12e, لِاثْنَتَيْ عَشْرَةَ خَلَتْ *douze* [*nuits*] *étant passées.*
Pour le 13e, لِثَلَاثَ عَشْرَةَ خَلَتْ *treize* [*nuits*] *étant passées.*
Pour le 14e, لِأَرْبَعَ عَشْرَةَ خَلَتْ *quatorze* [*nuits*] *étant passées.*

Le quinzième jour se nomme le *milieu* du mois, et l'on dit فِي ٱنْتِصَافِ, ou encore فِي مُنْتَصَفِ رَجَبٍ, ou فِي ٱلتِّصْفِ مِنْ رَجَبٍ *au milieu de redjeb* : cela vaut beaucoup mieux que de dire لِخَمْسَ عَشْرَةَ خَلَتْ مِنْ رَجَبٍ *quinze* [*nuits*] *étant passées de redjeb*, ou لِخَمْسَ عَشْرَةَ بَقِيَتْ مِنْ رَجَبٍ *quinze* [*nuits*] *restant de redjeb*. Cette dernière formule est celle que l'on emploie pour les jours suivants. On dit donc :

Pour le 16e, لِأَرْبَعَ عَشْرَةَ بَقِيَتْ *quatorze* [*nuits*] *restant.*
Pour le 17e, لِثَلَاثَ عَشْرَةَ بَقِيَتْ *treize* [*nuits*] *restant.*
Pour le 18e, لِاثْنَتَيْ عَشْرَةَ بَقِيَتْ *douze* [*nuits*] *restant.*
Pour le 19e, لِإِحْدَى عَشْرَةَ بَقِيَتْ *onze* [*nuits*] *restant.*
Pour le 20e, لِعَشْرٍ بَقِينَ *dix* [*nuits*] *restant.*

DE LA SYNTAXE

Pour le 21ᵉ, لِتِسْعِينَ بَقِينَ neuf [nuits] restant.

Pour le 22ᵉ, لِثَمَانٍ بَقِينَ huit [nuits] restant.

Pour le 23ᵉ, لِسَبْعٍ بَقِينَ sept [nuits] restant.

Pour le 24ᵉ, لِسِتٍّ بَقِينَ six [nuits] restant.

Pour le 25ᵉ, لِخَمْسٍ بَقِينَ cinq [nuits] restant.

Pour le 26ᵉ, لِأَرْبَعٍ بَقِينَ quatre [nuits] restant.

Pour le 27ᵉ, لِثَلَاثٍ بَقِينَ trois [nuits] restant.

Pour le 28ᵉ, لِلَيْلَتَيْنِ بَقِيَتَا deux nuits restant.

Pour le 29ᵉ, لِلَيْلَةٍ بَقِيَتْ une nuit restant. (1)

Pour le 30ᵉ, il faut dire لِآخِرِ لَيْلَةٍ مِنْ رَجَبَ la dernière nuit de redjeb. On peut dire aussi لِسَرَارِ رَجَبَ, c'est-à-dire *la nuit dans laquelle la lune est cachée et ne paraît point*; au lieu de سُرَارٌ, on dit aussi سِرَارٌ et سَرَرٌ. Enfin, pour le dernier jour du mois, la nuit étant passée, on se sert de ces formules: لِآخِرِ يَوْمٍ لَا نَسْلَاخِ رَجَبَ et لِسَلْخِ رَجَبَ *Le dernier jour de redjeb*; مِنْ رَجَبَ *À la fin de redjeb*. (2)

Il est facile d'appliquer cette manière de dater aux mois qui n'ont que vingt-neuf jours. On dira alors pour le seizième jour لِثَلَاثَ عَشْرَةَ بَقِيَتْ *treize* [nuits] *restant du mois de....*, et ainsi des autres.

§ II — NUMÉRATIFS ORDINAUX

581. Les numératifs ordinaux sont de véritables adjectifs et ils doivent concorder avec les noms qu'ils qualifient, par rap-

---

(1) Voyez mon *Anthologie grammaticale arabe*, p. 90.

(2) Voyez le man. ar. de la Bibl. du Roi, nº 1234, fol. 132 *recto*.

port à l'usage de l'article, aussi bien qu'en genre, en nombre et en cas.

Les numératifs ordinaux de dizaines et ceux de centaines et de mille, étant les mêmes que les numératifs cardinaux, s'emploient pour les deux genres.

582. Lorsque les numératifs ordinaux sont déterminés par l'article, ils ne peuvent point être en rapport d'annexion; lorsqu'ils n'ont point d'article, ils peuvent être en rapport d'annexion avec un nom ou avec un pronom affixe. Exemples :

حَاكِمُ بِأَمْرِ ٱللَّهِ وُلِدَ لَيْلَةَ ٱلْخَمِيسِ ٱلثَّالِثِ وَٱلْعِشْرِينَ مِنْ شَهْرِ رَبِيعِ ٱلْأَوَّلِ فِي ٱلسَّاعَةِ ٱلتَّاسِعَةِ

Hakem Biamr Allah naquit la nuit du jeudi 23 du mois de rébi premier, à la neuvième heure.

وَسُلِّمَ عَلَيْهِ بِٱلْخِلَافَةِ بَعْدَ ٱلظُّهْرِ مِنْ يَوْمِ ٱلثَّلَاثَاءِ ثَامِنٍ وَعِشْرِينَ شَهْرِ رَمَضَانَ

Il fut salué khalife après l'heure de midi du mardi 28 du mois de ramadhan.

فِي ثَالِثِ عِشْرِينِهِ نُودِيَ بِٱلْقَاهِرَةِ

Le 23 dudit [mois], il fut fait une proclamation au Caire.

ثُمَّ سَارَ ٱلسُّلْطَانُ إِلَى عَزَازَ وَنَازَلَهَا ثَالِثَ ذِي ٱلْقَعْدَةِ وَتَسَلَّمَهَا حَادِيَ عَشَرَ ذِي ٱلْحِجَّةِ

Ensuite, le sultan s'avança vers Ezaz et plaça son camp devant cette place le troisième [jour] de dhou'lkada; la place se rendit à lui le onzième [jour] de dhou'lhiddja.

583. Il y a un autre cas où les numératifs ordinaux sont employés en rapport d'annexion, c'est lorsqu'on leur donne pour complément le numératif cardinal dont ils sont formés, comme dans cet exemple : أَنْتَ ثَانِي ٱثْنَيْنِ *Tu es le second* *de deux,* ce qui signifie seulement *tu es l'un des deux.* ⁽¹⁾ Dans cette manière de s'exprimer, on doit mettre nécessairement les deux numératifs en rapport d'annexion et il faut les faire concorder en genre. Ainsi, l'on doit dire عَاشِرُ عَشَرَةٍ *l'un de dix,* عَاشِرَةُ عَشَرٍ *l'une de dix.*

584. On peut employer dans la même acception les numératifs cardinaux depuis *onze* jusqu'à *dix-neuf,* ce qui se fait de deux façons, mais en observant toujours la concordance des genres ; on dira donc ثَانِي عَشَرَ اثْنَىْ عَشَرَ *l'un de douze,* et ثَانِيَةَ عَشْرَةَ اثْنَتَىْ عَشْرَةَ *l'une de douze,* les quatre mots dont les deux numératifs sont composés demeurant indéclinables, ou bien ثَانِي اثْنَىْ عَشَرَ *l'un de douze,* ثَانِيَةَ اثْنَتَىْ عَشْرَةَ *l'une de douze,* ثَالِثُ ثَلَاثَةَ عَشَرَ *l'un de treize,* ثَالِثَةُ ثَلَاثَ عَشْرَةَ *l'une de treize,* supprimant le second mot du numératif ordinal, déclinant le premier et laissant le numératif cardinal indéclinable. On peut encore exprimer le même sens en supprimant tout à fait le second terme, qui est le numératif cardinal, et conservant le numératif ordinal seul, sous sa forme indéclinable. Exemple : هُوَ ثَالِثَ عَشَرَ *Il est un treizième,* c'est-à-dire *un de treize.*

585. Les numératifs ordinaux peuvent encore être employés, dans une autre sorte de rapport, avec le numératif cardinal immédiatement inférieur à celui dont ils dérivent, comme on le voit dans cet exemple : هُوَ ثَالِثُ اثْنَيْنِ *Il est le troisième de deux,* c'est-à-dire *il se joint à deux pour faire trois, pour compléter le nombre de trois.* En ce sens, les numératifs ordinaux depuis *trois* jusqu'à *neuf* sont véritablement des adjectifs ver-

---

(1) C'est ainsi qu'on lit dans l'Alcoran, sur. 9, vers. 40 :

إِذْ أَخْرَجَهُ الَّذِينَ كَفَرُوا ثَانِيَ اثْنَيْنِ

Lorsque ceux qui avaient été incrédules l'expulsèrent second de deux, c'est-à-dire *lui second.*

baux actifs ou noms d'agent dérivés de verbes qui signifient *élever à tel ou tel nombre*, comme ثَلَثَ *élever de deux au nombre de trois*, رَبَعَ *élever de trois au nombre de quatre*.⁽¹⁾ Aussi ces numératifs ordinaux peuvent-ils régir le numératif cardinal qui leur sert de complément à la manière des verbes, en le mettant à l'accusatif, ou à la manière des noms en rapport d'annexion, en le mettant au génitif. Remarquons néanmoins que si ces adjectifs verbaux ont la valeur du passé, ils ne peuvent régir le complément que de la seconde manière (nº 313). Il faut encore observer ici la concordance de genre entre les deux numératifs. On peut donc dire هُوَ رَابِعٌ ثَلَاثَةٌ ou bien هُوَ رَابِعٌ ثَلَاثَةً *il élève à quatre le nombre de trois;* هِيَ رَابِعَةٌ ثَلَاثٍ ou bien هِيَ رَابِعَةٌ ثَلَاثًا *elle élève à quatre le nombre de trois.*

586. On peut employer la même forme avec les numératifs ordinaux composés de *onze* à *dix-neuf*, en déclinant le numératif d'unité qui entre dans leur composition et laissant le numératif de dizaine indéclinable. On dira donc هُوَ ثَالِثُ عَشَرَ *il porte à treize le nombre de douze;* هِيَ ثَالِثَةٌ عَشَرَةَ اثْنَيْ عَشَرَ اثْنَتَيْ عَشَرَةَ *elle porte à treize le nombre de douze.*⁽²⁾

587. La même forme a lieu avec les numératifs composés d'autres dizaines, si ce n'est qu'alors on retranche du numératif ordinal le mot qui exprime la dizaine. Exemple : هُوَ رَابِعُ ثَلَاثَةٍ وَعِشْرِينَ ou bien ثَلَاثَةً وَعِشْرِينَ *il porte à vingt-quatre le nombre de vingt-trois.*

588. On a des exemples de verbes quadrilitères formés des

---

(1) Quelques grammairiens admettent aussi cette forme pour le numératif *deux*.

(2) Les grammairiens de Coufa et un grand nombre de ceux de Basra rejettent cette forme pour les numératifs de *onze* à *dix-neuf*.

numératifs de dizaines, depuis *vingt* jusqu'à *quatre-vingt-dix*, comme عِشْرُونَ *porter au nombre de vingt*, سَبْعُنَ *porter au nombre de soixante-dix*. Ces verbes, si on les admet, donnent naissance à des adjectifs verbaux qu'on peut employer dans le même sens, comme هُوَ مُعَشِّرٌ تِسْعَةَ عَشَرَ *il porte à vingt le nombre de dix-neuf*.

589. De même qu'on dit ثَلَثَ *élever deux au nombre de trois*, خَمَّسَ *élever quatre au nombre de cinq*, on dit aussi, sous la forme أَفْعَلَ, avec une signification neutre, أَثْلَثَ *devenir trois de deux que l'on était*, أَخْمَسَ *devenir cinq de quatre que l'on était*, et ainsi des autres jusqu'à *dix*. [1]

590. Je ne parlerai point ici des noms de mesure, de poids et de quantité, qui ont quelque analogie avec les numératifs, ni de la manière dont ces noms se joignent à leurs compléments : j'en ai donné les règles ailleurs (nos 135 et 136).

CHAPITRE XXVI

Syntaxe particulière de l'Article déterminatif

591. L'article déterminatif, considéré sous le point de vue des règles de dépendance, donne lieu aux observations suivantes :

1º Lorsqu'il se trouve dans le second terme d'un rapport d'annexion, il détermine l'antécédent, qui, en conséquence, ne doit point prendre cet article. Cette règle et ces exceptions ont déjà été exposées (nos 196 et suiv., 246 et suiv., 249 et 250), et il suffit de les rappeler ici ;

---

[1] Ce que je dis dans ce numéro et dans le précédent n'appartient point proprement à la syntaxe, ni même à la grammaire ; mais j'ai mieux aimé le placer ici que de l'omettre tout à fait.

2º Il fait éprouver quelques changements à la déclinaison des noms, ainsi que je l'ai dit ailleurs (nos 926 et suiv., Ire part.).

592. Quant à la concordance, la seule chose à observer, c'est que l'adjectif qui se rapporte à un nom déterminé, soit par l'article, soit autrement, doit être lui-même déterminé par l'article (nº 436), et qu'au contraire, lorsque le nom avec lequel l'adjectif est en rapport d'identité est indéterminé, il n'est pas permis de joindre à cet adjectif l'article déterminatif.

593. L'article déterminatif est souvent employé comme équivalent de l'adjectif conjonctif اَلَّذِي, ainsi que je l'ai fait voir ailleurs (nos 992 et suiv., Ire part.), et comme on en trouvera encore des exemples dans le chapitre suivant. Mais cet article étant indéclinable, l'usage qu'on en fait à la place de l'adjectif conjonctif ne donne lieu à l'application d'aucune règle de dépendance ou de concordance.

CHAPITRE XXVII

Syntaxe particulière de l'Adjectif conjonctif et des Noms conjonctifs et interrogatifs

594. L'adjectif conjonctif اَلَّذِي *qui, lequel*, et les noms conjonctifs مَنْ *celui qui*, مَا *ce que*, أَيُّ، أَيَّةُ *quoi*, qui servent aussi à interroger, donnent lieu à quelques règles particulières de concordance et de dépendance.

595. L'adjectif conjonctif اَلَّذِي se conforme, pour ce qui est de la concordance en genre et en nombre avec le nom auquel il se rapporte, aux règles ordinaires de la concordance des adjectifs (nos 433 et suiv.); il ne peut, comme nous l'avons déjà observé, servir à qualifier qu'un nom déterminé, soit par l'article, soit autrement, parce qu'il est lui-même déterminé de sa nature, renfermant toujours l'article déterminatif أَلْ. [1]

Il est inutile de revenir là-dessus.

596. L'adjectif conjonctif, dans plusieurs langues, a deux fonctions à remplir dans le discours : [2] il sert d'abord à exprimer la relation qui est entre une proposition conjonctive et le nom qui est qualifié par cette proposition, et, à raison de cela, il doit être placé au commencement de la proposition conjonctive ; il remplit, en second lieu, la fonction de sujet ou de complément dans la proposition conjonctive elle-même, et par cette raison, il prend les divers cas. Lorsque je dis, en latin : *Rex qui mortuus est, qui* fait en même temps la fonction de conjonctif et celle de sujet du verbe *mortuus est*. Si je dis : *Homo cujus filius ægrotat, miles quem occidi, homo de quo hæc dicuntur*, les conjonctifs *cujus, quem* et *quo*, outre l'idée conjonctive qu'ils expriment, indiquent encore, le premier, le complément du nom *filius*, le second, le complément du verbe *occidi*, enfin, le troisième, le complément de la préposition *de*. Il en est de même des conjonctifs *qui, duquel, que*, dans ces expressions françaises : *Le roi* QUI *est mort, l'homme* DUQUEL *le fils est malade, le soldat* QUE *j'ai tué, l'homme de* QUI *l'on dit ces choses-là*.

597. Chez les Arabes, l'adjectif conjonctif ne peut point être déplacé du commencement de la proposition conjonctive ; il n'est point en conséquence, si ce n'est par l'effet d'une ellipse, dans la dépendance immédiate d'un antécédent réellement placé avant lui ; enfin, il n'a point, si ce n'est au duel, la variété

---

(1) Cet article est ici, selon les grammairiens arabes, *explétif*, زَائِدٌ, et *inhérent*, لَازِمٌ (n° 965, Ire part.).

(2) Voyez, sur la nature de l'adjectif et sur son usage, mes *Principes de grammaire générale*, 2e édition, p. 53 et suiv.

des cas. Par suite de tout cela, toutes les fois que le conjonctif doit, dans la proposition conjonctive, exprimer le complément d'un verbe, d'un nom ou d'une proposition, on supplée au défaut d'indication de cette dépendance dans l'adjectif conjonctif par un pronom personnel que l'on donne pour complément au verbe, au nom ou à la préposition. Ceci a lieu lors même que l'adjectif conjonctif est au duel, nombre où il admet la variation des cas, et, en effet, il en doit être ainsi, puisque la variation des cas, au duel, ne sert qu'à mettre l'adjectif conjonctif en concordance avec le nom précédent auquel il se rapporte (n° 595). Le pronom personnel dont il s'agit concorde en genre et en nombre, suivant les règles ordinaires, avec le nom qualifié par l'adjectif conjonctif.

Si l'attribut de la proposition conjonctive est un adjectif, un nom ou un pronom, et que le nom qualifié par l'adjectif conjonctif soit le sujet logique de cette proposition, ce nom doit être aussi représenté par un pronom personnel. [1] Exemples :

$$\text{ٱلسَّارِقُ ٱلَّذِى قَتَلَهُ ٱبْنِى}$$

Le voleur LEQUEL *mon fils a tué* LUI (c'est-à-dire *que mon fils a tué*).

$$\text{ٱلطَّبِيبُ ٱلَّذِى ٱبْنُهُ عِنْدِى}$$

Le médecin LEQUEL *le fils de* LUI *est chez moi* (c'est-à-dire *dont le fils est chez moi*).

---

(1) Si l'attribut est exprimé par un verbe, il n'y a point lieu à cela, parce que la terminaison même du verbe qui concorde en genre et en nombre avec l'adjectif conjonctif fait la fonction du pronom personnel. Ainsi, dans قُلْ لِلَّذِينَ آمَنُوا *dis à ceux qui ont cru*, la terminaison وا est le pronom personnel qui concorde avec le conjonctif ٱلَّذِينَ et se reporte sur lui, ou, comme disent les Arabes, ٱلضَّمِيرُ ٱلْعَائِدُ إِلَى ٱلْمَوْصُولِ.

ٱلتَّاجِرُ ٱلَّذِي يُوجَدُ عِنْدَهُ هٰذِهِ ٱلْجَارِيَةُ

Le marchand LEQUEL *cette jeune fille se trouve chez* LUI *(c'est-à-dire chez lequel se trouve cette jeune fille).*

ٱلشَّيْخُ ٱلَّذِي هُوَ مَرِيضٌ

Le scheikh LEQUEL LUI *malade (c'est-à-dire qui est malade).*

Ce pronom personnel se nomme عَائِدٌ *retournant,* parce qu'il se reporte sur l'adjectif conjonctif.

598. Il arrive, néanmoins, fréquemment que l'on supprime ce pronom personnel.

Lorsqu'il est destiné à représenter le sujet dans une proposition nominale, on peut le supprimer, pourvu que la proposition conjonctive soit d'une certaine longueur. Exemples :

مَا أَنَا بِٱلَّذِي قَائِلٌ لَكَ سُوءٌ

Je ne suis pas [celui] *qui te dit du mal.*

L'adjectif verbal قَائِلٌ est censé renfermer, comme le verbe, un pronom qui lui sert d'agent (n° 1024, Iʳᵉ part.); قَائِلٌ est donc la même chose que قَائِلٌ هُوَ.

هُوَ ٱلَّذِي فِي ٱلسَّمَاءِ إِلٰهٌ وَفِي ٱلْأَرْضِ إِلٰهٌ

C'est lui qui est Dieu dans le ciel et Dieu sur la terre.

C'est la même chose que si l'on eût dit ٱلَّذِي هُوَ فِي ٱلسَّمَاءِ إِلٰهٌ, conformément à la règle.

Si la proposition conjonctive est très courte, on ne doit pas faire l'ellipse du pronom personnel. Il y en a cependant des exemples, mais ils sont rares; en voici un :

مَنْ يَعْنَ بِٱلْأَحْمَدِ لَا يَنْطِقْ بِمَا سَفِهَ

Quiconque recherche la louange ne prononcera pas des paroles sottes.

On aurait dû dire بِمَا هُوَ سَفِهَ.

DE LA SYNTAXE

599. Si l'attribut était sous-entendu et exprimé seulement par un terme circonstanciel, on ne pourrait point faire l'ellipse du pronom personnel. On ne pourrait pas dire رَأَيْتُ ٱلَّذِى فِى ٱلدَّارِ; il faut nécessairement dire رَأَيْتُ ٱلَّذِى هُوَ فِى ٱلدَّارِ J'ai vu [celui] QUI LUI *dans la maison*, c'est-à-dire *celui qui est dans la maison*.(1)

600. Lorsque le pronom personnel est destiné à représenter le complément objectif d'un verbe transitif ou d'un adjectif verbal exerçant son action sur le régime à la manière du verbe, et par conséquent doit être à l'accusatif, on le retranche souvent, surtout dans le premier cas.

---

(1) Dans cet exemple, comme dans cet autre : مَا أَنَا بِٱلَّذِى آخْ, il semble que, contre ce qui a été dit plus haut, l'adjectif conjonctif ٱلَّذِى serve de complément immédiat à un antécédent; mais il faut observer que le complément immédiat est sous-entendu, et que, pour que l'expression fût complète, il aurait fallu dire مَا أَنَا بِٱلرَّجُلِ ٱلَّذِى, et, de même, رَأَيْتُ ٱلرَّجُلَ ٱلَّذِى هُوَ فِى ٱلدَّارِ. S'il en était autrement, ٱلَّذِى cesserait, ici et dans les cas semblables, d'être *adjectif*, et deviendrait un *nom* conjonctif.

Dans ces mêmes exemples, l'adjectif conjonctif concorde virtuellement en ce cas avec le nom sous-entendu que la proposition conjonctive qualifie; il est donc au génitif dans بِٱلَّذِى, et à l'accusatif dans رَأَيْتُ ٱلَّذِى.

On peut dire que l'adjectif conjonctif ٱلَّذِى, employé de la sorte, avec ellipse d'un antécédent, tient la place des noms conjonctifs مَنْ et مَا. Réciproquement, ces noms conjonctifs semblent perdre, dans l'interrogation, leur valeur conjonctive (n° 995, 1re part.) et sont suivis de l'adjectif conjonctif ٱلَّذِى, comme quand on dit : مَا ٱلَّذِى فَعَلْتَ *Qu'est-ce que tu as fait?* Je crois cependant que, dans ce cas, il y a réellement ellipse du nom qualifié par l'adjectif conjonctif, et que l'expression complète serait مَا ٱلْأَمْرُ ٱلَّذِى فَعَلْتَ. En effet, l'analyse fait voir que, dans les expressions du genre de celles-ci, مَا et مَنْ font fonction d'attribut et ne sont point les antécédents de l'adjectif conjonctif ou les noms qualifiés par cet adjectif.

ٱلْمَالُ ٱلَّذِى تَشْتَهِى أَنْفُسُنَا

Les richesses que nos âmes désirent.

ٱلرِّزْقُ ٱلَّذِى مُولِيكَ ٱللّٰهُ فَضَلٌ

La subsistance que Dieu t'accorde est une grâce.

On aurait dû dire تَشْتَهِيهِ et مُولِيكَهُ ou مُولِيكَ إِيَّاهُ, mais on a fait l'ellipse du pronom personnel.

601. Lorsque le pronom personnel forme le complément d'un rapport d'annexion et est par conséquent au génitif, on peut quelquefois en faire l'ellipse.

Cette ellipse a lieu quand l'antécédent du rapport d'annexion est un adjectif verbal exprimant la valeur du verbe. Exemple:

وَيَصْغُرُ فِى عَيْنِى تِلَادِى إِذَا ٱنْثَنَتْ يَمِينِى بِإِدْرَاكِ ٱلَّذِى كُنْتُ طَالِبًا

Je ne fais aucun cas de mes richesses et je ne les épargne point quand ma main peut saisir l'objet que je cherchais.

Ici, طَالِبًا est pour طَالِبُهُ, et ce qui prouve que le nom d'agent régit ici le génitif et non l'accusatif, c'est qu'il a la valeur d'un temps passé (n° 313).

602. Une ellipse du même genre a pareillement lieu pour le pronom personnel servant de complément à une préposition, et même pour la préposition, quand le conjonctif est lui-même régi par la même préposition. Exemple:

مَرَرْتُ بِٱلَّذِى مَرَّ سُلَيْمَانُ

J'ai passé près de l'homme près duquel a passé Soléiman.

On voit qu'il y a ellipse de بِهِ après مَرَّ.

Si la préposition, étant la même, n'exprimait pas le même sens, il ne faudrait point se permettre cette ellipse. Ainsi, il ne serait pas convenable de dire زَهَدتُّ فِى ٱلَّذِى رَغِبْتَ, mais il faudrait dire, sans ellipse, *je me* زَهَدتُّ فِى ٱلَّذِى رَغِبْتَ فِيهِ

suis abstenu de ce que tu as recherché. Si, en pareil cas, l'ellipse a lieu quelquefois, c'est une licence.

603. L'adjectif conjonctif اَلَّذِي semble quelquefois renfermer la valeur d'un antécédent et signifier *celui qui, celui que, ce qui, ce que* (n° 987, Ire part.). Exemples :

هُوَ ٱلَّذِى يُسَيِّرُكُمْ فِى ٱلْبَرِّ وَٱلْبَحْرِ

Il [*est*] CELUI QUI *vous fait voyager sur la terre et sur la mer.*

أَرَاجِعٌ لِي ٱلدَّهْرُ حَوْلًا كَامِلًا إِلَى ٱلَّذِى عَوَّدَ أَمْ لَا يُرَجَّى

La fortune reviendra-t-elle pour moi, pendant une année entière, aux dispositions favorables auxquelles elle était habituée (à la lettre, *à* CE QU'*elle avait accoutumé*)*? ou bien est-ce là une chose qu'il ne soit pas permis d'espérer ?*(1)

604. Ce cas a lieu surtout dans une sorte de construction particulière dans laquelle l'adjectif conjonctif اَلَّذِي, ou plutôt toute la proposition conjonctive, devient le sujet, et le nom ou le pronom qui est le véritable sujet qualifié par cette proposition devient l'attribut, comme lorsque l'on dit *celui que j'ai battu est Zéid,* ou *celui qui a battu Zéid, c'est moi,* au lieu de *Zéid a été battu par moi,* ou *j'ai battu Zéid.* On sent bien qu'en s'exprimant sous cette forme, on a pour but de donner plus d'énergie à son expression, de réveiller davantage l'attention de ceux qui écoutent, ou de confirmer ce qu'on avait déjà dit, et de dissiper les doutes qui pouvaient rester dans l'esprit des auditeurs. C'est ainsi qu'au lieu de dire, en français, *Dieu a créé le monde; je suis venu hier,* on s'exprime d'une manière

---

(1) J'ai traduit ainsi, dans la supposition que عَوَّدَ est pour عَوَّدَهُ ; mais on peut supposer que le poète a voulu dire إِلَى مَا عَوَّدَنِي إِيَّاهُ , et traduire *à ce à quoi elle m'avait accoutumé.* Le poète se fût exprimé d'une manière plus conforme à l'usage ordinaire, s'il eût dit إِلَى مَا عَوَّدَ ; mais, comme je l'ai fait remarquer, il convient de supposer ici, avant ٱلَّذِى , le mot ٱلْأَمْرِ .

plus affirmative et plus énergique en disant : *C'est Dieu qui a créé le monde; c'est moi qui suis venu hier; c'est hier que je suis venu.*

En arabe, dans cette manière de s'exprimer, la personne ou la chose sur laquelle tombe l'affirmation, et qui devient l'*attribut grammatical* خَبَرٌ, quoique dans la réalité elle soit le sujet logique, se nomme اَلْمُخْبَرُ عَنْهُ بِٱلَّذِى *la chose dont on énonce une qualité par le moyen de l'adjectif conjonctif*, et la formule elle-même s'appelle ٱلْإِخْبَارُ عَنْ شَىْءٍ بِٱلَّذِى *énoncer une qualité d'une chose par le moyen de l'adjectif conjonctif*.

L'adjectif conjonctif doit être alors placé au commencement de la proposition, et le nom qui fait la fonction d'attribut doit être mis à la fin. Le surplus de la proposition conjonctive se place entre les deux et doit renfermer, suivant ce qui a été dit (n° 597), un pronom personnel qui représente la chose ou la personne dont on affirme la qualité. Ce pronom personnel doit concorder en genre et en nombre avec le conjonctif et être au même cas où l'on aurait mis le nom de la chose ou de la personne, si l'on se fût exprimé de la manière la plus simple. Enfin, le conjonctif doit concorder en nombre et en genre avec ce nom. On comprendra mieux ceci par un exemple. Supposons qu'au lieu de dire : *Les deux poètes ont fait parvenir une lettre aux vizirs (ambo poetae miserunt epistolam ad viziros)*, on veuille employer la formule énergique dont il s'agit; on variera l'expression selon que l'on voudra faire tomber la valeur énergique de l'affirmation sur les *deux poètes* ou sur les *vizirs*, ou sur la *lettre*. On dira :

Dans le premier cas: *Ceux qui ont fait parvenir une lettre aux vizirs, ce sont les deux poètes*, ٱللَّذَانِ بَلَّغَا ٱلْوُزَرَآءَ رِسَالَةً ٱلشَّاعِرَانِ.

Dans le second cas: *Ceux à qui les deux poètes ont fait parvenir une lettre, ce sont les vizirs*, ٱلَّذِينَ بَلَّغَهُمُ ٱلشَّاعِرَانِ رِسَالَةً ٱلْوُزَرَآءُ.

Dans le troisième cas, enfin : *Ce que les deux poètes ont fait parvenir aux vizirs est une lettre*, ٱلَّتِى بَلَّغَهَا ٱلشَّاعِرَانِ ٱلْوُزَرَآءَ رِسَالَةٌ.

Dans le premier exemple, le conjonctif est au duel masculin, parce qu'il se rapporte au nom اَلشَّاعِرَانِ *les deux poètes,* et le pronom renfermé dans le verbe بَلَّغَا est aussi au duel masculin, parce qu'il concorde avec le conjonctif اَللَّذَانِ *les [deux] qui*. Ce pronom, quoique non exprimé, est virtuellement au nominatif, puisqu'il est l'agent du verbe بَلَّغَا, et effectivement, si l'on se fût exprimé simplement en disant *les deux poètes ont apporté une lettre aux vizirs,* بَلَّغَا اَلشَّاعِرَانِ اَلْوُزَرَآءَ رِسَالَةً, le mot *les deux poètes* aurait été au nominatif comme sujet.

Dans le second exemple, le conjonctif est au pluriel masculin, parce qu'il se rapporte aux *vizirs,* اَلْوُزَرَآءِ; le pronom personnel affixe هُمْ concorde en genre et en nombre avec le conjonctif; de plus, il est à l'accusatif comme, dans l'expression simple, le mot *les vizirs,* qu'il représente, serait à l'accusatif, اَلْوُزَرَآءَ.

Enfin, dans le troisième exemple, le conjonctif est au singulier féminin, parce qu'il se rapporte à *une lettre,* رِسَالَةٌ; le pronom personnel affixe هَا concorde en genre et en nombre avec le conjonctif; de plus, il représente l'accusatif comme, dans l'expression simple, le mot *une lettre,* dont il tient la place, serait effectivement à l'accusatif, رِسَالَةً.

Observez, néanmoins:

1º Que si le nom auquel se rapporte le conjonctif est un pluriel irrégulier, le conjonctif et le pronom personnel peuvent être mis au singulier féminin (nº 443);

2º Que si le nom auquel se rapporte le conjonctif n'est pas un *féminin réel,* حَقِيقِيّ (nº 806, Iʳᵉ part.), le conjonctif et le pronom personnel peuvent être mis au masculin; ce qui est fondé sur ce que, dans ce cas, le véritable antécédent qualifié par l'adjectif conjonctif est اَلْأَمْرُ ou اَلشَّيْءُ *la chose.*

605. Si le mot sur lequel on fait tomber l'affirmation énergique n'était, dans l'expression simple, qu'*un terme circons-*

tanciel *de temps ou de lieu* mis à l'accusatif sous forme adverbiale, il faudrait, dans la formule énergique, l'exprimer, sous forme de complément, avec la préposition فِي. Ainsi, au lieu de dire : صُمْتُ يَوْمَ ٱلْجُمْعَةِ *J'ai jeûné le jour du vendredi*, il faudrait dire : ٱلَّذِى صُمْتُ فِيهِ يَوْمُ ٱلْجُمْعَةِ *Celui* LEQUEL *j'ai jeûné* DANS LUI *est le jour du vendredi* (c'est-à-dire *le jour auquel j'ai jeûné est le vendredi*).

606. Si, dans l'expression simple, c'était un terme circonstanciel de motif, d'intention, mis pareillement à l'accusatif sous forme adverbiale, il faudrait, dans la formule énergique, l'exprimer, sous forme de complément, avec la préposition لِ. Au lieu de dire : جِئْتُ رَغْبَةً فِيكَ *Je suis venu* [*par*] *l'envie de te voir*, il faudrait dire : ٱلَّذِى جِئْتُ لَهُ رَغْبَةٌ فِيكَ CE QUE *je suis venu* POUR LUI (c'est-à-dire *ce pourquoi je suis venu*) *est l'envie de te voir*. (1)

607. Il y a encore une observation essentielle à faire. Si, dans la proposition simple que l'on convertit en cette formule conjonctive énergique, il n'y a point de verbe qui lie le sujet à l'attribut, c'est-à-dire si la proposition simple est nominale, comme زَيْدٌ أَبُوكَ *Zéid* [*est*] *ton père*; عَمْرُو قَآئِمٌ *Amrou* [*est*] *debout,* il faut nécessairement employer le conjonctif ٱلَّذِى et exprimer le pronom personnel qui se rapporte au conjonctif.

Dans ces propositions, le sujet ou l'attribut peuvent devenir l'attribut d'une proposition conjonctive énergique. Si l'on veut

---

(1) La raison de cela, dit un commentateur de l'*Alfiyya*, c'est que, quand on substitue les pronoms aux noms, il faut ramener l'expression à sa forme naturelle et primitive, parce que les pronoms n'ont pas la même force que les noms, et qu'on ne peut pas leur donner toute la signification qu'on peut donner au nom; c'est-à-dire qu'en employant les noms, on peut se permettre des ellipses de prépositions qui ne peuvent pas avoir lieu quand on emploie les pronoms. (Man. ar. de Saint-Germain, n° 465, fol. 192 *recto*.)

faire tomber l'affirmation énergique sur l'attribut, on dira : *Celui qui est ton père, c'est Zéid ; celui qui se tient debout, c'est Amrou,* اَلَّذِى هُوَ قَائِمٌ عَمْرُو et اَلَّذِى هُوَ أَبُوكَ زَيْدٌ ;⁽¹⁾ mais, si l'on veut la faire tomber sur le sujet, il faudra dire : *Celui qui est Zéid, c'est ton père ; celui qui est Amrou se tient debout,* اَلَّذِى هُوَ زَيْدٌ اَلَّذِى هُوَ عَمْرُو قَائِمٌ et أَبُوكَ.

Dans ces exemples, هُوَ est le pronom qui se rapporte au conjonctif اَلَّذِى et qui représente le nom sous-entendu اَلرَّجُلُ *l'homme :* ce nom est le véritable antécédent auquel le conjonctif se rapporte.

608. Si la proposition simple que l'on convertit en une formule conjonctive énergique est composée d'un verbe et d'un agent, c'est-à-dire est une proposition verbale, on peut employer pour conjonctif l'adjectif اَلَّذِى ou l'article déterminatif اَلْ faisant fonction de conjonctif (n° 992, Ire part.).

Dans ces propositions, le sujet du verbe ou son complément peuvent devenir l'attribut d'une proposition conjonctive énergique ; il faut seulement, pour employer le conjonctif اَلْ, que l'on puisse substituer au verbe un adjectif verbal actif ou passif. Ainsi, au lieu de يَقِى اَللّٰهُ اَلْبَطَلَ *Dieu garantit l'homme brave,* on peut dire اَلْوَاقِى اَلْبَطَلَ اَللّٰهُ *Celui qui garantit l'homme brave, c'est Dieu,* et اَلْوَاقِيهِ اَللّٰهُ اَلْبَطَلُ *Celui que Dieu garantit, c'est l'homme brave.*

On pourrait, dans cette dernière formule, faire l'ellipse du pronom.

609. Remarquez encore que si, dans cette formule provenant d'une proposition verbale, le conjonctif اَلْ se rapporte à

---

(1) Je crois que قَائِمٌ étant un adjectif verbal, on pourrait faire l'ellipse du pronom (n° 598).

la même personne que le pronom personnel, il ne faut pas exprimer le pronom. Si, au contraire, le pronom se rapporte à autre chose, il faut l'exprimer.

Supposons que l'expression simple soit : *J'ai fait parvenir une lettre de la part des deux Zéids aux musulmans,* بَلَّغْتُ مِنَ ٱلزَّيْدَيْنِ إِلَى ٱلْمُسْلِمِينَ رِسَالَةً, on en pourra former ces quatre formules conjonctives énergiques :

Celui qui a fait parvenir une lettre de la part des deux Zéids aux musulmans, c'est moi.

ٱلْمُبَلِّغُ مِنَ ٱلزَّيْدَيْنِ إِلَى ٱلْمُسْلِمِينَ رِسَالَةً أَنَا

Les deux [personnes] de la part desquelles j'ai fait parvenir une lettre aux musulmans, ce sont les deux Zéids.

ٱلْمُبَلِّغُ أَنَا مِنْهُمَا إِلَى ٱلْمُسْلِمِينَ رِسَالَةً ٱلزَّيْدَانِ

Ceux auxquels j'ai fait parvenir une lettre de la part des deux Zéids, ce sont les musulmans.

ٱلْمُبَلِّغُ أَنَا مِنَ ٱلزَّيْدَيْنِ إِلَيْهِمْ رِسَالَةً ٱلْمُسْلِمُونَ

La chose que j'ai fait parvenir de la part des deux Zéids aux musulmans est une lettre.

ٱلْمُبَلِّغُهَا أَنَا مِنَ ٱلزَّيْدَيْنِ إِلَى ٱلْمُسْلِمِينَ رِسَالَةً

Dans le premier exemple, on n'a pas dit ٱلْمُبَلِّغُ هُوَ ; mais on a supprimé le pronom, parce qu'il se rapporte au même sujet que le conjonctif.

La raison en est que, si l'on eût employé le verbe au lieu de l'adjectif verbal, et ٱلَّذِي au lieu de ٱلْ, le pronom aurait été, dans la première formule, sous-entendu, ou, comme disent les Arabes, renfermé dans le verbe, et que dans les trois autres il aurait été distinct du verbe. On eût dit dans cette supposition :

DE LA SYNTAXE 355

Dans le 1ᵉʳ ex., ٱلْمُبَلِّغُ au lieu de ٱلَّذِى بَلَّغَ
Dans le 2ᵉ ex., ٱلْمُبَلِّغُ أَنَا مِنْهُمَا — ٱللَّذَانِ بَلَّغْتُ مِنْهُمَا
Dans le 3ᵉ ex., ٱلْمُبَلِّغُ أَنَا إِلَيْهِم — ٱلَّذِينَ بَلَّغْتُهُمْ
Dans le 4ᵉ ex., ٱلْمُبَلِّغُهَا أَنَا — ٱلَّتِى بَلَّغْتُهَا

Dans l'exemple précédent, le nom conjonctif et l'adjectif verbal représentent un verbe à la première personne ; on observerait les mêmes règles, s'ils représentaient un verbe à la troisième personne. Ainsi, si l'on voulait changer cette proposition : زَيْدٌ ضَرَبَ جَارِيَتَهُ *Zéid a frappé sa servante*, en une proposition conjonctive énergique, il faudrait dire زَيْدٌ ٱلضَّارِبُ جَارِيَتَهُ هُوَ *Zéid, celui qui a frappé sa servante, c'est lui*, c'est-à-dire *celui qui a frappé sa servante, c'est Zéid*, si l'on voulait faire tomber l'affirmation énergique sur le sujet du verbe ضَرَبَ ; si, au contraire, on voulait faire tomber cette affirmation sur le complément du verbe, qui est *la servante*, il faudrait dire زَيْدٌ ٱلضَّارِبُهَا هُوَ جَارِيَتُهُ *Zéid, celle qu'il a frappée, c'est sa servante*, c'est-à-dire *celle que Zéid a frappée, c'est sa servante*. ⁽¹⁾

Dans la première forme, on ne dit pas زَيْدٌ ٱلضَّارِبُ هُوَ جَارِيَتَهُ هُوَ; mais on supprime le pronom personnel qui devrait se reporter sur le conjonctif, parce que ce pronom et le conjonctif se rapporteraient à la même personne.

---

(1) Il faut se souvenir que la proposition زَيْدٌ ضَرَبَ جَارِيَتَهُ est une proposition composée ou à *deux faces* (nº 189), et que, relativement à l'inversion dont il s'agit ici, on ne considère que les deux mots ضَرَبَ جَارِيَتَهُ, qui forment une proposition verbale, dont le sujet est le pronom هُوَ *il*, caché dans la forme du verbe ضَرَبَ. Aussi, malgré l'inversion énergique dont il s'agit, le mot زَيْدٌ reste toujours à sa place, comme *inchoatif*, مُبْتَدَأٌ, d'une proposition composée dont la proposition conjonctive ٱلضَّارِبُ جَارِيَتَهُ هُوَ, quoique renfermant elle-même un sujet et un attribut, ne forme cependant que l'attribut.

Dans la deuxième forme, on exprime le pronom هُوَ, qui se rapporte à *Zéid*, parce que le conjonctif اَلْ, qui est pour اَلَّتِي, se rapporte à *sa servante*.

Je n'entrerai point dans de plus grands détails sur cette matière, ni sur les circonstances qui permettent ou interdisent l'usage de ces formules conjonctives énergiques; ce que j'en ai dit suffit pour en faire bien concevoir l'analyse.

610. Les noms conjonctifs مَنْ *celui qui, celui que,* et مَا *ce qui, ce que,* diffèrent de l'adjectif conjonctif اَلَّذِي en ce qu'ils renferment, de leur nature, la valeur d'un antécédent : *celui, ce, l'homme, la chose,* et celle du conjonctif *qui* ou *que*.

611. On n'emploie proprement le conjonctif مَنْ qu'en parlant des êtres raisonnables et le conjonctif مَا qu'en parlant des êtres sans raison. Quelquefois cependant مَنْ s'applique à des êtres sans raison, par une sorte de trope qui les assimile à des êtres raisonnables, ou parce que l'on comprend sous une même expression des êtres raisonnables et des êtres sans raison. Par le même motif, le conjonctif مَا s'applique parfois à des êtres raisonnables. Exemples :

لِلَّهِ يَسْجُدُ مَنْ فِي ٱلسَّمَوَاتِ وَٱلْأَرْضِ

Ceux qui *sont dans le ciel et sur la terre adorent Dieu.*

ٱللَّهُ خَلَقَ كُلَّ دَابَّةٍ مِنْ مَاءٍ فَمِنْهُمْ مَنْ يَمْشِى عَلَى بَطْنِهِ وَمِنْهُمْ مَنْ يَمْشِى عَلَى رِجْلَيْنِ وَمِنْهُمْ مَنْ يَمْشِى عَلَى أَرْبَعٍ

Dieu a formé d'eau tous les animaux : d'entre eux sont ceux qui *marchent sur leur ventre,* ceux qui *marchent à deux pieds, et* ceux qui *vont à quatre pattes* (c'est-à-dire *parmi eux il y en a qui marchent sur leur ventre, d'autres qui marchent à deux pieds,* etc.).

لِلَّهِ يَسْجُدُ مَا فِى ٱلسَّمَوَاتِ وَمَا فِى ٱلْأَرْضِ

Ce qui *est dans le ciel et ce qui est sur la terre adore Dieu.*

612. On peut aussi employer ما en parlant des êtres raisonnables, lorsque l'on veut indiquer une certaine classe de ces êtres, distinguée des autres par une considération relative à la qualité ou à la quantité. Exemple :

$$\text{فَٱنكِحُوا مَا طَابَ لَكُم مِّنَ ٱلنِّسَآءِ مَثْنَىٰ وَثُلَٰثَ وَرُبَٰعَ}$$

Epousez CE QU'IL *vous plaira de femmes : deux, trois ou quatre.*

613. Lorsque, en parlant des êtres raisonnables, on veut exprimer une question ou un doute dont l'objet est non la personne même de ces êtres, mais quelqu'une de leurs qualités, comme leur espèce ou leur profession, on doit se servir de ما, et non pas de مَنْ. Exemples :

$$\text{وَقُلْنَا لَهُ مَا أَنْتَ وَكَيْفَ وَجَئْتَ وَمَا ٱسْتَأْذَنْتَ فَقَالَ أَمَّا أَنَا فَعَانٍ}$$

Nous lui dîmes : QU'*es-tu ? et comment t'es-tu introduit sans en avoir demandé la permission ? A quoi il répondit : Quant à moi, je suis un homme sollicitant un bienfait.*

$$\text{ٱللُّؤْمُ أَكْرَمُ مِن وَبْرٍ وَوَالِدِهِ   وَٱللُّؤْمُ أَكْرَمُ مِن وَبْرٍ وَمَا وَلَدَا}$$

La bassesse est plus noble que Webr et son père (c'est-à-dire *et ses aïeux*); *la bassesse est plus noble que Webr et* CE QU'IL *a engendré* (c'est-à-dire *et sa postérité*).

614. Le mot مَنْ est employé quelquefois comme un nom déterminé ou indéterminé signifiant *un homme* ou *un certain nombre d'hommes*, et perdant la valeur conjonctive. C'est ainsi qu'on dit : مَرَرْتُ بِمَنْ مُعْجِبٍ لَكَ *J'ai passé près d'une personne qui te plaît.* L'adjectif ou le verbe qui qualifie مِنْ doit alors concorder logiquement avec le nom que مَنْ représente, comme رَجُلٌ *un homme,* رَجُلَانِ *deux hommes,* رِجَالٌ *des hommes,* etc.

Il en est de même du mot ما, qui est alors l'équivalent du nom شَيْءٌ *chose,* déterminé ou indéterminé. [1]

---

[1] Voyez mon *Anthol. grammat. ar.* p. 172, 173, 178, 364 et 463.

358   DE LA SYNTAXE

615. Les noms conjonctifs مَنْ et مَا ne sont susceptibles d'aucune variation de genre, de nombre ni de cas ; ils sont masculins et singuliers. On peut cependant avoir égard, pour leur concordance avec les autres parties du discours, au genre et au nombre du nom qu'ils représentent : c'est alors une concordance logique. Toutefois, la concordance grammaticale est la plus usitée. Voici des exemples de l'une et de l'autre :

مِنْهُمْ مَنْ يُؤْمِنُ بِهِ

Parmi eux, il y en a qui croient en Lui.

هَلْ مِنْ شُرَكَائِكُمْ مَنْ يَهْدِى إِلَى الْحَقِّ

Parmi vos associés (c'est-à-dire *parmi les faux dieux que vous associez à Dieu*), *y en a-t-il qui dirigent vers la vérité ?*

مَنْ يَقْنُتْ مِنْكُنَّ لِلَّهِ وَلِرَسُولِهِ وَتَعْمَلْ صَالِحًا

Celles d'entre vous, [ô femmes], *qui se soumettront à Dieu et à son prophète, et qui feront de bonnes œuvres.*

مِنْهُمْ مَنْ يَسْتَمِعُونَ إِلَيْكَ

Il y en a parmi eux qui t'obéissent.

مَنْ آمَنَ وَأَصْلَحَ فَلَا خَوْفٌ عَلَيْهِمْ وَلَا هُمْ يَحْزَنُونَ

Quiconque croira et fera le bien, CEUX-là N'AURONT *aucun sujet de crainte et* N'ÉPROUVERONT *point de chagrin.*

تَعَشَّ فَإِنْ عَاهَدْتَنِى لَا تَخُونُنِى نَكُنْ مِثْلَ مَنْ يَا ذِئْبُ يَصْطَحِبَانِ

O loup, soupe [avec moi]; *et si tu me promets de ne point me tromper, nous serons ensemble comme deux hommes qui sont amis.* (1)

J'ai donné ailleurs un exemple d'une concordance logique avec le nom conjonctif مَا (n° 404).

616. Il faut appliquer aux noms conjonctifs مَنْ et مَا ce que

---

(1) Voyez, sur ce vers, mon *Anthologie grammaticale arabe*, p. 195 et 463.

nous avons dit de la signification et de l'emploi de l'adjectif conjonctif اَلَّذِى et de la nécessité de placer dans la proposition conjonctive un pronom personnel qui rappelle la valeur du conjonctif (nos 597 et suiv.); les exceptions auxquelles cette règle est sujette s'appliquent également aux mots مَنْ et مَا.

617. Les mots مَنْ et مَا expriment souvent l'équivalent de la conjonction إِنْ *si*. Je ne répéterai point ici ce que j'ai dit ailleurs de l'influence de مَنْ et de مَا sur les verbes, quand ces deux noms expriment la valeur d'une condition (n° 66).

618. Les mots مَنْ et مَا servent encore à interroger (n° 995, 1re part.); et dans ce cas ils peuvent aussi observer, avec les verbes auxquels ils servent de sujet, la concordance logique ou la concordance grammaticale (n° 615).

619. Le mot مَنْ est employé quelquefois en rapport d'identité avec un nom indéterminé dont il est suivi; il semble faire alors la fonction d'adjectif à l'égard de ce nom, comme *quis* en latin ou *quel* en français, quand on dit *Quis homo* ou *quæ mulier id dixit? Quel homme* ou *quelle femme a dit cela?* Exemples:

مَنْ إِلَهٌ غَيْرُ ٱللَّهِ يَأْتِيكُمْ بِضِيَآءٍ

Quel dieu, autre que Dieu, vous procurera de la lumière?

مَنْ إِلَهٌ غَيْرُ ٱللَّهِ يَأْتِيكُمْ بِلَيْلٍ تَسْكُنُونَ فِيهِ

Quel dieu, autre que Dieu, vous procurera une nuit dans laquelle vous puissiez prendre du repos? [1]

[1] Ces deux exemples sont tirés de l'Alcoran, sur. 28, vers. 71 et 72. Je pense que إِلَهٌ doit y être considéré comme un *appostif*, تَابِع, du genre nommé *permutatif*, بَدَل. Béidhawi se contente d'observer qu'il aurait fallu dire هَلْ إِلَهٌ (*an Deus?*), et que, si l'on s'est exprimé comme on l'a fait, c'est en se prêtant à l'opinion des idolâtres, qui prétendent qu'il y a plusieurs dieux.

كَانَ حَقُّهُ هَلْ إِلَهٌ فَذُكِرَ بِمَنْ عَلَى زَعْمِهِمْ أَنَّ غَيْرَهُ آلِهَةً

620. On peut mettre en question si les noms conjonctifs مَنْ et مَا sont, de leur nature, *déterminés*, مَعْرِفَةٌ, ou *indéterminés*, نَكِرَةٌ. Je pense que ces deux noms sont tantôt déterminés, tantôt indéterminés. On ne peut pas douter que مَنْ ne soit indéterminé dans les expressions telles que celles-ci : مَرَرْتُ بِمَنْ. Il en est de même مَنْ إِلَهٌ غَيْرُ ٱللَّهِ يَأْتِيكُمْ بِضِيَاءٍ, et مُعْجِبٌ لَكَ quand on dit مَنْ كَانَتْ أُمَّكَ; car il est évident que le sujet est أُمَّكَ et que l'attribut est مَنْ ; or, il est de la nature du sujet d'être déterminé, comme il est de celle de l'attribut d'être indéterminé (n° 196). Je regarderais au contraire volontiers مَنْ comme déterminé, dans les expressions où il pourrait être remplacé par l'adjectif conjonctif ٱلَّذِي,(1) qui suppose toujours un antécédent déterminé, auquel il sert de qualificatif. Ainsi, dans cet exemple : مَنْ يَقْنُتْ مِنْكُنَّ لِلَّهِ آلخ, il est certain que مَنْ représente ٱللَّاتِي. Ce que je dis ici de مَنْ s'applique également à مَا.

621. Par suite de cette même question sur la nature des noms conjonctifs مَنْ et مَا, on peut se demander si, dans les propositions nominales interrogatives ou dubitatives dans lesquelles entrent ces mots, ils font la fonction de sujet ou celle d'attribut, ou, pour parler comme les grammairiens arabes, la fonction d'*inchoatif*, مُبْتَدَأٌ, ou celle d'*énonciatif*, خَبَرٌ.

A cet égard, je crois que cela dépend de la nature du second terme de ces mêmes propositions. Si ce second terme est déterminé, c'est lui qui fait la fonction d'inchoatif, quoiqu'il n'occupe que la seconde place dans la proposition. C'est ce qui a lieu quand on dit : لَا أَدْرِي مَنْ أَبُوكَ *Qui [es-] tu?* مَنْ أَنْتَ *je ne*

---

(1) Voyez, sur ce cas-là, les *Additions aux notes*, dans mon *Anthologie grammaticale arabe*, p. 463.

DE LA SYNTAXE

sais pas qui [*est*] *ton père;* مَا هٰذِهِ ٱلْيَمِينُ ٱلْغَرِيبَةُ *quel* [*est*] *ce serment extraordinaire?* مَا أَنْتَ *quelle espèce d'homme* [*es-tu*]*?*

Si, au contraire, le second terme de la proposition est tout à fait indéterminé, ce sera lui qui fera fonction d'attribut ou d'énonciatif, et مَنْ ou مَا sera le sujet ou inchoatif. Il en est ainsi quand on dit : لَا أَدْرِى مَنْ فِي ٱلدَّارِ *Qui* [*est*] *dans la maison?* لَهُ مَا فِي ٱلسَّمٰوَاتِ je ne sais qui [est] à la porte; مَنْ عَلَى ٱلْبَابِ وَٱلْأَرْضِ *à Lui appartient ce qui* [*est*] *dans les cieux et sur la terre.* Dans cette dernière proposition, il y a inversion (n° 201).

La raison de cela, c'est que les mots مَنْ et مَا, dans ces sortes d'expressions, quoique indéterminés, ont néanmoins un commencement de détermination, ce qu'on reconnaîtra en observant que, au lieu de مَنْ et مَا, on pourrait dire أَيُّ رَجُلٍ et أَيُّ شَىْءٍ. [1]

622. J'ai dit ailleurs que مَنْ devient quelquefois déclinable et prend tous les nombres, les genres et les cas (n° 997, Ire part.). Cela n'a lieu que dans une seule circonstance : c'est lorsqu'une personne ayant fait, dans le discours, mention de quelqu'un, non pas par son nom propre, mais en employant un nom appellatif indéterminé, on veut s'informer quelle est la personne désignée par ce nom appellatif. Alors, on emploie le mot مَنْ, c'est-à-dire *qui est-ce?* en lui donnant le même genre, le même nombre et le même cas que la personne qui parle a donnés au nom appellatif dont elle s'est servie.

Ainsi, si quelqu'un dit : جَاءَنِى رَجُلٌ *Un homme est venu me trouver,* on lui demandera : مَنُو *Quel est cet homme?* S'il a dit : قَتَلْتُ رَجُلًا *J'ai tué un homme,* on lui demandera : مَنَا *Quel homme?*

---

(1) Voyez l'extrait de l'*Alfiyya* d'Ebn Malec, dans mon *Anthologie grammaticale arabe*, p. 316, 331 et 332. Voyez aussi le commentaire de Tébrizi sur le *Hamasa*, à l'occasion des mots كَمَا هِىَ, p. 118.

Pour faire usage de cette forme, il faut ne rien ajouter de plus après le mot مَنْ, car si l'on disait: *Quel homme as-tu tué?* ou *quel homme, Monsieur?* مَنْ ne devrait plus être décliné, et il faudrait dire simplement مَنْ قَتَلْتَ et مَنْ يَا فَتَى.

On trouve cependant quelquefois le mot مَنْ décliné de la sorte, sans le concours des circonstances qui déterminent régulièrement l'usage de cette forme. Exemple:

أَتَوْا نَارِي فَقُلْتُ مَنُونَ أَنْتُمْ فَقَالُوا الْجِنُّ قُلْتُ عَمُّوا ظَلَامَا

Ils se sont approchés de mon feu hospitalier. Je leur ai dit: Qui êtes-vous? Nous sommes les génies, m'ont-ils répondu. Que les génies, leur ai-je dit, soient aveuglés et plongés dans les ténèbres!

623. Quelques Arabes admettent une manière de s'exprimer assez semblable à celle-ci lorsque la personne qui parle ayant nommé un homme par son nom propre, ayant dit, par exemple, *j'ai passé près de Zéid*, on lui demande: *Quel est ce Zéid?* En ce cas, مَنْ est indéclinable; mais on donne au nom Zéid le même cas que lui a donné celui que l'on interroge. Selon qu'il a dit جَاءَنِي زَيْدٌ *Zéid est venu me trouver*, ou bien رَأَيْتُ زَيْدًا *j'ai vu Zéid*, ou enfin, مَرَرْتُ بِزَيْدٍ *j'ai passé près de Zéid*, on lui dira, en l'interrogeant, مَنْ زَيْدٌ *Quel est ce Zéid?* ou مَنْ زَيْدًا, ou enfin مَنْ زَيْدٍ. [1]

---

[1] Il faut observer que l'on ne doit pas, dans tous ces cas, faire entendre la voyelle nasale, parce qu'il y a *pause* وَقْفْ (n°s 153 et 997, 1re part.).

Quelques grammairiens arabes poussent plus loin l'usage de cette conformité entre la *question* et le nom qui a donné lieu à cette question, conformité qu'on désigne par le mot حِكَايَةٌ; ils permettent de dire: مَنْ غُلَامَ زَيْدٍ *Quel page de Zéid?* مَنْ غُلَامَ زَيْدٍ وَعَمْرًا *quel Amrou est son fils?* مَنْ عَمْرًا وَابْنَهُ *quel page de Zéid et [quel] Amrou?* مَنْ زَيْدٍ بْنِ عَمْرٍو *quel Zéid, fils d'Amrou?* en inter-

L'usage le plus général cependant parmi les Arabes, en ce cas, est de dire مَنْ زَيْدٌ, mettant toujours زَيْدٌ au nominatif, comme sujet d'une proposition nominale dont مَنْ est l'attribut.

624. أَيٌّ, nom conjonctif, s'emploie aussi comme interrogatif et avec la valeur conditionnelle, ainsi que مَنْ et مَا.

625. Il se décline régulièrement avec toute la vérité des nombres, des genres et des cas, dans les mêmes circonstances où l'on décline مَنْ (n° 622), avec cette seule différence qu'il n'est pas nécessaire de rien ajouter de plus après أَيٌّ. Si donc quelqu'un dit : رَأَيْتُ رَجُلَيْنِ *J'ai vu deux hommes*, on peut lui demander : أَيَّيْنِ يَا صَاحِبِى *Quels deux hommes, mon ami ?*

626. Hors ce cas, أَيٌّ n'a ni duel ni pluriel; il s'emploie indifféremment pour tous les nombres et pour les deux genres : on peut cependant dire, pour le féminin, أَيَّةٌ. Exemples :

أَقْتُلُ أَيًّا حَارَبَنِى

Je tuerai quiconque me fera la guerre.

جِئْنِى بِأَيٍّ عَصَوْا عَلَىَّ

Amène-moi ceux qui se sont révoltés contre moi.

أَعْرِفْنِى بِأَيَّةٍ قَالَتْ هَذَا ou أَعْرِفْنِى بِأَيٍّ قَالَتْ هَذَا

Apprends-moi quelle [femme] a dit cela.

627. أَيٌّ est du nombre des noms qui supposent toujours un rapport d'annexion; et si on l'emploie fréquemment sans

rogeant une personne qui a dit : قَتَلْتُ غُلَامَ زَيْدٍ *J'ai tué le page de Zéid*, ضَرَبْتُ غُلَامَ زَيْدٍ وَعَمْرًا *J'ai frappé le page de Zéid et Amrou*, رَأَيْتُ عَمْرًا وَٱبْنَهُ *j'ai vu Amrou et son fils*, مَرَرْتُ بِزَيْدِ بْنِ عَمْرٍو *j'ai passé près de Zéid, fils d'Amrou.*

(Voyez le man. ar. de Saint-Germain, n° 465, fol. 199 et 200.)

complément, c'est que le complément est sous-entendu (n° 253).

628. Ce mot, ainsi que les autres conjonctifs, exige après lui, comme signe de rappel, un pronom personnel (n° 597), dont néanmoins on fait fréquemment l'ellipse. Exemples :

$$ جِئْنِى بِأَيٍّ هُوَ أَفْضَلُ $$

Amène-moi celui [d'entre eux] qui a le plus de mérite.

$$ خُذْ لَكَ أَيًّا أَرَدْتَهُ $$

Prends pour toi celui [d'entre eux] que tu voudras.

629. Il y a une circonstance où le nom أَيٌّ semble devenir indéclinable : c'est lorsqu'il est en rapport d'annexion avec un complément exprimé et non sous-entendu, et qu'il est suivi d'une proposition nominale (n° 185) dont le sujet est le pronom personnel qui se rapporte à أَيٌّ, mais qui est sous-entendu. La raison pour laquelle أَيٌّ, dans ce cas, est toujours au nominatif, c'est qu'il est le sujet de la proposition. Exemples :

$$ ثُمَّ لَنَنْزِعَنَّ مِنْ كُلِّ شِيعَةٍ أَيُّهُمْ أَشَدُّ عَلَى ٱلرَّحْمَٰنِ عِتِيًّا $$

Ensuite, nous retirerons de chacune de ces troupes ceux qui auront été les plus obstinés dans leur révolte contre le Dieu miséricordieux.

$$ إِذَا مَا لَقِيتَ بَنِى مَالِكٍ فَسَلِّمْ عَلَى أَيِّهِمْ أَفْضَلُ $$

Si tu rencontres les enfants de Malec, salue celui d'entre eux qui a le plus de mérite.

$$ آبَاؤُكُمْ وَأَبْنَاؤُكُمْ لَا تَدْرُونَ أَيُّهُمْ أَقْرَبُ لَكُمْ نَفْعًا $$

Vous ne savez point qui de vos pères ou de vos enfants aura un droit plus prochain à profiter de vos biens.

Si l'on eût exprimé le pronom personnel, ou fait ellipse du complément de أَيٌّ, il aurait fallu décliner ce nom et dire أَيًّا أَشَدُّ, ou bien أَيُّهُمْ هُوَ أَقْرَبُ عَلَى أَيِّهِمْ هُوَ أَفْضَلُ, أَيُّهُمْ هُوَ أَشَدُّ et عَلَى أَيٍّ أَفْضَلُ أَيًّا أَقْرَبُ.

Cette sorte de construction peut être assimilée à celle qui a lieu quelquefois dans l'emploi du verbe ظَنَّ *penser* et qu'on appelle تَعْلِيق, ce qui veut dire *laisser en suspens* (nº 499).

Quelques grammairiens déclinent أَيّ dans toutes les circonstances. (1)

630. أَيّ et أَيَّةُ, étant joints à l'affixe هَا, s'emploient aussi comme particules destinées à caractériser le vocatif (nº 173); on dit donc أَيُّهَا et أَيَّتُهَا.

631. On se sert aussi de ces deux mots pour exprimer quelque chose de spécial qu'on veut distinguer des autres choses de même nature; c'est ce que les grammairiens arabes appellent إِخْتِصَاص *indication spéciale*. En voici des exemples :

اَللّٰهُمَّ ٱغْفِرْ لَنَا أَيَّتُهَا ٱلْعِصَابَةُ

O mon Dieu! pardonne-nous, à nous qui sommes une troupe spéciale.

نَحْنُ نَفْعَلُ كَذَا أَيُّهَا ٱلْقَوْمُ

Nous agissons ainsi, nous autres.

أَنَا أَفْعَلُ كَذَا أَيُّهَا ٱلرَّجُلُ

J'agis ainsi, moi en particulier.

Le nom qui suit أَيُّهَا, et que l'on nomme ٱلْمَخْصُوص *indiqué spécialement*, doit être mis à l'accusatif. S'il est suivi d'un adjectif ou d'un appositif, celui-ci doit être mis au nominatif, comme attribut d'un sujet sous-entendu, qui est هُوَ (nº 192).

632. On peut exprimer la même idée en supprimant أَيُّهَا, pourvu que le nom sur lequel tombe la désignation spéciale

---

(1) Voyez, sur tout ce qui concerne l'usage du mot أَيّ et sa déclinaison, mon *Anthologie grammaticale arabe*, p. 173, 184, 321, 343 et 367.

soit déterminé par l'article الْ ou par un complément déterminé lui-même par cet article. Exemples:

نَحْنُ ٱلْعُرْبَ أَقْرَى ٱلنَّاسِ لِلضَّيْفِ

Nous autres Arabes, nous sommes les plus hospitaliers d'entre les hommes.

نَحْنُ مَعَاشِرَ ٱلْأَنْبِيَاءِ لَا نُورَثُ

Nous autres sociétés des prophètes, nous ne laissons pas nos droits à nos héritiers.

Cette manière de s'exprimer n'a guère lieu qu'avec un pronom de la première personne, soit singulier, soit pluriel, et l'on peut la considérer comme une sorte de vocatif ou compellatif, ou bien comme un des cas où l'on fait usage de l'accusatif, parce qu'on sous-entend أَعْنِي مَنْصُوبٌ عَلَى ٱلْمَدْحِ. C'est ce qu'on appelle أَوِ ٱلذَّمِّ, comme je l'ai déjà dit ailleurs (n° 181).

On s'en sert quelquefois après un pronom de la seconde personne, comme dans cet exemple :

بِكَ ٱللَّهَ نَرْجُو ٱلْفَضْلَ

C'est de toi, de Dieu, [dis-je], que nous espérons les bienfaits.

Si l'on eût considéré *Dieu* comme vocatif, il aurait fallu dire ٱللَّهُ (n° 169).

633. Le mot أَيّ sert aussi à exprimer l'admiration, et alors il a toujours pour complément un nom indéterminé. (1)

S'il est précédé d'un nom indéterminé, il le qualifie à la manière des adjectifs, c'est-à-dire qu'il suit les règles de concordance des adjectifs avec les noms. Exemple :

جِئْتَنِي بِرَجُلٍ أَيِّ رَجُلٍ

---

(1) Voyez, sur cet usage de أَيّ, mon *Commentaire sur les Séances de Hariri*, séance XLI, p. 464.

Tu m'as amené un homme; quel homme!

S'il est précédé d'un nom déterminé, il se met à l'accusatif, comme terme circonstanciel. Exemple :

$$\text{جَاءَنِي زَيْدٌ أَيَّ رَجُلٍ}$$

Zéid est venu me trouver; quel homme [c'est que Zéid]!

La raison de cette dernière règle, c'est que le mot أَيّ, étant du nombre des mots qui restent indéterminés lors même qu'ils sont en rapport d'annexion avec un complément (n° 253), ne peut jamais être en concordance avec un nom déterminé.

634. Le nom sur lequel tombe le sentiment d'admiration exprimé par أَيّ peut être sous-entendu ou compris virtuellement dans un verbe. Alors, أَيّ se met au même cas où l'on aurait dû mettre ce nom, s'il eût été exprimé. Exemple :

$$\text{ٱنْتَكُوا أَيَّ نِكَايَةٍ}$$

Ils furent vexés; de quelle vexation!

أَيّ est à l'accusatif, parce qu'on aurait dit ٱنْتَكُوا نِكَايَةً أَيَّ نِكَايَةٍ *ils furent vexés d'une vexation; quelle vexation!* [1]

(1) Tebrizi, dans son commentaire sur le *Hamasa* (p. 95), fait une observation importante sur أَيّ, à l'occasion de ce vers :

$$\text{وَلَمَّا رَأَيْتُ أَنَّنِي قَدْ قَتَلْتُهُ ۝ نَدِمْتُ عَلَيْهِ أَيَّ سَاعَةِ مَنْدَمِ}$$

« Lorsque j'eus reconnu que je l'avais tué, j'en éprouvai un repentir : à quelle
« heure de repentir ! » (c'est-à-dire *lorsqu'il n'était plus temps*).

Voici cette observation : « أَيَّ dans أَيَّ سَاعَةِ مَنْدَمِ est à l'accusatif, comme
« terme circonstanciel adverbial (de temps) ; car أَيّ, servant à indiquer une
« partie de quelque chose que ce puisse être, est assujetti aux mêmes règles que
« le nom qui lui sert de complément d'annexion, de quelque espèce qu'il soit. »

$$\text{ٱنْتَصَبَ أَيَّ سَاعَةِ مَنْدَمٍ عَلَى ٱلظَّرْفِ لِأَنَّ أَيًّا لَمَّا كَانَ لِلْبَعْضِ مِنَ ٱلْكُلِّ}$$
$$\text{جُعِلَ حُكْمُهُ حُكْمَ ٱلْمُضَافِ إِلَيْهِ مِنْ جَمِيعِ ٱلْأَجْنَاسِ}$$

Ainsi, أَيّ est considéré ici comme *adverbe de temps*, parce que سَاعَةَ eût été

CHAPITRE XXVIII

Syntaxe des Pronoms

635. J'ai déjà eu plus d'une fois occasion de mettre sous les yeux les principales règles de syntaxe qui concernent les pronoms, soit en indiquant l'usage des pronoms isolés qui représentent le nominatif (n° 1005, Ire part.), et celui des pronoms affixes (n°s 1006 et 1008, Ire part.), et des pronoms isolés qui représentent l'accusatif (n° 1017, Ire p.); soit en traitant de l'emploi des pronoms affixes avec les particules indéclinables (n°s 1251 et suiv., Ire part.), et des pronoms servant de complément aux adjectifs verbaux (n°s 308, 309 et 333). J'ajouterai encore ici quelques observations qui auront pour principal objet d'indiquer les circonstances où l'on doit employer, au lieu des affixes, les pronoms isolés qui représentent l'accusatif.

Mais, auparavant, je dois faire quelques remarques plus générales sur certains usages des pronoms, usages particuliers à la langue arabe et qui semblent s'éloigner de la théorie rationnelle du langage.

636. L'objet indiqué par les pronoms de la première et de la seconde personne n'a pas besoin qu'on le fasse connaître par son nom avant d'employer, pour le désigner, un pronom, parce que, de toute nécessité, il est immédiatement connu de celui qui parle et de celui qui entend. Il n'en est pas de même du pronom de la troisième personne *il, elle, ils, elles* : ce pronom ne désignerait aucune personne, aucune chose, et resterait une énigme pour celui qui écoute, si auparavant on n'avait point nommé ou

adverbe de temps. Si l'on disait عَذَّبْتُهُ أَيَّ تَعْذِيبٍ, le même mot أَيَّ serait mis à l'accusatif, comme *nom d'action*, عَلَى ٱلْمَصْدَرِ, ou comme *complément absolu*, عَلَى أَنَّهُ مَفْعُولٌ مُطْلَقٌ, parce qu'il en serait ainsi de تَعْذِيبًا.

clairement désigné la personne ou la chose que le pronom doit rappeler à l'esprit. Cependant, il arrive quelquefois, surtout chez les poètes, qu'on emploie un pronom pour désigner des êtres qui n'ont pas encore été nommés; mais il faut, en ce cas, que le genre et le nombre du pronom, ou quelques-unes des circonstances du discours, fassent disparaître ce que cette manière de s'exprimer a d'obscur et d'amphibologique; car il est évident qu'elle ne peut être autorisée que par la certitude qu'on a que celui à qui l'on parle a déjà présente à l'esprit la chose à laquelle se rapporte le pronom. C'est ainsi qu'on lit dans l'Alcoran: فَٱخْرُجْ مِنْهَا *Sors-*en *donc,* c'est-à-dire *sors du Paradis* ou *du rang des anges,* sans qu'aucun antécédent ne détermine l'objet précis indiqué par le pronom هَا. Exemples:

أَتَاهُمْ بِهَا حَشْوَ ٱلْعَجَاجَةِ وَٱلْقَنَا   سَنَابِكُهَا تَحْشُو بُطُونَ ٱلْكَمَالِقِ

Il a fondu avec eux *sur les ennemis, au milieu de la poussière et des lances, et* leurs *sabots ont rempli la cavité des yeux* [*des guerriers renversés par terre*].

Le poète a voulu dire *avec ses chevaux,* ce qui est déjà indiqué en partie par le genre du pronom هَا, qui rappelle l'idée des *chevaux,* ٱلْخَيْلِ, mais est encore déterminé plus expressément par le mot سَنَابِكُ *sabots.*

شَهِدْنَ مَعَ ٱلنَّبِيِّ مُسَوَّمَاتٍ   حُنَيْنًا وَهِيَ دَامِيَةُ ٱلْخَوَامِي

Ils *ont été présents avec le Prophète à la bataille de Honeïn, reconnaissables par un signe qui indique leur prix; et leurs pieds étaient teints de sang.*

Il s'agit encore de chevaux, ce qu'indique d'abord le verbe mis au pluriel féminin, puis le terme circonstanciel مُسَوَّمَاتٍ, qui est une épithète consacrée aux chevaux, puis enfin la circonstance exprimée par les mots وَهِيَ دَامِيَةُ ٱلْخَوَامِي *leurs pieds étaient teints de sang.*

فَعَلَوْتُ مُرْتَفِعًا عَلَى ذِي هَبْوَةٍ ۞ جِرْجَا إِلَى أَعْلَامِهِنَّ قَتَامُهَا

Je suis monté sur un lieu propre à observer, sur une colline poudreuse dont la poussière touchait presque à LEURS *étendards.*

Le pronom féminin pluriel هُنَّ et l'idée des *étendards* font suffisamment connaitre qu'il s'agit des *tribus*, قَبَائِلُ, ou des *cohortes*, كَتَائِبُ, ennemies.

637. Quelquefois on emploie le *pronom* اَلْمُضْمَرُ au lieu du nom, ou, comme s'expriment les grammairiens arabes, au lieu *du mot qui énonce clairement le sens,* اَلْمُظْهَرُ, mais sous la condition d'ajouter immédiatement, par une sorte de pléonasme, et sous la forme de *permutatif,* بَدَلٌ, ou de *complément adverbial explicatif,* بَيَانٌ, le nom représenté par le pronom : cela s'appelle إِضْمَارٌ عَلَى شَرِيطَةِ التَّفْسِيرِ. C'est une manière de s'exprimer énergique.⁽¹⁾ Exemples :

فَإِنَّهَا لَا تَعْمَى الْأَبْصَارُ وَلَـٰكِنْ تَعْمَى الْقُلُوبُ

Car ILS *ne sont pas aveugles,* LES YEUX ; *mais ce sont les cœurs qui sont aveugles.*

هِيَ النَّفْسُ مَا حَمَّلْتَهَا تَتَحَمَّلْ

ELLE, MON AME, *portera le fardeau dont je la chargerai.*

هُوَ الْبَيْنُ حَتَّى مَا تَأْتِي الْخَزَائِقُ ۞ وَيَا قَلْبُ حَتَّى أَنْتَ مِمَّنْ أُفَارِقُ

ELLE, LA SÉPARATION, *est telle que les sociétés (que les hommes forment entre eux) ne durent plus longtemps ; et à tel point que toi aussi, ô mon cœur, tu es du nombre des amis dont je dois me séparer.* ⁽²⁾

آهًا لَهَا حَسْرَةً أَلَمُهَا مُؤَكَّدٌ وَأَمَدُّهَا سَرْمَدٌ

ELLE *m'arrache des soupirs,* UNE AFFLICTION *dont la douleur est profonde, dont la durée n'a point de bornes.*

⁽¹⁾ Voyez le commentaire de Tebrizi sur le *Hamasa*, p. 126.

⁽²⁾ Le poète, en parlant à *son cœur,* dit مَنْ, et non pas مَا, parce qu'il le personnifie. Après الْبَيْنُ, il faut sous-entendre l'attribut كَائِنٌ ou حَاصِلٌ.

DE LA SYNTAXE

آهَا لَهُ بَيْتَ ٱلْبِلَى وَٱلْمَنْزِلِ ٱلْقَفْرِ ٱلْخَلَى

ELLE m'arrache des soupirs, CETTE DEMEURE de pourriture, ce séjour solitaire et désert. (1)

فَقَضَّيْنَاهَا لَيْلَةً غَابَتْ شَوَآئِبُهَا

Nous LA passâmes, UNE NUIT dont l'obscurité n'était altérée par aucun mélange [de lumière].

638. Il ne faut pas confondre ce cas, où le pronom représente un nom, mais seulement par une sorte d'anticipation, avec celui où le pronom représente, d'une manière vague, le sujet d'une proposition et est nommé, à cause de cela, ضَمِيرُ ٱلشَّأْنِ ou ضَمِيرُ ٱلْقِصَّةِ, c'est-à-dire pronom qui équivaut à ٱلشَّأْنُ ou ٱلْقِصَّةُ, l'état ou l'aventure, comme dans ces exemples : (2)

---

(1) Voyez mon *Commentaire sur les Séances de Hariri*, séance XXVIII, p. 301, et séance L, p. 598.

On peut prononcer لَهُ بَيْتَ ٱلْبِلَى et لَهَا حَسْرَةٌ, et alors ce sont des compléments explicatifs sous forme adverbiale, ou لَهُ بَيْتَ ٱلْبِلَى et لَهَا حَسْرَةٌ, et alors ce sont des appositifs du genre nommé *permutatif*.

L'auteur du traité de rhétorique intitulé مُخْتَصَرُ ٱلْمَعَانِي a bien développé l'effet produit par cet emploi extraordinaire des pronoms sur l'esprit de celui qui écoute. « L'obscurité du premier mot qu'on énonce frappe, dit-il, l'esprit de « l'auditeur et lui fait désirer d'en connaître le vrai sens; son attention, ainsi « excitée, fait que ce qu'on dit ensuite s'imprime plus fortement dans son esprit. »

(2) Béidhawi, expliquant ce texte de l'Alcoran (sur. 27, vers. 9) : يَا مُوسَى إِنَّهُ أَنَا ٱللَّهُ ٱلْعَزِيزُ ٱلْحَكِيمُ *O Moïse! je suis le Dieu fort et sage*, avertit que le pronom هُ, dans إِنَّهُ, est ce qu'on appelle ضَمِيرُ ٱلشَّأْنِ, et que أَنَا ٱللَّهُ آلخ est la *proposition qui explique ce pronom,* جُمْلَةٌ مُفَسِّرَةٌ لَهُ. Il propose aussi une autre analyse bien moins satisfaisante.

Si l'on ne se pénétrait pas bien du sens que les grammairiens arabes attachent à la dénomination de ضَمِيرُ ٱلشَّأْنِ, on pourrait être tenté de rapporter à cette catégorie d'autres pronoms affixes de toute personne, de tout genre et de tout

هُوَ ٱللَّهُ أَحَدٌ

IL (c'est-à-dire *voici ce qui est*) *Dieu est unique.*

إِنَّهُ كَانَ فِي بَغْدَادَ تَاجِرٌ وَهُوَ ذُو مَالٍ وَافِرٍ

Car IL (c'est-à-dire *voici de quoi il s'agit*) : *A Bagdad était un marchand qui possédait de grandes richesses.* (1)

nombre, attachés aux particules إِنَّ, أَنَّ, etc. mais qui se rapportent en effet à une des personnes ou des choses précédemment énoncées. Quelques exemples rendront ceci sensible :

يَا إِبْرَهِيمُ أَعْرِضْ عَنْ هَذَا إِنَّهُ قَدْ جَآءَ أَمْرُ رَبِّكَ وَإِنَّهُمْ آتِيهِمْ عَذَابٌ غَيْرُ مَرْدُودٍ

O *Abraham ! détourne-toi de cela, car le commandement de ton Seigneur est arrivé; et quant à ces gens, un châtiment qu'on ne peut point repousser va tomber sur eux.*

إِنَّهُ مُصِيبُهُمْ مَا أَصَابَهُمْ

Il leur arrivera assurément ce qui est arrivé à ceux-là.

إِنَّكَ لَتَعْلَمُ مَا نُرِيدُ

Tu sais bien ce que nous voulons.

Dans ces exemples, le pronom affixe ه de ces phrases : إِنَّهُ قَدْ جَآءَ et إِنَّهُ مُصِيبُهُمْ, est ضَمِيرُ ٱلشَّأْنِ, car il n'a point d'antécédent dont il tienne la place, et il représente seulement, avec tout le vague possible, une idée qui doit servir d'inchoatif aux propositions أَمْرُ رَبِّكَ قَدْ جَآءَ et مُصِيبُهُمْ مَا أَصَابَهُمْ, lesquelles font la fonction d'énonciatif. Il en est tout autrement des pronoms, dans إِنَّهُمْ et إِنَّكَ ; ils ont pour antécédent, le premier, *les incrédules* dont il s'agit, le second, *Loth*, à qui s'adresse le discours. Ce sont d'ailleurs, comme dans le cas précédent, des inchoatifs mis à l'accusatif par l'influence de إِنَّ, et ayant pour énonciatifs les propositions آتِيهِمْ عَذَابٌ غَيْرُ مَرْدُودٍ et تَعْلَمُ. Ils ne sont pas plus ضَمِيرُ ٱلشَّأْنِ que ne le serait le nom *Djafar* dans cette phrase :

إِنَّ جَعْفَرًا قَدْ قَتَلَهُ هَارُونُ ٱلرَّشِيدُ

Quant à Djafar, il fut tué par Haroun-Raschid.

Au lieu de ضَمِيرُ ٱلشَّأْنِ, on dit aussi ضَمِيرُ ٱلْأَمْرِ et ضَمِيرُ ٱلْقِصَّةِ.

(1) On aura une assez juste idée de cette manière de s'exprimer, si on la

DE LA SYNTAXE

639. Il est bon de faire observer que, par une figure de langage toute contraire à celle qui substitue le pronom au nom, mais ayant aussi pour but de donner plus d'énergie à l'expression, on emploie souvent le *nom* ٱلْمُظْهَر au lieu du *pronom* ٱلْمُضْمَر.
Exemples :

أَنْزَلْنَاهُ بِٱلْحَقِّ نَزَلَ

Nous l'avons fait descendre du ciel, conformément à la vérité, et il est descendu conforme à LA VÉRITÉ.

إِنْ نَكَثُوا أَيْمَانَهُمْ مِنْ بَعْدِ عَهْدِهِمْ وَطَعَنُوا فِي دِينِكُمْ فَقَاتِلُوا أَئِمَّةَ ٱلْكُفْرِ

S'ils enfreignent leurs serments, après avoir contracté des engagements, et s'ils blasphèment votre religion, alors, combattez LES CHEFS DE L'IMPIÉTÉ (*c'est-à-dire combattez-les*).

فَلَوْ أَنَّ قَوْمِي أَنْطَقَتْنِي رِمَاحُهُمْ   نَطَقْتُ وَلَكِنَّ ٱلرِّمَاحَ أَجَرَّتْ

Si les lances de ma famille m'avaient fait parler (c'est-à-dire m'avaient fourni une occasion de louer sa bravoure), j'aurais parlé ; mais LES LANCES *m'ont ôté la faculté de parler*.

أَيَبْغِي آلُ شَدَّادٍ عَلَيْنَا   وَمَا يُرْغِي لِشَدَّادٍ فَصِيلُ

Quoi donc ! la famille de Scheddad usera-t-elle de violence contre nous, tandis que nous n'avons pas fait pousser un cri, pas même à un jeune chameau de SCHEDDAD ?

640. Le pronom représente quelquefois un nom qui n'a point été textuellement exprimé, mais dont le sens se trouve

compare avec cette locution française, qui se refuse à toute analyse rationnelle : IL y AVAIT *un marchand à Bagdad* ; et à cette autre : IL EST *un Dieu vengeur du crime.*
Suivant l'auteur du مُخْتَصَرُ ٱلْمَعَانِي, on pourrait même, en ce cas-là, dire هِيَ زَيْدٌ قَائِمٌ, ce qui cependant n'est admis qu'en théorie : dans l'usage, il faut, pour qu'on puisse s'exprimer ainsi, que ce pronom soit en relation avec un nom féminin. Quand on emploie le pronom masculin هُوَ, il est censé remplacer le mot ٱلشَّأْنُ ; le pronom féminin هِيَ tiendrait lieu de ٱلْقِصَّةُ.

compris implicitement dans un antécédent ou une proposition tout entière qui a précédé : il semble alors tenir la place des noms démonstratifs *ceci*, *cela*. Exemples :

اِعْدِلُوا إِنَّهُ أَقْرَبُ لِلتَّقْوَى

Agissez justement, car IL (c'est-à-dire *la justice*) *est plus conforme à la piété.* (1)

لَمْ أَرَ قَوْمًا مِثْلَنَا خَيْرَ قَوْمِهِمْ   أَقَلَّ بِهِ مِنَّا عَلَى قَوْمِهِمْ فَخْرًا

Je n'ai point vu de gens comme nous, tenant le premier rang parmi leur famille, qui se fassent moins que nous DE LUI (*c'est-à-dire de cette prééminence*) *un titre pour s'élever avec fierté au-dessus de leur famille.*

لَا تَأْكُلُوا أَمْوَالَهُمْ إِلَى أَمْوَالِكُمْ إِنَّهُ كَانَ حُوبًا كَبِيرًا

Ne mangez pas leur bien avec le vôtre, car IL (c'est-à-dire *cela*) *est une faute très grave.*

641. Ce que nous disons ici du pronom s'applique également au pronom renfermé virtuellement dans les personnes du verbe (n° 1021, Ire part.). Exemple :

قَالَ لَهُمُ النَّاسُ إِنَّ النَّاسَ قَدْ جَمَعُوا لَكُمْ فَاخْشَوْهُمْ فَزَادَهُمْ إِيمَانًا

On leur a dit : Les hommes ont réuni [*des forces*] *pour vous attaquer, craignez-les donc ; et* IL (c'est-à-dire *cela*) *a augmenté leur foi.* (2)

642. Le pronom féminin, soit exprimé, soit renfermé dans le verbe, est employé pareillement pour représenter une proposition tout entière. Exemple :

مَا جَعَلْنَا الْقِبْلَةَ الَّتِي كُنْتَ عَلَيْهَا إِلَّا لِنَعْلَمَ مَنْ يَتَّبِعُ الرَّسُولَ مِمَّنْ يَنْقَلِبُ عَلَى عَقِبَيْهِ وَإِنْ كَانَتْ لَكَبِيرَةً إِلَّا عَلَى الَّذِينَ هَدَى اللّهُ

---

(1) C'est par une ellipse semblable qu'on lit dans l'évangile de saint Jean, ch. VIII, vers. 42, en parlant de Satan : ὅτι ψεύςτης ἐςί καί ὁ πατήρ αὐτοῦ.

(2) Voyez ci-devant (n° 404) l'usage que j'ai fait de cette analyse, pour expliquer une anomalie de concordance entre un verbe et son sujet apparent.

DE LA SYNTAXE

Nous n'avons autorisé la kibla *que tu observais précédemment que pour que cela nous fût un moyen de distinguer ceux qui suivraient notre envoyé de ceux qui retourneraient sur leurs pas. Et, en effet,* ELLE *était* (c'est-à-dire *cela était*) *une chose difficile à souffrir, sinon pour les hommes que Dieu a dirigés.*

Le pronom هِيَ renfermé dans le verbe كَانَتْ et avec lequel concorde le verbe ainsi que le mot كَبِيرَةً, faisant fonction d'attribut, représente ici la proposition tout entière مَا جَعَلْنَا, etc. (1)

643. Toutes les fois que l'on veut donner de l'énergie à un pronom exprimé sous la forme d'affixe, en le répétant, ce qui appartient au genre d'appositif nommé *corroboratif,* تَوْكِيدٌ (n° 476), on doit faire usage des pronoms isolés qui représentent le nominatif; cela a lieu également soit que le pronom affixe représente le génitif ou l'accusatif. Exemples :

إِنْ تَرَنِ أَنَا أَقَلَّ مِنْكَ مَالًا وَوَلَدًا

(1) On pourrait à la rigueur supposer que tout cela se rapporte à الْقِبْلَةَ, mais il est bien plus naturel d'expliquer le sens du pronom comme je le fais. Béidhawi propose l'une et l'autre analyse; il dit :

وَالضَّمِيرُ لِمَا دَلَّ عَلَيْهِ قَوْلُهُ وَمَا جَعَلْنَا الْقِبْلَةَ الَّتِي كُنْتَ عَلَيْهَا مِنَ الْجَعْلَةِ أَوِ الرَّدَّةِ أَوِ التَّحْوِيلِ أَوْ لِلْقِبْلَةِ

« Le pronom se rapporte à l'idée de *placer,* ou de *replacer,* ou de *changer* la « kibla, idées qui sont renfermées dans les expressions du texte, ou bien ce même « pronom se rapporte à la *kibla.* » (Voyez Alcoran, sur. 2, vers. 138.)

Il faut observer que, dans le texte, وَإِنَّهَا est pour وَإِنْ. Suivant quelques grammairiens, إِنْ est ici adverbe négatif, et l'adverbe لَ, de لَكَبِيرَةٌ, est pour إِلَّا, en sorte que le sens est وَمَا كَانَتْ هِيَ إِلَّا كَبِيرَةً. Je ne pense pas qu'on puisse admettre cette supposition.

Au surplus, c'est par une concordance d'attraction que le verbe كَانَتْ est ici au féminin, à cause que l'attribut كَبِيرَةً, qui est employé comme nom, et non pas comme adjectif, est du genre féminin.

Si tu me vois, MOI, *moins favorisé que toi en richesses et en enfants.*

مَا مَنَعَكُمَا أَنْتُمَا مِنْ ذَلِكَ

Qu'est-ce qui vous a empêchés, VOUS DEUX, *de cela ?*

لِمَنْ هَذَا ٱلْكِتَابُ لَنَا نَحْنُ

A qui est-ce, ce livre ? A nous, NOUS [*autres*].

إِنِّى أَنَا رَبُّكَ

Car je suis, MOI, *ton seigneur.*

وَّلَاكَ أَنْتَ مِنْ جُمْلَةِ ذَلِكَ قَنْدَهَارَ

De tout cela, il n'a donné à toi, TOI, *d'autre gouvernement que celui de Kandahar.*

فَأَيْنَ نَصِيبِى أَنَا مِنْ هَذَا ٱلنَّفَلِ

Où est donc ma part, MOI, *de ce butin ?*

ذَهَبَ غَيْظُهُ هُوَ أَيْضًا

La colère de lui, LUI (*c'est-à-dire sa colère*), *se dissipa aussi.*

644. On trouve même cet usage pléonastique du pronom après des noms. Exemple :

وَجَعَلْنَا ذُرِّيَّتَهُ هُمُ ٱلْبَاقِينَ

Nous avons rendu sa postérité, EUX, *les survivants.* (1)

645. Les pronoms personnels isolés qui représentent le nominatif ne sont employés d'ordinaire avec les verbes que pour corroborer l'expression. Exemple :

(1) Cet exemple est tiré de l'Alcoran, sur. 37, vers. 75. Si le pronom était ici simplement permutatif, il aurait dû concorder en cas avec ذُرِّيَّتَهُمْ, et par conséquent il aurait fallu dire إِيَّاهُمْ. Si, au contraire, هُمْ eût été le *sujet* ou مُبْتَدَأ d'une proposition nominale, formant avec son *attribut* ou خَبَر, l'attribut de ذُرِّيَّته, ou, pour parler comme les grammairiens arabes, le *second complément*, ٱلْمَفْعُولُ ٱلثَّانِى, du verbe جَعَلَ, il aurait fallu dire هُمُ ٱلْبَاقُونَ.

إِنْ جِئْتَ جِئْتُ أَنَا

Si tu viens, je viendrai, MOI.

Ils doivent concorder avec le verbe en personne, en nombre et en genre.

Le verbe cependant peut être au pluriel et avoir pour sujet plusieurs pronoms singuliers de diverses personnes, comme je l'ai dit ailleurs (n° 408).

646. Il y a un cas où le verbe doit être à la troisième personne du singulier, quoique le sujet soit un pronom de la première ou de la deuxième personne, soit du singulier, soit d'un autre nombre : c'est lorsque le pronom qui exprime le sujet est restreint par la particule إِنَّمَا, qui, comme on l'a dit ailleurs, est une particule de restriction (n° 1161, Ire part.). Exemples :

إِنَّمَا قَامَ أَنَا

Il ne s'est levé que moi.

أَنَا الزَّائِدُ الْحَامِي الذِّمَامِ وَإِنَّمَا يُدَافِعُ عَنْ أَحْسَابِهِمْ أَنَاْ أَوْ مِثْلِي

C'est moi qui fournis à leur subsistance et qui suis le défenseur de leurs droits ; il n'y a que moi ou mes semblables qui puissions repousser les attaques faites à leur honneur. (1)

647. Je viens maintenant à l'usage des pronoms isolés composés du mot إِيَّا joint aux affixes qui représentent l'accusatif.

La règle générale est que l'on ne doit jamais avoir recours à

---

(1) Je suppose qu'il faut, pour la mesure du vers, prononcer أَنَاْ au lieu de أَنَا, ce dont on a déjà vu un exemple. Voyez l'édition du *Hamasa* donnée par M. Freytag, p. 85.

Au surplus, cela ne me paraît pas nécessaire ; car l'avant-dernier pied a pu être فَعُولُ au lieu de فَعُولُنْ, comme dans le premier hémistiche ; et نَا, dans le pronom أَنَا, est quelquefois bref, comme je l'ai dit dans ma *Chrestomathie arabe*, 2e édition, t. II, p. 54. M. Ewald (*de Metris carm. ar.*, p. 11) ne pense point qu'on puisse faire de أَنَا un trochée *án-â*.

ces pronoms isolés, quand on peut employer les affixes; et si l'on prend quelquefois une licence contraire à cette règle, ce n'est qu'en poésie, pour la mesure.

648. Les causes qui autorisent l'emploi des pronoms isolés au lieu des affixes sont, comme je l'ai déjà dit (n° 1016, Ire part.) : 1° l'inversion qui place le nom qui doit servir de complément avant son antécédent; 2° l'ellipse de l'antécédent; 3° la rencontre de deux pronoms qui servent tous deux de compléments à un même antécédent. Ce dernier cas exige quelques développements.

649. Pour l'intelligence de ce que nous avons à dire ici, il faut d'abord savoir que les pronoms des différentes personnes observent entre eux une sorte de gradation ou de rang qui les rapproche plus ou moins de la personne qui parle, ce que les grammairiens arabes expriment par le mot أَخَصّ *plus spécial.* Les pronoms de la première personne ont la préférence sur tous les autres et les pronoms de la seconde personne ont la préférence sur ceux de la troisième.

650. De là il résulte que, pour que l'on puisse attacher plusieurs pronoms affixes à un même verbe ou à un même nom d'action ou adjectif verbal (les seuls mots susceptibles de deux compléments), il faut que ces pronoms puissent être disposés suivant leurs rangs respectifs. Il faut aussi que les deux pronoms ne soient pas de la même personne. Cependant, s'ils sont tous deux de la troisième personne, pourvu qu'ils diffèrent entre eux de nombre ou de genre, on peut les joindre tous deux comme affixes à un seul antécédent.

En conséquence de ces règles, on ne peut pas dire : أَعْطَيْتُهُكَ *Je t'ai donné à lui;* أَقْبَضْتُكَنِي *je t'ai fait me prendre;* il faut dire : أَعْطَيْتُهُ إِيَّاكَ et أَقْبَضْتُكَ إِيَّايَ, en employant les pronoms isolés.

On ne peut pas dire non plus : ظَنَنْتُكَكَ *J'ai cru que tu étais*

DE LA SYNTAXE

toi-même; ظَنَنْتُهَاهَا *j'ai cru* ظَنَنْتِينِي *tu as cru que j'étais moi; qu'elle était elle;* il faudra dire : إِيَّاكَ ظَنَنْتُكَ, ظَنَنْتَنِى إِيَّاىَ, ظَنَنْتُهَا إِيَّاهَا, avec les pronoms isolés.

Mais on pourra dire, en joignant deux affixes à un même antécédent: سَلْنِيهَا *Demande*-MOI-LA; أَعْطَيْتُكَهُمْ *je* TE LES *ai donnés;* أَطْعَمْتُهُمُوهُنَّ *je vous L'ai fait boire;* أَسْقَيْتُكُمُوهُ *je* LES LEUR *ai fait manger;* أَسْقَيْتُهُمَاهَا *je* LA LEUR *ai fait boire, à eux deux.* Exemples :

إِذْ يُرِيكَهُمُ ٱللَّهُ فِى مَنَامِكَ قَلِيلًا وَلَوْ أَرَاكَهُمْ كَثِيرًا لَفَشِلْتُمْ

[*Souviens-toi de ce qui se passa*] *lorsque Dieu* TE LES *montrait* [*ô Mahomet !*] *pendant ton sommeil, comme n'étant qu'en petit nombre; et s'il* TE LES *eût fait voir en grand nombre, certes* [*vous autres musulmans*], *vous auriez agi avec lâcheté.*

وَإِذْ يُرِيكُمُوهُمْ إِذِ ٱلْتَقَيْتُمْ قَلِيلًا وَيُقَلِّلُكُمْ فِى أَعْيُنِهِمْ

Et lorsqu'il VOUS LES *montrait, au moment de la mêlée, comme n'étant qu'en petit nombre, et qu'il vous faisait paraître comme une petite troupe à leurs yeux.*

لَمْ أَكُنْ حَكِيمًا وَحَسِبْتَنِيهِ

Je n'ai point été sage, et tu ME L'*as cru* (c'est-à-dire *et tu as cru que je l'étais*).

651. La même chose doit s'observer avec les adjectifs verbaux (nº 249) et avec les noms d'action. Exemples :

أَعْجَبَنِى عَطَاؤُكَهُ

J'ai vu avec plaisir le don de TOI *à* LUI (c'est-à-dire *que tu lui as fait un don*).

فَلَا تَطْمَعْ أُبَيْتَ ٱللَّعْنَ فِيهَا   وَمَنْعُكَهَا بِشَىْءٍ يُسْتَطَاعُ

Prince de qui daigne le Ciel écarter toute malédiction, ne conçois point le désir de posséder cette beauté; car on peut, par le moyen de quelque chose, TE LA *refuser* (c'est-à-dire *car il y a des moyens d'empêcher que tu ne t'en empares*).

652. Avec les adjectifs verbaux, le pronom affixe qui sert de complément, ou le premier des affixes lorsqu'il y en a deux, peut être considéré comme génitif ou comme accusatif (n° 248).

653. Avec les noms d'action, l'affixe, ou le premier affixe quand il y en a deux, doit toujours être considéré comme génitif, soit qu'il exprime le sujet du verbe, ou le complément d'un verbe transitif, ou le premier complément d'un verbe doublement transitif.

654. Lorsqu'il y a deux pronoms affixes pour complément d'un même adjectif verbal ou d'un même nom d'action, le second doit toujours être considéré comme un accusatif.

655. Dans les cas ou l'on peut joindre les deux pronoms affixes à un même antécédent, on peut aussi employer au lieu du second affixe les pronoms isolés composés du mot إِيَّا. Avec les verbes, il est plus élégant d'employer les deux affixes; avec les adjectifs verbaux et les noms d'action, il vaut mieux détacher le second complément, par la raison que, comme on l'a dit ailleurs, les noms d'action et les adjectifs verbaux n'exercent pas sur les compléments objectifs une action aussi forte que l'est celle des verbes.

656. Quand les pronoms servent d'attribut au verbe كَانَ *être*, et aux autres verbes qui ont comme lui la signification du verbe abstrait (n° 418) et qui sont sujets aux mêmes règles de syntaxe, ils sont nécessairement mis à l'accusatif (n°s 121 et 123). Dans ce cas, on doit employer de préférence les affixes. Exemples:

أَمَّا ٱلصِّدِّيقُ فَكُنْتُهُ

Pour ce qui est du juste, je LE *suis.*

إِنْ يَكُنْهُ فَلَنْ تُسَلَّطَ عَلَيْهِ وَإِنْ لَمْ يَكُنْهُ فَلَا خَيْرَ لَكَ فِي قَتْلِهِ

Si c'est LUI, *tu n'auras point l'avantage sur lui; et si ce n'est pas* LUI, *tu ne gagneras rien à le tuer.* (Voir Appendice.)

C'est ainsi que l'on dit لَيْسِي ou لَيْسَنِي *ce n'est pas moi* (nº 1254, Iʳᵉ part.).

657. On emploie quelquefois, dans ce cas, en poésie, au lieu des affixes, les pronoms isolés composés de إِيَّا; mais c'est une licence qu'il ne faut pas imiter dans la prose, si ce n'est quand le verbe négatif لَيْسَ est pris dans le sens d'*excepté*. Exemple:

أَتَوْنِي لَيْسَ إِيَّاكَ

Ils sont venus me trouver, EXCEPTÉ TOI.

On peut dire dans le même sens لَا يَكُونُ إِيَّاكَ. Si, dans ce dernier cas, on fait usage des affixes, c'est une licence. Exemple:

إِذْ ذَهَبَ ٱلْقَوْمُ ٱلْكِرَامُ لَيْسِي

Lorsque les hommes généreux ont disparu, EXCEPTÉ MOI.

658. Avec إِلَّا *sinon*, il faut aussi faire usage de pronoms isolés.

659. On emploie quelquefois le simple pronom affixe pour dire *moi-même, toi-même, lui-même*, ce qui, suivant l'usage ordinaire, s'exprime par نَفْسِي, نَفْسُكَ, نَفْسُهُ. Exemple:

وَجَاشَتْ إِلَيْهِ ٱلنَّفْسُ خَوْفًا وَخَالَهُ مُصَابًا وَلَوْ أَمْسَى عَلَى غَيْرِ مَرْصَدِ

Son cœur s'est soulevé de crainte et il SE *serait cru perdu, quand même il n'aurait pas été dans un lieu propre à dresser des embûches.* (1)

660. Lorsqu'un verbe, du nombre de ceux qui ont pour

---

(1) Voyez la *Moallaka* de Tarafa, vers. 41, édition de M. Vullers. Peut-être, dans ce vers, وَلَوْ est-il pour وَإِنْ; cependant, il me semble que le poète, qui veut faire valoir son propre courage, ne doit pas dire que son compagnon s'est effrayé, quoiqu'il n'y eût, dans la réalité, aucun danger, et que, par conséquent, il a dû dire que son compagnon de voyage était tellement saisi de terreur, qu'il se serait encore cru perdu, quand même il se serait trouvé dans un lieu où il n'y aurait plus eu aucun sujet de crainte.

complément un sujet et un attribut (n° 114), est suivi de deux pronoms dont l'un fait fonction de sujet et l'autre fait fonction d'attribut, on peut joindre les deux compléments au verbe sous forme de pronoms affixes, ou en détacher celui qui fait fonction d'attribut. On peut donc dire : حَسِبْتُكَ إِيَّاهُ ou حَسِبْتُكَكَهُ *J'ai cru* TOI LUI (c'est-à-dire *j'ai cru que tu étais lui,* ou *que tu étais cela*). Il n'est pas besoin d'observer que, pour joindre les deux pronoms à l'antécédent, dans le cas dont il s'agit, il faut que les conditions exigées ci-dessus (n° 650) se rencontrent.

661. On a vu précédemment (n° 975, Ire part.) que les articles démonstratifs sont quelquefois employés au lieu des pronoms, et c'est, suivant les grammairiens arabes, un des cas où le *nom* مُظْهَرُ est substitué au *pronom* مُضْمَرُ : car ils appellent les *articles démonstratifs* إِسْمُ ٱلْإِشَارَةِ, *noms servant à la démonstration*; et, en effet, quand ils ne sont pas joints à un nom et qu'ils répondent à *ceci* ou *cela*, ce sont de vrais noms démonstratifs (n° 972, Ire part.). En voici un exemple :

كَمْ عَاقِلٍ عَاقِلٍ أَعْيَتْ مَذَاهِبُهُ وَجَاهِلٍ جَاهِلٍ تَلْقَاهُ مَرْزُوقًا
هَذَا ٱلَّذِى تَرَكَ ٱلْأَوْهَامَ حَائِرَةً وَصَيَّرَ ٱلْعَالِمَ ٱلنِّحْرِيرَ زِنْدِيقًا

Combien n'y a-t-il pas d'hommes d'une sagesse consommée dont la vie est pénible! et combien d'insensés de la plus profonde sottise ne vois-tu pas favorisés des dons du Ciel! Voilà ce qui a jeté dans l'égarement les imaginations, et qui a rendu athée le savant le plus éminent en science.

Le démonstratif هَذَا tient lieu ici du pronom هُوَ, à moins qu'on ne suppose qu'il y a ellipse de هُوَ entre هَذَا et ٱلَّذِى.

CHAPITRE XXIX

Syntaxe des Propositions qui font fonction de Termes circonstanciels d'état

662. En traitant de l'emploi des cas, j'ai parlé des *termes circonstanciels d'état* ou *de situation,* حَـــالٌ, qui forment des expressions adverbiales et qui exigent l'emploi de l'accusatif (nos 146 et suiv.). Il est inutile de revenir sur cet objet.

Mais je dois observer ici que la valeur d'un terme circonstanciel d'état peut être exprimée par une proposition, soit verbale, soit nominale, de même que l'on peut employer, au lieu d'un adjectif, une proposition que j'ai nommée, à cause de cela, *adjective* ou *qualificative* (n° 437), et comme aussi l'attribut d'une proposition nominale peut être formé d'une proposition complète (n° 189). On peut appeler celle dont il s'agit ici *proposition circonstancielle d'état*, ce que les grammairiens arabes expriment par la dénomination de جُمْلَةٌ حَالِيَّةٌ.

663. Les propositions de ce genre peuvent être verbales ou nominales et n'ont rien de particulier dans leur syntaxe, si ce n'est par rapport à la manière dont on indique leur connexion avec le nom de la chose ou de la personne dont elles déterminent *l'état.*

664. Cette connexion s'indique, ou par un pronom placé dans la proposition circonstancielle, comme cela a lieu dans les propositions qualificatives (n° 439) et dans les propositions conjonctives (n° 597), pronom qui concorde en genre et en nombre avec le nom sur lequel tombe cette proposition circonstancielle, ou par la conjonction وَ, qu'on nomme alors وَاوُ ٱلْحَالِ (n° 1213, Ire part.), ou par l'adverbe قَدْ, ou enfin par la réunion de ces divers moyens ou de plusieurs d'entre eux.

Toutefois, l'usage de ces divers moyens pour indiquer la proposition qui fait fonction de terme circonstanciel d'état est déterminé par certaines règles qu'il est nécessaire de faire connaître avec quelque détail.

665. Si, la proposition étant verbale et affirmative, le verbe est à l'aoriste, sa dépendance de son antécédent n'est indiquée que par le pronom qu'elle renferme et qui rappelle cet antécédent, et il ne faut point y introduire le وَ. Exemples :

جَآءَ زَيْدٌ يَضْحَكُ

Zéid est venu en riant.

قَدِمَ عَمْرُو تُقَادُ ٱلْجُنَآئِبُ بَيْنَ يَدَيْهِ

Amrou est venu, des chevaux de main étant conduits devant lui.

لَا تَمْنُنْ تَسْتَكْثِرُ

Ne fais pas du bien désirant en recevoir davantage.

Dans le premier et le troisième exemple, les pronoms qui servent à lier la proposition circonstancielle d'état à son antécédent sont هُوَ, contenu dans يَضْحَكُ, et أَنْتَ, contenu dans تَسْتَكْثِرُ; dans le second, c'est l'affixe renfermé dans يَدَيْهِ.

666. Si cependant, avec l'aoriste, on fait usage de l'adverbe قَدْ, il faut y joindre la conjonction. C'est ainsi qu'on lit dans l'Alcoran :

وَقَدْ تَعْلَمُونَ أَنِّي رَسُولُ ٱللَّهِ إِلَيْكُمْ

Tandis que vous savez bien que je suis l'envoyé de Dieu vers vous.

667. Si la proposition circonstancielle d'état étant verbale et négative, le verbe est à l'aoriste, il faut considérer si l'adverbe négatif employé est لَا ou لَمْ. Avec لَا, on ne fait point d'ordinaire usage de la conjonction, et la dépendance de la proposition circonstancielle n'est indiquée que par le pronom; avec لَمْ, on peut indiquer la dépendance, ou par le pronom seul, ou par la seule conjonction, ou par ces deux moyens réunis. Exemples :

DE LA SYNTAXE

مَا لِي لَا أَرَى ٱلْهُدْهُدَ

Que m'est-il donc arrivé, de sorte que je ne vois point la huppe ?

لَوْ أَنَّ قَوْمًا لِٱرْتِفَاعِ قَبِيلَةٍ   دَجَلُوا ٱلسَّمَآءَ دَجَلْتُهَا لَا أُحْجَبُ

S'il y avait des gens qui, à cause de l'illustration de leur tribu, entrassent dans le ciel, j'y entrerais sans éprouver aucun obstacle.

فَٱنْقَلَبُوا بِنِعْمَةٍ مِنَ ٱللَّهِ وَفَضْلٍ لَمْ يَمْسَسْهُمْ سُوءٌ

Ils s'en sont retournés chargés des bienfaits et des faveurs de Dieu, sans qu'aucun mal les ait atteints.

وَلَقَدْ خَشِيتُ بِأَنْ أَمُوتَ وَلَمْ تَكُنْ لِلْحَرْبِ دَآئِرَةٌ عَلَى ٱبْنَيْ ضَمْضَمِ

Je crains que la mort ne me surprenne, avant que la guerre ait fait sentir ses funestes effets aux deux fils de Dhamdham.

وَقَالَ أُوحِيَ إِلَيَّ وَلَمْ يُوحَ إِلَيْهِ شَيْءٌ

Et il a dit : Il m'a été révélé ; tandis qu'il ne lui a rien été révélé.

سَقَطَ ٱلنَّصِيفُ وَلَمْ نُرِدْ إِسْقَاطَهُ   فَتَنَاوَلَتْهُ فَٱتَّقَتْنَا بِٱلْيَدِ

Son voile est tombé sans que nous ayons voulu le faire tomber ; mais elle l'a pris, et s'est cachée de nous avec la main.

668. Si, le verbe étant au prétérit, la proposition circonstancielle d'état est verbale et affirmative, on réunit d'ordinaire les trois signes qui indiquent sa dépendance de son antécédent. Exemples :

أَتَنْسَى دِفَاعِي عَنْكَ إِذْ أَنْتَ مُسْلَمٌ   وَقَدْ سَالَ مِنْ ذُلٍّ عَلَيْكَ قَرَاقِرُ

Oublies-tu donc que j'ai pris ta défense, alors que tu étais livré à tes ennemis, [la vallée de] Korakir ayant précipité sur toi un torrent de déshonneur ? (c'est-à-dire tandis que cette vallée avait vomi sur toi, comme un torrent, des ennemis nombreux).

إِذَا ٱلْمَرْءُ لَمْ يَحْتَلْ وَقَدْ جَدَّ جِدُّهُ   أَضَاعَ وَقَاسَى أَمْرَهُ وَهْوَ مُدْبِرُ

Quand l'homme n'a point recours à la ruse, bien qu'il ait épuisé tous les efforts dont il est capable, il ruine ses affaires, et il se voit obligé de supporter leur mauvais succès.

669. Dans le même cas, on retranche quelquefois le pronom qui sert de signe de rappel, comme dans cet exemple :

$$\text{جَآءَ زَيْدٌ وَقَدْ طَلَعَتِ ٱلشَّمْسُ}$$

Zéid est venu, le soleil étant déjà levé.

L'expression complète eût été وَقَدْ طَلَعَتْ عَلَيْهِ ٱلشَّمْسُ.

670. Quelquefois aussi on supprime وَقَدْ, ou bien, ce qui est encore plus rare, on supprime seulement قَدْ, en conservant la conjonction, ou la conjonction seulement, en conservant قَدْ. Exemples :

$$\text{جَآؤُكُمْ حَصِرَتْ صُدُورُهُمْ أَنْ يُقَاتِلُوكُمْ أَوْ يُقَاتِلُوا قَوْمَهُمْ}$$

Ils sont venus vous trouver, ayant le cœur serré par la répugnance qu'ils éprouvaient à vous combattre ou à combattre les leurs.

$$\text{ٱلَّذِينَ قَالُوا لِإِخْوَانِهِمْ وَقَعَدُوا لَوْ أَطَاعُونَا مَا قُتِلُوا}$$

Ceux qui, étant restés [dans leurs tentes sans aller au combat], ont dit de leurs frères : S'ils avaient suivi notre avis, ils n'auraient point été tués.

$$\text{وَقَفْتُ بِرَبْعِ ٱلدَّارِ قَدْ غَيَّرَ ٱلْبِلَى ۞ مَعَارِفَهَا وَٱلسَّارِيَاتُ ٱلْهَوَاطِلُ}$$

Je me suis arrêté au lieu où était autrefois leur campement, alors que le temps destructeur et les pluies versées par les nuages nocturnes avaient fait disparaître les traces de leur habitation.

671. Si, la proposition circonstancielle d'état étant verbale, et le verbe au prétérit, ce verbe est précédé de إِلَّا *sinon*, ou suivi de أَوْ *ou bien*, il faut se contenter du pronom pour indiquer la connexion. Exemples :

$$\text{مَا يَأْتِيهِمْ مِنْ رَسُولٍ إِلَّا كَانُوا بِهِ يَسْتَهْزِئُونَ}$$

Il ne leur venait point d'envoyé de Dieu dont ils ne se moquassent.

كُنْ لِلْخَلِيلِ نَصِيرًا جَارَ أَوْ عَدَلَا ۞ وَلَا تَشُحَّ عَلَيْهِ جَادَ أَوْ بَخِلَا

Secours ton ami, soit qu'il ait agi injustement ou justement envers toi, et ne sois point avare à son égard, soit qu'il ait usé de générosité ou d'une avare parcimonie.

672. Si la proposition circonstancielle est une proposition nominale, on emploie ordinairement la conjonction وَ avec ou sans le pronom; quelquefois, on se contente du pronom. Ex. :

عَجِبْتُ لِمَسْرَاهَا وَأَنَّى تَخَلَّصَتْ ۞ إِلَيَّ وَبَابُ السِّجْنِ دُونِي مُغْلَقُ

Je m'étonne de sa visite nocturne, et [j'admire] comment elle a pu parvenir sans accident jusqu'à moi, tandis que la porte de la prison était fermée sur moi.

وَأَيُّ ثَنَايَا المَجْدِ لَمْ نَطَّلِعْ لَهَا ۞ وَأَنْتُمْ غِضَابٌ تَحْرُقُونَ عَلَيْنَا

Quelle est celle des collines de la gloire sur laquelle nous ne nous soyons pas élevés, tandis que vous frémissiez de colère, en grinçant les dents contre nous?

Dans cet exemple, le terme circonstanciel d'état qui dépend de la proposition principale est la proposition nominale وَأَنْتُمْ غِضَابٌ; la proposition verbale qui suit forme un autre terme circonstanciel d'état, dont l'antécédent est أَنْتُمْ. Dans la proposition عَلَيْنَا, وَأَنْتُمْ غِضَابٌ, il y a ellipse de عَلَيْنَا.

قُلْنَا اهْبِطُوا مِنْهَا بَعْضُكُمْ لِبَعْضٍ عَدُوٌّ

Nous avons dit: Soyez précipités de là (c'est-à-dire du paradis), étant ennemis les uns des autres.

كَمَا أَخْرَجَكَ رَبُّكَ مِنْ بَيْتِكَ بِالْحَقِّ وَإِنَّ فَرِيقًا مِنَ الْمُؤْمِنِينَ لَكَارِهُونَ

De même que ton Seigneur t'a fait sortir de ta demeure, conformément à la justice, tandis qu'une partie des croyants n'approuvaient pas (c'est-à-dire désapprouvaient cela).

673. Il arrive aussi, quoique rarement, que la proposition nominale faisant fonction de terme circonstanciel d'état est dépouillée de tout signe qui rappelle la dépendance où elle est, et même du pronom qui doit servir de lien entre les deux propositions. Exemple :

مَرَرْتُ بِٱلْبُرِّ قَفِيزٌ بِدِرْهَمٍ

J'ai passé près du froment, un boisseau pour une pièce d'argent.

Ici, قَفِيزٌ est pour قَفِيزُهُ ou قَفِيزٌ مِنْهُ.

674. Si cependant cette proposition ne faisait que la fonction de corroboratif, c'est-à-dire si elle n'exprimait que l'équivalent de la proposition même à laquelle elle sert de terme circonstanciel, il faudrait se contenter du pronom pour indiquer la connexion. Exemple :

هُوَ ٱلْحَقُّ لَا شُبْهَةَ فِيهِ

Cela est la vérité, en quoi il n'y a point d'erreur.

675. On serait peut-être tenté de confondre ces propositions circonstancielles d'état avec les propositions qualificatives, dont j'ai parlé précédemment (n° 437) ; mais, pour les distinguer, il suffit de faire attention que les propositions qualificatives sont toujours indéterminées et ne peuvent qualifier que des noms indéterminés, au lieu que les propositions circonstancielles d'état, quoique indéterminées, sont le plus ordinairement en rapport avec des noms déterminés ou du moins ayant un commencement de détermination. Ainsi, l'on dit جَآءَ زَيْدٌ يَضْحَكُ, comme l'on dit جَآءَ زَيْدٌ ضَاحِكًا *Zéid est venu en riant*, زَيْدٌ étant déterminé comme nom propre et le terme circonstanciel يَضْحَكُ ou ضَاحِكًا indéterminé ; tandis que, si l'adjectif ضَاحِكٌ était employé comme qualificatif, il faudrait dire, avec l'article, ٱلضَّاحِكُ ; et que, si l'on voulait lui substituer le verbe, il faudrait dire, sous forme de proposition conjonctive, ٱلَّذِي يَضْحَكُ.

Au surplus, il n'est pas rare que la même proposition puisse être envisagée comme *qualificative,* صِفَة, ou comme *faisant fonction de terme circonstanciel d'état,* جُمْلَةٌ حَالِيَّةٌ. [1]

CHAPITRE XXX
Syntaxe des Particules indéclinables

676. Les détails dans lesquels je suis entré, soit dans la première partie, en traitant des diverses sortes de particules indéclinables (chap. VII du liv. II), soit dans cette seconde partie, quand j'ai exposé ce qui concerne l'usage des temps et des modes et l'emploi des cas, particulièrement celui du génitif (liv. III, chap. V, § 11), et quand j'ai traité (liv. III, chap. X) des noms qui ne sont jamais employés hors d'un rapport d'annexion (n°s 253 et suiv.), me dispensent de m'étendre ici sur l'influence grammaticale de ces particules. Je me contenterai donc de présenter quelques développements qui n'ont pas pu trouver place dans les endroits cités.

§ Ier — SYNTAXE DES PRÉPOSITIONS

677. Les verbes que j'ai appelés *intransitifs,* et même les verbes neutres, peuvent être relatifs; et alors ils s'unissent aux compléments avec lesquels ils sont en rapport, par des prépositions qui deviennent les exposants de ces rapports et qui modifient souvent d'une manière très importante la signification du verbe (n°s 209 et 218).

678. Il arrive fréquemment, cependant, qu'après un verbe intransitif de sa nature, on supprime la préposition qui devrait

---

(1) Voyez mon *Anthologie grammaticale arabe,* p. 162. On pourrait contester le système des grammairiens arabes, qui n'admettent de propositions qualificatives que lorsque l'antécédent est indéterminé.

servir d'exposant au rapport qui est entre le verbe et son complément, et l'on met le complément à l'accusatif, comme si le verbe était transitif de sa nature (n° 218).

679. Quand le verbe intransitif a pour complément une proposition, soit verbale, soit nominale, commençant par la conjonction اَنْ ou اَنَّ *que* (n° 1232, Ire part.), on peut toujours supprimer la préposition qui devrait lier le verbe intransitif à son complément. Ainsi, l'on peut dire لَمْ يَقْدِرْ أَنْ يَفْعَلَ ذَلِكَ au lieu de لَمْ يَقْدِرْ عَلَى أَنْ يَفْعَلَ ذَلِكَ *il ne put pas faire cela;* عَجِبْتُ أَنَّكَ كَاذِبٌ au lieu de عَجِبْتُ مِنْ أَنَّكَ كَاذِبٌ *je m'étonne que tu sois menteur;* عَجِبْتُ أَنْ يَخْرُجَ عَلَىَّ au lieu de عَجِبْتُ مِنْ أَنْ يَخْرُجَ عَلَىَّ *je m'étonne qu'il se révolte contre moi;* تَقَدَّمَ إِلَيْهِ أَلَّا يَأْذَنَ لِأَحَدٍ *il lui ordonna de ne laisser entrer personne,* au lieu de بِأَلَّا يَأْذَنَ. Ce dernier exemple est d'autant plus remarquable que ce n'est réellement que par le moyen de la préposition بِ que تَقَدَّمَ signifie *ordonner*. (1)

---

(1) Les grammairiens arabes mettent en question si, dans ce cas, le verbe est censé être à l'accusatif ou au génitif. Cette question n'est pas aussi frivole qu'elle le paraît au premier abord; car on trouve quelquefois un nom formant un nouveau complément, qui est joint par une conjonction avec la proposition complémentaire, et par conséquent ce nom doit concorder en cas avec le cas que la proposition complémentaire représente. Voici un vers qui offre un exemple de cela et où le nom est mis au génitif :

وَمَا زُرْتُ لَيْلَى أَنْ تَكُونَ حَبِيبَةً إِلَيَّ وَلَا دَيْنٍ بِهَا أَنَا طَالِبُهْ

Je n'ai point rendu visite à Leïla, [à cause] que je l'aime ni [à cause] de quelque dette que j'aie à réclamer d'elle.

La préposition sous-entendue est عَلَى. Je pense que le poète aurait pu dire également دَيْنًا. Dans le premier cas, il y a ellipse totale de la préposition, son complément demeurant au génitif, comme on en verra bientôt un exemple

680. Cette règle est sujette cependant à une exception, et l'on ne doit jamais omettre la préposition, quand il peut en résulter une amphibologie. On ne doit pas dire, par exemple : *Je désire* رَغِبْتُ أَنْ تَفْعَلَ ذَلِكَ pour رَغِبْتُ فِي أَنْ تَفْعَلَ ذَلِكَ *que tu fasses cela;* car, s'il y avait ellipse de la préposition, on pourrait supposer que le sens serait : رَغِبْتُ عَنْ أَنْ تَفْعَلَ ذَلِكَ *Je n'ai pas envie que tu fasses cela.* (1)

681. Par un usage tout contraire à celui dont je viens de parler, et où il y a ellipse de la préposition devant la conjonction أَنْ, on fait quelquefois, devant cette même particule, usage

(n° 684); dans le second, il y a substitution du cas adverbial (n° 119) à une préposition et au cas complémentaire (n° 97), ce qui n'est point, à proprement parler, une ellipse.

Tebrizi, dans son commentaire sur le *Hamasa* (p. 117), fait une observation importante, à l'occasion du vers suivant :

تَبَغَّى ابْنُ كُوزٍ وَٱلسَّفَاهَةُ كَٱسْمِهَا   لِيَسْتَادَ مِنَّا أَنْ شَتَوْنَا لَيَالِيَا

Le fils de Couz, car la sottise est semblable au mot dont on se sert pour l'exprimer (c'est-à-dire *la sottise est aussi odieuse en elle-même que l'épithète de* sot), *a eu la prétention d'obtenir une épouse de notre noble sang, parce que, depuis quelque temps, l'inclémence de la saison nous a fait sentir ses rigueurs.*

Il dit positivement que أَنْ, et ce qui suit, est virtuellement à l'accusatif, parce qu'on devait dire لِأَنْ, et que, la préposition étant supprimée, le verbe agit immédiatement sur cette proposition complémentaire.

(1) Tebrizi, dans son commentaire sur le *Hamasa*, p. 110, dit qu'on peut, devant أَنْ ou أَنْ, supprimer la préposition فِي après le verbe رَغِبَ, et je pense que cette suppression peut effectivement avoir lieu, tandis qu'on ne pourrait pas, après le même verbe, faire l'ellipse de la préposition عَنْ. La raison en est que رَغِبَ, par lui-même, signifie l'idée de *désir*, de *souhait*, tandis qu'il ne signifie *éloignement, dégoût, aversion* que par l'effet de la particule عَنْ. Pour parler plus exactement, il faut dire que c'est un de ces verbes qui, comme مَالَ, عَدَلَ, شَغَلَ, supposent deux compléments, parce qu'on ne peut se porter vers une chose ou vers un lieu qu'en s'éloignant d'un autre (n° 219).

de la préposition ب considérée comme explétive (n° 1036, Ire part.). Ainsi, de même qu'on dit مَا زَيْدٌ بِكَاذِبٍ *Zéid n'est pas menteur*, un poète a dit :

فَمَا أَكْبَرُ ٱلْأَشْيَآءِ عِنْدِى حَزَازَةً ۞ بِأَنْ أَبْتَ مَزْرِيًّا عَلَيْكَ وَزَارِيًا

La chose la plus poignante à mes yeux n'est pas que tu te sois retiré couvert de mépris et en nous reprochant [notre conduite].

682. Lorsque les verbes intransitifs ont simplement pour complément un nom, on peut aussi supprimer l'exposant du rapport, c'est-à-dire la préposition, et mettre le complément à l'accusatif, comme si le verbe était transitif. Mais, à cet égard, il y a des verbes avec lesquels cette liberté de changer le complément médiat en un complément immédiat ne souffre aucune restriction; il y en a d'autres à l'égard desquels on ne peut en user qu'en poésie, dans le cas de nécessité. Exemple :

طَاوَعَ ٱلسُّؤْلَ وَٱلْأَمَلَ وَأَوْسَعَ ٱلْمُرْمِلَ وَٱلْأَرْمَلَ

Il s'est plu à satisfaire les désirs et les espérances, et il a répandu ses dons en abondance sur l'indigent et sur le nécessiteux.

L'expression exacte eût été أَوْسَعَ عَلَى ٱلْمُرْمِلِ وَٱلْأَرْمَلِ.

683. Ce que nous disons des verbes intransitifs, par rapport à leur complément, s'applique également aux verbes transitifs par rapport à ceux de leurs compléments qui ne sont pas immédiats.[1] Ainsi, l'on dit شَكَرْتُهُ pour شَكَرْتُ لَهُ *je lui ai rendu grâces*; نَصَحْتُهُ pour نَصَحْتُ لَهُ *je lui ai donné un bon avis*. Autres exemples :

أَمَرْتُكَ ٱلْخَيْرَ فَٱفْعَلْ مَا أُمِرْتَ بِهِ

Je t'ai commandé de faire le bien; fais donc ce qu'on t'a ordonné.

---

[1] Voyez mon *Anthologie grammaticale arabe*, p. 244, mon *Commentaire sur les Séances de Hariri*, séance XXIX, p. 313, et le commentaire de Tebrizi sur le *Hamasa*, à l'occasion du verbe رَحَلَ, p. 126.

DE LA SYNTAXE

La construction ordinaire aurait exigé أَمَرْتُكَ بِٱلْخَيْرِ.

كِلْتُ زَيْدًا طَعَامَهُ وَوَزَنْتُهُ مَالَهُ

J'ai mesuré à Zéid son blé, et je lui ai pesé son argent.

Pour se conformer à la construction ordinaire, il aurait fallu dire كِلْتُ لِزَيْدٍ طَعَامَهُ وَوَزَنْتُ لَهُ مَالَهُ.

آلَيْتُ حَبَّ ٱلْعِرَاقِ ٱلدَّهْرَ أَطْعَمُهُ وَٱلْحَبُّ يَأْكُلُهُ فِي ٱلْقَرْيَةِ ٱلسُّوسُ

J'ai fait serment de ne jamais manger les grains de l'Irak, [1] *et ce sont les vers qui consomment ces grains dans le village* [où est mon habitation].

كَمَا عَسَلَ ٱلطَّرِيقَ ٱلثَّعْلَبُ

Comme le renard court dans le chemin.

وَلَٰكِنْ رَحَلْنَاهَا نُفُوسًا كَرِيمَةً تُحَمَّلُ مَا لَا يُسْتَطَاعُ فَتَحْمِلُ

Mais nous avons préparé pour eux (c'est-à-dire *pour les malheurs*), *des âmes généreuses qui se chargent des fardeaux insupportables qu'on leur impose.*

Dans ces exemples, حَبَّ est pour عَلَى حَبِّ *au sujet des grains*, ٱلطَّرِيقَ pour فِي ٱلطَّرِيقِ *dans le chemin,* [2] et رَحَلْنَاهَا pour رَحَلْنَا لَهَا; ce sont des licences (n° 145, note).

684. Il arrive quelquefois, mais très rarement, qu'en supprimant la préposition, l'on conserve cependant son complément au génitif; c'est alors une véritable ellipse. Exemple :

إِذَا قِيلَ أَيُّ ٱلنَّاسِ شَرُّ قَبِيلَةٍ أَشَارَتْ كُلَيْبٍ بِٱلْأَكُفِّ ٱلْأَصَابِعُ

Quand on demande quelle est, entre les hommes, une méchante race, les doigts des mains s'étendent d'eux-mêmes pour montrer celle de Coléib.

---

(1) Je suppose qu'il y a ici ellipse de la négation, à cause du serment; c'est ce qu'on verra quand je traiterai de l'ellipse.

(2) On lit dans l'Alcoran, sur. 7, vers. 15, لَأَقْعُدَنَّ لَهُمْ صِرَاطَكَ ٱلْمُسْتَقِيمَ *Je leur tendrai des embûches dans ta voie droite,* pour فِي صِرَاطِكَ ٱلْمُسْتَقِيمِ.

On voit que, dans cet exemple, كُلَيْبٌ est pour إِلَى كُلَيْبٍ.

685. On interpose quelquefois la particule مَا explétive entre une préposition et le nom qui lui sert de complément, sans que cela change rien à l'influence de la préposition sur ce nom (nos 1037, 1088 et 1180, Ire part.). On dit, par exemple, بِمَا رَحْمَةٍ et عَمَّا قَلِيلٍ au lieu de بِرَحْمَةٍ et عَنْ قَلِيلٍ.

686. La préposition عَنْ devient quelquefois le complément immédiat de la préposition مِنْ, et l'on dit, par exemple, مِنْ عَنْ يَمِينٍ *du côté droit* (nº 1075, Ire part.); mais, dans ce cas, عَنْ doit être considéré comme un nom indéclinable qui signifie جَانِبٌ *côté*. [1] Il en est alors de عَنْ comme de لَدُنْ.

687. Les prépositions بِ et مِنْ sont employées quelquefois d'une manière pléonastique ou qui semble telle (nos 1030 et 1082, Ire part.); mais elles conservent toujours leur influence grammaticale sur le mot qui leur sert de complément. Cette observation, qui a trouvé sa place ailleurs, est donc étrangère à la syntaxe des particules.

688. Les prépositions prennent quelquefois pour compléments immédiats, sans l'intervention d'aucune particule, des propositions soit verbales, soit nominales (nº 364).

689. Je ne m'étendrai pas davantage sur la syntaxe des prépositions, et je me contenterai de renvoyer à ce que j'en ai dit dans le premier volume (chap. VII du liv. II).

§ II — SYNTAXE DES EXPRESSIONS ADVERBIALES ELLIPTIQUES APPELÉES NOMS DES VERBES

690. J'ai déjà parlé (nº 955, Ire part.) des expressions elliptiques appelées par les Arabes *noms des verbes*, أَسْمَاءُ ٱلْأَفْعَالِ

---

[1] Voyez le *Hamasa*, édition de M. Freytag, p. 60.

DE LA SYNTAXE

ou أَسْمَاءٌ سُمِّيَتْ بِهَا ٱلْأَفْعَالُ, parce que, sous une forme adverbiale, elles renferment réellement la valeur d'un verbe : tels sont les mots هَيْهَاتَ, شَتَّانَ, سُرْعَانَ. Puisque ces mots équivalent à des verbes, ils peuvent avoir un sujet et des compléments ; il ne s'agit donc, en général, que d'appliquer à ces expressions elliptiques les règles ordinaires de la syntaxe des verbes et des noms qui leur servent de sujet et de compléments, c'est-à-dire de mettre le sujet au nominatif et les compléments à l'accusatif. On peut en voir des exemples dans la première partie (n° 1190).

691. Toutefois, cette règle est sujette à quelques exceptions ; car il y a quelques-uns de ces *noms des verbes,* ou expressions adverbiales représentant des verbes, qui peuvent régir des compléments au génitif, parce qu'on les considère alors comme des noms d'action. Quelquefois aussi elles sont employées sans compléments.

692. Par exemple, بَلْهَ est considéré comme représentant l'impératif دَعْ *laisse,* et, en conséquence, régit son complément à l'accusatif ; mais on peut aussi mettre le complément au génitif, en considérant بَلْهَ comme nom d'action, ainsi qu'on dit ضَرْبُ زَيْدٍ dans le sens de l'*action de frapper Zéid.* Ainsi, ٱلْأَكُفَّ, régime de بَلْهَ, peut être prononcé ٱلْأَكُفَّ et ٱلْأَكُفِّ, dans le vers suivant :

تَذَرُ ٱلْجَمَاجِمَ ضَاحِيًا هَامَاتُهَا بَلْهَ ٱلْأَكُفِّ كَأَنَّهَا لَمْ تُخْلَقِ

Elles (les épées) laissent les crânes des têtes [quelles ont coupées] et qui demeurent exposées au soleil ; LAISSE LÀ LES MAINS (c'est-à-dire *séparées des mains et du tronc), comme si elles [les mains] n'eussent jamais été créées.*

693. De même, on peut dire رُوَيْدَ عَمْرًا et رُوَيْدَ عَمْرٍو dans le sens de أَمْهِلْ عَمْرًا *accorde du répit à Amrou, agis avec complaisance à l'égard d'Amrou.*

Si رُوَيْدَ n'a point de complément, il signifie مَهْلًا *doucement, avec ménagement*; on dit aussi adverbialement رُوَيْدًا.

694. On ajoute encore à رُوَيْدَ l'affixe de la seconde personne كَ, et l'on dit رُوَيْدَكَ dans le sens de l'impératif: أَمْهِلْ *accorde du répit*, et non autrement; ce qui n'empêche point que le complément ne se mette à l'accusatif et qu'on ne dise رُوَيْدَكَ عَمْرًا *agis avec complaisance envers Amrou*.

695. Dans ce cas, les grammairiens arabes regardent كَ comme particule compellative, حَرْفُ ٱلْخِطَابِ, ainsi que dans ذَلِكَ et ذَاكَ, et non pas comme pronom et complément d'annexion de رُوَيْدَ.

Il en est de même de كَ dans حَيَّ هَلَكَ pour حَيَّ هَلْ, c'est-à-dire *hâte-toi de venir*.

696. هَلُمَّ signifiant أَعْطِ *donne*, gouverne l'accusatif; quand il signifie تَعَالَ *viens*, il se construit avec la préposition إِلَى. On peut, après هَلُمَّ pris en ce dernier sens, ajouter لَكَ, لَكِ, لَكُمَا, etc.

§ III — OBSERVATIONS SUR LA CONJONCTION فَ.

697. J'ai eu souvent occasion de parler des propositions conditionnelles exprimées par la conjonction إِنْ *si*, ou par quelqu'un des mots qui renferment la valeur de cette conjonction, et d'observer que ces propositions sont toujours les antécédents d'un rapport dont le terme conséquent est une proposition affirmative hypothétique; [1] et j'ai développé l'influence de ce

---

[1] Pour obvier à tout malentendu, j'observe que, dans un rapport de ce genre, dans celui-ci, par exemple: *Si vous faites le bien, vous serez heureux*, l'antécédent logique est *vous serez heureux*; le second terme du rapport est la proposition *vous faites*, ou plutôt *vous ferez le bien*, et la conjonction *si* est l'exposant: mais ici, et, en général, partout où j'ai parlé de ces propositions corrélatives, je n'ai eu égard qu'à leur disposition grammaticale, et j'ai appelé *antécédent* la proposition qui renferme la condition et *conséquent* celle qui exprime une affirmation hypothétique.

rapport sur les verbes des deux propositions (n° 72). J'ai aussi observé que la conjonction ف se met souvent à la tête de la proposition affirmative hypothétique et sert à distinguer les deux propositions corrélatives (n° 1202, Ire part.).

Cet usage de la conjonction ف est assujetti à certaines règles que je dois développer ici.

698. Observons d'abord que des deux propositions corrélatives dont il s'agit, la première est toujours une proposition verbale; la seconde est tantôt verbale, tantôt nominale (n° 185).

Pour savoir si l'on doit mettre la conjonction ف au commencement de cette seconde proposition, ou si l'on doit l'omettre, il faut avoir égard aux conditions suivantes.

699. On omet la conjonction ف, lorsque la seconde proposition est une proposition verbale, si le verbe est au prétérit, que ce soit un verbe susceptible d'une conjugaison parfaite, et non pas restreint à un seul temps, comme لَيْسَ, et qu'il ne soit point précédé de l'adverbe قَدْ. Exemples :

إِنْ فَعَلْتُ ذَلِكَ ضَيَّعْتُ مَالِي

Si je fais cela, je perdrai mon bien.

مَنْ كَتَمَ سِرَّهُ بَلَغَ مُرَادَهُ

Quiconque cache son secret parvient à son but.

700. On l'omet pareillement quand le verbe est à l'aoriste, pourvu qu'il ne soit point précédé des adverbes سَوْفَ, سَ et autres semblables (n° 1116, Ire part.), si la proposition est affirmative, ou que, si la proposition est négative, la négation soit exprimée par les adverbes négatifs لَا ou لَمْ. Exemple :

إِنْ يَظْهَرُوا عَلَيْكُمْ يَرْجُمُوكُمْ

S'ils vous vainquent, ils vous lapideront.

701. Dans tous ces cas, néanmoins, on met quelquefois la conjonction ف au commencement de la seconde proposition;

et alors, si le verbe est à l'aoriste, il doit être mis au mode indicatif. Exemples :

$$\text{إِنْ كَانَ قَمِيصُهُ قُدَّ مِنْ قُبُلٍ فَصَدَقَتْ}$$

Si sa robe [*la robe de Joseph*] *a été fendue par devant, alors, cette femme a dit vrai.*

$$\text{مَنْ جَاءَ بِٱلسَّيِّئَةِ فَكُبَّتْ وُجُوهُهُمْ فِي ٱلنَّارِ}$$

Ceux qui feront le mal, leurs visages seront précipités dans le feu.

$$\text{مَنْ يُؤْمِنْ بِرَبِّهِ فَلَا يَخَافُ بَخْسًا وَلَا رَهَقًا}$$

Quiconque croira en son Seigneur, celui-là ne craindra ni dommage ni perte.

Je pense que, dans ces circonstances, il faut supposer une ellipse. Ainsi, devant le prétérit, on peut supposer l'ellipse de l'adverbe قَدْ; et effectivement l'usage de la conjonction فَ, en ce cas, n'est autorisé que quand le prétérit a le sens du passé, ou peut du moins être ramené à ce sens par une sorte de prosopopée.

Dans le premier exemple, le verbe صَدَقَتْ a une signification passée; dans le second, le verbe كُبَّتْ exprimant une menace de Dieu, cette menace est assimilée à une chose passée. (1)

On peut aussi supposer l'ellipse d'un pronom ou d'un article démonstratif qui rendrait la proposition nominale. Ainsi, فَكُبَّتْ وُجُوهُهُمْ sera ici pour فَأُولَٰئِكَ كُبَّتْ وُجُوهُهُمْ, et de même فَلَا يَخَافُ sera pour فَهُوَ لَا يَخَافُ. (2)

---

(1) Cette sorte de figure est très fréquente dans l'Alcoran, lorsqu'il est question des peines de l'enfer ou des récompenses du paradis. Voyez le commentaire d'Aschmouni sur l'*Alfiyya* (man. ar. de la Bibl. du Roi, n° 1234, fol. 121 *verso*).

On ne peut pas supposer ici que le prétérit كُبَّتْ a le sens du futur, comme étant sous l'influence de مَنْ (n° 403, Ire part.); car l'interposition de la particule فَ interrompt cette influence.

(2) On peut encore supposer qu'il y a ellipse totale de la proposition affir-

702. Si, au contraire, la seconde proposition est une proposition nominale, si c'est une proposition verbale qui exprime une demande, un vœu, un commandement, ou dont le verbe soit un verbe imparfait, comme عَسَى, لَيْسَ, etc., ou un verbe précédé soit des adverbes قَدْ, سَوْفَ, سَ, etc., soit des adverbes négatifs مَا ou لَنْ ; dans tous ces cas, il faut nécessairement placer la conjonction فَ au commencement de cette proposition. Il en est de même dans les propositions circonstancielles (n° 451), qui ne sont, dans le fait, que des propositions nominales dans lesquelles il y a une ellipse. Exemples :

إِنْ كُنْتُمْ فِي رَيْبٍ مِنَ ٱلْبَعْثِ فَإِنَّا خَلَقْنَاكُمْ

Si vous êtes dans le doute au sujet de la résurrection, c'est nous qui vous avons créés.

إِنْ كُنْتُمْ تُحِبُّونَ ٱللَّهَ فَٱتَّبِعُونِي

Si vous aimez Dieu, suivez-moi.

إِنْ تَرَنِ أَنَا أَقَلَّ مِنْكَ مَالًا وَوَلَدًا فَعَسَى رَبِّي أَنْ يُؤْتِيَنِي خَيْرًا مِنْ جَنَّتِكَ

Si tu me vois moins bien partagé que toi en richesses et en enfants, il pourra bien arriver que mon Seigneur me donne quelque chose de meilleur que ton jardin.

إِنْ يَسْرِقْ فَقَدْ سَرَقَ أَخٌ لَهُ مِنْ قَبْلُ

S'il vole, il a un frère qui a déjà volé avant lui.

mative hypothétique, qui devait former *le second terme du rapport conditionnel* جَزَآءُ ٱلشَّرْطِ, et que la proposition qui commence par فَ est une *nouvelle proposition* indépendante de ce rapport, عَلَى ٱلْاِسْتِئْنَافِ. C'est ainsi que j'ai résolu ailleurs cette difficulté (n° 69 note); et les observations innombrables que j'ai faites à ce sujet, en lisant l'Alcoran, m'ont de plus en plus convaincu que ce cas est le plus fréquent. Si l'on y fait bien attention, on observera que la proposition qui commence par فَ est presque toujours destinée à rendre raison ou à développer les conséquences de celle qui, suivant ma supposition, est sous-entendue.

مَنْ شَهِدَ مِنْكُمُ ٱلشَّهْرَ فَلْيَصُمْهُ

Quiconque d'entre vous verra ce mois, qu'il le jeûne.

إِنْ تَسْتَغْفِرْ لَهُمْ فَلَنْ يَغْفِرَ ٱللَّهُ لَهُمْ

Si tu demandes pardon pour eux, Dieu ne leur pardonnera pas.

وَإِنْ تَوَلَّيْتُمْ فَمَا سَأَلْتُكُمْ مِنْ أَجْرٍ

Si vous tournez le dos, je ne vous ai point demandé de salaire.

إِنْ قُلْتَ هَذَا فَأَنْتَ مِنَ ٱلْكَافِرِينَ

Si tu dis cela, tu es du nombre des incrédules.

إِنِ ٱقْتَرَنَ ٱلْفِعْلُ بِهَذَا ٱلْحَرْفِ فَعَلَى خِلَافِ ٱلْأَصْلِ

Si le verbe est joint à cette particule, [cela] est contraire à la règle primitive.

Dans ce dernier exemple, il y a ellipse de ذَلِكَ et le sens est فَذَلِكَ عَلَى خِلَافِ ٱلْأَصْلِ, ainsi que je l'ai exprimé dans la traduction.

On trouve quelques exemples où la conjonction فَ est omise, contre la règle précédente; mais ce sont des licences.

703. Quand la proposition est nominale, on peut substituer l'adverbe إِذَا, signifiant *voici* (n° 1122, Ire part.), à la conjonction فَ. Exemple:

إِنْ تُصِبْهُمْ سَيِّئَةٌ بِمَا قَدَّمَتْ أَيْدِيهِمْ إِذَا هُمْ يَقْنَطُونَ

S'il leur survient quelque adversité, à cause du mal qu'ils ont fait auparavant, alors, ils se désespèrent.

704. Si l'on fait attention à tout ce que nous venons de dire sur les circonstances dans lesquelles on doit placer la conjonction فَ devant la proposition qui forme le second terme des rapports conditionnels et sur celles dans lesquelles on ne doit pas en faire usage, on en comprendra facilement la raison.

L'influence des rapports conditionnels sur cette seconde proposition est de mettre le verbe à l'aoriste conditionnel ou au prétérit avec le sens du futur. Toutes les fois que cet effet ne peut pas avoir lieu, soit parce qu'il n'y a point de verbe dans cette proposition, soit parce que le verbe employé n'a point d'aoriste, soit parce qu'il est sous l'influence immédiate de quelque autre antécédent, soit parce qu'il doit être pris dans un sens passé, soit, enfin, parce qu'il exprime un ordre, une défense, un souhait, on a recours à la conjonction ف, pour faire connaître que l'influence grammaticale du rapport conditionnel cesse de s'exercer et pour indiquer d'une autre manière la dépendance rationnelle qui est entre cette proposition et la précédente.

On doit donc employer la conjonction ف quand la proposition est nominale, parce qu'il n'y a point de verbe ou que le verbe y est sous l'influence immédiate de son sujet placé avant lui; dans les propositions circonstancielles, parce qu'il n'y a point de verbe; dans les propositions impératives, parce que le verbe n'est ni au prétérit ni à l'aoriste, ou que, s'il est à ce dernier temps, il est régi à l'aoriste conditionnel par la particule ل et non par l'effet du rapport conditionnel; dans les propositions où le verbe est précédé de قَدْ, parce que cet adverbe le détermine au sens passé, et aussi dans celles où, قَدْ n'étant point exprimé, le verbe a cependant la signification passée; dans celles où il est précédé des adverbes سَ, سَوْفَ et autres semblables, parce que ces adverbes n'admettent point après eux l'aoriste conditionnel; enfin, dans les propositions verbales négatives exprimées par les adverbes مَا et لَنْ, parce que le premier exige après lui le prétérit avec la signification passée et que le second exige l'aoriste du mode subjonctif. Si la négation est exprimée par les adverbes لَا et لَمْ, il est plus ordinaire de ne point faire usage de la conjonction, parce que l'on peut, après لَا, mettre le verbe à l'aoriste conditionnel, et qu'avec لَمْ, l'influence du rapport conditionnel s'exerce, non pas, il est vrai, sur le verbe, puisqu'il est mis à l'aoriste conditionnel par l'influence immédiate de cet adverbe négatif, mais sur l'adverbe lui-même, qui, de sa nature, ne nie que le passé et devient ici, par l'effet du rapport conditionnel, une négation du futur.

Dans tout autre cas, le verbe étant mis à l'aoriste conditionnel, ou au prétérit avec le sens futur, le rapport conditionnel exerce son influence naturelle, et il est inutile d'indiquer ce rapport par la conjonction فَ.

§ IV — SYNTAXE DES PARTICULES D'EXCEPTION ET AUTRES MOTS QUI SERVENT AU MÊME USAGE

705. Les mots employés par les Arabes pour exprimer une exception sont إِلَّا *sinon*, particule composée de la conjonction إِنْ *si* et de l'adverbe négatif لَا *non*; غَيْرُ, بَيْدَ, سِوَى, سُوًى et سَوَاءٌ, qui sont proprement des noms qui signifient *différence*; عَدَا et خَلَا, حَاشَا *excepté,* mots considérés comme prépositions, mais qui sont primitivement des verbes; enfin, لَا سِيَّمَا, expression composée dont j'ai expliqué l'origine ailleurs (nº 1122, Iʳᵉ part.), et qui signifie *surtout.*

706. L'*exception*, اِسْتِثْنَاءٌ, ne peut avoir lieu sans qu'il y ait un rapport entre deux quantités dont l'une est soustraite ou exceptée de l'autre. Quand je dis *je n'ai vu aucun cheval, si ce n'est Bucéphale,* j'affirme d'abord que je n'ai vu aucun être de l'espèce entière des chevaux, et ensuite j'excepte ou je soustrais de l'espèce entière le seul individu *Bucéphale,* parce que je l'ai vu et que, par conséquent, ma première proposition serait fausse par rapport à lui.

La *chose exceptée* se nomme en arabe اَلْمُسْتَثْنَى, et la masse de laquelle on soustrait et sépare cette chose par l'exception se nomme اَلْمُسْتَثْنَى مِنْهُ *ce de quoi l'on a excepté quelque chose*.

707. La proposition générale que l'on restreint par une exception peut être affirmative ou négative. Elle est affirmative dans cet exemple : *Tous les arbres ont été gelés, excepté les pommiers;* négative dans cet autre : *Aucun arbre n'a été gelé, excepté les figuiers.* Si l'idée générale est exprimée négativement, l'exception renferme une véritable affirmation : *Les figuiers ont été gelés, seuls entre tous les arbres;* elle renferme, au contraire, une négation, quand l'idée générale est énoncée affirmativement : *Les pommiers, seuls entre tous les arbres, n'ont point été gelés.*

708. On peut exprimer la chose exceptée sans exprimer l'idée générale de l'espèce de laquelle on soustrait cette chose. Ainsi, quand on dit : *Je n'ai vu que Louis; je n'ai tué qu'un chien,* il y a ellipse et le sens est : *Je n'ai vu aucun homme, excepté Louis; je n'ai tué aucun animal, excepté un chien.*

Les Arabes, comme on l'a vu ailleurs, appellent l'exception مُتَّصِل *conjointe,* quand les deux termes sont énoncés, et مُنْقَطِع *disjointe,* quand on se contente d'énoncer la chose exceptée.

709. Le nom qui exprime la chose exceptée se met, en arabe, tantôt au nominatif, tantôt à l'accusatif ou au génitif, suivant certaines règles que je vais exposer. Je commence par indiquer celles de ces règles que l'on doit suivre, lorsqu'on fait usage de la particule d'exception إِلَّا *sinon.*

710. L'idée générale de laquelle on soustrait une chose étant exprimée, si la proposition est négative, on mettra le nom qui exprime la chose exceptée à l'accusatif, ou bien, ce qui même est préférable, on le fera concorder avec le nom qui exprime l'idée générale ; si la proposition est affirmative, ce même nom devra être mis à l'accusatif. [1]

Exemples de la proposition négative : مَا كَلَّمَنِي أَحَدٌ إِلَّا زَيْدًا،

[1] Ebn Malec, dans l'*Alfiyya*, pose ces règles :

مَا اَسْتَثْنَتْ إِلَّا مَعَ تَمَامٍ يَنْتَصِبْ وَبَعْدَ نَفْيٍ أَوْ كَنَفْيٍ اَنْتُخِبْ

إِتْبَاعُ مَا اَتَّصَلَ وَاَنْصِبْ مَا اَنْقَطَعْ وَعَنْ تَمِيمٍ فِيهِ إِبْدَالٌ وَقَعْ

« Quand l'exception est faite par la particule إِلَّا, pourvu que la phrase soit
« complète, c'est-à-dire qu'il n'y ait pas ellipse de ٱلْمُسْتَثْنَى مِنْهُ (n° 706), le
« nom de la chose exceptée se met à l'accusatif ; mais si la phrase est négative
« ou assimilée à une phrase négative (c'est-à-dire prohibitive ou interrogative
« dans l'intention de nier), on doit préférer, dans le cas de l'exception conjointe,
« la concordance entre la chose exceptée et celle de laquelle se fait l'exception ;
« dans le cas de l'exception disjointe, la chose exceptée doit être mise à l'accu-
« satif. Les Arabes de Temim adoptent, dans ce dernier cas, la concordance, à
« titre de permutatif. »

Mais il faut observer que si le terme nommé ٱلْمُسْتَثْنَى مِنْهُ était au génitif,
parce qu'on l'aurait exprimé avec les prépositions مِنْ ou بِ, ou à l'accusatif,
par l'influence des particules négatives مَا et لَا, il serait censé être au nominatif,
et l'autre terme appelé ٱلْمُسْتَثْنَى se mettrait au nominatif. C'est ce que dit
positivement un commentateur de l'*Alfiyya* :

إِذَا تَعَذَّرَ ٱلْبَدَلُ عَلَى ٱللَّفْظِ أُبْدِلَ عَلَى ٱلْمَوْضِعِ نَحْوُ مَا جَاءَنِي مِنْ أَحَدٍ
إِلَّا زَيْدٌ وَلَا أَحَدَ فِيهَا إِلَّا زَيْدٌ وَمَا زَيْدٌ شَيْئًا إِلَّا شَيْءٌ بِرَفْعِ مَا بَعْدَ
إِلَّا فِيهِنَّ وَنَحْوُ لَيْسَ زَيْدٌ بِشَيْءٍ إِلَّا شَيْئًا بِنَصْبِهِ

Voilà pourquoi l'on dit لَا إِلَهَ إِلَّا ٱللَّهُ, en mettant ٱللَّهُ au nominatif ;
car, comme le dit Hariri dans son commentaire sur le *Molhat alirab* : « لَا, avec
« le nom qui le suit, représente ici un inchoatif, mis au nominatif, et c'est pour
« cela que le mot ٱللَّهُ est mis au nominatif après إِلَّا, ce mot ٱللَّهُ étant
« considéré comme permutatif de l'inchoatif. Cependant, on peut aussi mettre
« ٱللَّهَ à l'accusatif, suivant la règle primitive de l'exception. »

وَلَا مَعَ ٱلْاِسْمِ بَعْدَهَا فِي مَوْضِعِ ٱلْمُبْتَدَأِ ٱلْمَرْفُوعِ فَلِهَذَا رُفِعَ ٱسْمُ ٱللَّهِ
تَعَالَى عَلَى سَبِيلِ ٱلْبَدَلِ مِنَ ٱلْمُبْتَدَأِ وَقَدْ يَجُوزُ نَصْبُهُ عَلَى أَصْلِ ٱلْاِسْتِثْنَاءِ

ou ما أَتَيْتُ بِٱلْكُتُبِ إِلَّا زَيْدٌ *Personne ne m'a parlé, sinon Zéid;*
ٱلتَّوْرَاةِ إِلَّا ou ٱلتَّوْرَاةَ إِلَّا *Je n'ai point apporté les livres, excepté le Pentateuque.* Exemple de la proposition affirmative : جَاءَنِى ٱلنَّاسُ إِلَّا زَيْدًا *Les hommes sont venus me trouver, excepté Zéid.* Si, cependant, on construisait les propositions négatives de manière que l'idée particulière de la chose exceptée précédât l'idée générale, le nom qui suit إِلَّا devrait nécessairement être mis à l'accusatif. En ce cas, il faudrait dire مَا كَلَّمَنِى إِلَّا زَيْدًا أَحَدٌ et non pas إِلَّا زَيْدٌ; et, de même, مَا أَتَيْتُ إِلَّا ٱلتَّوْرَاةَ بِٱلْكُتُبِ et non pas إِلَّا ٱلتَّوْرَاةِ. [1]

711. Si l'idée générale de laquelle se fait l'exception est sous-entendue, le nom qui suit إِلَّا doit être mis au même cas où aurait dû être mis le nom sous-entendu. Quand cela a lieu, la proposition principale est toujours négative. Exemples :

مَا جَاءَنِى إِلَّا جَعْفَرٌ *Il n'est venu à moi que Djafar.*

مَا مَرَرْتُ إِلَّا بِجَعْفَرٍ *Je n'ai passé qu'auprès de Djafar.*

لَمْ أَضْرِبْ إِلَّا جَعْفَرًا *Je n'ai frappé que Djafar.*

Le nom جَعْفَرٌ est dans le premier exemple au nominatif, dans le second au génitif et dans le troisième à l'accusatif, parce que dans le premier on sous-entend أَحَدٌ, dans le second بِأَحَدٍ et dans le troisième أَحَدًا.

---

[1] Il y a cependant des exemples du contraire, quand la proposition est négative; mais Ebn Malec dit positivement qu'il est préférable de mettre, en ce cas, le nom de la chose exceptée à l'accusatif :

وَغَيْرُ نَصْبٍ سَابِقٍ فِى ٱلنَّفْىِ قَدْ   يَأْتِى وَلَكِنْ نَصْبَهُ ٱخْتَرْ إِنْ وَرَدْ

« Le nom de la chose exceptée étant mis le premier dans une proposition né-
« gative, on le trouve quelquefois à un autre cas qu'à l'accusatif; mais, si l'occa-
« sion se présente, préfère toujours l'accusatif. »

712. Si le mot qui précède إِلَّا est un sujet, et celui qui suit cette particule un attribut, la proposition exprimant, sous une forme négative, une véritable affirmation, les deux mots seront au nominatif. Exemple :

مَا جَعْفَرٌ إِلَّا كَاذِبٌ

Djafar n'est autre chose qu'un menteur (à la lettre, *non Djafarus nisi mendax*).

إِنِ ٱلْكَافِرُونَ إِلَّا مَلْعُونُونَ

Les incrédules ne sont que maudits (c'est-à-dire *sont certainement maudits*).

713. Si la chose exceptée n'est point de la nature de celles qui sont comprises dans l'idée générale, le nom qui suit إِلَّا se met nécessairement à l'accusatif. Exemple :

مَا جَاءَنِي أَحَدٌ إِلَّا فَرَسًا

Il n'est venu à moi personne, sinon un cheval.

714. Il faut comprendre parmi les propositions négatives celles qui le sont par le sens, quoiqu'elles ne le soient pas par la forme ; telles sont les propositions prohibitives et les propositions interrogatives qui expriment une négation, comme : *Quelqu'un entrera-t-il dans le paradis, excepté les vrais croyants?*

715. Les noms سُوَى et سِوَى, سَوَاءٌ, بَيْدَ, غَيْرُ, qui servent à former des exceptions, gouvernent le nom de la chose exceptée qui leur sert de complément d'annexion au génitif (n° 97), et ils se mettent eux-mêmes, dans toutes les circonstances, aux mêmes cas où l'on devrait mettre le nom de la chose exceptée, si l'on employait la particule إِلَّا. Ainsi, l'on dira : مَا كَلَّمَنِي غَيْرُ زَيْدٍ ou mieux أَحَدٌ غَيْرُ زَيْدٍ *Personne ne m'a parlé, excepté Zéid* ; مَا أَتَيْتُ بِٱلْكُتُبِ غَيْرَ ٱلتَّوْرَاةِ ou mieux غَيْرَ ٱلتَّوْرَاةِ *Je n'ai point apporté les livres, excepté le Pentateuque* ; جَاءَنِي ٱلنَّاسُ غَيْرَ زَيْدٍ.

Les hommes sont venus me trouver, excepté Zéid; مَا جَاءَنِى غَيْرُ زَيْدٍ

مَا مَرَرْتُ بِغَيْرِ جَعْفَرٍ *Il n'est venu me trouver que Djafar;*

Je n'ai passé qu'auprès de Djafar; لَمْ أَضْرِبْ غَيْرَ جَعْفَرٍ *Je n'ai frappé que Djafar;* مَا جَاءَنِى أَحَدٌ غَيْرَ فَرَسٍ *Personne n'est venu me trouver, excepté un cheval.*

Les deux noms سِوَى et سُوَى étant de ceux qui ont les trois cas semblables (n° 915, Ire part.), ce n'est que virtuellement qu'ils subissent l'application des règles précédentes.

716. Après les mots خَلَا, حَاشَا et عَدَا, on met le nom de la chose exceptée au génitif ou à l'accusatif; on peut même le mettre au nominatif, comme مَاتُوا حَاشَا زَيْدٌ *ils sont morts, excepté Zéid;* mais, si l'on se sert de مَا خَلَا et مَا عَدَا, il faut nécessairement mettre le nom de la chose exceptée à l'accusatif, parce que خَلَا et عَدَا conservent alors la nature de verbes.

717. La formule لَا سِيَّمَا signifie, littéralement, *non à l'égal de*, mais elle s'emploie dans le sens de *surtout, principalement*. La syntaxe de cette expression exige quelques observations particulières.

Le nom qui suit سِيَّمَا peut être mis au nominatif ou au génitif. Ainsi, l'on peut dire : أَعْجَبَنِى النَّاسُ لَا سِيَّمَا زَيْدٌ ou bien لَا سِيَّمَا زَيْدٍ *Les hommes m'ont enchanté, surtout Zéid.* Si l'on fait usage du génitif, on considère *Zéid* comme le complément d'annexion de سِىّ, qui est synonyme de مِثْل, et مَا comme une particule explétive qui est sans aucune influence sur la dépendance ordinaire des deux termes du *rapport d'annexion* إِضَافَة. Si, au contraire, on fait usage après سِيَّمَا du nominatif, on considère مَا comme nom conjonctif signifiant *ce qui* et formant le complément de سِىّ, et l'on suppose qu'il y a ellipse du pronom هُوَ entre مَا et le nom suivant; en sorte que, dans l'exemple donné, le sens serait لَا مِثْلَ ٱلَّذِى هُوَ زَيْدٌ ou لَا مِثْلَ مَا هُوَ زَيْدٌ mais non à l'égal de celui qui est Zéid. Exemple :

أَلَا رُبَّ يَوْمٍ لَكَ مِنْهُنَّ صَالِحٍ ۞ وَلَا سِيَّمَا يَوْمٌ بِدَارَةِ جُلْجُلِ

Certes, j'ai joui dans leur société de bien des jours agréables, mais surtout d'un jour que j'ai passé près de [l'étang de] Darat-Djouldjoul.

Dans ce vers, on peut lire وَلَا سِيَّمَا يَوْمٍ ou وَلَا سِيَّمَا يَوْمٌ.

Il résulte de cela que le cas où doit être mis le nom qui suit لَا سِيَّمَا et qui exprime *la chose exceptée*, ٱلْمُسْتَثْنَى, ne dépend en aucune manière du cas où a été mis le nom qui indique *la masse de laquelle on soustrait la chose exceptée*, ٱلْمُسْتَثْنَى مِنْهُ.

718. Il peut se faire que لَا سِيَّمَا ne soit pas suivi d'un nom ; c'est ce qui se voit dans l'exemple suivant :

إِنَّ زَيْدًا لَكَرِيمٌ وَلَا سِيَّمَا إِنْ أَتَيْتَهُ مُصَلِّيًا

Certes, Zéid est généreux, surtout si vous venez le trouver tandis qu'il est occupé à prier.

Alors, لَا سِيَّمَا n'exerce aucune influence. Quelques grammairiens disent que, dans ce cas-là, مَا est explétif et est mis en remplacement d'un pronom sous-entendu, en sorte que لَا سِيَّمَا est pour لَا سِيَّ, c'est-à-dire لَا مِثْلَ. Il me semble qu'on peut appliquer ici la seconde espèce d'analyse proposée précédemment (n° 717) et supposer qu'il y a ellipse de هُوَ, en sorte que le sens est وَلَا سِيَّ مَا هُوَ إِنْ أَتَيْتَهُ مُصَلِّيًا *mais non à l'égal de ce qu'il est [généreux], si vous venez le trouver quand il est occupé à prier.*

719. On doit observer au surplus que, dans cette manière de s'exprimer, on emploie une forme d'expression négative pour affirmer avec plus de force. On peut comparer cela à cette autre forme d'expression négative :

لَهَاكُمْ مُنْهَمِلَةً ۞ وَلَا ٱنْهِلَالَ ٱلسُّحُبِ

Vos dons tombent en pluie, mais non comme la pluie que versent les nuages.

Ce qui signifie *avec plus d'abondance que la pluie que versent les nuages.*(1)

720. Après إِلَّا, غَيْرَ et بَيْدَ, il peut se trouver une proposition tout entière, soit verbale, soit nominale. Dans ce cas, إِلَّا n'a aucune influence sur cette proposition, et après بَيْدَ et غَيْرَ que l'on met à l'accusatif sous forme adverbiale, on ajoute la conjonction أَنْ. Exemples :

مَا مَرَرْتُ بِأَحَدٍ إِلَّا زَيْدٌ أَحْسَنُ مِنْهُ

Je n'ai passé auprès d'aucune personne, que Zéid ne m'ait paru plus beau qu'elle.

مَا خَاطَبَنِى أَحَدٌ إِلَّا هِبْتُهُ

Personne ne m'a jamais adressé la parole, que je n'aie conçu pour lui du respect.

721. Quelquefois, dans cette sorte de construction, on interpose la conjonction وَ entre إِلَّا et la proposition qui renferme l'exception. Exemples :

لَا تَمُوتُنَّ إِلَّا وَأَنْتُمْ مُسْلِمُونَ

Ne mourez pas sans que vous soyez devenus musulmans.

مَا أَهْلَكْنَا مِنْ قَرْيَةٍ إِلَّا وَلَهَا كِتَابٌ مَعْلُومٌ

Nous n'avons jamais exterminé aucune ville sans qu'il y eût à son égard un décret antérieurement fixé.(2)

---

(1) Cette manière de s'exprimer, dont il y a beaucoup d'exemples dans Hariri, paraît étrangère au langage des anciens Arabes. Je suppose qu'elle a été empruntée de la langue persane, où l'on en fait un usage fréquent. Voyez mon *Commentaire sur les Séances de Hariri*, séance IV, p. 39.

(2) Béidhawi, à l'occasion de ce passage de l'Alcoran (sur. 15, vers. 4), observe qu'il n'aurait point dû y avoir la conjonction وَ avant إِلَّا, pas plus que dans un

722. بَيْدَ أَنَّ et غَيْرَ أَنَّ, إِلَّا أَنَّ, *si ce n'est que,* doivent souvent se rendre par *mais.* Exemple :

أَنَا أَفْصَحُ مَنْ نَطَقَ بِٱلضَّادِ بَيْدَ أَنِّي مِنْ قُرَيْشٍ وَٱسْتُرْضِعْتُ فِي بَنِي سَعْدٍ

Je suis (disait Mahomet) celui qui prononce le mieux la lettre dhad ; MAIS *je suis de la famille de Koréisch, et j'ai été allaité parmi les enfants de Saâd.*

C'est comme s'il eût dit : *Si ce n'est que cela n'est pas surprenant, puisque je suis de la famille de Koréisch,* etc.

723. Il peut arriver que l'on répète plusieurs fois إِلَّا, et alors il faut examiner si cette répétition n'est qu'un pléonasme destiné à donner de l'énergie au discours sans former une nouvelle exception, ou si elle forme une nouvelle exception. Dans la première supposition, le nom qui suit la seconde particule d'exception se met au même cas que le précédent, sans que la particule ait sur le second nom aucune influence, soit qu'il y ait ou qu'il n'y ait pas de conjonction devant la seconde particule. Exemples :

هَلِ ٱلدَّهْرُ إِلَّا لَيْلَةٌ وَنَهَارُهَا وَإِلَّا طُلُوعُ ٱلشَّمْسِ ثُمَّ غِيَابُهَا

La succession des siècles est-elle autre chose qu'une nuit et le jour qui la suit ? [est-elle autre chose] que le lever du soleil et puis son coucher ?

مَا جَاءَنِي إِلَّا أَخُوكَ إِلَّا زَيْدٌ

Il n'est venu me trouver que ton frère, que Zéid.

autre passage (sur. 26, vers. 208), où on lit إِلَّا لَهَا مُنْذِرُونَ ; « Mais, ajoute-t-il, « comme cette expression ressemble à un terme circonstanciel d'état, on y a « introduit le وَ afin de rattacher d'une manière plus énergique cette proposition « au nom qu'elle qualifie. »

وَلَكِنْ لَمَّا شَابَهَتْ صُورَتُهَا صُورَةَ ٱلْحَالِ دَخَلَتِ ٱلْوَاوُ عَلَيْهَا تَأْكِيدًا لِلُصُوقِهَا بِٱلْمَوْصُوفِ

Dans la seconde supposition, quand la répétition de la particule إِلَّا forme autant de nouvelles exceptions, il faut encore faire une distinction. Si l'idée générale est sous-entendue, il faut mettre le nom qui exprime la première chose exceptée au cas qui lui convient, suivant la règle donnée précédemment (n° 711), et mettre à l'accusatif les noms qui expriment les autres exceptions. Exemple :

مَا قَامَ إِلَّا جَعْفَرُ إِلَّا سَعِيدًا إِلَّا مُحَمَّدًا

Il ne s'est levé [personne], sinon Djafar, sinon Saïd, sinon Mohammed.

Si l'idée générale est exprimée, et que la proposition soit affirmative, il faut mettre à l'accusatif tous les mots qui expriment les exceptions. Exemple :

قُتِلَ ٱلْقَوْمُ إِلَّا زَيْدًا إِلَّا عُمَرَ إِلَّا عَمْرًا

Tout le monde fut tué, excepté Zéid, excepté Omar, excepté Amrou.

Si l'idée générale est exprimée, que la proposition soit négative et qu'il y ait inversion, on mettra aussi tous les noms à l'accusatif. Exemple :

مَا نَجَا إِلَّا جَعْفَرًا إِلَّا أَحْمَدَ إِلَّا عُمَرَ أَحَدٌ

Il ne s'est sauvé, excepté Djafar, excepté Ahmed, excepté Omar, aucune personne.

S'il n'y a pas d'inversion, on mettra l'un des noms au même cas où l'on mettrait le nom qui suit إِلَّا, s'il n'y avait qu'une seule exception, et tous les autres à l'accusatif. Exemples :

لَمْ يَنْجُ أَحَدٌ إِلَّا زَيْدٌ إِلَّا عَمْرًا إِلَّا جَعْفَرًا

Il ne s'est sauvé personne, sinon Zéid, sinon Amrou, sinon Djafar.

On dirait également : لَمْ يَنْجُ أَحَدٌ إِلَّا زَيْدًا إِلَّا عَمْرًا إِلَّا جَعْفَرٌ.

لَمْ يَفُوا إِلَّا آمْرُؤُ إِلَّا عَلِيًّا

Ils n'ont pas tenu parole, sinon Amrou, sinon Ali. (1)

724. Pour exprimer l'exception, on emploie quelquefois لَا يَكُونُ ou le verbe négatif لَيْسَ. Dans ce cas, le nom de la chose exceptée se met à l'accusatif. Exemple :

قُتِلُوا لَا يَكُونُ زَيْدًا ou لَيْسَ زَيْدًا

Ils ont été tués, EXCEPTÉ (à la lettre, *ce n'est pas*) *Zéid.*

Il y a alors ellipse du sujet du verbe, et le sens est قُتِلُوا وَلَا يَكُونُ بَعْضُهُمْ زَيْدًا *Ils ont été tués, mais aucun d'eux n'est Zéid.*

725. Nous avons vu précédemment (n° 658) que, dans le cas dont il s'agit, si la chose exceptée est exprimée par un pronom, on doit employer les pronoms isolés composés de إِيَّا et non les affixes.

De même, après إِلَّا, quand le nom de la chose exceptée est exprimé par un pronom, il ne faut pas faire usage des affixes; si l'on trouve quelques exemples du contraire, comme إِلَّاكَ pour إِلَّا إِيَّاكَ *excepté toi,* ce sont des licences poétiques.

§ V — SYNTAXE DES ADVERBES NÉGATIFS مَا, لَا, لَنْ, لَمْ ET لَمَّا

726. J'ai exposé précédemment tout ce qui concerne l'usage des adverbes négatifs مَا, لَا, لَنْ, لَمْ et لَمَّا, et leur influence tant relativement à la valeur temporelle des verbes qu'à l'emploi des divers modes de l'aoriste (n°s 377, 416 et 418, Ire part., n°s 74 et suiv., IIe part.). J'ai aussi fait observer, en traitant de l'usage des cas des noms, que, dans les propositions nominales, les adverbes négatifs مَا et لَا régissent, en certaines cir-

---

(1) Dans cet exemple, l'idée générale n'est pas sous-entendue, comme on pourrait le croire; elle est comprise dans le verbe, et, suivant les grammairiens arabes, c'est le *waw* de يَفُوا qui fait la fonction de *pronom*, ضَمِير (n° 1023, 1re part.).

constances, l'attribut à l'accusatif (nº 129), et que لَا, quand il est employé *pour nier l'espèce,* لِنَفْىِ ٱلْجِنْسِ, exige que le nom de la chose dont on nie l'existence soit mis à l'accusatif, mais sans voyelle nasale (nº 128). L'application de ces deux règles demande quelques observations qui doivent trouver leur place ici.

727. Pour que les adverbes négatifs مَا et لَا mettent l'attribut des propositions nominales à l'accusatif, comme dans cet exemple : مَا هَذَا بَشَرًا *Celui-ci n'est pas un homme,* il faut : 1º que l'attribut soit placé après le sujet ; 2º que la particule d'exception إِلَّا *sinon* ne se trouve pas entre le sujet et l'attribut ; 3º que, si l'on emploie la négation مَا, on ne lui adjoigne pas la particule إِنْ (nº 1140, Irᵉ part.) ; 4º que, si l'on fait usage de la négation لَا, le sujet soit un nom appellatif indéterminé. Si quelqu'une des conditions exigées manque, les adverbes négatifs مَا et لَا perdent toute leur influence sur l'attribut, qui doit alors, suivant la règle commune, être mis au nominatif. Ainsi, l'on dira : مَا زَيْدٌ إِلَّا كَاذِبٌ *Zéid n'est pas debout ;* مَا قَائِمٌ زَيْدٌ *n'est rien sinon un menteur ;* مَا إِنْ مُحَمَّدٌ نَائِمٌ *Mohammed ne dort point ;* لَا مُسْتَوْدَعُ ٱلسِّرِّ ذَائِعٌ لَدَيْهِمْ *Le secret qu'on leur a confié n'est pas divulgué ;* لَا زَيْدٌ مَرِيضٌ *Zéid n'est point malade,* tandis qu'on dirait, avec un nom indéterminé, لَا إِنْسَانَ بَاقِيًا *Il n'y a point d'homme qui soit immortel.* Exemple :

تَعَزَّ فَلَا شَىْءَ عَلَى ٱلْأَرْضِ بَاقِيًا وَلَا وَزَرٌ مِمَّا قَضَى ٱللَّهُ وَاقِيًا

Console-toi, car rien sur la terre n'est éternel, et il n'est aucun charme qui puisse préserver de ce que Dieu a décrété. (Voir Appendice.)

Il y a cependant plusieurs exemples d'un nom déterminé après لَا, dans ce cas. Exemple :

وَحَلَّتْ سَوَادَ ٱلْقَلْبِ لَا أَنَا بَاغِيًا سِوَاهَا وَلَا فِي حُبِّهَا مُتَرَاخِيًا

Elle habite dans le milieu de mon cœur ; je n'en veux point

d'autre qu'elle et je ne suis pas froid dans mon amour pour elle.

إِذَا آلْجُودُ لَمْ يُرْزَقْ خَلَاصًا مِنَ ٱلْأَذَى   فَلَا ٱلْحَمْدُ مَكْسُوبًا وَلَا ٱلْمَالُ بَاقِيًا

Lorsque la générosité n'est pas exempte de quelque mauvaise qualité qui en altère le mérite, elle n'obtient pas pour prix les louanges de la reconnaissance, et cependant on ne possède plus les richesses qu'on a sacrifiées.

728. Après مَا, comme après لَيْسَ et لَا, l'attribut des propositions nominales s'exprime souvent par la préposition بِ, suivie du génitif, comme مَا أَنْتُمْ بِمُؤْمِنِينَ *vous n'êtes pas des croyants.*

729. Quand l'adverbe négatif لَا est employé *pour nier l'espèce*, le nom de la chose dont on nie l'existence doit se terminer par un *fatha* sans voyelle nasale, comme لَا إِنْسَانَ فِي ٱلدَّارِ *il n'y a point d'homme dans la maison.*

Pour que l'adverbe négatif لَا exerce l'influence dont il s'agit, il faut qu'il nie *d'une négation absolue et complète,* عَلَى سَبِيلٍ, ou عَلَى سَبِيلِ ٱلْاِسْتِغْرَاقِ ou ٱلتَّنْصِيصِ, l'existence de l'espèce entière d'êtres dont il s'agit. Il en serait autrement si l'on disait *il n'y a pas un homme, mais il y en a deux.* Pour exprimer cette idée de négation absolue, on nomme لَا dans ce cas ٱلتَّبْرِئَةَ *la qui détruit entièrement.* Cette sorte de négation est censée, suivant les grammairiens arabes, renfermer la valeur de la préposition مِنْ, qui suppose un antécédent sous-entendu, car لَا رَجُلَ فِي ٱلدَّارِ équivaut à لَا فِي ٱلدَّارِ مِنْ رَجُلٍ. Il va sans dire que si la préposition مِنْ était en effet exprimée, لَا n'exercerait plus aucune influence.

730. L'influence dont il s'agit ici s'exerce également sur le duel et le pluriel, comme sur le singulier; ainsi, l'on dit لَا رِجَالَ, comme لَا رَجُلَ. Au duel et au pluriel régulier, on conserve sans altération la forme des accusatifs. Ainsi, l'on dit لَا رَجُلَيْنِ et لَا مُؤْمِنِينَ; au pluriel féminin régulier, on conserve la forme de l'accusatif en supprimant le *tenwin*, et l'on dit en conséquence لَا مُؤْمِنَاتٍ; suivant certains grammairiens, on dit لَا مُؤْمِنَاتِ.

731. Dans tous ces cas, les noms sur lesquels لَا exerce son influence ne sont point, suivant le système de la plupart des grammairiens arabes, mis *à l'accusatif*, مَنْصُوبٌ, mais ils sont *indéclinables*, مَبْنِيٌّ, c'est-à-dire que لَا et le nom qui le suit sont censés ne former qu'un seul mot composé de l'espèce nommée مُرَكَّبٌ تَضَمُّنِيٌّ (n° 936, Iʳᵉ part.), et cela parce qu'ils renferment l'ellipse de la préposition مِنْ.

732. Il y a cependant des cas où l'influence de لَا s'exerce d'une autre manière sur le nom qui suit cette particule et le met à l'accusatif. C'est :

1° Quand le nom est l'antécédent d'un rapport d'annexion. Exemple :

لَا صَاحِبَ جُودٍ مَمْقُوتٌ

Aucun homme doué de générosité n'est haï;

2° Quand c'est un nom *qui ressemble à l'antécédent d'un rapport d'annexion*, مُضَارِعٌ بِٱلْمُضَافِ, c'est-à-dire un adjectif verbal régissant à l'accusatif un complément objectif. Exemple :

لَا طَالِعًا جَبَلًا ظَاهِرٌ

Aucune personne montant une montagne ne paraît;

3° Quand c'est un nom duquel dépend une proposition nominale faisant fonction de *qualificatif*, صِفَةٌ, et dont le sujet est au nominatif. Exemple :

لَا حَسَنًا فِعْلُهُ مَذْمُومٌ

Il n'y a point un homme de bien dont les actions soient mauvaises;

4° Enfin, quand le nom qui suit لَا est déterminé à une signification comparative, et cela par une préposition. Exemple :

لَا خَيْرًا مِنْ زَيْدٍ عِنْدَنَا

Personne à nos yeux n'est meilleur que Zéid.

733. Pour que لَا mette le nom à l'accusatif sans *tenwin*, il faut, comme je l'ai dit ailleurs (n° 128) : 1° que le nom ne soit ni un nom défini par sa nature, ni un nom déterminé, soit par l'article, soit autrement ; 2° que ce nom suive immédiatement la négation.

734. Si, après لَا niant l'existence, il y a deux noms liés par une conjonction, et sur lesquels porte également la négation, le second peut éprouver, comme le premier, l'influence de l'adverbe négatif ou, au contraire, être mis au nominatif. On peut dire : لَا رَجُلَ وَآمْرَآةَ فِي آلدَّارِ ou لَا رَجُلَ وَآمْرَأَةٌ *Il n'y a ni homme ni femme dans la maison;* mais on répète d'ordinaire la négation.

735. Si, dans le même cas, l'adverbe négatif est répété, il peut exercer son influence sur les deux noms, ou ne l'exercer sur aucun des deux ; il peut aussi ne l'exercer que sur l'un des deux, soit le premier, soit le dernier. Ainsi, l'on dit indifféremment :

لَا حَوْلَ وَلَا قُوَّةَ إِلَّا بِٱللَّهِ
لَا حَوْلَ وَلَا قُوَّةَ إِلَّا بِٱللَّهِ   *Il n'y a de ressource et de force qu'en Dieu.*
لَا حَوْلَ وَلَا قُوَّةَ إِلَّا بِٱللَّهِ
لَا حَوْلَ وَلَا قُوَّةَ إِلَّا بِٱللَّهِ

Si le sujet dont on nie l'existence est qualifié par un adjectif, on peut prononcer l'adjectif de trois manières différentes ; on peut dire :

لَا رَجُلَ نَآئِمَ فِي آلدَّارِ
لَا رَجُلَ نَآئِمًا فِي آلدَّارِ   *Il n'y a point d'homme endormi dans la maison.*
لَا رَجُلَ نَآئِمٌ فِي آلدَّارِ

736. Si, après لَا employé pour nier l'existence, il y a un nom déterminé, ce nom se met au nominatif. Exemple :

لَا زَيْدٌ فِي آلدَّارِ

Zéid n'est pas dans la maison.

737. La manière la plus simple, ce me semble, d'envisager l'influence que l'adverbe négatif لَا, employé *pour nier l'espèce,* exerce sur le nom qu'il régit, c'est de considérer ce nom, dans tous les cas, comme mis à l'accusatif, mais sans *tenwin*, la suppression du *tenwin* étant un signe surabondant et spécial de ce genre de dépendance. Quant à l'adjectif qui qualifie ce nom, on peut le mettre à l'accusatif par une concordance grammaticale, ou au nominatif par une concordance logique; car le nom qui sert de régime à لَا, étant un sujet ou inchoatif, est virtuellement au nominatif. Lorsque لَا est suivi immédiatement d'un adjectif mis à l'accusatif avec le *tenwin,* comme لَا طَالِعًا, لَا خَيْرًا et لَا حَسَنًا, on peut supposer qu'il y a ellipse du mot أَحَدَ ou شَيْءٍ, sur lequel devait s'exercer l'influence immédiate de لَا, et que, pour indiquer cette ellipse, l'adjectif doit être nécessairement mis à l'accusatif.

§ VI — SYNTAXE DE LA PARTICULE SUPPOSITIVE ET NÉGATIVE لَوْلَا

738. La particule suppositive et négative لَوْلَا *si ce n'était*, n'a aucune influence grammaticale sur le sujet de la proposition qui la suit. Cette proposition devrait être composée d'un sujet et d'un attribut : mais, le plus souvent, l'attribut est sous-entendu; il est même de règle de le sous-entendre toutes les fois que son omission ne donne lieu à aucune amphibologie.[1] Ainsi, l'on dit : لَوْلَا زَيْدٌ لَزُرْتُكَ sinon *Zéid, je te visiterais;* c'est-

---

[1] Hariri, dans son commentaire sur le *Molhat alirab*, dit, sans restriction, qu'après لَوْلَا on ne doit pas exprimer l'attribut; mais les exemples que je donne et l'autorité des commentateurs de l'*Alfiyya* prouvent que cette ellipse ne doit avoir lieu que quand elle ne nuit pas à la clarté du discours.

On peut regarder l'ellipse comme la règle générale et le cas contraire comme l'exception.

لَوْلَا si, لَوْلَا زَيْدٌ مَانِعٌ c'est-à-dire مَوْجُودٌ زَيْدٌ لَوْلَا si Zéid n'existait pas, ou si Zéid n'y mettait obstacle. Exemples :

لَوْلَا دَفْعُ اللّٰهِ النَّاسَ بَعْضَهُمْ بِبَعْضٍ لَفَسَدَتِ الْأَرْضُ

Si Dieu n'avait pas repoussé les hommes les uns par les autres, la terre aurait été dévastée.

لَوْلَا فَضْلُ اللّٰهِ عَلَيْهِمْ وَرَحْمَتُهُ وَإِنَّ اللّٰهَ تَوَّابٌ حَكِيمٌ

Si ce n'eût été la bonté de Dieu pour eux et sa miséricorde, [ils auraient été exterminés]; mais Dieu est indulgent et sage.

739. Quoique la particule لَوْلَا n'ait aucune influence ni sur le sujet de la proposition, ni sur l'attribut, quand il est exprimé,[2] cependant, si le sujet de cette proposition est un pronom, on peut user des pronoms affixes (n° 1256, I⁻ᵉ part.). Exemples :

لَوْلَاهُ لَمْ تَخْرُجِ الدُّنْيَا مِنَ الْعَدَمِ

Si ce n'était LUI, *le monde ne serait pas sorti du néant.*

وَٱلرَّابِعُ أَنْ تَكُونَ مُسَلِّطَةً وَهِيَ ٱلَّتِي تَدْخُلُ عَلَى حَيْثُ وَإِذْ فَيُجَازَى بِهِمَا لِأَجْلِهَا وَلَوْلَاهَا لَمْ يَكُونَا مِنْ أَدَوَاتِ الشَّرْطِ وَالْجَزَاءِ.

Le quatrième usage [*de la particule* مَا], *c'est celui où on l'appelle* accordant la domination : *on la nomme ainsi quand elle s'ajoute aux particules* حَيْثُ *et* إِذْ, *qui deviennent par là susceptibles d'agir comme particules de compensation; si ce n'était*

---

(1) Hariri, parlant, dans le *Molhat alirab*, des différentes particules qui peuvent être placées avant un sujet et un attribut, les divise, par rapport à leur influence grammaticale sur la proposition qui les suit, en quatre classes. La quatrième classe comprend *celles qui n'ont aucune influence grammaticale sur le sujet ni sur l'attribut,* مَا لَا يُؤَثِّرُ دُخُولُهُ فِيهِمَا وَلَا فِي أَحَدِهِمَا, et parmi celles-ci il compte لَوْلَا. Voici ses propres termes :

وَلَوْلَا ٱلَّتِي مَعْنَاهَا ٱمْتِنَاعُ ٱلشَّيْءِ. لِوُجُودِ غَيْرِهِ كَقَوْلِكَ لَوْلَا زَيْدٌ لَزُرْتُكَ فَامْتِنَاعُ ٱلزِّيَارَةِ لِوُجُودِ زَيْدٍ

ELLE [*la particule* مَا], *elles ne seraient point du nombre des particules qu'on appelle* instruments de condition et de compensation (n° 72).

Ces pronoms affixes représentent, en ce cas, le génitif et non l'accusatif : car si l'on fait usage du pronom de la première personne, on dit لَوْلَايَ et non لَوْلَانِي.⁽¹⁾

740. L'emploi des pronoms affixes après لَوْلَا n'est pas obligé et l'on trouve aussi en ce cas le pronom personnel isolé qui représente le nominatif. Exemples :

لَوْلَا أَنْتُمْ لَكُنَّا مُؤْمِنِينَ

Si ce n'était VOUS, *nous aurions été vrais croyants.*

لَوْلَا أَنَا لَكَانَ أَبَادَهُمْ وَأَيْتَمَ أَوْلَادَهُمْ

Si ce n'eût été MOI, *certes il les aurait exterminés, et il aurait rendu leurs enfants orphelins.*

741. Quoique l'attribut de la proposition suppositive qui commence par la particule لَوْلَا soit le plus ordinairement sous-entendu, on doit l'exprimer, quand il consiste en une idée spéciale dont l'omission nuirait au sens. Exemple :

لَوْلَا عُمَرُ جَفَانِي كُنْتُ مُعْتَصِرًا

---

(1) Les grammairiens arabes n'ont pas manqué de remarquer cette syntaxe particulière de la particule لَوْلَا, qui ne régit le génitif que quand le mot qui la suit est un pronom. Les uns ont regardé, en ce cas, cette particule comme une préposition qui régit le génitif ; c'est le sentiment de Sibawaïh, suivi par Ebn Farhât ; les autres, comme Ahfasch, ont dit que la particule n'a aucune influence et que le pronom affixe représente ici le nominatif, tandis qu'au contraire, après la préposition كَ *comme*, on fait usage des pronoms personnels أَنْتَ, أَنَا, etc., au lieu des affixes, et l'on dit كَأَنْتَ et non كَكَ *comme toi* ; enfin, d'autres, comme Mobarred, ont condamné cette manière de s'exprimer et ont soutenu qu'elle n'était point autorisée par l'usage des Arabes. Aschmouni, dans son commentaire sur l'*Alfiyya*, prouve le contraire par des exemples tirés des anciens poètes arabes. (Voyez les man. ar. de la Bibl. du Roi, n° 1234, fol. 59 *recto*, et 1295 A, fol. 131 *recto*).

Si Omar n'eût pas été injuste envers moi, je me serais réfugié [*sous sa protection*].

742. Le verbe de la proposition suppositive qui commence par la particule لَوْ, quand il est exprimé, doit être au prétérit; et celui de la proposition affirmative hypothétique doit aussi être au prétérit, comme on le voit dans l'exemple précédent : si cette dernière est négative, on peut mettre le verbe au prétérit avec la négation ما, ou à l'aoriste conditionnel avec la négation لَم.

743. On met ordinairement au commencement de la proposition corrélative hypothétique l'adverbe ل, surtout quand elle exprime une affirmation. Quand elle exprime une négation, on met rarement cet adverbe ; j'en ai donné des exemples ailleurs (nos 370 et 1117, Ire part.).

744. On fait quelquefois ellipse de la proposition corrélative hypothétique; on en a vu un exemple un peu plus haut (n° 738).

CHAPITRE XXXI
De la Construction proprement dite

745. La construction, comme je l'ai dit précédemment (n°1), est la disposition respective des diverses parties du discours. C'est en ce sens propre que je prends ici le mot *construction;* et l'objet que je me propose dans ce chapitre est de faire connaître spécialement les principales règles qui déterminent en arabe cette disposition respective, quoique, dans le cours de la syntaxe, en exposant les règles de concordance et de dépendance, j'aie eu plus d'une fois occasion de faire des observations sur ce sujet.

746. On peut considérer séparément : 1° la disposition respective du sujet de l'attribut, soit entre eux, soit avec le verbe; 2° celle des noms avec les adjectifs, les articles démonstratifs et les numératifs; 3° celle du verbe et des compléments médiats ou immédiats; 4° celle du nom et de ses compléments; 5° celle des parties accessoires de la proposition, qui sont les termes circonstanciels; 6° enfin, celle des prépositions, relativement à leurs antécédents et à leurs compléments.

747. Dans l'exposition des règles de la construction, je m'arrêterai seulement à ce qui est d'un usage commun et ordinaire; je n'entrerai point dans la discussion minutieuse de toutes les inversions que l'on se permet dans le style poétique.

§ Ier — CONSTRUCTION DU SUJET ET DE L'ATTRIBUT, SOIT ENTRE EUX, SOIT AVEC LE VERBE

748. Le sujet de toute proposition est ou exprimé ou sous-entendu; quand il est sous-entendu, il est compris dans le verbe, dont les diverses inflexions indiquent de quel nombre, de quel genre et de quelle personne est ce sujet. Quant à l'attribut, il est ou exprimé sans aucun verbe qui le lie au sujet; comme اَللّٰهُ كَرِيمٌ *Dieu [est] libéral*, ou lié avec le sujet par un verbe abstrait, comme سَيَكُونُ اَللّٰهُ شَاهِدًا *Dieu sera témoin*, أَصْبَحْتُمْ إِخْوَانًا *vous êtes devenus frères*, مَا دُمْتُ مَرِيضًا *tant que je serai malade*, ou enfin compris dans le verbe, ce qui a lieu à l'égard de tous les verbes attributifs, comme قَالَ إِبْلِيسُ *le diable a dit*, expression qui équivaut à celle-ci : كَانَ قَائِلًا *il a été disant*.

749. L'attribut grammatical (n° 17) peut aussi être sous-entendu et même indiqué seulement par un terme circonstanciel; par exemple : زَيْدٌ فِي ٱلْمَسْجِدِ *Zéid dans la mosquée*, c'est-à-dire زَيْدٌ مُسْتَقِرٌّ فِي ٱلْمَسْجِدِ *Zéid est dans la mosquée*.

750. Pour simplifier la considération de l'objet qui nous occupe, je diviserai toutes les propositions en *propositions verbales* et *propositions nominales*. J'appellerai *verbales* celles qui renferment un verbe, soit attributif, soit abstrait; et *nominales* celles où il ne s'en trouve aucun. (1)

751. Dans les propositions verbales, on peut placer le sujet avant ou après le verbe : l'usage le plus ordinaire est de mettre le verbe avant le sujet, mais il faut avoir égard aux circonstances suivantes : (2)

(1) Je ne prends pas ici ces dénominations : *proposition verbale* et *proposition nominale*, dans le sens que leur donnent les grammairiens arabes; il n'y a pour eux, comme je l'ai dit plus d'une fois, de *proposition verbale* que quand le verbe est exprimé et *précède son sujet*, ou, comme ils disent, *son agent*.

(2) Je crois que toutes les fois qu'on place en arabe le sujet avant le verbe, abstraction faite des circonstances qui rendent cette construction obligatoire, on a pour but de donner de l'emphase au sujet, en fixant d'abord sur lui l'attention de ceux qui écoutent. Il y aurait donc, dans cette supposition, entre ضَرَبَ et زَيْدٌ ضَرَبَ زَيْدٌ, la même différence qu'il y a entre ٱلسُّلْطَانُ كَرِيمٌ et إِنَّ ٱلسُّلْطَانَ كَرِيمٌ (n° 1227, 1re part.). Les grammairiens arabes, si cela est, ont eu raison de poser en principe que, quand le sujet est avant le verbe, la proposition est composée d'un *inchoatif* et d'une proposition formée du verbe et d'un agent sensible, ou d'un agent insensible contenu dans le verbe lui-même et concordant avec l'inchoatif : cette proposition forme alors l'*énonciatif* ou *attribut* de l'inchoatif. C'est absolument la même construction que dans cette phrase : *Deus, in cœlo sedes ejus,* pour *sedes Dei in cœlo.* Ce n'est donc pas par un simple caprice que l'auteur de l'Alcoran, par exemple, a dit (sur. 55, vers. 1 et suiv.) :

ٱلرَّحْمَٰنُ عَلَّمَ ٱلْقُرْآنَ خَلَقَ ٱلْإِنْسَانَ عَلَّمَهُ ٱلْبَيَانَ ٱلشَّمْسُ وَٱلْقَمَرُ بِحُسْبَانٍ وَٱلنَّجْمُ وَٱلشَّجَرُ يَسْجُدَانِ

Pour rendre l'emphase que produit la construction de l'original, il faudrait dire :

« Le [Dieu] miséricordieux, c'est lui qui a enseigné l'Alcoran, qui a créé
« l'homme, qui lui a appris l'art de s'énoncer. Pour le soleil et la lune, [leur mar-
« che est assujettie] à un calcul; et quant aux plantes et aux arbres, ils adorent
« [le créateur]. »

Béidhawi fait, à l'occasion de ce passage, une observation très juste, qu'il ne sera pas inutile de consigner ici.

« L'ordre de l'analogie, relativement aux deux dernières propositions, eût été
« de dire : *Il a réglé la marche du soleil et de la lune, et il a forcé les plantes et les*
« *arbres à adorer; et en conséquence le soleil et la lune suivent (dans leur marche)*

752. Si la proposition commence par les particules indéclinables إِنَّ *car,* أَنَّ *que,* كَأَنَّ *comme si,* لَكِنَّ *mais,* لَعَلَّ *peut-être que,* لَيْتَ *plût à Dieu que,* et que le nom sur lequel ces particules exercent leur influence (n° 125) soit lui-même le sujet de la proposition, ce sujet doit être nécessairement placé avant le verbe. Exemples :

لَكِنَّ أَكْثَرَهُمْ لَا يَعْلَمُونَ

Mais la plupart d'entre eux ne savent pas.

لَعَلَّكُمْ تَتَذَكَّرُونَ

Peut-être que vous y ferez réflexion.

753. Si le sujet est un mot interrogatif, comme مَنْ *quel homme ?* أَيٌّ *lequel ?* مَا *quelle chose ?*[1] كَمْ *combien ?* كَأَيِّنْ *combien ?* ou bien un adjectif conjonctif ou un nom conjonctif, comme ٱلَّذِي *celui qui,* مَنْ *quiconque,* مَا *quelque chose qui,* أَيٌّ *lequel ?* etc., ce sujet doit nécessairement précéder le verbe. La même chose a lieu quand ces mots cessent d'être interrogatifs, mais

« un calcul, et quant aux plantes et aux arbres, ils l'adorent ; car, de cette ma-
« nière, ces deux propositions eussent conservé une forme analogue à ce qui les
« précède et à ce qui les suit, *et quant au ciel il l'a élevé,* et se seraient rattachés
« au sujet, *le [Dieu] miséricordieux.* Mais ces deux propositions ont été dépouillées
« de ce qui devait indiquer leur relation, pour montrer que la chose était telle-
« ment claire qu'elle n'avait pas besoin d'explication. »

كَانَ حَقَّ ٱلنَّظْمِ فِي ٱلْجُمْلَتَيْنِ أَنْ يُقَالَ وَأَجْرَى ٱلشَّمْسَ وَٱلْقَمَرَ وَأَسْجَدَ ٱلنَّجْمَ وَٱلشَّجَرَ وَٱلشَّمْسُ وَٱلْقَمَرُ بِحُسْبَانِهِ وَٱلنَّجْمُ وَٱلشَّجَرُ يَسْجُدَانِ لَهُ لِتُطَابِقًا مَا قَبْلَهُمَا وَمَا بَعْدَهُمَا فِي ٱتِّصَالِهِمَا بِٱلرَّحْمَنِ لَكِنَّهُمَا جُرِّدَتَا عَمَّا يَدُلُّ عَلَى ٱلِٱتِّصَالِ إِشْعَارًا بِأَنَّ وُضُوحَهُ يُغْنِي عَنِ ٱلْبَيَانِ

[1] Il faut se rappeler que مَنْ, مَا et أَيٌّ sont tantôt sujets, tantôt attributs, quoique toujours placés au commencement de la proposition (n° 621).

renferment la valeur d'une interrogation, comme dans l'exemple suivant :

لَا أَدْرِي مَنْ قَتَلَهُ

Je ne sais pas QUI *l'a tué.*

754. Le sujet doit, au contraire, être placé après le verbe, si le verbe est précédé de la conjonction suppositive لَوْ *si*, de la conjonction conditionnelle إِنْ *si* ou de l'un des mots qui renferment la valeur de cette conjonction, comme أَيْنَ, حَيْثُ *partout où*, etc. (nº 403, Iʳᵉ part.); de l'adverbe conjonctif لَمَّا *lorsque;* des adverbes négatifs مَا, لَا, لَنْ, لَمْ et لَمَّا *non, ne;* des adverbes interrogatifs هَلْ, أَ *est-ce que?* et de toute expression interrogative ou conjonctive employée non comme sujet, mais comme attribut ou complément; des conjonctions كَيْ et أَنْ *que, pour que*, et de leurs composés; des prépositions لِ et حَتَّى, signifiant *que, pour que*, et gouvernant le mode subjonctif, en vertu de l'ellipse de la conjonction أَنْ (nᵒˢ 54 et 55); des conjonctions فَ, وَ et أَوْ, prises dans un sens qui exige l'emploi du même mode (nᵒˢ 56 et suiv.); de la préposition لِ, indiquant le commandement et régissant le mode conditionnel (nº 76); de l'adverbe إِذَنْ *en ce cas, cela étant*, régissant le subjonctif (nº 63); de l'adverbe لَا, exprimant une prohibition et régissant le mode conditionnel (nº 7); de la conjonction أَنْ et du mot conjonctif مَا, représentant, avec le verbe mis soit à l'aoriste, soit au prétérit, le nom d'action (nᵒˢ 1184 et 1232, Iʳᵉ part.); des adverbes قَدْ, سَوْفَ, سَفْ, سَيْ et سَ, qui modifient la valeur du prétérit ou de l'aoriste (nᵒˢ 1116 et 1164, Iʳᵉ part.), etc.

755. L'adverbe conjonctif de temps إِذَا *lorsque* exige toujours après lui, comme je l'ai dit ailleurs (nº 1144, Iʳᵉ part.), une proposition verbale, et le verbe doit être placé immédiatement après إِذَا. Si le contraire semble arriver quelquefois, c'est une licence dont on rend raison en supposant qu'il y a un verbe sous-entendu entre إِذَا et le sujet de la proposition verbale. (1)

756. Cependant, il y a plusieurs des particules dont il vient d'être question avec lesquelles on peut placer le sujet avant le verbe, de manière toutefois que la particule ne soit point séparée du verbe par le sujet. Exemple :

زَيْدٌ إِنْ أَكْرَمَنِي أَكْرَمْتُهُ

Si Zéid m'honore, je l'honorerai (à la lettre, *Zéid, si [il] honore moi, j'honorerai lui*).

On peut alors considérer ce sujet comme un mot placé hors de la proposition, comme un nominatif absolu, ce qui se rapproche de la manière dont les grammairiens arabes analysent toutes les propositions où le sujet précède le verbe (nº 189).

757. Lorsqu'il survient ainsi, au commencement d'une proposition, un terme qui n'est pas le sujet du verbe, soit que ce terme soit un nominatif absolu, soit que, se trouvant sous l'influence de la conjonction إِنَّ, ou des autres particules qui exercent une influence pareille à celle de cette conjonction, il soit mis à l'accusatif, le sujet de la proposition doit être placé après le verbe. Ainsi, il faut dire إِنَّ زَيْدًا مَاتَ أَبُوهُ et زَيْدٌ مَاتَ أَبُوهُ *le père de Zéid est mort*, et non مَاتَ أَبُوهُ زَيْدٌ et إِنَّ زَيْدًا أَبُوهُ مَاتَ. (2)

---

(1) Voyez ce que dit Tebrizi, dans son commentaire sur le *Hamasa* (édit. de M. Freytag, p. 104), à l'occasion de ce vers :

فَهَلَّا أَعَدُّونِي لِمِثْلِي تَفَاقَدُوا إِذَا ٱلْخَصْمُ أَبْزَى مَائِلَ ٱلرَّأْسِ أَنْكَبُ

Ce qui est dit ici de لَمَّا et de إِذَا s'applique également à إِذْ et à tous les noms signifiant *le temps*, quand ils sont employés d'une manière générale et qu'ils ont pour complément des propositions verbales (nºˢ 255 et 256).

(2) L'auteur du commentaire sur l'*Alfiyya* (man. de Saint-Germain, nº 465, fol. 32 *recto*) permet cette construction : مَاتَ أَبُوهُ زَيْدٌ. Elle a cependant le

758. Si l'on place le complément du verbe avant le verbe, le sujet doit encore en ce cas se mettre après le verbe. Exemple :

فَرِيقًا هَدَى ٱللَّهُ وَفَرِيقًا حَقَّ عَلَيْهِمُ ٱلضَّلَالَةُ

Dieu a dirigé une partie d'entre eux, et l'égarement a été prédestiné pour une autre partie (à la lettre, *partem direxit Deus, et partem sancitus est super illos error*).

759. Dans les propositions nominales, la place naturelle du sujet, en ne considérant que l'analogie des idées, est avant l'attribut ; cependant, la chose n'a pas toujours lieu, et l'on peut donner pour règles générales :

1º Que l'on doit placer le sujet avant l'attribut toutes les fois que l'inversion jetterait du louche dans l'expression ;

2º Qu'il faut, au contraire, placer l'attribut avant le sujet, quand cette inversion contribue à mieux déterminer le sens de la proposition ;

3º Que, dans tout autre cas, on est maître de suivre l'ordre naturel ou l'ordre inverse.

760. Ce qui distingue le plus ordinairement le sujet de l'attribut, c'est que le sujet est déterminé et l'attribut indéterminé, comme ٱللَّهُ كَرِيمٌ *Dieu [est] libéral*. Quelquefois, sans être rigoureusement déterminé, le sujet est cependant tiré du vague d'un nom indéterminé, ce que l'on nomme مُخَصَّصٌ *particularisé* (nº 243), soit par une épithète, comme عَبْدٌ مُؤْمِنٌ *un serviteur vrai croyant*, soit par un complément, comme أَمْرٌ بِمَعْرُوفٍ *ordonner ce qui est juste*, عَمَلُ بِرٍّ *une œuvre de piété*, كِرَامٌ مِنَ ٱلرِّجَالِ *des gens généreux d'entre les hommes*.

double inconvénient de rendre la proposition amphibologique, puisque cela pourrait signifier *son père, Zéid est mort*, et de placer le pronom affixe avant le nom auquel il se rapporte, ce qu'on évite ordinairement.

761. Si donc le sujet est déterminé et l'attribut indéterminé, l'inversion est permise. Exemple : أَنَا تَمِيمِيٌّ *Je* [*suis*] *un homme de la tribu de Témim.*

762. Elle l'est aussi si le sujet a un commencement de détermination, l'attribut étant absolument indéterminé. Exemple :

مَوْجُودٌ عِنْدَنَا رِجَالٌ مِنَ ٱلْكِرَامِ

Chez nous [*se trouvent*] *des gens généreux d'entre les hommes* (c'est-à-dire *quelques hommes généreux*).

763. Si le sujet et l'attribut sont déterminés, ou si l'un et l'autre ont un commencement de détermination, comme il vient d'être dit, il faut observer la construction naturelle, parce qu'il n'y a alors que l'ordre des mots qui distingue le sujet de l'attribut. Ainsi, il faut dire ٱللَّهُ رَبُّنَا *Dieu* [*est*] *notre Seigneur,* sans se permettre d'inversion, parce qu'il n'y a ici que l'ordre des mots qui indique que le sens est : *c'est Dieu qui est notre Seigneur,* et non pas *c'est notre Seigneur qui est Dieu.* On devra dire de même, sans se permettre d'inversion : أَفْضَلُ مِنِّي أَفْضَلُ مِنْكَ *un* [*homme*] *meilleur que moi* [*est*] *meilleur que toi,* chacun des deux termes ayant un égal degré de détermination imparfaite.

764. Mais s'il y avait, dans la pensée exprimée, quelque chose qui pût faciliter la distinction du sujet et de l'attribut, l'inversion serait permise. Exemple :

بَنُونَا بَنُوا أَبْنَائِنَا وَبَنَاتُنَا بَنُوهُنَّ أَبْنَاءُ ٱلرِّجَالِ ٱلْأَبَاعِدِ

Les enfants de nos fils sont nos enfants (à la lettre, *filii nostri, filii filiorum nostrorum*)*; mais pour nos filles, leurs enfants sont les enfants d'hommes tout à fait étrangers pour nous.*

Il y a ici dans le texte une inversion, et, si l'on n'y avait point égard, on traduirait : *nos enfants sont les enfants de nos fils;* mais le poëte a pu se permettre cette amphibologie grammaticale, parce qu'il n'y a réellement point d'amphibologie logique, (1) comme il est facile de le sentir.

765. Dans l'exemple suivant : عِنْدِي دِرْهَمٌ *J'ai une pièce d'argent*, l'inversion est nécessaire pour déterminer le sens : car دِرْهَمٌ عِنْدِي peut signifier *une pièce d'argent [est] chez moi*, c'est-à-dire *j'ai une pièce d'argent*, عِنْدِي étant le sujet et دِرْهَمٌ l'attribut, par ellipse du mot كَائِنٌ *étant*; mais il peut aussi signifier *une pièce d'argent qui est à moi*, دِرْهَمٌ étant un nom qualifié par la proposition qualificative عِنْدِي, au moyen de l'ellipse du verbe يَكُونُ *est* (n° 437).

766. Si le sujet était déterminé, ou du moins qualifié, ce qui opère un commencement de détermination, l'inversion ne serait point nécessaire. Ainsi, l'on pourrait dire عِنْدِي زَيْدٌ ou زَيْدٌ عِنْدِي *Zéid [est] chez moi*; فِي ٱلدَّارِ رَجُلٌ فَرَنْجِيٌّ ou رَجُلٌ فَرَنْجِيٌّ فِي ٱلدَّارِ *un homme de la nation des Francs est à la maison*.

767. Il en serait de même si la proposition était négative ou interrogative, parce que cette forme de proposition ne laisse point d'amphibologie. Ainsi, l'on pourra dire indifféremment, هَلْ فِيكُمْ عَالِمٌ ou هَلْ عَالِمٌ فِيكُمْ *[est-il] un savant parmi vous ?* مَا فِي ٱلْقَرْيَةِ أَحَدٌ ou مَا أَحَدٌ فِي ٱلْقَرْيَةِ *aucun homme ne [se trouve] dans le village*.

768. Quelques autres circonstances exigent encore l'inversion :

1° Elle doit avoir lieu lorsque l'attribut est interrogatif ou renferme la valeur d'une interrogation. Exemples : مَنْ أَنْتَ Qui

---

(1) C'est ainsi que, si je disais en latin *salus hominis fuit crux Christi*, il y aurait une amphibologie grammaticale, sans qu'elle préjudiciât à la clarté du discours.

COMMENT [va] ta santé? كَيْفَ حَالُكَ qu'est ceci? مَا هَذَا؟ es-tu? je ne sais pas QUI tu es; لَا أَدْرِي مَنْ أَنْتَ (1)

2° Il en est de même quand il y a dans le sujet complexe un pronom affixe qui se rapporte à l'attribut. Exemples :

فِي ٱلدَّارِ صَاحِبُهَا

Dans la maison [est] le maître d'ELLE.

عَلَى ٱلتَّمْرَةِ مِثْلُهَا زُبْدًا

Pour les dattes, LEUR égalité en beurre (c'est-à-dire les dattes valent un volume de beurre [égal à leur volume]).

أَهَابُكِ إِجْلَالًا وَمَا بِكِ قُدْرَةٌ   عَلَىَّ وَلَكِنْ مِلْءُ عَيْنِ حَبِيبِهَا

Je te respecte [ô femme!], uniquement pour te faire honneur, car tu ne peux rien contre moi; mais celle que l'œil aime, le remplit (c'est-à-dire lui procure une satisfaction parfaite; à la lettre, plenitudo occuli, amica illius).

Dans ces trois exemples, on ne peut douter que l'attribut ne soit avant le sujet; car ces deux termes sont bien distincts, le sujet étant déterminé et l'attribut indéterminé;

3° L'inversion a encore lieu quand le sujet est restreint مَحْصُورًا par إِنَّمَا seulement, ou إِلَّا sinon. Exemples :

إِنَّمَا شَاعِرٌ زَيْدٌ

Zéid seul [et non pas un autre] est poète.

مَا شَاعِرٌ إِلَّا زَيْدٌ

Il n'y a point d'autre poète que Zéid.

(1) Il faut bien faire attention que, dans ces propositions, كَيْفَ, مَا, مَنْ et représentent l'attribut: en effet, comme on dirait tu es Zéid, ceci est un frein, ta santé est bonne, on dirait tu es qui? ceci est quoi? ta santé est comment? L'inversion ne change en rien la nature des deux termes. Or, ici les mots déterminés sont حَالُكَ, هَذَا, أَنْتَ : ils sont donc aussi les sujets (n° 621).

Si, au contraire, on voulait restreindre le sujet à un certain attribut, il faudrait mettre le sujet avant l'attribut, et dire : إِنَّمَا زَيْدٌ شَاعِرٌ *C'est poète qu'est Zéid (et non pas peintre, ou toute autre chose);* مَا زَيْدٌ إِلَّا شَاعِرٌ *Zéid n'[est] pas autre chose que poète.*

On dira de même إِنْ أَنْتَ إِلَّا كَاذِبٌ *tu n'es qu'un menteur.*

On peut cependant intervertir quelquefois cet ordre, quand on se sert de إِلَّا pour exprimer la restriction, et dire : dans le premier cas, مَا إِلَّا شَاعِرٌ زَيْدٌ, et, dans le second, مَا إِلَّا زَيْدٌ شَاعِرٌ. C'est ce qu'on voit dans ce vers :

فَيَا رَبِّ هَلْ إِلَّا بِكَ النَّصْرُ يُرْتَجَى عَلَيْهِمْ وَهَلْ إِلَّا عَلَيْكَ الْمُعَوَّلُ

O mon Dieu, peut-on espérer la victoire sur eux autrement que par ton secours? peut-on mettre son appui sur quelque autre que toi ?

Si l'on y fait bien attention, on reconnaîtra que, dans l'une et l'autre formule de restriction, il y a une ellipse.

Quand on dit مَا شَاعِرٌ إِلَّا زَيْدٌ, il y a ellipse du sujet, et le sens est مَا أَحَدٌ شَاعِرًا إِلَّا زَيْدٌ *aucun homme n'est poète, que Zéid;* quand au contraire on dit مَا زَيْدٌ إِلَّا شَاعِرٌ, il y a ellipse de l'attribut, et le sens est مَا زَيْدٌ شَيْئًا إِلَّا شَاعِرٌ *Zéid n'est aucune autre chose que poète.*

769. L'inversion ne peut pas avoir lieu : 1° quand le sujet est un mot interrogatif ou renfermant la valeur d'une interrogation, comme لَا أَدْرِي مَنْ عِنْدَكَ QUI [est] chez toi? *je ne sais pas* QUI *est chez toi;*[1]

---

(1) Dans ces exemples-ci, au contraire de ceux qu'on a donnés précédemment (n° 768), c'est مَنْ qui est le sujet, car عِنْدَكَ est tout à fait indéterminé et tient lieu de كَائِنٌ عِنْدَكَ (n° 621). Cela revient à cette expression : أَخْبِرْنِي بِالرَّجُلِ الَّذِي عِنْدَكَ *Fais-moi connaître l'homme qui est chez toi.*

2º Quand le sujet est précédé de l'adverbe affirmatif لَ.
Exemple : لَأَنْتَ كَاذِبٌ *certes, tu es menteur;*

3º Dans les propositions nominales qui servent de complément à l'adverbe de temps إِذْ (nº 255) ou aux noms qui signifient le temps, lorsqu'ils sont employés d'une manière vague qui les assimile à l'adverbe de temps إِذْ. On en a vu des exemples précédemment (nº 256).

770. Dans les propositions composées d'un sujet et d'un attribut liés par le verbe كَانَ, ou par un autre verbe abstrait, la place naturelle de l'attribut est après le verbe et son sujet. Cependant, on peut toujours le placer entre le verbe et le sujet. Exemples :

سَلِي إِنْ جَهِلْتِ ٱلنَّاسَ عَنَّا وَعَنْهُمْ   فَلَيْسَ سَوَآءٌ عَالِمٌ وَجَهُولُ

Si tu n'en es pas instruite, interroge les hommes sur le compte d'eux et de nous; car un homme qui sait et un autre qui ignore ne sont pas égaux.

لَا طِيبَ لِلْعَيْشِ مَا دَامَتْ مُنَغَّصَةً لَذَّاتُهُ بِٱدِّكَارِ ٱلْمَوْتِ وَٱلْهَرَمِ

Il n'y a aucune douceur dans la vie, tant que ses plaisirs sont troublés par la pensée de la mort et de la décrépitude.

771. On peut aussi mettre l'attribut avant le verbe abstrait et dire عَالِمًا كَانَ زَيْدٌ *Zéid était savant,* et كَرِيمًا لَمْ يَزَلْ عَمْرُو *Amrou n'a point cessé d'être généreux.* Cette inversion ne peut point avoir lieu avec مَا دَامَ *tant qu'il sera.* Avec لَيْسَ, elle est d'un usage très rare et même contesté.

772. On ne doit point non plus mettre l'attribut avant le verbe abstrait, s'il est précédé des particules أَنْ ou مَا, représentant, avec le verbe mis soit à l'aoriste, soit au prétérit, le nom d'action (nᵒˢ 1184 et 1232, Iʳᵉ part.), ou de quelqu'un des mots qui veulent être suivis immédiatement du verbe, et que nous avons indiqués en parlant de la construction du verbe et du sujet (nº 754). Exemple :

$$\text{أُرِيدُ أَنْ تَكُونَ مُؤْمِنًا}$$

Je veux que tu sois vrai croyant.

773. Si le verbe abstrait est précédé de la négation مَــا, on ne peut point placer l'attribut avant la négation ; mais on peut le mettre entre la négation et le verbe. Exemple :

$$\text{مَا صَدِيقَكَ زَالَ زَيْدٌ}$$

Zéid n'a pas cessé d'être ton ami.

774. Si la proposition est interrogative et a pour attribut un mot interrogatif, il faut nécessairement mettre l'attribut avant le verbe abstrait et son sujet. Exemples : مَنْ كَانَ نَاصِرُكَ *Qui est-ce qui a été ton aide ?* مَا يَكُونُ جَوَابُكَ *quelle sera ta réponse ?* مَنْ et مَا font évidemment ici fonction d'attribut (nº 625).

775. En général, il faut appliquer ici ce que nous avons dit de l'inversion du sujet et de l'attribut (nº 759) ; s'interdire l'inversion quand elle peut altérer le sens de la proposition ou la rendre amphibologique, et, au contraire, la regarder comme nécessaire quand le sens en reçoit plus de clarté.

Ainsi, il faudra dire, sans inversion : كَانَ مُوسَى مَوْلَاكَ *Moïse était ton affranchi,* parce que, le sujet et l'attribut étant déterminés, et l'inflexion des cas étant insensible dans l'un et dans l'autre nom, il n'y a que leur disposition respective qui les distingue.

Il faudrait dire aussi مَا دَامَ مُقِيمًا فِي الدَّارِ صَاحِبُهَا, ou, ce qui est la même chose, مَا دَامَ فِي الدَّارِ صَاحِبُهَا *tant que demeurera dans la maison son maître* (c'est-à-dire *tant que le maître de la maison y demeurera*), avec inversion, pour que le pronom affixe هَا ne précède pas le nom auquel il se rapporte. Si l'on ne voulait pas faire l'inversion, il faudrait dire مَا دَامَ صَاحِبُ الدَّارِ فِيهَا *tant que demeurera le maître de la maison dans elle.*

On dira aussi, avec inversion, مَا كَانَ شَاعِرًا إِلَّا زَيْدٌ *Il n'y avait point de poète, si ce n'est Zéid*. [1]

Si l'on dit مَا كَانَ زَيْدٌ إِلَّا فِي ٱلدَّارِ, cela signifie *Zéid n'était point ailleurs qu'à la maison*; et au contraire, si l'on dit مَا كَانَ فِي ٱلدَّارِ إِلَّا زَيْدٌ, le sens est : *Il n'y avait pas à la maison d'autre personne que Zéid*. Il est important de ne pas confondre ces deux constructions.

776. On conçoit, sans qu'il soit besoin d'en avertir, que tout ce que nous venons de dire de la construction des verbes abstraits avec leur attribut cesse d'avoir lieu quand ces verbes sont employés comme verbes attributifs ou *parfaits*, تَامَّةً.

777. Observons, en passant, que lorsque l'attribut du verbe كَانَ est un adjectif verbal qui a lui-même un complément objectif ou un complément circonstanciel, on place assez souvent ce complément immédiatement après le verbe abstrait, avant le sujet et l'attribut. Exemples :

كَانَ يَوْمَ ٱلْجُمْعَةِ زَيْدٌ صَائِمًا *Zéid jeûnait le vendredi*;

أَصْبَحَ فِيكَ أَخُوكَ رَاغِبًا *Ton frère te désira*;

بَاتَ طَعَامَكَ زَيْدٌ آكِلًا *Zéid a passé la nuit à manger tes vivres.*

Ce genre de construction est rare avec un complément objectif immédiat, comme dans le dernier exemple.

778. J'ai parlé ailleurs (n°s 149, 150, 226 et 419) des verbes qui ont pour complément un sujet et un attribut, comme ظَنَّ,

---

(1) C'est cette construction qu'on remarque dans un texte de l'Alcoran que j'ai cité ailleurs : (n° 122, note). مَا كَانَ جَوَابَ قَوْمِهِ إِلَّا أَنْ قَالُوا إِلَّا أَنْ قَالُوا est la même chose que إِلَّا قَوْلُهُمْ; mais le véritable sujet du verbe est alors le mot شَيْءٌ sous-entendu.

penser. Le sujet et l'attribut forment réellement alors une proposition nominale dont les deux termes peuvent, ainsi que le verbe, admettre diverses positions respectives. Je ne répéterai pas ici ce que j'en ai dit précédemment (n⁰ˢ 150 et 419).

779. Dans les propositions nominales qui entrent dans la composition du discours comme termes circonstanciels, sous forme d'expressions adverbiales, l'attribut doit être nécessairement placé avant le sujet, cette disposition étant un des signes qui caractérisent ces sortes de propositions (n⁰ 158).

§ II — CONSTRUCTION DES NOMS AVEC LES ADJECTIFS, LES ARTICLES DÉMONSTRATIFS ET LES NUMÉRATIFS

780. Lorsque les noms sont qualifiés par des adjectifs qui forment avec eux une seule partie de la proposition, soit le sujet ou l'attribut, soit un complément quelconque, et qu'en conséquence il y a concordance entre le nom et l'adjectif, on doit placer les adjectifs après les noms qu'ils qualifient. On dira donc : اَلْكِتَابُ ٱلْعَظِيمُ *le grand livre*, كِتَابٌ عَتِيقٌ *un vieux livre*.

781. La même construction a lieu si le nom qualifié est en rapport d'annexion avec un autre nom. Exemples :

بَيْتُ ٱللّٰهِ ٱلْحَرَامُ

La respectable maison de Dieu.

بَيْتُ ٱلْمَالِ ٱلْمَعْمُورُ

Le trésor bien garni.

782. Il faut encore observer la même construction si le nom qualifié a un ou plusieurs appositifs. Exemple :

أَبُو إِبْرَهِيمَ إِسْحَقُ بْنُ يَعْقُوبَ ٱلْمِصْرِيُّ ٱلْحَنَفِيُّ

Abou Ibrahim Ishak, fils de Yakoub, l'Égyptien, le hanéfite.

783. Lorsqu'un terme circonstanciel d'état est formé d'une proposition nominale, l'adjectif qui entre dans cette proposition adverbiale doit être, comme je l'ai dit, placé avant le nom. Ex. :

سَأَغْسِلُ عَنِّي ٱلْعَارَ بِٱلسَّيْفِ جَالِبًا عَلَى قَضَآءِ ٱللَّهِ مَا كَانَ جَالِبًا

Certes, je me laverai de l'opprobre avec l'épée, quel que soit le sort que me réservent les décrets divins.

Mais ceci n'est point contraire à la règle précédemment établie; car جَالِبًا n'est point ici adjectif qualificatif de قَضَآءِ ; aussi est-il: 1º à l'accusatif, tandis que قَضَآء est au nominatif; 2º indéterminé, tandis que قَضَآء est déterminé par le complément déterminé ٱللَّهِ. L'adjectif جَالِبًا est ici l'attribut, et le sujet est قَضَآءِ ٱللَّهِ ; car, en ôtant à cette proposition la forme adverbiale qui nécessite l'inversion, on dirait : وَإِنْ جَلَبَ عَلَى قَضَآءِ ٱللَّهِ مَا جَلَبَ.

784. Il en est encore de même quand une proposition nominale sert de qualificatif à un nom et que l'adjectif qui devrait former l'attribut de cette proposition se trouve dans un double rapport, d'un côté avec le sujet de cette proposition nominale, de l'autre avec le nom que cette proposition qualifie (nº 329). Exemples :

أَخْرِجْنَا مِنْ هَذِهِ ٱلْقَرْيَةِ ٱلظَّالِمِ أَهْلُهَا

Fais-nous sortir de cette ville, dont les habitants sont méchants.

فَكُنْ حَدِيثًا حَسَنًا ذِكْرُهُ

Sois un sujet de discours dont la mention soit bonne (c'est-à-dire *sois un homme dont on ne parle qu'en bien*).

La traduction de ces exemples suffit pour faire voir que ٱلظَّالِمِ et حَسَنًا sont ici des attributs qui ont pour sujets أَهْلُهَا et ذِكْرُهُ, et que ce sont les propositions entières ٱلظَّالِمِ أَهْلُهَا et حَسَنًا ذِكْرُهُ qui qualifient les noms ٱلْقَرْيَةِ et حَدِيثًا.

785. Les articles démonstratifs se placent le plus ordinairement avant le nom avec lequel ils concordent et avec lequel ils constituent une seule et même partie de la proposition. On

ذَهَبَ بِهَذَا ٱلثَّوْبِ ; *dit donc:* جَآءَ هَذَا ٱلرَّجُلُ *cet homme est venu* ;
il a emporté cet habit ; قَالَ لِي هَذَا ٱلْقَوْلَ *il m'a tenu ce discours* ;
لِمَنْ هَذَا ; تِلْكَ ٱلْأَخْبَارُ لَيْسَتْ بِصَحِيحَةٍ *ces récits ne sont pas vrais* ;
ٱلْبَيْتُ ٱلْخَرَابُ *à qui appartient cette maison ruinée?*

وَكَانَ هَذَا رَافِعٌ قَدْ خَرَجَ وَخَلَعَ ٱلطَّاعَةَ

Or, ce Rafi s'était révolté et avait secoué le joug de l'obéissance.

786. Lorsque le nom qui est en rapport d'identité avec l'article démonstratif est joint à un pronom affixe, on place l'article démonstratif après le nom. Exemples :

أَأَنْتُمْ أَضْلَلْتُمْ عِبَادِي هَؤُلَاءِ

Est-ce vous qui avez égaré mes serviteurs que voici?

فَذُوقُوا بِمَا نَسِيتُمْ لِقَآءَ يَوْمِكُمْ هَذَا

Goûtez donc [les effets de la vengeance divine], en punition de ce que vous avez oublié l'arrivée du jour où vous voici.

حَاسَبَ نَفْسَهُ هَلْ يَرْبَحُ فِي سَفَرِهِ ذَلِكَ أَوْ يَخْسَرُ

Il supputa avec lui-même s'il gagnerait ou s'il perdrait dans ce voyage qu'il allait faire.

عَلِمَ أَنَّ ٱللَّهَ دَادَ خَبَلَهُ نَهَارَهُ ذَلِكَ وَسَحَرَهُ

Il reconnut qu'Allah Dad l'avait fasciné et ensorcelé ce jour-là.

787. Si le nom qui est en rapport d'identité avec l'article démonstratif a pour complément d'annexion non un pronom affixe, mais un nom, on place l'article démonstratif tantôt avant, tantôt après le nom. Exemples :

يَا عَجَبًا لِٱبْنِ عَمْرٍو هَذَا

Admirez ce fils d'Amrou.

لَمْ أَجِدْ حِيلَةً وَلَا وَجْهًا إِلَّا ٱلْٱحْتِيَالَ لِآكِلِ ٱلْعُشْبِ هَذَا

Je n'ai trouvé aucun autre expédient et aucune autre ressource que de tendre un piège à ce mangeur d'herbe.

دَعَوْتُكَ لِتَضَعَ هَذِهِ جُزْرَةَ ٱلْخَطَبِ عَلَى كَتِفِي

Je t'ai appelée [ô mort!] afin que tu misses ce fagot de bois sur mon épaule.

فَٱتَّفَقَ أَنَّ هَذَا عَبْدَ ٱلْمَلِكِ حَضَرَ إِلَى بَابِ جَعْفَرٍ

Or, il arriva par hasard que cet Abd el Mélic se présenta à la porte de Djafar.

هَذِهِ رُوسُ ٱلْمُسْلِمِينَ تُقْطَعُ وَتُحْضَرُ إِلَيْهِ بِغَيْرِ ٱسْتِفْتَآءٍ

Ces têtes de musulmans étaient coupées et apportées devant lui sans qu'il eût eu recours à aucune consultation préalable.

788. Il faut avoir soin de ne pas confondre le cas dont il s'agit ici avec celui où l'article démonstratif, employé comme nom, fait à lui seul la fonction de sujet, ainsi que cela a lieu dans ces exemples :

هَؤُلَاءِ بَنَاتِي

Celles-ci [sont] mes filles.

وَإِنَّ هَذِهِ أُمَّتُكُمْ

Ceci (c'est-à-dire ce peuple-ci est) votre peuple.

Le sens est : إِنَّ هَذِهِ ٱلْأُمَّةَ أُمَّتُكُمْ.

وَمَا زَالَتْ تِلْكَ دَعْوَاهُمْ حَتَّى جَعَلْنَاهُمْ حَصِيدًا

Cela n'a point cessé [d'être] leur prétention, jusqu'à ce que nous les eussions rendus semblables à des grains moissonnés.

Le sens est : مَا زَالَتْ تِلْكَ ٱلدَّعْوَى دَعْوَاهُمْ.

ذَلِكُمْ ظَنُّكُمُ ٱلَّذِي ظَنَنْتُمْ بِرَبِّكُمْ أَرْدَاكُمْ

Cela est le préjugé que vous vous êtes fait à l'égard de votre Seigneur [et] qui vous a perdus. [1]

---

(1) Le commentaire de Beïdhawi sur ce texte de l'Alcoran prouve qu'il n'a

789. En traitant précédemment des numératifs (n⁰ˢ 532 et suivants), j'ai indiqué les règles de construction qu'ils doivent observer entre eux et avec les noms, soit qu'ils précèdent et régissent les noms, soit qu'ils les suivent et concordent avec eux. Je n'ai rien de plus à dire sur ce sujet.

§ III — CONSTRUCTION DU VERBE ET DE SES COMPLÉMENTS OBJECTIFS, MÉDIATS ET IMMÉDIATS

790. Les compléments objectifs du verbe doivent naturellement êtres placés après le verbe et le sujet : cependant, il arrive très fréquemment que le complément objectif se met entre le verbe et son sujet, ou même avant le verbe.

En général, on peut établir pour règle que cette inversion est permise toutes les fois qu'il n'en résulte aucune équivoque dans le sens, et qu'il faut, au contraire, s'astreindre à l'ordre naturel quand l'inversion peut rendre le discours ambigu. [1]
Exemples d'inversion :

$$\text{إِيَّاكَ نَعْبُدُ وَإِيَّاكَ نَسْتَعِينُ}$$

C'est toi que nous adorons, et c'est de toi que nous implorons le secours.

pas cru que ذَلِكُمْ pût constituer, avec ظَنُّكُمْ, une seule et même partie de la proposition : il a donc supposé que, dans le cas contraire, il aurait fallu dire ظَنُّكُمْ ذَلِكُمْ. Voici ses expressions :

$$\text{ذَلِكُمْ هُوَ مُبْتَدَأٌ وَقَوْلُهُ ظَنَّكُمُ ٱلَّذِى ظَنَنْتُمْ بِرَبِّكُمْ أَرْدَاكُمْ خَبَرَانِ وَيَجُوزُ أَنْ يَكُونَ ظَنُّكُمْ بَدَلًا وَأَرْدَاكُمْ خَبَرًا}$$

---

[1] Voyez à cet égard mon *Commentaire sur les Séances de Hariri*, à l'occasion de ces mots : فَهَيَّجَ لِيَ ٱلْبُكَا بُكَاهَا, p. 10.

زَيْدًا ضَرَبَ عَمْرُو ou ضَرَبَ زَيْدًا عَمْرُو

Amrou a frappé Zéid.

قَنَافِذُ هَدَّاجُونَ حَوْلَ بُيُوتِهِمْ بِمَا كَانَ إِيَّاهُمْ عَصِيَّةٌ عَوَّدَا

Des porcs-épics rôdaient autour de leurs tentes, pour [recevoir la nourriture à] laquelle Atiyya les avait accoutumés. [1] (Voir Appendice.)

إِنْ كُنْتُمْ لِلرُّؤْيَا تَعْبُرُونَ

Si vous interprétez cette vision.

وَاعْلَمُوا أَنَّكُمْ إِلَيْهِ تُحْشَرُونَ

Et sachez que vous serez rassemblés auprès de lui.

791. Si l'action exprimée par le verbe est restreinte au complément du verbe par les particules إِنَّمَا *seulement* ou إِلَّا *sinon*, le complément doit nécessairement être placé après le sujet. Si, au contraire, la restriction tombe sur le sujet, l'inversion est nécessaire. Exemples du premier cas :

إِنَّمَا ضَرَبَ زَيْدٌ عَمْرًا C'est Amrou que Zéid a frappé ;

مَا ضَرَبَ زَيْدٌ إِلَّا عَمْرًا Zéid n'a frappé qu'Amrou.

Exemples du deuxième cas :

إِنَّمَا ضَرَبَ عَمْرًا زَيْدٌ C'est Zéid qui a frappé Amrou ;

مَا ضَرَبَ عَمْرًا إِلَّا زَيْدٌ Ce n'est aucun autre que Zéid qui a frappé Amrou.

On peut cependant, avec إِلَّا, s'écarter de cette règle, parce que le sens n'en reçoit aucune ambiguïté ; avec إِنَّمَا, l'observation de la règle est d'une absolue nécessité.

792. Quand le complément est en rapport d'annexion avec

---

[1] Voyez quelques observations relatives à cette construction et à cet exemple dans mon *Anthologie grammaticale arabe*, p. 318 et 335.

un pronom affixe qui se rapporte au sujet, l'inversion est permise et d'un usage très commun. Exemple :

خَافَ رَبَّهُ مُحَمَّدٌ

Mohammed a craint son Seigneur (à la lettre, *reveritus est Dominum suum Mohammedes*).

793. Quand le sujet est en rapport d'annexion avec un pronom affixe qui se rapporte au complément, le complément doit précéder le sujet ; et si l'on se permet une autre construction, c'est une licence. Exemples :

إِذَا ٱبْتَلَى إِبْرَهِيمَ رَبُّهُ

Lorsque Abraham fut éprouvé par son Seigneur (à la lettre, *quando tentavit Abrahamum Dominus suus*).

جَزَى بَنُوهُ أَبَا ٱلْغَيْلَانِ عَنْ كِبَرٍ وَحُسْنِ فَعْلٍ كَمَا يُجْزَى سِنْمَارُ

Les enfants d'Abou'lgaïlan l'ont récompensé de ses grandes actions et de ses bienfaits, comme Simmar fut récompensé de ses travaux.

794. Lorsqu'un même verbe a deux compléments objectifs, le premier de ces deux compléments exprime, du moins le plus souvent, une personne ou une chose qui agit sur la personne ou la chose qui forme le second complément. Ceci a été développé précédemment (n°s 223 et 224). La construction indiquée en ce cas par l'ordre des idées est de mettre le complément qui exprime la personne ou la chose qui agit avant celui qui exprime la personne ou la chose qui est l'objet de l'action.

795. On doit observer cette construction : 1° quand l'inversion rendrait le sens louche ; 2° quand le second complément est restreint par إِنَّمَا ou إِلَّا ; 3° quand le premier complément est un pronom affixe. Exemples :

أَعْطَيْتُ زَيْدًا عَمْرًا *J'ai donné à Zéid Amrou ;*

DE LA SYNTAXE

مَا أَعْطَيْتُ زَيْدًا إِلَّا دِرْهَمًا *Je n'ai donné à Zéid qu'une pièce d'argent;*

أَعْطَيْتُهُ دِينَارًا *Je lui ai donné une pièce d'or.*

796. On doit au contraire faire usage de la construction inverse: 1º quand le premier complément est restreint par إِنَّمَا ou إِلَّا; 2º quand le second complément est un pronom affixe et le premier un nom; 3º quand le premier complément est en rapport d'annexion avec un pronom affixe qui se rapporte au second. Exemples :

مَا أَعْطَيْتُ دِرْهَمًا إِلَّا زَيْدًا)
إِنَّمَا أَعْطَيْتُ دِرْهَمًا زَيْدًا (*Je n'ai point donné une pièce d'argent à d'autre qu'à Zéid;*

اَلدِّرْهَمُ أَعْطَيْتُهُ زَيْدًا *Quant à la pièce d'argent, je l'ai donnée à Zéid;*

أَسْكَنْتُ اَلدَّارَ بَانِيَهَا *J'ai fait habiter la maison par celui qui l'a bâtie.*

Si c'était le second complément qui fût en rapport d'annexion avec un pronom affixe qui se rapportât au premier, on pourrait user de l'inversion, ou suivre l'ordre naturel. On dira donc أَعْطَيْتُ زَيْدًا مَالَهُ ou أَعْطَيْتُ مَالَهُ زَيْدًا *J'ai donné à Zéid son argent.*

797. Hors les cas indiqués, on peut construire respectivement les compléments à volonté. Ainsi, l'on peut dire :

أَلْبِسُ مَنْ زَارَكُمْ نَسْجَ اَلْيَمَنْ)
أَلْبِسُ نَسْجَ اَلْيَمَنِ مَنْ زَارَكُمْ (*Je revêtirai de tissus du Yémen ceux qui viendront vous voir;*

أَعْطَيْتُ زَيْدًا دِرْهَمًا)
أَعْطَيْتُ دِرْهَمًا زَيْدًا (*J'ai donné une pièce d'argent à Zéid.*

§ IV — CONSTRUCTION DU NOM ET DE SES COMPLÉMENTS

798. La seule chose à observer par rapport à la construction des noms qui forment les deux termes d'un rapport d'annexion c'est que l'on ne peut s'y permettre aucune inversion et qu'on ne doit interposer aucun terme étranger entre le conséquent et l'antécédent. Cette règle et ses exceptions ont déjà été exposées ci-devant (n°s 270, 296 et 312).

799. Lorsque les adjectifs verbaux gouvernent leurs compléments à la manière des verbes, soit immédiatement à l'accusatif, soit médiatement par le moyen d'une préposition, on peut, comme avec le verbe, placer le complément avant son antécédent. On peut donc dire أَنَا زَيْدًا ضَارِبٌ *je frappe Zéid* (à la lettre, *ego Zéidum verberans*), et de même أَنْتَ عَلَى هَذَا مَذْمُومٌ *tu es critiqué de cela (tu super hoc vituperatus)*. Mais on ne pourrait pas se permettre l'inversion si l'adjectif verbal servait de complément à un rapport d'annexion. Ainsi, on ne pourrait pas dire : أَنَا عَلَى ذَلِكَ رَاثِي ٱلْمَقْتُولِ *Je fais une complainte sur celui qui a été tué à cause de cela.* Cependant, si l'antécédent du rapport d'annexion était, soit غَيْرُ remplaçant une négation, soit quelque autre expression du même genre, l'inversion pourrait avoir lieu. On peut donc dire : أَنَا زَيْدًا غَيْرُ ضَارِبٍ *je ne frappe point Zéid;* أَنْتَ عَلَى ٱلْبُخْلِ غَيْرُ شَتِيمٍ *tu n'es point honni pour l'avarice;* إِنَّنِي بِضَرْبِ ٱلطُّلَى وَٱلْهَامِ حَقُّ عَلِيمٍ *je suis parfaitement instruit à frapper les cous et les têtes.*

Il en est de même des noms d'action.

§ V — CONSTRUCTION DES TERMES CIRCONSTANCIELS

800. On peut en général appliquer aux différentes sortes de compléments des verbes, dont nous avons parlé ailleurs (n° 213), ce que nous venons de dire des compléments objectifs : leur place naturelle est après le verbe, le sujet et les compléments objectifs; ce qui n'empêche pas qu'on ne puisse intervertir quelquefois cet ordre, pourvu qu'il n'en résulte aucune équivoque. Ces divers compléments circonstanciels n'observent point non plus entre eux un ordre fixe et indéterminé.

DE LA SYNTAXE   443

801. Nous nous contenterons de faire ici quelques observations sur la construction des termes circonstanciels qui indiquent *la manière d'être, l'état*, آنْحَال, et qui font, à l'égard de la personne ou de la chose dont ils déterminent l'état, la fonction d'un attribut : lorsqu'on dit جَآءَ عَمْرُو رَاكِبًا (à la lettre, *venit Amrus equitantem*), c'est comme si l'on disait جَآءَ عَمْرُو وَهُوَ رَاكِبٌ *Amrou est venu, et il était à cheval (venit Amrus et ipse equitans)*.

802. De même donc que, dans la construction naturelle, le sujet doit précéder l'attribut, de même aussi le nom qui exprime la personne ou la chose qui est *l'objet de la détermination circonstancielle d'état*, صَاحِبُ آنْحَال, doit précéder ce terme circonstanciel. Mais nous avons vu précédemment (n° 770) que l'on peut s'écarter de cette règle par rapport à la construction du sujet et de l'attribut et employer une construction inverse : la même inversion peut avoir lieu dans le cas dont il s'agit. Ainsi, l'on peut dire également جَآءَ مُسْرِعًا زَيْدٌ ou جَآءَ زَيْدٌ مُسْرِعًا *Zéid est venu en se hâtant*.

Il faut toutefois pour cela qu'il n'en puisse résulter aucune équivoque. Ainsi, si l'on veut dire *Zéid rencontra Omar qui était à cheval*, il faudra nécessairement dire لَقِيَ زَيْدٌ عُمَرَ رَاكِبًا, et l'on ne pourra pas dire لَقِيَ زَيْدٌ رَاكِبًا عُمَرَ, parce que le terme circonstanciel paraîtrait alors déterminer l'état de Zéid et non celui d'Omar.

803. L'inversion ne peut pas avoir lieu : 1° Quand le terme circonstanciel est précédé de إِلَّا, comme dans cet exemple :

مَا جَآءَ زَيْدٌ إِلَّا مَاشِيًا

Zéid n'est pas venu autrement qu'à pied ;

2° Quand le nom de la personne ou de la chose dont la situation est déterminée par le terme circonstanciel forme le complément d'un rapport d'annexion ; exemple :

قَتَلْتُ غُلَامَ مَرْيَمَ نَآئِمَةً

J'ai tué le page de Marie, tandis qu'elle dormait;

3º Quand le nom de la personne ou de la chose dont la situation est déterminée par le terme circonstanciel est le régime d'une proposition. Ainsi, l'on ne doit pas dire مَرَّ عُمَرُ جَالِسَةً بِهِنْدٍ; il faut dire مَرَّ عُمَرُ بِهِنْدٍ جَالِسَةً *Omar a passé près de Hind, qui était assise.* [1]

Dans le second cas, on ne pourrait pas placer le terme circonstanciel نَآئِمَةً entre غُلَامُ et مَرْيَمَ, parce qu'en général on ne peut rien interposer entre les deux termes d'un rapport d'annexion (nº 270); on ne peut pas non plus mettre le terme circonstanciel avant l'antécédent du rapport d'annexion, parce que, dans un rapport d'annexion, le conséquent représente une proposition conjonctive et l'antécédent représente l'antécédent d'une proposition conjonctive, [2] et que, dans ce dernier rapport, un terme accessoire de la proposition conjonctive ne peut pas être placé avant l'antécédent de cette proposition.

804. L'inversion est au contraire quelquefois d'une nécessité indispensable : par exemple : 1º quand le nom de la personne ou de la chose dont la situation est déterminée par le terme circonstanciel se trouve précédé de إِلَّا ou d'un autre mot qui a la même valeur; exemple : مَا جَآءَ مَاشِيًا إِلَّا زَيْدٌ ou غَيْرُ زَيْدٍ ou إِنَّمَا جَآءَ مَاشِيًا زَيْدٌ *il n'est venu à pied personne autre que Zéid;* 2º quand ce nom est en rapport d'annexion avec un pronom qui se rapporte à un nom qui fait partie du terme circonstanciel, comme : جَآءَ رَاكِبًا عَلَى حِمَارِ مُحَمَّدٍ أَحَدٌ مِنْ أَصْحَابِهِ *un des compa-*

---

[1] En ce dernier cas, l'inversion est permise par quelques grammairiens, et notamment par Ebn Malec.

[2] *Le cheval de Zéid* équivaut à cette expression : *le cheval qui appartient à Zéid.*

gnons de Mohammed est venu monté sur son âne (c'est-à-dire *sur l'âne de Mohammed*, à la lettre, *venit equitantem,* pour *equitans, super asinum Mohammedis, unus ex sociis illius*).

805. Le terme circonstanciel est toujours logiquement régi par le même antécédent qui régit le nom de la personne ou de la chose dont la situation est déterminée par ce même terme circonstanciel. Ainsi, lorsque je dis جَاءَ زَيْدٌ رَاكِبًا *Zéid est venu à cheval,* زَيْدٌ est régi, comme agent, par le verbe جَاءَ, et رَاكِبًا est régi logiquement par le même verbe. Si je dis كَأَنَّكَ طَالِعًا ٱلْبَدْرُ *comme si tu étais, en paraissant sur l'horizon, la pleine lune,* le pronom affixe كَ est le régime de كَأَنَّ et طَالِعًا est logiquement régi par la même particule.

806. Lors donc que le nom de la personne ou de la chose dont la situation est déterminée par le terme circonstanciel se rapporte à un verbe ou à un adjectif verbal qui lui sert d'attribut, on peut mettre le terme circonstanciel avant ce verbe ou cet adjectif verbal. Ainsi, l'on peut dire مَاشِيًا جَاءَ زَيْدٌ *Zéid est venu à pied;* سَاجِدًا هُوَ مُصَلٍّ *il prie prosterné;* مُخْلِصًا دَعَا زَيْدٌ *Zéid a invoqué [Dieu] avec une pure dévotion,* parce que l'on pourrait dire مُخْلِصٌ زَيْدٌ هُوَ مُصَلٍّ et زَيْدٌ جَاءَ.

807. Cette construction n'a lieu régulièrement que quand l'attribut est exprimé par un verbe susceptible d'une conjugaison parfaite, ou par un adjectif verbal dérivé d'un verbe de cette espèce et qui exprime le même sens, renferme les mêmes lettres et peut, comme le verbe, admettre la différence des genres et des nombres; [1] encore cela est-il sujet à quelques

---

(1) Ceci exclut les verbes admiratifs et les adjectifs verbaux superlatifs. L'inversion peut cependant avoir lieu avec ces derniers dans certaines circonstances. Voyez le commentaire sur l'*Alfiyya* (man. ar. de Saint-Germain, n° 465, fol. 90 verso et suiv.).

restrictions. Nous n'entrerons point dans ces détails, qui nous mèneraient trop loin et qui d'ailleurs dérivent, pour la plus grande partie, des règles qui ont été données pour la construction du sujet, du verbe et de l'attribut. Ainsi, par exemple, on ne peut pas dire أَحُجَّنْ حَافِيًا *certes, je ferai le pèlerinage nu-pieds;* mais il faut dire لَأَحُجَّنْ حَافِيًا, parce que l'adverbe d'affirmation لَ veut être placé immédiatement avant le verbe. On ne peut pas dire non plus عَلَيْكَ أَنْ مَاشِيًا تَحُجَّ *tu dois faire le pèlerinage à pied;* il faut dire عَلَيْكَ أَنْ تَحُجَّ مَاشِيًا, parce que la conjonction أَنْ ne peut pas être séparée du verbe. Le nom dont la situation est déterminée par le terme circonstanciel, dans le premier exemple, est أَنَا *je,* renfermé dans le verbe أَحُجَّنْ et régi par ce verbe; dans le second exemple, c'est أَنْتَ *tu.*

808. Les termes circonstanciels que les grammairiens arabes nomment تَمْيِيزٌ *spécificatifs* (n° 156) doivent toujours être placés après le mot dont ils *spécifient* ou *restreignent la signification,* اَلْمُمَيَّزُ. Ainsi, il faut dire تَصَبَّبَ زَيْدٌ عَرَقًا *Zéid a été trempé de sueur;* طَابَ زَيْدٌ نَفْسًا *Zéid a consenti de son gré* (à la lettre, *a été satisfait quant à l'âme*); عَمْرٌو أَحْسَنُ وَجْهًا مِنْكَ *Amrou est plus beau de visage que toi;* حَسْبُكَ بِهِ فَارِسًا *il te suffit de lui pour cavalier;* مِلْءُ آلْأَرْضِ ذَهَبًا *plein la terre d'or.*

809. Cependant, lorsque le mot dont la signification est restreinte par un terme circonstanciel spécificatif est un verbe susceptible d'une conjugaison parfaite, on peut quelquefois placer le terme circonstanciel avant le verbe, ce qui ne doit néanmoins être considéré que comme une licence, licence qui n'est pas rare dans les poètes. Exemples :

أَتَهْجُرُ لَيْلَى لِلْفِرَاقِ حَبِيبَهَا   وَمَا كَانَ نَفْسًا بِٱلْفِرَاقِ يَطِيبُ

DE LA SYNTAXE 447

Leila forcera-t-elle donc son amant à s'éloigner d'elle, tandis qu'il ne serait pas disposé à se séparer volontairement ?

وَلَسْتُ إِذَا ذَرْعًا أَضِيقُ بِضَارِعٍ   وَلَا يَائِسٍ عِنْدَ ٱلتَّعَسُّرِ مِنْ يُسْرِ

Quand je suis dans la peine (à la lettre, *quand je suis étroit d'étreinte*), on ne me voit point m'abaisser à d'humbles prières ; et lorsque je suis dans la détresse, je ne désespère point de me trouver un jour dans une situation heureuse.

وَوَارِدَةٍ كَأَنَّهَا عُصَبُ ٱلْقَطَا   تُثِيرُ عَجَاجًا بِسَنَابِكِ أَصْهَبَا
رَدَدْتُ بِمِثْلِ ٱلسِّيدِ نَهْدٍ مُقَلَّصٍ   كَمِيشٍ إِذَا عِطْفَاهُ مَاءً تَحَلَّبَا

Combien de fois, surpris par un escadron ennemi qu'on eût pris pour une troupe de *katas*,⁽¹⁾ et dont les chevaux soulevaient avec leurs pieds un nuage de poussière, ne l'ai-je pas repoussé, monté sur un coursier semblable à un loup, d'une stature élevée, rapide à la course, rempli d'ardeur alors même que ses flancs sont inondés d'une sueur abondante !

810. Cette licence a même lieu, quelquefois, quand le mot restreint par le terme circonstanciel spécificatif est toute autre chose qu'un verbe d'une conjugaison parfaite, comme dans ce vers :

وَنَارًا لَمْ يُرَ نَارًا مِثْلُهَا   قَدْ عَلِمَتْ ذَاكَ مَعَدٌّ كُلُّهَا

On ne voit point ailleurs de feu semblable à notre feu, c'est là une vérité reconnue de toutes les familles descendues de Maâdd.

C'est مِثْلُهَا qui est restreint par le terme circonstanciel نَارًا. Ainsi, la construction devrait être لَمْ يُرَ مِثْلُهَا نَارًا *on ne voit rien qui lui ressemble en fait de feu.*

---

(1) Le *kata* est un oiseau d'un vol extrêmement rapide. Voyez, sur cet oiseau, ma *Chrestomathie arabe*, 2ᵉ édit., t. II, p. 366 et suiv., et mon *Commentaire sur les Séances de Hariri*, séance XXIII ᵉ, p. 226.

§ VI — CONSTRUCTION DES PRÉPOSITIONS RELATIVEMENT A LEURS ANTÉCÉDENTS ET A LEURS CONSÉQUENTS

811. Toute préposition est l'exposant d'un rapport qui existe entre deux termes, un antécédent et un conséquent. La construction naturelle exige donc que la préposition soit placée après l'antécédent et avant le conséquent. Rien n'est plus commun néanmoins que l'inversion qui place la préposition et son complément avant l'antécédent du rapport : non seulement cette inversion a lieu nécessairement quand le nom qui sert de complément à la préposition est un mot interrogatif, comme بِمَنْ مَرَرْتَ *auprès de qui as-tu passé?* بِكَمْ دِرْهَمٍ ٱشْتَرَيْتَ هَذَا ٱلثَّوْبَ *pour combien de pièces d'argent as-tu acheté cet habit?* ou un mot qui renferme la valeur d'une interrogation, comme مَا أَعْرِفُ مِنْ أَيِّ بَلَدٍ أَنْتَ *je ne sais de quel pays tu es;* elle se rencontre encore très souvent, sans aucune de ces circonstances, dans le discours et surtout dans le style poétique ; et les exemples en sont si communs qu'il est inutile de s'y arrêter. Lors même qu'il n'y a point d'inversion, on n'est point astreint à placer l'antécédent immédiatement avant la proposition. Il arrive néanmoins fort souvent qu'une préposition et son complément sont placés immédiatement après le verbe qui leur sert d'antécédent et avant le sujet du même verbe.

Lorsqu'un même antécédent sert de premier terme à plusieurs rapports, l'ordre des diverses prépositions et de leurs compléments est arbitraire, ou plutôt dépend en partie de l'harmonie, en partie de l'intérêt que celui qui parle attache aux différentes parties du discours. Mais ce qu'il faut consulter avant tout, c'est la clarté de l'expression.

812. Quant au conséquent ou complément de la préposition, il doit régulièrement suivre immédiatement la préposition qui le régit. On trouve cependant quelquefois le mot مَا explétif placé entre la préposition et son complément. Cela n'a lieu qu'avec les prépositions بِ, عَنْ et مِنْ. Avec les prépositions رُبَّ et كَ, le mot مَا ne peut point être regardé tout à fait comme explétif, parce qu'il devient leur complément et forme de ces particules des adverbes conjonctifs. Cependant, on trouve quelquefois رُبَّ et كَ suivis de مَا et conservant néanmoins leur influence sur le nom qui leur sert de complément. Il est évident que, dans ce cas, مَا est explétif.

813. Il nous resterait encore beaucoup d'observations à faire pour déterminer toutes les circonstances de la construction de la langue arabe, par rapport tant aux parties constituantes de chaque proposition qu'aux diverses sortes de propositions, affirmatives, subjonctives, impératives, optatives, conditionnelles, suppositives, conjonctives, adverbiales ou incidentes, qui peuvent être dans des rapports réciproques de dépendance les unes avec les autres; mais il est difficile de réduire à des règles positives l'ordonnance respective de tous ces éléments du discours; nous croyons d'ailleurs que ce que nous en avons dit est suffisant et que le surplus s'apprendra mieux par la lecture et l'observation que par des préceptes.

Ainsi, c'est l'usage qui apprendra que si l'on veut dire *deux heures après le lever du soleil, deux jours avant la mort de Zéid*, il faut dire : بِسَاعَتَيْنِ بَعْدَ طُلُوعِ ٱلشَّمْسِ et قَبْلَ وَفَاةِ زَيْدٍ بِيَوْمَيْنِ, etc.

814. Pour compléter l'enseignement de la grammaire arabe, il ne nous reste plus qu'à parler de deux figures grammaticales qui sont d'un usage fréquent : l'ellipse et le pléonasme.

CHAPITRE XXXII
De l'Ellipse

815. J'ai eu souvent occasion de faire remarquer diverses ellipses qui sont d'un usage fréquent dans la langue arabe. Il en est quelques-unes dont je dois faire mention ici d'une manière particulière.

816. On sous-entend fréquemment soit le verbe كَانَ, soit son adjectif verbal كَائِنٌ ou un autre adjectif verbal de la même valeur, par exemple, حَاصِلٌ ou مُسْتَقِرٌّ, mot qui devrait former l'attribut grammatical de la proposition, et l'on exprime seulement quelque terme circonstanciel qui fait partie de l'attribut complexe (n° 186). Exemples :

لِأُمِّهِ ٱلسُّدُسُ

Le sixième [appartiendra] à sa mère.

مَا لِي قُدْرَةً عَلَى ذَلِكَ

La puissance de faire cela ne [se trouve] point en moi.

إِنَّ بِٱلشَّعْبِ ٱلَّذِي دُونَ سَلْعٍ   لَقَتِيلًا دَمُهُ لَا يُطَلُّ

Certes, dans cette vallée qui est sous un rocher, [se trouve] un mort dont le sang ne restera pas sans vengeance.

817. Lorsque le sujet d'une proposition nominale, c'est-à-dire dans laquelle il n'y a point de verbe exprimé (n° 185), doit être le pronom de la troisième personne, les poètes l'omettent souvent. C'est ainsi que Caâb, fils de Zohéir, dit, en parlant d'une femelle de chameau :

حَرْفٌ أَخُوهَا أَبُوهَا مِنْ مُهَجَّنَةٍ   وَعَمُّهَا خَالُهَا قَوْدَاءُ شِمْلِيلُ

[ELLE est comme] la pointe d'un glaive; son frère est en même temps son père; elle est d'une race noble; son oncle paternel est

aussi son oncle maternel; elle a la tête longue et le pas agile.

لَا تَخَفْ خَصْمَانِ

Ne crains rien, [NOUS sommes] *deux adversaires.* (1)

قَنْوَآءُ فِى حُرَّتَيْهَا لِلْبَصِيرِ بِهَا مُتَّقٌ مُبِينٌ وَفِى ٱلْخَدَّيْنِ تَسْهِيلُ

[ELLE *est*] *remarquable par son nez relevé en bosse; dans la forme de ses oreilles* [*est*]*, pour quiconque s'y connaît, une preuve de sa noblesse, et sur ses joues* [*est*] *une peau douce au toucher.*

Dans le premier exemple, هِىَ حَرْفٌ ;حَرْفٌ tient lieu de dans le second, خَصْمَانِ tient lieu de نَحْنُ خَصْمَانِ; dans le troisième, قَنْوَآءُ est pour هِىَ قَنْوَآءُ. On voit ensuite deux exemples de l'ellipse de l'attribut كَأَيِّنْ (n° 816).

818. Quelquefois, on fait ellipse du sujet d'une proposition verbale, parce que, dans ce qui précède, il se trouve quelque mot qui peut l'indiquer. Exemple :

إِذْ عُرِضَ عَلَيْهِ بِٱلْعَشِىِّ ٱلصَّافِنَاتُ ٱلْجِيَادُ فَقَالَ إِنِّى أَحْبَبْتُ حُبَّ ٱلْخَيْرِ عَنْ ذِكْرِ رَبِّى حَتَّى تَوَارَتْ بِٱلْحِجَابِ

[*Souviens-toi*] *de ce qui eut lieu lorsqu'on lui présenta, le soir, les chevaux excellents qui frappaient la terre de leurs pieds, et qu'il dit: « La préférence que j'ai donnée aux biens de ce monde m'a détourné du souvenir de mon Seigneur, jusqu'au moment où* [LE SOLEIL] *se cacha sous le voile* [*de la nuit*]. »

Le mot ٱلشَّمْسُ *le soleil,* sujet du verbe تَوَارَتْ *se cacha,* est sous-entendu, et cette ellipse est indiquée : 1° par le genre du verbe, qui est du féminin, comme le nom sous-entendu; 2° par la mention qui a été faite, peu de mots auparavant, du *soir,* ce qui est synonyme du *coucher du soleil,* ou du moins de *son déclin.*

Le vers suivant offre un exemple tout à fait semblable :

(1) Voyez l'Alcoran, sur. 38, vers. 21.

حَتَّى إِذَا أَلْقَتْ يَدًا فِي كَافِرٍ   وَأَجَنَّ عَوْرَاتِ ٱلثُّغُورِ ظَلَامُهَا

Jusqu'au moment où [LE SOLEIL] *saisit d'une main une nuit obscure, et où les ténèbres, en couvrant les endroits faibles de nos frontières, les mirent à l'abri* [*d'une invasion hostile*].

819. On rencontre souvent des pronoms qui se rapportent à des antécédents dont on a fait l'ellipse. Exemple :

فَعَلَوْتُ مُرْتَقَبًا عَلَى ذِي هَبْوَةٍ   حَرِجٍ إِلَى أَعْلَامِهِنَّ قَتَامُهَا

Je suis monté dans un lieu propre à observer, sur une [*colline*] *poudreuse, dont la poussière touche presque à* LEURS *étendards.*

Le pronom هِنَّ n'a point d'antécédent auquel il se rapporte, mais il est évident que le poète a dit *leurs étendards*, أَعْلَامِهِنَّ, pour les *étendards des tribus*, ٱلْقَبَائِلِ, ou des *escadrons*, ٱلْكَتَائِبِ, de ses ennemis.[1]

On peut aussi remarquer en passant que le poète a fait l'ellipse du nom qualifié par *poudreuse*, ذِي هَبْوَةٍ, lequel doit être *colline* تَلٍّ, ou *montagne*, جَبَلٍ.

820. L'ellipse du nom qualifié est très fréquente dans les poètes.[2] En voici des exemples :

وَتَبْسِمُ عَنْ أَلْمَى كَأَنَّ مُنَوِّرًا   تَخَلَّلَ حُرَّ ٱلرَّمْلِ دِعْصٌ لَهُ نَدِ

Elle sourit en ouvrant une [LÈVRE] *rouge, on dirait une* [MARGUERITE] *épanouie, dont la fraîcheur est entretenue par un sable humide qu'entoure de toute part un gravier aride et mouvant.*

Le poète n'a nommé ni la *lèvre* ni la *marguerite*, par où il entend *les dents* et *leur blancheur*; il s'est contenté de dire *une rouge* et *une épanouie*.

---

(1) Voyez la *Moallaka*, de Lébid, à la suite de mon édition de *Calila et Dimna*, p. 309, et Reiske, *Taraphæ Moallakah*, p. 86.

(2) La *Moallaka* de Tarafa en fournit des exemples presque à chaque vers.

DE LA SYNTAXE

حَدَائِقَ مَوْلِيّ ٱلْأَسِرَّةِ أَغْيَدِ   تَرَبَّعَتِ ٱلْقُفَّيْنِ فِي ٱلشَّوْلِ تَرْتَعِي

Elle a fait son séjour, à l'époque du printemps, entre les deux collines, au milieu des femelles de chameaux dont le lait est épuisé, et là elle paissait les herbages frais d'une [VALLÉE] *dont les fertiles sinuosités ont été arrosées par les pluies printanières et dont le sol est doux à marcher.*

Il faut sous-entendre le mot وَادٍ *vallée,* qui est qualifié par les épithètes مَوْلِيّ ٱلْأَسِرَّةِ et أَغْيَدِ.

821. On fait assez souvent, lorsque plusieurs noms doivent être en rapport d'annexion, l'ellipse de l'antécédent, en ne conservant que le conséquent. Si trois noms sont en rapport d'annexion, le premier avec le second et le second avec le troisième, on supprime aussi quelquefois les deux premiers. Exemples :

أُشْرِبُوا فِي قُلُوبِهِمُ ٱلْعِجْلَ

Ils ont été imbus, dans leurs cœurs, du veau.

Le sens est *de l'amour du veau* qu'ils avaient fait pour l'adorer; حُبَّ ٱلْعِجْلِ *le veau* est donc pour ٱلْعِجْلَ *l'amour du veau.*

قَبَضْتُ قَبْضَةً مِنْ أَثَرِ ٱلرَّسُولِ

Je pris une poignée [de terre] *de la trace de l'envoyé.*

On a voulu dire *de la trace du cheval de l'envoyé;* أَثَرِ ٱلرَّسُولِ est donc pour أَثَرِ فَرَسِ ٱلرَّسُولِ.

تَدُورُ أَعْيُنُهُمْ كَٱلَّذِي يُغْشَى عَلَيْهِ مِنَ ٱلْمَوْتِ

Leurs yeux tournent comme celui qui perd connaissance à cause des approches de la mort.

Le sens est *comme le tournoiement des yeux de celui qui,* etc.; كَٱلَّذِي est donc pour كَدَوْرِ أَعْيُنِ ٱلَّذِي.

تَرْمِي ٱلْغُيُوبَ بِعَيْنَيْ مُفْرَدٍ لَهِقٍ   إِذَا تَوَقَّدَتِ ٱلْحِزَّانُ وَٱلْمِيلُ

Elle jette un regard sur les choses cachées, avec les deux yeux

d'un [*jeune faon*] *séparé de sa mère, et au poil blanc, à l'instant où les terres dures et les collines de sable sont embrasées par l'ardeur du jour.*

On voit ici deux ellipses, celle du nom qualifié par les adjectifs, مُفْرَدٍ لَهِقٍ, c'est-à-dire *un jeune faon* (n° 820), et celle de la particule de comparaison et de son antécédent, car les mots بِعَيْنَيْ مُفْرَدٍ tiennent lieu de ceux-ci : كَعَيْنَيْ مُفْرَدٍ *avec deux yeux semblables à ceux de*, etc.

Cette ellipse, qui consiste à supprimer tout à fait l'énonciation de l'objet comparé et du mot ou de la particule qui sert d'instrument de comparaison pour ne laisser subsister que l'énonciation de l'objet auquel on compare, est très fréquente dans les poètes et appartient plutôt à la partie de la rhétorique nommée بَدِيعٌ ou *figures* qu'à la grammaire. On n'en saurait donner un exemple plus parfait que les vers suivants, où Hariri décrit la fraîcheur de la bouche et la blancheur des dents d'une belle :

نَفْسِى ٱلْفِدَاءُ لِثَغْرٍ رَاقَ مَبْسِمُهُ   وَزَانَهُ شَنَبٌ نَاهِيكَ مِنْ شَنَبِ
يَفْتَرُّ عَنْ لُؤْلُؤٍ رَطْبٍ وَعَنْ بَرَدٍ   وَعَنْ أَقَاحٍ وَعَنْ طَلْعٍ وَعَنْ حَبَبِ

Puissent mes jours être sacrifiés pour la conservation d'une bouche dont le sourire a tant de charmes et qu'embellit une fraîcheur sans pareille! En s'ouvrant, elle laisse voir des perles fraîchement retirées de la nacre, des grêlons, des marguerites, des dattes renfermées dans leur réseau à peine entr'ouvert, ou ces bulles d'air qui s'élèvent sur le vin dont on vient de remplir une coupe.

822. Rien n'est plus fréquent que de faire l'ellipse des compléments médiats ou immédiats des verbes, et j'ai déjà fait à cet égard des observations (n° 219) auxquelles je dois renvoyer ici. Mais outre les verbes dans lesquels l'usage a introduit la suppression du complément objectif, en sorte que l'ellipse est devenue la règle et ne doit plus être considérée comme une exception, il arrive souvent qu'on fait ellipse du complément direct ou indirect, ce qui, en donnant à l'expression quelque chose de vague, semble agrandir l'idée et augmenter son étendue, en diminuant sa compréhension. Exemples :

فَضَرَبْنَا عَلَى آذَانِهِمْ فِى ٱلْكَهْفِ

Nous avons frappé (c'est-à-dire *jeté un voile* ou *un profond sommeil*) *sur leurs oreilles, dans la caverne.*

ثُمَّ قَالَ ٱرْتِسَالًا وَأَحْسَنَ

Ensuite, il dit par manière d'improvisation, et il fit bon [le discours] (c'est-à-dire *et il parla bien*, وَأَحْسَنَ ٱلْقَوْلَ).

خَتَلْتَ وَقَتَلْتَ وَفَتَكْتَ وَفَلَلْتَ وَفَعَلْتَ فَعْلَتَكَ ٱلَّتِى فَعَلْتَ

Tu as trompé, et tu as tué, et tu as attaqué, et tu as ébréché, et tu as fait ton œuvre que tu as faite.

فَيَحْتَاجُ إِلَى تَجْدِيدٍ وَتَمْهِيدٍ وَتَخْرِيبٍ وَتَشْيِيدٍ فَيَقْتُلُ وَيَعْزِلُ وَيُعْطِى وَيُجْزِلُ

En conséquence, il avait besoin de renouveler, et de fonder, et de détruire, et d'édifier; ainsi, il tuait, et il destituait, et il donnait, et il prodiguait.

J'ai un peu sacrifié, en rendant les deux derniers exemples, la fidélité de la traduction des mots à la représentation exacte de la forme sous laquelle les pensées sont énoncées.

823. Si l'on peut faire l'ellipse des compléments objectifs des verbes transitifs, à plus forte raison peut-on faire ellipse des autres compléments dont la suppression nuit moins à la plénitude du sens. Ce genre d'ellipse produit cependant souvent, comme celui des compléments objectifs, du vague et une sorte d'obscurité qui donnent de l'emphase au discours. Exemple :

فَأَفَاقَ مِنْ سَكْرِهِ وَعَادَ إِلَى عِكْرِهِ وَٱرْعَوَى وَمَا ٱرْعَوَى

Puis, il revint de son ivresse, et il retourna à sa première

conduite; il sortit [du sommeil de l'ivresse] et ne sortit point [de ses habitudes criminelles]. (1)

824. Quelquefois, l'antécédent d'un rapport d'annexion étant sous-entendu, le complément demeure au génitif, mais il faut pour cela que l'antécédent ait été exprimé précédemment avec un autre conséquent. J'en ai donné ailleurs des exemples (nos 268 et 269).

825. De même qu'on fait l'ellipse de l'antécédent d'un rapport d'annexion, on fait aussi quelquefois l'ellipse du conséquent (n° 213). En voici un exemple :

طَلَبُوا صُلْحَنَا وَلَاتَ أَوَانِ   فَأَجَبْنَا أَنْ لَاتَ حِينَ بَقَآءٍ

Ils ont voulu faire la paix avec nous, mais ce n'est pas le temps [de faire la paix], et nous leur avons répondu que ce n'était pas le temps de songer à sa conservation. (2)

826. On fait aussi l'ellipse de l'antécédent de l'adjectif conjonctif, ce qui a lieu non seulement quand l'antécédent est un nom d'une signification vague et indéterminée, comme *la personne, la chose,* mais aussi quand c'est une chose spéciale, et alors on fait concorder l'adjectif conjonctif avec l'antécédent sous-entendu. Exemple :

---

(1) Cet exemple est tiré de la *Vie de Timour,* par Ahmed, fils d'Arabschah. M. Manger a eu tort de corriger le texte et d'imprimer, comme il l'a fait (tome II, page 440) : وَانْغَوَى وَمَا ارْعَوَى.

J'observe en passant que, suivant Djewhari, اِرْعَوَى est un verbe de la 9e forme, اِفْعَلَّ, dans lequel on ne fait pas la contraction, à cause de la rencontre du و et du ى quiescent; il doit donc se conjuguer comme شَوَى, aoriste يَشْوِى; le nom d'action est اِرْعِوَاءٌ.

(2) Ce vers est tiré du commentaire d'Aschmouni sur l'*Alfiyya* d'Ebn Malec. Le commentateur dit que le poète, au lieu de dire أَوَانًا pour أَوَانَ صُلْحٍ, a rendu le mot أَوَانَ indéclinable, l'assimilant aux noms indéclinables de la forme فَعَالِ, comme est نَزَالِ (n° 956, 1re part.).

DE LA SYNTAXE

يَنْوِى ٱلَّتِى فَضَّلَهَا رَبُّ ٱلْعُلَى . لَمَّا دَحَى تُرْبَتَهَا عَلَى ٱلْبِنَى

Il dirige sa route vers [LA VILLE] *que le Maître des voûtes célestes a élevée en mérite au-dessus de tous les autres édifices, lorsqu'il a étendu la terre sur laquelle elle est construite.*

L'antécédent sous-entendu de l'adjectif conjonctif féminin ٱلَّتِى est nécessairement un nom féminin, soit ٱلْمَدِينَة *la ville*, comme je l'ai supposé dans la traduction, soit ٱلْكَعْبَة *la Caâba*, ou مَكَّة *La Mecque*.

827. On fait très ordinairement l'ellipse du nom de Dieu, lorsque l'on rapporte quelque passage de l'Alcoran, et l'on fait pareillement l'ellipse du nom de Mahomet, quand on cite quelque parole ou quelque action de ce législateur.

828. Si le mot dont on fait l'ellipse est le sujet d'un verbe, comme dans قَالَ *il a dit*, on se contente du pronom renfermé dans le verbe, mais on ajoute ensuite une formule de louange ou de bénédiction qui fait connaître si le sujet sous-entendu est *Dieu* ou *Mahomet*. Dans le premier cas, cette formule est تَعَالَى *Qu'il soit exalté!* ou bien عَزَّ وَجَلَّ *Qu'il soit glorifié et loué!* etc.; dans le second cas, on emploie la formule صَلَّى ٱللَّهُ عَلَيْهِ وَسَلَّمَ *Que Dieu lui soit propice et lui accorde le salut!* ou une autre analogue à celle-là, comme عَلَيْهِ أَفْضَلُ ٱلصَّلَاةِ وَٱلسَّلَامِ *Que les faveurs les plus précieuses et le salut le plus excellent reposent sur lui!*

وَلِهَذَا قَالَ تَعَالَى فِى حَقِّ إِبْرَهِيمَ

*C'est pour cela qu'*IL, PUISSE-T-IL ÊTRE EXALTÉ! (*c'est-à-dire, que Dieu*) *a dit au sujet d'Abraham*.

829. Si le mot dont on fait l'ellipse est le complément d'un rapport d'annexion, on lui substitue le pronom affixe هُ, et la valeur de ce pronom est déterminée par la formule qui vient immédiatement après, comme dans le cas précédent. Exemp.:

كَثِيرًا مَا يُسْتَعْمَلُ أَفْعَلُ غَيْرَ مَقْصُودٍ بِهِ تَفْضِيلٌ وَمِنْهُ قَوْلُهُ تَعَالَى رَبُّكُمْ أَعْلَمُ بِمَا فِي أَنْفُسِكُمْ

Souvent on emploie [l'adjectif verbal de] la forme afal, *sans intention d'indiquer une idée superlative; de ce genre est cette parole de* LUI, QU'IL SOIT EXALTÉ! (*c'est-à-dire cette parole de Dieu*): « *Votre Seigneur sait bien ce qui est dans vos âmes.* »

وَقَدِ ٱجْتَمَعَ ٱلْوَجْهَانِ فِي قَوْلِهِ صَلَّى ٱللَّهُ عَلَيْهِ وَسَلَّمَ أَلَا أُخْبِرُكُمْ بِأَحَبِّكُمْ إِلَيَّ

On trouve les deux manières de s'exprimer réunies dans ce mot de LUI, QUE DIEU LUI SOIT PROPICE ET LUI ACCORDE LE SALUT! (*c'est-à-dire dans ce mot de Mahomet*): « *Ne faut-il pas que je vous apprenne quels sont ceux d'entre vous que j'aime le plus?* »

وَإِيَّاهَا عَنَى بِقَوْلِهِ تَعَلَى عَنْ مُوسَى عَلَيْهِ ٱلسَّلَامُ وَدَخَلَ ٱلْمَدِينَةَ

*C'est de cette ville qu'*IL, PUISSE-T-IL ÊTRE EXALTÉ! (*c'est-à-dire que Dieu*) *a entendu parler, lorsque au sujet de Moïse, sur lequel puisse reposer le salut! il dit* : « *Il entra dans la ville.* »

830. Il arrive souvent que, lorsqu'on cite un vers, on se sert des mots قَالَ *il a dit,* أَنْشَدَ *il a récité, sans indiquer le sujet du verbe.*

831. On fait assez fréquemment l'ellipse du verbe كَانَ, sans que pour cela l'attribut cesse d'être à l'accusatif. Cela a surtout lieu après les conjonctions إِنْ et لَوْ. Exemples :

سِرْ مُسْرِعًا إِنْ رَاكِبًا أَوْ مَاشِيًا

Va avec promptitude, soit [que tu sois] monté à cheval ou [que tu sois] à pied.

أَعْطِ وَلَوْ زَيْدًا أَوْ عَمْرًا بَرِرْتَ

Donne, quand bien même [ce serait] à Zéid ou à Amrou : tu feras une bonne œuvre.

لَا يَأْمَنُ ٱلدَّهْرَ ذُو بَغْيٍ وَلَوْ مَلِكًا جُنُودُهُ ضَاقَ عَنْهَا ٱلسَّهْلُ وَٱلْجَبَلُ

Celui qui a commis l'injustice ne sera jamais à l'abri de la vengeance, quand même [il serait] un roi dont les armées seraient si nombreuses que les plaines et les montagnes ne pourraient les contenir.

حَدِبَتْ عَلَىَّ بُطُونُ ضَبَّةَ كُلُّهَا   إِنْ ظَالِمًا فِيهِمْ وَإِنْ مَظْلُومًا

Toutes les branches de la tribu de Dhabba ont eu des sentiments de pitié pour moi, soit [ceux qui étaient] coupables d'une injuste violence, soit [ceux qui en étaient] les victimes.

إِلَّا حَظِيَّةً فَلَا أَلِيَّةً

Si [je] ne [suis point] agréable [à mon mari], néanmoins [je] ne cesserai point [de m'efforcer de gagner son cœur].

Ceci est un proverbe dont l'expression elliptique doit être restituée ainsi : إِنْ لَمْ أَكُنْ حَظِيَّةً فَلَا أَكُونُ أَلِيَّةً, suivant les grammairiens arabes.[1]

ٱلنَّاسُ مُجْزَوْنَ بِأَعْمَالِهِمْ إِنْ خَيْرًا فَخَيْرٌ وَإِنْ شَرًّا فَشَرٌّ

Les hommes seront récompensés suivant leurs œuvres; si elles sont bonnes, [il leur arrivera] du bien; si elles sont mauvaises, [il leur arrivera] du mal.

وَٱلْمَرْءُ مَقْتُولٌ بِمَا قَتَلَ بِهِ إِنْ سَيْفًا فَسَيْفٌ وَإِنْ خَنْجَرًا فَخَنْجَرٌ

Et l'homme sera tué avec la même arme dont il se sera servi pour tuer; si son arme a été une épée, une épée [lui donnera la mort]; si son arme a été un poignard, un poignard [lui donnera la mort].

Je ne dissimulerai point que plusieurs de ces exemples seraient susceptibles d'une analyse différente dans laquelle on supposerait une autre ellipse que celle du verbe كَانَ.

Dans le dernier, au lieu de إِنْ سَيْفًا فَسَيْفٌ وَإِنْ خَنْجَرًا فَخَنْجَرٌ

---

(1) Voyez Méidani et mon *Commentaire sur les Séances de Hariri*, séance vii, page 67.

on pourrait dire إِنْ سَيْفًا فَسَيْفًا وَإِنْ خَنْجَرًا فَخَنْجَرًا. On pourrait encore dire إِنْ سَيْفٌ فَسَيْفًا وَإِنْ خَنْجَرٌ فَخَنْجَرًا, et même إِنْ سَيْفٌ فَسَيْفٌ وَإِنْ خَنْجَرٌ فَخَنْجَرٌ. Ces diverses manières de s'exprimer offrent des ellipses différentes, comme il est aisé de s'en apercevoir.⁽¹⁾

832. J'ai déjà dit, en parlant de l'usage des cas, qu'il y a une multitude d'expressions dans lesquelles les noms mis à l'accusatif remplacent toute une proposition, en sorte qu'on fait l'ellipse du sujet, du verbe et de l'attribut. Telles sont ces manières de s'exprimer : حُبًّا وَكَرَامَةً, سَمْعًا وَطَاعَةً, qu'on emploie pour protester de son obéissance ou accorder son consentement; ٱلْأَسَدَ ٱلْأَسَدَ *Sauve qui peut!* ou ٱلنَّجَا ٱلنَّجَا ٱلْفَرَارَ ٱلْفَرَارَ *Gare au lion!* ٱلطَّرِيقَ ٱلطَّرِيقَ *Place! place!* et autres semblables (n° 159). Ces expressions elliptiques sont tellement consacrées par l'usage qu'il serait ridicule de leur substituer une façon de parler plus explicite. L'ellipse du verbe est même de règle, quand on répète le complément, comme dans les derniers exemples.

Mais il n'est pas rare qu'on ait recours à de semblables ellipses pour donner plus de vivacité et d'énergie au discours, au risque même de produire quelque obscurité et de laisser une sorte de vague dans le sens. En voici un exemple, tiré de l'Alcoran :

فَإِذَا لَقِيتُمُ ٱلَّذِينَ كَفَرُوا فَضَرْبَ ٱلرِّقَابِ حَتَّى إِذَا أَثْخَنْتُمُوهُمْ فَشُدُّوا ٱلْوَثَاقَ فَإِمَّا مَنًّا بَعْدُ وَإِمَّا فِدَاءً

Lorsque vous aurez une rencontre avec ceux qui ont été incré-

---

(1) On peut voir dans mon édition des *Séances de Hariri*, avec un commentaire arabe, séance XXIVᵉ, p. 249, comment ce savant et éloquent écrivain analyse les quatre sortes de constructions dont on peut faire usage pour exprimer cette pensée. Je supprime ces détails pour éviter de donner une trop grande étendue à ce chapitre.

dules, alors FRAPPER *les cous* (c'est-à-dire *tuez-les à coups de sabre*); *puis, quand vous en aurez fait un grand carnage, faites des prisonniers; après cela, ou bien* FAIRE GRACE *ou bien* UNE RANÇON (c'est-à-dire *vous aurez le choix, ou de leur rendre la liberté gratuitement, ou d'exiger une rançon*). (1)

Malgré les ellipses, le sens de ce passage ne donne lieu à aucune équivoque; le vers que je vais rapporter serait, au contraire, fort obscur, si ce qui précède n'indiquait le verbe qu'il faut suppléer.

Le poète, dans la description de sa monture, qui est une femelle de chameau, a employé deux vers à décrire la queue large et touffue de l'animal et les mouvements de cette queue qu'il a comparée aux deux ailes d'un aigle blanc; puis il dit :

فَطَوْرًا بِهِ خَلْفَ ٱلزَّمِيلِ وَتَارَةً   عَلَى حَشَفٍ كَٱلشِّنِّ ذَاوٍ مُجَدَّدِ

Tantôt avec sa queue [elle se frappe] *derrière le cavalier monté en croupe, tantôt* [elle frappe] *sur une mamelle semblable à une outre desséchée, flasque et dépourvue de lait.*

On voit bien, avec un peu de réflexion, que le poète a fait

---

(1) Alcoran, sur. 47, vers. 4. Sur les mots فَضَرْبَ ٱلرِّقَابِ, Béidawi dit :

أَصْلُهُ فَٱضْرِبُوا ٱلرِّقَابَ ضَرْبًا فَحُذِفَ ٱلْفِعْلُ وَقُدِّمَ ٱلْمَصْدَرُ فَأَنِيبَ مَنَابَهُ مُضَافًا إِلَى ٱلْمَفْعُولِ ضَمًّا إِلَى ٱلتَّأْكِيدِ لِلْإِخْتِصَارِ

« L'expression propre était فَٱضْرِبُوا ٱلرِّقَابَ ضَرْبًا, mais le verbe a été
« supprimé; le nom d'action a été placé en avant, substitué à la place du verbe,
« et mis en rapport d'annexion avec le complément, pour rendre l'expression en
« même temps plus énergique et plus concise.»

Cette analyse me paraît peu satisfaisante. J'aimerais mieux sous-entendre فَٱخْتَارُوا *préférez*. D'ailleurs, je suis porté à croire que c'est par erreur qu'on a écrit ضَرْبَ à l'accusatif, et qu'il fallait écrire ضَرْبٌ; l'ellipse alors rentre dans une catégorie très ordinaire.

l'ellipse du verbe تَضْرِبُ, mais, cependant, cette ellipse suspend un moment l'intelligence du sens. [1]

833. On ne conserve quelquefois d'une proposition que le sujet et l'on fait ellipse de l'attribut et des compléments, s'il devait y en avoir. Cela a lieu lorsque le sujet de la proposition est un article déterminatif, comme هٰذَا ou ذٰلِكَ employé comme nom et formant une sorte de formule de transition qui rattache ce qui suit à ce qu'on a dit auparavant. Exemples :

فَإِمَّا مَنًّا وَإِمَّا فِدَآءً حَتَّى تَضَعَ ٱلْحَرْبُ أَوْزَارَهَا ذٰلِكَ وَلَوْ يَشَآءُ ٱللَّهُ لَٱنْتَصَرَ مِنْهُمْ

Ensuite, [vous avez le choix de] faire grâce ou d'exiger une rançon. Cela [est l'ordre de Dieu], et si Dieu le voulait, il triompherait d'eux.

Quelquefois il n'y a ellipse que de l'attribut. Exemple :

ذٰلِكَ بِأَنَّهُمْ كَرِهُوا مَا أَنْزَلَ ٱللَّهُ

Cela [sera], parce qu'ils ont témoigné du dégoût pour ce que Dieu a envoyé du ciel.

834. On fait quelquefois ellipse du complément immédiat d'une préposition, mais ce genre d'ellipse est très rare ; j'en ai donné un exemple ailleurs (n° 1045, Ire part.).

835. Après كُلّ *totalité*, et les autres mots qui doivent de leur nature être employés en rapport d'annexion, on fait très fréquemment l'ellipse du complément, comme je l'ai déjà observé (n° 253).

836. Il arrive assez souvent que deux propositions conditionnelles étant en opposition l'une avec l'autre et devant avoir chacune pour *corrélatif* (n° 184) une proposition indicative ou impérative, on supprime celle qui devrait servir de *corrélatif*

---

[1] C'est le 18e vers de la *Moallaka* de Tarafa.

DE LA SYNTAXE

à la première proposition conditionnelle. L'opposition qui doit être entre ces quatre propositions suffit pour indiquer cette ellipse. Exemples :

وَإِنْ تُبْتَ وَرَجَعْتَ عَنْ قَوْلِكَ وَإِلَّا أَمَرْتُ ٱلْعَبِيدَ بِسَلْخِكَ وَحَشَوْتُ سَلْخَكَ تِبْنًا وَصَلَبْتُكَ عَلَى بَابِ زَوِيلَةَ

Si tu fais pénitence et si tu renonces à tes discours, [je te pardonnerai], sinon, je donnerai ordre à mes serviteurs de t'écorcher, je remplirai ta peau de paille et je te ferai pendre à la porte de Zawila.

وَإِنْ دَفَعَ مَا جِهَتُهُ وَإِلَّا تَبِيعُ جَمِيعَ أَسْبَابِهِ وَأَسْبَابِ أَتْبَاعِهِ وَتُجَهِّزُهُ هُوَ وَأَتْبَاعَهُ إِلَى قَلْعَةِ إِسْكَنْدَرِيَّةِ

S'il paie ce qu'il doit, [laisse-le], sinon tu vendras tout ce qui lui appartient et tout ce qui appartient à ses gens, et tu l'enverras, lui et ses gens, dans la forteresse d'Alexandrie.[1]

837. Une semblable ellipse a lieu aussi après les mots qui, ainsi que je l'ai dit ailleurs (n° 403, Ire part., et n° 663, IIe part.), renferment la valeur de la conjonction إِنْ. Tel est مَنْ dans l'exemple suivant :

إِنَّ ٱلسَّمَّ يَعْمِدُ إِلَى ٱلْعُرُوقِ ٱلَّتِي دَمُهَا مُنْحَلٌّ فَيُجْمِدُهُ وَتُسَدُّ مَجَارِي

---

(1) On trouve des exemples de cette ellipse dans l'*Exode* (chap. XXXII°, vers. 32) et dans l'*Évangile de saint Luc* (chap. XIII, vers. 9). Ils sont aussi très communs dans les auteurs grecs ; je n'en citerai qu'un seul, tiré de l'*Iliade* (liv. I, vers. 135 et suiv.) :

> Ἀλλ' εἰ μὲν δώσουσι γέρας μεγάθυμοι Ἀχαιοί,
> Ἄρσαντες κατὰ θυμὸν, ὅπως ἀντάξιον ἔςαι·
> Εἰ δέ κε μὴ δώωσιν, ἐγὼ δέ κεν αὐτὸς ἕλωμαι
> Ἢ τεόν, ἢ Αἴαντος, ἰὼν γέρας, ἢ Ὀδυσῆος
> Ἄξω ἑλών.

Voyez ce que j'ai dit à ce sujet dans le tome XLIX des *Mémoires de l'Académie des Belles-Lettres*, p. 97, note.

الرِّيحُ الْحَيَوَانِيَّةِ وَيَتَفَشَّى فِي الْبَدَنِ تَفِشِّيَ الدُّهْنِ فَمَنْ بَادَرَ بِالْأَدْوِيَةِ وَإِلَّا لَمْ يُلْحَقْ عَلَيْهِ

Le poison passe dans les veines, dont le sang est fluide, et le congèle; alors, les canaux de la respiration animale sont obstrués et le poison se répand dans tout le corps, comme l'huile; quiconque se dépêche en ce cas d'avoir recours aux remèdes [peut prévenir la mort], sinon, l'on ne peut pas empêcher l'effet du poison.

838. On fait aussi quelquefois, après une proposition suppositive exprimée par لَوْ, l'ellipse de la proposition corrélative. Exemples :

لَوْ وَضَعْتَ شَيْئًا يُصْلِحُ بِهِ النَّاسُ كَلَامَهُمْ وَيُعْرِبُونَ بِهِ كِتَابَ اللَّهِ

Si tu imaginais un signe qui pût servir aux hommes à rectifier leur prononciation et à fixer les voyelles des inflexions grammaticales dans le livre de Dieu, [tu ferais une bonne chose]. (1)

لَوْ يَعْلَمُ الَّذِينَ كَفَرُوا حِينَ لَا يَكُفُّونَ عَنْ وُجُوهِهِمُ النَّارَ وَلَا عَنْ ظُهُورِهِمْ وَلَا هُمْ يُنْصَرُونَ

Si ceux qui ont été incrédules savaient [le sort qui les attend] au jour où ils ne pourront écarter le feu de leurs visages ni de leurs dos, et où ils ne trouveront aucun secours, [assurément, ils se convertiraient].

لَوْ أَنَّ لِي قُوَّةً أَوْ آوِي إِلَى رُكْنٍ شَدِيدٍ

Si j'avais de la force [pour vous résister], ou si je pouvais me réfugier dans un lieu fort, [je ne consentirais pas à ce que vous exigez de moi].

839. La même ellipse a lieu après لَوْلَا, et j'en ai donné précédemment un exemple (n° 738).

---

(1) Cette forme d'expression est usitée en hébreu et en grec. (Voyez l'édition de la *Philologie sacrée* de Glassius, par Dathe, t. I, p. 522.) Nous en faisons aussi usage dans le discours familier.

840. Une ellipse d'un autre genre est celle par laquelle on supprime, dans une proposition, un verbe qui se trouve indiqué implicitement par un autre verbe exprimé dans la même proposition, c'est-à-dire que l'on donne à un même verbe deux compléments, dont un seul lui convient réellement et l'autre ne lui convient qu'improprement, et suppose un antécédent qui a plus ou moins d'analogie avec l'antécédent du rapport précédent, en sorte que l'antécédent exprimé suggère l'idée de l'antécédent sous-entendu à ceux qui entendent ou qui lisent. [1] Cette ellipse est assez fréquente en arabe. Exemples :

ثُمَّ يُخْرِجُكُمْ طِفْلًا ثُمَّ لِتَبْلُغُوا أَشُدَّكُمْ ثُمَّ لِتَكُونُوا شُيُوخًا وَلِتَبْلُغُوا أَجَلًا مُسَمًّى

Ensuite, il vous fait sortir [*du sein de vos mères*] *dans l'âge de l'enfance; puis, que vous parveniez à l'âge fait, que vous deveniez des vieillards, et que vous atteigniez un terme fixé.*

وَمَا أَنْسَانِيهِ إِلَّا ٱلشَّيْطَانُ أَنْ أَذْكُرَهُ

Satan seul me l'a fait oublier, que je m'en souvinsse.

تَرَاهُ كَأَنَّ ٱللَّهَ يَجْدَعُ أَنْفَهُ وَعَيْنَيْهِ

Tu le verras dans un état qu'il semble que Dieu lui coupe le nez et les yeux.

Le sens est, dans le premier exemple, *puis* IL FAIT *que vous parveniez* ثُمَّ يَجْعَلُكُمْ لِتَبْلُغُوا, et dans le second, *et* IL A EMPÊCHÉ *que je ne m'en souvinsse* وَمَنَعَنِي أَنْ أَذْكُرَهُ. Ainsi, le verbe

---

[1] C'est ainsi que Moïse dit (*Exode*, chap. xx, vers. 15) : *Tout le peuple voyait les tonnerres et les éclairs, et le son de la trompette*, c'est-à-dire *et* ENTENDAIT *le son de la trompette*; que saint Paul dit (I, *Corinth.*, chap. III, vers. 2) : γάλα ὑμᾶς ἐπότισα, καὶ οὐ βρῶμα, *Je vous ai donné à boire du lait, et non une nourriture solide*, c'est-à-dire *et je ne vous ai point donné à* MANGER *une nourriture solide*. (Voyez Glassius, *Philol. sacr.* ed. Dath., t. I, p. 630.)

يَجْعَلُ est renfermé implicitement dans يُخْرِجُ, et de même le verbe مَنَعَ est renfermé dans أَنْسَى.

Dans le troisième exemple, le sens est *et qu'il lui* CRÈVE *les yeux* وَيَفْقَأُ عَيْنَيْهِ, l'idée du verbe يَفْقَأُ *crever* étant renfermée dans يَجْدَعُ *couper*.

841. Quelquefois le verbe dont on fait ellipse est directement opposé à celui qui est exprimé. Exemples :

مَنَعَ جَمِيعَ ٱلنَّاسِ أَنْ يَقُولُوا مَوْلَانَا وَلَا يُقَبِّلُوا لَهُ ٱلتُّرَابَ

Il empêcha les hommes de lui dire Notre Seigneur, et de ne pas baiser la terre devant lui.

مُنِعُوا ٱلنَّصَارَى مِنْ رُكُوبِ ٱلْخَيْلِ وَأَنْ يَكُونَ رُكُوبُهُمْ ٱلْبِغَالَ وَٱلْحَمِيرَ

Il fut défendu aux chrétiens de monter des chevaux, et qu'ils se servissent pour montures de mulets et d'ânes.

Il faut suppléer ainsi le sens dans le premier exemple : وَأَمَرَهُمْ أَنْ لَا يُقَبِّلُوا لَهُ ٱلتُّرَابَ *et* IL LEUR ORDONNA *de ne pas baiser la terre devant lui;* [1] et dans le second, وَأَمَرُوا أَنْ يَكُونَ رُكُوبُهُمْ ٱلْبِغَالَ *et* IL LEUR FUT ENJOINT *de se servir pour montures de mulets.* [2]

---

[1] On peut encore, pour expliquer cet exemple, supposer que la négation est employée pléonastiquement. Cette sorte de pléonasme de l'adverbe négatif est admis effectivement dans la langue arabe, comme je l'ai déjà dit (n° 1138, I⁰ part.) et comme je le montrerai encore dans le chapitre suivant.

[2] C'est ainsi que saint Paul dit de certaines gens (I, *Tim.*, chap. IV, vers. 3) : κωλυόντων γαμεῖν, ἀπέχεσθαι βρωμάτων, *qui empêchent de se marier, de s'abstenir des viandes,* c'est-à-dire *et* ORDONNENT *de s'abstenir des viandes.* (Voyez Glassius, *Philol. sacr.*, t. I, p. 629). Térence fait dire de même au parasite Phormion :

Negat Phanium esse hanc sibi cognatam Demipho?
Hanc Demipho negat esse cognatam?
Neque ejus patrem se scire, qui fuerit?
....
Nec Stilphonem ipsum scire, qui fuerit?

c'est-à-dire *Hanc Demipho negat esse cognatam, et* AIT *se nescire ejus patrem, qui*

842. Il peut se faire aussi que l'idée du verbe dont on fait l'ellipse soit renfermée dans un autre mot qu'un verbe. Ex. :

$$\text{إِنَّا جَعَلْنَا عَلَى قُلُوبِهِمْ أَكِنَّةً أَنْ يَفْقَهُوهُ}$$

Nous avons mis sur leurs cœurs des voiles, qu'ils le comprennent.

$$\text{وَجَعَلْنَا فِيهَا رَوَاسِيَ أَنْ تَمِيدَ بِهِمْ}$$

Nous avons placé dans la terre des [montagnes qui lui servent comme de] pilotis solides, qu'elle ne renversât les hommes en s'ébranlant.

Dans le premier exemple, le sens est *des voiles qui empêchent qu'ils ne le comprennent*, l'idée du verbe مَنَعَ *empêcher, faire obstacle*, étant renfermée dans le nom أَكِنَّةً *des voiles*. Dans le second, il faut sous-entendre خَوْفًا *de peur que*, ou bien تَمْنَعُهَا *pour l'empêcher;* mais cette idée de *précaution contre une secousse* est renfermée dans celle de *pilotis solides*.

On peut expliquer de même ce passage de l'Alcoran qui paraît, si l'on n'a point égard à ce qui précède, susceptible d'un double sens :

$$\text{لَا يَسْتَأْذِنُكَ الَّذِينَ يُؤْمِنُونَ بِاللَّهِ وَالْيَوْمِ الْآخِرِ أَنْ يُجَاهِدُوا بِأَمْوَالِهِمْ وَأَنْفُسِهِمْ}$$

Ceux qui croient en Dieu et au jour du jugement ne te demanderont point la permission, qu'ils exposent pour la cause de la religion leurs biens et leurs vies.

Le sens est *ne demanderont point la permission de demeurer chez eux, et* NE REFUSERONT POINT *d'exposer*, etc.[1]

---

fuerit? AIT *etiam se nescire Stilphonem ipsum, qui fuerit?* (*Phorm.*, act. II, sc. II.) Virgile dit aussi, par une semblable ellipse (*Géorg.*, liv. 1, v. 92) :

Ne tenues pluviæ, rapidive potentia solis
Acrior, aut Boreæ penetrabile frigus adurat.

(1) Voyez l'Alcoran, sur. 9, vers. 46. On peut aussi expliquer ce passage en

843. On fait fréquemment ellipse du verbe قِيلَ *il a été dit*, ou يُقَالُ *il sera dit*, ou de l'adjectif verbal قَائِلًا *en disant*, et cette ellipse est ordinairement indiquée par la conjonction أَنْ (n° 1229, Ire part.). Exemple :

قُولَا إِنَّا رَسُولَا رَبِّ ٱلْعَالَمِينَ أَنْ أَرْسِلْ مَعَنَا بَنِى إِسْرَآئِيلَ

Dites-lui tous deux : Nous sommes les deux envoyés du Maître des mondes, [le DISANT*]* QUE : *Envoie avec nous les enfants d'Israël.*

Il faut sous-entendre قَائِلَيْنِ *disant*, ou bien نَقُولُ *qui disons*.

844. Quelquefois, l'ellipse n'est pas même indiquée par la conjonction أَنْ. Exemple :

وَإِذَا أُلْقُوا مِنْهَا مَكَانًا ضَيِّقًا مُقَرَّنِينَ دَعَوْا هُنَالِكَ ثُبُورًا لَا تَدْعُوا ثُبُورًا وَاحِدًا وَٱدْعُوا ثُبُورًا كَثِيرًا

Lorsqu'ils seront précipités dans un lieu étroit de l'enfer, ils

supposant que ٱسْتَأْذَنَ signifie également *demander la permission* et *la dispense*.

J'ai laissé subsister ici tout ce que j'avais dit dans la première édition pour expliquer et justifier l'emploi de la conjonction أَنْ *que*, dans tous les cas où elle semble renfermer la valeur d'une négation et signifier *de peur que* ou *afin que ne*. Les scholiastes arabes supposent en général qu'il y a alors, avant la conjonction, l'ellipse du mot كَرَاهِيَة ; et, en effet, il est contraire au bon sens de supposer que, dans l'institution primitive du langage, un même mot puisse servir à affirmer et à nier. La théorie que j'ai exposée me semble être la cause primitive qui a introduit dans la langue cette manière de s'exprimer, où il paraît y avoir ellipse de la négation. Mais je dois reconnaître que l'usage a été plus loin, et qu'il y a réellement des cas assez fréquents où l'analyse grammaticale exige qu'on admette, avec les grammairiens de l'école de Basra, l'ellipse du mot كَرَاهِيَة, ou, avec ceux de l'école de Coufa, l'ellipse de la négation لَا. On peut consulter là-dessus ce que j'ai dit (n°s 1234 et 1235, Ire part.) et le commentaire de Zouzéni sur ce vers de la *Moallaka* de Lébid :

وَهُمُ ٱلْعَشِيرَةُ أَنْ يُبَطِّئَ حَاسِدٌ   أَوْ أَنْ يَمِيلَ مَعَ ٱلْعَدُوِّ لِيَانُهَا

appelleront alors une mort. [ON LEUR DIRA :] *N'appelez pas une seule mort, mais appelez beaucoup de genres de mort.*

845. On fait souvent ellipse de la préposition عَنْ après le mot فَضْلًا pris adverbialement et signifiant *à plus forte raison* (nᵒ 1163, Iʳᵉ part.). Pour entendre ce que je veux dire ici, il faut observer que, d'ordinaire, si le mot adverbial فَضْلًا, dans cette signification, est suivi d'un nom, on interpose entre l'adverbe et le nom l'une des prépositions مِنْ ou عَنْ. Exemples :

فَإِنَّكَ إِنْ أَوْمَأْتَ إِلَى كَرَائِمِهِ قَوْمًا فَضْلًا عَنْ مَالِهِ لَمْ يَمْنَعْكَ

Si tu donnes ordre à quelques gens de prendre les personnes qui lui sont les plus chères, et à bien plus forte raison ses richesses, il ne te le refusera pas.

فَدِمَآءُ ٱلصِّبْيَانِ وَٱلْأَطْفَالِ كَثِيرَةُ ٱلرُّطُوبَةِ بِٱلْقِيَاسِ إِلَى دِمَآءِ ٱلشَّبَابِ فَضْلًا مِنْ دِمَآءِ ٱلْمَشَايِخِ

Le sang des enfants et des petits-enfants est d'une nature très humide en comparaison de celui des jeunes gens, et, à bien plus forte raison, en comparaison de celui des vieillards.

Si le mot فَضْلًا est suivi d'un verbe, on doit de même interposer entre l'adverbe et le verbe la préposition عَنْ, suivie de la conjonction أَنْ. Exemple :

لَا تَقْرَبُوا مَالَ ٱلْيَتِيمِ فَضْلًا عَنْ أَنْ تَتَصَرَّفُوا فِيهِ

N'approchez pas du bien de l'orphelin, à plus forte raison n'en usez point à discrétion, ou *bien loin d'en user à discrétion.*

أَكْثَرُهُمْ لَمْ يَعْرِفْ مَا ذَكَرْتُهُ فَضْلًا عَنْ أَنْ يَزِيدَ عَلَيْهِ

La plupart d'entre eux n'ont pas même connu ce que je viens de rapporter, bien loin d'y ajouter quelque chose. ⁽¹⁾

(1) Ce passage est tiré du traité de Razi ou *Rhazes, de variolis et morbillis*, p. 14; mais l'éditeur, M. Channing, a imprimé فصلا pour فضلا et يريد au lieu

Mais, dans ce cas, on fait souvent ellipse de la préposition عَنْ, comme on le voit dans l'exemple suivant :

لَا تَقْرَبُوا ٱلزِّنَا بِٱلْعَزْمِ وَبِٱلْإِتْيَانِ بِٱلْمُقَدَّمَاتِ فَضْلًا أَنْ تُبَاشِرُوهُ

N'approchez point de la fornication, en en formant le dessein, ou en faisant les actions qui en sont le prélude, bien loin de la commettre effectivement. (1)

846. On sait que quand la préposition لِ gouverne un verbe à l'aoriste subjonctif, c'est en vertu de la conjonction أَنْ sous-entendue (n° 1055, Ire part.). On peut aussi exprimer أَنْ et faire l'ellipse de لِ; mais il n'est pas permis de faire l'ellipse des deux particules en même temps. S'il y en a des exemples, c'est une licence, comme dans ce vers :

أَلَا أَيُّهَذَا ٱلزَّاجِرِى أَحْضُرَ ٱلْوَغَى   وَأَنْ أَشْهَدَ ٱللَّذَّاتِ هَلْ أَنْتَ مُخْلِدِى

O toi qui me fais des reproches [de ce que] je me trouve au combat et que je fréquente les assemblées de plaisir, peux-tu m'assurer une vie immortelle ?

847. Il n'est pas très rare qu'après une particule conjonctive on fasse l'ellipse d'une préposition qui a précédé la conjonction mais qui, suivant l'usage, devrait être répétée devant un second complément. Exemples :

وَٱتَّقُوا ٱللَّهَ ٱلَّذِى تَسَآءَلُونَ بِهِ وَٱلْأَرْحَامِ

Respectez et craignez Dieu, au sujet duquel vous vous faites des questions réciproquement, ainsi que [AU SUJET] *des parents.*

de يزيد, et a fait un contre-sens en traduisant *imò plerique eorum non noverunt quid per ista voluit, quæ distinctè memoravi.*

(1) J'ai observé ailleurs, comme règle générale, que, quand un verbe intransitif a pour complément أَنْ, faisant, avec le verbe qui suit cette particule, la fonction de nom d'action, on peut supprimer la préposition dont l'emploi serait indispensable avec un complément ordinaire (n° 679).

فَٱلْيَوْمَ قَرُبْتَ تَهْجُونَا وَتَشْتِمُنَا   فَٱذْهَبْ فَمَا بِكَ وَٱلْأَيَّامِ مِنْ عَجَبِ

Aujourd'hui tu t'es rapproché pour nous accabler de satires et d'injures. Retire-toi; de ta part et [DE LA PART] *de la fortune, il n'y a rien dont on doive s'étonner.*

بِنَا أَبَدًا لَا غَيْرِنَا تُدْرَكُ ٱلْمُنَى   وَتُكْشَفُ غَمَّاءُ ٱلْخُطُوبِ ٱلْفَوَادِحِ

C'est par nous, et non [PAR] *aucun autre que nous, qu'on peut voir se réaliser les espérances et se dissiper l'affliction des malheurs les plus accablants.*

848. On pourrait considérer comme une sorte d'ellipse l'emploi qu'on fait très souvent, dans l'expression des termes circonstanciels de temps ou de lieu, de l'accusatif, au lieu de se servir d'une préposition (n° 145). Mais comme la préposition supprimée est remplacée par la forme adverbiale du nom mis à l'accusatif, je ne saurais considérer cela comme constituant réellement une ellipse. [1]

849. Il n'est pas rare qu'on emploie une préposition avec son complément, en faisant ellipse de l'antécédent qui devrait former le premier terme du rapport dont la préposition est l'exposant. [2] Je ne parle pas ici des cas où cet antécédent est, ou le verbe كَانَ, ou le verbe ٱسْتَقَرَّ, ou enfin les adjectifs verbaux مُسْتَقِرٌّ, كَآئِنٌ, qui n'expriment que des idées générales. J'en ai déjà fait mention (n° 816), et à peine s'aperçoit-on, dans ce cas,

---

[1] Les grammairiens supposent, dans quelques autres cas fort rares, qu'il y a ellipse d'une préposition, remplacée par l'accusatif du nom qui devait être régi par la préposition. Mais ce sont des anomalies dont on doit peut-être rendre raison autrement, et qu'en tout cas il ne faudrait pas imiter. Voyez mon *Anthologie grammaticale arabe*, p. 244.

[2] Les grammairiens arabes prétendent qu'il se trouve quelquefois des prépositions qui ne dépendent d'aucun antécédent, et ils appliquent spécialement cette exception aux prépositions بِ et مِنْ (*Anthologie grammaticale arabe*, p. 163). C'est une erreur, et l'analyse prouve que toute préposition a nécessairement un antécédent, exprimé ou sous-entendu.

de l'ellipse. L'ellipse dont je veux parler ici a beaucoup plus d'importance. On en a déjà vu un exemple (n° 832) dans le vers suivant, que j'ai cité à l'occasion d'un autre genre d'ellipse :

فَطَوْرًا بِهِ خَلْفَ ٱلزَّمِيلِ وَثَارَةً   عَلَى حَشَفٍ كَالشَّنِّ ذَاوٍ مُجَدَّدِ

Tantôt, avec sa queue, [*elle se frappe*] *derrière le cavalier monté en croupe, tantôt,* [*elle frappe*] *sur une mamelle semblable à une outre desséchée, flasque et dépourvue de lait.*

Dans ce vers, خَلْفَ peut être considéré comme complément *objectif immédiat,* مَفْعُولٌ بِهِ, du verbe تَضْرِبُ sous-entendu ; et l'on peut aussi supposer qu'il y a ellipse, non seulement du verbe, mais encore de son complément immédiat, qui peut être نَفْسَهَا *elle-même* ou عَجُزَهَا *sa croupe,* et que خَلْفَ, avec ce qui suit, fait la fonction de *terme circonstanciel de lieu,* ظَرْفُ مَكَانٍ. L'ellipse que je veux faire remarquer ici, c'est celle du verbe تَضْرِبُ, servant d'antécédent aux prépositions بِ et عَلَى.

Voici un autre exemple de ce genre d'ellipse :

إِلَّا أَكُنْ مِمَّنْ عَلِمْتِ فَإِنَّنِي   إِلَى نَسَبٍ مِمَّنْ جَهِلْتِ كَرِيمِ

Si je ne suis pas [*ô femme*] *d'une des familles qui te sont connues,* [*j'appartiens*] *à une race noble du nombre de celles que tu ne connais pas.*

Il est évident qu'il y a ici l'ellipse de l'antécédent de la préposition إِلَى : cet antécédent sous-entendu peut être أَنْتَمِي ou أَنْتَسِبُ, comme je l'ai exprimé dans ma traduction. (1)

850. C'est par une ellipse de la même nature qu'on dit إِلَى آخِرِهِ *et le reste,* إِلَى غَيْرِ ذَلِكَ *et autres choses semblables,* (n° 1058, Ire part.).

851. C'est encore par une ellipse de ce genre qu'on dit إِلَيْكَ *retire-toi,* إِلَيْكَ عَنِّي *éloigne-toi de moi* (n° 1194, Ire part.), et

___
(1) Voyez le *Hamasa*, édition de M. Freytag, p. 138.

DE LA SYNTAXE   473

qu'on emploie les prépositions ل et عَلَى sans antécédent grammatical, la première pour exprimer *un droit, une créance à exercer*, la seconde pour indiquer *un devoir* ou *une dette* (nᵒˢ 1049 et 1062, Iʳᵉ part.).

852. On dit souvent, par une forme elliptique, هَلْ لَكَ فِي كَذَا pour هَلْ لَكَ رَغْبَةٌ فِي كَذَا *as-tu besoin ?* ou هَلْ لَكَ حَاجَةٌ فِي كَذَا *as-tu le désir* de telle ou telle chose ? [1]

853. On dit de même, avec ellipse d'un verbe, مَنْ لِي بِذَا, ce qui peut, suivant les circonstances, signifier *qui m'assurera cela ?* ou *qui me répondra de ceci ?* [2]

854. Il y a un assez grand nombre de mots qui sont employés adverbialement et que les Arabes nomment أَسْمَاءُ الْأَفْعَالِ *noms des verbes*. Tels sont شَتَّانَ, سَرْعَانَ, رُوَيْدَ, دُونَكَ, إِيَّاكَ, etc. Toutes ces expressions renferment l'ellipse d'un verbe, comme quand on dit *vite! hardi! courage! à toi!* etc. On peut voir ce que j'en ai dit ailleurs (nᵒˢ 955 et suiv. et nᵒ 1190, Iʳᵉ part.).

Une autre ellipse, à peu près pareille, est cette façon de parler : وَكَأَنْ قَدْ *et comme si déjà*, c'est-à-dire *on eût dit que l'affaire était déjà terminée*. [3]

855. Une autre ellipse bien plus remarquable est celle de la négation avec le serment, le serment tout seul, suivant les grammairiens arabes, rendant la proposition négative. Ce genre d'ellipse, condamné par les grammairiens de l'école de Basra, est assez fréquent dans le style relevé et en poésie. Exemples :

---

(1) Djewhari observe qu'en répondant à une semblable question, il faut dire, avec la même ellipse, أَمَّا لِي فِيهِ, ou إِنَّ لِي فِيهِ, ou enfin لِي فِيهِ, mais qu'il faut bien se garder de dire إِنَّ لِي فِيهِ هَلَّا.

(2) Voyez mon *Commentaire sur les Séances de Hariri*, séance XVIIᵉ, p. 165.
(3) Voyez le même *Commentaire*, séance XXIXᵉ, p. 311.

قَالُوا تَاللّٰهِ تَفْتَأُ تَذْكُرُ يُوسُفَ

Ils dirent: « Par Dieu ! tu [ne] cesses [point] de te ressouvenir de Joseph. » (1)

أَزَالُ حَشْوَ نَثْرَةٍ مَوْضُونَةٍ ۞ حَتَّى أُوَارَى بَيْنَ أَثْنَاءِ ٱلْحُفَى

Je ne cesserai d'endosser une cotte de mailles, jusqu'à ce que je sois caché dans les entrailles du tombeau.

Le mot أَزَالُ équivaut à لَا أَزَالُ, parce que le poëte avait dit plus haut: *J'en jure par les princes de la race de Yareb.* (2)

856. On fait parfois ellipse du *waw*, qui est appelé وَاوُ ٱلْحَالِ, parce qu'il sert à désigner les propositions qui font fonction de *termes circonstanciels d'état* (n° 1213, Ire part.). Un poëte a dit:

وَتُضْحِى فَتِيتُ ٱلْمِسْكِ فَوْقَ فِرَاشِهَا

Elle dort encore lorsque le jour est déjà grand, sa couche étant couverte de parcelles de musc.

---

(1) La négation n'est point exprimée dans le texte; mais Béidhawi observe, sur ce passage de l'Alcoran (sur. 12, vers. 85), que l'ellipse de la négation ne rend point le sens incertain, parce que le serment, toutes les fois qu'il n'est pas accompagné d'un signe précis d'affirmation, emporte la négation. Il compare cette expression à celle d'un poëte qui a dit:

فَقُلْتُ يَمِينَ ٱللّٰهِ أَبْرَحُ قَاعِدًا

J'ai dit: « J'en jure par le nom de Dieu, je [ne] cesserai [pas] de me tenir assis. »
Ce vers est d'Amrialkaïs; il se trouve cité dans les gloses du poëme d'Ebn Doréid, de l'édition de M. Agg. Haïtsma (*Poëmation Ibn Doreidi cum scholiis arab.*, p. 21). Voici le texte de la glose de Béidhawi :

أَىْ لَا تَفْتَأُ وَلَا تَزَالُ تَذْكُرُهُ تَفَجُّعًا عَلَيْهِ فَحُذِفَ لَا كَمَا فِي قَوْلِهِ فَقُلْتُ يَمِينَ ٱللّٰهِ أَبْرَحُ قَاعِدًا ۞ لِأَنَّهُ لَا يَلْتَبِسُ بِٱلْإِثْبَاتِ فَإِنَّ ٱلْقَسَمَ إِذَا لَمْ يَكُنْ مَعَهُ عَلَامَةُ ٱلْإِثْبَاتِ كَانَ عَلَى ٱلنَّفْىِ

Voyez aussi, sur cette ellipse de la négation, mon *Anthologie grammaticale arabe*, p. 91, 92 et 335.

(2) Voyez l'édition du poëme d'Ebn Doréid par Haïtsma, vers 73, p. 64 et 231, et celle de Scheïdius, vers 69, p. 6 du texte et 25 de la traduction.

DE LA SYNTAXE   475

Suivant les règles de l'analogie, le poète devait dire وَقَنَيْتُ.

857. Il arrive fréquemment qu'en répondant à une question, on fait ellipse de tout ce qui peut être suppléé par la question qui a été faite. Exemple :

قَالَ سَلْ حَاجَتَكَ قُلْتُ كَآئِنَةٌ مَا كَانَتْ قَالَ نَعَمْ قُلْتُ إِحْدَى ٱلْجَارِيَتَيْنِ

Il me dit : Demande ce que tu voudras. Je dis : [Puis-je demander] *quelque chose que ce soit ? Oui, répondit-il. Je dis alors :* [Je demande] *une de ces deux jeunes filles.*

Cette sorte d'ellipse est commune, je pense, à toutes les langues. On voit, par notre exemple, qu'on doit suivre pour la syntaxe désinentielle, dans la réponse, les mêmes règles que l'on aurait suivies si l'on se fût exprimé sans ellipse.

858. Il arrive quelquefois qu'après les conjonctions ٱلَّذِى, مَا et مَنْ on fait ellipse de la proposition conjonctive ; mais cette aposiopèse ou réticence appartient à la rhétorique et non à la grammaire.[1]

859. Il y a beaucoup d'autres ellipses que l'on ne peut rapporter à aucune des règles générales ; en voici une de ce genre :

جَاؤُوا بِمَذْقٍ هَلْ رَأَيْتَ ٱلذِّئْبَ قَطْ

Ils ont présenté du lait mêlé d'eau : avez-vous jamais vu le loup ? (c'est-à-dire *du lait mêlé d'eau dont la couleur, qui est d'un blanc sale et tirant sur le noir, rappelle à ceux qui le voient l'idée du loup et fait que l'un d'eux demande à son camarade s'il n'a pas vu le loup*).

Il faut donc sous-entendre ici يُقَالُ عِنْدَ رُؤْيَتِهِ [du lait] *tel, qu'on dit en le voyant : Avez-vous vu le loup ?*

---

[1] Voyez des exemples de cette réticence dans mon *Commentaire sur les Séances de Hariri*, séance L, p. 598.

860. Je crois pouvoir considérer comme une expression elliptique ce qui a lieu lorsque, voulant parler de deux choses différentes, mais qui ont entre elles un rapport commun de ressemblance, de proximité ou d'opposition, on se contente d'énoncer l'une des deux, en mettant son nom au duel. Ainsi, l'on dit اَلْقَمَرَان *les deux lunes,* pour *le soleil et la lune;* اَلْمَشْرِقَان *les deux orients* et اَلْمَغْرِبَان *les deux occidents,* pour *l'orient et le couchant.* (1)

CHAPITRE XXXIII

Du Pléonasme

861. Ce que l'on entend par pléonasme est précisément le contraire de l'ellipse, et au lieu que, dans celle-ci, il faut, pour avoir la plénitude du sens, restituer un ou plusieurs mots qui ne sont point exprimés, dans le pléonasme il faut, pour ainsi dire, supprimer mentalement un ou plusieurs mots qui n'ajoutent rien au sens et dont le retranchement, loin de rendre le discours moins intelligible, en faciliterait au contraire l'analyse, et par conséquent l'intelligence.

On pourrait remarquer, dans l'usage de la langue arabe un assez grand nombre de diverses sortes de pléonasmes; mais si l'on a bien saisi ce que nous avons dit dans cette Syntaxe, on n'aura pas besoin que nous rappelions ici toutes les circonstances où cette figure de grammaire a lieu.

862. Observons seulement que, le plus souvent, elle est destinée à donner de l'énergie ou de la clarté au discours, et

---

(1) Voyez, à ce sujet, une observation importante de M. Wilmet, dans ses notes sur l'édition de la *Moallaka* d'Antara publiée par M. Mesnil, p. 169.

Au reste, on peut entendre par اَلْمَشْرِقَان *l'orient d'été* et *celui d'hiver,* et interpréter de la même façon اَلْمَغْرِبَان.

alors ce n'est pas un pur pléonasme. Ainsi, dans cet exemple : فَإِيَّايَ فَاتَّقُونِ (n° 1018, Iʳᵉ part.), quoique le pronom personnel qui sert de complément au verbe soit exprimé sous deux formes différentes, d'où il résulte un pléonasme, cette répétition n'est pas cependant sans effet ; et si l'on veut lui substituer dans notre langue un véritable équivalent, il faudra dire *c'est moi que vous devez craindre*, et non pas *craignez-moi*. De même dans cet exemple : أَنَا هُوَ ٱلرَّبِّ, et dans tous les autres semblables où le pronom هُوَ paraît superflu (n° 197), on doit traduire : *C'est moi qui suis le Seigneur*, et non pas *je suis le Seigneur* ; et la différence de ces deux traductions suffit pour faire sentir l'énergie que le mot هُوَ ajoute à l'expression.

863. Il y a de même une sorte de pléonasme du pronom, lorsqu'il est employé à la place d'un nom, mais à la charge d'énoncer ensuite le nom même que le pronom représentait, ou à la place du sujet ou inchoatif d'une proposition composée, comme ضَمِيرُ ٱلشَّأْنِ, ainsi que je l'ai expliqué précédemment (n° 638) et que je me réserve de le développer avec plus de détails dans la quatrième partie de cet ouvrage.

864. Toutefois je reconnais plus véritablement un pléonasme dans la répétition du pronom personnel au nominatif après le pronom affixe, ⁽¹⁾ comme dans ces phrases (n° 643) :

ٱلْوَيْلُ لِي أَنَا *Malheur à moi*, MOI !

مَا مَنَعَكُمَا أَنْتُمَا *Qu'est-ce qui vous a empêchés*, VOUS DEUX ?

إِنْ تَرَنِ أَنَا *Si tu me vois*, MOI.

مَا تُقَدِّمُوا لِأَنْفُسِكُمْ مِنْ خَيْرٍ تَجِدُوهُ عِنْدَ ٱللَّهِ هُوَ خَيْرًا *Les bonnes*

---

(1) Ce genre de pléonasme paraît avoir aussi été d'usage en hébreu. Voyez A. Schultens, *Opera minora*, p. 180 et 181.

œuvres que vous avez envoyées devant vous, vous les trouverez, ELLES, *auprès de Dieu, comme un bien.* (1)

865. Je ne sais si l'on doit considérer comme un vrai pléonasme l'usage que l'on fait quelquefois du pronom affixe de la seconde personne, comme *particule compellative,* (2) حَرْفُ الْخِطَاب (n° 968, Ire part.). Le pronom, dans cette circonstance, ne joue aucun rôle dans la proposition; il n'est ni sujet, ni complément, ni même compellatif (n° 35) : c'est, si l'on veut, une sorte d'interjection, destinée seulement à réveiller l'attention de celui à qui l'on parle et à l'intéresser à la chose dont on l'entretient; enfin, c'est un hors-d'œuvre de la proposition.

Cet usage des pronoms affixes de la seconde personne a lieu ordinairement avec les articles démonstratifs (n°s 968 et suiv., Ire part.), et ils sont tellement unis et pour ainsi dire amalgamés avec ces articles, qu'on peut les regarder comme en faisant, en quelque sorte, partie. (3)

---

(1) Cet exemple est tiré de l'Alcoran, sur. 73, vers. 20. Il a cela de particulier, que هُوَ ne suit pas immédiatement l'affixe هُ de تَجِدُوهُ, qu'il devrait *corroborer*. Aussi plusieurs grammairiens ne considèrent point ici هُوَ comme *destiné à corroborer* مُوَكَّدٌ, mais le regardent comme *séparant*, فَصْلٌ, les deux compléments du verbe وَجَدَ : il y en a même qui lisent هُوَ خَيْرٌ ou هُوَ أَكْبَرُ, et je pense que l'une de ces deux leçons est la véritable.

(2) Je me suis servi de ce terme faute d'en trouver un autre. Le mot de *particule compellative* répond précisément aux termes arabes حَرْفُ التَّنْدَاءِ et حَرْفُ الْمُنَادَاةِ (n° 167); quant au mot حَرْفُ الْخِطَاب, il veut dire littéralement *particule qui exprime la seconde personne ou l'action d'adresser la parole à quelqu'un.*

(3) Cet usage pléonastique des pronoms se retrouve en latin et en grec et a été observé par les critiques. Cicéron, écrivant à Atticus (*Epist. ad Attic.*, lib. II, épist. 3), lui dit : *Epistolam quum a te avidè expectarem, ad vesperam, ut soleo, ecce* TIBI *nuntius pueros venisse Roma*; et ailleurs (lib. VII, épist. 19) : *Ecce* TIBI, II *non. febr. mane accepi litteras tuas.* On emploie souvent de cette manière, en grec

DE LA SYNTAXE

866. Mais il y a des cas infiniment plus rares, où le même usage des pronoms affixes a lieu avec d'autres mots. C'est ainsi que l'on dit :

أَرَأَيْتَكَ زَيْدًا مَا شَأْنُهُ

As-tu vu Zéid, dans quel état il est !

Le sens est absolument le même que si l'ont eût dit simplement أَرَأَيْتَ, et le pronom affixe كَ n'a aucune fonction dans la proposition. (1)

---

et en latin, les pronoms de la première personne. Aristophane (*Lysist.*, vers 202) dit : προσλαβοῦ μοι τοῦ κάπρου, et ailleurs (*Av.*, vers 145) : οἴμοι ! μηδαμῶς ἡμῖν παρὰ τὴν θάλατταν. Virgile (*Georg.*, liv. I, vers 45) dit :
   Depresso incipiet jam tun MIHI *taurus aratro*
   Ingemere.

(1) Je tire cette observation et cet exemple du commentaire de Béidhawi sur l'Alcoran, sur. 6, vers. 40 ; et il s'en sert pour expliquer le mot أَرَأَيْتَكُمْ, qui se trouve dans ce verset et au verset 49. Il observe que le كَ, dans ce mot, ne peut pas faire la fonction de complément du verbe, parce que cela supposerait que le verbe رَأَى serait susceptible d'avoir trois compléments, ce qui n'est pas ; et que d'ailleurs il aurait fallu dire أَرَأَيْتُمُوكُمْ. أَرَأَيْتُمْ آلِهَتَكُمْ Le sens est, suivant lui, أَرَأَيْتُمْ آلِهَتَكُمْ تَنْفَعُكُمْ إِذْ تَدْعُونَهَا *pensez-vous [que] vos dieux vous aideront, quand vous les invoquerez ?* Le verbe رَأَى est ici مُعَلَّق *laissé en suspens* (n°s 407 et 513), et les compléments sont sous-entendus. Il suit de là que أَرَأَيْتَكُمْ est la même chose que أَرَأَيْتُمْ, et que le كَ inséré dans la finale تُمْ n'est qu'*une sorte d'interjection compellative tout à fait étrangère à la composition logique et grammaticale de la proposition et qui ne fait tout au plus que corroborer ou rendre plus énergique le pronom affixe nominatif* تُمْ (n° 1021, Ire part.). C'est ce que Béidhawi exprime ainsi :

ٱلْكَافُ حَرْفُ خِطَابٍ أَكَّدَ بِهِ ٱلضَّمِيرَ لِتَأْكِيدٍ لَا مَحَلَّ لَهُ مِنَ ٱلْإِعْرَابِ

(Man. ar. de la Bibl. du Roi, n° 260, fol. 188 *verso*.)

Cette analyse est assurément la meilleure que l'on puisse faire de ce passage : je doute cependant qu'elle satisfasse les bons esprits. Je renverrai, au surplus, à ce que j'ai dit précédemment à ce sujet (n° 1189, Ire part.).

Je puis citer une expression analogue dont on fait quelquefois usage en français dans le langage familier et qui n'a d'autre effet que de donner au discours plus d'énergie, de le rendre en quelque sorte démonstratif et d'associer ceux qui entendent le récit d'un événement à cet événement même, qui cependant leur est totalement étranger. En voici un exemple :

Vous savez, mes amis, que je passe ordinairement la soirée seul avec mon fils, dans mon cabinet; hier, pendant que nous étions seuls et que nous lisions quelques vers d'Homère, voilà qu'il vous *entre subitement un homme mal vêtu et de mauvaise mine; il* vous *prend un siège, et, sans dire mot, s'assied auprès de nous.*[1]

867. Le mot ما est aussi employé fréquemment comme pléonastique, et alors on le nomme مَا زَائِدَةٌ (n° 1180, Ire part.).

868. Le verbe كَانَ est quelquefois employé d'une manière pléonastique, sans aucune influence grammaticale sur les autres mots qui composent la proposition ni sur la valeur du temps des verbes qui peuvent se rencontrer dans la même proposition.

On en a déjà vu un exemple dans les formules des verbes admiratifs (n° 590, Ire part.); c'est ainsi que l'on dit :

$$\text{مَا كَانَ أَصَحَّ عِلْمَ مَنْ تَقَدَّمَ}$$

La science des anciens était très exacte.

---

(1) Cela n'est guère admis en français que dans le style familier et dans celui de la comédie.
Racine dit (*Plaideurs*, act. I, sc. 5) :
    Il vous *eût arrêté le carrosse d'un prince,*
    Il vous *l'eût pris lui-même.....*
Regnard (*Joueur*, act. IV, sc. 9) :
    Je vous *le conduirais poings liés à mon char.*
Et Lafontaine (*Fables*, liv. III, fab. 1) :
    On lui lia les pieds, on vous *le suspendit.*

DE LA SYNTAXE

Les mots مَا كَانَ أَصَحّ, مَا أَصَحّ ne signifient pas plus que suivant les grammairiens arabes. Je pense, au contraire, que كَانَ détermine ici le verbe admiratif مَا أَصَحّ à un sens passé. (1)

869. Les verbes أَمْسَى et أَصْبَحَ sont quelquefois employés d'une manière pléonastique, comme كَانَ, suivant les grammairiens arabes, dans les formules admiratives.

870. Le verbe كَانَ est encore pléonastique quand il se trouve entre un sujet et un attribut, sans exercer aucune influence sur l'attribut. Exemple :

أَوَنَبِىٌّ كَانَ مُوسَى

Moïse était-il donc un prophète ?

Si كَانَ faisait ici fonction de verbe abstrait, on aurait dit نَبِيًّا à l'accusatif. Il semble que, dans ce cas, on pourrait assimiler l'usage du verbe كَانَ, privé de toute influence, à celui du verbe ظَنَّ et autres verbes analogues, lorsqu'on emploie la forme d'expression nommée ٱلْغَاءٌ (n° 498).

871. On trouve aussi le verbe كَانَ placé entre une préposition et son complément, circonstance où il ne peut être que pléonastique. Exemple :

سُرَاةُ بَنِى أَبِى بَكْرٍ تَسَامَى   عَلَى كَانَ ٱلْمُتَطَهَّمَةِ ٱلصِّلَابِ

---

(1) Tebrizi, dans son commentaire sur le *Hamasa* (p. 89, éd. de M. Freytag), fait une observation qu'il ne sera pas inutile de consigner ici. C'est à l'occasion du vers suivant :

مَا كَانَ يَنْفَعُنِى مَقَالُ نِسَائِهِمْ   وَقُتِلْتُ دُونَ رِجَالِهَا لَا تَبْعُدِ

Selon lui, si l'on prend مَا pour particule négative, on doit considérer le verbe كَانَ comme *corroboratif*, مُؤَكِّدَةٌ ; c'est à peu près ce que j'entends par pléonastique. Le sens est alors :

Il ne me servira de rien que leurs femmes disent, quand j'aurai été tué en prenant la défense de leurs maris : Puisses-tu ne pas périr !

C'est un semblable abus du verbe كَانَ qui, sans doute, a introduit dans l'arabe vulgaire ces expressions : لَوْ كَانَ et إِنْ كَانَ, au lieu de إِنْ et لَوْ.

Les plus illustres des enfants d'Abou Becr, montés sur des chameaux distingués par leur beauté et leur force, disputaient entre eux de la gloire.

كَانَ N'influe pas plus ici sur le sens que مَا explétif placé entre une préposition et son complément (nº 1180, Iʳᵉ part.).

872. C'est d'ordinaire au prétérit que le verbe كَانَ est employé d'une manière pléonastique. On trouve cependant aussi des exemples de ce pléonasme où ce verbe est à l'aoriste.

873. On peut encore regarder comme un pléonasme l'usage qu'on fait assez souvent de l'adjectif verbal de la forme فَاعِلٌ, pour fortifier et exagérer en quelque sorte l'idée exprimée par le nom auquel cet adjectif verbal sert de qualificatif. C'est ainsi qu'on dit : مَوْتٌ مَآئِتٌ *Une mort terrible*, شِعْرٌ شَاعِرٌ *une poésie excellente*, لَيْلٌ لَآئِلٌ *une nuit profonde*.

Cette espèce de pléonasme a lieu aussi avec quelques autres formes d'adjectifs; ainsi, l'on dit : لَيْلٌ أَلْيَلُ et لَيْلَةٌ لَيْلَاءُ *Une nuit très obscure;* يَوْمٌ يَمٌ et يَوْمٌ أَيْوَمُ *un jour remarquable, un jour brillant.*

874. Un genre de pléonasme qu'il est essentiel de remarquer, c'est celui qui résulte de l'emploi d'un adverbe négatif après un verbe qui renferme déjà l'idée de la négation. Exemples :

مَا مَنَعَكَ أَلَّا تَسْجُدَ لِآدَمَ

Qu'est-ce qui t'a empêché de NE POINT *adorer Adam* (c'est-à-dire *d'adorer Adam*)?

مَا مَنَعَكَ إِذْ رَأَيْتَهُمْ ضَلُّوا أَنْ لَا تَتَّبِعَنِي

Qu'est-ce qui t'a empêché de NE me POINT *suivre* (c'est-à-dire *de me suivre*)*, quand tu as vu qu'ils s'étaient égarés?* [1]

[1] Cette négation pléonastique est omise ailleurs, comme dans ce passage :

DE LA SYNTAXE 483

وَإِنْ خِفْتُمْ أَنْ لَا تُقْسِطُوا فِي ٱلْيَتَامَىٰ فَٱنكِحُوا مَا طَابَ لَكُم مِّنَ ٱلنِّسَآءِ

Et si vous craignez que vous NE *soyez* POINT *injustes envers les orphelins* (c'est-à-dire *d'être injustes*), *épousez ce qu'il vous plaira de femmes.* (1)

فَخَافُوا أَنْ لَا تَكُونَ لِأَحَدٍ مِنْ أَيْدِيهِمْ بِحُجَّةِ ٱلْوَفَاةِ فَوَاتٌ

Et ils appréhendèrent que, sous prétexte d'être mort, quelqu'un N'*échappât* PAS (c'est-à-dire *n'échappât*) *de leurs mains.* (2)

875. La négation لَا est encore explétive ou pléonastique dans les cas pareils aux exemples suivants :

مَا مَنَعَكَ أَنْ تَسْجُدَ لِمَا خَلَقْتُ بِيَدِي

Qu'est-ce qui t'a empêché d'adorer ce que j'ai créé de ma main ?

L'usage pléonastique de la négation a aussi lieu en grec, comme dans ce passage de l'Evangile selon saint Luc : *Le coq ne chantera point aujourd'hui que tu ne nies trois fois que tu* NE *me connais* PAS; πρὶν ἢ τρὶς ἀπαρνήσῃ μὴ εἰδέναι με (chap. XXII, vers. 34) ; le sens est : *Que tu ne nies trois fois que tu me connaisses.* Saint Jean dit de même: *Celui qui nie que Jésus* N'EST PAS *le Christ,* ὁ ἀρνούμενος ὅτι Ἰησοῦς οὐκ ἔστιν ὁ Χριστός, pour *celui qui nie que Jésus soit le Christ* (Iʳᵉ *épître de saint Jean,* chap. II, vers. 22) ; cette manière de s'exprimer n'est point étrangère aux meilleurs écrivains, comme l'a remarqué un grammairien grec. (Voyez la seconde édition de la traduction d'Hérodote par M. Larcher, t. III, note 239, p. 391 ; Glassius, *Philol. sac.*, t. I, p. 423.)

M. Lee a beaucoup critiqué, dans sa grammaire hébraïque (*a Grammar of the hebrew language*, p. 377), ce que je dis ici et dans les numéros suivants; mais il paraît m'avoir lu avec bien de la légèreté et ne m'avoir pas du tout compris. Si je le comprends bien moi-même, il a cru que c'était la conjonction أَنْ que je regardais, dans les exemples cités, comme pléonastique. Aussi n'ai-je pu faire aucun usage de sa critique, quelque disposé que je sois à profiter de toutes les observations, et surtout de celles de M. Lee. Elle m'a seulement engagé à multiplier ici les exemples de cet usage pléonastique de l'adverbe négatif لَا.

(1) Il en est autrement si l'on prononce تَقَسَّطُوا ; le sens alors est : *Si vous craignez de n'être pas justes.*

(2) Il y a de même, en français, pléonasme de la négation *ne*. Si l'on voulait énoncer l'idée contraire, il faudrait dire : *Je crains qu'il n'échappe point.*

أَبَى ٱللَّهُ أَنْ أَسْمُوَ بِأُمٍّ وَلَا بِأَبٍ

Dieu n'a pas voulu que je fusse noble du côté de ma mère NI *de celui de mon père.*

مَا مِنْ دَابَّةٍ فِي ٱلْأَرْضِ وَلَا طَائِرٍ يَطِيرُ بِجَنَاحَيْهِ إِلَّا أُمَمٌ أَمْثَالُكُمْ

Il n'y a point de bête marchant sur la terre, NI *d'oiseau volant avec ses deux ailes, qui ne soient des nations semblables à vous.*

إِهْدِنَا صِرَاطَ ٱلَّذِينَ أَنْعَمْتَ عَلَيْهِمْ غَيْرِ ٱلْمَغْضُوبِ عَلَيْهِمْ وَلَا ٱلضَّالِّينَ

Conduis-nous dans la voie de ceux sur qui tu as répandu des bienfaits, qui n'ont point été l'objet de ta colère, NI *égarés.*

كَانَ غَيْرَ مَهِيبٍ عِنْدَ ٱلنُّفُوسِ وَلَا مُطَّلِعٍ عَلَى حَقَائِقِ ٱلْأُمُورِ

Il n'était point respecté des hommes, NI *jugeant bien de la vraie nature des choses.* (1)

876. On trouve encore quelquefois un pléonasme de l'adverbe négatif dans les propositions conditionnelles elliptiques dont j'ai parlé ailleurs (n° 836), telles que celle-ci : *S'il paie ce qu'il doit* [*laisse-le*]; *sinon, tu vendras ce qui lui appartient*, etc.

Dans ce cas, l'usage s'est introduit dans le langage moderne d'admettre dans la première proposition une négation qui est tout à fait superflue, et même contraire à l'analyse de la phrase. Ainsi, au lieu de dire, comme dans l'exemple cité, وَإِنْ دَفَعَ *s'il paie,* on dit, وَإِنْ لَمْ يَدْفَعْ *s'il* NE *paie* POINT.

Quelque singulière que soit cette manière de s'exprimer, j'en ai vu un très grand nombre d'exemples. Je vais en citer quelques-uns :

أَيُّهَا ٱلْمَلِكُ إِنْ لَمْ تَأْخُذْ لِي حَقِّي مِنْ وَلَدِكَ وَإِلَّا شَرِبْتُ هَذَا ٱلسَّمَّ

---

(1) On peut observer qu'il y a aussi une sorte de pléonasme dans l'usage que nous faisons de *ni*, au lieu de la simple conjonction *et*.

O roi, si tu NE *me venges* PAS *de l'affront que j'ai reçu de ton fils; sinon, j'avalerai ce poison.* Le sens est: *Si tu me venges de l'affront que j'ai reçu de ton fils, à la bonne heure; sinon, etc.* (1)

وَحَضَرَ بَعْدَهُ حُسَيْنُ بَاشَا مَكَّةَ وَأَرَادَ أَنْ يَأْخُذَ مِنْ ظَاهِرٍ ٱلْبِلَادَ ٱلَّتِي كَانَ ظَاهِرٌ أَخَذَهَا مِنْ حُكُومَةِ ٱلشَّامِ وَتَهَدَّدَ ظَاهِرًا إِنْ كُنْتَ لَا تُرْجِعُ ٱلْبِلَادَ وَإِلَّا فِي رُجُوعِي مِنَ ٱلْحَجِّ لَا بُدَّ مِنْ قَتْلِكَ

Hoséin, pacha de La Mecque, vint ensuite, et il voulut retirer des mains de Dhaher les cantons que Dhaher avait pris du gouvernement de la Syrie; il menaça donc Dhaher, et lui dit : « *Si tu* NE *restitues* PAS *ces cantons; sinon, à mon retour du pèlerinage, il n'y a pas de doute que je ne te fasse mourir.* » Le sens est: *Si tu restitues ces cantons, à la bonne heure; sinon, etc.*

فَإِنْ لَمْ يَرْضَ رَبُّ ٱلْمَنْزِلِ بِمَا طَلَبَ ٱلضَّامِنُ وَإِلَّا تَرَكَهُ وَٱنْصَرَفَ

Si le maître de la maison (dont les latrines ont besoin d'être curées) NE *consent* PAS *à donner ce que demande le fermier (du droit exclusif du curement des latrines); sinon, le fermier le laisse et s'en va.* Le sens est: *Si le maître de la maison consent à donner ce que demande le fermier, à la bonne heure; sinon, le fermier le laisse et s'en va.* (2)

ثُمَّ أَجَابَهُ يُنْكِرُ عَلَيْهِ خَرَابَ بِلَادِهِ وَيَأْمُرُهُ بِعِمَارَتِهَا وَإِنْ لَمْ يُعَمِّرْهَا وَإِلَّا وَإِلَّا

Ensuite il lui fit réponse, en lui reprochant la dépopulation de

---

(1) Cet exemple est tiré de la 5ᵉ des *Mille et une Nuits*. Voyez *The Oriental Collections*, t. I, p. 248.
L'exemple suivant est tiré d'une histoire manuscrite du scheïkh Dhaher.

(2) Voyez ma *Chrestomathie arabe*, 2ᵉ édit., t. I, p. 203.

ses *Etats, et lui ordonna de les faire refleurir, ajoutant que, s'il* NE *les rétablissait* POINT, *sinon, sinon*..... *Le sens est : ajoutant que, s'il les rétablissait, on lui pardonnerait ses fautes passées ; sinon, on le traiterait de telle et telle manière.* (1)

La fin de cette phrase offre un exemple de réticence ou aposiopèse, sorte d'ellipse qui appartient plutôt à la rhétorique qu'à la grammaire, comme je l'ai déjà fait remarquer.

877. On peut regarder comme une sorte de pléonasme l'emploi des mots نَفْسٌ *âme* et عَيْنٌ *œil,* qu'on ajoute par forme d'appositifs aux pronoms personnels exprimés ou sous-entendus : ces mots répondent au latin *ipsemet* (n° 481).

878. Il y a encore un véritable pléonasme lorsque, après le mot كُلّ *tout, universalité,* on ajoute quelque autre mot qui signifie précisément la même chose, comme جَمِيعٌ, أَجْمَعُ, أَكْتَعُ, etc. (n°s 482 et suiv.).

879. Ces deux sortes d'expressions pléonastiques font partie, comme je l'ai dit, de ce que les grammairiens arabes nomment تَوْكِيدٌ *corroboratif,* et ils les distinguent particulièrement sous la dénomination de تَوْكِيدٌ مَعْنَوِيٌّ *corroboratif de sens* ou *logique,* par opposition à une autre espèce de corroboratif qu'ils appellent تَوْكِيدٌ لَفْظِيٌّ *corroboratif d'expression,* parce qu'elle consiste dans la répétition d'un ou de plusieurs mots.

880. Cette dernière espèce de corroboratif, que l'on peut ranger à plus forte raison parmi les pléonasmes, consiste dans la répétition expresse des mêmes mots ou dans l'agrégation de deux mots qui ont absolument le même sens. Exemples :

وَمَا أَدْرَاكَ مَا يَوْمُ ٱلدِّينِ ثُمَّ مَا أَدْرَاكَ مَا يَوْمُ ٱلدِّينِ

Qu'est-ce qui t'a appris ce que c'est que le jour du jugement ?

---

(1) *Chrestomathie arabe,* 2ᵉ édit., t. II, p. 84 et 85.

QU'EST-CE [encore une fois] QUI T'A APPRIS *ce que c'est que le jour du jugement?*

إِذَا دُكَّتِ ٱلْأَرْضُ دَكًّا دَكًّا

Quand la terre sera brisée et réduite en poussière, EN POUSSIÈRE.

أَنْتَ بِٱلْخَيْرِ حَقِيقٌ قَمِنٌ

Tu es digne du bonheur, MÉRITANT [*le bonheur*].

فَأَيْنَ إِلَى أَيْنَ ٱلنَّجَاةُ بِبَغْلَتِي   أَتَاكَ أَتَاكَ ٱللَّاحِقُوكَ آحْبِسْ آحْبِسْ

Où est pour moi, OÙ EST *le moyen de fuir avec ma mule? ils sont arrivés,* ILS SONT ARRIVÉS, *ceux qui te poursuivent de près. Arrête,* ARRÊTE ! [1]

أَنَا ٱلشُّجَاعُ كُلُّ ٱلشُّجَاعِ

Je suis le brave, totalité DU BRAVE (*c'est-à-dire le brave par excellence*).

إِنِّي أَبِيٌّ أَبِيٌّ ذُو مُحَافَظَةٍ   وَٱبْنُ أَبِيٍّ أَبِيٍّ مِنْ أَبِيِّينَ

Je suis un homme fier, FIER, *qui veille à la conservation de ses droits, et fils d'un homme fier,* FIER, *d'un genre de gens fiers.* [2]

Dans le second hémistiche de ce vers, il y a un double pléonasme. L'idée qui, dans cet exemple, est exprimée par la préposition مِنْ *de,* l'est quelquefois par un simple rapport d'annexion dont, comme ici, le premier terme est au singulier et le second au pluriel. C'est ainsi que, pour dire *un lion terrible,* on dit أَسَدُ أُسْدٍ et لَيْثُ لُيُوثٍ, ce qui signifie, à la lettre, *un lion de lions.*

881. On peut regarder comme une sorte de pléonasme cette manière de s'exprimer, très commune en arabe : *une ville d'entre*

---

(1) Sur le mot ٱللَّاحِقُوكَ, voyez ci-devant, n° 307.

(2) Le mot أَبِيٌّ, que je traduis par *fier,* pour éviter l'emploi d'une périphrase, signifie *un homme qui ne souffre pas qu'on lui fasse violence,* et qui résiste à tout empiètement sur ses droits.

les villes, مَدِينَةٌ مِنَ ٱلْمُدُنِ, *un négociant d'entre les négociants,* تَاجِرٌ مِنَ ٱلتُّجَّارِ, ce qui cependant veut dire uniquement *une certaine ville, un certain négociant,* et n'a point pour objet de donner de l'énergie au discours.

882. Ce qui distingue essentiellement cette dernière sorte de pléonasme de la précédente, qui est vraiment énergique, c'est que, dans la précédente, le second terme du rapport est indéterminé et forme par conséquent avec son antécédent, aussi indéterminé, un véritable pléonasme, au lieu que, dans la dernière, le complément de la préposition مِنْ est déterminé.

883. L'espèce de pléonasme qui consiste à répéter deux fois le même mot est souvent accompagné de l'ellipse de l'antécédent. C'est ainsi qu'on dit : ٱلْأَسَدَ ٱلْأَسَدَ *le lion,* LE LION, c'est-à-dire إِحْذَرِ ٱلْأَسَدَ *prends garde au lion;* ٱلطَّرِيقَ ٱلطَّرِيقَ *le chemin,* LE CHEMIN, c'est-à-dire خَلُّوا ٱلطَّرِيقَ *laissez le chemin libre.* Avec ce genre de pléonasme, l'ellipse de l'antécédent est d'obligation.

884. J'ai déjà observé (n° 643) que, si l'on veut répéter par forme de pléonasme un pronom personnel, il faut employer l'un des pronoms personnels isolés qui représentent le nominatif, comme أَنَا *je,* أَنْتَ *tu,* quoique celui qui précède soit un pronom affixe.

885. Les adverbes affirmatifs ou négatifs, comme نَعَمْ, أَجَلْ, جَيْرِ, بَلَى *oui,* لَا *non,* peuvent se répéter par forme de pléonasme, comme نَعَمْ نَعَمْ *oui,* OUI ; لَا لَا *non,* NON. On peut aussi employer deux adverbes affirmatifs différents, comme أَجَلْ جَيْرِ *oui,* OUI (n° 1128, Ire part.).

886. Quant aux prépositions et aux conjonctions, si l'on veut les répéter, il faut aussi répéter leur complément, ou du moins lui substituer un pronom qui le représente. Ainsi, l'on peut dire : إِنَّ زَيْدًا إِنَّ زَيْدًا جَاهِلٌ *Car Zéid,* CAR ZÉID *est un*

insensé, ou bien إنَّ زَيْدًا إنَّهُ جَاهِلٌ *car Zéid,* CAR LUI, *c'est un insensé.*

On dira de même فِي ٱلدَّارِ فِي ٱلدَّارِ زَيْدٌ *Zéid est dans la maison,* DANS LA MAISON, ou bien فِي ٱلدَّارِ فِيهَا زَيْدٌ *Zéid est dans la maison,* DANS ELLE. Voici un exemple de ce genre de pléonasme :

فَفِي رَحْمَةِ ٱللَّهِ هُمْ فِيهَا خَالِدُونَ

Ils demeureront éternellement dans la miséricorde de Dieu, DANS ELLE.

887. Quand les particules sont formées de plusieurs particules réunies, il est plus ordinaire de les répéter sans répéter leur complément. Le pléonasme peut aussi avoir lieu sans répéter le complément, en employant deux particules différentes, quoique d'une même signification. Exemples :

حَتَّى تَرَاهَا وَكَأَنَّ وَكَأَنَّ أَعْنَاقَهَا مُشَدَّدَاتٌ بِقَرَنٍ

En sorte que tu les voyais, et qu'elles te semblaient comme si, COMME SI *leurs cous eussent été liés par une courroie.*

فَأَصْبَحْنَ لَا يَسْأَلْنَهُ عَنْ بِمَا بِهِ أَصْعَدَ فِي عُلْوِ ٱلْهَوَى أَمْ تَصَوَّبَا

Le lendemain au matin, elles ne le questionnèrent pas TOUCHANT, SUR *le moyen qu'il avait employé pour s'élever au haut des airs ou pour en descendre.* [1]

---

[1] Il faut observer que la préposition بِ est ici dans le sens de عَنْ, comme dans ce vers :

فَإِنْ تَسْأَلُونِي بِٱلنِّسَاءِ فَإِنَّنِي خَبِيرٌ بِأَدْوَاءِ ٱلنِّسَاءِ طَبِيبٌ

Si vous m'interrogez AU SUJET *des femmes, sachez que je connais les maladies des femmes, et que je suis un médecin [propre à les traiter].*

Il en est de même dans un passage de l'Alcoran, sur. 4, vers. 1, dont j'ai fait usage ci-devant (n° 496). Cet exemple offre une application de la règle précédente, qui porte que le pléonasme des prépositions peut avoir lieu sans que le complément soit répété, pourvu qu'on emploie deux prépositions différentes.

888. Il est extrêmement rare qu'une simple particule se trouve répétée sans son complément, comme la préposition لِ l'est dans l'exemple suivant :

فَلَا وَٱللَّهِ يُلْفَى لِمَا بِي وَلَا لِمَا بِهِمْ أَبَدًا دَوَآءُ

Jamais on ne trouvera de remèdes ni pour la maladie dont je suis, ni pour, POUR *celle dont ils sont affligés.*

889. L'adverbe négatif لَا est quelquefois employé par forme de pléonasme, et sans avoir aucune influence sur le sens, dans les formules de serment. Exemple :

فَلَا أُقْسِمُ بِمَوَاقِعِ ٱلنُّجُومِ وَإِنَّهُ لَقَسَمٌ عَظِيمٌ

Je NE *jure* POINT (c'est-à-dire *je jure*) *par le lieu où se couchent les astres, car c'est là un grand serment.* (1)

890. On peut encore considérer comme une sorte de pléonasme l'emploi de la préposition مِنْ lorsque, avec le nom qui lui sert de complément, elle remplace ou un sujet qui devrait

---

(1) Cet exemple est pris de l'Alcoran, sur. 56, vers. 74. On trouve deux exemples pareils, sur. 75, vers. 1. Il est difficile de se rendre compte des raisons qui ont pu faire admettre, dans les formules de serment, l'*usage pléonastique* de la négation, quand on affirme, et au contraire l'*ellipse* de la même négation (n° 855), quand on nie. Mais c'est un fait trop bien établi pour qu'on le révoque en doute. Voyez à ce sujet mon *Anthologie grammaticale arabe*, p. 91, 92 et 335.

Les grammairiens et les commentateurs de l'Alcoran supposent encore l'emploi pléonastique de لَا dans des textes où une pareille supposition ne semble pouvoir être justifiée ni par l'analyse ni même par l'usage, et où quelques interprètes ne l'admettent pas. Il en est ainsi dans ce passage (sur. 57, vers. dern.) :

لِئَلَّا يَعْلَمَ أَهْلُ ٱلْكِتَابِ أَنْ لَا يَقْدِرُونَ عَلَى شَيْءٍ مِنْ فَضْلِ ٱللَّهِ

Suivant Béidhawi, il y a des interprètes qui disent que لَا est *explétif* مَزِيدَةٌ dans لِئَلَّا, ce que d'autres se refusent à admettre. Voyez là-dessus mon *Anthologie grammaticale arabe*, p. 257.

être au nominatif (n° 398), ou le complément immédiat d'un verbe, complément qui devrait être à l'accusatif. Exemples :

مَا تَأْتِيهِم مِنْ آيَةٍ مِنْ آيَاتِ رَبِّهِمْ إِلَّا كَانُوا عَنْهُ مُعْرِضِينَ

Il ne leur arrivait point DE PRODIGE *d'entre les prodiges de leur Seigneur, qu'ils n'en détournassent leur attention.*

لَا مُبَدِّلَ لِكَلِمَاتِ ٱللَّهِ وَلَقَدْ جَآءَكَ مِنْ نَبَإِ ٱلْمُرْسَلِينَ

Il n'y a personne qui puisse changer les paroles de Dieu; et déjà il t'est venu (c'est-à-dire il t'a déjà été révélé) DE L'HISTOIRE *des envoyés [de Dieu, qui t'ont précédé].*

مَا مِنْ دَابَّةٍ فِي ٱلْأَرْضِ وَلَا طَآئِرٍ يَطِيرُ بِجَنَاحَيْهِ إِلَّا أُمَمٌ أَمْثَالُكُمْ مَا فَرَّطْنَا فِي ٱلْكِتَابِ مِنْ شَيْءٍ،

Il n'est point DE BÊTE *sur la terre, ni* D'OISEAU *volant avec ses deux ailes, qui ne soient des nations semblables à vous; nous n'avons point oublié* DE CHOSE *dans le livre [des décrets éternels].*

Dans tous ces exemples, مِنْ آيَةٍ *de prodige*, مِنْ نَبَإٍ *de l'histoire*, مِنْ دَابَّةٍ وَطَآئِرٍ *de bête ni d'oiseau*, remplacent les sujets آيَةٌ *un prodige*, نَبَأٌ *l'histoire*, دَابَّةٌ وَطَآئِرٌ *aucune bête et aucun oiseau*. Au contraire, مِنْ شَيْءٍ *de chose*, remplace le complément immédiat شَيْئًا *[nous n'avons oublié] aucune chose*.

891. Si l'on fait bien attention à l'analyse de ces formules, on verra qu'elles renferment en même temps, du moins pour la plupart, une ellipse et une pléonasme. Je dis qu'elles renferment une ellipse, ce qui ne peut souffrir aucun doute; car, toute préposition n'étant que l'exposant du rapport qui existe entre un antécédent et un conséquent (n° 1032, Ire part.), il est certain que, dans ces exemples, il y a ellipse d'un antécédent qui peut être شَيْءٌ *chose*, ou بَعْضٌ *partie*. Ainsi, lorsqu'on lit, dans le premier exemple, مَا تَأْتِيهِمْ مِنْ آيَةٍ مِنْ آيَاتِ رَبِّهِمْ

il ne leur arrivait point DE PRODIGE, *etc.*, le sens est مَا تَأْتِيهِمْ بَعْضُ آيَةٍ مِنْ آيَاتٍ *il ne leur arrivait point* UNE PORTION DE PRODIGE, c'est-à-dire *aucun prodige;* et le genre féminin du verbe تَأْتِى ne s'oppose point à cette analyse grammaticale, car c'est ici la concordance logique dont j'ai parlé ailleurs (n° 404). Cette ellipse a lieu, en français, quand on dit : *Je n'ai jamais vu* D'HOMME *sage qui n'eût* DE L'HORREUR *pour* DES CRIMES *de cette nature.....* DES VOLEURS *m'ont attaqué.*[1] J'ajoute que dans ces formules il y a en même temps pléonasme; ce qui est vrai, puisqu'au lieu de مِنْ آيَةٍ *de prodige (de prodigio)*, expression abrégée pour شَىْءٌ مِنْ آيَةٍ *une chose de prodige (aliquid de prodigio)*, ou substituée à بَعْضُ آيَةٍ *une portion de prodige (aliquid prodigii)*, on aurait pu exprimer le même sens en disant simplement مَا تَأْتِيهِمْ آيَةٌ *il ne leur arrivait [aucun] prodige (non veniebat ad eos prodigium)*.

Je ne dissimule point cependant que cette manière de s'exprimer n'est pas toujours purement pléonastique, qu'elle ajoute souvent à l'énergie, surtout dans les propositions négatives, et que quelquefois même elle ne renferme qu'une ellipse, et nullement un pléonasme. C'est ce qui a lieu dans le second des exemples que j'ai rapportés : لَقَدْ جَاءَكَ مِنْ نَبَإِ ٱلْمُرْسَلِينَ : car, si l'on eût dit نَبَأُ ٱلْمُرْسَلِينَ, le sens aurait été *l'histoire des envoyés [précédents, t'a été révélée]*; au lieu que l'auteur a voulu dire بَعْضُ نَبَإِ, ou, en d'autres termes, شَىْءٌ مِنْ نَبَإِ ٱلْمُرْسَلِينَ ٱلْمُرْسَلِينَ *une partie de l'histoire des envoyés [précédents, t'a été révélée]*.

892. On peut aussi regarder comme pléonastique [2] l'usage

---

(1) Voyez mes *Principes de grammaire générale*, 2ᵉ édit., p. 40, note.

(2) Voyez la grammaire d'Ebn Farhât (manusc. ar. de la Biblioth. [du Roi, n° 1295 A, fol. 133 *recto*).

de la préposition ب quand elle sert à exprimer l'attribut d'une proposition, ou qu'elle suit l'adverbe إذا, nommé إِذَا ٱلْمُفَاجَأَةِ (n° 1036, Ire part.).

CHAPITRE XXXIV
Des Licences poétiques

893. Les poètes se permettent fréquemment des licences qui s'éloignent des règles ordinaires de la grammaire. Je ne parle point des licences qui consistent dans certaines constructions peu usitées, dans des inversions contraires aux règles ordinaires, des ellipses ou des pléonasmes; j'en ai fait observer plusieurs à mesure que l'occasion s'en est présentée, et les autres sont étrangères à la grammaire. Celles dont je veux parler ici n'affectent que la forme des mots ou les règles ordinaires de la dépendance et de la concordance. Les unes appartiennent donc à la seconde partie de la grammaire, et les autres à la troisième. J'ai pensé qu'il ne serait pas déplacé de réunir ici toutes celles qui sont d'un usage plus fréquent.

894. Les poètes substituent quelquefois un *élif* de séparation à un *élif* d'union (n° 134, Ire part.). Exemple :

أَلَا آبْلِغْ حَاتِمًا وَأَبَا عَلِيّ بِأَنَّ عَوَانَةَ ٱلضَّبْعِيَّ فَرَّا

Çà donc, va porter à Hatem et Abou Ali la nouvelle qu'Owana Dhaboï a pris la fuite.

آبْلِغْ, avec un *élif* d'union, tient ici la place de أَبْلِغْ.

895. Les poètes convertissent aussi l'*élif* hamzé en un élif de prolongation, soit au milieu, soit à la fin d'un mot, et ils suppriment la voyelle dont il devait être affecté. Ainsi, ils disent أَطْفَا pour أَطْفَأَ; رُوسُ pour رُؤُسُ. Ils le retranchent même quelquefois entièrement, et ils écrivent et prononcent رَيْتُ pour رَأَيْتُ; شَنَانْ pour شَنَآنُ; مَا pour مَآءُ; جَا pour جَآءَ.

896. Ils redoublent par un *teschdid* une lettre qui ne doit point être doublée, et ils suppriment le *teschdid* d'une lettre qui doit être doublée. Exemples :

$$ ضَخْمٌ يُحِبُّ ٱلْخُلُقَ ٱلْأَضْخَمَ $$

Un gros homme aime ceux qui ont une grosse taille.

$$ وَقَدْ أَغْدُو عَلَى أَشْقَرَ يَجْتَابُ ٱلصَّحَارِيَا $$

Je me mets en course de bon matin, monté sur un chameau au poil roux qui traverse les déserts.

$$ فَتَلْتُ عِلْبَآءَ وَهِنْدَ ٱلْجَمَلِى وَٱبْنًا لِصَوْحَانَ عَلَى دِينِ عَلِى $$

J'ai tué Ilbaâ et Hind[1] *Djamali, et un fils de Sauhan, à cause de la religion d'Ali.*

On voit ici ٱلصَّحَارِىَ pour ٱلصَّحَارِيَا ; ٱلْأَضْخَمَ pour ٱلْأَضْخَمِ, et au contraire ٱلْجَمَلِى et عَلِى pour ٱلْجَمَلِىِّ et عَلِىٍّ. [2]

Quoique ce redoublement d'une lettre ou cette suppression du redoublement se trouvent plus fréquemment à la fin des mots, dans le cas d'une pause, que partout ailleurs, ce même genre de licence a lieu aussi quelquefois hors le cas d'une pause et même dans le milieu d'un mot.

Les poètes suppriment quelquefois, outre le *teschdid*, la voyelle de la lettre redoublée. Ainsi, un poète a dit أَيْهُمَا pour أَيُّهُمَا *lequel des deux ?*

---

(1) *Hind* est ordinairement un nom de femme ; ici il s'agit d'un homme de la classe des *tabis*, nommé *Hind, fils d'Amrou*.

(2) On peut voir des exemples semblables dans mon *Commentaire sur les Séances de Hariri*, séance XXVIe, p. 268.

Tarafa, dans sa *Moallaka*, dit يَمَانِى et شَأْمِى sans *teschdid*, au lieu de شَأْمِىٌّ et يَمَنِىٌّ. Voici le vers dans lequel cela se trouve :

$$ وَخَدٍّ كَقِرْطَاسِ ٱلشَّأْمِى وَمِشْفَرٍ كَسِبْتِ ٱلْيَمَانِى قَدُّهُ لَمْ يُحَرَّدِ $$

Suivant les commentateurs, c'est pour compenser le retranchement du ى que le poète a ajouté un *élif* de prolongation dans ces adjectifs ethniques.

897. Ils négligent une contraction et articulent avec sa voyelle la consonne qui devait, en se contractant, perdre cette voyelle (n° 480, Ire part.); ainsi, ils disent فَــرَرُوا pour فَــرُّوا. Exemple :

مَهْلًا أَعَاذِلَ قَدْ جَرَّيْتُ مِنْ خُلُقِى   أَنِّى أَجُودُ لِأَقْوَامٍ وَإِنْ ضَبِنُوا

Soyez plus réservés, censeurs sévères, car je me suis fait une habitude de répandre mes bienfaits sur ceux-là même qui me haïssent. (Voir Notes.)

898. Ils suppriment toujours, à la fin des vers, les voyelles nasales. Exemple :

تُضِىءُ ٱلظَّلَامَ بِٱلْعَشِيِّ كَأَنَّهَا   مَنَارَةُ مُمْسَى رَاهِبٍ مُتَبَتِّلِ

Elle éclaire les ténèbres quand le jour a disparu, en sorte qu'on la prendrait pour la lampe qui illumine la cellule nocturne d'un moine séparé du monde.

899. Ils font quiescent, à la fin d'un mot, un ى ou un و qui devrait avoir un *fatha* pour voyelle. Exemples :

أَبَى ٱللَّهُ أَنْ أَسْمُو بِأُمٍّ وَلَا أَبِ

Dieu n'a pas voulu que je fusse noble du côté de ma mère ni de celui de mon père.

تَرَكْنَ رَاعِيهِنَّ مِثْلَ ٱلشَّنِّ

Elles ont abandonné leur pasteur, comme une outre vieille et usée.

Dans le premier exemple, أَسْمُو est pour أَسْمُوَ; dans le second, رَاعِيهِنْ est pour رَاعِيهِنَّ.

Cette licence a lieu aussi dans la prose rimée. Exemple :

أَعْطِ ٱلْقَوْسَ بَارِيهَا وَأَنْزِلِ ٱلدَّارَ بَانِيهَا

Donne l'arc à celui qui l'a taillé, et laisse demeurer dans la maison celui qui l'a bâtie.

900. Cette suppression d'une voyelle a lieu aussi avec d'autres lettres que le و et le ى; alors on substitue un *djezma* à la voyelle supprimée. C'est ainsi qu'on dit لِمْ pour لِمَ *pourquoi?*

901. Il est permis aux poètes, dans le cas d'une pause, c'est-à-dire à la fin d'un vers, lorsque la dernière consonne perd sa voyelle et devient quiescente, de transporter cette voyelle sur la consonne précédente et de dire, par exemple, اَلنَّصْرُ et اَلنَّصْرْ, au lieu de اَلنَّصُرْ et اَلنَّصَرْ ; mais, pour que cette transposition puisse avoir lieu, il faut : 1º que la voyelle dont il s'agit ne soit pas un *fatha* ; 2º que la consonne sur laquelle on la transporte soit djezmée ; 3º que la dernière et l'avant-dernière consonne ne soient point réunies par un *teschdid* ; 4º qu'il ne résulte point de cette transposition une forme tout à fait insolite en arabe. En vertu de cette dernière condition, la transposition serait interdite dans اَلذِّكْرُ, parce que la forme فِعُلْ ne se rencontre point en arabe. (1)

Si la lettre qui devient djezmée par la transposition est un *hamza*, il n'y a lieu à appliquer que la seconde et la troisième des conditions exigées pour les autres lettres.

902. En poésie et dans la prose rimée, en cas de pause et de rime, on peut supprimer la dernière radicale des racines sourdes ou défectueuses, lors même que, suivant les règles ordinaires, elle ne doit pas être quiescente. Exemples :

عَالِمُ ٱلْغَيْبِ وَٱلشَّهَادَةِ ٱلْكَبِيرُ ٱلْمُتَعَالِ

[*Il*] *connaît ce qui est caché comme ce qui est présent ;* [*il est*] *le grand, le très élevé.*

يُلْقِى ٱلرُّوحَ مِنْ أَمْرِهِ عَلَى مَنْ يَشَآءُ مِنْ عِبَادِهِ لِيُنْذِرَ يَوْمَ ٱلتَّلَاقِ

Il envoie par son ordre l'esprit sur qui bon lui semble d'entre ses serviteurs, pour que celui-ci menace [*les hommes*] *du jour de la comparution* [*devant Dieu*].

---

(1) L'auteur du *Kamous* donne des exemples de l'application de cette règle, sous la racine نَفَرَ. Il semble même que l'usage n'en soit pas limité à la poésie.

DE LA SYNTAXE

Dans le premier de ces exemples ٱلْمُتَعَال et dans le second ٱلتَّلَاق, qu'on doit prononcer, à raison de la pause, sans faire sentir le *kesra* final, sont pour ٱلْمُتَعَالِي et ٱلتَّلَاقِي.

Il en est de même dans l'exemple suivant, où le mot ٱللَّاشِ est pour ٱللَّاشِيَ et où le *kesra* ne doit pas être prononcé :

وَمَا زَالَ تَمِرْدَاشْ يُحَسِّنُ لَهُمْ هَذَا ٱلرَّأْيَ ٱللَّاشِ

Témirdach ne cessa de leur vanter ce projet, qui ne valait rien.

Cela a lieu aussi hors le cas d'une pause et d'une rime, et l'on trouve, par exemple, ٱلثَّانِ pour ٱلثَّانِي.

مُوتِمِ ٱلْأَبْنَآءِ فِي ٱلْهَيْجَآءِ عَنْ آبَآئِهِمْ   مُشْفِقٍ إِشْفَاقَهُ ٱلْمَوْمُوقِ لِلْأَيْتَامِ نَامْ

[Loue plutôt ce héros] qui, dans la guerre, prive les enfants de leurs pères; [ce héros] accessible au sentiment et dont la tendre sollicitude pour les orphelins n'a point de bornes.

On voit bien que نَامْ, privé du *teschdid*, est ici pour نَامّ.

903. On retranche même ainsi tout à fait l'affixe de la première personne, comme dans ce vers, où بَالِ, qu'il faut prononcer بَالْ, est pour بَالِي *mon esprit :*

يَا خَلِيَّ ٱلْبَالِ قَدْ بَلْبَلْتَ بِٱلْبَلْبَالِ بَالِ
بِٱلنَّوَى زَلْزَلْتَنِي وَٱلْعَقْلُ فِي ٱلزِّلْزَالِ زَالَ

O toi dont le cœur est libre de soucis, tu as troublé mon esprit par l'agitation; par ton absence tu m'as fait éprouver un tremblement, et, dans ce tremblement, ma raison s'est évanouie.

904. Les poètes ajoutent après une voyelle la lettre analogue à cette voyelle, pour rendre le son plus plein; ce qu'on appelle إِشْبَاعٌ *saturation.* On trouve en conséquence chez eux مُنْتَزَاحْ, صَيَارِيفْ, فَأَنْظُورُ pour مُنْتَزَحْ, صَيَارِفُ, فَأَنْظُرُ. Cela a lieu surtout à la fin des mots, pour la rime.

905. Ils retranchent la dernière lettre quiescente dans les pluriels des formes مَفَاعِيلُ, فَعَالِيلُ et autres semblables. Ainsi ils disent عَوَاوِرُ pour عَوَاوِيرُ, pluriel de عُوَّارُ *ordures dans l'œil*.

906. Ils donnent une voyelle à une lettre qui devrait être quiescente, ce qui a lieu surtout très fréquemment dans les pronoms affixes كُمْ et هُمْ et dans les secondes personnes des verbes terminées par la syllabe تُمْ. Exemples :

قَالَتْ لَهُ ٱلنَّفْسُ إِنِّي لَا أَرَى طَمَعًا   وَإِنَّ مَوْلَاكَ لَمْ يَسْلَمْ وَلَمْ يَصِدِ

Il se dit à lui-même : Je ne vois aucun espoir de succès, car ton ami n'a ni sauvé sa vie, ni pris l'animal qu'il chassait.

زَعَمَ ٱلْعَوَاذِلُ أَنَّ نَاقَةَ جُنْدُبٍ   بِجُنُوبِ خَبْتٍ عُرِّيَتْ وَأُجِمَّتِ

De mauvaises langues ont fait courir le bruit que Djondob est descendu de sa monture et lui a ôté la selle, près de la citerne de Khabt.

Dans ces exemples : أُجِمَّتِ et يَصِدِ sont pour أُجِمَّتْ et يَصِدْ.

حُيِّيتُمْ يَا أَهْلَ هٰذَا ٱلْمَنْزِلِ   وَعِشْتُمْ فِي خَفْضِ عَيْشٍ خَصِلِ

Puissiez-vous, habitants de cette demeure, obtenir une longue suite de jours et vivre dans l'aisance et dans les plaisirs !

فَخَلَّفَهُمْ بِرَدِّ ٱلْبِيضِ عَنْهُمْ   وَهَامُهُمُ لَهُ مَعَهُمْ مُعَارُ

Il les a épargnés en détournant les glaives de dessus eux ; leur tête est un dépôt qui lui appartient et dont il leur a seulement prêté l'usage.

907. Ils font masculin un nom féminin et féminin un nom masculin. Exemples :

وَلَا مُزْنَةٌ وَدَقَتْ وَدَقَهَا   وَلَا أَرْضَ أَبْقَلَ أَبْقَالَهَا

Aucune nuée n'a versé ses eaux, aucune terre n'a produit ses herbes potagères.

لَمَّا أَتَى خَبَرُ ٱلزُّبَيْرِ تَوَاضَعَتْ   سُورُ ٱلْمَدِينَةِ وَٱلْجِبَالُ ٱلْخُشَّعُ

Lorsque la nouvelle de l'aventure de Zobéir est parvenue [à

Médine], *le mur de la ville s'est abaissé humblement, ainsi que les montagnes, saisies d'un saint respect.*

Dans le premier exemple, أَبْقَلَ, verbe au masculin, se rapporte à أَرْضٌ, nom féminin ; dans le second, تَوَاضَعَتْ, verbe au féminin, se rapporte à سُورُ, nom masculin.

Peut-être le verbe تَوَاضَعَتْ est-il en concordance logique (n° 404) avec ٱلْمَدِينَةِ, complément de سُورُ.

Il faut observer de plus que, dans le premier exemple, l'*élif* de أَبْقَلَ perd son *hamza* pour se changer en *élif* d'union et qu'on prononce *ar-dho-nab-ka-la*, au lieu de dire *ar-dhon-ab-ka-la* (n° 93, Ire part., et 894, IIe part.).

908. Les poètes emploient quelquefois le pluriel, quand la concordance exigerait le duel, comme on le voit dans les vers suivants :

شَفَيْتُ ٱلنَّفْسَ مِنْ حَمَلِ بْنِ بَدْرٍ   وَسَيْفِى مِنْ حُذَيْفَةَ قَدْ شَفَانِى
فَإِنْ أَكُ قَدْ بَرَدْتُ بِهِمْ غَلِيلِى   فَلَمْ أَقْطَعْ بِهِمْ إِلَّا بَنَانِى

Je me suis satisfait en exerçant ma vengeance sur Hamel, fils de Bedr, et mon glaive m'a fait raison de Hodhaïfa;

Mais si j'ai assouvi sur eux mon ressentiment, je n'ai fait en les frappant que couper mes propres doigts.

Dans le second vers, il est évident que la concordance exigeait بِهِمَا, au lieu de بِهِمْ.

909. Ils déclinent sur la première déclinaison les noms qui appartiennent régulièrement à la seconde et disent دَنَانِيرًا pour دَنَانِيرَ (n° 912, Ire part.) ; ils terminent aussi par un *medda* les noms qui se terminent par un *élif* bref, et par un *élif* bref ceux qui ont régulièrement un *medda*.

910. Ils déclinent régulièrement les noms qui devraient perdre leur voyelle finale, parce qu'ils se terminent par un ى (n° 915, Ire part.). Exemple :

لَا بَارَكَ ٱللَّهُ فِي ٱلْقَوَانِي هَلْ   يُصْبِحْنَ إِلَّا لَهُنَّ مُطَّلَبُ

Que Dieu maudisse les femmes! elles ont toujours quelque chose de nouveau à demander. (1)

911. Ils emploient la forme du pluriel irrégulier فَوَاعِلُ pour le pluriel masculin des adjectifs verbaux de la forme فَاعِلٌ, quoique cette forme de pluriel ne convienne régulièrement qu'aux féminins de ces mêmes adjectifs verbaux (n° 855, 1re p.) et ne soit d'usage que dans un très petit nombre de masculins, comme فَوَارِسُ, pluriel de فَارِسٌ *cavalier.*

912. Ils font subir à un nom qui n'a point de complément le retranchement de la lettre finale, retranchement qui caractérise le premier terme d'un rapport d'annexion. C'est ainsi qu'un poète a dit خُطَّنَا pour خُطَّتَانِ dans ce vers :

هُمَا خُطَّتَا إِمَّا إِسَارٌ وَمِنَّةٌ   وَإِمَّا دَمٌ وَٱلْقَتْلُ بِٱلْحُرِّ أَجْدَرُ

Il n'y a que deux partis : ou bien devenir captif et obtenir la vie comme une grâce, ou bien sacrifier son sang, et pour un homme libre, périr est le parti le plus convenable.

913. Ils retranchent de même le *tenwin* dans les noms qui ne sont point en rapport d'annexion. Exemples :

عَمْرُو ٱلَّذِي هَشَمَ ٱلثَّرِيدَ لِقَوْمِهِ   وَرِجَالُ مَكَّةَ مُسْنِتُونَ عِجَافُ

Amrou, qui a brisé le pain pour donner de la soupe à son peuple, tandis que les habitants de La Mecque étaient exténués par une année de disette.

لَعَمْرُكَ مَا أَدْرِي وَإِنْ كُنْتُ دَارِيًا   شُعَيْثُ ٱبْنُ سَهْمٍ أَمْ شُعَيْثُ ٱبْنُ مِنْقَرِ

J'en jure par ta vie, je ne sais pas, quoique je l'aie su autrefois, si Schoaïth est fils de Sahm, ou si Schoaïth est fils de Mincar.

(1) Ce vers est du mètre nommé ٱلْمُنْسَرِحُ.

Dans le premier exemple, il fallait dire عَمْرُو, et dans le second شُعَيْثُ ٱبْنُ, parce que *Schoaïth* et *fils de* sont ici deux parties différentes de la proposition (n° 143, Ire part.).

914. La concordance irrégulière dont j'ai parlé ailleurs (n° 380) et en vertu de laquelle on fait concorder des verbes, des adjectifs, des pronoms singuliers féminins avec des noms qui sont au pluriel, concordance qui n'a lieu ordinairement que quand on parle à la troisième personne, est étendue par les poètes à la seconde personne. On en a vu des exemples précédemment en ce qui concerne la concordance des verbes (n°s 380 et 383); en voici un qui présente la même concordance irrégulière en ce qui concerne les pronoms :

وَلَسْتُ بِسَائِلٍ جَارَاتِ بَيْتِى   أَغْيَابٌ رِجَالُكِ أَمْ شُهُودُ

Je ne fais point cette question aux voisines de ma tente : Vos hommes sont-ils absents ou présents?

Dans ce vers, le pronom affixe كِ, singulier féminin, tient la place de كُنَّ.⁽¹⁾

915. Les poètes mettent quelquefois le verbe ou l'attribut au singulier lorsque le sujet est un duel qui exprime deux choses inséparables l'une de l'autre, comme dans cet exemple :

ٱلْعَيْنَانِ تَنْهَلُّ

Les deux yeux fondent (à la lettre *fond*) *en larmes*.

916. Ils imitent le retranchement nommé تَرْخِيمٌ, qui a lieu régulièrement dans les noms employés comme compellatifs (n° 175), et le pratiquent lorsque les noms ne sont pas pris en ce sens. Exemple :

لَنِعْمَ ٱلْفَتَى نَعْشُو إِلَى ضَوْءِ نَارِهِ   طَرِيفُ بْنُ مَالِ لَيْلَةَ ٱلْجُوعِ وَٱلْخَصَرْ

Certes, c'est un homme illustre par sa générosité, que Tarif,

---

(1) Voyez le *Hamasa*, édition de M. Freytag, p. 197.

fils de Malic : c'est à la lueur de ses feux hospitaliers que nous nous rassemblons dans une nuit où les hommes éprouvent la rigueur de la faim et du froid.

On voit ici طَرِيفُ بْنُ مَالِكِ pour طَرِيفُ بْنُ مَالٍ.

917. Il y a des exemples de retranchements plus considérables, comme ٱلْمَنَازِلُ pour ٱلْمَنَـا, ٱلْحَمَامُ pour ٱحْمَى; mais ces sortes de cas sont très rares et doivent être considérés comme des exceptions singulières.

918. On trouve aussi des lettres ou des syllabes retranchées au commencement des mots, comme لاَهِ pour لِلَّـهِ, لَهُمَّ pour ٱللَّهُمَّ, تَقَوْا pour ٱتَّقَوْا, لاَنَ pour ٱلْآنَ.

919. Un retranchement et une contraction toute particulière a lieu en poésie et a même passé dans le langage ordinaire, relativement aux noms propres de tribus ou de familles arabes qui se composent du mot بَنُو *fils* et d'un nom propre joint à l'article déterminatif. On contracte le mot بَنُو et l'article en une seule syllabe بَلْ et l'on dit بَلْقَيْنِ, بَلْهُجَيْمِ et بَلْخَزْرَجِ, au lieu de بَنُو ٱلْقَيْنِ, بَنُو ٱلْهُجَيْمِ et بَنُو ٱلْخَزْرَجِ.

920. Les poètes conjuguent le verbe irrégulier comme s'il était régulier. Exemple :

أَلَمْ يَأْتِيكَ وَٱلْأَنْبَآءُ تَنْمِى   بِمَا لَاقَتْ لَبُونُ بَنِى زِيَادِ

Ne t'a-t-il point appris (car d'ordinaire les nouvelles vont toujours en grossissant) ce qui est arrivé à la femelle de chameau, bonne laitière, des enfants de Ziad ?

921. Ils emploient aussi le mode subjonctif de l'aoriste après la conjonction فَ, sans que cette conjonction soit prise dans un sens qui exige régulièrement l'usage de ce mode (n° 56). Exemple :

سَائِرُكَ مَنْزِلِى لِبَنِى تَمِيمِ   وَأَحَقُّ بِٱلْعِرَاقِ فَأَسْتَرِيحَا

DE LA SYNTAXE   503

J'abandonnerai ma demeure aux enfants de Témim, je m'en irai dans l'Irak, et là je goûterai le repos. (1)

922. Au contraire, ils substituent au subjonctif le mode conditionnel. Exemple :

تَرَاكَ أَمْكِنَةٍ إِذَا لَمْ أَرْضَهَا   أَوْ يَعْتَلِقْ بَعْضَ ٱلنُّفُوسِ حِمَامُهَا

J'abandonne les lieux qui ne me plaisent point, à moins que la mort ne s'empare d'une certaine âme (c'est-à-dire *de mon âme*).

Après أَوْ signifiant إِلَّا أَنْ, l'aoriste aurait dû être mis au subjonctif (n° 59).

923. Ils emploient aussi le mode conditionnel au lieu de l'indicatif. Exemple :

فَتًى قَبْلَنَا يَعْبِسْ مِنَ ٱلسِّنِينَ وَجْهُهُ
سِوَى خَلْسَةٍ فِي ٱلرَّأْسِ كَٱلْبَدْرِ فِي ٱلدُّجَى

[C'était] *un homme dont les années n'avaient point encore flétri le visage, seulement sa tête offrait un mélange semblable à l'éclat de la pleine lune au milieu d'une nuit obscure.*

Il fallait, dans cet exemple, suivant la règle, dire, à l'aoriste indicatif : يَعْبِسُ.

La même licence se trouve deux fois dans les vers suivants :

أَلَا مُخْبِرٌ بَعْدَ ٱلتَّفَرُّقِ يُخْبِرْنَا   فَمَا ذَا ٱلَّذِي يَاقَوْمُ أَشْغَلَكُمْ عَنَّا
وَلَوْ كُنْتُ أَدْرِي أَنَّهُ آخِرُ ٱلنَّوَى   لَكُنَّا وَقَفْنَا لِلْوَدَاعِ وَوَدَّعْنَا
هَلَّا يَا غُرَابَ ٱلْبَيْنِ هَلْ أَنْتَ مُخْبِرٌ   لَنَا بِقُدُومِ ٱلْغَائِبِينَ تُبَقِّرْنَا

Personne ne nous donnera-t-il donc aucune nouvelle, après une telle séparation ? O mes amis, quelle est la cause de cet oubli où vous nous laissez !

(1) أَسْتَرِيحَا est pour أَسْتَرِيحُ (n° 908). On pourrait supposer, quoi qu'en dise Hariri, de qui ceci est tiré, que فَ signifierait ici *en sorte que*, et, en ce cas, cette particule exigerait le subjonctif (n° 56).

Si j'eusse su qu'ils s'éloignaient de nous pour toujours, nous nous serions arrêtés pour nous faire de mutuels adieux.

O corbeau, dont la présence pronostique la séparation, viendrais-tu nous annoncer l'arrivée de ceux dont nous pleurons l'absence et nous réjouir par cette heureuse nouvelle?

La syntaxe aurait exigé تُبَشِّرُونَا et يُخْبِرُونَا au mode indicatif. (1)

924. Enfin, les poètes emploient le mode énergique de l'aoriste, quand ce mode ne devrait pas avoir lieu, et ils donnent même quelquefois la forme énergique au prétérit et à l'adjectif verbal, ainsi qu'à des verbes d'admiration. Exemples :

دَامَنْ سَعْدُكِ إِنْ رَحِمْتِ مُتَيَّمًا

Puisse ton bonheur être durable, [femme], si tu as pitié d'un malheureux que l'amour a rendu captif!

أَرَأَيْتَ إِنْ جَاءَتْ بِهِ أَمْلُودًا
مُرَجَّلًا وَيَلْبَسُ ٱلْبُرُودَا
أَقَائِلَنْ أَحْضِرِ ٱلشُّهُودَا

Si(2) *elle amène [son jeune amant] avec cette taille délicate, cette chevelure crépue, ces habits d'étoffe rayée, penses-tu que*

---

(1) M. Grangeret de Lagrange a publié ces vers d'une manière un peu différente, dans son *Anthologie arabe*, p. 98 du texte.

On trouve de même dans des vers attribués à Tarafa تَحَذَّرِي au lieu de تَحَذَّرِينَ. Voyez l'édition de la *Moallaka*, de Tarafa, par M. J. Vullers, p. 2.

(2) Ces vers sont du mètre nommé رَجَزٌ, et de la quatrième espèce ضَرْبٌ, qui se réduit aux trois pieds مُسْتَفْعِلُنْ مُسْتَفْعِلُنْ مُسْتَفْعِلْ, ou aux pieds irréguliers qui peuvent les remplacer. Dans le premier des trois vers, il se trouve la licence عِلَّةٌ, nommée خَرْمٌ, c'est-à-dire que la première syllabe du mot أَرَأَيْتَ doit être considérée comme étrangère au vers et qu'on n'en doit tenir aucun compte en le scandant, à moins que, par une autre licence dont il y a des exemples (n° 894), il ne faille lire أَرَيْتَ, au lieu de أَرَأَيْتَ.

[*le père de cette amante*] *dise* : « *Faites venir les témoins* [*pour dresser l'acte de mariage*] ! »

925. Il arrive quelquefois aux poètes d'employer un verbe au singulier quand le sens exigerait un pluriel et de mettre ensuite un pronom personnel au pluriel, pour tenir lieu de la désinence plurielle du verbe. Exemples :

لَمْ أَلْقَ بَعْدَهُمْ حَيًّا فَأَخْبُرَهُمْ   إِلَّا يَزِيدُهُمْ حُبًّا إِلَيَّ هُمْ

Je n'ai jamais rencontré, depuis que je les ai quittés, aucune tribu dont j'aie connu à fond le caractère, que ces derniers ne me les aient rendus encore plus chers qu'ils ne me l'étaient auparavant.

أَصَرَمْتَ حَبْلَ أُخَيِّ إِذْ صَرَمُوا   يَا عَاجِ بَلْ صَرَمَ ٱلْوِصَالَ هُمْ

As-tu donc brisé le lien qui t'unissait à cette tribu, ô mon ami, puisqu'ils ont rompu l'union avec toi ? Que dis-je ? ce sont eux qui ont brisé le lien de l'union.

Dans ces deux exemples, les verbes يَزِيدُ et صَرَمَ devaient être au pluriel et il fallait dire dans le premier يَزِيدُونَ, puisqu'on avait dit فَأَخْبُرَهُمْ, et dans le second صَرَمُوا ; mais au lieu de cela, la désinence propre du pluriel a été remplacée par les pronoms هُمْ placés à la fin des deux vers. (1)

926. J'ai dit ailleurs (n° 1009, Ire part.) que quand les personnes de l'aoriste pluriel des verbes, terminées par la formative نَ, comme تَكْتُبُونَ et يَكْتُبُونَ, sont suivies du pronom affixe de la première personne, qui est ي pour le singulier et نَا pour le pluriel, on retranche quelquefois la finale نَ de la forme verbale. J'ai ajouté qu'il en devait être de même avec la finale نَ de la seconde personne du féminin singulier de l'aoriste. Ces contractions ont assez souvent lieu chez les poètes. Exemples :

(1) Voyez le *Hamasa* publié par M. Freytag, p. 610.

أَنَا ٱلَّذِى يَجِدُوفِى فِى صُدُورِهِمْ   لَا أَرْتَقِى صَدْرًا مِنْهَا وَلَا أَرِدْ

C'est moi qu'ils trouvent toujours dans leur cœur [comme un objet d'effroi]; jamais je ne m'en éloigne pour un temps et je n'y reviens dans un autre instant.

وَحَنَّتْ نَاقَتِى طَرَبًا وَشَوْقًا   إِلَى مَنْ بِآخَيْنِ تُشَوِّقِينِى

Le chameau femelle que je monte témoigne par son agitation et son empressement les regrets qu'il éprouve de s'éloigner d'eux. O ma monture, quels sont ceux pour qui, par tes gémissements, tu réveilles mon amour?

Dans le premier exemple, يَجِدُونَنِى est pour يَجِدُوفِى, et dans le second, تُشَوِّقِينَنِى pour تُشَوِّقِينِى.

La même contraction a lieu quelquefois quand les affixes de la première personne se joignent aux personnes du pluriel féminin du prétérit qui se terminent par la finale ن. [1]

927. Les poëtes donnent pour sujet au verbe كَانَ un nom indéterminé et pour attribut un nom déterminé, ce qui est précisément le contraire de la règle ordinaire (n° 155). Exemp.:

فِفِى قَبْلَ ٱلتَّفَرُّقِ يَا ضَبَاعَا   وَلَا يَكُ مَوْقِفٌ مِنْكِ ٱلْوَدَاعَا

Arrête-toi, Dhabaa, avant l'instant de la séparation; que le moment où tu t'arrêteras ne soit point l'instant des adieux.

La construction régulière aurait été لَا يَكُ ٱلْوَدَاعُ مَوْقِفَنَا مِنْكِ *que l'instant des adieux ne soit point pour toi un moment de t'arrêter*, c'est-à-dire *n'attends pas l'instant des adieux pour t'arrêter auprès de moi*.

928. Ils suppriment le وَ du pronom هُوَ et le يَ du pronom هِىَ; ils suppriment aussi la voyelle de l'affixe هُ et lui substituent un *djezma*. Exemples:

---

[1] On pourrait supposer, dans tous ces cas, que c'est le ن de l'affixe, nommé نُونُ ٱلْعِمَادِ et نُونُ ٱلْوِقَايَةِ (n° 1008, 1re part.), qui est retranché. — Voyez le *Hamasa*, édition de M. Freytag, p. 146 et 199.

فَبَيْنَاهُ يَفْرِى رَحْلَهُ قَالَ قَائِلٌ   لِمَنْ جَمَلٌ رَخْوُ ٱلْمِلَاطِ نَجِيبٌ

Tandis qu'il vendait ses équipages, quelqu'un a dit : « Quel est celui qui a un chameau doux à monter, d'une race choisie? »

Je regarde ici ءُ dans بَيْنَاهُ comme tenant lieu de هُوَ et non comme un affixe, parce que, suivant l'opinion des meilleurs grammairiens, la particule بَيْنَا n'exerce aucune influence sur la proposition qui la suit.[1]

وَمَا لَهُ مِنْ مَحْجِدٍ تَلِيدٍ وَمَا لَهُ   مِنَ ٱلرِّيحِ فَضْلٌ لَا ٱلْجَنُوبِ وَلَا ٱلصَّبَا

Il n'a point hérité un patrimoine de gloire ; il n'est distingué par aucun des avantages qui assurent aux vents la reconnaissance des hommes, car il n'est ni comme le vent du midi [qui amène les pluies bienfaisantes], ni comme le zéphyr [qui rafraîchit et ranime].

929. Dans le pronom أَنَا *je*, les poètes font souvent brève la syllabe نَا, comme dans ce vers :

أَدِينُ بِأَنَّ ذَلِكَ دِينُ حَقٍّ   وَمَا أَنَا فِي ٱلنُّشُورِ بِذِي ٱرْتِيَابِ

Je fais profession de croire que c'est là une religion vraie et je ne doute point de la résurrection.[2]

930. Ils retranchent le ى de l'adjectif conjonctif ٱلَّذِى, la finale نِ du duel et la finale نَ du pluriel de ce même adjectif et disent ٱلَّذِ, ٱلَّذِى, ٱللَّذَانِ et ٱلَّذِينَ. Ils disent aussi ٱللَّوَا ou ٱللَّوَاتِى, au lieu de ٱللَّوَى.

931. Les poètes suppriment quelquefois la conjonction فَ lorsqu'elle devrait former la séparation entre une proposition

---

(1) Voyez là-dessus mon *Anthologie grammaticale arabe*, p. 88.

(2) Ce vers ne laisse aucun doute sur la mesure de la syllabe نَا dans أَنَا, car il est du mètre وَافِرٍ, et, par conséquent, le mot أَنَا forme ici deux syllabes brèves (n° 646) : il ne servirait donc de rien d'écrire أَنَا. Je suis porté à penser qu'il ne faut jamais mettre un *djezma* sur le *noun* ni changer le dernier *élif* en un *élif* hamzé.

conditionnelle et la proposition corrélative (nos 697 et suivants). Exemple :

مَنْ يَفْعَلِ ٱلْحَسَنَاتِ ٱللَّهُ يَشْكُرُهَا

Quiconque fera le bien, Dieu lui en témoignera sa gratitude.
On aurait dû dire فَٱللَّهُ يَشْكُرُهَا. (1)

932. Au lieu de مِنْ et لَٰكِنْ, ils disent (nos 1089 et 1025, Ire part.) مِ et لَٰكِ. Exemple :

فَلَسْتُ بِآتِيهِ وَلَا أَسْتَطِيعُهُ وَلَٰكِ ٱسْقِنِي إِنْ كَانَ مَاؤُكَ ذَا فَضْلٍ

Je n'irai point le trouver, je ne le puis, mais donne-moi toi-même à boire, si ton eau est d'une nature généreuse.

J'ai donné ailleurs des exemples de la contraction de la préposition مِنْ avec l'article déterminatif (no 1089, Ire part.).

933. Une contraction plus remarquable est celle par laquelle أَجِنْ est mis pour مِنْ أَجْلِ أَنْ *à cause que*. Exemple :

أَجِنْكَ عِنْدِي أَحْسَنُ ٱلنَّاسِ كُلِّهِمْ

Parce que tu es, à mes yeux, le plus beau de tous les hommes.

934. Quelquefois, lorsque deux mots sont liés par une conjonction, les poètes intervertissent l'ordre naturel et placent la conjonction et le mot qui la suit avant celui qui, dans le sens, précède la conjonction. Exemple : عَلَيْكَ وَرَحْمَةُ ٱللَّهِ ٱلسَّلَامُ, à la lettre : *Sur toi, et la miséricorde de Dieu, le salut*, au lieu de عَلَيْكَ ٱلسَّلَامُ وَرَحْمَةُ ٱللَّهِ *Que le salut et la miséricorde de Dieu [reposent] sur toi !*

935. Après la particule compellative يَا, ils omettent quelquefois le nom de la personne ou de la chose appelée.

936. Je dois répéter, en terminant ce chapitre, que plusieurs des licences poétiques qui y sont indiquées ont aussi lieu dans la prose rimée.

---

(1) En l'absence de la conjonction فَ, il aurait fallu dire يَشْكُرُهَا ٱللَّهُ.

LIVRE QUATRIÈME

De la Syntaxe considérée suivant le système des grammairiens arabes [1]

CHAPITRE PREMIER

De la Proposition en général

937. Ce qu'on appelle *discours* ou *phrase*, كَلَمٌ, est une agrégation de deux mots au moins dont la réunion énonce un attribut comme appartenant à un sujet. Ce rapport entre l'attribut

---

(1) J'ai suivi principalement, dans cette quatrième partie de ma grammaire, celle de Martellotto, intitulée *Institutiones linguæ arabicæ*; mais je l'ai beaucoup abrégée, parce que le but que je me suis proposé n'est que d'offrir un moyen de parvenir à l'intelligence des grammairiens et des scholiastes arabes, et que d'ailleurs les détails dans lesquels je suis entré dans la troisième partie m'imposaient l'obligation d'être plus court ici.

Les dénominations techniques ne sont pas les mêmes chez tous les grammairiens arabes; en conséquence, on trouvera quelquefois ici des dénominations différentes de celles que j'ai indiquées dans les trois premières parties. J'ai laissé subsister exprès ces différences afin de donner la connaissance d'un plus grand nombre de termes techniques. Il en est de même de l'analyse d'une proposition; la même proposition est souvent analysée de diverses manières par différents grammairiens, quelquefois par le même grammairien.

On trouvera ici des développements d'analyse grammaticale que l'on a déjà vus précédemment; je n'ai pu éviter ces répétitions, autrement cette quatrième partie eût manqué d'ensemble.

Au surplus, elle n'est point faite pour les commençants; elle ne pourrait

et le sujet est nommé إِسْنَاد, ce que l'on peut rendre par *attribution*. [1]

Le mot qui exprime l'attribut est nommé مُسْنَد, c'est-à-dire *attribué*. Celui qui exprime le sujet se nomme مُسْنَد إِلَيْهِ, c'est-à-dire *celui auquel on donne un attribut*.

938. Il n'est pas absolument nécessaire que le sujet et l'attribut soient exprimés par deux mots distincts; quand le sujet est un pronom et l'attribut un verbe, le sujet se trouve réuni dans un seul mot avec l'attribut, mais on considère alors les inflexions qui forment les personnes des verbes comme des mots distincts du verbe (n° 1023, Ire part.). Ainsi, dans خَرَجْتُ, la première partie du mot, خَرَجَ, forme l'attribut; la deuxième partie, تُ, forme le sujet.

939. Si la proposition énonce un sens complet, elle se nomme indifféremment كَلَام *phrase* ou جُمْلَة *proposition*. Si la proposition est de nature à exiger, pour la plénitude du sens, une autre proposition, on la nomme seulement جُمْلَة *proposition*.

Ainsi زَيْدٌ عَالِمٌ *Zéid* [*est*] *savant* est en même temps كَلَام *phrase* et جُمْلَة *proposition*. Dans مَنْ ضَرَبَنِي ضَرَبْتُهُ *quiconque me frappera, je le frapperai*, il y a deux *propositions* جُمْلَة et une seule *phrase* كَلَام.

qu'embrouiller leurs idées. Elle est faite pour les personnes déjà avancées et doit leur servir de préparation à la lecture des scholiastes. Aujourd'hui les moyens ne manquent plus pour s'exercer à cette étude.

(1) Je pense que le mot إِسْنَاد signifie proprement *appuyer, donner une chose pour soutien*. C'est par une conséquence de cela qu'en parlant des *traditions*, حَدِيث, on se sert du mot إِسْنَاد pour signifier que l'on indique la personne à laquelle elles remontent et les hommes par le canal desquels elle a été transmise.

Il suit de là que ٱلْمُسْنَد *l'attribut* est proprement l'idée *appuyée* ou *soutenue* et que ٱلْمُسْنَد إِلَيْهِ *le sujet* est ce qui fait fonction d'*appui* ou de *soutien*.

CHAPITRE II
De la Nature des diverses Propositions

940. Le discours ou la phrase est simple ou composée: simple, quand elle ne contient qu'une seule proposition; composée, quand elle en contient davantage.

941. La phrase simple est, ou une *proposition nominale*, جُمْلَةٌ اسْمِيَّةٌ, ou une *proposition verbale* جُمْلَةٌ فِعْلِيَّةٌ.

La proposition nominale est celle dans laquelle l'*attribut*, ٱلْمُسْنَدُ, est ou un adjectif ou un nom, soit que ce nom soit seul, ou qu'il soit joint à un adjectif, ou qu'il ait un complément. Exemples: زَيْدٌ عَالِمٌ Zéid [est] savant; زَيْدٌ رَجُلٌ عَالِمٌ Zéid [est] un homme savant; زَيْدٌ غُلَامُ أَبِيكَ Zéid [est] le domestique de ton père; زَيْدٌ أَبُوكَ Zéid [est] ton père.

La proposition verbale est celle dont l'attribut est exprimé par un verbe. Exemple: مَاتَ زَيْدٌ Zéid est mort.

942. Il y a deux autres sortes de propositions elliptiques qui semblent n'être ni nominales ni verbales, mais que l'on peut rapporter à l'une ou à l'autre espèce, suivant que l'on remplit l'ellipse par un verbe ou par un nom. La première est nommée جُمْلَةٌ ظَرْفِيَّةٌ *proposition circonstancielle*, parce qu'elle semble avoir pour attribut une circonstance de lieu, sorte de terme circonstanciel que l'on nomme ظَرْفٌ *vase*. Exemples: زَيْدٌ عِنْدَكَ Zéid [est] chez toi; زَيْدٌ فِي ٱلْمَسْجِدِ Zéid [est] dans la mosquée.

La seconde est nommée جَارٍ مَجْرَى ٱلظَّرْفِيَّةِ, c'est-à-dire *formée à la manière de la proposition circonstancielle*. Dans celle-ci, l'attribut, au lieu d'être énoncé simplement, devient le complément d'une préposition dont l'antécédent est sous-entendu. Exemple: أَنَا مِنَ ٱلصَّادِقِينَ *Je suis un [homme] du nombre des véridiques.*

Si l'on suppose qu'il y a dans ces propositions ellipse d'un verbe, comme يَكُونُ, elles sont des propositions verbales. Si l'on suppose qu'il y a ellipse d'un nom verbal, comme كَآئِنٌ *étant,* حَاصِلٌ *se trouvant,* ou d'un nom, comme بَعْضُ *un, une portion,* elles sont nominales. (1)

943. La phrase composée est :

1º Celle qui contient deux propositions qui dépendent tellement l'une de l'autre, que le sens de la première resterait suspendu et incomplet si l'on n'ajoutait pas la seconde. Exemples :

مَنْ ضَرَبَنِى ضَرَبْتُهُ

Quiconque me frappera, je le frapperai.

لَوْ ضَرَبَنِى ضَرَبْتُهُ

S'il me frappait, je le frapperais.

لَمَّا رَجَعَ نَزَلَ عِنْدِى

Quand il fut de retour, il logea chez moi.

2º Celle dans laquelle une des parties intégrantes de la proposition forme elle-même une proposition. Exemples :

زَيْدٌ مَاتَ أَبُوهُ

Zéid, son père est mort (c'est-à-dire *le père de Zéid est mort*).

---

(1) Le terme circonstanciel est, comme nous venons de le dire, nommé ظَرْفٌ *vase*; mais il faut ici faire une distinction. Si le verbe qui doit être sous-entendu pour remplir l'ellipse est un verbe d'une signification très vague et qui soit suffisamment indiquée par la réunion de la préposition et de son complément, comme dans l'exemple donné : زَيْدٌ فِى ٱلدَّارِ *Zéid [est] dans la maison,* dans lequel il faut sous-entendre le verbe *être,* le terme circonstanciel se nomme ظَرْفٌ مُسْتَقِرٌّ; mais si le verbe est exprimé ou si le verbe sous-entendu est un verbe d'une signification plus précise et dont l'idée ne soit point renfermée dans le terme circonstanciel, comme dans cet exemple : زَيْدٌ مَاتَ فِى ٱلطَّرِيقِ *Zéid est mort dans le chemin,* le terme circonstanciel se nomme ظَرْفٌ لَغْوٌ.

DE LA SYNTAXE

$$زَيْدٌ قُتِلَ أَخُوهُ$$

Zéid, son frère a été tué (c'est-à-dire le frère de Zéid a été tué).

$$زَيْدٌ ٱبْنُهُ حَسَنٌ$$

Zéid, son fils est beau (c'est-à-dire le fils de Zéid est beau).

$$زَيْدٌ مَاتَ$$

Zéid est mort.

$$زَيْدٌ جِيءَ إِلَيْهِ بِكِتَابٍ$$

Zéid, il lui a été apporté un livre (c'est-à-dire on a apporté un livre à Zéid).

On nomme cette sorte de proposition جُمْلَةٌ ذَاتُ ٱلْوَجْهَيْنِ *proposition à deux faces*.

Il faut bien observer que, dans tous ces exemples, زَيْدٌ, sujet de la proposition composée, a pour attribut une proposition complète, soit verbale, soit nominale, et que cette proposition qui forme l'attribut de زَيْدٌ a elle-même son sujet et son attribut. Dans les trois premiers exemples, les sujets des propositions attributives sont أَبُوهُ, أَخُوهُ et ٱبْنُهُ; dans le quatrième, c'est le pronom هُوَ renfermé dans le verbe مَاتَ; dans le cinquième, enfin, où il n'y a, à proprement parler, point de sujet, c'est le complément إِلَيْهِ qui le représente. Les *attributs* de ces mêmes propositions attributives sont, pour le premier et le quatrième exemples, مَاتَ; pour le second, قُتِلَ; pour le troisième, حَسَنٌ; pour le cinquième, enfin, جِيءَ بِكِتَابٍ.

944. La proposition verbale peut être ou *énonciative* إِخْبَارِيَّةٌ, ou *productive* إِنْشَائِيَّةٌ, ou *conditionnelle* شَرْطِيَّةٌ. [1]

---

[1] Le mot إِنْشَائِيَّةٌ répond à ce que j'ai nommé ailleurs *proposition volitive*. — Voyez mes *Principes de grammaire générale*, 2ᵉ édition, p. 182.

La première énonce un attribut comme appartenant au sujet; la seconde exprime un commandement, une défense, un souhait, une prière, etc.; la troisième énonce l'attribut comme appartenant au sujet, sous une certaine condition.

CHAPITRE III
Des parties tant essentielles qu'accessoires des Propositions

945. Les différentes parties essentielles d'une proposition, qui sont le sujet et l'attribut, ainsi que les parties accessoires, telles que les adjectifs, les appositifs, les compléments et les termes circonstanciels, prennent différents noms à raison de la place qu'elles occupent dans la proposition et des règles de concordance ou de dépendance auxquelles elles sont soumises.

946. A raison de ces différences, le sujet et l'attribut prennent chacun deux noms différents : le sujet se nomme : 1º اَلْمُبْتَدَأُ l'*inchoatif*, 2º اَلْفَاعِلُ l'*agent*; l'attribut s'appelle : 1º اَلْخَبَرُ l'*énonciatif*, quand il correspond à un *inchoatif*, 2º اَلْفِعْلُ le *verbe*, quand il est en relation avec un *agent*.

947. Les parties accessoires du discours, telles que les adjectifs, les compléments, les termes circonstanciels sont toutes comprises sous le nom de اَلْمُتَعَلِّقَاتُ *dépendances*, et l'on en distingue six espèces : 1º اَلْمَفْعُولُ le *patient* ou *l'objet de l'action*; 2º اَلْحَالُ la *situation* ou *le terme circonstanciel d'état*; 3º اَلتَّمْيِيزُ le *spécificatif*; 4º اَلْمَجْرُورُ le *complément mis au génitif*; 5º اَلْمُسْتَثْنَى la *chose exceptée*; 6º اَلتَّوَابِعُ les *appositifs*.

948. Chacune de ces parties de la proposition fera le sujet d'un chapitre particulier.

CHAPITRE IV
De l'Inchoatif

949. L'inchoatif est un nom, ou l'équivalent d'un nom, qui n'est dans la dépendance d'aucun antécédent, en ce qui concerne le cas où il doit être mis. C'est ordinairement le sujet de la proposition, rarement l'attribut, et sauf quelques exceptions l'inchoatif tient la première place dans la proposition, ce qui est indiqué par le nom même qu'il porte. Exemple : زَيْدٌ عَالِمٌ *Zéid [est] savant.* Zéid, زَيْدٌ est ici l'inchoatif.

950. Quelquefois l'inchoatif est placé après l'attribut ou énonciatif, ce qui a lieu quand l'énonciatif est précédé d'une particule négative ou interrogative et que d'ailleurs l'attribut concorde en nombre avec l'inchoatif, qui est le sujet. Exemples : أَقَائِمٌ الرَّجُلَانِ *Est-ce que les hommes sont debout ?* مَا قَائِمَانِ الرَّجُلَانِ *Les deux hommes ne sont pas debout.*

Malgré le déplacement des termes, le sujet reste ici inchoatif, parce qu'il n'est point regardé comme régi par l'attribut qui le précède, et que c'est au contraire lui qui régit l'énonciatif.

951. Lorsque l'attribut, précédé d'une particule négative ou interrogative, ne concorde pas en nombre avec le sujet duel ou pluriel, le nom qui sert de sujet ne peut plus être inchoatif, parce qu'il est alors envisagé comme étant sous la dépendance de l'attribut par lequel il est régi au nominatif et qu'il est de l'essence de l'inchoatif de n'être régi par aucun autre terme : l'attribut, en ce cas, est *verbe* (n° 946), et le sujet est considéré comme *agent,* ainsi qu'on le verra ci-après.[1] Exemples :

---

[1] Il suit de là que, si le sujet et l'attribut sont au singulier et par conséquent concordent en nombre, comme dans ces exemples : أَقَائِمٌ زَيْدٌ et مَا قَائِمٌ زَيْدٌ,

مَا قَائِمٌ ٱلرَّجُلَانِ

Les deux hommes ne sont pas debout.

أَقَائِمٌ ٱلرِّجَالُ

Est-ce que les hommes sont debout?

952. J'ai dit que l'inchoatif doit être ou un *véritable nom* (ce qui comprend aussi les pronoms) إِسْمٌ صَرِيحٌ ou *l'équivalent d'un nom*, c'est-à-dire *une manière de s'exprimer qui puisse se résoudre en un nom*, إِسْمٌ مُؤَوَّلٌ. Ainsi, un verbe joint à l'une des particules nommées مَصْدَرِيَّةٌ, parce qu'elles donnent aux temps du verbe *la valeur du nom d'action* (n⁰ˢ 1184 et 1232, Iʳᵉ part.), peut servir d'inchoatif. Exemple :

أَنْ تَصُومُوا خَيْرٌ لَكُمْ

Que vous jeûniez est bon pour vous (c'est-à-dire *le jeûne* ٱلصَّوْمُ *est bon pour vous*).

953. L'inchoatif, comme je l'ai dit, ne doit être, par rapport au cas où il se met, dans la dépendance d'aucun antécédent. J'appelle *antécédent* ce que les Arabes nomment عَامِلٌ *régissant*, et au pluriel عَوَامِلٌ, ce qui revient aux mots *gouverner* et *régir* employés par nos grammairiens. Les Arabes distinguent des *régissants exprimés* ou *grammaticaux* عَوَامِلُ لَفْظِيَّةٌ et des *régissants logiques* عَوَامِلُ مَعْنَوِيَّةٌ. Il n'est question ici que des premiers, dans la dépendance desquels l'inchoatif ne saurait jamais se trouver, car d'ailleurs il est dans la dépendance d'un *antécédent logique,* les Arabes considérant l'absence de tout antécédent grammatical comme un véritable antécédent logique.

on peut à volonté regarder زَيْدٌ comme *inchoatif* et قَائِمٌ comme *énonciatif,* ou bien dire que قَائِمٌ est *verbe* et زَيْدٌ *agent.*

DE LA SYNTAXE   517

954. L'inchoatif doit toujours être au nominatif. Quand l'attribut est précédé d'une particule négative ou interrogative et qu'il ne concorde pas en nombre avec le sujet (n° 951), il régit le sujet, qui dès lors ne peut plus être *inchoatif* et est considéré comme *agent,* et il le met au nominatif, ainsi qu'on l'a vu dans les exemples : مَا قَائِمٌ ٱلرَّجُلَانِ *Les deux hommes ne sont pas debout;* أَقَائِمٌ ٱلرِّجَالُ *Est-ce que les hommes sont debout ?*

CHAPITRE V
De l'Énonciatif

955. L'énonciatif, soit que ce soit un nom ou un adjectif, remplit toujours, dans la proposition, la fonction d'attribut. Exemples : زَيْدٌ عَالِمٌ *Zéid* [*est*] *savant;* بَعْلِي شَيْخٌ *mon mari* [*est*] *un vieillard.*

Les mots عَالِمٌ *savant* et شَيْخٌ *vieillard* sont ici les énonciatifs.

En général, l'inchoatif est un nom déterminé et l'énonciatif un nom ou un adjectif indéterminé.

Suivant quelques grammairiens, l'énonciatif n'est régi que par l'absence de tout antécédent grammatical (n° 953); suivant d'autres, dont j'adopte l'opinion, il est régi par l'inchoatif et ne peut l'être par aucun autre antécédent grammatical.

956. L'énonciatif doit toujours être au nominatif; il se place régulièrement après l'inchoatif.

Nous avons vu (n° 950) un cas où l'énonciatif précède l'inchoatif, sans que l'un et l'autre de ces deux termes changent pour cela de nature. Il y a d'autres exemples d'inversion de ces deux termes; plusieurs grammairiens ne les admettent pas et ont recours, en ce cas, à une autre analyse. Nous en indiquerons quelques-uns dans la suite, en traitant de la construction.

CHAPITRE VI
Du Verbe

957. La seule chose qu'il y ait à observer ici relativement au verbe, c'est que les grammairiens comprennent sous ce nom, par rapport aux règles de la syntaxe, les adjectifs verbaux ou *noms d'agent* فَاعِل et *de patient* مَفْعُول et ceux qu'ils nomment شِبْهَات ٱلْفِعْل *assimilés au verbe* (n° 738, Ire part.). Ainsi, dans cette proposition : زَيْدٌ حَسَنٌ غُلَامُهُ *Zéid, son esclave* [*est*] *beau*, pour *l'esclave de Zéid* [*est*] *beau*, زَيْدٌ *Zéid* est l'inchoatif et les deux autres mots forment une proposition verbale qui tient lieu d'énonciatif et qui est composée d'un verbe et d'un agent, حَسَنٌ *beau*, adjectif verbal, étant considéré comme un verbe dont l'agent est غُلَامُهُ.

958. Les verbes sont toujours censés contenir un *pronom* ضَمِير qui est leur *agent* فَاعِل et qui détermine leur signification à la première, seconde ou troisième personne.⁽¹⁾

---

(1) Le pronom contenu dans le verbe ou dans l'adjectif verbal disparaît entièrement dans l'analyse quand le verbe ou l'adjectif verbal est suivi d'un sujet spécial, comme lorsqu'on dit مَاتَ زَيْدٌ *Zéid est mort* ; أَقَائِمٌ ٱلرِّجَالُ *Est-ce que les hommes sont debout?*

Quant aux adjectifs verbaux, lorsqu'ils servent d'énonciatif à un inchoatif et qu'il n'y a point d'inversion, on ne devrait plus, ce semble, les considérer (n° 942) comme renfermant un agent pronominal. Ainsi, si l'on dit زَيْدٌ عَالِمٌ *Zéid* [*est*] *savant*, زَيْدٌ غُلَامُهُ مَرِيضٌ *Zéid, son esclave* [*est*] *malade* (c'est-à-dire *l'esclave de Zéid est malade*), il y a peu de raison de supposer que عَالِمٌ et مَرِيضٌ renferment le pronom هُوَ, comme on doit supposer la présence de ce pronom dans زَيْدٌ غُلَامُهُ مَرِيضٌ et زَيْدٌ مَاتَ.

Cette différence entre le verbe et l'adjectif verbal pourrait être fondée sur ce

DE LA SYNTAXE 519

Si la personne est indiquée par quelque lettre ajoutée aux lettres primitives, le pronom est بَارِزْ *apparent*. S'il n'y a aucune lettre ajoutée aux lettres primitives, le pronom est مُسْتَتِرْ ou مُسْتَكِنْ *caché*. Ainsi, dans les mots عَلِمْتُ *j'ai su*, عَلِمْتَ *tu as su*, عَلِمْنَا *nous avons su*, le pronom est *apparent*, c'est تُ, تَ, نَا ; dans عَلِمَ *il a su*, le pronom est *caché* (n° 1023, Ire part.).

CHAPITRE VII
De l'Agent

959. On appelle *agent* فَاعِلْ le nom auquel se rapporte le verbe qui le précède : ce nom exprime le sujet qui a pour attribut la qualité signifiée par le verbe.

L'agent doit donc toujours être placé après le verbe ou l'adjectif verbal qui fait la fonction de verbe. Exemples : مَاتَ عُمَرُ *Omar est mort* ; عُمَرُ مَاتَ أَبُوهُ *Omar, son père est mort* (c'est-à-dire *le père d'Omar est mort*). Les mots عُمَرُ *Omar*, dans la première phrase, et أَبُوهُ *son père*, dans la seconde, sont les agents du verbe مَاتَ *est mort*.

960. L'agent, au lieu d'être un *vrai nom* اسْمٌ صَرِيحْ, peut être une *expression équivalant à un nom* اسْمٌ مُؤَوَّلْ, comme on l'a déjà dit en parlant de l'inchoatif (n° 952). Exemp. : أَعْجَبَنِي أَنْ خَرَجْتَ *Il m'a fait plaisir que tu es sorti* ; ce qui est l'équivalent de أَعْجَبَنِي خُرُوجُكَ *Ta sortie m'a fait plaisir*. Autre exemple :

وَيَدْرَؤُا عَنْهَا ٱلْعَذَابَ أَنْ تَشْهَدَ أَرْبَعَ شَهَادَاتٍ بِٱللهِ إِنَّهُ لَمِنَ ٱلْكَاذِبِينَ

Si elle affirme quatre fois par le nom de Dieu, en disant : Il est

que, dans ce dernier, ce pronom n'a jamais d'existence sensible. Je crois cependant que cela n'est pas admis par les grammairiens arabes.

assurément du nombre des menteurs, cela la soustraira au châtiment.

Le texte, traduit littéralement, signifie : *la soustraira au châtiment, qu'elle affirme, etc.*

Si le verbe est précédé d'un nom, ce nom n'est pas alors agent, mais inchoatif, et le verbe a son agent en lui-même. La proposition, en ce cas, n'est plus simple, elle est composée, ayant pour attribut une proposition complète (n° 943). Ainsi, عُمَرُ مَاتَ هُوَ *Omar est mort* est la même chose que عُمَرُ مَاتَ *Omar est mort lui*; et cette proposition est absolument semblable à celle-ci : زَيْدٌ مَاتَ أَبُوهُ *Zéid est mort son père*; عُمَرُ est inchoatif, مَاتَ est verbe et porte en lui-même son agent. De même dans ضَرَبْتُ أَنَا *j'ai frappé*, le مُضْمَرٌ مُنْفَصِلٌ *pronom séparé* أَنَا *je* est inchoatif; le verbe est ضَرَبَ; le مُضْمَرٌ مُتَّصِلٌ *pronom affixe* تُ, qui est en même temps بَارِزٌ *apparent* (n° 958), est l'agent du verbe.

961. Il en est de même des adjectifs verbaux. Toutes les fois que le nom ou pronom auquel ils se rapportent les suit, on le nomme *agent*. Ainsi, dans ces exemples : مَا قَائِمٌ ٱلرَّجُلَانِ *N'est pas debout les deux hommes* (c'est-à-dire *les deux hommes ne sont pas debout*), أَقَائِمٌ ٱلرِّجَالُ *Est-ce qu'est debout les hommes?* (c'est-à-dire *est-ce que les hommes sont debout?*) (n° 951), les mots رَجُلَانِ et رِجَالٌ sont *agents*; quant au mot قَائِمٌ, on le considère comme *inchoatif*.

La même chose a lieu dans ces phrases :

زَيْدٌ ضَارِبٌ غُلَامُهُ *Zéid, le serviteur de lui* [est] *frappant* (c'est-à-dire *le serviteur de Zéid frappe*).

جَاءَنِي زَيْدٌ ٱلْأَحْسَنُ غُلَامُهُ *Il est venu à moi Zéid, le beau le serviteur de lui* (c'est-à-dire *dont le serviteur est beau*).

Dans ces exemples, غُلَامُهُ *le serviteur de lui* est agent par rapport à ضَارِبٌ *frappant* et à ٱلْأَحْسَنُ *le beau*.

DE LA SYNTAXE   521

962. Tout ce que l'on dit ici de l'agent a aussi lieu par rapport au nom ou au pronom qui sert de sujet au verbe passif et que l'on nomme اَلْمَفْعُولُ الَّذِى لَمْ يُسَمَّ فَاعِلُهُ *l'objet d'une action dont l'agent n'est pas nommé;* ce sujet est considéré comme agent et on le nomme نَائِبٌ عَنِ ٱلْفَاعِلِ ou قَآئِمٌ مَقَامَ ٱلْفَاعِلِ *remplaçant l'agent,* quand il est après le verbe; s'il est avant le verbe, il devient inchoatif et le verbe porte en lui-même son agent.

CHAPITRE VIII

Du Patient

963. Sous le nom de *patient*, ou plutôt d'*objet de l'action* ٱلْمَفْعُولُ, sont compris cinq termes complémentaires ou circonstanciels, qui peuvent trouver place dans la proposition (n°s 209 et suiv.). Je traduirai le mot مَفْعُولُ par celui de *complément,* pour simplifier l'expression.

964. Le premier, nommé ٱلْمَفْعُولُ ٱلْمُطْلَقُ *complément absolu,* est le nom d'*action* du verbe, ajouté au verbe lui-même ou à un verbe d'une signification équivalente, ce qui se fait dans plusieurs vues: 1° لِلتَّأْكِيدِ *pour donner de l'énergie,* exemple : ضَرَبْتُ ضَرْبًا *J'ai frappé en frappant;* 2° لِلتَّعْدَادِ *pour l'énumération,* ex.: ضَرَبْتُ ضَرْبَةً *J'ai frappé un coup,* ضَرَبْتُ ضَرْبَتَيْنِ *j'ai frappé deux coups;* c'est le nom d'*unité* (n° 674, Ire part.); 3° لِلتَّنَوُّعِ *pour spécifier,* exemple : ضَرَبْتُ ضَرْبَةً *J'ai frappé d'une certaine percussion;* c'est le nom *spécificatif* (n° 679, Ire part.); et ضَرَبْتُ ضَرْبًا شَدِيدًا *J'ai frappé d'une percussion forte.*

965. Le second est nommé simplement ٱلْمَفْعُولُ ou ٱلْمَفْعُولُ بِهِ *celui sur qui* ou *ce sur quoi se passe l'action* ou *qui en est l'objet:*

c'est le complément objectif des verbes. Exemples : ضَرَبْتُ زَيْدًا
J'ai frappé Zéid ; رَأَيْتُ عُمَرَ *J'ai vu Omar*.

966. Le troisième, nommé ٱلْمَفْعُولُ فِيهِ *ce dans quoi l'action est faite*, indique le temps ou le lieu dans lequel se fait l'action. Exemp.: مَاتَ ٱلْيَوْمَ ٱلثَّانِي *Il est mort le deuxième jour* ; جَآءَ خَلْفَكَ *Il est venu derrière moi*.

967. Le quatrième est appelé لِأَجْلِهِ ou ٱلْمَفْعُولُ لَهُ *le motif de l'action*: ce sont les noms d'action qui servent à cet usage. Ex.: ضَرَبْتُ زَيْدًا تَأْدِيبًا لَهُ *J'ai frappé Zéid, pour le corriger*.

968. Le cinquième, nommé ٱلْمَفْعُولُ مَعَهُ *celui avec qui a été faite l'action*, indique celui qui a coopéré à l'action avec l'agent ; on le joint à l'agent par la conjonction وَ, qui régit en ce cas l'accusatif (n° 1211, Ire part.). Exemple : جَآءَ ٱلسُّلْطَانُ وَٱلْجَيْشَ *Le sultan est venu avec l'armée*.

969. Dans tous ces cas, le nom qui fait la fonction de *complément* ٱلْمَفْعُولُ doit être mis à l'accusatif.

CHAPITRE IX
Du Terme circonstanciel d'état

970. Ce qu'on appelle ٱلْحَالُ *l'état*, est un nom destiné à énoncer une circonstance relative à l'état dans lequel se trouve soit l'agent ou le patient, soit même quelque autre objet qui entre dans la proposition comme complément de l'une de ses parties essentielles, et à modifier ainsi l'idée de cet objet. On emploie régulièrement pour cela le nom d'agent ou adjectif verbal, auquel on substitue quelquefois le nom d'action. Exempl.:

جَآءَ زَيْدٌ رَاكِبًا

Zéid est venu à cheval.

DE LA SYNTAXE

رَكِبْتُ ٱلْفَرَسَ مُسْرَجًا

J'ai monté le cheval [qui était] sellé.

971. Quelquefois le terme circonstanciel d'état peut se rapporter également à l'agent ou au patient. Exemple :

ضَرَبْتُ زَيْدًا قَاعِدًا

J'ai frappé Zéid qui était assis ou *pendant que j'étais assis.*

On doit cependant, en général, disposer les mots de manière à éviter cette amphibologie (n° 802).

972. Le même terme circonstanciel, étant mis au duel, peut se rapporter en même temps à l'agent et au patient. Exemple :

لَقِيَ عَمْرُو زَيْدًا رَاكِبَيْنِ

Amrou a rencontré Zéid, tous deux étant à cheval.

973. Il peut aussi se rapporter à quelque terme circonstanciel ou à quelque complément de la proposition. Exemple :

قَتَلْتُ كَلْبَ عَمْرٍو نَآئِمًا

J'ai tué le chien d'Amrou, tandis qu'il (Amrou) dormait.

974. Il est de la nature du terme circonstanciel d'état d'être indéterminé, et de plus dérivé d'un verbe, et il doit se rapporter à un antécédent déterminé.[1]

Le terme circonstanciel d'état est toujours à l'accusatif.

CHAPITRE X
Du Terme spécificatif

975. Comme le terme circonstanciel d'état spécifie une certaine manière d'être d'une chose précédemment nommée, de

---

[1] Voyez, à ce sujet, ce que j'ai dit ci-devant (n°s 146 et suiv.), et mon *Anthologie grammaticale arabe*, p. 348 et suiv.

même le *terme spécificatif* مُمَيَّزٌ restreint à une partie d'un tout ce qui semblait être dit du tout dans son entier. Dans ce cas on le nomme aussi بَيَانٌ *explicatif*. Exemple :

ٱلْوَرْدُ طَيِّبٌ رِيحًا وَلَوْنًا

La rose est agréable par l'odeur et la couleur.

Ici le terme spécificatif restreint la proposition entière.

976. Quelquefois le terme spécificatif ne restreint qu'un nom applicable à une multitude de choses et devient alors un vrai complément logique. Cela a lieu après certains numératifs et après les noms de mesure, de poids, de quantité. Exemples : قَفِيزٌ شَعِيرًا *Un boisseau d'orge* ; عِشْرُونَ رَجُلًا *Vingt hommes* ; رِطْلُ خُبْزًا *Une livre de pain* ; كَمْ رَجُلًا *Combien d'hommes ?*

977. Il est de la nature du terme spécificatif d'être indéterminé. [1] Il se met toujours à l'accusatif.

CHAPITRE XI
Du Complément mis au génitif

978. Le mot arabe مَجْرُورٌ signifie *un nom mis au cas nommé* جَرٌّ qui est le *génitif* et indique :

1º Un nom mis au génitif, parce qu'il sert de complément à un autre nom ou à un adjectif, comme غُلَامُ زَيْدٍ *l'esclave de Zéid*, جَمِيلُ ٱلْوَجْهِ *beau de visage* ;

2º Un nom qui sert de complément à une *préposition* حَرْفُ ٱلْجَرِّ. Exemple :

خَرَجْتُ مِنَ ٱلدَّارِ

Je suis sorti de la maison.

---

[1] Voyez, pour de plus grands détails sur le terme spécificatif, mon *Anthologie grammaticale arabe*, p. 348, 352 et suiv.

979. La première sorte de rapport se nomme إِضَافَةٌ *annexion,* l'antécédent se nomme ٱلْمُضَافُ *l'annexe,* et le conséquent ٱلْمُضَافُ إِلَيْهِ *ce qui reçoit une annexe.* La seconde espèce de rapport s'exprime par les mots جَارٌّ وَمَجْرُورٌ *une préposition et son régime.*

980. Ces sortes de circonstances exprimées par une préposition jointe au nom qui lui sert de complément se nomment مَفْعُولٌ بِهِ غَيْرُ صَرِيحٍ *complément objectif impropre,* soit que l'action à laquelle ils appartiennent soit exprimée par un verbe transitif ou qu'elle le soit par un verbe neutre. Dans cet exemple : ضَرَبْتُ زَيْدًا بِٱلْعَصَا *J'ai frappé Zéid avec le bâton,* زَيْدًا *Zéid* est un *complément objectif proprement dit,* مَفْعُولٌ بِهِ صَرِيحٌ, du verbe ضَرَبْتُ *j'ai frappé,* et بِٱلْعَصَا *avec le bâton* est un *complément objectif impropre,* مَفْعُولٌ بِهِ غَيْرُ صَرِيحٍ, du même verbe.

Dans cet autre exemple : خَرَجْنَا مِنَ ٱلْبِيعَةِ *Nous sommes sortis de l'église,* خَرَجْنَا *nous sommes sortis* est un verbe intransitif ; mais il a un complément objectif impropre, c'est مِنَ ٱلْبِيعَةِ *de l'église.*

CHAPITRE XII
De la Chose exceptée

981. On appelle مُسْتَثْنًى *chose exceptée,* un terme circonstanciel qui fait exception d'une partie sur une masse précédemment exprimée. Cette masse se nomme ٱلْمُسْتَثْنَى مِنْهُ *ce dont on soustrait une partie par l'exception.* Exemple :

$$\text{جَاءَ فِي ٱلْقَوْمُ إِلَّا زَيْدًا}$$

Les gens sont venus me trouver, excepté Zéid.

On trouvera plus loin la syntaxe particulière des particules d'exception.

CHAPITRE XIII
Des Appositifs

982. Sous le nom de تَوَابِعُ, qui signifie *mots qui suivent*, c'est-à-dire *qui se conforment*, et que je rends par *appositifs*, en donnant à cette dénomination un sens grammatical spécial un peu différent de celui que je lui ai assigné précédemment (n° 34), on comprend quatre parties accessoires de la proposition : ٱلتَّأْكِيدُ ou ٱلْمُؤَكِّدُ *le corroboratif*, ٱلنَّعْتُ ou ٱلصِّفَةُ *le qualificatif*, ٱلْبَدَلُ *le mot mis en remplacement* ou *permutatif*, et ٱلْعَطْفُ *le conjonctif* (n° 476).

Le nom général des quatre sortes d'appositifs étant تَابِعٌ *suivant*, le mot qui leur sert d'antécédent se nomme en général مَتْبُوعٌ, c'est-à-dire *suivi*.

983. Le corroboratif est ou لَفْظِيٌّ, c'est-à-dire *réel, consistant dans l'expression*, quand on répète deux fois de suite une proposition tout entière ou quelqu'une de ses parties, sorte de pléonasme ou d'expression énergique et confirmative qui n'a guère lieu que dans la conversation ; ou مَعْنَوِيٌّ *logique, consistant dans le sens*, quand, après avoir employé le nom d'une chose, on ajoute l'un de ces mots نَفْسٌ, عَيْنٌ, qui répondent à notre mot *même*, كُلٌّ, كِلَا, كِلْتَا, أَجْمَعُ, أَبْتَعُ, أَكْتَعُ, أَبْصَعُ, *totalité, universalité*. Exemples :

جَاءَنِي زَيْدٌ نَفْسُهُ

Zéid lui-même est venu chez moi.

جَاءَنِي ٱلْقَوْمُ كُلُّهُمْ

Les gens sont tous venus chez moi.

جَاءَنِي ٱلرَّجُلَانِ كِلَاهُمَا

Les deux hommes sont venus chez moi, tous les deux.

ٱشْتَرَيْتُ ٱلْبَيْتَ أَجْمَعَ

J'ai acheté la maison tout entière.

L'antécédent du corroboratif se nomme مُؤَكَّدٌ *fortifié.*

984. Le qualificatif est un adjectif qui ne forme point l'attribut de la proposition, mais qui sert à qualifier un nom; il s'emploie de deux manières.

Dans le premier cas, il qualifie réellement le nom qui le précède, comme dans les exemples suivants : جَاءَنِي رَجُلٌ حَسَنٌ *Un bel homme est venu chez moi;* رَأَيْتُ رَجُلًا حَسَنًا *J'ai vu un bel homme;* et alors le nom est مَنْعُوتٌ ou مَوْصُوفٌ *qualifié.*

Dans le second cas, l'adjectif est placé entre deux noms, et, quoiqu'il semble se rapporter à celui qui le précède, il qualifie véritablement celui qui le suit. Exemple :

جَاءَنِي رَجُلٌ حَسَنٌ أَخُوهُ

Un homme est venu chez moi, dont le frère est beau.

Alors le nom qui précède l'adjectif est nommé مَوْصُوفٌ *qualifié*, l'adjectif lui-même s'appelle سَبَبِيٌّ ou مُسَبَّبٌ *motivé par une cause étrangère*, et le nom qui suit l'adjectif est appelé سَبَبٌ *cause;* ou bien le premier nom est appelé مَوْصُوفٌ لَفْظِيٌّ *qualifié, quant à la forme de l'expression*, et le second مَوْصُوفٌ مَعْنَوِيٌّ *qualifié, quant au sens.*

Dans l'un et dans l'autre cas, l'adjectif est شِبْهُ ٱلْفِعْلِ *assimilé au verbe* et est censé contenir un agent pronominal. Relativement au premier cas, il faut se rappeler que, quand on dit جَاءَنِي رَجُلٌ حَسَنٌ *il est venu chez moi un bel homme*, رَأَيْتُ رَجُلًا حَسَنًا *j'ai vu un bel homme*, c'est la même chose que si l'on eût dit

DE LA SYNTAXE

جَاءَنِى رَجُلٌ حَسَنٌ هُوَ *il est venu chez moi un homme, beau lui,* رَأَيْتُ رَجُلًا حَسَنًا هُوَ *j'ai vu un homme, beau lui;* ce qui est considéré comme l'équivalent de جَاءَنِى رَجُلٌ يَحْسُنُ هُوَ *il est venu chez moi un homme, est beau lui;* رَأَيْتُ رَجُلًا يَحْسُنُ هُوَ *j'ai vu un homme, est beau lui.*

Dans le second cas, l'agent pronominal est en quelque sorte annulé, comme dans قَتَلَ زَيْدٌ, par l'agent nominal.

985. Le permutatif est de quatre sortes :

1° بَدَلُ ٱلْكُلِّ مِنَ ٱلْكُلِّ *Du tout pour le tout,* quand, ayant exprimé un être par son nom, on ajoute un autre nom qui exprime de même cet être tout entier, mais sous un autre point de vue. Exemples :

جَاءَنِى عُمَرُ أَخُوكَ

Omar, ton frère, est venu chez moi.

جَاءَنِى قَوْمُ ٱلْمَدِينَةِ كُبَرَآؤُهُمْ وَضُعَفَآؤُهُمْ

Le peuple de la ville, les grands et les petits, sont venus chez moi;

2° بَدَلُ ٱلْبَعْضِ مِنَ ٱلْكُلِّ *D'une partie pour le tout,* quand, après avoir exprimé une chose par un nom qui signifie cette chose en entier, on ajoute un autre nom qui restreint la signification à une partie de cette même chose. Exemple :

جَاءَنِى ٱلْقَوْمُ بَعْضُهُمْ

Les gens, une partie seulement, sont venus chez moi;

3° بَدَلُ ٱلْاِشْتِمَالِ *de compréhension,* c'est-à-dire ou *énonçant soit une qualité soit une circonstance qui était comprise dans son antécédent*, دَالٌّ عَلَى مَعْنًى فِى مَتْبُوعِهِ, ou bien *faisant naître l'idée soit d'une qualité soit d'une circonstance qui s'attache nécessairement à son antécédent* دَالٌّ عَلَى مَعْنًى يَسْتَلْزِمُ فِى مَتْبُوعِهِ.

Exemple du premier cas :

أَعْجَبَنِى زَيْدٌ حُسْنُهُ

J'ai admiré Zéid, sa beauté.

وَذَكَرْتَ تَفْتُكَ بَرْدَ مَآئِهَا وَعَتَكَ ٱلْبَوْلِ عَلَى أَنْسَائِهَا

Elle s'est rappelé [*le lieu nommé*] *Teftouc, la* FRAICHEUR DE SES EAUX *et l'urine qui s'était desséchée le long des cuisses de sa monture.*

Exemples du second cas:

أَعْجَبَنِى زَيْدٌ ثَوْبُهُ

Zéid, SON HABIT *m'a plu.*

يَسْأَلُونَكَ عَنِ ٱلشَّهْرِ ٱلْحَرَامِ قِتَالٍ فِيهِ

Ils t'interrogeront au sujet du mois sacré, DU COMBAT DANS LUI.

On voit que, dans le premier exemple, le permutatif fait naître une idée qui s'attache à Zéid, celle d'*être vêtu magnifiquement*, et que, dans le second, *le combat dans le mois sacré* suggère l'idée d'*un manque de respect* à la sainteté privilégiée de ce mois.

L'emploi de cette sorte de permutatif exige deux conditions: la première, c'est que, malgré l'ellipse qu'il renferme, le sens soit facile à saisir; la seconde, c'est qu'il n'offre rien de ridicule ou d'inconvenant. Ainsi, on ne doit pas dire سَرَجْتُ زَيْدًا فَرَسَهُ *j'ai sellé Zéid,* SON CHEVAL.

Le permutatif de *compréhension*, comme celui d'*une partie pour le tout*, contient ordinairement un pronom qui se rapporte à l'antécédent;

4º بَدَلُ ٱلْغَلَطِ *permutatif d'erreur,* quand, après avoir dit un mot pour un autre, on se reprend. Exemple:

مَرَرْتُ بِكَلْبٍ فَرَسٍ

J'ai passé près d'un chien, [*je veux dire*] *d'un cheval.*

986. L'antécédent des permutatifs se nomme ٱلْمُبْدَلُ مِنْهُ.

987. Le conjonctif est de deux espèces:

1º عَطْفُ ٱلْبَيَانِ *conjonctif explicatif,* quand après un nom on en ajoute un autre qui sert à désigner avec précision le sens de l'antécédent. Exemple :

$$جَاءَنِى أَخُوكَ زَيْدٌ$$

Ton frère ZÉID *est venu chez moi.*

Le nom propre sert à distinguer *Zéid* des autres frères de celui à qui l'on parle.

Ce conjonctif a un intime rapport avec le *qualificatif* اَلنَّعْتُ. ce qui distingue essentiellement ces deux appositifs, c'est que le *conjonctif explicatif* doit toujours être un nom *primitif*, جَامِدٌ (n° 599, Ire part.), tandis que le *qualificatif* doit être ou un *adjectif verbal* ou une expression *qu'on puisse ramener à la valeur d'un adjectif verbal,* مُشْتَقٌّ أَوْ مُؤَوَّلٌ بِهِ.

Suivant la plupart des grammairiens, il n'est pas nécessaire que le conjonctif explicatif ajoute un nouveau degré de détermination ou de précision à son antécédent; c'est pourtant son objet le plus ordinaire. Presque toujours le conjonctif explicatif peut être considéré comme permutatif;

2° عَطْفُ ٱلنَّسَقِ *conjonctif d'ordre* ou عَطْفُ ٱلْحُرُوفِ *conjonctif formé par une particule.* Exemple :

$$جَاءَنِى زَيْدٌ وَعَمْرٌو$$

Il est venu chez moi Zéid et Amrou.

988. Des deux parties du discours jointes par une idée conjonctive, la dernière se nomme مَعْطُوفٌ *mot conjoint,* et la première مَعْطُوفٌ عَلَيْهِ *mot sur lequel porte celui qui est conjoint.* (1)

---

(1) Il est nécessaire de se rappeler que ce que les grammairiens arabes entendent par les mots عَطْفٌ, مَعْطُوفٌ عَلَيْهِ et مَعْطُوفٌ est bien moins relatif à la connexion logique des idées ou des propositions qu'à l'application des règles de la *syntaxe désinentielle* ou إِعْرَابٌ. Pour qu'il y ait عَطْفٌ, il faut que *le mot conjoint* ou *la proposition conjointe* ٱلْمَعْطُوفُ soit de la même nature

CHAPITRE XIV
Observations sur les chapitres précédents

989. Il arrive souvent que quelqu'une des parties essentielles ou accessoires d'une proposition est remplacée par une proposition complète. On a déjà vu une proposition tenir la place de l'inchoatif dans l'exemple أَنْ تَصُومُوا خَيْرٌ لَكُمْ *il vous est bon de jeûner* (n° 952), et celle de l'agent dans celui-ci : أَعْجَبَنِي أَنْ خَرَجْتَ *votre sortie m'a fait plaisir* (n° 960). On peut mettre de même une proposition à la place du complément objectif. Ex.: أُرِيدُ أَنْ تَخْرُجَ *Je veux que tu sortes*, ce qui équivaut à أُرِيدُ خُرُوجَكَ *je veux ta sortie*.

990. Le plus ordinairement c'est l'énonciatif (n° 955), le qualificatif (n° 984) ou le terme circonstanciel d'état (n° 970) qui sont remplacés par des propositions ; et dans tous ces cas, la proposition qui remplace ces termes doit contenir un pronom qui se rapporte à l'inchoatif, si elle tient lieu d'énonciatif ; au que *son antécédent* ٱلْمَعْطُوفُ عَلَيْهِ ; si ce sont des verbes, par exemple, il faut qu'ils soient au même temps, ou du moins qu'ils puissent être ramenés à la même valeur temporelle. Toutes les fois que cette condition semble n'être pas observée dans l'Alcoran ou dans les poètes anciens, les commentateurs recourent à des ellipses pour rétablir l'analogie. Ebn Malec, dans l'*Alfiyya*, dit à ce sujet :

وَعَطْفُكَ ٱلْفِعْلَ عَلَى ٱلْفِعْلِ يَصِحّ

وَٱعْطِفْ عَلَى ٱسْمٍ شِبْهِ فِعْلٍ فِعْلًا   وَعَكْسًا ٱسْتَعْمِلْ تَجِدْهُ سَهْلًا

« Il est convenable d'établir un rapport de conjonction entre un verbe et un « autre verbe ; vous pouvez aussi établir le même rapport entre un nom assimilé « au verbe et un verbe ; si vous voulez faire l'inverse, vous n'y trouverez pas de « difficulté. »

Voyez, sur cette matière, mon *Anthologie grammaticale arabe*, p. 274, et le tome Ier de cette grammaire, n° 1198.

nom qualifié, si elle tient lieu de qualificatif; enfin, au nom modifié, si elle tient lieu de terme circonstanciel d'état. On comprendra mieux ceci par les exemples suivants :

زَيْدٌ يَقُومُ أَبُوهُ ou زَيْدٌ أَبُوهُ قَائِمٌ *Zéid, son père est debout* (c'est-à-dire *le père de Zéid est debout*); زَيْدٌ est l'inchoatif; la proposition nominale أَبُوهُ قَائِمٌ ou la proposition verbale يَقُومُ أَبُوهُ font la fonction d'énonciatif.

جَاءَنِى رَجُلٌ يَقُومُ أَبُوهُ ou جَاءَنِى رَجُلٌ أَبُوهُ قَائِمٌ *Il est venu chez moi un homme, son père est debout* (c'est-à-dire *dont le père est debout*); les propositions أَبُوهُ قَائِمٌ et يَقُومُ أَبُوهُ sont qualificatives et se rapportent au nom qualifié رَجُلٌ.

مَرَرْتُ بِزَيْدٍ وَأَبُوهُ قَائِمٌ ou مَرَرْتُ بِزَيْدٍ قَائِمًا أَبُوهُ *J'ai passé auprès de Zéid, son père étant debout;* les propositions قَائِمًا أَبُوهُ et أَبُوهُ قَائِمٌ font la fonction de terme circonstanciel d'état, et le nom modifié auquel elles se rapportent est *Zéid.*

991. Le pronom qui se trouve dans la proposition énonciative, qualificative ou circonstancielle d'état, et qui indique sa relation à l'inchoatif, au nom qualifié ou au nom modifié, s'appelle عَائِدٌ *retournant.*

Il en est de même du pronom qui fait partie du *permutatif,* ٱلْبَدَلُ dans certains cas (n° 985).

CHAPITRE XV
De la Construction

992. Les différentes parties qui constituent une proposition doivent observer entre elles un ordre qui est assujetti à certaines règles. Nous allons exposer ici ces règles, en suivant l'ordre dans lequel nous avons traité de ces différentes parties.

993. L'inchoatif et l'énonciatif constituant une proposition, la première place appartient naturellement à l'inchoatif; cette règle cependant est sujette à quelques exceptions.

994. Quand l'énonciatif est simple et indéterminé ou est un terme circonstanciel de lieu, on peut le placer avant l'inchoatif. Ainsi l'on dira également : حَيَوَانٌ ٱلْإِنْسَانُ ou ٱلْإِنْسَانُ حَيَوَانٌ *L'homme est un animal;* فِي ٱلدَّارِ زَيْدٌ ou زَيْدٌ فِي ٱلدَّارِ *Zéid est à la maison.*

Dans ce cas, l'inchoatif, quoique déplacé, est toujours *virtuellement* تَقْدِيرًا la première partie de la proposition. Aussi, s'il doit y avoir dans l'énonciatif un pronom affixe qui se rapporte à l'inchoatif, comme dans cet exemple : زَيْدٌ فِي دَارِهِ *Zéid [est] dans sa maison,* le déplacement des deux parties de la proposition n'apporte aucun changement à cela, quoiqu'il soit de la nature du pronom affixe d'être précédé par le nom auquel il se rapporte. On peut donc, si l'on veut, dire فِي دَارِهِ زَيْدٌ *dans sa maison [est] Zéid.*

Au contraire, l'énonciatif, quoique placé le premier, est toujours virtuellement la seconde partie de la proposition. Ainsi, quoiqu'en plaçant l'inchoatif après l'énonciatif on puisse lui adjoindre un pronom affixe qui se rapporte à l'énonciatif, comme فِي ٱلدَّارِ صَاحِبُهَا *dans la maison est le propriétaire d'elle,* on ne pourrait pas conserver la même forme d'expression en plaçant l'inchoatif avant l'énonciatif. On ne pourrait pas dire صَاحِبُهَا فِي ٱلدَّارِ *le propriétaire d'elle [est] dans la maison;* il faudrait dire صَاحِبُ ٱلدَّارِ فِيهَا *le propriétaire de la maison [est] dans elle.*

995. Dans les propositions interrogatives, l'inchoatif doit être placé après l'énonciatif. Exemples : مَنْ أَنْتَ *Qui [es] tu?* مَا هَذَا *Qu'est ceci?* (c'est-à-dire *qu'est-ce que ceci?*).

996. Dans une proposition composée d'un inchoatif et d'un verbe, pourvu que le verbe n'ait point d'autre agent que le *pronom compris dans le verbe lui-même* مُضْمَر (n° 1025), on peut déplacer le sujet et le mettre après le verbe; mais alors il cesse d'être *inchoatif* et devient *agent*. Ce n'est donc pas véritablement ici une inversion de l'inchoatif et de l'énonciatif. Ainsi l'on peut dire : زَيْدٌ ضَرَبَ *Zéid a frappé (Zeidus verberavit)*, et زَيْدٌ إِنْ أَكْرَمَنِي أَكْرَمْتُهُ *Zéid, s'il m'honore, je l'honorerai (Zeidus si honoraverit me, honorabo eum)*, auquel cas زَيْدٌ *Zéid* est *inchoatif*; ou bien ضَرَبَ زَيْدٌ *a frappé Zéid (verberavit Zeidus)*, إِنْ أَكْرَمَنِي زَيْدٌ أَكْرَمْتُهُ *Si m'honore Zéid, je l'honorerai (si honoraverit me Zeidus, honorabo eum)*, et, dans ce cas, زَيْدٌ *Zéid* devient *agent*. Dans زَيْدٌ ضَرَبَ, le nom زَيْدٌ est *inchoatif*, le verbe ضَرَبَ, avec son pronom caché (n° 1025), forme une proposition qui sert d'*énonciatif*; ainsi, زَيْدٌ ضَرَبَ est une phrase composée (n° 943). Dans ضَرَبَ زَيْدٌ, le verbe ضَرَبَ est *verbe* et le nom زَيْدٌ *agent*; la proposition est simple et verbale; il n'y a ni inchoatif, ni énonciatif.

Si le verbe a un agent apparent (n° 1025), l'inchoatif ne peut pas être déplacé, comme dans ces exemples : زَيْدٌ مَاتَ أَبُوهُ *Zéid, est mort son père* (c'est-à-dire *le père de Zéid est mort*); زَيْدٌ إِنْ جَاءَنِي أَبُوهُ أَكْرَمْتُهُ *Zéid, si son père vient chez moi, je l'honorerai* (c'est-à-dire *si le père de Zéid vient chez moi, je l'honorerai*).

997. Lorsque l'attribut, précédé d'une particule négative ou interrogative, fait la fonction de l'inchoatif, comme on l'a dit précédemment (n° 950), on ne peut pas déplacer les deux termes de la proposition; si on le faisait, il faudrait faire concorder l'attribut avec le sujet, et alors le sujet reprendrait la fonction d'inchoatif et l'attribut celle d'énonciatif. Ainsi l'on ne peut pas dire مَا ٱلرَّجُلَانِ قَائِمٌ *les deux hommes ne se tiennent pas debout*; il faut nécessairement dire مَا قَائِمٌ ٱلرَّجُلَانِ, l'inchoatif étant l'attribut مَا قَائِمٌ et l'énonciatif étant le sujet الرَّجُلَانِ ;[1] ou bien il faut dire الرَّجُلَانِ, مَا الرَّجُلَانِ قَائِمَانِ, l'inchoatif étant le sujet et l'énonciatif l'attribut قَائِمَانِ, ou plutôt قَائِمَيْنِ, à cause de l'influence de la négation مَا (n° 129).

998. Par rapport au verbe et à l'agent, c'est une règle générale que le verbe précède l'agent, ce qui a lieu aussi pour le sujet du verbe passif, qui se comporte comme l'agent du verbe actif. Si l'on déplace l'agent pour le mettre avant le verbe, il cesse d'être agent et devient inchoatif (n° 996).

999. Les cinq espèces de compléments ou termes circonstanciels compris sous le nom de مَفْعُولٌ (n° 964) suivent régulièrement le verbe auquel ils servent de compléments. Il n'y a point de règles qui déterminent leur position respective; on doit, à cet égard, se conformer à ce qu'exige la clarté et même l'harmonie, en plaçant d'abord ceux qui sont plus courts et réservant pour les derniers ceux qui sont plus longs. Exemple :

ضَرَبْتُ أَنَا وَعَمْرًا زَيْدًا أَمَامَ الْأَمِيرِ يَوْمَ الْجُمْعَةِ ضَرْبًا شَدِيدًا تَأْدِيبًا لَهُ

J'ai frappé, conjointement avec Amrou, Zéid, en présence de l'émir, le vendredi, d'une percussion, afin que cela lui servit de correction.

1000. Cependant le patient, nommé الْمَفْعُولُ بِهِ ou *complément objectif* proprement dit du verbe transitif, est souvent placé avant le verbe, ce qui donne de l'énergie à l'expression. Exemple :

اللّٰهَ نَعْبُدُ لَا الْأَوْثَانَ

C'est Dieu que nous adorons et non les idoles.

(1) Il aurait été, ce me semble, beaucoup plus naturel et plus conforme au système des grammairiens arabes, dans le cas de cette inversion, de regarder l'adjectif verbal قَائِمٌ comme *verbe* et dépouillé tout à fait de la qualité d'*inchoatif* et le sujet الرَّجُلَانِ ou الرِّجَالُ comme *agent*.

إِيَّاكَ نَعْبُدُ وَإِيَّاكَ نَسْتَعِينُ

C'est toi que nous adorons, c'est toi que nous appelons à notre aide.

1001. Quelquefois, en ce cas, on donne à ce complément une préposition et il devient le complément de la préposition, mais alors il cesse d'être مَفْعُولٌ بِهِ *complément objectif* immédiat du verbe et devient مَجْرُورٌ *complément mis au génitif* (n° 978). Ex.: إِنْ كُنْتُمْ لِلرُّؤْيَا تَعْبُرُونَ *Si vous interprétez la vision.* La préposition sert à fortifier l'action du verbe sur son régime, cette action étant affaiblie par le déplacement du régime.

1002. Le complément objectif du verbe doit être placé nécessairement avant le verbe, quand c'est un mot interrogatif, comme مَنْ et مَا. Exemples: مَنْ قَتَلْتَ *Qui as-tu tué ?* مَا فَعَلْتَ *Qu'as-tu fait ?* Ces mots occupent encore la même place quand ils sont simplement conjonctifs ou en même temps conjonctifs et conditionnels. Exemples:

لَا أَدْرِى مَنْ قَتَلَ غُلَامَكَ

Je ne sais pas qui a tué ton serviteur.

أَخْبِرْنِى أَيَّهُمْ تُحِبُّ

Instruis-moi qui d'eux tu préfères.

لَا أَعْلَمُ كَمْ دِينَارًا أَخَذْتَّ

Je ne sais pas combien de pièces d'or j'ai reçues.

مَا كَتَبْتُ كَتَبْتُ

Ce que j'ai écrit, je l'ai écrit.

مَنْ تَضْرِبْ أَضْرِبْ

Toute personne que tu frapperas, je la frapperai.

1003. Il en est de même des termes circonstanciels de temps et de lieu nommés مَفْعُولٌ فِيهِ quand ils sont conditionnels. Exemples:

DE LA SYNTAXE 537

$$\text{حَيْثُ ثَقِفْتُمُوهُمْ فَاقْتُلُوهُمْ}$$

Partout où vous les trouverez, combattez contre eux.

$$\text{مَتَى خَرَجْتَ خَرَجْتُ}$$

Quand tu sortiras, je sortirai.

1004. Ce que nous disons ici s'applique également aux mêmes mots, quand ils sont compléments objectifs des verbes intransitifs, et à la préposition qui les lie au verbe. Exemples :

$$\text{لَا أَدْرِي بِمَنْ مَرَرْتُ}$$

Je ne sais pas près de qui j'ai passé.

$$\text{لَا أَدْرِي عَنْ أَيِّنَا تَسْأَلُ}$$

Je ne sais pas de qui de nous tu t'informes.

1005. Le terme circonstanciel d'état (n° 970) se place régulièrement après le nom qu'il modifie et à la fin de la proposition quand le nom modifié est مَعْرِفَةٌ, c'est-à-dire *déterminé* (n° 924, Iʳᵉ part.). Exemple :

$$\text{جَاءَنِي زَيْدٌ وَخُدَّامُهُ مِنَ ٱلْمَسْجِدِ رَاكِبًا}$$

Zéid est venu avec ses gens, de la mosquée chez moi, à cheval.

Quand le nom modifié est نَكِرَةٌ *indéterminé* (n° 923, Iʳᵉ part.), on place ordinairement le modificatif auparavant. Exemple :

$$\text{جَاءَنِي رَاكِبًا رَجُلٌ}$$

Un homme est venu chez moi, à cheval.

Le principal motif de cette construction est de distinguer le modificatif du qualificatif.

1006. Le modificatif étant toujours indéterminé, on ne peut pas le confondre avec le qualificatif, toutes les fois que le nom modifié est déterminé, et alors on le place toujours à la fin de la proposition. Par la même raison on peut, quoique cela arrive rarement, mettre le modificatif à la fin de la proposition, quand même le nom modifié est indéterminé, pourvu que ce nom ne soit pas à l'accusatif, qui est le cas propre au modificatif, car la différence des cas ne permet pas alors de prendre le modificatif pour un adjectif qualificatif. Exemple :

صَلَّى وَرَآءَهُ رِجَالٌ قِيَامًا

Quelques hommes prièrent derrière lui, se tenant debout.

1007. Si le modificatif est un mot interrogatif ou conditionnel, alors seulement il doit être placé avant le verbe. Exempl. :

كَيْفَ جَآءَ زَيْدٌ

Comment est venu Zéid ?

كَيْفَ تَفْعَلُ أَفْعَلُ

Comme tu feras, je ferai.

1008. Le *terme spécificatif* تَمْيِيزٌ ou *spécifiant* مُمَيِّزٌ doit toujours suivre le *mot spécifié* مُمَيَّزٌ (nº 975). Exemple :

عِنْدِي عِشْرُونَ غُلَامًا

J'ai vingt esclaves.

S'il spécifie une proposition entière, il se place à la fin de la proposition. Exemple :

طَابَ ٱلْوَرْدُ لَوْنًا

La rose est agréable, en couleur.

Quelques grammairiens permettent, dans ce cas, de placer le spécificatif avant le verbe.

1009. Le nom employé au génitif, comme complément d'un autre nom ou d'une préposition, suit immédiatement la préposition ou le nom auquel il sert de complément.

1010. Les termes circonstanciels ou compléments indirects formés d'une préposition et de son complément n'ont point de place marquée dans la proposition.

1011. Le nom de la *chose exceptée* ٱلْمُسْتَثْنَى suit toujours immédiatement la particule d'exception et celle-ci suit ordinairement le nom qui exprime *la masse de laquelle on soustrait la chose exceptée*, اَلْمُسْتَثْنَى مِنْهُ. Exemple :

$$جَاءَنِى ٱلْقَوْمُ إِلَّا زَيْدًا$$

Les gens sont venus chez moi, excepté Zéid.

Si la phrase est négative, on peut placer la particule d'exception et le nom de la chose exceptée avant celui qui exprime la masse de laquelle on soustrait et même supprimer tout à fait celui-ci. On dit donc : مَا جَاءَنِى أَحَدٌ إِلَّا زَيْدٌ ou مَا جَاءَنِى أَحَدٌ إِلَّا زَيْدٌ, ou enfin مَا جَاءَنِى إِلَّا زَيْدٌ, إِلَّا زَيْدٌ *Il n'est venu personne chez moi, sinon Zéid.*

1012. L'*appositif* اَلتَّابِعُ (n° 982) suit toujours le *nom avec lequel il est en apposition* اَلْمَتْبُوعُ ; si cependant celui-ci avait tout à la fois un complément et un appositif, il faudrait placer d'abord le complément et ensuite l'appositif. Exemple :

$$لَقِيتُ غُلَامَ زَيْدٍ ٱلْأَسْوَدَ$$

J'ai rencontré l'esclave de Zéid, le noir (c'est-à-dire *l'esclave noir de Zéid*).

CHAPITRE XVI
De la Concordance

1013. Les règles de la concordance s'appliquent à trois objets ; il faut distinguer : 1° la concordance du verbe avec son agent ; 2° celle de l'adjectif qualificatif avec le nom qualifié, ce qui renferme aussi la concordance des articles démonstratifs et des pronoms avec les noms ; 3° celle de l'adjectif conjonctif avec son antécédent.

1014. La *concordance du verbe avec son agent* مُطَابَقَةُ ٱلْفِعْلِ وَٱلْفَاعِلِ a trois objets : la personne, le genre et le nombre.

1015. Nous avons donné les règles de cette concordance (n°s 377 et suiv.) ; nous ferons donc seulement ici quelques observations sur la manière dont les Arabes envisagent les discordances qui ont lieu entre le verbe et son agent dans certains cas :

1º La raison pour laquelle le verbe est au singulier, quand son agent qui le suit est au duel ou au pluriel, c'est que les terminaisons des personnes des verbes étant des pronoms qui font fonctions d'agent, ces pronoms deviennent inutiles quand l'agent est *exprimé* ظَاهِرٌ ; ce serait donc une sorte de pléonasme que d'en faire usage en ce cas;

2º Quand le sujet du verbe précède le verbe, il n'en est plus de même; le sujet est alors *inchoatif* et non *agent;* le verbe doit, en ce cas, porter son agent en lui-même et cet agent doit concorder avec l'inchoatif;

3º Avec les pluriels irréguliers masculins on peut employer indifféremment le verbe au genre masculin ou féminin. La raison en est que ces pluriels sont considérés comme des noms collectifs qui renferment l'ellipse du mot جَمَاعَةٌ *collection:* رِجَالٌ, par exemple, est l'équivalent de جَمَاعَةُ ٱلرِّجَالِ et l'on peut faire concorder le verbe avec le genre de رِجَالٌ ou avec celui de جَمَاعَةٌ.

1016. La *concordance du nom qualifié avec le qualificatif* مُطَابَقَةُ ٱلنَّعْتِ وَٱلْمَنْعُوتِ a quatre objets : le nombre, le genre, le cas et la présence ou l'absence de l'article.

1017. J'ai déjà dit ailleurs (nº 984) que l'adjectif est employé, en arabe, en deux manières différentes : tantôt il se rapporte à un nom qu'il qualifie réellement et alors on l'appelle حَالُ ٱلْمَوْصُوفِ *état de la chose qualifiée;* tantôt il est placé entre deux noms, et quoiqu'il semble se rapporter à celui qui le précède, il qualifie véritablement celui qui le suit; on le nomme alors حَالُ ٱلْمُتَعَلِّقِ بِٱلْمَوْصُوفِ *état de ce qui est accessoire à la chose qualifiée.*

J'ai exposé ailleurs (nos 433 et suiv.) les règles de la concordance du nom avec l'adjectif dans l'un et l'autre cas.

DE LA SYNTAXE 541

1018. La *concordance de l'adjectif conjonctif avec son antécédent* مُطَابَقَةُ ٱلْمَوْصُولِ وَٱلْمَوْصُولِ إِلَيْهِ est la même que celle du nom qualifié avec l'adjectif qualificatif.

CHAPITRE XVII
Des règles de la Dépendance en général

1019. Ce que nous appelons *dépendance* est l'influence que certaines parties du discours exercent sur les autres et qui sert à distinguer les compléments de leurs antécédents. Cette espèce d'influence est nommée عَمَلٌ *action ;* le mot qui exerce cette influence se nomme عَامِلٌ *agissant,* et celui sur lequel elle est exercée s'appelle مَعْمُولٌ *soumis à l'action ;* je traduirai le premier par *régissant* et le second par *régi.*

1020. Tous les *régissants* ٱلْعَوَامِلُ sont divisés en deux classes : لَفْظِيَّةٌ *exprimés* ou *grammaticaux* et مَعْنَوِيَّةٌ *non exprimés* ou *logiques.*

1021. Les régissants grammaticaux sont subdivisés en قِيَاسِيَّةٌ *fondés sur l'analogie* ou *réguliers* et سَمَاعِيَّةٌ *fondés sur l'usage.* (1) De ces deux subdivisions, la première se partage en sept classes et la seconde en treize classes.

1022. Le verbe, le nom et la particule peuvent faire la fonction de régissants. Le verbe et le nom seuls peuvent être régis.

---

(1) Au lieu de سَمَاعٌ, à la lettre *audition,* qui est l'opposé de قِيَاسٌ *analogie,* on dit aussi حِفْظٌ, c'est-à-dire *mémoire,* et مَحْفُوظٌ *fondé sur la mémoire,* au lieu de قِيَاسِيٌّ.

CHAPITRE XVIII
De l'Influence du Verbe

1023. Le *verbe en général* ٱلْفِعْلُ مُطْلَقًا est le premier des régissants grammaticaux réguliers.

1024. Les verbes ne régissent que des noms. Ils ne régissent que deux cas : le *nominatif* ٱلرَّفْعُ et l'*accusatif* ٱلنَّصْبُ.

1025. Tous les verbes régissent le nominatif ; les verbes actifs mettent tous au nominatif, ou réellement ou virtuellement, leur agent. Cet agent, comme on l'a déjà dit (n° 959), suit toujours le verbe ; il est ou ظَاهِرٌ *apparent,* lorsque c'est un nom, ou مُضْمَرٌ *pronominal,* (1) lorsque c'est un pronom renfermé dans un même mot avec le verbe, et ce pronom est ou بَارِزٌ *sensible* ou مُسْتَتِرٌ *caché* (n° 1022, Ire part., et n° 958, IIe part.).

1026. Les verbes passifs régissent de même au nominatif leur sujet appelé *le patient* ou *l'objet de l'action faisant la fonction d'agent* ٱلْمَفْعُولُ ٱلْقَائِمُ مَقَامَ ٱلْفَاعِلِ (n° 962).

1027. Le complément qui devient agent des verbes passifs est de plusieurs espèces.

1028. L'un est particulier aux verbes transitifs, on le nomme ٱلْمَفْعُولُ بِهِ ; c'est l'*objet* ou le *complément objectif* du verbe

---

(1) Le mot مُضْمَرٌ signifie proprement *ce qui est renfermé dans la pensée, dans l'esprit.* Ainsi, pour prendre un exemple dans une autre langue, si je dis *Petrus dormit,* le sujet *Petrus* est apparent ; mais si je dis *dormis* ou *dormit,* le sujet *tu* ou *il, elle* est renfermé dans la pensée.

Je me sers du mot *pronominal* pour simplifier l'expression, mais il faut observer que le pronom personnel étant exprimé indépendamment du verbe, si l'on disait, par exemple, قُلْتُ أَنَا *dixi ego,* l'agent serait *apparent.* Cependant, dans le système des Arabes, la finale تُ de قُلْتُ est l'agent pronominal et أَنَا est un *appositif corroboratif* تَابِعٌ مُؤَكِّدٌ.

actif, devenu le sujet du verbe passif (n° 220); il est, de même que l'agent, ou ظَاهِرٌ *apparent* ou مُضْمَرٌ *pronominal*.

1029. Les autres sont communs à tous les verbes. Le premier est ٱلْمَفْعُولُ ٱلْمُطْلَقُ *le complément absolu,* c'est le nom d'action même du verbe. Exemple : سِيرَ سَيْرٌ شَدِيدٌ *Une marche forte a été marchée* (n° 229).

Le second est ٱلْمَفْعُولُ فِيهِ *le complément qui indique le lieu ou le temps de l'action.* Exemples : سِيرَ شَهْرٌ *Un mois a été marché*; سِيرَ أَمْيَالٌ ثَلَاثَةٌ *Trois milles ont été marchés,* ce qui signifie qu'on a marché durant un mois ou un espace de trois milles (n° 230).

Le troisième est ٱلْمَفْعُولُ بِهِ غَيْرُ ٱلصَّرِيحِ *le complément objectif improprement dit;* dans cette manière de s'exprimer, le passif arabe est analogue au passif latin dans ces expressions : *ventum est, dicitur, itur,* etc.; elle produit le même effet que notre pronom indéterminé *on.* [1] Exemples :

خُرِجَ مِنَ ٱلْمَسْجِدِ

---

(1) La doctrine exposée ici, qui a quelque chose de bizarre, est admise généralement par les grammairiens arabes. On peut consulter à cet égard le traité intitulé وَسِيطُ ٱلنَّحْوِ (p. 23). Ebn Malec, dans l'*Alfiyya,* dit :

وَقَابِلٌ مِنْ ظَرْفٍ أَوْ مِنْ مَصْدَرِ   أَوْ حَرْفِ جَرٍّ بِنِيَابَةٍ حَرِ

« On peut substituer à l'agent du verbe le [terme circonstanciel de temps ou
« de lieu nommé] *vase,* le nom d'action ou une préposition [avec son complé-
« ment], autant que rien ne s'oppose à cette substitution. »

Béidhawi, sur ce passage de l'Alcoran (sur. 42, vers. 1) كَذَلِكَ يُوحَى إِلَيْكَ,
établit la même doctrine. Sur ces mots : غَيْرُ ٱلْمَغْضُوبِ عَلَيْهِمْ, de la première surate, il dit positivement :

عَلَيْهِمْ فِي مَحَلِّ ٱلرَّفْعِ لِأَنَّهُ نَائِبٌ مَنَابَ ٱلْفَاعِلِ

« Le mot عَلَيْهِمْ *sur eux* est virtuellement au nominatif, parce qu'il tient la place de l'*agent* du verbe. »

Il a été sorti (c'est-à-dire *on est sorti de*) *la mosquée.*

اُحْتِيجَ إِلَى دِينَارٍ

Il a été besoin d'argent.

غُضِبَ عَلَيْهِ

On s'est mis en colère contre lui.

مُرَّ بِزَيْدٍ

On a passé près de Zéid.

خِيفَ مِنَ ٱللُّصُوصِ

On a eu peur des voleurs.

1030. Tous les verbes régissent des compléments à l'accusatif, mais il y a différentes espèces de régimes placés à l'accusatif. Les uns sont عَامٌ *communs* à tous les verbes, les autres sont خَاصٌّ *particuliers* à certaines espèces de verbes.

1031. Les régimes mis à l'accusatif, qui sont communs à tous les verbes, sont ٱلْمَصْدَرُ ou ٱلْمَفْعُولُ ٱلْمُطْلَقُ *le complément absolu* ou *nom d'action;* ٱلْمَفْعُولُ فِيهِ *le complément qui indique le temps* ou *le lieu de l'action;* ٱلْمَفْعُولُ مَعَهُ *le complément qui indique ceux qui ont concouru à l'action;* ٱلْمَفْعُولُ لَهُ *le complément qui exprime le motif de l'action;* ٱلْحَالُ *le terme circonstanciel d'état* (n° 213).

1032. Les régimes mis à l'accusatif, particuliers à certains verbes, sont ٱلْمَفْعُولُ بِهِ ٱلصَّرِيحُ *le complément objectif proprement dit* (n° 119), qui est particulier aux verbes transitifs; ٱلتَّمْيِيزُ *le spécificatif* (n° 156), qui ne convient qu'aux verbes dont l'action est susceptible d'être restreinte; ٱلْخَبَرُ ٱلْمَنْصُوبُ *l'énonciatif mis à l'accusatif,* lequel est propre aux verbes nommés أَفْعَالُ ٱلْقُلُوبِ *verbes de cœur,* et à quelques autres dont on parlera dans la suite.

1033. Les verbes sont ou transitifs ou intransitifs (n° 251,

DE LA SYNTAXE   545

Ire part.) : les verbes transitifs sont ou simplement ou doublement ou même triplement transitifs.

1034. Les verbes transitifs et intransitifs peuvent être employés comme actifs ou comme passifs ; mais il faut observer que les verbes arabes étant employés à la voix objective, on ne doit jamais exprimer l'agent par la forme de terme circonstanciel, au moyen d'une préposition à laquelle l'agent serve de complément, comme on peut dire en latin et en français : *Nero occidit Britannicum, Néron tua Britannicus ;* ou *Britannicus occisus est* A NERONE, *Britannicus fut tué* PAR NÉRON.

1035. La plus grande partie des verbes transitifs, outre leur complément objectif direct, ont des conséquents ou compléments indirects auxquels ils se joignent par l'intermédiaire d'une préposition, comme ب, لِ, مِنْ, إِلَى, عَلَى, عَنْ, etc. Les verbes intransitifs prennent toujours leurs compléments au moyen d'une préposition. Mais la connaissance des prépositions qui conviennent à chaque verbe est plutôt du ressort du dictionnaire que de celui de la grammaire. (1)

Tout cela ayant été expliqué ailleurs, je ne m'y arrêterai pas.

1036. Les verbes simplement transitifs régissent leur complément à l'accusatif ; les verbes doublement et triplement transitifs gouvernent leurs deux ou trois compléments au même cas.

1037. Quand les verbes transitifs passent à la voix objective, s'ils sont simplement transitifs, ils n'ont plus de complément

---

(1) Observez que les grammairiens arabes emploient la dénomination de *transitifs* مُتَعَدٍّ pour tous les verbes qui sont relatifs (n° 269, 1re part.), c'est-à-dire qui ont des compléments, soit qu'ils gouvernent leurs compléments immédiatement, comme قَتَلَ عَمْرًا *il a tué Amrou*, ou médiatement, comme مَرَّ بَعَمْرٍو *il a passé près d'Amrou*. Dans le dernier cas, ils disent que *le verbe passe à son complément au moyen de telle ou telle préposition* يَتَعَدَّى إِلَى مَفْعُولِهِ بِحَرْفِ جَرٍّ.

objectif; s'ils sont doublement transitifs, un de leurs compléments devient sujet, et le second reste complément.

1038. Quand un verbe a deux compléments, celui qui est le plus essentiel, et qui doit suivre immédiatement le verbe, se nomme اَلْمَفْعُولُ ٱلْأَوَّلُ *le premier complément objectif*, et l'autre اَلْمَفْعُولُ ٱلثَّانِى *le second complément objectif*. [1]

CHAPITRE XIX

Du Nom d'agent

1039. Le second des régissants grammaticaux réguliers est le *nom d'agent* اِسْمُ ٱلْفَاعِلِ, qui équivaut à peu près au participe actif des Latins, et qu'il ne faut pas confondre avec l'*agent* ou *sujet du verbe* ٱلْفَاعِلُ (n° 959).

1040. Le nom d'agent a les mêmes régimes que l'*aoriste* مُضَارِعٌ, c'est-à-dire qu'il a les mêmes régimes que le verbe, mais avec cette condition, qu'il n'agit à la manière du verbe que quand il est employé pour signifier une action présente ou future, et non quand on l'emploie pour exprimer le passé.

1041. Le nom d'agent étant assimilé au verbe, gouverne deux régimes : l'un est l'agent ou sujet qu'il met au nominatif, l'autre le patient ou objet qu'il met à l'accusatif. Exemple :

---

(1) Suivant Martellotto (*Institut. ling. ar.*, p. 411), on peut, en employant la voix objective des verbes doublement transitifs, prendre pour sujet indifféremment l'un ou l'autre des deux compléments immédiats de la voix subjective, et l'on peut dire également أَعْطِىَ زَيْدٌ دِرْهَمًا et أَعْطِىَ دِرْهَمٌ زَيْدًا. Cette règle, dans sa généralité, est fausse, et elle n'a d'application que quand il n'en peut résulter aucune amphibologie, comme le dit positivement Ebn Malec :

وَبِٱتِّفَاقٍ قَدْ يَنُوبُ ٱلثَّانِ مِنْ   بَابِ كَسَى فِيمَا ٱلْتِبَاسُهُ أُمِنْ

DE LA SYNTAXE

زَيْدٌ ضَارِبٌ غُلَامُهُ عَمْرًا آلْآنَ أَوْ غَدًا

L'esclave de Zéid frappe maintenant ou frappera demain Amrou.

غُلَامٌ, agent, est au nominatif, et عَمْرًا, patient, à l'accusatif, comme étant tous deux régis par le nom d'agent ضَارِبٌ.

1042. Si l'on se servait du nom d'agent pour exprimer une chose passée, le nom d'agent devrait être suivi immédiatement du complément qui exprime l'objet de l'action, et il ne serait plus alors regardé comme nom d'agent, mais comme un nom servant d'antécédent à un autre nom qui est avec lui en rapport d'annexion (n° 979). On dirait donc : زَيْدٌ غُلَامُهُ ضَارِبُ عَمْرٍو أَمْسِ *l'esclave de Zéid a battu hier Amrou.*

1043. Pour que le nom d'agent régisse à la manière du verbe l'agent et le complément objectif, il ne suffit pas qu'il exprime une action présente ou future, il faut encore qu'il se rencontre une des six conditions suivantes :

1° Qu'il soit *précédé de l'inchoatif auquel il sert d'énonciatif* مُعْتَمِدٌ عَلَى ٱلْمُبْتَدَاٰ. Exemple :

زَيْدٌ ضَارِبٌ غُلَامُهُ عَمْرًا

Zéid, son esclave [est] frappant Amrou (c'est-à-dire *l'esclave de Zéid frappe Amrou*);

2° Ou *précédé de l'adjectif conjonctif* مُعْتَمِدٌ عَلَى ٱلْمَوْصُولِ. Exemple :

جَاۤءَنِي ٱلَّذِي ضَارِبٌ غُلَامُهُ عَمْرًا

Est venu à moi celui que son esclave [est] frappant Amrou (c'est-à-dire *celui dont l'esclave frappe Amrou est venu à moi*);

3° Ou *précédé du nom qui est modifié par le nom d'agent lui-même, faisant la fonction de terme circonstanciel d'état* مُعْتَمِدٌ عَلَى ذِى ٱلْحَالِ. Exemple :

مَرَرْتُ بِزَيْدٍ ضَارِبًا عَبْدُهُ عَمْرًا

J'ai passé près de Zéid, son serviteur frappant Amrou (c'est-à-dire *tandis que son serviteur frappait Amrou*);

4º Ou *précédé du nom qui est qualifié par le nom d'agent lui-même* مُعْتَمِدٌ عَلَى ٱلْمَوْصُوفِ. Exemple :

جَاءَنِى رَجُلٌ ضَارِبٌ عَبْدُهُ عَمْرًا

Est venu à moi un homme, son serviteur [est] *frappant Amrou* (c'est-à-dire *dont le serviteur frappe Amrou*);

5º Ou *précédé d'une particule interrogative* مُعْتَمِدٌ عَلَى أَلِفِ ٱلْإِسْتِفْهَامِ. Exemple :

أَضَارِبٌ عَبْدُكَ عَمْرًا

Est-ce que ton serviteur [est] *frappant Amrou ?*

6º Ou enfin *précédé d'une particule négative* مُعْتَمِدٌ عَلَى حَرْفِ ٱلتَّفِى. Exemple :

مَا ضَارِبٌ بَنُوكَ عَمْرًا

Tes enfants ne [sont] *pas frappant Amrou.* [1]

Toutes ces règles auraient également leur application si le nom d'agent n'était pas suivi d'un *agent apparent* ظَاهِرٌ ; il aurait alors pour agent l'*agent pronominal* مُضْمَرٌ, soit *sensible* بَارِزٌ, soit *caché* مُسْتَتِرٌ (nº 1019).

1044. Quand les conditions susdites ne se rencontrent pas, le nom d'agent perd son influence verbale; et, s'il a un complément,

---

[1] Il faut ajouter ici un autre cas où le nom d'agent peut régir à la manière du verbe, quoiqu'il puisse aussi régir à la manière du nom; c'est quand il est précédé d'une particule compellative, comme يَا. Exemple :

يَا صَارِفًا عَنِّى ٱلْمَوَدَّةَ وَٱلزَّمَانُ لَهُ صُرُوفٌ

O toi qui me prives de ton amitié, et c'est là une des vicissitudes accoutumées de la fortune, etc.

Voyez mon *Commentaire sur les séances de Hariri*, séance XXIXᵉ, p. 319, et ci-devant (nº 314).

DE LA SYNTAXE

celui-ci se met au génitif, comme il vient d'être dit (n° 797). Ainsi l'on dirait : ضَارِبٌ زَيْدٍ قَوِيٌّ *un [homme] qui frappe Zéid est fort;* أَبُو ضَارِبِ زَيْدٍ حَسَنٌ *le père d'un [homme] qui frappe Zéid est beau;* مَرَرْتُ بِضَارِبٍ زَيْدٍ *j'ai passé près d'un [homme] frappant Zéid;* مَا جَاءَنِى إِلَّا ضَارِبٌ زَيْدٍ *il ne m'est venu personne si ce n'est un [homme] qui frappe Zéid.*

1045. Le nom d'agent, quand il a d'ailleurs les conditions requises pour exercer son influence à la manière du verbe, conserve cette influence lors même qu'il est restreint par l'article أَلْ.

CHAPITRE XX
Du Nom de patient

1046. Le troisième des régissants grammaticaux réguliers est le *nom de patient* اِسْمُ ٱلْمَفْعُولِ, qui équivaut au participe passif, et qu'il ne faut pas confondre avec le *patient* ou *complément objectif du verbe* ٱلْمَفْعُولُ (n° 963).

1047. Le nom de patient a le même régime qu'aurait l'aoriste du verbe passif auquel il appartient; c'est-à-dire que, sous les mêmes conditions requises pour que le nom d'agent exerce l'influence du verbe (n°s 1040 et suiv.), le nom de patient, à quelque cas qu'il soit, gouverne au nominatif le *complément objectif qui lui tient lieu d'agent* ٱلْمَفْعُولُ ٱلْقَائِمُ مَقَامَ ٱلْفَاعِلِ. Ainsi l'on dit :

زَيْدٌ مَضْرُوبٌ أَخُوهُ

Zéid, son frère [est] frappé (c'est-à-dire *le frère de Zéid est frappé*).

رَأَيْتُ رَجُلًا مَضْرُوبًا أَخُوهُ

J'ai vu un homme [étant] frappé son frère (c'est-à-dire *dont le frère est frappé*).

مَرَرْتُ بِرَجُلٍ مَضْرُوبٍ أَخُوهُ

J'ai passé près d'un homme [étant] frappé son frère (c'est-à-dire *dont le frère est frappé*).

Il faut appliquer ici tout ce qui a été dit, dans le chapitre précédent, à l'égard du nom d'agent.

1048. Les verbes intransitifs n'ont point de complément objectif immédiat, et, par conséquent, ils n'ont pas de *complément objectif proprement dit* مَفْعُولٌ بِهِ صَرِيحٌ, quand ils sont employés à la voix passive, mais leur influence s'exerce virtuellement sur leur *complément objectif improprement dit* مَفْعُولٌ بِهِ غَيْرُ صَرِيحٍ.

Ainsi, dans ces phrases : ٱلْمَسْجِدُ ٱلْمَدْخُولُ إِلَيْهِ *la mosquée dans laquelle on entre,* ٱلْبَيْتُ ٱلْمَخْرُوجُ مِنْهُ *la maison de laquelle on sort,* ٱلنَّاسُ ٱلْمَغْضُوبُونَ عَلَيْهِمْ *les hommes contre lesquels on s'est mis en colère,* les prépositions مِنْ, إِلَى et عَلَى, avec leurs compléments, sont considérées comme complément objectif ou patient. (1)

1049. Il y a deux autres manières d'indiquer le rapport du nom de patient avec son complément objectif, c'est : 1° de le mettre avec ce complément en *rapport d'annexion* إِضَافَة, le complément objectif étant alors au génitif (n° 979). Exemple :

---

(1) Voici de quelle manière les grammairiens arabes expriment cela :

عَلَيْهِمْ جَارٌّ وَمَجْرُورٌ وَٱلْجَارُّ وَٱلْمَجْرُورُ مَرْفُوعٌ مَحَلًّا لِأَنَّهُ مَفْعُولٌ بِهِ غَيْرُ صَرِيحٍ قَائِمٌ مَقَامَ ٱلْفَاعِلِ لِٱسْمِ ٱلْمَفْعُولِ

« عَلَيْهِمْ préposition, avec son complément qui est au génitif : cette préposition « et son complément sont virtuellement au nominatif (ou représentent, par leur « fonction dans la proposition, un nom mis au nominatif) parce qu'ils forment « un complément objectif improprement dit, servant de sujet au nom de patient. »
Voyez Martellotto, *Instit. ling. ar.*, p. 451.

جَاءَنِي رَجُلٌ مَضْرُوبٌ عَبْدٌ

Il m'est venu un homme frappé d'un serviteur (c'est-à-dire *dont un serviteur est frappé*);

2° De faire du complément objectif un *terme circonstanciel spécificatif* تَمْيِيزٌ (n° 975), en disant : جَاءَنِي رَجُلٌ مَضْرُوبٌ عَبْدًا *il m'est venu un homme frappé quant à un serviteur*; ce qui signifie également : *dont un serviteur est frappé.*

Dans cette dernière manière de s'exprimer, le vrai patient grammatical ou sujet du verbe passif est le *pronom caché* مُضْمَرٌ مُسْتَتِرٌ (n° 1019), qui est renfermé dans le nom de patient. C'est comme si l'on disait : جَاءَنِي رَجُلٌ مَضْرُوبٌ هُوَ عَبْدًا.

1050. Il en est de même quand, après le nom de patient, il n'y a aucun nom qui exprime la personne ou la chose sur laquelle tombe l'action, comme quand on dit مَرَرْتُ بِرَجُلٍ مَضْرُوبٍ *j'ai passé auprès d'un homme frappé* (c'est-à-dire *qu'on frappe à présent*); cela équivaut à مَرَرْتُ بِرَجُلٍ مَضْرُوبٍ هُوَ.

CHAPITRE XXI

De l'Adjectif assimilé au Verbe

1051. Le quatrième des régissants grammaticaux réguliers est l'*adjectif assimilé au verbe* ٱلصِّفَةُ ٱلْمُشَبَّهَةُ : c'est ordinairement l'adjectif dérivé des verbes intransitifs qui n'ont ni complément direct ni complément indirect. Cet adjectif n'a proprement qu'un régime : c'est l'agent qu'il met au nominatif. Quelquefois il a un autre complément à l'accusatif, mais c'est un *complément spécificatif* تَمْيِيزٌ (n° 975). Exemples :

جَاءَنِي رَجُلٌ حَسَنٌ غُلَامُهُ وَجْهًا

Il m'est venu un homme, beau [est] *son serviteur quant au visage* (c'est-à-dire *dont le serviteur est beau de visage*).

جَاءَنِي رَجُلٌ حَسَنٌ وَجْهُهَا

Il m'est venu un homme, beau [est lui] *de visage* (c'est-à-dire *qui est beau de visage*).

Dans ce dernier exemple, l'agent est compris dans l'adjectif.

1052. Ces adjectifs peuvent encore régir leur terme spécificatif comme complément d'un rapport d'annexion, en le mettant au génitif. Dans ce cas, l'adjectif ne peut jamais avoir un *agent apparent* ظَاهِرٌ, il a seulement un *agent pronominal* مُضْمَرٌ, soit *sensible* بَارِزٌ, soit *caché* مُسْتَتِرٌ (nº 1019). L'adjectif et son complément peuvent être tous deux indéterminés ou déterminés. [1]

On peut donc dire : جَاءَنِي رَجُلٌ حَسَنُ وَجْهٍ *il m'est venu un homme beau de visage*, ou جَاءَنِي ٱلرَّجُلُ ٱلْحَسَنُ ٱلْوَجْهِ *il m'est venu l'homme le beau de visage* (c'est-à-dire *qui est beau de visage*).

1053. A cette classe de mots appartiennent les adjectifs superlatifs nommés أَفْعَلُ ٱلتَّفْضِيلِ ; mais la syntaxe de ces adjectifs exige plusieurs observations.

1054. Les superlatifs ne peuvent jamais régir un agent apparent au nominatif, et l'on ne dit pas : رَأَيْتُ رَجُلًا أَحْسَنَ مِنْ عَمْرٍو أَخُوهُ *j'ai vu un homme dont le frère est plus beau qu'Amrou;* رَأَيْتُ رَجُلًا أَحْسَنَ ٱلنَّاسِ أَخُوهُ *j'ai vu un homme dont le frère est le plus beau de tous les hommes* (nº 521).

1055. Si l'on voulait se servir de cette manière de s'exprimer, il faudrait mettre l'adjectif superlatif au nominatif, en le regardant comme un énonciatif placé avant son inchoatif, et dire : رَأَيْتُ رَجُلًا أَحْسَنُ مِنْ عَمْرٍو أَخُوهُ *j'ai vu un homme,* [est] *plus beau*

---

[1] Dans ce cas, le pronom doit être censé placé après le complément d'annexion.

DE LA SYNTAXE

son frère qu'Amrou, et رَأَيْتُ رَجُلًا أَحْسَنَ ٱلنَّاسِ أَخُوهُ *j'ai vu un homme, [est] le plus beau des hommes son frère*. ⁽¹⁾

1056. L'adjectif superlatif doit toujours être employé de l'une des trois manières suivantes :

1º D'une manière absolue avec l'article ; exemple : زَيْدٌ ٱلْأَفْضَلُ *Zéid l'excellent*, ou *Zéid [est] l'excellent* ;

2º Ou d'une manière relative sans article, ayant pour complément au génitif un nom déterminé ; exemple : زَيْدٌ أَفْضَلُ ٱلنَّاسِ *Zéid est le plus excellent des hommes* ;

3º Ou comme dans l'exemple précédent, mais ayant pour

---

(1) Voici la manière d'analyser ces expressions :

رَأَيْتُ فِعْلٌ وَفَاعِلٌ رَجُلًا مَنْصُوبٌ بِأَنَّهُ مَفْعُولٌ بِهِ أَحْسَنَ مَرْفُوعٌ بِأَنَّهُ خَبَرٌ مُقَدَّمٌ مِنْ حَرْفِ جَرٍّ عَمْرٍو مَجْرُورٌ بِهَا وَٱلْجَارُّ وَٱلْمَجْرُورُ مُتَعَلِّقٌ بِأَحْسَنَ وَأَخُو مَرْفُوعٌ بِأَنَّهُ مُبْتَدَأٌ مُقَدَّمٌ عَلَيْهِ خَبَرُهُ وَٱلضَّمِيرُ ٱلْمُتَّصِلُ مَجْرُورٌ ٱلْمَحَلِّ لِإِضَافَةِ ٱلْمُبْتَدَأِ إِلَيْهِ وَهُوَ رَاجِعٌ إِلَى ٱلرَّجُلِ وَٱلْمُبْتَدَأُ مَعَ خَبَرِهِ جُمْلَةٌ ٱسْمِيَّةٌ مَنْصُوبَةٌ مَحَلًّا بِأَنَّهَا صِفَةٌ لِرَجُلًا

« رَأَيْتُ verbe qui renferme en même temps son agent ; رَجُلًا [nom] mis à
« l'accusatif, comme complément objectif du verbe ; أَحْسَنَ mis au nominatif,
« comme énonciatif placé par inversion avant son inchoatif ; مِنْ préposition ;
« عَمْرٍو complément régi au génitif par la préposition ; la préposition et son com-
« plément forment une dépendance de أَحْسَنَ ; le nom أَخُو est au nominatif,
« comme l'inchoatif placé par inversion après son énonciatif ; le pronom هُ est
« virtuellement au génitif, parce qu'il est en rapport d'annexion avec l'inchoatif,
« il se rapporte au nom رَجُلًا ; l'inchoatif forme, avec son énonciatif, une pro-
« position nominale qui représente un accusatif, parce qu'elle est qualificative du
« nom رَجُلًا. »

Voyez Martellotto, *Instit. ling. ar.*, p. 455. On peut dire aussi, sans aucune inversion, أَخُوهُ أَحْسَنُ مِنْ عَمْرٍو (nº 521), et alors l'adjectif sera censé renfermer un pronom.

conséquent la préposition مِنْ avec un complément; exemple : زَيْدٌ أَفْضَلُ مِنْ عَمْرٍو *Zéid est plus excellent qu'Amrou.*

Dans les deux premiers cas, il est *superlatif;* dans le troisième, il est *comparatif.*

Dans le premier cas, soit qu'il fasse la fonction d'*appositif qualificatif* نَعْت, ou celle d'*énonciatif* خَبَر, il s'accorde en genre, en nombre et en cas avec le nom qu'il qualifie.

Dans le troisième cas il conserve invariablement la forme du singulier masculin أَفْعَلُ; il s'accorde en cas avec le nom qu'il qualifie lorsqu'il est employé comme *appositif qualificatif.*

Dans le deuxième cas, on peut suivre indifféremment la première ou la deuxième sorte de concordance. (1)

1057. Suivant ce qui vient d'être dit, il semble qu'il y ait une irrégularité dans ces phrases si usitées : اَللّٰهُ أَكْبَرُ *Dieu est le plus grand,* اَللّٰهُ أَعْلَمُ *Dieu est le plus savant,* et qu'on devrait dire, avec l'article : اَللّٰهُ الْأَعْلَمُ et اَللّٰهُ الْأَكْبَرُ ; mais il y a ici une ellipse, et c'est comme si l'on disait : اَللّٰهُ أَكْبَرُ مِنْ كُلِّ شَيْءٍ *Dieu est plus grand que toutes choses.*

CHAPITRE XXII

Du Nom d'action

1058. Le cinquième des régissants grammaticaux réguliers est le *nom d'action* مَصْدَر (n° 619, Ire part.).

Il n'est pas ici question du nom d'action lorsqu'il est employé conjointement avec son verbe, et nommé مَفْعُولٌ مُطْلَقٌ *complément absolu,* circonstance où il est de toute nécessité à

---

(1) Si le complément au génitif est un nom indéterminé, l'adjectif ne concorde point en nombre ni en genre (n°s 512 et 518).

l'accusatif; on en a parlé ailleurs (n° 229) : il ne s'agit, en ce moment, que du nom d'action employé indépendamment de son verbe et pouvant, comme tout autre nom, être placé au nominatif, au génitif ou à l'accusatif.

Le nom d'action équivaut alors au verbe lui-même précédé des conjonctions أَنْ ou مَا, et peut se comporter tantôt à la manière du nom, mettant son complément au génitif, comme *second terme d'un rapport d'annexion* مُضَافٌ إِلَيْهِ (n° 979), tantôt à la manière du verbe, et avoir les mêmes régimes que lui, c'est-à-dire gouverner l'*agent* اَلْفَاعِلُ au nominatif et le *complément objectif* اَلْمَفْعُولُ بِهِ à l'accusatif. Ces deux sortes d'influences peuvent aussi avoir lieu concurremment.

1059. Pour mieux comprendre ceci, il faut d'abord observer que l'on peut employer le nom d'action de trois façons : 1° avec *les voyelles nasales* مُنَوَّنٌ; 2° comme *antécédent d'un rapport d'annexion* مُضَافٌ; 3° comme *déterminé par l'article* مُعَرَّفٌ بِاَللَّامِ.

1060. Étant employé avec les voyelles nasales, le nom d'action conserve toute l'influence du verbe; il met l'agent au nominatif et le complément objectif à l'accusatif, soit que l'agent précède ou suive le complément. Exemples :

سَيُعْجِبُنِي ضَرْبٌ زَيْدٌ عَمْرًا

Je serais surpris que Zéid frappe Amrou.

رَأَيْتُ ضَرْبًا عَمْرًا زَيْدٌ

J'ai vu Zéid frapper Amrou.

أَتَعَجَّبُ مِنْ ضَرْبٍ زَيْدٌ أَخَاهُ

Je suis surpris que Zéid frappe son frère.

1061. Si le nom d'action appartient à un verbe intransitif, il n'y a point de complément objectif, mais la syntaxe précédente peut encore avoir lieu quant à l'agent. Exemple :

سَآءَنِى رَوَاحُ زَيْدٌ

Le départ de Zéid m'a fait de la peine.

Cependant, dans ce cas, le nom d'action est plus ordinairement en rapport d'annexion avec son sujet ou agent.

1062. Le nom d'action étant employé comme *antécédent d'un rapport d'annexion* مُضَافٌ, conserve encore quelquefois une partie de l'influence du verbe. Il y a alors cinq manières de le construire :

1º Avec l'agent au génitif et le complément à l'accusatif. Exemple :

أَعْجَبَنِى ضَرْبُ ٱلْجَلَّادِ ٱللِّصَّ

J'ai été charmé que le bourreau ait frappé le voleur.

2º Avec le complément objectif au génitif et l'agent au nominatif. Exemple :

أَعْجَبَنِى ضَرْبُ ٱللِّصِّ ٱلْجَلَّادُ

J'ai été charmé que le voleur ait été frappé par le bourreau.

3º Avec l'agent au génitif, sans exprimer le complément objectif. Exemple :

أَعْجَبَنِى ضَرْبُ ٱلْجَلَّادِ

J'ai été charmé que le bourreau ait frappé.

4º Avec le complément objectif au génitif, sans exprimer l'agent. Exemple :

أَعْجَبَنِى ضَرْبُ ٱللِّصِّ

J'ai été charmé que le voleur ait été frappé.

5º Avec le complément objectif au nominatif, comme tenant lieu d'agent, et donnant au nom d'action la valeur d'un nom verbal ou infinitif passif. Exemple :

تَعِبْتُ عَلَى تَتْمِيمِ ٱلْكِتَابُ

J'ai pris beaucoup de peine pour que le livre fût achevé.

En employant le verbe au lieu du nom d'action, on dirait à la voix objective : عَلَى أَنْ يُتَمَّ ٱلْكِتَابُ (nº 283, note).

DE LA SYNTAXE 557

1063. Le nom d'action, employé avec l'article déterminatif, ne conserve presque rien de l'influence du verbe. Aussi il est très rare que, dans ce cas, il exerce une influence pareille à celle du verbe. On peut dire cependant : أَعْجَبَنِي ٱلضَّرْبُ زَيْدٌ عَمْرًا *j'ai été charmé que Zéid ait frappé Amrou.*

CHAPITRE XXIII
Du Rapport d'annexion

1064. Le nom *qui est en rapport d'annexion avec un complément* ٱلْاِسْمُ ٱلْمُضَافُ est le sixième des régissants grammaticaux réguliers.

1065. Tout nom *qui a un complément annexé* مُضَافٌ, c'est-à-dire qui sert d'antécédent à un rapport dont le conséquent est aussi un nom, régit le *nom qui lui est annexé* ٱلْمُضَافُ إِلَيْهِ au génitif (n° 979). Cette annexion est, ou مَعْنَوِيَّةٌ *logique* et حَقِيقِيَّةٌ *réelle*, ou لَفْظِيَّةٌ *grammaticale* (1) et غَيْرُ حَقِيقِيَّةٍ *fictive*.

1066. La première répond au sens de l'une de ces trois prépositions :

1° لِ indiquant la possession, exemple : غُلَامُ زَيْدٍ *le serviteur de Zéid*; ce qui est équivaut à ٱلْغُلَامُ ٱلَّذِي لِزَيْدٍ *le serviteur qui [appartient] à Zéid;*

2° مِنْ indiquant la manière dont une chose est faite ou son origine, exemple : كَأْسُ فِضَّةٍ *un coupe d'argent (crater argenti),* ce qui équivaut à كَأْسٌ مِنْ فِضَّةٍ *une coupe [faite] d'argent (crater ex argento);*

---

(1) Le mot arabe لَفْظِيّ signifie *relatif aux mots*, par opposition à مَعْنَوِيّ *relatif au sens*. Je me sers des mots *grammatical* et *logique* pour simplifier l'expression.

3° فِي indiquant *la circonstance de temps* ou *de lieu de l'antécédent* ظَرْفُ ٱلْمُضَافِ; exemple : صَوْمُ ٱلْيَوْمِ *le jeûne d'aujourd'hui,* ce qui équivaut à ٱلصَّوْمُ فِي ٱلْيَوْمِ *le jeûne [fait] dans le jour présent.*

1067. Le second genre d'annexion a lieu : 1° quand on annexe au nom d'agent le nom qui exprime le complément objectif du verbe, c'est-à-dire l'objet sur lequel tombe l'action. Exemple : ضَارِبُ زَيْدٍ *un frappant de Zéid,* c'est-à-dire *un homme qui frappe Zéid.* [1] Cette annexion n'est cependant considérée comme *fictive* que quand le nom d'agent est employé pour signifier une action présente ou future ; si on l'emploie pour signifier une action passée, elle est réelle. La raison en est que, dans ce dernier cas, le nom d'agent perd tout à fait, suivant les grammairiens arabes, la nature du verbe. Cela a lieu : 2° quand on annexe à un *adjectif assimilé* صِفَةٌ مُشَبَّهَةٌ son agent, ou à un superlatif l'objet de comparaison, comme dans ces exemples : حَسَنُ ٱلْوَجْهِ *beau de visage,* أَحْسَنُ ٱلنَّاسِ *le plus beau des hommes ;* 3° quand on annexe à un nom de patient un *complément objectif remplissant la place d'agent* مَفْعُولٌ بِهِ قَائِمٌ مَقَامَ ٱلْفَاعِلِ. Exemple : مَضْرُوبُ ٱلْعَبْدِ *frappé de l'esclave* (c'est à dire *dont l'esclave est frappé*).

1068. Dans l'annexion logique ou réelle, l'antécédent perd sa voyelle nasale et les terminaisons نِ du duel et نَ du pluriel masculin régulier, et il ne peut jamais avoir l'article.

1069. Dans l'annexion grammaticale, il en est de même, si ce n'est que l'antécédent peut avoir ou n'avoir point l'article, suivant que les règles de la concordance l'exigent. [2]

---

(1) C'est à peu près ainsi que Cicéron a dit : *sui juris ac dignitatis retinens,* et Tacite : *avitæ nobilitatis, etiam inter angustias fortunæ, retinens.*

(2) La raison de cela est que les adjectifs verbaux, ayant la signification du présent ou du futur, restent en général indéterminés, lors même qu'ils ont pour

DE LA SYNTAXE

1070. Il faut seulement observer que si, l'antécédent étant au singulier, le conséquent est un nom propre, l'antécédent ne prend jamais l'article. Ainsi l'on peut bien dire ضَارِبُوا زَيْدٍ et ضَارِبُ زَيْدٍ *ceux qui frappent Zéid*, mais on doit dire ٱلضَّارِبُوا زَيْدٍ et non ٱلضَّارِبُ زَيْدٍ *celui qui frappe Zéid*. Au duel et au pluriel, on peut conserver avec l'article les finales ن ou نِ, pourvu que le complément soit un pronom affixe (nº 308).

CHAPITRE XXIV
Du Nom parfait

1071. Le *nom parfait* ou *complet* إِسْمٌ تَامٌّ est le septième des régissants grammaticaux réguliers.

C'est l'opposé du nom *qui régit un complément en rapport d'annexion* إِسْمٌ مُضَافٌ; car c'est un nom qui, étant en rapport complément un nom déterminé. C'est ce qui est exprimé ainsi par Ebn Malec dans l'*Alfiyya* :

وَإِنْ يُشَابِهِ ٱلْمُضَافَ يَفْعَلُ وَصْفًا فَعَنْ تَنْكِيرِهِ لَا يُعْزَلُ
كَرُبَّ رَاجِينَا عَظِيمَ ٱلْأَمَلِ مُرَوِّعِ ٱلْقَلْبِ قَلِيلِ ٱلْحِيَلِ

Et la preuve que les grammairiens donnent que le nom d'agent, le nom de patient et l'adjectif assimilé, dans le cas dont il s'agit, restent indéterminés, comme s'il n'y avait point d'annexion, c'est : 1º qu'ils peuvent être précédés de رُبَّ, particule qui ne régit jamais qu'un nom indéterminé (nº 1103, Ire part.); 2º qu'ils peuvent qualifier un nom indéterminé.

Ils citent, pour prouver la vérité de la première assertion, ce vers :

يَا رُبَّ غَابِطِنَا لَوْ كَانَ يَطْلُبُكُمْ لَاقَى مُبَاعَدَةً مِنْكُمْ وَحِرْمَانَا

Beaucoup de ceux qui nous jalousent, s'ils vous recherchaient, n'éprouveraient de votre part qu'éloignement et refus.

Et quant à la seconde assertion, elle est justifiée par plusieurs exemples pris de l'Alcoran, notamment par les suivants :

d'annexion logique avec un complément, n'est point cependant en annexion grammaticale. Le terme qui suit le nom complet se nomme مُمَيَّزٌ *terme spécificatif* (nº 975).

1072. Le nom complet (nº 136) conserve sa voyelle nasale et ses terminaisons ن au duel et ن au pluriel masculin régulier, et place son complément à l'accusatif.

1073. On compte parmi les noms complets les noms de mesure et de poids, comme رِطْلٌ *livre*, قَفِيزٌ *boisseau*, et les numératifs de dizaines, depuis عِشْرُونَ *vingt* jusqu'à تِسْعُونَ *quatre-vingt-dix*.

1074. Quelquefois un nom qui n'est pas complet de sa nature le devient par son annexion à un complément; car, ne pouvant plus mettre au génitif un second complément, il le met à

وَمَنْ قَتَلَهُ مِنْكُمْ مُتَعَمِّدًا فَجَزَاءٌ مِثْلُ مَا قَتَلَ مِنَ ٱلنَّعَمِ هَدْيًا بَالِغَ ٱلْكَعْبَةِ

Celui d'entre vous qui tuera [quand il est en état de pèlerin, du gibier] devra, en compensation [de cette faute], donner autant de chameaux qu'il aura tué de pièces de gibier, [lesquels chameaux seront] des victimes conduites à la Caaba.

وَمِنَ ٱلنَّاسِ مَنْ يُجَادِلُ فِي ٱللَّهِ بِغَيْرِ عِلْمٍ وَلَا هُدًى وَلَا كِتَابٍ مُنِيرٍ ثَانِيَ عِطْفِهِ لِيُضِلَّ عَنْ سَبِيلِ ٱللَّهِ

Il y a parmi vous tel homme qui dispute au sujet de Dieu sans avoir [pour autoriser sa contestation] ni science, ni direction, ni aucun livre qui l'éclaire, détournant son flanc, afin d'égarer [les hommes] de la voie de Dieu.

Voyez Alcoran, édit. de Hinckelmann, sur. 5, vers. 96, et sur. 22, vers. 8 et 9.

Dans le premier de ces deux passages, l'adjectif verbal بَالِغَ reste certainement indéterminé, puisqu'il qualifie le nom indéterminé هَدْيًا; dans le second, l'adjectif verbal ثَانِيَ fait fonction de *terme circonstanciel d'état*, حَالَ, et, par conséquent, il est encore indéterminé (nº 974).

Voyez au surplus ce que j'ai dit sur la syntaxe des adjectifs verbaux et de leurs compléments, ci-devant, p. 188, note 2.

DE LA SYNTAXE 561

l'accusatif comme un terme spécificatif. Exemple : مَلْؤُهُ ذَهَبًا sa plénitude d'or, c'est-à-dire *autant d'or qu'il en peut contenir*.

CHAPITRE XXV
Des Particules qui exigent le génitif

1075. La première classe des *régissants grammaticaux fondés sur l'usage* عَوَامِلُ لَفْظِيَّةٌ سَمَاعِيَّةٌ, ce sont les particules qui régissent leur complément au génitif; on en compte dix-sept, qui sont : مِنْ *de*, إِلَى *vers*, حَتَّى *jusqu'à*, فِي *dans*, بِ *avec, par, dans*, لِ *à*, رُبَّ *quelquefois*, تَ et وَ *par*, dans les formules de serment, عَلَى *sur*, عَنْ *de*, كَ *comme*, مُذْ et مُنْذُ *depuis*, خَلَا, حَاشَا, et عَدَا (n° 1061, Ire part.) *excepté*.

1076. Ces particules sont nommées حُرُوفُ ٱلْجَرِّ *particules qui exigent le génitif*, et ٱلْحُرُوفُ ٱلْعَامِلَةُ فِي ٱلْاِسْمِ ٱلْمُفْرَدِ ٱلْجَارَّةُ *particules qui régissent un nom seul et le mettent au génitif*.

CHAPITRE XXVI
Des Particules qui ont deux régimes, l'un au nominatif, l'autre à l'accusatif

1077. La deuxième classe des régissants grammaticaux fondés sur l'usage, ce sont les particules nommées ٱلْحُرُوفُ ٱلْمُشَبَّهَةُ بِٱلْأَفْعَالِ *particules assimilées aux verbes* et ٱلْحُرُوفُ ٱلْعَامِلَةُ فِي ٱلْجُمْلَةِ *particules qui régissent la proposition entière*. Elles exercent leur influence sur une proposition nominale (n° 941) tout entière et mettent l'inchoatif à l'accusatif et l'énonciatif au nominatif. A raison de l'influence qu'elles exercent sur l'inchoatif, qui perd sa qualité d'inchoatif et le cas qui le caractérise, on appelle encore ces particules نَوَاسِخُ ٱلْاِبْتِدَآءِ *particules abrogatives de la qualité d'inchoatif,* comme on le verra ailleurs.

1078. On en compte six, savoir : إِنَّ *car,* أَنَّ *que,* كَأَنَّ *comme si,* لَكِنَّ *mais,* لَيْتَ *plût à Dieu que,* لَعَلَّ *peut-être.*

1079. On nomme aussi ces particules إِنَّ وَأَخَوَاتُهَا INNA *et ses sœurs ;* l'inchoatif est appelé *leur nom* اِسْمُهَا, et l'énonciatif *leur énonciatif* خَبَرُهَا.

1080. Avec ces particules, l'inchoatif doit toujours précéder l'énonciatif, à moins que celui-ci ne soit un *terme circonstanciel de temps et de lieu* ظَرْفُ مَكَانٍ أَوْ زَمَانٍ (n° 230). Ainsi l'on peut dire : أَعْلَمُ أَنَّ زَيْدًا فِي ٱلدَّارِ *Je sais que Zéid est à la maison.*

1081. Les quatre premières de ces particules peuvent perdre leur *teschdid* et leur *fatha* final, et alors on dit qu'elles sont مُخَفَّفَةٌ *allégées,* au lieu que, quand elles conservent le *techdid* et la voyelle, on les nomme مُثَقَّلَةٌ *appesanties.*

Sous leur forme primitive, elles ne peuvent être suivies que d'un nom ; dépouillées du *teschdid,* elles peuvent être également suivies d'un verbe ou d'un nom, mais alors, si elles sont suivies d'un nom, elles ne le mettent plus à l'accusatif et elles perdent toute influence grammaticale. Exemple :

بَلَغَنِي أَنْ ذَهَبَ زَيْدٌ وَأَنْ عُمَرُ أَخُوكَ

J'ai appris que Zéid s'en est allé et qu'Omar est ton frère.

1082. Pour distinguer إِنْ provenant de إِنَّ *car,* de إِنْ conjonction qui signifie *si,* on met quelquefois la particule لَ devant l'énonciatif. Exemple : إِنْ زَيْدٌ لَكَرِيمٌ *Car Zéid est certes généreux.*

1083. Pour distinguer أَنْ provenant de أَنَّ, de أَنْ conjonction qui doit toujours être suivie immédiatement d'un verbe et qu'on nomme مَصْدَرِيَّةٌ, parce que, jointe au verbe qui la suit, elle *équi-*

vaut à un nom d'action, on peut mettre devant le verbe les particules قَدْ, si le verbe est au passé, سَوْفَ ou سَ, s'il est à l'aoriste, et لَا, si la proposition est négative. Exemple :

عَلِمْتُ أَنْ قَدْ خَرَجَ زَيْدٌ وَأَنْ سَوْفَ يَزُورُنَا وَأَنْ لَا يَدْخُلْ إِلَيْنَا عَمْرٌو

J'ai appris que Zéid est sorti et que certainement il nous rendra visite et qu'Amrou n'entrera pas chez nous.

CHAPITRE XXVII
Des Particules négatives مَا et لَا non

1084. La troisième classe des régissants grammaticaux fondés sur l'usage renferme les deux particules négatives مَا et لَا *non.*

1085. Ces deux particules influent sur l'inchoatif et l'énonciatif d'une proposition nominale : elles mettent le premier au nominatif et le second à l'accusatif. Dans ce cas, on dit qu'elles sont les *équivalents du verbe* N'ÊTRE PAS *(doué de telle ou telle qualité)* بِمَعْنَى لَيْسَ. [1] Après مَا, au lieu de mettre l'énonciatif à l'accusatif, on peut l'exprimer par la préposition بِ, suivie du génitif (n° 1036, Ire part.).

1086. Ces deux particules perdent leur influence quand l'énonciatif est précédé de إِلَّا *sinon,* ou placé avant l'inchoatif. Ainsi l'on dit : مَا زَيْدٌ إِلَّا جَاهِلٌ *Zéid n'est qu'un ignorant,* جَاهِلٌ زَيْدٌ مَا *Zéid n'est pas ignorant.*

1087. La négation لَا perd son influence quand l'inchoatif est *un nom déterminé* مَعْرِفَةٌ. La négation مَا est dépouillée de toute

---

(1) Les Arabes, comme je l'ai dit ailleurs (n° 129, note), n'admettent pas tous cette influence des particules négatives مَا et لَا.

son influence quand elle est suivie de la particule اِنْ *explétive* زَآئِدَة (n° 1140, Ire part.). Exemple :

مَا إِنْ زَيْدٌ جَاهِلٌ

Zéid n'est pas un ignorant.

1088. La négation لَا peut aussi être employée, non *comme niant une qualité du sujet* بِمَعْنَى لَيْسَ, mais *comme niant l'espèce* لِنَفِي الْجِنْس ; alors elle met le nom qui la suit à l'accusatif. Ce nom perd sa voyelle nasale et est regardé comme *indéclinable* مَبْنِى ; mais, pour cela, il faut : 1° que le nom soit *indéterminé* نَكِرَةً ; 2° qu'il ne soit point l'antécédent d'un rapport d'annexion ou l'antécédent d'un rapport dont le conséquent soit régi par une préposition, car, dans ces deux cas, le nom est censé déclinable et se met réellement à l'accusatif. Ainsi l'on dira : لَا غُلَامَ طَبِيبٍ عِنْدَنَا *Aucun serviteur de médecin n'est chez nous* ; لَا خَيْرًا مِنْكَ عِنْدَنَا *Aucun [homme] meilleur que toi n'est chez nous.*

1089. Si le nom qui suit لَا est *déterminé* مَعْرِفَةً, il se met au nominatif. Il en est de même si le nom ne suit pas immédiatement la particule لَا.

1090. S'il y a deux négations de suite et que la première soit suivie immédiatement d'un nom indéterminé, on peut mettre les deux noms au nominatif, ou les mettre tous deux à l'accusatif sans *tenwin*, ou mettre l'un des deux indifféremment au nominatif et l'autre à l'accusatif sans *tenwin* (n° 734).

CHAPITRE XXVIII
Des Particules qui mettent le nom à l'accusatif

1091. Les particules qui forment la quatrième classe des régissants grammaticaux fondés sur l'usage sont nommées

DE LA SYNTAXE

ٱلْحُرُوفُ ٱلْعَامِلَةُ فِي ٱلِٱسْمِ ٱلْمُفْرَدِ ٱلنَّاصِبَةُ *particules qui régissent un nom seul et le mettent à l'accusatif.*

1092. Ces particules sont au nombre de sept; ce sont : وَ *avec,* أ‎ ! *ô* et أَيْ, هَيَا, أَيَا, يَا, إِلَّا *sinon.*

1093. La particule وَ n'a d'influence que quand elle a la signification de مَعَ *avec;* mais, pour qu'elle exerce cette influence, il faut qu'elle soit précédée d'un verbe ou d'un mot qui contienne la valeur d'un verbe.

1094. La particule إِلَّا *sinon, excepté,* n'a d'influence que sous certaines conditions.

Pour entendre ce que nous avons à dire sur cet objet, il faut observer que l'exception ou *la chose exceptée* ٱلْمُسْتَثْنَى se divise en *conjointe* مُتَّصِل et *disjointe* مُنْقَطِع ou مُنْفَصِل.

On l'appelle *conjointe* quand la chose exceptée et *celle dont on la soustrait* مِنْهُ ٱلْمُسْتَثْنَى sont de la même nature, comme dans cet exemple : *Je n'ai point vu d'*HOMME, *si ce n'est* OMAR.

L'exception conjointe est encore de deux sortes : ou la chose exceptée précède celle de laquelle on la soustrait et alors elle se nomme ٱلْمُسْتَثْنَى ٱلْمُتَّصِلُ ٱلْمُقَدَّمُ *exception conjointe antérieure;* ou elle la suit, et alors, si la chose de laquelle on soustrait est exprimée affirmativement, on nomme l'exception ٱلْمُسْتَثْنَى ٱلْمُتَّصِلُ ٱلْمُؤَخَّرُ بَعْدَ ٱلْمُوجَب *exception conjointe postérieure, placée après une proposition affirmative;* si la chose de laquelle on soustrait est exprimée négativement, on nomme l'exception ٱلْمُسْتَثْنَى ٱلْمُتَّصِلُ ٱلْمُؤَخَّرُ بَعْدَ ٱلْمَنْفِيِّ *exception conjointe postérieure, placée après une proposition négative.*

L'exception est *disjointe* quand la chose de laquelle on soustrait est différente de la chose exceptée, comme dans cet exemple : *Je n'ai jamais voyagé sur* MER, *si ce n'est sur le* GANGE ; ce qui veut dire *mais j'ai voyagé sur le Gange.*

1095. Si l'exception est conjointe antérieure, comme مَا جَاءَنِى إِلَّا زَيْدًا أَحَدٌ (non accessit ad me, nisi Zeidus, ullus), il ne m'est venu, si ce n'est Zéid, aucune personne; ou conjointe postérieure placée après une proposition affirmative, comme جَاءَنِى ٱلْقَوْمُ إِلَّا زَيْدًا (venerunt ad me homines, nisi Zeidus), les gens sont venus me trouver, excepté Zéid; ou disjointe, comme مَا جَاءَنِى أَحَدٌ إِلَّا فَرَسًا il ne m'est venu personne, si ce n'est une jument; le nom qui exprime la chose exceptée est nécessairement mis à l'accusatif.

1096. Si l'exception est conjointe postérieure, placée après une proposition négative, le nom qui exprime la chose exceptée se met à l'accusatif ou mieux au nominatif, comme مَا جَاءَنِى أَحَدٌ إِلَّا زَيْدًا ou إِلَّا زَيْدٌ il ne m'est venu personne, si ce n'est Zéid.

1097. Si dans la proposition il y a ellipse du mot qui devrait exprimer *ce dont on soustrait la chose exceptée* ٱلْمُسْتَثْنَى مِنْهُ, ce que l'on appelle مُفَرَّغ, c'est-à-dire *vide*, le mot qui exprime la chose exceptée se met au cas où aurait été mis le terme qui n'est point exprimé. Exemples :

مَا جَاءَنِى إِلَّا زَيْدٌ

Il n'est venu me trouver que Zéid (non accessit ad me nisi Zeidus)

مَا رَأَيْتُ إِلَّا زَيْدًا

Je n'ai vu que Zéid (non vidi nisi Zeidum).

مَا مَرَرْتُ إِلَّا بِزَيْدٍ

Je n'ai passé qu'auprès de Zéid (non transivi nisi secus Zeidum).

Si l'on eût énoncé *ce dont est soustraite la chose exceptée*, on aurait dit dans le premier exemple مَا جَاءَنِى أَحَدٌ; dans le second, مَا رَأَيْتُ أَحَدًا; enfin, dans le troisième, مَا مَرَرْتُ بِأَحَدٍ.

1098. Si la particule d'exception se trouve entre un inchoatif et un énonciatif, celui-ci se met au nominatif. Exemple :

DE LA SYNTAXE

مَا زَيْدٌ إِلَّا كَاذِبٌ

Zéid n'est rien que menteur.

1099. Il y a d'autres formules d'exception dont l'influence est différente. Ainsi مَا عَدَا et مَا خَلَا *excepté*, et لَيْسَ لَا يَكُونُ *ce n'est pas*, mettent le nom de la chose exceptée à l'accusatif, ce qui est très naturel, عَدَا et خَلَا étant proprement des verbes transitifs, et كَانَ et لَيْسَ des verbes abstraits qui régissent l'attribut ou énonciatif à l'accusatif. Au contraire, غَيْرُ, سِوَى et سَوَآءُ mettent ce nom au génitif comme second terme d'un rapport d'annexion, parce que ces mots sont des noms. Les mots حَاشَا, خَلَا et عَدَا le mettent indifféremment aux trois cas.

Après لَا سِيَّمَا *surtout*, le nom de la chose exceptée se met au nominatif ou au génitif (n° 717).

1100. Il faut observer, par rapport à سَوَآءُ et سِوَى, غَيْرُ, qui sont des noms, qu'on les met au même cas auquel se mettrait le nom de la chose exceptée si l'on faisait usage de la particule إِلَّا. Ainsi l'on dit :

مَا جَآءَنِي غَيْرَ زَيْدٍ أَحَدٌ

Il n'est venu me trouver, excepté Zéid, aucune personne.

جَآءَنِي ٱلْقَوْمُ غَيْرَ زَيْدٍ

Les gens sont venus me trouver, excepté Zéid.

مَا جَآءَنِي أَحَدٌ غَيْرُ فَرَسٍ

Il n'est venu personne me trouver, si ce n'est une jument.

مَا جَآءَنِي أَحَدٌ غَيْرَ زَيْدٍ ou mieux غَيْرُ زَيْدٍ

Il n'est venu personne me trouver, si ce n'est Zéid.

1101. Les cinq autres particules de cette classe sont des particules compellatives et servent toutes à appeler.

1102. Si le nom qui les suit est *l'antécédent d'un rapport* d'annexion مُضَافٌ ou *d'un autre rapport analogue à un rapport d'annexion* مُضَارِعُ ٱلْمُضَافِ, on le met à l'accusatif. Ainsi l'on dira :

يَا عَبْدَ ٱللَّهِ *O Abd-allah !* (c'est-à-dire *serviteur de Dieu*).

يَا خَيْرًا مِنْ زَيْدٍ *O [toi qui es] meilleur que Zéid !*

يَا حَسَنًا وَجْهُهُ *O [toi] dont le visage est beau !*

يَا رَفِيقًا بِٱلْعِبَادِ *O [toi qui es] bon envers tes serviteurs !*

1103. Il en est de même si le *nom de la chose appelée* ٱلْمُنَادَى est indéterminé. Exemple : يَا رَجُلًا *O homme !* Mais si l'on adressait la parole à un homme présent, le mot رَجُلٌ *homme* se mettrait au nominatif sans voyelle nasale, comme si c'était un *nom déterminé isolé* مَعْرِفَةٌ مُفْرَدٌ, c'est-à-dire n'ayant aucun complément médiat ou immédiat.

En effet, le nom déterminé isolé, après les particules compellatives, se met au nominatif sans voyelle nasale et est considéré alors comme *indéclinable* مَبْنِيٌّ. (1) Ainsi l'on dit : يَا زَيْدُ *O Zéid !* يَا ٱلرَّجُلُ *O l'homme !*

1104. Si le nom déterminé isolé est suivi d'un adjectif, l'adjectif peut se mettre au nominatif ou à l'accusatif. On peut dire : يَا زَيْدُ ٱلشَّرِيفُ ou يَا زَيْدُ ٱلشَّرِيفَ *O Zéid l'illustre !*

1105. Si le nom déterminé isolé est suivi d'un appositif qui soit en rapport d'annexion avec un complément, cet appositif sera nécessairement à l'accusatif. Exemp.: يَا زَيْدُ صَاحِبَ ٱلْبَيْتِ *O Zéid, le maître de la maison !*

1106. Mais si cet appositif est إِبْنٌ *fils* ou إِبْنَةٌ *fille*, il faut faire la distinction suivante : ou les mots إِبْنٌ et إِبْنَةٌ sont entre deux noms propres, et alors ces mots perdent leur *élif* d'union

---

(1) Béidhawi, sur ces mots يَا جِبَالُ (Alcoran, sur. 34, vers. 10), dit que le *dhammà* de جِبَالُ est *une voyelle d'indéclinabilité* حَرَكَةٌ بِنَائِيَّةٌ.

DE LA SYNTAXE

et se mettent à l'accusatif, tandis que le nom qui les précède se met au nominatif ou à l'accusatif, comme : يَا زَيْدَ بْنَ عَمْرو *O Zéid, fils d'Amrou!* ou les mots إِبْنُ et إِبْنَةُ ne sont pas entre deux noms propres, et alors ces mots conservent leur *élif* d'union et le nom qui les précède est nécessairement au nominatif. Ainsi l'on dit : يَا زَيْدُ ٱبْنَ أَخِي *O Zéid, fils de mon frère!* يَا رَجُلُ ٱبْنَ زَيْد *O homme, fils de Zéid!* يَا رَجُلُ ٱبْنَ أَخِي *O homme, fils de mon frère!*

1107. Quand le nom de la chose appelée est un nom propre formé d'un seul mot ou un nom servant d'antécédent à un rapport d'annexion, on peut retrancher la particule compellative, le nom de la chose appelée restant au nominatif ou à l'accusatif, suivant les règles précédentes. Exemples : يُوسُفُ *[O] Joseph!* فَاطِرَ ٱلسَّمَوَاتِ *[O] créateur des cieux!*

1108. Enfin, si le nom est un nom propre de plus de trois lettres, qu'il ne forme point l'antécédent d'un rapport et ne soit point privé de la particule compellative, on peut en retrancher la dernière lettre, ce qui s'appelle تَرْخِيمُ ٱلْمُنَادَى *aphérèse du compellatif.* Ainsi l'on peut dire يَا حَارِ, يَا أَسْمَا, يَا عُثْمَا et يَا مُرَّ pour يَا عُثْمَانُ *ô Otsman!* يَا أَسْمَاءُ *ô Asma!* يَا حَارِثُ *ô Harits!* يَا مُرَّةُ *ô Morra!* (nº 175).

CHAPITRE XXIX
Des Particules qui mettent le verbe au mode subjonctif

1109. La cinquième classe des régissants grammaticaux fondés sur l'usage contient les *particules qui mettent l'aoriste du verbe à l'accusatif*, c'est-à-dire *au subjonctif* ٱلْحُرُوفُ ٱلْعَامِلَةُ فِي ٱلْفِعْلِ ٱلْمُضَارِعَةِ. Ces particules sont أَنْ *que,* لَنْ *non,* كَيْ *afin que,*

وَ *en ce cas,* حَتَّى *en sorte que,* لِ *pour que,* أَوْ *à moins que,* et فَ *en sorte que,* et les composés de أَنْ et de كَيْ.

J'ai exposé ailleurs, en détail (n°s 125 et suiv.), l'usage et l'influence de ces particules.

1110. La particule أَنْ est nommée مَصْدَرِيَّةٌ *équivalent du nom d'action,* parce que, réunie au verbe qui la suit, elle équivaut effectivement au nom d'action.

Cette particule est toujours précédée d'un verbe. Si ce verbe renferme l'idée de *science, connaissance,* comme عَلِمَ *savoir,* elle n'a aucune influence sur le verbe, mais ce n'est alors que la particule أَنْ *allégée* مُخَفَّفَةٌ (n° 1081).

Si le verbe renferme l'idée de *pouvoir* ou *vouloir,* comme أَرَادَ *vouloir,* قَدَرَ *pouvoir,* أَمَرَ *commander,* نَهَى *défendre,* la particule أَنْ met le verbe au subjonctif.

Si le verbe renferme l'idée de *penser, s'imaginer* avec doute, comme ظَنَّ et حَسِبَ, on peut mettre le verbe au subjonctif ou à l'indicatif.

1111. La particule حَتَّى n'a d'influence que parce qu'elle suppose l'ellipse de la particule أَنْ.

1112. La particule لِ suppose pareillement l'ellipse de كَيْ et, par cette raison, on l'appelle لَامُ كَيْ *le* LAM *de [la particule]* CAÏ.

1113. La particule أَوْ n'a d'influence sur le verbe que parce qu'elle équivaut à إِلَى أَنْ *jusqu'à ce que;* aussi dit-on qu'elle est بِمَعْنَى إِلَى, c'est-à-dire *exprimant le sens de la particule* ILA.

1114. Les particules وَ et فَ n'ont d'influence qu'autant que les actions exprimées par le verbe précédent et le verbe suivant sont *simultanées,* condition qui se nomme الْجَمْعِيَّةُ.

Outre cela, il faut, pour que la particule وَ influe sur le verbe qui le suit, que le verbe qui précède exprime ou *un commandement* أَمْرٌ, ou *une défense* نَهْيٌ, ou *une négation* نَفْيٌ, ou une *interrogation* اِسْتِفْهَام, ou *un désir* تَمَنّ, ou *une invitation* عَرْض.

La même condition est aussi requise pour que la particule فَ mette le verbe au subjonctif (n° 56); celle-ci diffère de la particule وَ en ce qu'elle indique d'une manière plus précise que l'action énoncée par le premier verbe est la cause de celle que le second exprime.[1]

CHAPITRE XXX

Des Particules qui mettent le verbe au cas nommé djezm ou mode conditionnel

1115. La sixième classe des régissants grammaticaux fondés sur l'usage contient les *particules qui mettent le verbe au cas nommé* DJEZM *ou mode conditionnel* اَلْحُرُوفُ ٱلْعَامِلَةُ فِي ٱلْفِعْلِ ٱلْجَازِمَةُ.

1116. Ces particules sont au nombre de cinq; ce sont لَمْ *non*, لَمَّا *ne pas encore*, لِ exprimant l'impératif, لَا *ne* et إِنْ *si*; cette dernière influe sur les verbes des deux propositions corrélatives. De ces deux verbes, celui de la proposition qui renferme la condition se nomme فِعْلُ ٱلشَّرْطِ *verbe de la condition;* celui de l'autre proposition se nomme جَزَآءُ ٱلشَّرْطِ *compensation de la condition,* car la proposition conditionnelle est nommée شَرْطٌ *condition* et la proposition affirmative hypothétique qui lui est corrélative est appelée جَزَآءٌ *rétribution* ou *compensation* (n° 72).

1117. Les deux verbes peuvent être mis à l'aoriste conditionnel; ils peuvent aussi être tous deux mis au prétérit; enfin, le premier peut être mis au prétérit et alors le second se met ou

---

(1) Les conditions exigées pour que les conjonctions فَ et وَ régissent le subjonctif ont été développées plus complètement ci-devant, n° 56.

à l'aoriste du mode indicatif مُضَارِعٌ مَرْفُوعٌ, ou à l'aoriste du mode conditionnel مُضَارِعٌ مَجْزُومٌ.

1118. La conjonction conditionnelle إِنْ, quoique non exprimée, exerce son influence sur l'aoriste lorsque, de deux propositions corrélatives, la première est impérative, ou prohibitive, ou interrogative, ou optative, ou exprime une invitation, en un mot, toutes les fois qu'il y a entre deux propositions une corrélation qui équivaut à une condition (n° 66). Exemples :

إِيتِنِي أَكْرِمْكَ

Viens chez moi, je t'honorerai.

لَا تَكْفُرْ تَدْخُلِ الْجَنَّةَ

Ne sois pas incrédule, tu entreras dans le paradis.

أَيْنَ بَيْتُكَ أَزُرْكَ

Où est ta maison ? [dis-le moi], je t'irai rendre visite.

لَيْتَ لِي مَالًا أُنْفِقْ

Plût à Dieu que j'eusse de l'argent ! je le dépenserais.

أَلَا تَنْزِلُ تُصِبْ خَيْرًا

Que ne descends-tu ? tu t'en trouveras bien.

En effet, c'est comme si l'on disait : *Si tu viens chez moi, je t'honorerai ;* et ainsi du reste.

CHAPITRE XXXI

Des Noms qui mettent le verbe au mode conditionnel

1119. La septième classe des régissants grammaticaux fondés sur l'usage contient certains mots nommés أَسْمَاءٌ مَنْقُوصَةٌ *noms incomplets.*

1120. Ces noms, au nombre de neuf, exercent la même influence sur les deux verbes qui les suivent que la particule إِنْ *si,* parce qu'ils renferment le sens de cette particule; ce sont: إِذْ مَا, مَتَى ou مَتَى *quelque chose que,* مَا *quiconque,* أَيُّ et مَنْ *en quelque temps que,* أَيْنَ ou أَيْنَمَا *en quelque lieu que,* حَيْثُمَا *partout où,* مَهْمَا *autant de fois que,* أَنَّى *de quelque manière que* (n° 66).

CHAPITRE XXXII

Des Noms d'une signification vague

1121. Les *noms d'une signification vague* أَسْمَاء مُبْهَمَة forment la huitième classe des régissants grammaticaux fondés sur l'usage.

1122. On appelle *noms vagues :* 1° les numératifs cardinaux, depuis *onze* jusqu'à *quatre-vingt-dix-neuf* (n° 136), à l'exception des noms de dizaines; 2° les noms qui servent à indiquer une idée de nombre, mais sans déterminer précisément aucun nombre, كَمْ et كَأَيِّنْ ou كَأَيِّنْ *combien,* كَذَا *tant* (n° 135); ces derniers sont aussi appelés كِنَايَات *expressions substituées* ou *métonymies.*

1123. Ces noms mettent le nom de la chose nombrée qui leur sert de régime à l'accusatif et au singulier, et ce régime est toujours un *nom indéterminé* نَكِرَة.

1124. Il convient de faire ici quelques observations:

1° Tous les autres numératifs cardinaux mettent leur régime au génitif et sont alors des antécédents d'un rapport d'annexion (n° 1064) dont le complément est le nom de la chose nombrée, ou bien ils le mettent à l'accusatif, en conservant eux-mêmes leur forme parfaite et ils sont des *noms complets* إِسْمٌ تَامٌّ (n° 1071) qui ont pour *terme spécificatif* مُمَيَّزٌ (n° 975) le nom de la chose nombrée;

2° Le mot كَمْ sert à interroger et gouverne son régime à l'accusatif singulier, comme dans cet exemple : كَمْ دِينَارًا عِنْدَكَ *combien avez-vous de pièces d'or?* ou bien il n'est point interrogatif et il gouverne son régime au génitif singulier ou pluriel. Ainsi l'on dit كَمْ رَجُلٍ ou bien مَا نَعْرِفُ كَمْ رِجَالٍ عِنْدَكَ *nous ne savons pas combien d'hommes il y a chez vous;*

3° Le mot كَذَا, qui tient lieu d'un nombre quelconque sans en déterminer aucun, met le nom de la chose qui est l'objet de la numération à l'accusatif ou au nominatif.[1] On dit donc : لَهُ عِنْدِى كَذَا دِرْهَمٌ ou bien لَهُ عِنْدِى كَذَا دِرْهَمًا *je lui dois tant de pièces d'argent.*[2]

---

[1] Il est bon de faire observer que, quand كَذَا est placé après un nom et signifie *tel* ou *telle,* il doit être considéré comme le second terme d'un rapport d'annexion et non comme un *appositif*. Il faut donc dire فِى سَنَةِ كَذَا *en une telle année.* Exemple :

وَقَدْ أَخَذْتُ بِلَادَ كَذَا وَكَذَا

Et j'ai pris tel et tel pays.

Cet exemple est pris de la *Vie de Timour,* t. I, p. 630.

[2] On peut analyser ainsi la première de ces propositions : *proposition circonstancielle* (n° 942) *dans laquelle* لَهُ *fait fonction d'énonciatif;* كَذَا *est l'inchoatif, transposé après l'énonciatif;* دِرْهَمًا *est le terme spécificatif de* كَذَا; *enfin* عِنْدِى *est un terme circonstanciel de lieu dépendant de l'adjectif verbal* كَآئِنٌ لَهُ *qui est sous-entendu dans l'énonciatif, car* لَهُ *tient lieu de* كَآئِنٌ لَهُ ou حَاصِلٌ لَهُ. L'analyse de la seconde proposition est la même, à cela près que دِرْهَمٌ y fait la fonction d'*appositif permutatif* تَابِعٌ بَدَلٌ (n° 985).

DE LA SYNTAXE

CHAPITRE XXXIII

Des Noms qui équivalent aux Verbes

1125. Les *noms des verbes*, c'est-à-dire *qui équivalent aux verbes* أَسْمَآءُ ٱلْأَفْعَالِ (n° 955, Ire part.) forment la neuvième classe des régissants grammaticaux fondés sur l'usage.

1126. On compte neuf mots de cette espèce qui sont susceptibles d'avoir un régime. Les six premiers le mettent à l'accusatif; les trois autres le mettent au nominatif. Ces mots sont : رُوَيْدَ, بَلْهَ, عَلَيْكَ, دُونَكَ, هَا, حَيْهَلَّ, هَيْهَاتَ, شَتَّانَ, سَرْعَانَ.
Je me contente de renvoyer à ce que j'en ai dit ailleurs (n°s 1190 et suiv., Ire part.).

CHAPITRE XXXIV

Des Verbes abstraits

1127. La dixième classe des régissants grammaticaux fondés sur l'usage est formée du verbe abstrait كَانَ *être* et des autres verbes qui, renfermant le même sens, y joignent quelque circonstance de temps.

Ces verbes sont nommés أَفْعَالٌ نَاقِصَةٌ *verbes incomplets*, parce qu'ils ne contiennent pas un attribut comme les autres verbes. On les nomme aussi كَانَ وَأَخَوَاتُهَا CANA *et ses sœurs*.

1128. Ces verbes sont : كَانَ *être*, صَارَ *devenir*, أَصْبَحَ *être au matin*, أَضْحَى *être dans le milieu de la matinée*, أَمْسَى *être au soir*, بَاتَ *être pendant toute la nuit*, ظَلَّ *être pendant tout le jour*, مَا زَالَ, لَيْسَ *n'être pas [doué de telle ou telle qualité]*,

مَا ٱنْفَكَّ et مَا فَتِئَ *ne pas cesser, être encore*, مَا دَامَ *tant qu'il a été ou qu'il sera*.

1129. Le sujet de ces verbes se nomme إِسْمُ كَانَ *nom du verbe* ÊTRE et leur attribut خَبَرُ كَانَ *énonciatif du verbe* ÊTRE. Le premier est régi au nominatif et le second à l'accusatif.

1130. On peut mettre l'énonciatif ou attribut avant le sujet et même avant le verbe, mais on ne peut pas le mettre avant le verbe quand celui-ci est précédé de la particule négative مَا.

1131. Les verbes كَانَ et صَارَ peuvent être employés comme verbes attributifs renfermant l'attribut *existant*, c'est-à-dire signifiant *exister*: on les nomme alors فِعْلٌ تَامٌّ *verbes complets*; ils suivent, en ce cas, la syntaxe des autres verbes et mettent leur agent au nominatif.

1132. Quelquefois, dans la formule admirative dont on parlera plus loin, on insère le verbe كَانَ après مَا, mais alors ce verbe est purement *explétif* زَآئِدٌ (n° 868).

1133. Quelquefois aussi كَانَ se trouve placé devant une proposition nominale composée d'un inchoatif et d'un énonciatif, comme كَانَ زَيْدٌ مُنْطَلِقٌ *un événement [a été, c'est que] Zéid [est] parti*. Dans ce cas, le verbe كَانَ est censé avoir pour agent l'agent pronominal caché dans le verbe lui-même, et cet agent pronominal a la même signification que le mot شَأْنٌ *un événement*. Le verbe كَانَ est donc alors un verbe complet et la proposition est une proposition composée qui a pour énonciatif une proposition nominale. On dit alors que le verbe est مُضْمَرٌ فِيهِ ضَمِيرُ ٱلشَّأْنِ, c'est-à-dire *renfermant un pronom qui exprime un événement*. Je reviendrai sur ce sujet dans un des chapitres suivants.

1134. Quand le verbe لَيْسَ est employé pour nier l'attribut

DE LA SYNTAXE

sans détermination d'aucune circonstance de temps passé, ce qui est le cas le plus ordinaire, on peut, au lieu de mettre l'attribut à l'accusatif, le mettre au génitif avec la préposition ب. On dit fort bien لَيْسَ زَيْدٌ بِجَاهِلٍ *Zéid n'est pas ignorant*.

CHAPITRE XXXV
Des Verbes d'approximation

1135. La onzième classe des régissants grammaticaux fondés sur l'usage est formée par les *verbes d'approximation* أَفْعَالُ ٱلْمُقَارَبَةِ. On appelle ainsi certains verbes, au nombre de sept, qui indiquent l'existence plus ou moins prochaine du sujet avec son attribut.

1136. Ces verbes sont : عَسَى *il peut arriver que*, كَادَ *il s'en est peu fallu que*, أَوْشَكَ, كَرَبَ, أَخَذَ, جَعَلَ, طَفِقَ *se mettre à faire telle ou telle chose*.

Le premier est *employé à exprimer l'approximation de la réunion du sujet à l'attribut, comme une chose que l'on espère,* مَوْضُوعٌ لِدُنُوِّ ٱلْخَبَرِ رَجَاءً, c'est-à-dire qu'il exprime la prochaine exécution d'une chose que l'on espère.

Le second est *employé à exprimer simplement la prochaine exécution d'une chose* مَوْضُوعٌ لِدُنُوِّ ٱلْخَبَرِ حُصُولًا.

Les autres sont *destinés à exprimer la prochaine exécution d'une chose à laquelle on se met* فِيهِ أَخْذًا ٱلْخَبَرِ لِدُنُوِّ مَوْضُوعَةٌ.

1137. Ces verbes n'influent réellement et *grammaticalement* لَفْظًا que sur un seul nom, qu'ils mettent au nominatif; mais ils influent *virtuellement* تَقْدِيرًا sur l'attribut, exprimé par une proposition verbale qui ne peut être mise réellement à l'accusatif, mais qui est censée y être mise *par la place qu'elle occupe*

مَحَلًّا. Le nom mis au nominatif se nomme *le nom de ces verbes* اِسْمُهَا, et la proposition qui sert d'attribut *leur énonciatif* خَبَرُهَا. C'est ainsi que l'on dit : عَسَى زَيْدٌ أَنْ يَخْرُجَ *Il peut bien arriver que Zéid sortira.* Le verbe عَسَى se construit aussi avec la particule conjonctive أَنْ suivie d'un verbe à l'aoriste subjonctif et de l'agent de ce verbe. Exemple : عَسَى أَنْ يَخْرُجَ زَيْدٌ *Il peut bien arriver que Zéid sorte;* et alors toute la proposition أَنْ يَخْرُجَ زَيْدٌ *que Zéid sorte* est considérée comme l'agent du verbe عَسَى, car c'est l'équivalent de خُرُوجُ زَيْدٍ *la sortie de Zéid.*

On peut dire encore عَسَى زَيْدٌ يَخْرُجُ *Il peut se faire que Zéid sortira.* Dans cette dernière construction, زَيْدٌ est le nom du verbe عَسَى, et يَخْرُجُ, mot qui renferme un verbe et son agent pronominal et qui par conséquent forme une proposition verbale, sert d'énonciatif à عَسَى et est censé mis à l'accusatif.

1138. Quelquefois le verbe كَادَ se construit aussi avec la particule أَنْ *que,* placée soit immédiatement après كَادَ, soit après le nom. Exemple : كَادَتِ ٱلشَّمْسُ أَنْ تَغْرُبَ ou كَادَ أَنْ تَغْرُبَ ٱلشَّمْسُ *Peu s'en fallut que le soleil ne se couchât.*

1139. Le verbe أَوْشَكَ prend aussi quelquefois la conjonction أَنْ après le nom. Exemple : أَوْشَكَ زَيْدٌ أَنْ يَخْرُجَ *Zéid a été près de sortir.*

CHAPITRE XXXVI

Des Verbes de louange et de blâme

1140. La douzième classe des régissants grammaticaux fondés sur l'usage est formée des *verbes de louange et de blâme*

أَفْعَالُ ٱلْمَدْحِ وَٱلذَّمِّ, qui sont au nombre de quatre. Ce sont, pour la louange : نِعْمَ et حَبَّذَا ; pour le blâme : بِئْسَ et سَاءَ.

1141. Ces verbes n'ont aucune variation de modes, de temps, de personnes ni de nombres ; نِعْمَ, بِئْسَ et سَاءَ, néanmoins, font au féminin نِعْمَتْ, بِئْسَتْ et سَاءَتْ.

1142. Ces trois verbes gouvernent deux noms au nominatif : le premier est un nom appellatif déterminé et le second est un nom propre ou un pronom ; le premier exprime la qualité ou l'espèce qu'on loue ou qu'on blâme et le second la personne qui est *l'objet spécial de la louange ou du blâme* ٱلْمَخْصُوصُ بِٱلْمَدْحِ أَوِ ٱلذَّمِّ.

Ce dernier nom est censé être l'inchoatif transposé, ayant pour énonciatif une proposition verbale composée du verbe et de son agent. Exemple : نِعْمَتِ ٱلْمَرْأَةُ هِنْدُ *C'est une belle femme que Hind.*

On peut dire également نِعْمَتِ ٱمْرَأَةً هِنْدُ, mais alors le nom mis à l'accusatif est considéré comme spécificatif et l'agent est un agent pronominal, هِنْدُ étant toujours considéré comme un inchoatif transposé et non comme l'agent de نِعْمَتْ.

On peut dire aussi نِعْمَ ٱلرَّجُلُ *le bel homme!* sans exprimer par son nom la personne qui est l'objet de la louange et du blâme, ce qui forme alors une proposition verbale.

1143. Le quatrième verbe حَبَّذَا est absolument invariable. Ce verbe est composé de حَبَّ et de ذَا, et la manière la plus naturelle d'analyser les propositions où il entre est de regarder ذَا comme l'agent du verbe et mis virtuellement au nominatif.

Ainsi, dans cette phrase : حَبَّذَا زَيْدٌ *Zéid est beau!* l'inchoatif est زَيْدٌ ; il est transposé ; la proposition verbale حَبَّذَا, composée d'un verbe et d'un agent, fait la fonction d'énonciatif.

Il en est de même dans celle-ci : حَبَّذَا رَجُلًا زَيْدُ *Zéid est un bel homme.* L'analyse est la même et رَجُلًا est à l'accusatif comme terme spécificatif.

Si l'on dit حَبَّذَا ٱلرَّجُلُ زَيْدُ, on analysera encore de même la proposition et l'on dira que ٱلرَّجُلُ est au nominatif comme adjectif ou comme appositif *permutatif* بَدَلُ de ذَا (n° 985).

1144. Le verbe سَاءَ s'emploie souvent comme verbe transitif régulier; il n'appartient plus alors à la catégorie dont il s'agit ici.

CHAPITRE XXXVII
Des Verbes appelés Verbes de cœur

1145. La treizième classe des régissants grammaticaux fondés sur l'usage est formée de sept verbes nommés *verbes de cœur* أَفْعَالُ ٱلْقُلُوبِ, parce que l'attribut que ces verbes renferment exprime une action intellectuelle, comme *savoir, penser, connaître*.

1146. Ces verbes sont عَلِمَ *savoir,* وَجَدَ *trouver,* رَأَى *juger, voir,* ظَنَّ *penser,* حَسِبَ *estimer,* خَالَ *s'imaginer,* زَعَمَ *croire.* Les trois premiers indiquent une science certaine; les trois suivants, une connaissance mêlée de doute; le dernier tient le milieu entre ces deux classes.

1147. Ces verbes sont aussi nommés أَفْعَالُ ٱلشَّكِّ وَٱلْيَقِينِ *verbes de doute et de certitude* et عَوَامِلُ دَاخِلَةٌ عَلَى ٱلْمُبْتَدَأِ وَٱلْخَبَرِ *régissants qui influent sur l'inchoatif et l'énonciatif.*

1148. Ils ont trois régimes : le premier est l'agent qu'ils mettent au nominatif; le deuxième est nommé ٱلْمَفْعُولُ ٱلْأَوَّلُ *premier complément objectif* et le troisième ٱلْمَفْعُولُ ٱلثَّانِي *second complément objectif;* ces deux derniers sont mis à l'accusatif.

1149. Les deux derniers régimes forment véritablement une proposition nominale, composée d'un inchoatif et d'un énonciatif; mais comme il est de la nature de ces deux parties constitutives du discours de n'être régies par aucun antécédent, on ne donne pas à ces deux termes les noms d'inchoatif et d'énonciatif. On nomme l'inchoatif ou premier complément objectif إِسْمٌ فِي بَابِ ظَنَنْتُ, c'est-à-dire *nom d'un verbe de la catégorie de* DHANNA, et l'énonciatif ou second complément objectif خَبَرٌ فِي بَابِ ظَنَنْتُ *énonciatif d'un verbe de la catégorie de* DHANNA.

1150. De ces verbes, deux seulement, حَسِبَ et خَالَ, sont toujours employés avec leurs trois régimes; les autres peuvent être employés, à la manière des autres verbes transitifs, avec un agent et un seul complément objectif.

1151. Ces verbes sont remarquables par deux propriétés particulières. La première est nommée جَوَازُ ٱلْإِلْغَاءِ *la liberté de faire* ILGA. Ce mot signifie إِبْطَالُ ٱلْعَلَاقَةِ ٱلْمَفْعُولِيَّةِ بَيْنَ هَذِهِ ٱلْأَفْعَالِ وَمَفْعُولَيْهَا لَفْظًا وَمَعْنًى *faire cesser toute dépendance entre ces verbes et leurs deux compléments objectifs, tant grammaticalement que logiquement.* Cela se fait en mettant les deux compléments au nominatif, en sorte qu'ils ne sont plus affectés par l'influence du verbe, mais deviennent réellement une proposition nominale composée d'un inchoatif et d'un énonciatif, le verbe, de son côté, formant avec son agent une proposition verbale qui est isolée. Le verbe doit alors être placé après la proposition nominale ou, comme par parenthèse, entre l'inchoatif et l'énonciatif. Ainsi, au lieu de dire ظَنَنْتُ زَيْدًا جَاهِلًا *j'ai cru Zéid ignorant*, on peut dire زَيْدٌ جَاهِلٌ ظَنَنْتُ *Zéid [est] ignorant, j'ai cru,* ou زَيْدٌ ظَنَنْتُ جَاهِلٌ *Zéid, j'ai cru, [est] ignorant.*

1152. La seconde propriété particulière à ces verbes est nommée تَعْلِيق *suspension*; ce mot signifie إِبْطَالُ ٱلْعَلَاقَةِ ٱلْمَفْعُولِيَّةِ بَيْنَ هَذِهِ ٱلْأَفْعَالِ وَمَفْعُولَيْهَا لَفْظًا لَا مَعْنًى *faire cesser toute dépendance entre ces verbes et leurs deux compléments objectifs, grammaticalement, mais non logiquement,* c'est-à-dire que les deux compléments cessent d'être sous l'influence du verbe quant à l'expression et sont mis au nominatif, mais que leur dépendance logique est conservée.

Cela a lieu en trois manières :

1º Quand, après le verbe, on place la particule لَ nommée لَامُ ٱلْاِبْتِدَآءِ LAM *de l'inchoatif* (nº 1118, Ire part.), comme dans cet exemple : عَلِمْتُ لَزَيْدٌ كَرِيمٌ *Je* [le] *sais, certes, Zéid est généreux;*

2º Quand il y a après le verbe une particule négative, comme عَلِمْتُ مَا إِنْ زَيْدٌ جَاهِلٌ *Je* [le] *sais, Zéid n'est pas ignorant;*

3º Quand, après le verbe, il se trouve un mot qui sert à interroger. Exemples :

عَلِمْتُ أَزَيْدٌ فِي ٱلدَّارِ أَمْ عَمْرُو

Sais-tu, est-ce Zéid qui est dans la maison, ou Amrou?

عَلِمْتُ أَيُّهُمْ جَآءَ

Sais-tu qui d'eux est venu?

1153. Il y a beaucoup d'autres verbes qui exercent une influence pareille à celle des verbes de cœur, tels sont : جَعَلَ *mettre*, تَرَكَ *laisser*, خَلَقَ *former*, لَقِيَ *rencontrer*, أَرْسَلَ *envoyer*, سَمَّى *nommer*, قَلَبَ *changer*, etc.

1154. Les verbes de cœur, en passant à la forme أَفْعَلَ, peuvent avoir trois compléments objectifs. Exemple :

يُرِيكُمْ أَعْمَالَكُمْ خَبِيثَةً

Il vous fera voir que [vos] *œuvres* [étaient] *mauvaises.*

DE LA SYNTAXE

1155. Quand ces verbes, étant à cette même forme, passent à la voix objective, l'agent n'est plus exprimé : le premier complément prend la place d'agent et se met au nominatif, le second et le troisième demeurent sous la forme de compléments et à l'accusatif. Exemple :

يُرَوْا ٱلنَّاسُ أَعْمَالَهُمْ خَبِيثَةٌ

On fera voir aux hommes [que] leurs œuvres [sont] mauvaises.

1156. On peut aussi supprimer entièrement le premier complément devenu agent du verbe à la voix objective et mettre au nominatif le second complément qui devient alors l'agent du verbe; le troisième demeurera à l'accusatif. Exemple :

تُرَى أَعْمَالُهُمْ خَبِيثَةٌ

Leurs œuvres seront montrées mauvaises.

CHAPITRE XXXVIII

Des Régissants logiques

1157. Les *régissants logiques* عَوَامِلُ مَعْنَوِيَّةٌ sont au nombre de deux. Ceux-ci ne sont, à proprement parler, que l'absence de tout terme antécédent capable d'exercer quelque influence grammaticale sur le mot qui est envisagé comme *régime* مَعْمُولٌ.

Aussi ces antécédents logiques sont-ils nommés تَجَرُّدٌ et تَجْرِيدٌ *dépouillement,* ou تَجَرُّدٌ عَنِ ٱلْعَوَامِلِ ٱللَّفْظِيَّةِ *dépouillement ou absence de tout régissant grammatical.*

1158. Cette absence des régissants grammaticaux a lieu par rapport au nom et par rapport au verbe, ce qui forme deux régissants logiques.

1159. Par rapport au nom, c'est *l'absence de tout antécédent* qui exigerait que le nom fût mis au génitif مَجْرُورٌ ou à l'accusatif مَنْصُوبٌ, ce qui peut s'exprimer ainsi : التَّجَرُّدُ عَنِ النَّاصِبِ وَالجَازِ. Le nom est alors *au nominatif* مَرْفُوعٌ.

1160. Par rapport au verbe, c'est *l'absence de tout antécédent qui exigerait que le verbe fût mis au mode subjonctif* مَنْصُوبٌ *ou au mode conditionnel* مَجْزُومٌ, ce qui peut s'exprimer ainsi : التَّجَرُّدُ عَنِ النَّاصِبِ وَالجَازِمِ. Le verbe est alors nécessairement au *mode indicatif* مَرْفُوعٌ.

Il ne s'agit ici que de l'aoriste, le prétérit n'ayant point de distinction de modes. Si donc on dit quelquefois que le prétérit est *mis au mode subjonctif* مَنْصُوبٌ ou *au mode conditionnel* مَجْزُومٌ, c'est seulement مَحَلًّا *à raison de la place* qu'il occupe dans la proposition et non لَفْظًا *en réalité*.

CHAPITRE XXXIX

De la Syntaxe de la forme exclamative ou admirative des Verbes

1161. Le verbe, comme je l'ai dit ailleurs, devient exclamatif ou admiratif et est nommé فِعْلُ التَّعَجُّبِ *verbe d'admiration* quand il est construit de l'une de ces deux manières : مَا أَفْعَلَهُ et أَفْعِلْ بِهِ. Ces deux formules sont analysées différemment par les grammairiens arabes.

1162. Dans la première, on peut regarder مَا comme inchoatif et أَفْعَلَ comme une proposition verbale composée du verbe et de son agent, et ayant pour complément objectif le pronom affixe هُ. On peut aussi supposer qu'il y a ellipse, que مَا أَفْعَلَهُ est l'inchoatif et que l'énonciatif est شَيْءٌ. Ainsi مَا أَحْسَنَ زَيْدًا

Zéid est très beau, signifierait à la lettre *ce qui a rendu Zéid beau, c'est une certaine chose.* Peut-être vaudrait-il mieux supposer pour nominatif sous-entendu ﷲ *Dieu.*

1163. Dans la seconde, on peut supposer que le verbe est à l'impératif, qu'il renferme son agent et forme avec lui une proposition verbale, et que بِهِ tient la place d'un complément à l'accusatif. Suivant d'autres, le verbe est censé être au prétérit et le sens de أَحْسِنْ بِهِ est صَارَ ذَا حُسْنٍ *il est devenu doué de beauté.*

Pour caractériser cette dernière formule, on dit que la *proposition y passe de la forme* ÉNONCIATIVE *à la forme* PRODUCTIVE مَنْقُولَةٌ مِنْ صِيغَةِ ٱلْإِخْبَارِ إِلَى صِيغَةِ ٱلْإِنْشَاءِ, c'est-à-dire qu'au lieu d'employer le mode indicatif destiné à exprimer une affirmation, on se sert du mode impératif, dont l'usage propre est d'exprimer une volonté (n° 944).

1164. Ces deux formes du verbe admiratif n'admettent aucune variété de temps, de nombres, de genres, ni de personnes.

CHAPITRE XL

Observations sur quelques usages des Pronoms.

1165. On emploie souvent les pronoms personnels d'une manière pléonastique, dont l'objet est de séparer l'inchoatif de l'énonciatif (n° 197), ou de donner de l'énergie à l'expression (n°s 862 et 864).

زَيْدٌ هُوَ ٱبْنُ عَمِّكَ

Zéid [est] le fils de ton oncle paternel.

ٱللَّهُ هُوَ ٱلْمُسْتَعَانُ

Dieu [est] celui dont l'assistance est implorée.

أَنَا هُوَ ٱلْحَقُّ

Je suis la vérité, ou plutôt *c'est moi qui suis la vérité*.

إِنَّكَ أَنْتَ ٱلسُّلْطَانُ ٱلْمُطَاعُ

C'est toi qui es le sultan auquel on obéit.

1166. Dans le premier cas, le pronom n'est plus considéré par quelques grammairiens arabes comme un pronom, mais bien comme une particule, et ils l'appellent حَرْفُ ٱلْفَصْلِ *particule de séparation*. En effet, il sert alors à séparer l'inchoatif de l'énonciatif et à empêcher qu'on ne regarde ces deux parties de la proposition comme si elles n'en formaient qu'une seule et que la seconde fît seulement, à l'égard de la première, la fonction d'adjectif qualificatif ou d'appositif. C'est ainsi que, dans les deux premiers exemples, le pronom empêche qu'on ne traduise de la sorte : *Dieu dont l'assistance est implorée...; Zéid, le fils de ton oncle paternel...* Dans le dernier cas, le second pronom est un *appositif corroboratif* تَابِعٌ مُؤَكِّدٌ (n° 1025, note).

Le pronom n'est alors dans aucune dépendance, étant en quelque sorte étranger à la construction de la proposition, ce qui s'exprime en arabe par ces mots : لَا مَحَلَّ لَهُ مِنَ ٱلْإِعْرَابِ *il n'a aucune place dans la syntaxe des désinences*. Cette définition sera expliquée dans un des chapitres suivants.

1167. Le pronom personnel de la troisième personne, soit isolé, soit affixe, s'emploie aussi, par une sorte de pléonasme, d'une manière vague et qui ne donnerait aucun sens s'il n'était expliqué par une proposition suivante. C'est ainsi, à peu près, que nous employons le pronom de la troisième personne, en français, comme sujet vague et indéterminé, quand nous disons : IL *est des hommes qui*..., IL *y a des gens qui*...[1]

---

[1] Voyez mes *Principes de grammaire générale*, 2ᵉ édition, p. 224.

DE LA SYNTAXE

Dans ce cas, le pronom est appelé par les grammairiens arabes ضَمِيرُ ٱلشَّأْن *pronom qui tient la place de* LA CHOSE, DU FAIT,[1] et la proposition qui le suit est nommée جُمْلَةٌ مُفَسِّرَةٌ لِضَمِيرِ ٱلشَّأْن *proposition qui interprète ce pronom*.

1168. Le pronom employé de cette manière peut être ou le pronom personnel isolé représentant le nominatif (n° 1005, Ire part.) هُوَ *il*, ou le pronom affixe représentant l'accusatif (n° 1006, Ire part.) هُ *lui*, ou le pronom affixe représentant le nominatif, et compris dans les personnes des verbes (n° 1021, Ire part.). Le second cas n'a lieu qu'avec la conjonction إِنَّ ou les verbes de cœur (n° 1145). Le troisième cas n'a lieu que quand on emploie le verbe كَانَ par forme de pléonasme devant une proposition nominale, sans qu'il exerce aucune influence ni sur l'inchoatif ni sur l'énonciatif de cette proposition (n° 1133). Alors le pronom nommé ضَمِيرُ ٱلشَّأْن est caché dans le verbe كَانَ (n° 1022, Ire part.). Exemples de ces différents cas :

هُوَ زَيْدٌ حَاضِرٌ

IL, *Zéid* [*est*] *présent* ou *Il est ainsi, Zéid est présent*.

إِنَّهُ كَانَ تَاجِرٌ

CELA, *un marchand était* ou *Cela est qu'il était un marchand*.

إِنَّهُ عَمْرُو كَاذِبٌ

CELA, *Amrou menteur* ou *Cela est qu'Amrou est menteur*.

ظَنَنْتُهُ مُحَمَّدٌ رَسُولُ ٱللَّهِ

J'ai cru CELA, *Mahomet* [*est*] *envoyé de Dieu* ou *J'ai cru que Mahomet est envoyé de Dieu*.

---

(1) Voyez la Grammaire d'Ebn Farhât (manuscr. arabes de la biblioth. du Roi, n° 1295 A, folio 97).

كَانَ مُحَمَّدٌ نَبِىٌّ

IL A ÉTÉ, *Mahomet* [*est*] *prophète* ou *Cela a été, que Mahomet était prophète* (nos 508 et 870).

1169. Pour analyser ces propositions à la manière des grammairiens arabes, il faut dire, dans le premier exemple, que هُوَ est un inchoatif qui a pour énonciatif la proposition nominale زَيْدٌ حَاضِرٌ tout entière; dans le deuxième et le troisième, que ة est le nom de la conjonction إِنَّ et que son énonciatif est, pour le deuxième exemple, la proposition verbale كَانَ تَاجِرٌ, et pour le troisième, la proposition nominale عَمْرُو كَاذِبٌ; dans le quatrième exemple, que ة est le nom du verbe de cœur ظَنَنْتُ et que son énonciatif est la proposition nominale مُحَمَّدٌ رَسُولُ ٱللَّهِ; enfin, dans le cinquième exemple, que c'est une proposition verbale composée dont le verbe est كَانَ, que le nom du verbe كَانَ ou son sujet est le pronom personnel caché dans la troisième personne du verbe, et que l'énonciatif est la proposition nominale مُحَمَّدٌ نَبِىٌّ tout entière.[1]

---

[1] Le dernier cas est fort rare; on en peut voir un exemple dans mon *Anthologie grammaticale arabe*, p. 333, et un autre dans le *Hamasa*, p. 125. Il serait plus fréquent si l'on admettait le système des grammairiens de l'école de Coufa que suit Ebn Malec dans son *Alfiyya*, et suivant lequel le *complément* ou *régime* مَعْمُولٌ de l'*attribut* خَبَرٌ du verbe كَانَ, faisant fonction du verbe abstrait ou *incomplet* نَاقِصَةٌ ou celui de ses *analogues* أَخَوَاتُ كَانَ, ne peut pas être placé immédiatement après ces verbes, comme il semble l'être dans ces vers:

لَئِنْ كَانَ سَلْمَى ٱلشَّيْبُ بِٱلصَّدِّ مُغْرِيَا ۝ لَقَدْ هَوَّنَ ٱلسَّلْوَانُ عَنْهَا ٱلتَّحَلُّمُ

Si mes cheveux blancs sont ce qui porte Solma à s'éloigner de moi, la patience me fournira un moyen facile de me consoler de son éloignement.

بَانَتْ فُؤَادِى ذَاتُ ٱلْخَالِ سَالِبَةً ۝ فَٱلْعَيْشُ إِنْ دُمَّ يَا عَيْشُ مِنَ ٱلْعَجَبِ

Cette beauté, dont une tache noire relève l'éclat, a ravi mon cœur; si après

DE LA SYNTAXE 589

CHAPITRE XLI
Des mots appelés abrogatifs

1170. Les grammairiens arabes appellent نَوَاسِخ, c'est-à-dire *expressions qui abrogent,* les particules ou les verbes qui se

cela la volonté du destin est que je conserve la vie, ô vie! tu es un prodige surprenant !

Dans ces exemples et autres semblables, les grammairiens de Coufa, pour que la règle par eux établie ne soit pas violée, supposent que le verbe كَانَ renferme un pronom qui sert de sujet ou, comme ils disent, de *nom au verbe* إِسْمُ كَانَ, et que la proposition suivante, soit verbale, soit nominale, est l'attribut ou l'*énonciatif du verbe* خَبَرُ كَانَ. C'est ce qu'exprime Ebn Malec en disant :

وَلَا يَلِي ٱلْعَامِلَ مَعْمُولُ ٱلْخَبَرْ   إِلَّا إِذَا ظَرْفًا أَتَى أَوْ حَرْفَ جَرّْ
وَمُضْمَرَ ٱلشَّأْنِ ٱسْمًا ٱنْوِ إِنْ وَقَعْ   مُوهِمْ مَا ٱسْتَبَانَ أَنَّهُ ٱمْتَنَعْ

Mais une pareille analyse ne saurait être admise dans les deux vers donnés pour exemple, car si les verbes كَانَ et بَاتَتْ renfermaient effectivement le sujet et que tout ce qui suit fît, dans son ensemble, la fonction d'énonciatif, cet énonciatif serait une proposition nominale dont les deux termes devraient être au nominatif, quoique la proposition entière représentât virtuellement un accusatif; il aurait donc fallu dire مُغْرٍ au lieu de مُغْرِيًا et سَالِبَةٌ au lieu de سَالِبَةً. Ainsi, il est de toute nécessité, en suivant le système des grammairiens de Coufa, d'admettre que, dans ces deux vers, les mots ذَاتُ ٱلْخَالِ et ٱلشَّيِّبُ, vrais sujets logiques des verbes كَانَ et بَاتَتْ, ne sont là que comme destinés à expliquer le pronom, à l'égard duquel ils font la fonction de *permutatif* بَدَلْ.

Dans la proposition كَانَ مُحَمَّدٌ نَبِيَّ, il n'y a d'autre sujet ou *nom du verbe* إِسْمُ كَانَ que le pronom signifiant ٱلشَّأْنِ et l'*énonciatif* خَبَرُ كَانَ ou attribut est la proposition nominale tout entière مُحَمَّدٌ نَبِيَّ. En analysant ces expressions, on doit dire que cette proposition est virtuellement à l'accusatif, مَنْصُوبَةٌ مَحَلًّا, parce qu'elle sert d'énonciatif au verbe abstrait.

placent devant un inchoatif et un énonciatif et en changent ou la forme grammaticale ou le sens. (1)

Tels sont :

1º Le verbe abstrait كَانَ et ceux qui lui sont assimilés (nos 1127 et suiv.);

2º Les verbes كَادَ *il s'en est peu fallu que,* عَسَى *il arrivera peut-être que,* et autres semblables (nos 1136 et suiv.);

3º Les adverbes négatifs مَا et لَا (nos 1084 et suiv.);

4º La conjonction إِنَّ (2) et celles qui lui sont assimilées (nos 1077 et suiv.);

5º L'adverbe négatif لَا, quand il nie l'espèce (nº 1088);

6º Les verbes de cœur ظَنَّ et autres (nos 1145 et suiv.).

Je ne reviendrai point sur l'influence grammaticale de tous ces mots; elle a été suffisamment expliquée et je n'en ai fait mention ici que pour faire connaître ce que les Arabes entendent par le mot نَوَاسِخُ.

---

(1) Cela s'exprime ainsi en arabe :

ٱلنَّوَاسِخُ تَدْخُلُ ٱلْمُبْتَدَآءَ وَٱلْخَبَرَ وَتُغَيِّرُهُمَا لَفْظًا أَوْ مَعْنًى

Le changement dans la forme grammaticale ٱلتَّغْيِيرُ ٱللَّفْظِيُّ a lieu, par exemple, quand un mot qui devrait être au nominatif se met à l'accusatif, comme le sujet après إِنَّ ou l'attribut après كَانَ ; le changement dans le sens, ٱلتَّغْيِيرُ ٱلْمَعْنَوِيُّ, a lieu quand un temps de verbe change de valeur ou quand une proposition qui énonçait une affirmation n'énonce plus qu'une possibilité, comme cela arrive avec les verbes عَسَى et كَادَ, ou enfin lorsqu'une proposition qui par elle-même énoncerait un jugement affirmatif n'exprime plus qu'une opinion douteuse, effet que produit le verbe ظَنَّ.

(2) J'ai déjà dit ailleurs (nº 1077) qu'on appelle ces particules نَوَاسِخُ ٱلْٱبْتِدَآءِ, à cause de leur influence sur l'inchoatif.

CHAPITRE XLII

Des *Adverbes de temps* et *de lieu* et des *Prépositions* suivies de leur complément

1171. Tout *adverbe de temps* ou *de lieu* ظَرْفُ (*vase*) et toute expression composée *d'une préposition et de son complément* جَارٌّ وَمَجْرُورٌ dépendent nécessairement d'un antécédent qui est toujours un verbe ou un mot renfermant la valeur du verbe.[1] Ce terme adverbial qui est dans la dépendance s'appelle مُتَعَلِّقٌ *dépendant*, et son antécédent se nomme ٱلْمُتَعَلَّقُ بِهِ *le mot qui a un terme adverbial dans sa dépendance*.

1172. L'antécédent dont il s'agit ici est souvent le verbe *être, exister, se trouver,* كَانَ, حَصَلَ et إِسْتَقَرَّ, et alors il est sous-entendu le plus ordinairement.

1173. Il doit même nécessairement être sous-entendu toutes les fois que l'adverbe ou la préposition avec son complément fait fonction d'*énonciatif* خَبَرٌ, comme زَيْدٌ فِي ٱلدَّارِ *Zéid [est] dans la maison;* de *proposition conjonctive* صِلَةٌ, comme مَرَرْتُ بِٱلَّذِي عِنْدَكَ *j'ai passé auprès de celui qui [se trouve] chez toi;* de *qualificatif* صِفَةٌ, comme مَرَرْتُ بِنَصْرَانِيٍّ عِنْدَكَ فِي ٱلْبَيْتِ *j'ai passé près d'un chrétien [qui] est chez toi dans l'appartement.*

Dans tous ces exemples, *l'antécédent dans la dépendance duquel est le terme adverbial* ٱلْمُتَعَلَّقُ بِهِ, antécédent qui est le mot كَائِنٌ *étant* ou حَاصِلٌ *se trouvant*, doit nécessairement demeurer sous-entendu.

---

(1) Voyez ce que dit là-dessus Ebn Hescham, dans mon *Anthologie grammaticale arabe*, p. 163.

1174. Les particules رُبَّ *quelquefois*, لَوْلَا *si... ne*, كَ *comme* et les prépositions بِ et مِنْ employées d'une manière pléonastique n'ont point d'antécédent.⁽¹⁾

CHAPITRE XLIII

Observations générales sur l'Analyse grammaticale

1175. L'*analyse grammaticale*, nommée par les Arabes إِعْرَابٌ, et dont j'ai donné quelques exemples dans cette quatrième partie de la Grammaire, a pour objet principal de faire reconnaître le rôle que joue dans le discours chacune des parties complexes ou incomplexes dont il se compose; d'indiquer le sujet, l'attribut, le verbe, les divers compléments, et, en même temps, de rendre raison de la forme grammaticale sous laquelle les mots se présentent, et surtout du cas auquel se trouvent les noms et du mode employé pour les verbes. C'est même sous ce dernier point de vue qu'on a donné à cette analyse le nom de إِعْرَابٌ, que je rends par *syntaxe des désinences*. Quoique j'en aie donné plusieurs exemples, je vais encore en présenter ici quelques-uns, en choisissant des propositions dont l'analyse ne présente aucune difficulté.

---

(1) La raison de cela est, par rapport à رُبَّ, que c'est moins une préposition qu'un verbe ou un nom mis à l'accusatif par forme elliptique (n° 1103, Iʳᵉ part.), et par rapport à كَ, que les grammairiens regardent ce mot comme un nom indéclinable (n° 1045, Iʳᵉ part.). Quant à la particule لَوْلَا, lorsqu'elle régit un affixe, j'ai dit ailleurs ce que je pense de cette expression (n° 739).

Ebn Hescham comprend dans cette exception les prépositions بِ et مِنْ, quand elles sont explétives, et لَعَلَّ si l'on range ce mot parmi les prépositions; il ne fait pas mention de رُبَّ.

DE LA SYNTAXE

EXEMPLES D'ANALYSE

ضَرَبَ زَيْدٌ عَمْرًا

Zéid a frappé Amrou.

ضَرَبَ فِعْلٌ مَاضٍ زَيْدٌ فَاعِلٌ وَهُوَ مَرْفُوعٌ وَعَلَامَةُ رَفْعِهِ ضَمَّةٌ ظَاهِرَةٌ فِي آخِرِهِ عَمْرًا مَفْعُولٌ وَهُوَ مَنْصُوبٌ وَعَلَامَةُ نَصْبِهِ فَتْحَةٌ ظَاهِرَةٌ فِي آخِرِهِ

ضَرَبَ verbe au prétérit : زَيْدٌ agent, mis au nominatif; ce cas est caractérisé par le dhamma qui termine effectivement et d'une manière sensible ce mot; عَمْرًا patient (ou complément objectif du verbe); il est mis à l'accusatif, et ce cas est caractérisé par le fatha qui termine ce mot d'une manière sensible.

يَضْرِبُ مُوسَى غُلَامَهُ حَتَّى يَمُوتَ

Mousa frappe son serviteur jusqu'à tant qu'il meure.

يَضْرِبُ فِعْلٌ مُضَارِعٌ مَرْفُوعٌ لِتَجَرُّدِهِ عَنِ النَّاصِبِ وَالْجَازِمِ وَعَلَامَةُ رَفْعِهِ ضَمَّةٌ ظَاهِرَةٌ فِي آخِرِهِ مُوسَى فَاعِلُ يَضْرِبُ وَهُوَ مَرْفُوعٌ وَعَلَامَةُ رَفْعِهِ ضَمَّةٌ مُقَدَّرَةٌ عَلَى الْأَلِفِ مَنَعَ مِنْ ظُهُورِهَا التَّعَذُّرُ لِأَنَّهُ اسْمٌ مَقْصُورٌ وَقُلْ هَكَذَا فِي حَالَتَي النَّصْبِ وَالْجَرِّ غُلَامَهُ مُضَافٌ وَمُضَافٌ إِلَيْهِ وَهُوَ مَنْصُوبٌ بِأَنَّهُ مَفْعُولُ يَضْرِبُ وَعَلَامَةُ نَصْبِهِ فَتْحَةٌ ظَاهِرَةٌ فِي آخِرِهِ وَالْهَاءُ ضَمِيرٌ مُتَّصِلٌ فِي مَحَلِّ جَرٍّ بِالْإِضَافَةِ حَتَّى حَرْفُ غَايَةٍ وَنَصْبٍ يَمُوتَ فِعْلٌ مُضَارِعٌ مَنْصُوبٌ بِأَنْ مُضْمَرَةٍ وُجُوبًا بَعْدَ حَتَّى وَعَلَامَةُ نَصْبِهِ فَتْحَةٌ ظَاهِرَةٌ فِي آخِرِهِ وَفَاعِلُهُ مُسْتَتِرٌ فِيهِ وُجُوبًا تَقْدِيرُهُ هُوَ وَأَنْ وَمَا بَعْدَهَا فِي تَأْوِيلِ مَصْدَرٍ مَجْرُورٍ بِحَتَّى وَالتَّقْدِيرُ إِلَى مَوْتِهِ

يَضْرِبُ verbe à l'aoriste mis au nominatif (c'est-à-dire au mode *indicatif*) parce qu'il n'est sous l'influence d'aucun antécédent qui exige l'accusatif ou le cas nommé djezm (c'est-à-dire le subjonctif ou le mode conditionnel); le signe de l'indicatif est un dhamma *qui termine effectivement ce mot.* مُوسَى *agent de* يَضْرِبُ, *mis au nominatif; ce cas est caractérisé par un* dhamma *placé virtuellement sur l'*élif, *mais qui n'est pas sensible, à cause de l'impossibilité* [*de mettre ici un* dhamma], *attendu que ce nom se termine par un* élif *bref; il conserve en conséquence la même forme à l'accusatif et au génitif.* غُلَامَهُ *renferme l'antécédent et le conséquent d'un rapport d'annexion;* غُلَامٌ *est à l'accusatif, comme complément objectif du verbe* يَضْرِبُ, *et ce cas est caractérisé par le* fatha *qui termine ce mot.* هُ *pronom affixe qui est virtuellement au génitif par l'effet de l'annexion.* حَتَّى, *particule qui indique le terme d'une action et régit l'accusatif* (*c'est-à-dire le subjonctif*). يَمُوتَ, *verbe à l'aoriste et à l'accusatif* (*c'est-à-dire au subjonctif*); *il est mis à ce mode comme étant sous l'influence de la particule* أَنْ *qui est nécessairement sous-entendue après* حَتَّى; *ce mode est caractérisé par le* fatha *qui termine ce mot; l'agent du verbe* يَمُوتَ *est caché dans ce verbe, sans qu'il soit permis ici de l'exprimer; il équivaut à* هُوَ. *La particule* أَنْ *et ce qui la suit a le même sens qu'un nom d'action qui serait au génitif; cela équivaut à* إِلَى مَوْتِهِ.

غُلَامِي حَاضِرٌ

Mon serviteur est présent.

غُلَامِي مُبْتَدَأٌ مَرْفُوعٌ بِالْاِبْتِدَاءِ وَعَلَامَةُ رَفْعِهِ ضَمَّةٌ مُقَدَّرَةٌ عَلَى مَا قَبْلَ الْيَاءِ مَنَعَ مِنْ ظُهُورِهَا اشْتِغَالُ الْمَحَلِّ بِحَرَكَةِ الْمُنَاسَبَةِ غُلَامٌ مُضَافٌ وَالْيَاءُ ضَمِيرٌ مُتَّصِلٌ فِي مَحَلِّ جَرٍّ بِالْإِضَافَةِ وَقُلْ هَكَذَا فِي حَالَتَيِ النَّصْبِ وَالْجَرِّ وَقَوْلِي حَرَكَةِ الْمُنَاسَبَةِ أَيْ كَسْرَةِ الْمِيمِ الَّتِي تُنَاسِبُ الْيَاءَ حَاضِرٌ خَبَرُ غُلَامِي وَهُوَ مَرْفُوعٌ وَعَلَامَةُ رَفْعِهِ ضَمَّةٌ ظَاهِرَةٌ فِي آخِرِهِ

غُلَامِي, *inchoatif mis au nominatif par la fonction qu'il fait d'inchoatif; ce cas est caractérisé par un* dhamma *qui est placé virtuellement sur la lettre qui précède le* ya, *mais qu'on ne peut* pas rendre sensible, parce que la place où l'on devrait le mettre est occupée par la motion analogue. غُلَامُ, antécédent d'un rapport d'annexion ; le ya est un pronom affixe qui est virtuellement au génitif comme complément d'un rapport d'annexion ; le mot غُلَامِي conserve la même forme à l'accusatif et au génitif. Par la motion analogue, j'entends le kesra du mim, motion qui est analogue au ya. حَاضِرُ, énonciatif de l'inchoatif غُلَامِي; il est au nominatif, et ce cas est caractérisé par le dhamma qui termine ce mot.

1176. Il faut observer que les différentes parties intégrantes qui entrent dans une proposition sont souvent remplacées par des expressions complexes qui ne peuvent pas être mises au cas qui conviendrait à la partie intégrante représentée par cette expression ; c'est ce que l'on comprendra mieux par quelques exemples :

لَيْسَ ٱللَّهُ بِغَافِلٍ عَمَّا تَعْمَلُونَ

Dieu n'a pas les yeux fermés sur ce que vous faites.

Le verbe لَيْسَ doit avoir deux régimes : 1° son sujet, qu'il gouverne au nominatif ; 2° son attribut ou énonciatif, qu'il gouverne à l'accusatif. Ici le sujet ٱللَّهُ est bien au nominatif, mais au lieu de dire غَافِلًا, en mettant l'énonciatif à l'accusatif, on a employé la préposition بِ avec le complément au génitif. Cette expression complexe بِغَافِلٍ représente donc l'expression incomplexe غَافِلًا. Pour l'analyser, il faut dire que *la préposition et son régime sont à l'accusatif, eu égard à la place qu'ils remplissent, comme formant l'énonciatif de* لَيْسَ, ce qui s'exprime ainsi : ٱلْجَارُّ وَٱلْمَجْرُورُ مَنْصُوبٌ مَحَلًّا بِأَنَّهُ خَبَرُ لَيْسَ. On conçoit facilement, d'après cet exemple, le sens du mot مَحَلًّا, dont l'usage est si fréquent dans ces analyses grammaticales. Autre exemp.:

مَا مِنْ دَابَّةٍ فِي ٱلْأَرْضِ وَلَا طَائِرٍ يَطِيرُ بِجَنَاحَيْهِ إِلَّا أُمَمٌ أَمْثَالُكُمْ

Il n'est point de bête sur la terre, ni d'oiseau volant avec ses deux ailes, qui ne soient des nations semblables à vous.

Pour analyser ceci, il faut dire que *la préposition* مِنْ *et le nom* دَابَّةٍ, *au génitif, qui lui sert de complément, représentent l'inchoatif ou plutôt le nom de la particule négative* مَا *qui imite la syntaxe du verbe* كَانَ *incomplet, et qu'en conséquence cette expression complexe, par la place qu'elle occupe dans la proposition, est au nominatif, ce qu'on exprime ainsi* : مِنْ دَابَّةٍ جَارٌّ وَمَجْرُورٌ وَمِنْ زَائِدَةٌ وَآجَارٌ وَآلْمَجْرُورُ مَرْفُوعٌ مَحَلًّا بِأَنَّهُ آسْمُ مَا آلَّتِي تَعْمَلُ عَمَلَ لَيْسَ آلنَّاقِصَةِ. J'ai expliqué ci-devant (n° 1127) ce que l'on entend par le mot نَاقِصَةٌ *incomplet*, en parlant du verbe كَانَ et des autres verbes de la même catégorie.

1177. Ce ne sont pas seulement des expressions complexes formées d'un antécédent et d'un conséquent qui remplacent des parties intégrantes d'une proposition, ce sont souvent des propositions tout entières, complexes ou incomplexes.

1178. Quand une proposition complexe ou incomplexe représente une partie intégrante de la proposition, on dit *qu'elle occupe une place dans l'analyse* هِيَ حُمْلَةٌ لَهَا مَحَلٌّ مِنَ آلْإِعْرَابِ. Dans le cas contraire, on dit *qu'elle n'occupe aucune place dans l'analyse* لَيْسَ لَهَا مَحَلٌّ مِنَ آلْإِعْرَابِ.

Nous allons donner quelques exemples de l'un et de l'autre cas.

1179. EXEMPLES des propositions qui occupent une place dans l'analyse, parce qu'elles représentent une partie intégrante de la proposition :

كُلُّ إِنْسَانٍ يَمُوتُ

Tout homme mourra.

La proposition verbale يَمُوتُ, composée du verbe et de son

agent caché, représente l'énonciatif de l'inchoatif كُلُّ إِنْسَانٍ;
elle occupe donc une place dans l'analyse et elle est virtuellement au nominatif.

$$\text{أَنْ تَصُومُوا خَيْرٌ لَكُمْ}$$

Il est bon pour vous que vous jeûniez (à la lettre, *que vous jeûniez est bon pour vous*).

La proposition *que vous jeûniez* a place dans l'analyse et est virtuellement au nominatif, parce qu'elle représente l'inchoatif صِيَامُكُمْ *votre jeûne*.

$$\text{رَجَعُوا يَمْشُونَ عَلَى أَيْدِيهِمْ وَأَرْجُلِهِمْ}$$

Ils revinrent, en marchant sur leurs mains et leur pieds.

La proposition verbale يَمْشُونَ, etc., représente le *terme circonstanciel d'état* حَالٌ; elle est donc, par la place qu'elle occupe dans l'analyse, virtuellement à l'accusatif.

$$\text{إِنْ لَمْ تُؤْمِنُوا فَجَمِيعُكُمْ تَهْلِكُونَ}$$

Si vous ne croyez point, en ce cas, vous périrez tous.

La proposition composée فَجَمِيعُكُمْ تَهْلِكُونَ représente la proposition corrélative que l'on nomme جَوَابُ ٱلشَّرْطِ *réponse de la condition* ou جَزَاءُ ٱلشَّرْطِ *compensation de la condition* (n° 1116), et, comme telle, elle est مَجْزُومَةٌ مَحَلًّا *virtuellement au mode conditionnel* (ou *cas nommé djezm*) par la place qu'elle occupe dans l'analyse. En effet, si l'on eût dit simplement : *si vous ne croyez point, vous périrez*, il aurait fallu dire تَهْلِكُوا, en mettant le verbe de la seconde proposition corrélative à l'aoriste du mode conditionnel.

Toute proposition qui sert d'interprétation à un pronom nommé ضَمِيرُ ٱلشَّأْنِ *pronom de la chose* ou *du fait* et formant un sujet vague (n° 1167) occupe une place dans l'analyse, car elle forme l'énonciatif d'une proposition à laquelle ce pronom sert d'inchoatif (n° 1169). Exemple :

هُوَذَا ٱلْوَزِيرُ *Voilà le vizir.* Ce qu'il faut analyser ainsi : هُوَ ضَمِيرُ ٱلشَّانِ وَذَا مُبْتَدَأٌ وَٱلْوَزِيرُ خَبَرُهُ وَجُمْلَةُ ٱلْمُبْتَدَآ. وَٱلْخَبَرِ فِى مَحَلِّ رَفْعٍ عَلَى أَنَّهَا خَبَرُ ضَمِيرِ ٱلشَّانِ وَهِىَ مُفَسِّرَةٌ لَهُ, c'est-à-dire هُوَ *pronom de la chose;* ذَا *inchoatif,* ٱلْوَزِيرُ *est son énonciatif; la proposition composée de cet inchoatif et de son énonciatif est virtuellement, par la place qu'elle occupe dans l'analyse, au nominatif, parce qu'elle sert d'énonciatif au pronom de la chose; elle explique le sens renfermé vaguement dans ce pronom.*

Il en est de même des *propositions qualificatives* صِفَةٌ ou جُمْلَةٌ وَصْفِيَّةٌ, comme dans ces exemples :

مَرَرْتُ بِرَجُلٍ مَاتَ لَهُ حِمَارٌ عَلَى ٱلطَّرِيقِ

Je passai près d'un homme, un âne lui était mort sur la route (c'est-à-dire *à qui un âne était mort sur la route*).

جَآءَنِى أَمِيرٌ كَانَ لَهُ غُلَامٌ مَرِيضٌ

Il est venu chez moi un émir, à lui était un domestique malade (c'est-à-dire *qui avait un domestique malade*).

لَقِيتُ رَجُلًا كَانَ لَهُ عَلَىَّ أَلْفُ دِينَارٍ

Je rencontrai un homme, à lui sur moi mille dinars (c'est-à-dire *à qui je devais mille dinars*).

Dans le premier exemple, la proposition مَاتَ لَهُ حِمَارٌ est virtuellement au génitif, comme *qualificative* صِفَةٌ ou نَعْتٌ de رَجُلٍ; dans le second exemple, la proposition كَانَ لَهُ غُلَامٌ مَرِيضٌ et, dans le troisième, la proposition كَانَ لَهُ عَلَىَّ أَلْفُ دِينَارٍ sont virtuellement, la première au nominatif comme qualifiant أَمِيرٌ, la dernière à l'accusatif, comme qualifiant le nom رَجُلًا.

1180. EXEMPLES des propositions qui n'occupent aucune place dans l'analyse, parce qu'elles ne représentent pas une partie intégrante de la proposition :

جَاءَ زَيْدٌ *Zéid est venu.*

مُحَمَّدٌ سَقِيمٌ *Mahomet [est] malade.*

عَمْرُو مَاتَ أَخُوهُ *Le frère d'Amrou est mort.*

Ces propositions, ne dépendant d'aucune autre, n'ont point de place dans l'analyse, car elles ne sont parties intégrantes d'aucune proposition. [1]

رَأَيْتُ وَهِيَ نَائِمَةٌ ٱلشَّمْسَ طَالِعَةٌ

J'ai vu, tandis qu'elle dormait, le soleil qui se levait.

La proposition *incidente* مُعْتَرِضَةٌ, *tandis qu'elle dormait*, n'a point de place dans l'analyse, parce qu'elle est interposée entre le verbe et son complément et que d'ailleurs elle n'est liée par aucun rapport avec le verbe ni avec le pronom caché qui forme le sujet du verbe. Il n'en serait pas de même si l'on disait : رَأَيْتُ وَأَنَا جَالِسٌ ٱلشَّمْسَ غَارِبَةٌ *J'ai vu, tandis que j'étais assis, le soleil qui se couchait;* la proposition وَأَنَا جَالِسٌ *tandis que j'étais assis* aurait place dans l'analyse et serait virtuellement à l'accusatif, parce qu'elle serait un *terme circonstanciel d'état* حَالٌ, modifiant le pronom de la première personne تُ, qui est renfermé dans le verbe رَأَيْتُ *j'ai vu.*

---

[1] Cela n'empêche pas que chacune de ces phrases ne puisse être analysée grammaticalement; que la première ne soit une proposition verbale composée d'un verbe et d'un agent; la seconde, une proposition nominale composée d'un inchoatif et d'un énonciatif; enfin la troisième, une proposition composée qui a pour inchoatif عَمْرُو et pour énonciatif la proposition verbale مَاتَ أَخُوهُ, laquelle est virtuellement au nominatif.

لَوْ كُنْتَ هَاهُنَا لَمْ يَمُتْ أَخِى

Si tu eusses été ici, mon frère ne serait pas mort.

La proposition *mon frère ne serait pas mort* لَمْ يَمُتْ أَخِى n'a point de place dans l'analyse, parce que la conjonction لَوْ n'est point du nombre de celles qui exercent une influence sur les verbes des deux propositions corrélatives liées par l'idée d'une condition et qui, en conséquence, exigent l'emploi du mode conditionnel. Il en est de même de لَوْلَا *si... ne* et de إِذَا *quand*, toutes les fois que cette dernière particule n'exprime pas le sens de la conjonction إِنْ *si*.

Les *propositions conjonctives* صِلَةٌ jointes à *leur antécédent* مَوْصُولٌ, soit par un adjectif, comme اَلَّذِى *lequel*, soit par une expression adverbiale, comme كَمَا *ainsi que*, n'occupent point non plus de place dans l'analyse.

1181. Au surplus, mon intention n'est point d'indiquer ici tous les cas où les propositions occupent une place dans l'analyse et tous ceux où elles n'y occupent aucune place, ce qui peut même quelquefois être sujet à contestation; j'ai voulu seulement faire connaître ce que les grammairiens et les scoliastes entendent par ces expressions techniques.

FIN

NOTES ADDITIONNELLES
pour les deux parties de la Grammaire arabe

PREMIÈRE PARTIE
N° 401, page 184

Les grammairiens arabes enseignent que le verbe كَانَ, au prétérit, est exempt de l'influence que la conjonction conditionnelle إِنْ *si* exerce sur tous les autres verbes et en vertu de laquelle le prétérit prend la valeur du futur. C'est ce que dit un grammairien arabe, cité par M. Lee (*a Grammar of the hebrew language,* p. 353), et l'auteur وَسِيطُ ٱلنَّحْوِ enseigne la même doctrine (p. 221 et 222), en reconnaissant toutefois que le prétérit du verbe كَانَ après إِنْ signifie tantôt le passé et tantôt le futur. Je vais copier son texte.

حُرُوفُ ٱلشَّرْطِ وَهِيَ إِنْ وَلَوْ وَإِمَّا وَلَهَا صَدْرُ ٱلْكَلَامِ فَإِنْ لِلِٱسْتِقْبَالِ وَإِنْ دَخَلَتْ عَلَى ٱلْمَاضِي فِيمَا عَدَا كَانَ وَفِيهِ تَارَةً تَصْلُحُ لِلْمَاضِي نَحْوَ إِنْ كُنْتَ قُلْتُهُ فَقَدْ عَلِمْتَهُ وَأُخْرَى لِلْمُسْتَقْبَلِ نَحْوَ إِنْ كُنْتُمْ جُنُبًا فَٱطَّهَّرُوا وَأَمَّا نَحْوَ إِنْ أَكْرَمْتَنِي ٱلْيَوْمَ فَأَكْرَمْتُكَ أَمْسِ مِمَّا وَقَعَ فِيهِ ٱلشَّرْطُ حَالًا وَٱلْجَزَآءُ مَاضِيًا صَرِيحًا فَأَوَّلُ بِجَعْلِ ٱلْإِخْبَارِ جَزَآءً لِلشَّرْطِ لِيَتَأَتَّى كَوْنُ ٱلشَّرْطِ سَبَبًا لَهُ أَيْ إِنْ ثَبَتَ إِكْرَامُكَ لِي ٱلْيَوْمَ فَقَدْ أَخْبَرْتُكَ بِإِكْرَامِي إِيَّاكَ أَمْسِ وَهِيَ لَا تُسْتَعْمَلُ إِلَّا فِي ٱلْأُمُورِ ٱلْمَشْكُوكَةِ فَلَا يُقَالُ آتِيكَ إِنْ طَلَعَتِ ٱلشَّمْسُ وَإِنَّمَا يُقَالُ إِذَا طَلَعَتِ ٱلشَّمْسُ

« *Particules conditionnelles.* Ce sont IN, LEW et IMMA, et elles
« doivent être placées au commencement de la phrase. IN

« s'emploie pour le futur, lors même qu'elle est suivie d'un
« verbe au prétérit, à moins que ce ne soit le verbe CANA, car
« [après IN] le prétérit de ce verbe s'emploie tantôt dans le
« sens du passé, comme dans cet exemple : *Si fui dixi illud,*
« *utique scivi illud (Si j'ai dit cela, certainement je l'ai su),* et
« tantôt dans le sens du futur, comme dans cet exemple : *Si*
« *eritis polluti, mundate vos (Si vous êtes en état de souillure,*
« *purifiez-vous).* Quant aux cas où la proposition conditionnelle
« énonce une chose présente, tandis que la proposition affir-
« mative hypothétique corrélative énonce un véritable passé,
« comme dans cette phrase : *Si vous me faites honneur aujour-*
« *d'hui, je vous ai fait honneur hier,* il faut expliquer cela en
« ce sens que, dans la seconde proposition, ce n'est pas pro-
« prement du fait passé qu'il s'agit, mais bien de l'action qu'on
« fait au moment où l'on parle, en en rappelant le souvenir, et
« cette explication est nécessaire pour que la proposition con-
« ditionnelle puisse être la cause du fait énoncé dans la propo-
« sition corrélative, en sorte que le sens sera : *S'il est constant*
« *que vous me faites honneur aujourd'hui, je vous instruis que*
« *je vous ai fait honneur hier.* La particule IN ne s'emploie que
« quand il s'agit de choses susceptibles de doute; ainsi l'on ne
« doit pas dire *je viendrai chez toi, si le soleil se lève,* il faudra
« dire *quand* (IDHA) *le soleil se lèvera.* »

Tebrizi, dans son commentaire sur le *Hamasa,* adopte la
même opinion à l'occasion de ce vers (p. 373) :

فَإِنْ تُمْسِ مَهْجُورَ ٱلْفِنَآءِ فَرُبَّمَا　　أَقَامَ بِهِ بَعْدَ ٱلْوُفُودِ ٱلْوُفُودُ

*Si tu es aujourd'hui éloigné de la société, tandis qu'autrefois
ta demeure était toujours remplie de gens qui se succédaient les
uns aux autres.*

« Peut-être, dit-il, objectera-t-on que ces expressions qui ren-
« ferment deux propositions corrélatives, dont l'une énonce
« une condition et l'autre la récompense attachée à cette con-
« dition, ne peuvent s'employer légitimement que quand il s'a-
« git d'un temps futur. Et en effet, on ne peut pas dire : *Si tu es*
« *sorti hier, je te donnerai pour cela une pièce d'argent;* car il
« s'agirait là d'un temps entièrement écoulé, duquel on ne peut
« pas faire dépendre une condition et la récompense qui en
« est la suite; ce n'est que d'un temps qui commence qu'on peut

« faire dépendre ces deux choses, en sorte que celui qui doit
« exécuter l'action puisse l'exécuter dans ce temps et mériter
« ainsi la récompense attachée à cette action. Voici ma réponse
« à cette objection. Ce que vous dites de la condition est con-
« forme à la vérité, mais il y a une exception pour le verbe
« CANA. On permet en effet de dire : *Si fuisti exivisti heri ad*
« *hunc vel illum locum, dabo tibi hodie hoc vel illud (Si tu es*
« *allé hier à tel endroit, je te donnerai aujourd'hui telle chose)*.
« Le sens de cela est : *Si constabit in scientiâ meâ accidisse*
« *exitum tuum heri (Si j'acquiers la conviction que ta sortie a*
« *eu lieu hier)*. On a admis cela relativement au verbe CANA, à
« cause qu'il est consacré d'une manière toute spéciale à expri-
« mer les événements, c'est-à-dire les choses qui surviennent. »

Il est bon de rapporter le texte de Tebrizi :

فَإِنْ قِيلَ أَنَّ ٱلشَّرْطَ وَٱلْجَزَآءَ لَا يَصِحَّانِ إِلَّا فِيمَا كَانَ مُسْتَقْبَلًا أَلَا تَرَى
أَنَّهُ لَا يَجُوزُ أَنْ يَقُولَ ٱلْقَآئِلُ إِنْ خَرَجْتَ أَمْسِ أَعْطَيْتُكَ فِيهِ دِرْهَمًا
لِأَنَّ ٱلْوَقْتَ قَدِ ٱنْقَضَى فَلَا يَصِحُّ تَعْلِيقُ ٱلشَّرْطِ وَٱلْجَزَآءِ بِهِ وَإِنَّمَا
يَعَلَّقَانِ أَبَدًا بِمَا يَسْتَأْنِفُ مِنَ ٱلزَّمَانِ حَتَّى يَصِحَّ مِنَ ٱلْفَاعِلِ إِيقَاعُ
فِعْلِهِ فِيهِ وَٱسْتِحْقَاقُهُ ٱلْجَزَآءَ عَلَيْهِ قُلْتُ ٱلْأَمْرُ فِي ٱلشَّرْطِ عَلَى مَا ذَكَرْتَ
إِلَّا فِي لَفْظِ كَانَ لِأَنَّهُمْ جَوَّزُوا أَنْ يَقُولَ ٱلْقَآئِلُ إِنْ كُنْتَ خَرَجْتَ
أَمْسِ إِلَى مَوْضِعِ كَذَا أَعْطَيْتُكَ ٱلْيَوْمَ كَذَا وَٱلْمَعْنَى إِنْ ثَبَتَ
فِي عِلْمِي وُقُوعُ ٱلْخُرُوجِ مِنْكَ أَمْسِ وَجَوَّزُوا هَذَا فِي لَفْظِهِ كَانَ لِقُرْبِهِ
فِي ٱلْعِبَارَةِ عَنِ ٱلْأَحْدَاثِ

Tout cela prouve que les grammairiens arabes ont bien senti
que le prétérit du verbe كَانَ a été employé dans le cas dont il
s'agit, après إِنْ, pour détruire l'influence de cette particule sur
le verbe qui vient ensuite et conserver à ce verbe la valeur du
prétérit. La solution par eux imaginée de cette difficulté est
ingénieuse; mais elle suppose, en faveur du verbe كَانَ, une

exception qui n'a pas toujours lieu et dont on ne saurait donner une bonne raison. Au reste, elle produit le même résultat que le système que j'ai adopté et n'en diffère guère que par la manière de s'exprimer.

L'auteur du وَسِيطُ ٱلنَّحْوِ aurait dû remarquer que, quand le prétérit du verbe كَانَ après إِنْ est suivi d'un autre verbe au prétérit, il exprime le passé, mais que s'il n'est pas suivi d'un autre verbe, il exprime le futur ou le présent.

N° 412, page 195

Les grammairiens arabes ont sans doute observé cet usage du prétérit du verbe كَانَ, dans lequel il semble dépouillé de toute valeur temporelle. Je n'ai point rencontré, dans les ouvrages que j'ai consultés, une solution générale de ce problème; mais j'ai remarqué un passage du commentaire de Tebrizi sur le *Hamasa* (p. 56), où il a recours à une ellipse pour expliquer ce passage de l'Alcoran وَمَا كَانَ ٱللَّهُ لِيُعَذِّبَهُمْ. La solution qu'il donne ne me paraissant pas satisfaisante, je me borne à l'indiquer ici.

N° 744, page 323

Aux formes d'adjectifs verbaux qui ont une signification fréquentative ou énergique et dont j'ai donné des exemples, il faut encore joindre la forme فَعَلٌ. Exemples : حُطَمٌ *dur, cruel*, à la lettre *brisant, enclin à briser;* فُسَقٌ *méchant, enclin au mal*. Cette forme donne naissance à la forme فَعَلَةٌ, qui est d'un usage plus fréquent.

N° 1055, page 477

La préposition لِ, avec ellipse de la conjonction أَنْ, se trouve employée après le verbe كَانَ précédé d'une négation dans un sens particulier qui indique la *capacité*, la *possibilité*, l'*aptitude*, ou plutôt, à cause de la négation qui précède, l'absence de ces qualités. Exemples :

ADDITIONNELLES

مَا كَانَ ٱللَّٰهُ لِيُعَذِّبَهُمْ وَأَنْتَ فِيهِمْ

Dieu n'est pas capable de leur infliger des châtiments, tandis que tu es au milieu d'eux.

فَخَلِّ مَقَامًا لَمْ تَكُنْ لِتَسُدَّهُ

Laisse donc une place que tu n'es pas capable de remplir.

On nomme la préposition لِ, en ce cas, لَامُ ٱلْجُحُودِ LAM *de dénégation.*

Je crois que, dans cette circonstance, comme je l'ai dit ailleurs (n° 412, Iʳᵉ part.), مَا كَانَ, ou, ce qui est la même chose, لَمْ يَكُنْ ne doit jamais être regardé comme exprimant un passé et renferme au contraire une idée future plus ou moins déterminée. Je trouve une preuve de cela dans ce vers rapporté dans le *Hamasa*, p. 211 :

غَدَرَتْ جَذِيمَةُ غَيْرَ أَنِّي لَمْ أَكُنْ   أَبَدًا لِأُولِفَ غَدْرَةً أَثْوَابِى

La famille de Djêdhima s'est rendue coupable d'une action perfide ; mais, pour moi, je ne suis pas homme à associer jamais mes vêtements (c'est-à-dire *ma personne, mon nom*) *à un acte de perfidie.*

Si le poète eût pris لَمْ أَكُنْ dans le sens du passé, il aurait dit قَطْ et non أَبَدًا, terme exclusivement consacré au temps futur.[1]

N° 1189, page 544

On fera bien de comparer ce que j'ai dit de l'expression أَرَأَيْتَكَ avec ce qu'en dit Tebrizi, dans son commentaire sur le *Hamasa*, p. 213.

DEUXIÈME PARTIE

N° 69, page 35

Lorsque, dans le cas de deux propositions corrélatives, l'une conditionnelle, l'autre affirmative hypothétique, le verbe de la

---

[1] Voyez, à ce sujet, l'observation de Hariri, dans ma *Chrestomathie arabe*, 2ᵉ édit., t. II, p. 443, et Ebn Hescham, dans mon *Anthologie grammaticale arabe*, page 166.

première est au prétérit, celui de la seconde, s'il est à l'aoriste, peut être mis au mode indicatif ou au mode conditionnel. Quelquefois aussi, le premier verbe étant à l'aoriste, le second est mis au mode indicatif. Ebn Malec en fait l'observation dans l'*Alfiyya,* comme d'une chose peu régulière ; il dit :

وَبَعْدَ مَاضٍ رَفْعُكَ آلْجَزَا حَسَنْ   وَرَفْعُهُ بَعْدَ مُضَارِعٍ وَهَنْ

Un commentateur en donne pour exemple le vers suivant :

يَا أَقْرَعَ آبْنَ حَابِسٍ يَا أَقْرَعْ   إِنَّكَ إِنْ يُصْرَعْ أَخُوكَ تُصْرَعْ

O chauve, fils de Habis, ô chauve, certes si ton frère est renversé par terre, tu seras aussi renversé.

La particule فَ, par son interposition, autoriserait l'emploi de l'aoriste indicatif, mais elle peut être omise, en poésie par exemple, ce qui donne lieu à l'irrégularité dont on vient de parler et dont voici encore un exemple :

مَنْ يَفْعَلِ آلْحَسَنَاتِ آللَّهُ يَشْكُرُهَا

Quiconque fera de bonnes œuvres, Dieu lui en rendra la récompense.

Dans ce cas, il faut supposer qu'il y a ellipse de فَ et que le poète doit dire فَآللَّهُ يَشْكُرُهَا.

N° 340, page 204

Il n'est pas rare cependant qu'on s'écarte de la règle donnée ici. Les grammairiens supposent alors qu'il y a un verbe sous-entendu avant le nom mis au nominatif, verbe qui doit être dans la relation de *verbe soumis* مُطَاوَعٌ (n° 308, 1re part.) avec le verbe *dominant* مُطَاوِعٌ qui suit le complément déplacé. Exemple :

لَا تَجْزَعِى إِنْ مُنْفِسٌ أَهْلَكْتُهُ   وَإِذَا هَلَكْتُ فَعِنْدَ ذَلِكَ فَآجْزَعِى

Ne t'effraie pas si je fais périr Mounfis ; mais s'il arrive que je périsse, alors conçois de la frayeur.

On suppose en ce cas que l'analyse grammaticale est إِنْ هَلَكَ

ADDITIONNELLES

أَهْلَكْتُهُ مُنْفِسُ, le verbe هَلَكَ étant le مُطَاوِعُ du verbe أَهْلَكَ, car on dit أَهْلَكْتُهُ فَهَلَكَ *je l'ai fait périr, et en conséquence il a péri.*

N° 341, page 204

Par la même raison, si le verbe et son sujet forment une *proposition qualificative,* صِفَةٌ, le complément déplacé ne peut être mis qu'au nominatif, car le qualificatif ne peut exercer aucune influence grammaticale sur l'antécédent qu'il qualifie. Ainsi l'on doit dire : كُلَّ شَيْءٍ فَعَلُوهُ فِي ٱلزُّبُرِ *Toutes les choses qu'ils auront faites [seront écrites] dans les livres* et non كُلُّ شَيْءٍ (Voyez Alcoran, sur. 54, vers. 52, éd. de Hinckelmann).

N° 603, page 349

J'ai dit ailleurs que les Arabes emploient la troisième personne quand ils appellent; ils ne disent pas *ô toi! ô vous!* mais bien *ô celui-ci, ô ceux-ci.* Un idiotisme qui semble opposé à celui-là a lieu lorsque l'adjectif conjonctif ٱلَّذِى a pour antécédent un pronom personnel de la première ou de la seconde personne. On sait que dans ce cas la *proposition conjonctive* صِلَةٌ qui suit l'*adjectif conjonctif* مَوْصُولٌ doit renfermer un pronom qui sert de *lien* رَابِطَةٌ entre l'antécédent de ٱلَّذِى et la proposition conjonctive. Ce pronom est celui qu'on appelle *retournant*, c'est-à-dire *signe de rappel* عَآئِدٌ (n° 597). Si donc l'antécédent de ٱلَّذِى est un pronom de la première personne, comme أَنَا *moi,* ou de la seconde, comme أَنْتَ *toi,* le pronom qui sert de *lien* ou de *signe de rappel* est fort souvent de la même personne que l'antécédent de l'adjectif conjonctif. Exemple :

أَنَا ٱلَّذِى سَمَّتْنِى أُمِّى حَيْدَرَةَ

Je suis CELUI QUE *ma mère a nommé* MOI *Haïdara.*

La concordance avec ٱلَّذِى semblerait exiger que l'on dît سَمَّتْهُ *a nommé* LUI, car le sens est : *Je suis l'homme que ma mère a appelé* LUI *Haïdara.* Autre exemple :

أَنَا آلَّذِى يَجِدُونِى فِى صُدُورِهِمْ   لَا أَرْتَقِى صَدْرًا مِنْهَا وَلَا أَرِدُ

Je suis celui qu'ils ME *trouvent toujours dans leurs cœurs [comme un objet d'effroi]; jamais je ne m'en éloigne pour un temps et je n'y reviens dans un autre instant.*

Le poète a dit آلَّذِى يَجِدُونِى au lieu de آلَّذِى يَجِدُونَهُ *qu'ils* LE *trouvent*, en sorte que le pronom de rappel concorde, en ce qui concerne la personne, avec l'antécédent أَنَا *je* et non avec l'adjectif conjonctif.

N° 621, page 360

Relativement aux mots مَا et مَنْ, on peut consulter ce que dit Tebrizi dans son commentaire sur le *Hamasa*, p. 146.

N° 704, page 402

Ce que j'ai dit ici des causes qui nécessitent l'intervention de la particule فَ dans certains cas, entre une proposition conditionnelle et la proposition affirmative hypothétique corrélative, est ce qu'Ebn Malec a exprimé d'une manière assez obscure dans ce vers de l'*Alfiyya* :

وَآقْرُنْ بِفَا حَتْمًا جَوَابًا لَوْ جُعِلَ   شَرْطًا لِإِنْ أَوْ غَيْرِهَا لَمْ يَنْجَعِلْ

Quand une réponse (c'est-à-dire la seconde des deux propositions corrélatives) n'est pas de nature à pouvoir, si on le voulait, être employée comme condition (c'est-à-dire comme proposition conditionnelle) avec la conjonction SI *ou un des mots qui ont la même influence, il faut décidément attacher cette seconde proposition [à la précédente] par la particule* فَ.

Là-dessus un commentateur observe (man. n° 465 de S.-G., folio 187 *verso*) que ce qu'il faut entendre par *une réponse susceptible d'être employée comme condition* جَوَابٌ صَحَّ أَنْ يُجْعَلَ شَرْطًا, c'est un verbe au prétérit, susceptible de conjugaison et non précédé de la particule قَدْ ou autre; un aoriste non précédé d'une particule ou bien rendu négatif par les adverbes لَا ou لَمْ. Au contraire, *la réponse qui n'est pas susceptible d'être employée comme condition,* c'est une proposition nominale, une proposition verbale optative ou impérative, un verbe qui ne se conjugue point, un verbe joint à l'une des particules سَ, سَوْفَ et قَدْ ou rendu négatif par les adverbes مَا ou لَنْ. Les propositions de la première catégorie le plus souvent n'admettent point l'intervention de la particule فَ, mais elles peuvent cependant l'admettre; celles de la seconde catégorie exigent l'emploi de فَ et on ne l'omet que dans la poésie pour la mesure ou, dans des cas très rares, par une sorte de licence. Quand la particule فَ intervient devant un verbe à l'aoriste, elle exige l'emploi du mode indicatif.

N° 810, page 447

Le passage suivant de l'Alcoran présente quelque chose d'extraordinaire dans l'ordre des compléments:

فِى بُيُوتٍ أَذِنَ ٱللَّهُ أَنْ تُرْفَعَ وَيُذْكَرَ فِيهَا ٱسْمُهُ يُسَبِّحُ لَهُ فِيهَا بِٱلْغُدُوِّ وَٱلْآصَالِ رِجَالٌ لَا تُلْهِيهِمْ تِجَارَةٌ وَلَا بَيْعٌ عَن ذِكْرِ ٱللَّهِ

Je traduirai à la lettre: DANS *des maisons que Dieu a permis d'élever et où* [*il a permis*] *que son nom soit célébré,* IL *le loue* DANS *elles, les matins et les soirs,* DES HOMMES *que ne détourne point du souvenir de Dieu aucun commerce ni vente.*

Béidhawi, qui propose diverses analyses de ce passage, permet, entre autres systèmes, de regarder فِى بُيُوتٍ comme un complément de يُسَبِّحُ, et alors فِيهَا est une *répétition destinée à fortifier l'expression* تَكْرِيرٌ مُؤَكِّدٌ. Voyez sur. 24, vers. 36 et 37.

Il y a pareillement une construction insolite, par rapport à l'ordre des compléments, dans ce vers du *Hamasa*:

وَأَبْغَضُ مَنْ وَضَعْتُ إِلَىَّ فِيهِ   لِسَانِى مَعْشَرٌ عَنْهُـمْ أَذُودُ

Parmi ceux que je poursuis des traits de ma langue, il n'en est aucun qui me soit plus odieux qu'une famille dont je dois défendre les droits.

La construction naturelle eût été وَأَبْغَضُ مَنْ وَضَعْتُ لِسَانِي فِيهِ إِلَيَّ. Tebrizi, qui en fait l'observation dans son commentaire sur le *Hamasa* (p. 197), cite à cette occasion un autre exemple d'inversion, dans lequel on lit آلَّتِى عَنْ بَيْنَ جَنْبَيْكَ pour عَنِ آلَّتِى بَيْنَ جَنْبَيْكَ.

N° 908, page 497

La licence que l'on prend, dans la poésie et dans la prose rimée, de supprimer le *teschdid* à la fin des mots dans le cas d'une pause, étant jointe à la suppression de la dernière voyelle, qui a toujours lieu dans le même cas, produit souvent des équivoques que des écrivains plus ingénieux que vraiment éloquents, tels qu'Ahmed, fils d'Arabschah, recherchent loin de les éviter, ayant soin d'ailleurs de disposer leurs phrases de manière que le même mot puisse appartenir à plusieurs racines et en conséquence être susceptible de divers sens et que chacun de ces sens puisse convenir à la phrase. Ainsi le mot عَامٍ, par exemple, signifiera *année*, si l'on prononce عَامٍ ; *universel*, si l'on prononce عَامٌّ, et *il a nagé*, en prononçant عَامَ.

N° 947, page 514

Il est à propos d'observer qu'on appelle لَغْوٌ, dans une *proposition* جُمْلَةٌ ou dans une *phrase* كَلَامٌ, les termes circonstanciels qui ne sont point essentiels à la constitution du discours et qu'on pourrait retrancher sans nuire à l'intelligence de ce qu'on dit. (1)

---

(1) L'auteur du *Livre des définitions* كِتَابُ ٱلتَّعْرِيفَاتِ dit : *Ce qu'on entend par* لَغْوٌ, *c'est que la phrase renferme quelque chose qui ne mérite pas que l'attention s'y arrête, c'est-à-dire des mots dont le sens n'influe en rien sur la vérité du jugement qu'on énonce.*

ٱللَّغْوُ ضَمَّ ٱلْكَلَامِ مَا هُوَ سَاقِطُ ٱلْعِبْرَةِ مِنْهُ وَهُوَ ٱلَّذِى لَا مَعْنَى لَهُ فِى حَقِّ ثُبُوتِ ٱلْحُكْمِ

ADDITIONNELLES

N° 988, page 530

J'ai observé ailleurs (1197, Ire part.) que les grammairiens arabes comprennent parmi les particules conjonctives l'adverbe négatif لَا, et j'en ai donné la raison. Mais j'ai oublié de faire remarquer qu'ils divisent les particules *conjonctives d'ordre* عَطْفُ ٱلنَّسَق en particules qui lient par *une analogie grammaticale et en même temps logique* لَفْظًا وَمَعْنًى et particules qui lient seulement par *une analogie grammaticale* لَفْظًا. De cette dernière classe sont لَكِنْ, بَلْ *mais*, لَا *non*, etc.

N° 1118, page 572

Suivant Martellotto, la particule optative لَيْتَ est du nombre de celles qui, exprimant une condition, quoique d'une manière elliptique, exigent l'emploi du mode conditionnel de l'aoriste dans la seconde des deux propositions corrélatives. Je ne trouve rien qui confirme cela dans l'*Alfiyya*, le *Traité des cent régissants*, le *Wasit elnahou*, le *Sihah*, le *Mogni allébib* et quelques autres ouvrages que j'ai consultés à ce sujet. Je ne serais pas étonné cependant qu'on trouvât des exemples conformes à l'opinion de Martellotto, et cela s'expliquerait facilement au moyen d'une ellipse pareille à celle que j'ai supposée pour justifier l'emploi du mode conditionnel dans un passage de l'Alcoran (p. 33, note). D'ailleurs, il y a quelque diversité d'opinions sur l'influence de plusieurs des particules conditionnelles, telles que لَوْ, كَيْفَ, إِذَا, مَا, إِذْ, certains grammairiens autorisant l'usage du mode conditionnel de l'aoriste après ces particules, ce que d'autres n'admettent point.

Il convient d'ajouter que si, après une proposition où le verbe est à l'impératif, le verbe de la proposition corrélative se met au mode conditionnel, c'est précisément par une ellipse semblable à celle que je suppose pour rendre raison de l'influence de لَيْتَ. Ainsi, lorsqu'on dit إِسْأَلْ نُجِبْكَ *interroge, nous te répondrons*, c'est qu'il y a ellipse de وَإِنْ تَسْأَلْ *et si tu interroges*.

D'ailleurs, l'ellipse de la première proposition corrélative est effectivement autorisée par les grammairiens. Ebn Malec dit dans l'*Alfiyya* :

وَٱلشَّرْطُ يُغْنِى عَنْ جَوَابٍ قَدْ عُلِمْ   وَٱلْعَكْسُ قَدْ يَأْتِى إِنِ ٱلْمَعْنَى فُهِمْ

ce qui signifie qu'on peut faire l'ellipse de la proposition affirmative hypothétique, si la proposition conditionnelle en fait deviner le sens, et qu'on peut aussi, au contraire, faire l'ellipse de la proposition conditionnelle, si, malgré cette ellipse, le sens peut être saisi. La manière dont s'exprime Ebn Malec donne à entendre que ce second genre d'ellipse est plus rare que le premier, et il en est effectivement ainsi, surtout dans le système des grammairiens qui veulent que la *proposition conditionnelle* ٱلشَّرْط soit toujours placée la première et que la proposition affirmative hypothétique, qu'ils appellent *récompense* جَزَآء ou *réponse* جَوَاب, soit toujours la dernière. Ebn Malec exprime ainsi cette règle :

فِعْلَيْنِ يَقْتَضِينَ شَرْطٌ قُدِّمَا   يَتْلُو ٱلْجَزَآءَ وَجَوَابًا وُسِمَا

Il résulte de ce système que, toutes les fois que ce qui doit former la *réponse* est placé par inversion avant la *condition*, on suppose qu'il y a ellipse de la *réponse*. C'est ce qu'un commentateur de l'*Alfiyya* (man. de S. G., n° 465, folio 188 *recto*) dit positivement en ces termes :

إِذَا تَقَدَّمَ عَلَى ٱلشَّرْطِ مَا هُوَ ٱلْجَوَابُ فِى ٱلْمَعْنَى أَغْنَى ذَلِكَ عَنْ ذِكْرِهِ كَمَا هُوَ فِى نَحْوِ أَفْعَلُ كَذَا إِنْ فَعَلْتَ وَإِذَا لَمْ يَتَقَدَّمْ عَلَى ٱلشَّرْطِ مَا هُوَ ٱلْجَوَابُ فِى ٱلْمَعْنَى فَلَا بُدَّ مِنْ ذِكْرِهِ إِلَّا إِذَا دَلَّ عَلَيْهِ دَلِيلٌ فَإِنَّهُ حِينَئِذٍ يَسُوغُ حَذْفُهُ

Le même commentateur observe qu'on fait souvent ellipse de la proposition conditionnelle tout entière, c'est-à-dire de la conjonction et de tout ce qui la suit, mais qu'on fait aussi, quoique plus rarement, ellipse de ce qui devrait suivre la conjonction en conservant cette particule, et il cite pour exemple ce vers :

$$\text{فَطَلِّقْهَا فَلَسْتَ لَهَا بِكُفْءٍ وَإِنْ لَا يَعْلُ مَفْرِقَكَ ٱلْحُسَامُ}$$

Répudie-la, car tu n'es pas digne d'être son époux, et SINON, *le glaive frappera le sommet de ta tête.*

Et cet autre :

$$\text{مَتَى تُوخَذُوا قَسْرًا بِظِنَّةِ عَامِرٍ وَلَا يَنْجُ إِلَّا فِي ٱلصِّفَادِ يَزِيدُ}$$

Le sens est, suivant lui, مَتَى تَثِقُوا تُوخَذُوا, et il faut l'entendre ainsi :

TANT QUE [*vous resterez ici*], *vous serez traités avec violence pour les soupçons d'Amir, et Yézid n'aura d'autre asile que les fers.*

Je remarquerai à cette occasion un autre genre d'ellipse, où l'on supprime les deux propositions corrélatives, en ne conservant que la conjonction. En voici un exemple :

$$\text{قَالَتْ بَنَاتُ ٱلْعَمِّ يَا سَلْمَى وَإِنْ كَانَ فَقِيرًا مُعْدِمًا قَالَتْ وَإِنْ}$$

Les filles d'oncle (les cousines) ont dit : O Salma ! [*est-ce que tu le prendrais pour époux*], *quand même il serait pauvre, dénué de tout ? Elle a dit :* QUAND MÊME.

J'ai donné ailleurs un exemple d'une semblable ellipse.

Nº 1120, page 573

En parlant de l'influence de la conjonction إِنْ *si* et des mots ainsi que des formes d'expression qui renferment la valeur de cette conjonction et qui lient ensemble deux propositions par un rapport conditionnel, j'ai fait observer que l'effet de cette influence est de donner aux verbes des deux propositions corrélatives, mis au prétérit, le sens du futur (nº 400, Ire part.), et que si l'on met ces verbes à l'aoriste, il faut, sauf quelques exceptions, faire usage du mode conditionnel (nº 66, IIe part.). Mais il est une circonstance qui peut modifier cette dernière règle et dont j'ai oublié de faire mention : c'est lorsque, outre l'influence qui résulte du rapport conditionnel, il se rencontre une autre influence produite par une formule de serment. En effet, on n'emploie le serment qu'en rapport avec une proposition, soit affirmative, soit négative, comme par exemple : *J'en jure par le livre de Dieu! je ne boirai point de vin! J'en jure par l'Alcoran! je me vengerai d'un tel affront!* La proposition qui est ainsi confirmée par le serment est appelée la *réponse du serment* جَوَابُ ٱلْقَسَمِ. Or, il peut arriver que la même proposition soit et la *réponse du serment* et la *réponse de la condition* جَوَابُ ٱلشَّرْطِ. Le caractère grammatical qui distingue la *réponse du serment*, c'est qu'elle commence par la particule إِنَّ, ou par l'adverbe d'affirmation لَ, ou par un adverbe négatif; tandis que la *réponse de la condition* se reconnaît par le mode conditionnel du verbe ou par l'intervention de la particule فَ (n° 697, II° part.). Lors donc qu'une proposition sert en même temps de *réponse au serment* et de *réponse à la condition*, la règle générale est qu'elle doit être soumise à l'influence grammaticale de celui des deux antécédents qui a été placé le premier. Exemples :

إِنْ يَقُمْ زَيْدٌ وَٱللّٰهِ أَقُمْ

Si Zéid se lève, PAR DIEU, *je me lèverai.*

إِنْ يَقْعُدْ عَمْرُو عَنِ ٱلْقِتَالِ وَٱللّٰهِ فَلَنْ أُقَاتِلَ

Si Amrou refuse d'aller au combat, PAR DIEU, *je ne combattrai point.*

C'est, dans ces deux exemples, l'influence du rapport conditionnel qui s'exerce sur la *réponse* et en vertu de laquelle on lit dans le premier أَقُمْ et l'on introduit dans le second la particule فَ devant لَنْ أُقَاتِلَ (n° 702, II° part.).

Exemples du cas contraire :

وَٱللّٰهِ إِنْ يَقُمْ زَيْدٌ لَأَقُومَنَّ أَنَا وَإِخْوَانِي

PAR DIEU, *si Zéid se lève, je me lèverai aussi, moi et mes frères.*

أُقْسِمُ بِٱللَّهِ إِنْ تُوَاخِذَنِي لَا أَنْصُرُكَ أَبَدًا عَلَى أَعْدَائِكَ

J'en jure PAR DIEU, *si tu me réprimandes, je ne te secourrai jamais contre tes ennemis.*

On voit que c'est ici l'influence du serment qui a la préférence, sans quoi on aurait dit dans le premier exemple أَقُمْ au lieu de لَأَقُومَنَّ, et dans le second, لَا أَنْصُرُكَ au lieu de لَا أَنْصُرُكَ.

Il y a cependant, surtout dans les poètes, beaucoup d'exemples dans lesquels, quoique le serment précède la proposition conditionnelle, c'est l'influence de celle-ci qui s'exerce sur la *réponse*. Exemples :

لَئِنْ مُنِيتَ بِنَا عَنْ غِبِّ مَعْرَكَةٍ لَا تُلْفِنَا عَنْ دِمَاءِ ٱلْقَوْمِ نَنْتَقِلُ

CERTES, *si tu as le malheur d'avoir affaire à nous, après que le combat sera terminé, tu verras que nous ne reculons point quand il s'agit de verser le sang des hommes* [qui nous attaquent]. (1)

لَئِنْ كَانَ مَا حُدِّثْتُهُ ٱلْيَوْمَ صَادِقًا أَصُمْ فِي نَهَارِ ٱلْقَيْظِ لِلشَّمْسِ بَادِيًا

CERTES, *si ce que j'ai entendu dire aujourd'hui est vrai, je jeûnerai en un jour d'été, me tenant exposé au soleil.*

Le serment est ici représenté par l'adverbe d'affirmation لَ. (2)

Il est indispensable d'ajouter que si, avant le serment et la proposition conditionnelle, on place un sujet qui exige nécessairement un attribut ou *énonciatif* خَبَرٌ, alors, quel que soit l'ordre observé entre la condition et le serment, c'est, suivant l'usage le plus autorisé, la condition qui doit exercer son influence sur la réponse. Exemple :

زَيْدٌ وَٱللَّهِ إِنْ ضَرَبَنِي أَخْرُجْ إِلَى ٱلْبَادِيَةِ

Zéid, PAR DIEU, *s'il me frappe, je fuirai dans le désert.*

---

(1) Ce vers fait partie du poème d'Ascha, publié dans ma *Chrestomathie arabe* (2ᵉ édit., t. II, p. 156 du texte); mais il s'y lit un peu différemment.

(2) Quelques grammairiens, dans les cas pareils à celui-ci, supposent que l'adverbe لَ est explétif et qu'il n'y a point effectivement de formule de serment.

Quoique les conjonctions لَوْ *si* et لَوْلَا *si... ne,* qui expriment une supposition, n'exercent aucune influence par rapport à la syntaxe désinentielle quand elles se trouvent en concurrence avec le serment, la *réponse* est toujours censée dépendre de la condition et non du serment.

Dans tous les cas de concurrence dont je viens de parler, les grammairiens arabes supposent qu'il y a ellipse de l'une ou de l'autre des propositions auxquelles ils donnent en commun le nom de *réponse*. [1]

N° 1133, page 576

Dans cette phrase, كَانَ زَيْدٌ مُنْطَلِقٌ, il est plus conforme au système des Arabes de considérer كَانَ, avec le pronom que ce verbe renferme, comme une proposition verbale, et زَيْدٌ مُنْطَلِقٌ comme une *proposition nominale explicative du pronom d'événement* (n° 1167).

---

[1] Voyez Tebrizi, dans son commentaire sur le *Hamasa*, p. 201.

TRAITÉ ÉLÉMENTAIRE
de la Prosodie et de l'Art métrique des Arabes [1]

1. La poésie ou, pour parler plus exactement, la versification arabe consiste en une certaine disposition alternative de syllabes longues et de syllabes brèves, comme chez les Grecs et les Romains, disposition à laquelle il faut ajouter la rime.

Il y a chez les Arabes une très grande quantité de vers qui peuvent être ramenés à un petit nombre de classes ou mètres primitifs, dont chacun donne naissance à des variétés plus ou moins nombreuses.

L'art ou la science de la versification est nommé عِلْمُ الْعَرُوضِ.

La connaissance des règles qui composent le système métrique est absolument nécessaire à l'intelligence des poésies arabes comme moyen de critique, soit pour s'assurer du sens, puisqu'il dépend le plus souvent de la manière dont on doit prononcer les mots qui entrent dans la composition d'un vers, soit pour reconnaître et corriger les fautes des copistes, fautes qui sont d'ordinaire plus communes dans la poésie que dans la prose. Ainsi un traité élémentaire de la versification forme une partie presque obligée de la grammaire arabe.

---

[1] On attribue l'invention du système métrique des Arabes au grammairien Khalil, mort vers la fin du second siècle de l'hégire; mais il est évident qu'il faut seulement entendre par là que Khalil est le premier qui ait mis par écrit, sous une forme systématique, des règles consacrées par un usage déjà fort ancien.

2. Puisque l'art de la versification consiste essentiellement dans le mélange des syllabes longues et brèves, disposées dans un certain ordre, il est évident que ce sont les règles de la prosodie qui servent de fondement à la métrique. La grammaire ayant fait connaitre la distinction des consonnes et des voyelles, celle des lettres mues et quiescentes ou djezmées, enfin celle des syllabes naturelles et artificielles et leur valeur prosodique, nous pouvons nous dispenser de revenir sur tout cela. Nous devons seulement faire à ce sujet quelques observations pour éviter tout malentendu.

3. Il convient d'abord d'observer que, pour discerner les syllabes longues des brèves, c'est à la prononciation qu'il faut avoir égard et non à l'écriture. Ainsi l'*élif* d'union n'a aucune valeur dans la prosodie; la lettre affectée d'un *teschdid* doit être comptée pour deux lettres, dont la première est djezmée et la seconde est mue par une voyelle; l'*élif* remplacé par le *medda*, comme dans les mots آخِرُ et أَخُذ, qui représentent الْأَخِرُ et الْأَخُذُ, doit être considéré comme s'il était effectivement écrit; le *hamza*, quoique seul, représente un *élif* hamzé et doit être compté pour une consonne, par exemple dans le mot مَآءٌ, qui est la même chose que مَأْءٌ; le *noun* renfermé dans les voyelles nasales a la même valeur que s'il était écrit; enfin la suppression de l'*élif* de prolongation, suppression que l'usage a autorisée dans certains mots, tels que هَذَا, ذَلِكَ, تَلَكَ, ثَلُثُونَ, الرَّحْمَنُ, اللّٰهُ, إِلَـهُ, لَكِنَّ, etc., ne change rien à la valeur prosodique de la syllabe, qui demeure longue, comme si l'*élif* était écrit.

4. Une seconde observation a pour objet les licences que les poètes peuvent prendre, soit en changeant un *élif* d'union en un *élif* prononcé ou vice versa, soit en donnant un *fatha* à un ى qui devait être quiescent, comme لِي et مَالِي ou même لِيَـذ

et مَالِيَـهْ pour لِى et مَالِي, soit encore en ajoutant, à la fin des mots, après un *fatha*, un *élif* de prolongation, comme جَوَارِيَـا pour جَـوَارِى, ou un *dhamma* sur un م final qui devrait être djezmé, ce qui n'a lieu que dans les pronoms أَنْـتُمْ, هُمْ et كُمْ, et dans les secondes personnes du prétérit pluriel des verbes, lesquelles se terminent par la syllabe تُمْ; soit enfin en doublant par un *teschdid* la dernière lettre d'un mot, comme طِـوَلّ pour طِـوَلْ, ou même quelque autre lettre. J'ai parlé dans ma Grammaire de ces licences et de beaucoup d'autres.

5. J'observe en troisième lieu que lorsque la dernière consonne d'un vers est mue par une voyelle, cette voyelle est toujours censée suivie de la lettre de prolongation qui lui est analogue, c'est-à-dire de l'*élif*, du *waw* ou du *ya*, suivant que la voyelle est un *fatha*, un *dhamma* ou un *kesra*.

6. Il faut de plus remarquer, en général, que toutes les règles que j'ai données pour la prononciation des syllabes finales des mots, dans le cas de *pause*, peuvent s'appliquer aux syllabes qui terminent les vers et qui constituent l'essentiel de la rime.

7. Enfin, il y a quelques syllabes, en très petit nombre, qui sont douteuses, c'est-à-dire longues ou brèves à volonté. Ce sont : 1º les pronoms affixes هُ et هِ; 2º la syllabe مُ dans les pronoms أَنْتُمْ, هُمْ et كُمْ et dans les personnes des verbes terminées par la désinence تُمْ, lorsque l'on prononce le م avec un *dhamma*, comme نَصَرْتُمُ, كِتَابُكُمُ, بَيْتُهُمُ, أَنْتُمُ; 3º la dernière syllabe du pronom de la première personne au singulier أَنَـا.

8. Après ces observations préliminaires, je passe aux éléments de la versification.

9. Les vers arabes se composent de pieds réguliers et pieds irréguliers. Je nommerai les premiers *pieds primitifs* et les seconds *pieds secondaires*.

10. Les pieds primitifs, les seuls dont je veux parler ici, n'ont pas moins de trois syllabes et ne s'étendent point au delà de cinq syllabes; ils sont au nombre de huit et les Arabes les nomment d'un nom générique تَفْعِلَةُ, pluriel تَفَاعِيلُ. En voici, dans l'ordre où les donnent les auteurs arabes, les paradigmes, qui servent en même temps de *dénominations techniques*, ضَوَابِطْ, et la valeur:

فَعُولُنْ ‿ ‿ ‿, *bacchius*;

مَفَاعِيلُنْ ‿ ‿ ‿ ‿, *epitritus primus* ou *iambo-spondeus*;

مَفَاعِلَتُنْ ‿ ‿ ‿ ‿, *iambo-anapœstus*;

فَاعِلَاتُنْ ‿ ‿ ‿ ‿, *epitritus secundus* ou *trochæo-spondeus*;

فَاعِلُنْ ‿ ‿ ‿, *amphimacrus*;

مُسْتَفْعِلُنْ ‿ ‿ ‿ ‿, *epitritus tertius* ou *spondeo-iambus*;

مُتَفَاعِلُنْ ‿ ‿ ‿ ‿ ‿, *anapœsto-iambus*;

مَفْعُولَاتُ ‿ ‿ ‿ ‿, *epitritus quartus* ou *spondeo-trochæus*.[1]

Les deux pieds فَاعِلَاتُنْ et مُسْتَفْعِلُنْ peuvent être divisés, suivant les grammairiens arabes, en deux manières différentes, comme on le verra tout à l'heure, et alors on compte dix pieds primitifs.

11. L'usage des Arabes n'est point de diviser les pieds par le nombre des syllabes longues ou brèves dont ils sont formés; dans leur système, les éléments dont les pieds se composent sont au nombre de six, qu'on représente et qu'on nomme ainsi qu'on le voit dans le tableau suivant:

---

[1] Aux dénominations techniques d'usage dans la prosodie grecque et latine, comme *epitritus primus*, *epitritus secundus*, *ionicus à minori*, j'en ai substitué d'autres, empruntées des pieds dissyllabiques et trisyllabiques, parce que j'ai pensé qu'elles se graveraient plus facilement dans la mémoire. On excusera, je pense, cette innovation.

1 تَــنْ appelé سَبَبٌ خَفِيفٌ *corde légère;*

2 تَــنْ — سَبَبٌ ثَقِيلٌ *corde lourde;*

3 تَـنَـنْ — وَتَـدٌ مَجْمُـوعٌ *pieu conjoint;*

4 تَـانْ — وَتَـدٌ مَفْرُوقٌ *pieu disjoint;*

5 تَـنَـنَـنْ — فَاصِلَةٌ صُغْرَى *petite cloison;*

6 تَـنَـنَـنَـنْ — فَاصِلَةٌ كُبْرَى *grande cloison.*

La phrase technique لَمْ أَرَ عَلَى ظَهْرِ جَبَلٍ سَمَكَةً peut servir de moyen artificiel pour graver dans la mémoire ces six éléments de la versification arabe.[1] Il est évident au surplus que, dans la réalité, ces six éléments se réduisent à quatre, puisque le cinquième est formé de la réunion du second et du premier, et pareillement le sixième, de celle du second et du troisième. Il est même à observer que le sixième élément ne se trouve point du tout dans les pieds primitifs.

12. C'est l'application de ces divers éléments prosodiques aux pieds qui fait que quelques-uns des maîtres de l'art métrique ont compté dix pieds au lieu de huit, car les deux pieds فَاعِلَاتُنْ et مُسْتَفْعِلُنْ ont pu être analysés de deux manières, relativement à leurs parties constituantes. Le premier a été divisé ainsi : فَاعِلَا-تُنْ ou ainsi فَاعِ-لَا-تُنْ, et de même le second a pu admettre les deux divisions suivantes : مُسْ-تَفْ-عِلُنْ et مُسْ-تَفْعِ-لُنْ. Les considérations systématiques qui ont fait adopter cette double analyse et qui, en conséquence, ont fait porter à dix le

---

(1) Les Arabes appelant un vers بَيْتٌ, ce qui signifie proprement *une tente,* ont donné à tous les éléments de leur versification des dénominations empruntées des parties et des pièces qui constituent la demeure des Bédouins.

Quant aux paradigmes techniques des six éléments primitifs de la versification, il paraît que Khalil, auteur du système métrique des Arabes, les avait empruntés à leur système musical.

nombre des pieds primitifs, ne me paraissent pas de nature à justifier cette complication du principe de la versification arabe.

13. Les huit pieds primitifs ou تَفَاعِيلُ, qu'on peut considérer dans la pratique comme les éléments générateurs de tous les vers arabes, ont formé, par la variété de leur répartition et de leur disposition respective, seize mètres primitifs, connus sous la dénomination commune de بَحْرٌ et au pluriel بُحُورٌ, et qui ont reçu chacun un nom technique. En voici le tableau :

N° d'ordre	Noms	Paradigmes	
1	ٱلطَّوِيلُ	فَعُولُنْ مَفَاعِيلُنْ فَعُولُنْ مَفَاعِيلُنْ	bis
2	ٱلْمَدِيدُ	فَاعِلَاتُنْ فَاعِلُنْ فَاعِلَاتُنْ فَاعِلُنْ	bis
3	ٱلْبَسِيطُ	مُسْتَفْعِلُنْ فَاعِلُنْ مُسْتَفْعِلُنْ فَاعِلُنْ	bis
4	ٱلْوَافِرُ	مَفَاعلَتُنْ مَفَاعلَتُنْ مَفَاعلَتُنْ	bis
5	ٱلْكَامِلُ	مُتَفَاعِلُنْ مُتَفَاعِلُنْ مُتَفَاعِلُنْ	bis
6	ٱلْهَجَزُ	مَفَاعِيلُنْ مَفَاعِيلُنْ مَفَاعِيلُنْ	bis
7	ٱلرَّجَزُ	مُسْتَفْعِلُنْ مُسْتَفْعِلُنْ مُسْتَفْعِلُنْ	bis
8	ٱلرَّمَلُ	فَاعِلَاتُنْ فَاعِلَاتُنْ فَاعِلَاتُنْ	bis
9	ٱلسَّرِيعُ	مُسْتَفْعِلُنْ مُسْتَفْعِلُنْ مَفْعُولَاتُ	bis
10	ٱلْمُنْسَرِحُ	مُسْتَفْعِلُنْ مَفْعُولَاتُ مُسْتَفْعِلُنْ	bis
11	ٱلْخَفِيفُ	فَاعِلَاتُنْ مُسْتَفْعِلُنْ فَاعِلَاتُنْ	bis
12	ٱلْمُضَارِعُ	مَفَاعِيلُنْ فَاعِلَاتُنْ مَفَاعِيلُنْ	bis
13	ٱلْمُقْتَضَبُ	مَفْعُولَاتُ مُسْتَفْعِلُنْ مُسْتَفْعِلُنْ	bis
14	ٱلْمُجْتَثُّ	مُسْتَفْعِلُنْ فَاعِلَاتُنْ فَاعِلَاتُنْ	bis
15	ٱلْمُتَقَارِبُ	فَعُولُنْ فَعُولُنْ فَعُولُنْ فَعُولُنْ	bis
16	ٱلْمُتَدَارِكُ	فَاعِلُنْ فَاعِلُنْ فَاعِلُنْ فَاعِلُنْ	bis

14. Outre ces seize mètres, il y en a encore quelques autres dont les premiers maîtres de l'art n'ont point parlé, soit parce que ces mètres n'étaient point connus de leur temps, soit parce qu'ils ne les ont considérés que comme des caprices de quelques poètes; j'en dirai un mot plus loin.

15. Sous chacun de ces mètres primitifs ou supposés tels, sont compris un plus ou moins grand nombre de mètres secondaires, qui ne sont considérés que comme des altérations du mètre primitif à la catégorie duquel ils appartiennent.

C'est ici une sorte de fiction technique, et l'on est d'autant plus autorisé à l'envisager sous ce point de vue, que, parmi ces mètres primitifs, il y en a quelques-uns que l'usage semble n'avoir jamais admis que sous des formes un peu altérées. Mais la classification faite de toutes les variétés des vers arabes sous ces seize mètres primitifs jette tant d'ordre et de clarté dans le système très compliqué de l'art métrique des Arabes, que nous croyons devoir nous conformer à cette méthode.

16. La brièveté, à laquelle nous devons nous attacher, nous autorise à ne point rechercher l'origine et le motif des dénominations techniques données, soit aux mètres, soit aux altérations qui peuvent affecter les pieds primitifs et qui sont en très grand nombre. Avant de parler de ces altérations, nous allons donner quelques notions indispensables sur la structure des vers.

17. Un *vers* بَيْت se compose le plus souvent de deux *moitiés* ou *hémistiches* nommés مِصْرَاعٌ ou شَطْرٌ, et en tout de huit ou de six pieds, partagés également entre les deux hémistiches. Si chaque hémistiche a quatre pieds, le vers est مُثَمَّن, c'est-à-dire *ayant huit parties;* il est مُسَدَّس, c'est-à-dire *composé de six parties,* si chaque hémistiche n'a que trois pieds. Il faut entendre cela de la constitution primitive des mètres, car il arrive souvent qu'un vers n'a pas le nombre de pieds qui appartient

au mètre dans la catégorie duquel il est classé. Cela fait partie des altérations des mètres primitifs, altérations dont nous parlerons plus tard. Dans le premier hémistiche, le premier pied est nommé صَدْرٌ et le dernier عَرُوضٌ ; dans le second hémistiche, on appelle le premier pied ٱبْتِدَآءٌ et le dernier ضَرْبٌ ou عَجُزٌ. Les autres pieds, s'il y en a, sont tous compris sous la dénomination commune de حَشْوٌ.

18. Les pieds qui, considérés en eux-mêmes, sont nommés تَفَاصِيلُ, ainsi que je l'ai dit (n° 10), reçoivent le nom de جُزْءٌ, pluriel أَجْزَآءٌ, quand on les considère comme *parties* constituantes d'un vers. *Scander un vers* s'exprime par le mot تَقْطِيعٌ.

19. Il est bon d'observer que, lorsqu'on veut représenter par écrit la manière dont un vers doit être scandé, on fait disparaître toutes les lettres qui ne se prononcent point; on écrit effectivement et séparément chacune des deux consonnes réunies en une seule par le *teschdid;* on écrit par un ن le *tenwin* ou l'*n* compris dans toutes les voyelles nasales, et l'on écrit pareillement, à la fin des mots, les lettres quiescentes qui sont supposées faire la fonction de lettres de prolongation, mais qui ne doivent point trouver place dans l'écriture. Enfin on partage les syllabes de manière à indiquer non seulement la division du vers en pieds, mais aussi la division de chaque pied dans ses éléments primitifs. Supposons qu'on ait à scander ce vers, du mètre طَوِيلٌ :

أَلَا يَا ٱسْلَمِى ذَاتَ ٱلدَّمَالِيجِ وَٱلْعِقْدِ   وَذَاتَ ٱلثَّنَايَا ٱلْغُرِّ وَٱلْفَاحِمِ ٱلْجَعْدِ

on devra l'écrire ainsi :

أَلَا | يَسْ | لَمِى | ذَا | تَدْ | دَمَا | لِى | جِ | وَلْ | عِقْ | دِى

فَعُو | لُنْ | مَفَا | عِى | لُنْ | فَعُو | لُنْ | مَفَا | عِى | لُنْ

وَذَا | تَثْ | ثَنَا | يَلْ | غُرْ | رِوَلْ | فَا | حِمِلْ | جَعْ | دِى

فَعُو | لُنْ | مَفَا | عِى | لُنْ | فَعُو | لُنْ | مَفَا | عِى | لُنْ

20. Passons maintenant à l'exposition de ce qui concerne les pieds irréguliers ou secondaires et les mètres secondaires.

21. Les huit pieds primitifs peuvent, comme je l'ai déjà dit (n° 17), être modifiés ou altérés de diverses manières, soit par suppression de quelque lettre, comme مَفَاعِلُنْ et مَفَاعِي pour مَفَاعِيلُنْ, soit par contraction ou retranchement de quelque voyelle, comme مُتْفَاعِلُنْ pour مُتَفَاعِلُنْ et مَفَاعَلْتُنْ pour مُفَاعَلَتُنْ; soit enfin par addition ou crément, comme فَاعِلَاتُنْ pour فَاعِلَاتُنْ et مُتَفَاعِلُنْ pour مُتَفَاعِلَاتُنْ.

22. Ces modifications des pieds primitifs peuvent être communes à tous les vers d'un poème ou n'affecter que tel ou tel vers, sans avoir aucune influence sur les autres vers.

23. Les mètres primitifs reçoivent aussi des altérations ou modifications, relativement au nombre des pieds dont ils se composent.

24. Occupons-nous d'abord des modifications propres aux pieds et qu'on nomme عِلَّة et زِحَاف, au pluriel عِلَل et زِحَافَات. Ces deux dénominations ne s'appliquent pas indifféremment à toutes les modifications qui altèrent la forme primitive des pieds, mais il y a peu d'accord entre les grammairiens sur le nombre et la nature de celles de ces modifications que comprend le premier de ces noms. Pour éviter toute discussion à ce sujet, j'appellerai عِلَّة :

1° Les changements qui arrivent par augmentation au dernier pied du vers, et qui, dès qu'on en fait usage, doivent nécessairement être observés dans tous les vers du poème;

2° Une augmentation qui peut avoir lieu avant le premier pied du premier vers d'un poème et qui peut être de quatre lettres au plus, augmentation qu'on appelle خَرْم, qui est extrêmement rare et qu'on doit considérer comme un hors-d'œuvre destiné uniquement à lier le premier vers d'un poème à ce qu'on disait précédemment (c'est tout ce que j'en dirai);

40

3° Les modifications qui de leur nature appartiennent à la classe générale des زِحَاف, mais, qui se trouvant, dans le premier vers d'un poëme, soit au dernier pied du premier hémistiche عَرُوض, soit au dernier pied du second hémistiche ضَرْب, deviennent d'un usage obligé pour toute la suite du poëme. Les عِلَل de cette troisième classe, se confondant avec les زِحَافَات et n'en étant distinguées que par la place qu'elles occupent dans le vers, je les renverrai à la catégorie des modifications auxquelles s'applique la dénomination de زِحَاف; il ne me reste donc à classer dans la première catégorie, sous la dénomination de عِلَّة, que les trois modifications nommées: 1° تَرْفِيل, 2° تَذْيِيل ou إِذَالَة, 3° تَسْبِيغ et dont je dois indiquer la nature.

25. Ce qu'on appelle تَرْفِيل, c'est l'addition de l'élément prosodique nommé سَبَب خَفِيف *corde légère* à la fin d'un pied qui se termine par l'élément appelé وَتَد مَجْمُوع *pieu conjoint*. Par cette addition, le pied primitif مُسْتَفْعِلُن devient مُسْتَفْعِلَاتُن.

26. Les deux additions désignées sous les noms de تَذْيِيل et تَسْبِيغ ne sont au fond qu'une seule et même chose; elles se forment par l'insertion d'une lettre quiescente dans la dernière syllabe artificielle d'un pied: mais la seule différence qu'il y a entre ces deux modifications, c'est qu'on nomme cette addition تَذْيِيل ou إِذَالَة quand elle affecte l'élément appelé *pieu conjoint*, et au contraire تَسْبِيغ quand elle survient dans celui qu'on appelle *corde légère*. Ainsi, quand on convertit le pied فَاعِلُن en فَاعِلَان, c'est un تَذْيِيل; si, au contraire, on convertit le pied فَعُولُن en فَعُولَان, c'est un تَسْبِيغ. Cette distinction entre le تَذْيِيل et le تَسْبِيغ est, comme on voit, purement systématique.

27. Les pieds *primitifs* sont nommés أَصْل, pluriel أُصُول, par opposition aux pieds *secondaires* qu'on appelle فَرْع, plur. فُرُوع. Mais, dans le système des maîtres de l'art métrique, le même

pied est tantôt أَصْل et tantôt فَرْع. Ainsi le pied فَعُولُنْ, primitif de sa nature, n'est plus que *secondaire* ou فَــرْع quand il est formé par altération du primitif مُسْتَفْعِلُنْ réduit, au moyen de deux suppressions de lettres quiescentes, à مُتَفْعِل.

28. Les trois modifications dont j'ai parlé précédemment ne s'appliquent qu'à certains pieds et seulement lorsqu'ils terminent le vers ou un hémistiche; mais comme elles peuvent affecter aussi bien quelques-uns des pieds secondaires, dont il va être question à l'instant, que les pieds primitifs, elles reparaîtront à leur place dans le tableau général des زِحَافَاتُ ou *altérations* auxquelles sont sujets les pieds primitifs.

29. Avant de mettre ce tableau sous les yeux du lecteur, je dois observer que chacune des modifications des pieds primitifs a non seulement un nom technique pris dans la langue, nom qui indique, d'une manière plus ou moins précise, le genre d'altération que subit le pied primitif, mais aussi un paradigme semblable à ceux des pieds primitifs. Par exemple, si le pied primitif مَفَاعِيلُنْ est privé de sa dernière syllabe, cette altération s'appelle حَذْف *suppression* et son paradigme naturel est مَفَاعِي. De même, si le pied primitif فَاعِلَاتُنْ est privé de la quatrième syllabe, il y a encore حَــذْف, et le paradigme naturel est فَاعِلَا. Mais quand il arrive que, par l'altération qu'éprouve un pied primitif, il se trouve ramené à la valeur d'un autre pied primitif, il adopte, dans le système des écrivains arabes qui ont traité de cette matière, le paradigme de cet autre pied, auquel cependant il est étranger par son origine. Ainsi le paradigme مَفَاعِي, dont l'origine est مَفَاعِيلُنْ, se convertit en فَعُولُنْ, et le paradigme فَاعِلَا, qui a pour origine فَاعِلَاتُنْ, se convertit en فَاعِلُنْ. Cette transmutation de paradigmes et de dénominations techniques jette de l'obscurité dans la doctrine des modifications des pieds primitifs. Pour y remédier, j'ai réuni dans le même tableau, toutes les fois qu'il y a eu lieu, le paradigme primitif sous sa forme altérée et celui qu'on lui substitue par une transmutation systématique.

30. Souvent un pied secondaire est formé du pied primitif par une double ou même une triple altération, ou, pour exprimer la même pensée en d'autres termes, un pied déjà modifié éprouve une nouvelle modification. Alors, s'il n'a pas reçu une dénomination technique spéciale, son altération est indiquée par une double dénomination technique. Ainsi, quand on substitue le pied secondaire مُسْتَفْعِلَانْ au pied primitif مُسْتَفْعِلُنْ, il y a d'abord substitution de مُسْتَفْعِلُنْ à مُسْتَفْعِلُنْ, ce qui s'appelle طَيّ ; ensuite, addition, dans la dernière syllabe, d'une lettre quiescente, ce qui, comme on l'a déjà vu, se nomme تَذْيِيل. Le pied irrégulier مُسْتَفْعِلَانْ est donc formé de son primitif مُسْتَفْعِلُنْ, par l'emploi des deux modifications appelées طَيّ et تَذْيِيل. Ceci bien entendu, on n'aura aucune peine à faire usage du tableau ci-joint, qui me dispensera d'entrer dans des détails longs et fastidieux sur les diverses modifications des pieds primitifs et la génération respective des pieds secondaires. (Voyez le tableau.)

31. Toutes les altérations qu'un pied primitif peut éprouver ne sont pas applicables indifféremment à ce pied dans tous les mètres dans lesquels il entre. L'usage légitime de ces modifications est déterminé par des règles qui seront indiquées lorsque nous parlerons de chaque mètre en particulier.

32. Une autre observation générale, relative à ces altérations des pieds primitifs, c'est qu'il y en a qui s'excluent respectivement par une sorte d'incompatibilité, et d'autres au contraire qui peuvent concourir dans un même pied.

Ainsi, par exemple, le pied مَفَاعِيلُنْ peut, comme on le voit dans le tableau, se changer, par la suppression de la cinquième lettre, en مَفَاعِلُنْ, et, par celle de la septième lettre, en مَفَاعِيلُ

DES I

PIEDS PRIMITIFS	nature
فَعُولُنْ	...ـولُ
فَعُولُنْ	...ـولُ
فَعُولُنْ	...ـنْ
فَعُولُنْ	......إلْ

TABLEAU GÉNÉRAL
DES PIEDS, TANT PRIMITIFS QUE SECONDAIRES

PIEDS PRIMITIFS		PIEDS SECONDAIRES ou modifications des pieds primitifs		NOMS TECHNIQUES des pieds où se trouvent les modifications
RADICAUX			NOMS TECHNIQUES	
naturels	artificiels			

PREMIER PIED

			amphibroque	
			iambus	
			spondeus	
			trochæus	
			iambus	
			hemi-spondeus	

DEUXIÈME PIED

			diiambus	
			iambo-trochæus	
			bacchius	
			molossus	
			amphimacer	
			palimbacchius	
			bacchius	

TROISIÈME PIED

			iambo spondeus	
			diiambus	
			iambo-trochæus	
			bacchius	
			choriambus	
			molossus	
			amphimacer	
			palimbacchius	

QUATRIÈME PIED

| | | | pyrrichio-spondeus | |
| | | | ditrochæus | |

Grammaire arabe, t. II. — Traité de la Prosodie, p. 626, n° 30.

TABLEAU GÉNÉRAL
DES PIEDS, TANT PRIMITIFS QUE SECONDAIRES

PIEDS PRIMITIFS	PIEDS SECONDAIRES ou MODIFICATIONS DES PIEDS PRIMITIFS			NOMS TECHNIQUES des pieds où se trouvent les modifications
	PARADIGMES		NOMS TECHNIQUES	
	naturels	artificiels		

Suite du QUATRIÈME PIED

			pyrrichio-trochœus	
			amphimacer	
			anapestus	
			amphimacer	
			anapestus	
			spondeus	
			molossus	
			trochœo-spondeus	
			pyrrichio-spondeus	

CINQUIÈME PIED

			anapestus	
			spondeus	
			amphimacer	
			trochœo-spondeus	

SIXIÈME PIED

			diiambus	
			choriambus	
			pyrrichio-iambus	
			molossus	
			spondeo-iambus	
			bacchius	
			diiambus	
			choriambus	
			pyrrichio-iambus	
			spondeo-pyrrichius	
			iambo-pyrrichius	

Grammaire arabe, t. II. — Traité de la Prosodie, p. 628, n° 30.

TABLEAU GÉNÉRAL
DES PIEDS, TANT PRIMITIFS QUE SECONDAIRES

PIEDS PRIMITIFS	PIEDS SECONDAIRES OU MODIFICATIONS DES PIEDS PRIMITIFS		NOMS TECHNIQUES des pieds où se trouvent les modifications
	PARADIGMES	NOMS TECHNIQUES	
	naturels / artificiels		

SEPTIÈME PIED

فَعُولُنْ	مُتَفَاعِلُنْ	spondéo-iambus	مُتَفَاعِلُنْ
فَعُولُنْ	فَعُولُنْ	di-iambus	فَعُولُنْ
فَعُولُنْ	مَفْعُولُنْ	choriambus	مَفْعُولُنْ
فَعُولُنْ	فَعِلَتُنْ	pyrrichio-iambus	فَعِلَتُنْ
فَعُولُنْ	مُسْتَفْعِلُنْ	molossus	مُسْتَفْعِلُنْ
فَعُولُنْ	مَفَاعِلُنْ	anapestus	مَفَاعِلُنْ
فَعُولُنْ	فَاعِلَتُنْ	spondeus	فَاعِلَتُنْ
فَعُولُنْ	مُتَفَاعِلُنْ	anapesto-iambus	مُتَفَاعِلُنْ
فَعُولُنْ	مَفْعُولَاتُ	spondéo-iambus	مَفْعُولَاتُ
فَعُولُنْ	فَاعِلُنْ	di-iambus	فَاعِلُنْ
فَعُولُنْ	مُسْتَفْعِلُنْ	choriambus	مُسْتَفْعِلُنْ
فَعُولُنْ	مَفَاعِيلُنْ	anapesto-bacchius	مَفَاعِيلُنْ
فَعُولُنْ	مُتَفَاعِلُنْ	spondéo-bacchius	مُتَفَاعِلُنْ
فَعُولُنْ	فَعُولُنْ	iambo-bacchius	فَعُولُنْ
فَعُولُنْ	مَفَاعِلَتُنْ	trochæo-bacchius	مَفَاعِلَتُنْ

HUITIÈME PIED

فَاعِلَاتُنْ	مُتَفَاعِلُنْ	amphimacer	مُتَفَاعِلُنْ
فَاعِلَاتُنْ	فَاعِلَاتُنْ	amphimacer	فَاعِلَاتُنْ
فَاعِلَاتُنْ	فَاعِلَاتُنْ	anapestus	فَاعِلَاتُنْ
فَاعِلَاتُنْ	فَاعِلُنْ	spondeus	فَاعِلُنْ
فَاعِلَاتُنْ	مَفَاعِلُنْ	anapestus	مَفَاعِلُنْ
فَاعِلَاتُنْ	مُسْتَفْعِلُنْ	molossus	مُسْتَفْعِلُنْ
فَاعِلَاتُنْ	مَفْعُولُنْ	molossus	مَفْعُولُنْ
فَاعِلَاتُنْ	مُتَفَاعِلُنْ	bacchius	مُتَفَاعِلُنْ
فَاعِلَاتُنْ	فَعُولُنْ	bacchius	فَعُولُنْ
فَاعِلَاتُنْ	مُتَفَاعِلُنْ	iambo-trochæus	مُتَفَاعِلُنْ
فَاعِلَاتُنْ	مَفْعُولَاتُ	ditrochæus	مَفْعُولَاتُ

Grammaire arabe, t. II. — Traité de la Prosodie, p. 628, n° 30.

mais ces deux altérations sont incompatibles, et l'on ne peut pas réduire le pied primitif مَفَاعِيلُنْ a مَفَاعِلْ. L'incompatibilité dont il s'agit se nomme مُعَاقَبَةٌ; elle a lieu non seulement entre deux syllabes d'un même pied, mais aussi entre deux pieds se suivant immédiatement. Toutefois, dans ce cas, les deux lettres quiescentes dont la suppression produit les deux altérations incompatibles peuvent être conservées et rien n'empêche que l'on ne fasse usage du pied primitif مَفَاعِيلُنْ dans son intégrité. La même dénomination s'applique aussi au cas où une altération en exige absolument une autre, ce qui a lieu, par exemple, dans le pied مُتَفَاعِلُنْ, où la suppression de la quatrième lettre exige que la seconde, de mue qu'elle était, devienne quiescente, en sorte qu'on ne peut pas dire مُتَفْعِلُنْ.

Quelquefois il est d'obligation de faire usage de l'une des deux altérations entre lesquelles il y a incompatibilité. C'est ainsi que, dans certains mètres, on ne peut pas faire usage du pied primitif régulier مَفْعُولَاتُ, et qu'il faut y substituer l'un des deux pieds secondaires مَعُولَاتُ ou مَفْعُلَاتُ. Ce cas se nomme مُرَاقَبَةٌ.

Enfin il y a des pieds qui peuvent admettre simultanément deux altérations, et cette compatibilité est nommée مُكَانَفَةٌ. Ainsi le pied primitif مُسْتَفْعِلُنْ peut, en perdant sa deuxième lettre, se changer en مُتَفْعِلُنْ; et aussi, par le retranchement de sa quatrième lettre, se convertir en مُسْتَعِلُنْ; mais, de plus, les deux altérations étant compatibles, de leur réunion naît un nouveau pied secondaire, مُتَعِلُنْ.

33. L'application de ces règles de compatibilité et d'incompatibilité à certains pieds est spéciale à quelques mètres et trouvera sa place dans l'exposé des règles qui régissent chaque mètre en particulier. On peut toujours remarquer ici, en général, qu'elles n'ont pour objet que les lettres quiescentes de l'élément primitif nommé *corde légère* (n° 10).

34. Observons encore que, quand de deux pieds consécutifs

le second subit une altération parce que le premier est resté intègre, le pied altéré se nomme sous ce rapport صَدْرٌ; si, au contraire, le premier subit l'altération parce que le second doit demeurer intègre, le pied altéré s'appelle sous ce rapport عَجُزٌ. Dans le cas où un pied subit deux altérations, l'une dans sa première syllabe, l'autre dans la dernière, parce qu'il est précédé et suivi de deux pieds qui demeurent intègres, par exemple si le pied secondaire فَعِلَاتُنْ se trouve entre deux فَاعِلَاتُنْ, pieds primitifs, ce rapport est désigné par la dénomination de طَرَفَانِ.

35. Après ces généralités, il est temps de passer à l'exposé des divers genres de mètres. Dans cet exposé, nous comprendrons et les altérations qui affectent les mètres en eux-mêmes et celles qui affectent en particulier chacun des pieds dont ils se composent.

36. Les mètres, comme je l'ai déjà dit, se nomment بَحْرٌ, pluriel بُحُورٌ. Chaque mètre comprend plusieurs variétés qu'on divise en ضُرُوبٌ, pluriel ضَرْبٌ, et أَعَارِيضُ, pluriel عَرُوضٌ. Chacune des variétés comprises sous le nom de عَرُوضٌ est déterminée par le dernier pied du premier hémistiche, pied qui lui-même porte le nom de عَرُوضٌ, et chacune de celles qui forment ce qu'on entend par ضَرْبٌ est déterminée par le dernier pied du second hémistiche, pied auquel appartient la rime et qui reçoit lui-même la dénomination de ضَرْبٌ. Comme le nombre des variétés nommées عَرُوضٌ est moins considérable que celui des variétés nommées ضَرْبٌ, nous considérerons les عَرُوضٌ comme les *genres* et les ضَرْبٌ comme les *espèces*, chaque عَرُوضٌ, à l'exception d'un petit nombre, se subdivisant en plusieurs ضَرْبٌ.

37. L'usage presque général est que, dans un poème, les deux hémistiches du premier vers soient exactement semblables, pour la mesure et pour la rime. Lorsque, pour obtenir cette

ressemblance, on se contente de la rime, sans aucune altération du premier des deux pieds qui doivent rimer ensemble, cela s'appelle تَقْفِيَة ; mais si l'on fait prendre, ce qui n'est pas toujours permis, au premier de ces deux pieds une forme qui ne doit point avoir lieu dans le reste du poème, comme, par exemple, si l'on emploie مَفَاعِيلُنْ ou مَفَاعِي au lieu de مَفَاعِلُنْ, pied secondaire qui, dans toute la suite du poème, formera le عَرُوضْ, cela se nomme تَصْرِيعْ. Il résulte de cette observation que, pour bien connaitre la vraie mesure d'un poème, en ce qui concerne le عَرُوضْ auquel il appartient, il ne faut pas s'en tenir au premier vers.

38. — PREMIER MÈTRE طَــوِيــلْ

Ce mètre se divise en deux genres et en trois espèces, le deuxième genre offrant deux subdivisions.

1ᵉʳ genre, 1ʳᵉ espèce

فعولن مفاعيلن فعولن مفاعيلن   فعولن مفاعيلن فعولن مفاعيلن

2ᵉ genre, 2ᵉ espèce

فعولن مفاعيلن فعولن مفاعلن   فعولن مفاعيلن فعولن مفاعيلن

3ᵉ espèce

فعولن مفاعيلن فعولن مفاعلن   فعولن مفاعيلن فعولن مفاعي

Les altérations qui surviennent dans ce mètre, abstraction faite de ce qui concerne les derniers pieds des deux hémistiches, ce sont : 1° le changement du premier pied فَعُولُنْ en عُولُنْ, ce qu'on nomme خَرْمْ, et en عُولُ (ceci a lieu très rarement ailleurs que dans le premier vers d'un poème) ; 2° le changement du pied فعولن en فَعُولُ, changement qui est presque obligé dans la troisième espèce avant le pied final مفاعي ; 3° le changement du pied مَفَاعِيلُنْ en مفاعلن, ou 4° en مفاعيلُ.

Conformément à la règle nommée معاقبة (n° 32), la double altération du pied مفاعيلن en مفاعل n'est jamais admise.

Le premier genre n'est guère d'usage que dans le premier vers d'un poème, parce que dans ce vers les derniers pieds des deux hémistiches doivent être semblables. Par le même motif, si le poème est de la troisième espèce, le premier hémistiche du premier vers se terminera par le pied secondaire مفاعلى.

39. II° MÈTRE مَدِيدٌ

Il se divise en trois genres et six espèces, le deuxième genre offrant trois espèces et le troisième genre deux espèces.

1ᵉʳ genre, 1ʳᵉ espèce

فاعلاتن فاعلن فاعلاتن   فاعلاتن فاعلن فعِلاتن

2ᵉ genre, 2ᵉ espèce

فاعلاتن فاعلن فاعلًا   فاعلاتن فاعلن فاعلات

3ᵉ espèce

فاعلاتن فاعلن فاعلًا   فاعلاتن فاعلن فاعلًا

4ᵉ espèce

فاعلاتن فاعلن فاعلًا   فاعلاتن فاعلن فعلًا

3ᵉ genre, 5ᵉ espèce

فاعلاتن فاعلن فعلًا   فاعلاتن فاعلن فعلًا

6ᵉ espèce

فاعلاتن فاعلن فعلًا   فاعلاتن فاعلن فعلًا

Suivant le système des écrivains arabes, la mesure primitive de ce mètre est de huit pieds, c'est-à-dire des deux pieds فاعلاتن فاعلن répétés quatre fois.

Les altérations que ce mètre éprouve, toujours abstraction faite des deux pieds qui constituent le عَروض et le ضَرب, c'est le changement du pied فاعلاتن : 1° en فعلاتن, 2° en فاعلات, 3° en فعلات; 4° le changement du pied فاعلن en فَعِلُن.

Il y a lieu à appliquer la règle nommée مُعَاقَبَةٌ (n° 32) dans la concurrence des pieds فاعلاتن et فاعلاتن, ou فاعلن et فاعلاتن, en sorte qu'on ne saurait en même temps retrancher le ن de la syllabe finale تُنْ et l'*élif* de la syllabe initiale فَا.

Dans le premier vers d'un poème du premier genre, le تصريح (n° 37) n'est pas admis, c'est-à-dire que le pied nommé عروض ne doit pas être assimilé au pied nommé ضرب : il est admis dans les deuxième, quatrième et sixième espèces.

Le prototype de ce mètre, réduit à six pieds, est, comme on l'a vu précédemment, suivant les écrivains arabes :

فاعلاتن فاعلن فاعلاتن فاعلاتن فاعلن فاعلاتن

Cependant il ne paraît pas que les Arabes aient jamais suivi ce paradigme sans quelque altération dans le dernier pied.

40. IIIᵉ MÈTRE بَسِيطٌ

Il se divise en trois genres et six espèces, le premier genre offrant deux espèces et le deuxième trois espèces. Dans le premier genre, le vers se compose de quatre pieds pour chaque hémistiche ; dans le deuxième et le troisième, il perd le quatrième et le huitième pied, et est ce qu'on appelle مَجْزُوءٌ.

1ᵉʳ genre, 1ʳᵉ espèce

مستفعلن فاعلن مستفعلن فَعِلُنْ   مستفعلن فاعلن مستفعلن فَعِلُنْ

2ᵉ espèce

مستفعلن فاعلن مستفعلن فَعِلُنْ   مستفعلن فاعلن مستفعلن فَعِلُنْ

2ᵉ genre, 3ᵉ espèce

مستفعلن فاعلن مستفعلن   مستفعلن فاعلن مستفعلاَنْ

4ᵉ espèce

مستفعلن فاعلن مستفعلن   مستفعلن فاعلن مستفعلن

5ᵉ espèce

مستفعلن فاعلن مستفعلن   مستفعلن فاعلن مُسْتَفْعِلٌ

3ᵉ genre, 6ᵉ espèce

مستفعلن فاعلن مُسْتَفْعِلٌ   مستفعلن فاعلن مُسْتَفْعِلٌ

Le mètre بسيط a pour paradigme systématique la forme suivante :

مستفعلن فاعلن مستفعلن فاعلن   مستفعلن فاعلن مستفعلن فاعلن

Toutefois, il paraît que dans l'usage il éprouve toujours une altération dans le dernier فاعلن.

Dans ce mètre, tous les pieds peuvent admettre plusieurs altérations. Le pied مستفعلن peut, dans toutes les parties du vers, se changer : 1° en مُتَفْعِلُنْ, 2° en مُفْتَعِلُنْ, 3° en مُتَعِلُنْ, et, de plus, à la fin du vers, au moyen de l'addition nommée اذالة ou تذييل, il se change 4° en مُتَفْعِلَانْ, 5° en مُسْتَفْعِلَانْ, 6° en مُتَفْعِلَانْ.

Le pied فاعلن, outre les altérations qu'il éprouve dans le premier genre, à la fin des hémistiches, se change aussi dans le milieu, ou حَشْوٌ, en فَعِلُنْ.

La concurrence de deux lettres quiescentes supprimées en même temps dans le pied مُسْتَفْعِلُنْ est une application du cas appelé مُكَانَفَةٌ (n° 32).

41.   IVᵉ MÈTRE   وَافِرُ

Il se divise en deux genres et trois espèces, le premier genre n'offrant qu'une espèce et le deuxième en renfermant deux. Dans le premier genre, le vers contient six pieds; il n'en a que quatre dans le deuxième.

1ᵉʳ genre, 1ʳᵉ espèce

مفاعلتن مفاعلتن مفاعِلٌ   مفاعلتن مفاعلتن مفاعِلٌ

2º genre, 2º espèce

مفاعلتن مفاعلتن   مفاعلتن مفاعلتن

3º espèce

مفاعلتن مفاعلتن   مفاعلتن مفاعلتن

Quoique le paradigme systématique du mètre وافر se compose du pied مفاعلتن répété trois fois dans chaque hémistiche, l'usage, dans la première espèce, où l'on conserve les six pieds, est de réduire le dernier pied de chaque hémistiche aux trois syllabes مفاعل; ce pied conserve très rarement sa forme primitive.

Dans la troisième espèce, le dernier pied est réduit à quatre syllabes, مفاعلتن; quelques auteurs ajoutent une quatrième espèce, où il est réduit à مفاعل.

Les altérations que peut admettre le premier pied du vers, dans ce mètre, sont au nombre de quatre : 1º مفعلتن, 2º فاعلتن, 3º مفعلت, 4º فاعتن; elles n'ont guère lieu que dans le premier vers d'un poème.

Trois autres altérations peuvent se rencontrer dans tous les pieds, savoir : 1º مفاعتن, 2º مفاعلت, 3º مفاعلتن; les deux dernières sont très peu usitées.

Le pied مفاعلتن offre une application du cas nommé معاقبة (nº 32), car on peut bien supprimer la cinquième lettre ou la septième, mais cette double suppression ne saurait avoir lieu concurremment, en sorte que le pied primitif soit réduit aux cinq lettres مفاعت.

42.   Vº MÈTRE كامل

Il se divise en trois genres et neuf espèces, le premier genre comprenant trois espèces, le deuxième deux seulement, et le troisième quatre.

5ᵉ espèce

مستفعلن فاعلن مستفعلن   مستفعلن فاعلن مُسْتَفْعِـلْ

3ᵉ genre, 6ᵉ espèce

مستفعلن فاعلن مُسْتَفْعِـلْ   مستفعلن فاعلن مُسْتَفْعِـلْ

Le mètre بسيط a pour paradigme systématique la forme suivante :

مستفعلن فاعلن مستفعلن فاعلن   مستفعلن فاعلن مستفعلن فاعلن

Toutefois, il paraît que dans l'usage il éprouve toujours une altération dans le dernier فاعلن.

Dans ce mètre, tous les pieds peuvent admettre plusieurs altérations. Le pied مستفعلن peut, dans toutes les parties du vers, se changer : 1º en مُتَفْعِلُنْ, 2º en مُفْتَعِلُنْ, 3º en مُتَعِلُنْ, et, de plus, à la fin du vers, au moyen de l'addition nommée إذالة ou تذييل, il se change 4º en مُتَعِلَانْ, 5º en مُسْتَعِلَانْ, 6º en مُسْتَفْعِلَانْ.

Le pied فاعلن, outre les altérations qu'il éprouve dans le premier genre, à la fin des hémistiches, se change aussi dans le milieu, ou حَشْوٌ, en فَعِلُنْ.

La concurrence de deux lettres quiescentes supprimées en même temps dans le pied مُسْتَفْعِلُنْ est une application du cas appelé مُكَانَفَةٌ (nº 32).

41.   IVᵉ MÈTRE وَافِـرُ

Il se divise en deux genres et trois espèces, le premier genre n'offrant qu'une espèce et le deuxième en renfermant deux. Dans le premier genre, le vers contient six pieds ; il n'en a que quatre dans le deuxième.

1ᵉʳ genre, 1ʳᵉ espèce

مفاعلتن مفاعلتن مفاعيلُ   مفاعلتن مفاعلتن مفاعيلُ

1er genre, 1re espèce

متفاعلن متفاعلن متفاعلن   متفاعلن متفاعلن متفاعلن

2e espèce

متفاعلن متفاعلن متفاعلن   متفاعلن متفاعلن مُتَفاعِلْ

3e espèce

متفاعلن متفاعلن متفاعلن   متفاعلن متفاعلن مُتْفَـٰـا

2e genre, 4e espèce

متفاعلن متفاعلن مُتْـفَـا   متفاعلن متفاعلن مُتْـفَـا

5e espèce

متفاعلن متفاعلن مُتْـفَـا   متفاعلن متفاعلن مُتْـفَـا

3e genre, 6e espèce

متفاعلن متفاعلن   متفاعلن متفاعلاتُنْ

7e espèce

متفاعلن متفاعلن   متفاعلن متفاعلاَنْ

8e espèce

متفاعلن متفاعلن   متفاعلن متفاعلن

9e espèce

متفاعلن متفاعلن   متفاعلن متفاعِلْ

Le pied متفاعلن admet les trois altérations suivantes, outre celles qui sont propres au dernier pied du vers : 1° مُتْفاعلن, 2° مُفاعلن, 3° مُتَفعلن. La première est d'un usage très fréquent; les deux autres sont beaucoup plus rares. Elles sont admises, non seulement dans le milieu du vers ou حشو, mais même dans le عروض ou dernier pied du premier hémistiche, en ce qui concerne les trois premières et les quatre dernières espèces. Elles le sont pareillement dans le ضرب ou dernier pied du vers, pour ce qui concerne la première, la sixième, la septième et la huitième espèce. Dans la deuxième et la neuvième espèce, ce même pied ضرب n'éprouve qu'une seule altération, c'est le changement de مُتَفَاعِلْ en مُتْفَاعِلُنْ.

Les trois premières altérations que le pied primitif متفاعلن peut éprouver s'appliquent aussi aux pieds secondaires متفاعلاتن et متفاعلان.

Le cas nommé معاقبة (n° 32) a son application à l'égard du pied متفاعلن, qui peut bien se changer en مُتَفَاعِلُنْ et مُتَفَاعِلُسْ, mais qui ne saurait se convertir en مُتَفْعِلن; l'incompatibilité est ici entre la conservation de la voyelle du ت et le retranchement de la quatrième lettre.

Dans le premier vers d'un poème du mètre كامل, la conformité qu'on indique par le mot technique تصريع peut avoir lieu, mais elle n'est pas obligée, et l'on peut se contenter de ce qu'on appelle تقفية (n° 37).

Il se trouve des exemples de la première espèce dont le dernier pied admet le ترفيل (n° 25) ou le تذييل (n° 26) et se change, par conséquent, en متفاعلان ou متفاعلاتن.

Dans la quatrième espèce, on trouve quelquefois, dans un même poème, les deux formes مُتْفَا et مُتَفَا employées concurremment.

Dans la troisième espèce, on trouve aussi quelquefois, au dernier pied, la forme مُتْفَا au lieu de مُتَفَا.

Quelquefois le premier pied d'un vers éprouve l'altération nommée خَزْمْ (n° 38) et est réduit de متفاعلن à فاعلن.

Dans la cinquième espèce, le dernier pied est quelquefois réduit à une seule syllabe, c'est-à-dire que مُتْفَا est changé en فَعْ ou مُتْ.

Enfin, un cas très rare, c'est que l'addition nommée ترفيل (n° 26) ait lieu à la fin du premier hémistiche, sans qu'on en fasse usage à la fin du second.

43.   VIe MÈTRE هَجَزٌ

1re espèce

مفاعيلن مفاعيلن   مفاعيلن مفاعيلن

2e espèce

مفاعيلن مفاعيلن   مفاعيلن مفاعى

Les auteurs arabes qui ont traité de la métrique, à commencer par Khalil, ayant donné pour le mètre هجز le paradigme composé du pied مفاعيلن répété six fois, on peut supposer qu'il existait des vers de cette mesure, quoiqu'on n'en connaisse point aujourd'hui qui contiennent plus de quatre pieds.

Le pied مفاعيلن peut éprouver deux altérations qui le convertissent : 1° en مفاعلن, 2° en مفاعيلُ ; la dernière est d'un usage très fréquent.

De plus, au commencement du vers, la forme primitive مفاعيلن et les deux formes secondaires مفاعيلُ et مفاعلن peuvent, par l'altération appelée خرم (n° 38), perdre la première syllabe, en sorte qu'il ne reste que فاعلن, ou فاعلن, ou enfin فاعيلُ.

Il y a une troisième espèce d'un usage très rare et qu'on peut regarder comme une variété de la première : elle consiste à substituer, à la fin du vers, le pied مفاعيلُ à مفاعيلن.

Nous avons observé, à l'occasion du mètre طويل (n° 38), qu'il y a lieu à appliquer au pied مفاعيلن l'incompatibilité indiquée par le mot معاقبة (n° 32) et qu'elle consiste en ce qu'il n'est pas permis de retrancher en même temps la cinquième et la septième lettre. Cette observation s'applique aussi au mètre هجز.

44.   VIIᵉ MÈTRE رَجَــز

Ce mètre a quatre genres et cinq espèces, le premier genre se divisant en deux espèces.

1ᵉʳ genre, 1ʳᵉ espèce

مستفعلن مستفعلن مستفعلن   مستفعلن مستفعلن مستفعلن

2ᵉ espèce

مستفعلن مستفعلن مستفعلن   مستفعلن مستفعلن مستفعِلْ

2ᵉ genre, 3ᵉ espèce

مستفعلن مستفعلن   مستفعلن مستفعلن

3ᵉ genre, 4ᵉ espèce

مستفعلن مستفعلن مستفعلن

4ᵉ genre, 5ᵉ espèce

مستفعلن مستفعلن

Quelques auteurs admettent un cinquième genre, qui n'a qu'un seul pied.

Ce mètre, à cause de la nature et du nombre d'altérations ou de pieds secondaires qu'on peut substituer au pied primitif مستفعلن, est de tous les mètres arabes celui qui offre le plus de facilité et qui se rapproche le plus de la prose; aussi les modernes l'ont-ils appelé حِمَارُ ٱلشَّعَرَاء *l'âne des poètes*. Les écrivains qui composent dans ce mètre sont ordinairement désignés sous le nom de رَاجِزٌ, et c'est aussi dans ce mètre que sont écrits les poèmes didactiques, soit sur la grammaire, soit sur les autres sciences.

Dans la quatrième et la cinquième espèce, le vers est ce qu'on appelle مَشْطُورٌ, parce qu'il y a suppression d'un hémistiche tout entier.

Les altérations que le pied مستفعلن peut subir dans toutes les parties du vers sont au nombre de trois, au moyen desquelles il donne naissance aux trois pieds secondaires: 1° مُتَفْعِلُنْ,

2º مُتَفْعِلُنْ, 3º مُفْتَعِلُنْ. Il ne faut excepter que le dernier pied ou ضرب de la seconde espèce, qui, de مُسْتَفْعِلْ, ne peut se convertir qu'en مُتَفْعِلْ.

Le pied secondaire مُسْتَفْعِلْ peut aussi être employé au dernier pied ضرب de la quatrième et de la cinquième espèce.

Le pied مُسْتَفْعِلُنْ offre dans ce mètre, comme dans le mètre بسيط, l'application du cas nommé مكانفة (nº 32), en observant toutefois que le dernier pied مُسْتَفْعِلْ ne peut pas se convertir, par une double suppression, en مُتَفْعِلْ.

45. VIIIº MÈTRE رَمَلَ

Dans ce mètre on compte deux genres et six espèces, chaque genre se divisant en trois espèces.

1er genre, 1re espèce

فاعلاتن فاعلاتن فاعلا   فاعلاتن فاعلاتن فاعلاتن

2e espèce

فاعلاتن فاعلاتن فاعلًا   فاعلاتن فاعلاتن فاعلاتْ

3e espèce

فاعلاتن فاعلاتن فاعلًا   فاعلاتن فاعلاتن فاعلًا

2º genre, 4e espèce

فاعلاتن فاعلاتن   فاعلاتن فاعلاتان

5e espèce

فاعلاتن فاعلاتن   فاعلاتن فاعلاتن

6e espèce

فاعلاتن فاعلاتن   فاعلاتن فاعلًا

On doit remarquer que le paradigme primitif de ce mètre, qui se compose du pied فاعلاتن répété six fois, ne se trouve point compris au nombre des six espèces usitées. Il en existe cependant quelques exemples, mais ils sont très rares.

ET DE L'ART MÉTRIQUE 641

Les altérations qu'éprouve le pied فاعلاتن produisent les trois pieds secondaires : 1º فَعِلَاتُنْ, 2º فَاعِلَاتُ, 3º فَعِلَاتُ. La première est d'un usage très fréquent; les deux autres sont rarement employées. Le pied فاعلاتن terminant le premier hémistiche admet pareillement ces trois altérations; à la fin du vers, soit qu'il se trouve complet ou altéré, il admet aussi la suppression de la première quiescente.

Tout ce que nous avons dit, à l'occasion du mètre مديد (nº 39), sur l'application du cas nommé معاقبة (nº 32), a lieu aussi pour le mètre رمل.

46.   IXᵉ MÈTRE سَرِيعٌ

Ce mètre offre quatre genres et sept espèces, le premier genre se subdivisant en quatre espèces et le deuxième en deux.

1ᵉʳ genre, 1ʳᵉ espèce

مستفعلن مستفعلن مَفْعُلَاتُ   مستفعلن مستفعلن مَفْعُلَا

2ᵉ espèce

مستفعلن مستفعلن مَفْعُلَا   مستفعلن مستفعلن مَفْعُلَا

3ᵉ espèce

مستفعلن مستفعلن مَفْعُو   مستفعلن مستفعلن مَفْعُلَا

2ᵉ genre, 4ᵉ espèce

مستفعلن مستفعلن مَعُلَا   مستفعلن مستفعلن مَعُلَا

5ᵉ espèce

مستفعلن مستفعلن مَفْعُو   مستفعلن مستفعلن مَعُلَا

3ᵉ genre, 6ᵉ espèce

مستفعلن مستفعلن مَفْعُولَاتُ

4ᵉ genre, 7ᵉ espèce

$$\text{مستفعلن مستفعلن مفْعُولًا}$$

C'est encore ici un mètre dont le paradigme primitif, qui a pour dernier pied, dans les deux hémistiches, مَفْعُولَاتُ, ne se trouve point ou ne se trouve que bien rarement employé effectivement par les poètes arabes.

Le pied مستفعلن éprouve ici, comme dans plusieurs des mètres précédents, les trois altérations suivantes : 1° مُتَفْعِلن, 2° مُتَعِلن, 3° مُفْتَعِلن. Quant au pied مفعولات, il n'y a rien à ajouter à ce que présentent les exemples ci-dessus, puisqu'il ne se trouve jamais dans ce mètre que comme عروض ou ضرب. Il faut observer seulement que, dans la cinquième et la sixième espèce, on emploie quelquefois indifféremment, sans suivre une règle fixe, les pieds secondaires مَعُلًا et مَفْعُو.

Il se trouve des exemples de la troisième espèce où le dernier pied du vers est réduit à l'unique syllabe مَفْ.

47.   Xᵉ MÈTRE   مُنْسَسَرِحٌ

Il se divise en trois genres, qui forment quatre espèces.

1ᵉʳ genre, 1ʳᵉ espèce

$$\text{مستفعلن مفعولات مستفعلن   مستفعلن مفعولات مُفْتَعِلُنْ}$$

2ᵉ espèce

$$\text{مستفعلن مفعولات مستفعلن   مستفعلن مفعولات مستفعلن}$$

2ᵉ genre, 3ᵉ espèce

$$\text{مستفعلن مفعولاتُ}$$

3ᵉ genre, 4ᵉ espèce

$$\text{مستفعلن مَفْعُولًا}$$

Les deux dernières espèces de ce mètre sont d'un usage fort rare. Le pied مستفعلن peut se convertir : 1º en مُتَفْعِلن, 2º en مُتَعِلُن. Le pied مَفْعُولَاتُ admet aussi trois altérations : 1º مَعُلَاتُ, 2º مَفْعُلَاتُ, 3º مَعُولَاتُ. La dernière altération du pied مستفعلن en مُتَعِلن ne peut pas avoir lieu quand il suit immédiatement le pied مـفـعـولاتُ, parce qu'il y aurait alors quatre syllabes brèves consécutives, ce qui n'est jamais admissible. Il y a donc lieu, à l'égard de ce pied, à l'application de la règle nommée معاقبة (nº 32). Dans la deuxième espèce, le pied secondaire مستفعل peut être changé en مُتَفْعِل. Dans la troisième et la quatrième espèce, le pied مفعولات ou مفعولا peut admettre les trois altérations déjà indiquées; il peut aussi se changer en مَعُولًا ou مَعُولَاتُ, en perdant sa seconde lettre. Les altérations qui sont de l'usage le plus fréquent, dans ce mètre, ce sont, quant au pied مستفعلن : 1º مُتَفْعِلن, 2º مُفْتَعِلن; et quant au pied مفعولات, la forme مَفْعُلَاتُ.

Les écrivains arabes ont réuni en une seule espèce les deux qui, dans le système que j'ai suivi, sont contenues dans le premier genre; je n'ai pas cru devoir admettre cette confusion. Dans les poèmes de la seconde espèce, la première moitié du premier vers peut se terminer, comme la deuxième, par le pied مُسْتَفْعِلٌ. Il y a alors ce qu'on nomme تصريع (nº 37).

48.   XIᵉ MÈTRE خَفِيفٌ

On compte dans ce mètre trois genres et cinq espèces, le premier et le troisième genre ayant chacun deux espèces.

1ᵉʳ genre, 1ʳᵉ espèce

فاعلاتن مستفعلن فاعلاتن   فاعلاتن مستفعلن فاعلاتن

2ᵉ espèce

فاعلاتن مستفعلن فاعلاتن   فاعلاتن مستفعلن فـاعـلًا

2ᵉ genre, 3ᵉ espèce

فاعلاتن مستفعلن فاعـِـلَا   فاعلاتن مستفعلن فاعـِـلَا

3ᵉ genre, 4ᵉ espèce

فاعلاتــن مستفعلن   فاعلاتن مستفعلن

5ᵉ espèce

فاعلاتن مستفعلن   فاعلاتن مُتَفْعِـلُ

Les altérations que ce mètre admet dans le pied فاعلاتن sont au nombre de quatre : 1º فَعِلاتن, 2º فاعِلاتُ, 3º فَعِلاتُ, 4º فَعِلَا ; cette dernière n'est admise que dans le pied secondaire فاعِلَا terminant le premier ou le deuxième hémistiche ; elle s'y convertit assez souvent en فَعَلَا.

Quant au pied مستفعلن, il admet les trois altérations suivantes : 1º مُتَفْعِلن, 2º مُسْتَفْعِلُ, 3º مُتَفْعِلُ.

Les changements de مستفعلن en مُتَفْعِلن et de فاعلاتن en فَعِلاتن sont les plus ordinaires.

Il y a lieu, dans ce mètre, à appliquer le cas nommé معاقبة ou incompatibilité réciproque de deux altérations concurrentes (nº 32). Cette incompatibilité consiste en ce qu'on ne peut pas supprimer en même temps : 1º la dernière lettre du pied فاعلاتن et la deuxième lettre du pied suivant مستفعلن ; 2º la dernière lettre du pied مستفعلن et la deuxième lettre du pied فاعلاتن suivant ; 3º la dernière lettre d'un فاعلاتن et la seconde lettre d'un autre فاعلاتن venant à la suite l'un de l'autre.

Dans le premier genre, le dernier pied du deuxième hémistiche peut être converti de فاعلاتن en فَعِلاتن ; ce qui est remarquable, c'est que, dans un même poème, cette altération peut avoir lieu dans quelques vers, tandis que dans d'autres elle ne se trouve point.

Quelquefois, ailleurs qu'à la fin du vers, la substitution de فاعلاتن à فَعِلاتن se rencontre aussi.

49.   XIIᵉ MÈTRE مُضَارِعُ

Ce mètre n'a qu'un seul genre et une seule espèce, savoir :

مفاعلن فاعلاتن   مفاعلن فاعلاتن

Quoique le paradigme systématique de ce mètre contienne six pieds, les auteurs arabes affirment que, dans l'usage, on retranche toujours le troisième pied de chaque hémistiche. Il est difficile de supposer que, s'il en eût toujours été ainsi, les maîtres de l'art métrique eussent donné six pieds au paradigme.

Le pied primitif مفاعيلن n'est jamais employé dans ce mètre que sous l'une des deux formes altérées مفاعِلُن ou مفاعِيلُ, et il y a incompatibilité ou معاقبة (nº 32), dans un même pied, entre la suppression de la cinquième lettre et celle de la septième, c'est-à-dire qu'on ne peut pas substituer مفاعِلُ à مفاعيلن.

Le même pied, au commencement du vers seulement, peut se changer en فاعِلُن et فاعِيلُ.

Quant au pied فاعلاتن, il peut, à la fin du premier hémistiche, se changer en فاعلاتُ.

50.   XIIIᵉ MÈTRE مُقْتَضَبُ

Il n'y a dans ce genre qu'un seul mètre et une seule espèce, savoir :

مفعولاتُ مستفعلن   مفعولاتُ مستفعلن

Mais, dans l'usage, aucun de ces quatre pieds n'est employé sous sa forme primitive, le pied مفعولات devant être converti en مَفعُولاتُ ou مَفعُلاتُ et le pied مستفعلن en مُفتَعِلُن. L'obligation de supprimer, dans le pied مفعولات, la deuxième ou la quatrième lettre, sans pouvoir les retrancher toutes deux en même temps, est une nouvelle application du cas nommé مـراقبــة (n° 32). Cependant, quelques grammairiens assurent que ce cas n'a pas lieu ici et qu'on peut supprimer en même temps les deux lettres quiescentes et convertir le pied مفعولات en مَعُلَاتُ.

Ce mètre est encore un de ceux qui, dans le paradigme, se composent de six pieds, quoiqu'il semble dans l'usage n'en avoir jamais eu plus de quatre.

51.   XIVe MÈTRE مُجْتَثٌّ

Ce mètre n'a qu'un seul genre et une seule espèce, savoir :

مستفعلن فاعلاتن   مستفعلن فاعلاتن

Ce mètre, comme les deux précédents, a six pieds dans le paradigme; mais, dans l'usage, il est réduit à quatre pieds.

Le pied مستفعلن se change, comme dans le mètre خفيـف (n° 48) : 1° en مُتَفْعِلُ, 2° en مُسْتَفْعِلُ, 3° en مُتَفْعِلُن, et le pied فاعلاتن admet pareillement trois altérations : 1° فِعلاتـن, 2° فَاعِـلَاتُ, 3° فَعِلَاتُ.

A la fin du vers, le pied فاعلاتن se convertit encore en فَعَلَاتُنْ; ce changement a lieu aussi dans le premier vers d'un poème, à la fin du premier hémistiche, dans le cas nommé تصريـع (n° 37); il se rencontre même quelquefois dans des vers autres que le premier d'un poème.

Le pied مستفعلن se trouve aussi, quoique rarement, converti en مُتَفْعِلُن.

L'application du cas nommé معاقبة (n° 32) a lieu réciproquement, entre les deux pieds مستفعلن et فاعلاتن, comme dans le mètre خفيف (n° 48).

52. XVᵉ MÈTRE مُتَقَارِبُ

Ce mètre se divise en deux genres et cinq espèces, le premier genre se subdivisant en quatre espèces :

1ᵉʳ genre, 1ʳᵉ espèce

فعولن فعولن فعولن   فعولن فعولن فعولن فعولن

2ᵉ espèce

فعولن فعولن فعولن فَعُولُ   فعولن فعولن فعولن

3ᵉ espèce

فعولن فعولن فعولن فَعُو   فعولن فعولن فعولن

4ᵉ espèce

فعولن فعولن فعولن فَعْ   فعولن فعولن فعولن

2ᵉ genre, 5ᵉ espèce

فعولن فعولن فَعُو   فعولن فعولن فَعُّو

Le premier pied du vers peut être changé : 1° en عُولُنْ, 2° en عُولُ. Le dernier pied du premier hémistiche, dans le premier genre, peut admettre les trois altérations suivantes : 1° فَعُولُ, 2° فَعُولْ, 3° فَعُو ; cette dernière est d'un usage très fréquent. Dans le second genre, ce même pied peut être changé en فَعْ. Dans les autres pieds, on peut substituer فعولُ à فعولن, et cette substitution est d'un usage très commun. Elle est interdite cependant dans le فعولن qui précède immédiatement le pied secondaire فَعْ. Dans le premier vers d'un poème, le dernier pied du premier hémistiche peut, en vertu de l'analogie nommée تصريع (nº 37), être changé : 1° en فَعُولْ, 2° en فَعْ.

On trouve aussi des poèmes du deuxième genre, où les derniers pieds des deux hémistiches sont conservés sous leur forme primitive, comme dans la première espèce du premier **genre**.

53. XVIᵉ MÈTRE مُتَدَارِك

Ce mètre, qu'on nomme aussi شَقِيق, غَرِيب, مُحَدَّث, مُخْتَرَع, نَقْطُ ٱلْمِيزَان et رَكْضُ ٱلْخَيْل, خَبَب, مُتَّسَق, a deux genres et quatre espèces, le deuxième genre se divisant en trois espèces:

1ᵉʳ genre, 1ʳᵉ espèce

فاعلن فاعلن فاعلن   فاعلن فاعلن فاعلن

2ᵉ genre, 2ᵉ espèce

فاعلن فاعلن فاعلن   فاعلن فاعلن فاعلاتُنْ

3ᵉ espèce

فاعلن فاعلن فاعلن   فاعلن فاعلن فاعلانْ

4ᵉ espèce

فاعلن فاعلن فاعلن   فاعلن فاعلن فاعلن

Le pied فاعلن peut se convertir : 1° en فَعِلُنْ, 2° en فَاعِلُ, ou, ce qui revient au même, en فَعْلُنْ. Le pied secondaire فَعِلُن est d'un usage très commun et même plus fréquent que le pied primitif فاعلن. Les poètes ont varié, en beaucoup de manières, le mélange de ces trois formes du pied فاعلن.

Les pieds qui terminent les vers de la deuxième et de la troisième espèce peuvent se convertir en فَعِلَاتُنْ et فَعِلَانْ.

54. J'ai annoncé précédemment qu'outre les seize mètres dont je viens d'exposer la nature et les diverses variétés, il y en avait encore quelques-uns d'un usage fort rare et qui paraissaient n'avoir point été connus chez les anciens Arabes. Plusieurs même de ces mètres semblent plutôt avoir été imaginés pour compléter le système métrique, que réellement mis en usage par aucun poète. Comme je me suis proposé de passer sous silence tout ce qui n'est pas absolument nécessaire à la connaissance pratique de l'art métrique des anciens **Arabes**, je laisserai de côté ces mètres insolites, à l'exception de deux seulement qui offrent, mais en sens inverse, les mêmes pieds dont se composent les mètres nommés طَوِيلٌ et مَدِيدٌ.

Le premier de ces mètres, appelé مُسْتَطِيلٌ, est conforme au paradigme suivant :

مفاعيلن فعولن مفاعيلن فعولن   مفاعيلن فعولن مفاعيلن فعولن

Le paradigme du second, qu'on a nommé مُمْتَدٌّ, est composé ainsi :

فاعلن فاعلاتن فاعلن فاعلاتن   فاعلن فاعلاتن فاعلن فاعلاتن

55. Il paraît aussi que certains poètes ont créé arbitrairement des mètres hors des limites du système admis par les maîtres de l'art. Par exemple, le poème célèbre de Tantarani, poème que j'ai publié dans ma *Chrestomathie,* ne se rapporte à aucun des mètres reçus. En voici le paradigme :

فاعلاتن فاعلاتن فاعلاتن فاعلاتُ   فاعلاتن فاعلاتن فاعلاتن فاعلاتُ

Il paraît formé du mètre nommé رَمَلٌ, par l'addition d'un pied dans chaque hémistiche.

56. On a vu par les détails précédents que les mètres qui, dans le paradigme complet, contiennent pour chaque hémistiche, soit quatre pieds, soit trois pieds, peuvent perdre une partie de leurs pieds. Voici les termes techniques qui servent à indiquer ces réductions.

57. Quand il y a suppression d'un pied dans chaque hémistiche, cela s'appelle جَزْءٌ, et le vers ainsi réduit est nommé مَجْزُوءٌ.

58. Si la moitié du vers est retranchée, cela s'appelle شَطْرٌ, et le vers ainsi réduit est nommé مَشْطُورٌ.

59. Enfin, quand il y a suppression des deux tiers du vers, cela s'appelle نَهْكٌ, et le vers ainsi réduit se nomme مَنْهُوكٌ.

60. Le vers réduit à un seul pied est appelé مَشْطُورُ ٱلْمَنْهُوكِ,

parce que c'est un vers qui, après avoir été réduit aux deux tiers de sa mesure primitive, éprouve encore la perte d'une moitié de cette mesure ainsi réduite.[1]

61. On nomme مُثَمَّنٌ le vers de huit pieds, مُسَدَّسٌ celui de six pieds, مُرَبَّعٌ celui de quatre pieds, مُثَلَّثٌ celui de trois pieds, مُثَنَّى celui de deux pieds, et مُوَحَّدٌ celui qui n'a qu'un seul pied.

62. Les grammairiens qui ont réduit en système l'art métrique des Arabes ont classé les seize mètres primitifs dont nous venons d'exposer la constitution et les variétés en cinq catégories qu'ils ont nommées *cercles* دَائِرَةٌ, parce qu'ils ont employé la forme du cercle pour rendre sensible aux yeux la nature du rapport qui unit entre eux les divers mètres placés dans une même catégorie. Nous allons mettre sous les yeux des lecteurs les noms qu'ils donnent à ces catégories ou cercles et l'indication des mètres primitifs appartenant à chaque catégorie.

Noms des Cercles	Désignation des Mètres
دَائِرَةُ ٱلْمُخْتَلِفِ	طويل / مديد / بسيط
دَائِرَةُ ٱلْمُؤْتَلِفِ	وافر / كامل
دَائِرَةُ ٱلْمُجْتَلِبِ	هجز / رجز / رمل

---

(1) Ahmed, fils d'Arabschah, dans sa *Vie de Timour* (édit. de M. Manger, t. II, p. 34 à 38), a fait entrer, dans la description d'un combat, un très grand nombre des termes techniques de l'art métrique des Arabes. Ce jeu d'esprit est assurément du plus mauvais goût, mais il n'en est pas moins vrai que, pour bien entendre ce passage, il faut connaître la signification technique de toutes ces expressions.

ET DE L'ART MÉTRIQUE 651

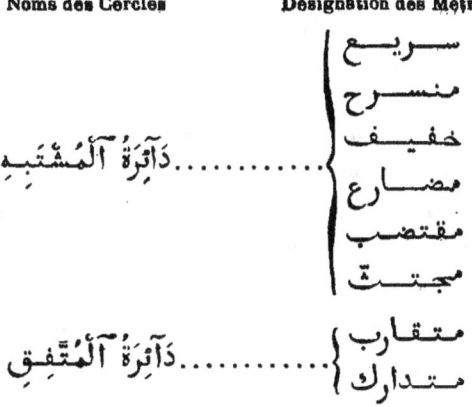

63. Cette division systématique en catégories ne contribuant en rien, ni à éclaircir les principes sur lesquels est fondé l'art métrique des Arabes, ni à rendre plus facile la pratique de cet art, il nous suffira de faire connaître, en prenant pour exemple la première catégorie, en vertu de quel rapport plusieurs mètres sont réunis dans un même cercle.

64. Nous avons vu que le mètre طويل se compose des huit pieds suivants :

فعولن مفاعيلن فعولن مفاعيلن   فعولن مفاعيلن فعولن مفاعيلن

c'est-à-dire d'une suite de syllabes brèves et longues que nous pouvons, en empruntant les signes de la prosodie latine, représenter ainsi :

⏑ — — ⏑ — — — ⏑ — — ⏑ — — —   ⏑ — — ⏑ — — — ⏑ — — ⏑ — — —

Maintenant, si l'on compare ce mètre avec le mètre مديد, qui se compose des huit pieds suivants :

فاعلاتن فاعلن فاعلاتن فاعلن   فاعلاتن فاعلن فاعلاتن فاعلن

et que nous noterons ainsi, en suivant le même procédé :

— ⏑ — — — ⏑ — — ⏑ — — — ⏑ —   — ⏑ — — — ⏑ — — ⏑ — — — ⏑ —

on verra tout d'un coup que, dans l'un de ces mètres comme dans l'autre, il y a vingt syllabes longues et huit brèves et que la disposition respective des longues et des brèves est la même, si ce n'est que, pour trouver le mètre مديد, il faut partir de la syllabe longue qui tient la troisième place dans le mètre طويل, et placer à la fin du vers les deux syllabes ⌣ — qui forment le commencement du mètre طويل, et qu'on avait laissées de côté. La forme du cercle rend cela plus sensible.

65. Continuons l'application de ce système au mètre بسيط, qui se compose des huit pieds suivants :

مستفعلن فاعلن مستفعلن فاعلن   مستفعلن فاعلن مستفعلن فاعلن

ou, en notation prosodique latine :

— — ⌣ — — — ⌣ — — — ⌣ — — — ⌣ —   — — ⌣ — — — ⌣ — — — ⌣ — — — ⌣ —

Il est évident qu'on aura encore ici, comme dans le mètre طويل, vingt longues et huit brèves, et que leur disposition respective sera aussi, dans le بسيط, la même que dans le طويل, si ce n'est que, pour retrouver ce troisième mètre dans le premier, il faudra commencer la série des longues et des brèves par la syllabe longue qui occupe la sixième place dans le طويل, puis, quand on sera parvenu à la fin de cette série, y rapporter, sans rien changer à leur disposition respective, les cinq syllabes qu'on avait d'abord laissées de côté.

66. Cette disposition artificielle des mètres en catégories a pu avoir pour objet de soulager la mémoire, mais on peut croire qu'elle a conduit les auteurs du système à admettre, comme paradigmes primitifs de certains mètres, des formes fictives que l'usage n'avait point consacrées. C'est peut-être, pour en donner un exemple, la raison pour laquelle ils ont donné huit pieds au paradigme primitif du mètre مديد, quoique l'on ne connaisse aucun vers de ce mètre qui ait plus de six pieds.

67. Quoi qu'il en soit, il faut reconnaître que cette division systématique est ingénieuse, bien que, dans l'usage, elle complique plutôt qu'elle ne simplifie l'étude de l'art métrique des Arabes.

DE LA RIME

68. La *rime* est appelée par les Arabes قَافِيَةٌ. Les écrivains arabes donnent plus ou moins d'étendue à cette dénomination. Dans sa signification la plus restreinte, elle désigne seulement la lettre sur laquelle porte spécialement la consonnance qui termine tous les vers d'un même poème et qui, comme on le verra dans un instant, est appelée d'une manière plus spéciale رَوِيٌّ ; dans sa signification la plus étendue, elle comprend tout ce qui est entre les deux dernières lettres quiescentes du vers; plus, en certains cas, ces deux lettres quiescentes elles-mêmes et la voyelle qui précède l'avant-dernière quiescente.

69. Les deux dernières lettres quiescentes d'un vers formant, pour ainsi dire, les deux limites entre lesquelles est comprise la rime, celle-ci se divise en cinq espèces, à raison du nombre des lettres mues qui se trouvent entre ces deux quiescentes. S'il y a quatre lettres mues entre les deux dernières lettres quiescentes, la rime est nommée مُتَكَاوِسٌ ; elle est appelée مُتَرَاكِبٌ s'il y en a trois, مُتَدَارِكٌ s'il y en a deux, et مُتَوَاتِرٌ s'il n'y en a qu'une; enfin, si le vers se termine par deux lettres quiescentes, la rime se nomme مُتَرَادِفٌ. Le premier cas et le cinquième sont fort rares. Pour faire une juste application de ces dénominations, il faut faire attention que la voyelle par laquelle se termine un vers est toujours censée suivie de la lettre quiescente qui lui est analogue. Ainsi, si le vers se termine par غُرَابٌ, غُرَابٍ ou غُرَابَ, il faut supposer qu'on écrit غُرَابُو, غُرَابِى et غُرَابَا. La rime serait, dans ce cas, du genre nommé مُتَوَاتِرٌ, parce qu'entre la dernière lettre و, ى ou ا, et l'*élif* quiescent de la syllabe رَا, il n'y a qu'une seule lettre mue qui est le ب. Dans غُرَابُنَا, elle serait du genre nommé مُتَدَارِكٌ, parce qu'entre les deux *élif* quiescents, il y a deux lettres mues, le ب et le ن. Dans اَلتَّنَفَّقَةُ, la rime serait du genre nommé مُتَكَاوِسٌ, parce qu'entre le و quiescent qui est censé suivre le *dhamma* et le ل de l'article changé en ن et quiescent, il y a quatre lettres mues, savoir : les lettres ت, ق, ف, ن et. Enfin, si le vers finit par deux lettres quiescentes, comme dans les mots مَشْكُورٌ, بَيْنٌ, سُلْطَانٌ, la rime est du genre nommé مُتَرَادِفٌ.

70. Les vers, comme on le voit, peuvent se terminer par une voyelle, toujours suivie ou censée suivie de la lettre analogue quiescente, ou par une consonne djezmée, autre que le ة non radical. Le vers est nommé, dans le premier cas, مُطْلَقٌ; dans le second, مُقَيَّدٌ.

71. La rime d'un poème comprend, d'après ce qui vient d'être dit, un plus ou moins grand nombre de lettres et de voyelles, et, à raison de cela, elle produit un effet plus ou moins sensible, plus ou moins flatteur pour l'oreille.

72. Les lettres qui constituent la rime sont au nombre de six, entre deux desquelles cependant il y a incompatibilité; on les indique par les six dénominations suivantes : تَأْسِيسٌ, رَوِيٌّ, دَخِيلٌ, رِدْفٌ, وَصْلٌ et خُرُوجٌ. Il y a pareillement six voyelles qui peuvent entrer dans les limites entre lesquelles la rime est renfermée; on les nomme مُجْرًى, رَسٌّ, إِشْبَاعٌ, حَذْوٌ, تَوْجِيهٌ ot نَفَاذٌ. Nous allons faire connaître en détail ce qu'on entend par chacune de ces dénominations.

73. ٱلرَّوِيُّ. Cette lettre est la partie essentielle et indispensable de la rime; quelquefois même elle constitue la rime à elle seule. Pour que cela ait lieu, il faut que le vers soit مُقَيَّدٌ, c'est-à-dire, comme on l'a déjà vu, que la lettre qui termine le vers et qui fait fonction de رَوِيٌّ soit djezmée. Il en serait ainsi dans trois vers qui se termineraient, le premier par رَحَلْ pour خَجِلْ, le second par رَجُلْ pour رَجُلْ, le troisième par رَضَلْ

pour خَجِلٌ. Cette lettre donne son nom au *poème* قَصِيدَةٌ qu'on appelle رَائِيَّةٌ, لَامِيَّةٌ, مِيمِيَّةٌ, نُونِيَّةٌ, يَائِيَّةٌ, suivant que la lettre faisant fonction de رَوِيٌّ est un ر, un ل, un م, un ن ou un ى, et ainsi des autres.

74. Toutes les lettres peuvent être admises à jouer le rôle de رَوِي, à l'exception : 1° des lettres ا, و et ى faisant fonction de lettres de prolongation après la voyelle qui leur est analogue, comme dans les mots غَزَا, كَتَبُوا, عِبَادِي(1); 2° des lettres ا, و et ى appartenant au pronom affixe هَا et aux pronoms personnels هُوَ et هِيَ; 3° des deux lettres ا et ى servant aux inflexions grammaticales du duel des noms; 4° des lettres و et ى servant aux inflexions grammaticales des pluriels des noms; 5° des lettres ا, و et ى servant à former les inflexions grammaticales des duels, des pluriels et des personnes féminines des verbes, en observant toutefois que cette cinquième exception ne s'étend point au و et au ى, qui, dans ce cas, sont djezmés après un *fatha*, comme dans les mots رَمَوْا et إِرْضَيْ; 6° du ن qui entre dans les voyelles nasales ou تنوين, et de celui qui caractérise la forme légère du mode énergique des aoristes et des impératifs des verbes, comme dans يَكْتُبَنْ et إِضْرِبَنْ; 7° du ه non radical, soit de celui qui prend deux points à la fin des mots et qui sert de caractère aux noms du genre féminin, comme dans رَحْمَةٌ, soit de celui qui sert de pronom affixe masculin de la troisième personne, comme dans غُلَامُهْ, غُلَامَهْ, غُلَامِهْ, soit enfin du ه quiescent à la fin d'un mot, après un *fatha*, et nommé *hé de silence* هَا ٱلسَّكْتْ, comme dans لِيَهْ pour لِي, لَمْ يَقْتَدِهْ pour لَمْ يَفْتَدِ et كِتَابِيَهْ pour كِتَابِى. Si cependant

---

(1) J'ai déjà dit (n° 69), ce qu'il est bon de rappeler ici, que lorsqu'un vers se termine par un *fatha*, un *dhamma* ou un *kesra*, la voyelle est toujours censée suivie de la lettre de prolongation analogue, quoiqu'on ne l'écrive point.

la lettre ه, soit dans le pronom affixe masculin هُ, soit dans le pronom affixe féminin هَا, est précédée d'une lettre quiescente, comme dans les mots فَتَاهُ et فَتَاهَا, elle peut être employée comme رَوِيّ.

75. Le ه radical, comme dans أَشْبَهُ et أَعْمَهُ, pour أَشْبَهَ et أَعْمَهَ, est quelquefois assimilé au *hé de silence* et n'est pas compté alors pour رَوِيّ.

76. Il est presque inutile de dire que les lettres و et ى, étant mues et précédées d'une lettre djezmée ou quiescente, comme dans سَرِىَ, عَصَاىَ, ظَبْىَ, عَدُوَّ, دَلْوُ, sont propres à faire la fonction de رَوِيّ.

77. Quant au ى quiescent, mais non djezmé, après un *fatha*, et que les grammairiens arabes nomment *élif bref* ألف ٱلْقَصْر ou ألف مَقْصُورَة, il peut être employé comme رَوِيّ, surtout lorsqu'il est radical, comme dans ٱلْمَعْنَى, رَمَى, سَرَى, ثَرَى, etc. On l'emploie même quelquefois comme رَوِيّ, quand il est servile et formatif, comme dans مَرْضَى, أَكْبَرُ, et كُبْرَى, féminin de أَكْبَرُ, et pluriel de مَرِيض; mais je pense que c'est une rime défectueuse.

78. On a aussi employé quelquefois comme رَوِيّ le ى précédé du *kesra* : 1° lorsqu'il est radical, comme dans يَرْمِى; 2° quand il forme le pronom affixe de la première personne du singulier, comme عِرْضِى; 3° quand il appartient à un *adjectif relatif* ٱسْم مَنْسُوب et qu'on supprime le *teschdid*, comme dans لَوْذَعِىّ et مِصْرِىّ pour لَوْذَعِى et مِصْرِى; mais je regarde ces rimes comme essentiellement vicieuses.

79. La lettre nommée رَوِيّ n'est pas nécessairement la dernière du vers; il peut y avoir encore après elle une lettre, comme dans غُلَامَهُ pour غُلَامَهَ, ou deux lettres, comme dans غُلَامَهَا.

80. ٱلتَّأْسِيسُ. On entend par là un *élif* quiescent qui précède la lettre nommée رَوِيّ, n'en est séparée que par une seule lettre mue et se trouve faire avec le رَوِيّ partie d'un même mot : tel est l'*élif* des mots جَاهِل et قَابِلُهَا, le ل de ces deux mots faisant fonction de رَوِيّ. La condition qui exige que les deux lettres employées comme تَأْسِيس et رَوِيّ appartiennent au même mot peut pourtant souffrir une exception, lorsqu'elles se trouvent dans deux mots différents, pourvu que le رَوِيّ se rencontre dans un pronom isolé comme هُمَا, ou dans un pronom affixe servant de complément à une particule, comme لَنَا. Ainsi, dans ces exemples تِلْكَ ٱلسَّرَايَا لَنَا et ٱلْقَائِلَانِ هَذَا هُمَا, l'*élif* des mots هَذَا et ٱلسَّرَايَا peut servir de تَأْسِيس. Au surplus l'*élif* quiescent, placé comme il vient d'être dit, ne joue le rôle de تَأْسِيس que quand il fait partie obligée de la rime du poème. Un poème dont la rime contient le تَأْسِيس se nomme مُؤَسَّس.

81. ٱلدَّخِيلُ. La lettre qui sépare le تَأْسِيس du رَوِيّ a reçu le nom de دَخِيل ; on pourrait la regarder comme étrangère à la rime, attendu qu'elle est entièrement laissée à l'arbitraire et n'est assujettie à aucune uniformité. Ainsi l'on peut faire rimer ensemble, sans aucune restriction, des mots tels que ذَآئِب, جَانِب, كَاتِب, رَاكِب, خَاطِب, etc.

82. ٱلرِّدْفُ. Ce nom indique une des lettres ا, و et ى, quiescente après la voyelle analogue et précédant immédiatement la lettre رَوِيّ. L'uniformité du رِدْف dans tous les vers d'un poème, quand le رِدْف a lieu, est une condition obligée de la rime. On admet cependant la concurrence du و et du ى, en sorte que رَغِيب peut rimer avec كَعُوب. Tout vers dans la rime duquel se rencontre la lettre quiescente désignée sous le nom de رِدْف en prend la dénomination de مُرَدَّف ou مُرْدَف.

83. اَلْوَصْلُ. Lorsque le vers est de l'espèce nommée مُطْلَقٌ, ce qui est, comme on l'a vu (nº 70), l'opposé de مُقَيَّدٌ, la lettre qui sert de رَوِيٌّ est nécessairement mue par une voyelle. C'est la lettre quiescente analogue qui suit immédiatement cette voyelle qu'on nomme وَصْلٌ. Le même nom s'applique aussi à la lettre ه quiescente, dans tous les cas où, comme je l'ai dit plus haut (nº 74) elle ne peut pas faire fonction de رَوِيٌّ. Quand la voyelle par laquelle est mue la lettre رَوِيٌّ n'est point suivie dans l'écriture d'une lettre quiescente, on suppose toujours l'existence de cette lettre, comme وَصْلٌ (nº 69). Le vers où la lettre رَوِيٌّ est suivie du وَصْلٌ s'appelle مَوْصُولٌ. La lettre qui précède le وَصْلٌ est, de toute nécessité, mue par une voyelle, et cette voyelle, ainsi que la lettre quiescente qui la suit, est commune à tous les vers du poème.

84. اَلْخُرُوجُ. Quoique, d'après ce que nous venons de dire, il soit de la nature du وَصْلٌ d'être une lettre quiescente et de clore le vers, cependant le وَصْلٌ est quelquefois formé par les pronoms affixes و, ه et هَا, auquel cas il y a, implicitement ou explicitement, une lettre quiescente après le وَصْلٌ; cette lettre quiescente se nomme خُرُوجٌ et, quand cela a lieu, on désigne la nature de la rime ou du vers par les mots مَوْصُولٌ بِخُرُوجٍ. La présence du خُرُوجٌ est alors une condition obligée de la rime dans tout le poème.

85. Le تَأْسِيسٌ et le رِدْفٌ ne peuvent jamais se trouver ensemble dans une même rime, car il y aurait alors dans une seule قَافِيَةٌ trois lettres quiescentes, comme serait مَقَادِيرُ, ce qui est contraire à la définition de ce qu'on entend par قَافِيَةٌ (nº 68).

86. Un vers où il n'y a ni تَأْسِيسٌ ni رِدْفٌ se nomme, à cause de cela, مُجَرَّدٌ.

87. اَلْمَجْرَى. C'est ainsi qu'on nomme la voyelle dont est affectée la lettre رَوِيّ : l'uniformité de cette voyelle dans tout le poème est une condition obligée de la rime.

88. اَلرَّسّ. Ce nom désigne la voyelle qui précède l'*élif* quiescent nommé تَأْسِيس : il est superflu de dire que cette voyelle ne peut être qu'un *fatha*.

89. اَلْإِشْبَاع. On appelle ainsi la voyelle dont est affectée la consonne qui sépare le تَأْسِيس et le رَوِيّ : tel est le *kesra* dans les mots خَاطِب, جَانِب, رَاقِب, etc.

90. اَلْحَذْو. La voyelle dont est affectée la lettre qui précède le رِدْف est désignée par ce nom : c'est un *fatha*, un *kesra* ou un *dhamma*, suivant que le رِدْف est un ا, un ى ou un و.

91. اَلتَّوْجِيه. On donne ce nom à la voyelle qui précède la lettre رَوِيّ quand celle-ci est djezmée ou, autrement, quand le vers est مُقَيَّد. Ainsi, si le vers se termine par le mot ضَرَب, la voyelle nommée تَوْجِيه est le *fatha* du ر ; dans يَكْتُب, ce serait le *dhamma* du ت. L'uniformité de cette voyelle dans toutes les rimes d'un même poème ajoute au mérite de la rime, mais n'en est pas une condition obligée.

92. اَلتَّفَاذ. C'est ainsi qu'on appelle la voyelle que peut prendre la lettre ه quand elle fait fonction de وَصْل, voyelle qui, comme je l'ai déjà dit, est suivie d'une lettre quiescente, écrite ou non écrite. Cette voyelle, si elle est un *fatha*, est toujours suivie d'un *élif* écrit ; si elle est un *kesra* ou un *dhamma*, elle est censée suivie d'un و ou d'un ى, que communément on n'écrit point. Cette lettre quiescente est ce qu'on nomme خُرُوج (n° 84).

93. Pour ne rien omettre de ce qui peut avoir quelque importance, du moins pour la connaissance des termes techniques les plus essentiels de l'art métrique, il ne me reste plus qu'à parler des fautes qu'on peut commettre dans les vers, et particulièrement dans la rime.

94. تَضْمِين. En général, chaque vers doit renfermer un sens complet; manquer à cette règle est ce qu'on appelle تَضْمِين ou تَتْمِيم. Il faut cependant faire ici une distinction. Il arrive souvent, dans les poèmes les plus estimés, que, pour avoir un sens complet, on doit réunir ensemble deux vers ou même davantage, et je crois que cela ne saurait être regardé comme une faute, pourvu que le sens permette de faire une pause sensible à la fin de chaque vers. Si, au contraire, la liaison entre les deux vers est telle qu'on ne doive pas faire une pause à la fin du premier, c'est, sans aucun doute, une faute grave; elle le sera d'autant plus qu'il y aura une liaison plus intime entre la fin du premier vers et le commencement du second.

95. إِيطَاء. La faute nommée ainsi consiste à employer plusieurs fois, pour la rime, le même mot, pris dans le même sens, à une distance trop rapprochée. Cependant, on pardonne cette répétition lorsqu'il y a quelque circonstance qui établit une différence, même assez légère, entre les deux rimes formées du même mot; par exemple, s'il s'agit d'un nom qui, dans l'une des deux rimes, soit déterminé par l'article أَل et ne le soit pas dans l'autre.[1] Pour que la répétition d'une même rime soit permise, il faut qu'il y ait au moins sept vers entre les deux dans lesquels elle se trouve.

96. إِكْفَاء. On entend par là le défaut d'uniformité dans la lettre qui forme la partie essentielle de la rime et qu'on nomme رَوِى, comme, par exemple, si cette lettre est, dans une

---

[1] Voyez mon *Commentaire sur les Séances de Hariri*, séance XXVI, p. 265, et séance XXVIII, p. 303.

rime, un د, et dans l'autre un ط. Il y a des auteurs qui permettent ce défaut d'uniformité, pourvu qu'on n'emploie que des lettres du même organe. Ils appellent alors cela إِجَازَةٌ, c'est-à-dire *licence*.

97. إِقْوَاءٌ. Si la voyelle dont est affectée la lettre رَوِيّ, et qu'on appelle مُجْرَى (n° 87), n'est pas la même dans toutes les rimes d'un poème, c'est une faute qu'on désigne sous le nom de إِقْوَاءٌ. Les anciens poètes ont assez souvent pris cette licence, qui se tolère plus volontiers quand les deux voyelles employées ainsi concurremment sont le *kesra* et le *dhamma*.

98. سِنَادٌ. On réunit sous ce nom, le plus ordinairement, quatre sortes de fautes contre l'exactitude de la rime, savoir : 1° lorsque, dans une rime, il y a, avant la lettre رَوِيّ, une lettre de prolongation nommée رِدْفٌ, tandis qu'il n'y en a point dans une autre; par exemple, si l'on fait rimer حَبِيبٌ avec إِشْبَاعٌ ou تَعْصِبِه avec تُوصِيه; 2° lorsque la voyelle nommée مُحِبّ (n° 89), c'est-à-dire celle qui sépare l'*élif* de prolongation appelé تَأْسِيسٌ de la lettre رَوِيّ, n'est pas uniforme; par exemple, si l'on fait rimer عَالَمْ avec يَتَجَانَبْ ou جَانِبْ avec عَالِمْ; 3° lorsque la voyelle qui précède la lettre quiescente nommée رِدْفٌ, voyelle qui porte le nom de حَذْوٌ (n° 90), n'est pas uniforme; par exemple, si l'on fait rimer دِينْ avec دَيْنْ ou قَوْلْ avec غُولْ; 4° lorsque, dans l'une des rimes, il se trouve l'*élif* nommé تَأْسِيسٌ, tandis qu'il ne se trouve point dans l'autre; par exemple, si l'on fait rimer مَنَازِلْ avec مَنْزِلْ.

On comprend aussi quelquefois, sous la même dénomination de سِنَادٌ, le défaut d'uniformité de la voyelle nommée تَوْجِيهْ (n° 91), c'est-à-dire de la voyelle qui précède la lettre رَوِيّ, dans l'espèce de vers nommée مُقَيَّدٌ (n° 70), comme dans رَجَلْ et خَجَلْ, أَجَلْ.

99. La dénomination سِنَادٌ étant commune à plusieurs sortes de licences ou fautes de la rime qui toutes précèdent la lettre رَوِيّ, on les distingue les unes des autres en disant, pour la première, سِنَادُ ٱلرِّدْفِ ; pour la seconde, سِنَادُ ٱلْإِشْبَاعِ ; pour la troisième, سِنَادُ ٱلْحَذْوِ ; pour la quatrième, سِنَادُ ٱلتَّأْسِيسِ ; pour la cinquième, enfin, سِنَادُ ٱلتَّوْجِيهِ.

100. Quelquefois les poètes s'imposent volontairement des lois plus rigoureuses que celles qu'exige l'exactitude de la rime; par exemple, l'uniformité de la lettre nommée دَخِيلٌ, dans toutes les rimes d'un poème. Cela s'appelle إِعْنَاتٌ, ou bien ٱلْتِزَامُ مَا لَا يَلْزَمُ, ou enfin لُزُومُ مَا لَا يَلْزَمُ. [1]

101. Je dois faire observer qu'il y a, entre les auteurs qui ont écrit sur l'art métrique, une grande variété d'opinions sur la valeur des dénominations appliquées aux fautes contre l'exactitude de la rime, et même relativement à la nature de ces fautes, quelques-uns ne les considérant, du moins pour la plupart, que comme des licences dont il ne faut pas abuser.

102. Dans les poèmes arabes du genre des قَصِيدَةٌ, tels que ceux qui nous restent des temps anciens, tous les vers, sans exception, doivent se terminer par la même rime. Parmi les genres modernes de poésie, il y en a qui forment des quatrains ou des stances, avec ou sans refrains, et qui admettent un mélange combiné de différentes rimes. [2] Mais mon intention

---

[1] Voyez à ce sujet mon *Comment. sur les Séances de Hariri*, séance XXXVII⁣ᵉ, page 419.

[2] La onzième séance de Hariri offre un exemple d'un poème divisé par stances. Chaque stance se compose de quatre vers, dont les trois premiers ont leur rime propre, tandis que le quatrième est assujetti à la rime commune du poème. Ce système de rimes mélangées se nomme تَسْمِيطٌ, et le *poème* ou قَصِيدَة dans lequel on l'emploie est appelé مُسَمَّطَةٌ. Voyez l'ouvrage cité dans la note précédente, p. 419.

étant de me borner ici à ce qui concerne l'ancienne poésie arabe, il n'entre pas dans mon plan de parler de ces divers genres de poésie. Je veux seulement faire mention d'un système de rimes qui a été généralement mis en usage dans les longs poèmes didactiques ou historiques. Dans ces poèmes, la rime est propre à chaque distique et change par conséquent, de deux en deux vers, comme dans nos vers alexandrins. On nomme ces vers, à raison de leur rime, مُزْدَوِج *appariés*. C'est ce que les Persans appellent, en se servant d'un mot arabe, مَثْنَوى, c'est-à-dire *attachés deux à deux*.

103. Je termine ici cet abrégé de la doctrine métrique des Arabes. Malgré l'extrême concision dont j'ai dû me faire une loi, je crois n'y avoir rien omis de ce qui est nécessaire pour mettre les lecteurs à même de connaître la mesure des vers arabes et de faire de cette connaissance un moyen de critique : c'est le but principal que je me suis proposé. Les personnes qui voudront étudier plus à fond cette matière devront recourir au traité de Samuel Leclerc ou à celui de M. Freytag : ce dernier ouvrage leur offrira tout ce qu'elles pourront désirer.

FIN

TABLE DES MATIÈRES

CONTENUES DANS CE DEUXIÈME VOLUME

A

Abrogatifs. Ce qu'on entend par là, 589, 590.

Accusatif. Usages de ce cas, 56 et suiv. On pourrait le nommer *cas adverbial*, 57. Il caractérise les expressions et les propositions adverbiales, soit incomplexes, soit complexes, 67 et suiv. Il sert, comme forme adverbiale, à indiquer une expression elliptique, 74 et suiv. Son usage dans les propositions qualificatives, 79 et suiv. Il s'emploie avec ellipse de l'antécédent duquel il dépend, 81 et suiv. Applications de la règle précédente à divers usages de l'accusatif, 86 et suiv. L'accusatif employé pour la louange ou le blâme, 94, 263, 366. Le complément objectif d'un verbe transitif se met quelquefois à l'accusatif, quoiqu'il soit placé avant le verbe, 202 et suiv. Raison qui justifie, en ce cas, l'usage de l'accusatif, 210. Sujet d'une proposition mis à l'accusatif, 257. L'accusatif employé comme indiquant le complément d'une proposition dont on fait l'ellipse, 460 et suiv.

Adjectifs. Concordance remarquable des adjectifs, qualifiant les régimes des noms d'action, 173.

Adjectifs verbaux. Leur syntaxe, par rapport aux règles de dépendance, 178 et suiv. Trois sortes d'adjectifs verbaux, 178. Noms d'agent, 179 et suiv. Noms de patient, 191 et suiv. Adjectifs verbaux simplement qualificatifs, 194 et suiv. Les noms d'agent, exerçant l'influence verbale, s'ils sont au singulier, conservent le *tenwin*, 184. Au duel et au pluriel, ils peuvent éprouver le même retranchement que s'ils étaient en rapport d'annexion, 184. Conditions nécessaires pour que les adjectifs verbaux puissent exercer l'influence verbale, 188 et suiv., 193. Trois usages différents des adjectifs verbaux, dits *noms de patient*, 191, 192. Les noms de patient, employés sans aucun sujet grammatical, 193, 194. Adjectifs verbaux simplement qualificatifs. En quoi ils diffèrent des noms d'agent et de patient, 195. Ils n'ont point de compléments objectifs, 196. Nature de leurs compléments, 196. Manières d'exprimer le rapport qui est entre ces adjectifs et leurs compléments, 197 et suiv. Concordance des adjectifs avec les noms, 258 et suiv. L'adjectif représenté par une proposition, soit nominale, soit verbale, 259. Adjectifs verbaux du genre commun. Règles particulières concernant leur concordance, 274. Concordance des adjectifs qui sont en rapport avec deux noms, 276 et suiv. Les adjectifs employés comme noms, 279. Adjectifs remplacés par les noms d'action, 280. Concordance de l'adjectif conjonctif, 282, 283. Adjectifs verbaux servant à exprimer le comparatif et le superlatif. Leur syntaxe, 301 et suiv. *Voyez* Comparatif et Superlatif. Syntaxe de l'adjectif conjonctif, 343 et suiv. Sa concordance en cas, 345. Il semble quelquefois renfermer la valeur d'un antécédent, 349. Construction particulière dans laquelle l'adjectif conjonctif, avec la proposition qui le suit, devient sujet et a pour attribut le nom qualifié par cet adjectif, 349 et suiv. L'adjectif conjonctif remplacé par l'article déterminatif, 353 et suiv. Construction des noms et des adjectifs, 434 et suiv. Ellipse de l'antécédent de l'adjectif conjonctif, signifiant une chose spéciale, 456, 457. Syntaxe des adjectifs, 527, 528. Influence des adjectifs verbaux nommés *noms d'agent* sur leurs régimes, suivant le système des grammairiens arabes, 546 et suiv. Influence des adjectifs verbaux appelés *noms de patient*, selon le même système, 549 et suiv. Influence des adjectifs assimilés au verbe, selon le même système, 551. Et spécialement des adjectifs exprimant le comparatif et le superlatif, 552 et suiv. Adjectifs verbaux de la forme فَعَلٌ, 604.

Adverbe. C'est l'équivalent d'une préposition et de son complément, 87. Noms qui deviennent adverbes et indéclinables par la suppression de leurs compléments, 152, 153. Noms des verbes, sorte d'adverbes, 394, 575. Leur syntaxe, 395, 396. Observations sur la syntaxe des adverbes négatifs, 412 et suiv. Répétition des adverbes affirmatifs et négatifs, par manière de pléonasme, 488. Les adverbes de temps et de lieu sont dans la dépendance d'un antécédent, 591.

Affixes. *Voyez* Pronoms affixes.

Agent. Ce qu'entendent par là les grammairiens arabes, 98, 514. Syntaxe de l'agent et sa construction avec le verbe, 519 et suiv., 535.

Analyse grammaticale, 592 et suiv. Exemples d'analyse, 593 et suiv.

Annexion. Sorte de rapport entre les noms, 47 et suiv., 112, 132, Il a lieu dans les noms propres et surnoms formés de plusieurs mots, 50 et suiv. Diverses espèces d'annexion, 133 et suiv. Annexion parfaite, 133. Annexion imparfaite, 137. Le second terme d'un rapport d'annexion peut être une proposition entière, 140. Annexion composée de deux termes identiques, 141. Règles à observer dans un rapport d'annexion dont les deux termes expriment des duels, 142, 143. Certains noms ne sont jamais employés hors d'un rapport d'annexion, 145 et suiv. Dans un rapport d'annexion, si le second terme est indéclinable, l'antécédent peut devenir indéclinable, 149. Ellipse du complément des noms qui ne s'emploient point hors d'un rapport d'annexion, 152. Dans le rapport d'annexion, un seul antécédent peut avoir plusieurs conséquents liés par des conjonctions, 156. Quelquefois plusieurs antécédents n'ont qu'un seul conséquent, 157. Ellipse de l'antécédent, 157 et suivantes. Dans les rapports d'annexion, le conséquent doit suivre immédiatement l'antécédent, 159. Exceptions à cette règle, 159, 160. Tout rapport d'annexion renferme la valeur d'une préposition, 133, 170. Annexion ayant pour antécédent un nom d'action, 170. Dans ce cas, on peut interposer le complément objectif entre les deux termes du rapport d'annexion, 176. Il en est de même dans les rapports d'annexion dont l'antécédent est un nom d'agent, 187. Antécédent d'un rapport d'annexion, sous-entendu, 227. Cas où le verbe, ayant pour sujet deux noms en rapport d'annexion, concorde avec le second terme de ce rapport, 240 et suiv. Ce cas a lieu aussi en ce qui concerne la concordance de l'attribut avec le sujet, 254, 255. Rapport d'annexion entre l'adjectif comparatif et l'objet comparé, 307. Entre les numératifs cardinaux et le nom du possesseur de la chose nombrée, 319, 320. Les numératifs ordinaux en rapport d'annexion, 335, 339 et suiv. Ellipse de l'antécédent dans les rapports d'annexion, 453. Ellipse du second terme dans les mêmes rapports, 456. Les poètes emploient la forme propre aux antécédents des rapports d'annexion, hors de tout rapport de ce genre, 500. Syntaxe des rapports d'annexion, 557 et suiv.

Antécédent d'un rapport, 8. Proposition servant d'antécédent, 11. Influence grammaticale de l'antécédent qui régit, sur le complément ou régime, 15. Etendue de cette influence en arabe, 16.

Appositifs. Sens de ce mot, 13. Concordance remarquable des appositifs qui se rapportent aux régimes des noms d'action, 173. Et à ceux des noms d'agent, 186. Cinq espèces d'appositifs, 284, 526. Leur concordance avec les noms avec lesquels ils sont en rapport d'apposition, 285 et suiv. Syntaxe et construction des appositifs, 526 et suiv., 539.

Article démonstratif. L'attribut d'une proposition nominale étant du féminin, si elle a pour sujet un article démonstratif, on le fait d'ordinaire concorder avec l'attribut, 256. Concordance des articles démonstratifs avec les noms, 258 et suiv., 281. Et avec les personnes auxquelles on adresse la parole, 281. Les articles démonstratifs deviennent, dans certains cas, de vrais noms démonstratifs, 382. Construction des noms avec les articles démonstratifs, 435 et suiv.

Article déterminatif. Le nom d'ac-

TABLE DES MATIÈRES

tion peut avoir l'article déterminatif, quand il exerce l'influence verbale sur son régime, 166, 169. Il en est de même du nom d'agent dans le même cas, 184. Le nom d'agent peut aussi, dans certains cas, prendre l'article déterminatif, quand il forme l'antécédent d'un rapport d'annexion, 183. Usage de l'article déterminatif avec les noms d'agent, 191. Avec les noms de patient, 193. Et avec les adjectifs verbaux simplement qualificatifs, 199 et suiv. Un nom restreint par l'article déterminatif concorde, dans certains cas, avec un nom indéterminé, 262, 289. Usage de cet article avec les numératifs cardinaux, 326 et suiv. Syntaxe particulière de l'article déterminatif, 342. Cet article substitué à l'adjectif conjonctif, 353 et suiv.

Attribut d'une proposition, 3. L'attribut est simple ou composé, complexe ou incomplexe, 5, 6. On doit distinguer, dans l'attribut complexe, l'attribut logique et l'attribut grammatical, 7. Règles de syntaxe en ce qui concerne l'attribut dans les propositions nominales, 100 et suiv. A quoi l'attribut se distingue du sujet, 102 et suiv. Règles de syntaxe à observer lorsqu'un attribut est commun à deux propositions, 250, 251. Concordance de l'attribut avec le sujet, 252 et suiv. Cas où l'attribut doit être à l'accusatif, le sujet étant au nominatif, 257. Où, au contraire, il doit être au nominatif, le sujet étant à l'ac-

cusatif, 257. Construction du sujet et de l'attribut entre eux et avec le verbe, 421 et suiv. Inversion du sujet et de l'attribut, 426 et suiv. Inversion du verbe abstrait et de son attribut, 431. Ellipse de l'attribut d'une proposition nominale, 450. *Voyez* Énonciatif.

C

Cas des noms. Leur destination générale, 43. Emploi fait des cas, d'une manière contraire aux règles communes, 93 et suiv. *Voyez* Nominatif, Génitif, Accusatif.

Cercles. Les seize mètres primitifs divisés en cinq cercles, 648 et suiv.

Circonstances. *Voyez* Termes circonstanciels.

Compellatif. Ce qu'on entend par là, 13. Le compellatif peut être simple ou composé, complexe ou incomplexe, 13. Usage des cas pour exprimer le compellatif et la complainte, 88 et suiv. Manières de joindre au compellatif le pronom affixe singulier de la première personne, 90, 91. Ellipse du compellatif après يَا, 508. Influence grammaticale des particules compellatives, 567 et suiv. Les Arabes font usage de la troisième personne dans les compellatifs, 606.

Comparaison. Ellipse de la particule de comparaison et de l'objet comparé, 454.

Comparatif. Adjectifs comparatifs et superlatifs, 301. D'où ils se forment, 301. Diverses manières de les employer, 302. Leur syntaxe particulière, 301 et suiv. Dans quel cas ils expriment le superlatif, 305. En rapport d'annexion avec un complément indéterminé, 306. Influence verbale des adjectifs comparatifs, 307 et suiv. Comment ils régissent leurs compléments objectifs, 310, 311. Ces adjectifs employés avec la valeur positive, 311. Syntaxe de ces adjectifs, 552 et suiv.

Complainte. *Voyez* Compellatif.

Complément ou terme conséquent d'un rapport, 8, 112. Diverses sortes de compléments, 8, 112 et suiv. Les compléments sont complexes ou incomplexes, 9. Dans les premiers on doit distinguer le complément logique du complément grammatical, 9. Proposition servant de complément à une autre proposition, 11. Influence grammaticale que le régime ou complément éprouve de la part de l'antécédent par lequel il est régi, 15. Étendue de cette influence en arabe, 16. Compléments objectifs des verbes transitifs, 57, 115 et suiv. Et des verbes intransitifs, 117 et suiv. Leur influence sur le sens des verbes, 118, 119. Changements qui surviennent dans les compléments des verbes transitifs, quand ces verbes passent à la voix objective, 122 et suiv. *Voyez* Voix des verbes. Compléments médiats ou indirects, devenant sujet du verbe à la voix objective, 128 et suiv. Les verbes peuvent avoir pour compléments des propositions entières, 110, 131. Compléments des noms, 132 et suiv., 524. Ellipse du complément des noms qui ne s'emploient point hors d'un rapport d'annexion, 152 et suiv. Compléments des noms d'action, 163. *Voyez* Noms. Et des noms d'agent et de patient. *Voyez* Adjectifs. Compléments circonstanciels des adjectifs verbaux simplement qualificatifs, 196 et suiv. Syntaxe des compléments des verbes dans le cas d'inversion, 202 et suiv. Propositions servant de compléments, 211 et suiv. *Voyez* Proposition. Compléments des verbes d'admiration, 218 et suiv. Règles à observer quand un même nom sert de complément à un verbe et de sujet à un autre, 249. Et quand, en outre, les deux propositions ont un même attribut commun à deux sujets, 251. Compléments objectifs des adjectifs comparatifs. Leur syntaxe particulière, 310 et suiv. Construction du verbe avec ses compléments, 438 et suiv. Du nom avec ses compléments, 441, 442. Et des compléments des verbes entre eux, 440 et suiv. Ellipse des compléments des verbes, 454 et suiv. Ellipse du complément d'une préposition, 462. Diverses sortes de compléments des verbes, comprises sous le nom de *patient*, 521, 522. Ce qu'on entend par *compléments mis au génitif*, 524, 525. Construction du verbe avec ses compléments, 535 et suiv. Construction des compléments formés d'une préposition et d'un nom, avec leurs antécédents, 538. Influence du verbe sur ses compléments, 542 et suiv. Inversion dans l'ordre des compléments, 608.

Concordance. Ce qu'on entend par les règles de la concordance, 7. Concordance des adjectifs et des appositifs avec les régimes des noms d'action, 173. Et avec ceux des noms d'agent, 186. Concordance du verbe, en genre et en nombre, avec le sujet ou agent, 226. Si le sujet précède le verbe, 227 et suiv. Si le verbe précède le sujet, 230 et suiv. Concordance irrégulière d'un sujet au pluriel avec un verbe au singulier féminin, 229. Et même le verbe étant à la seconde personne, 229 et 233. Concordance des noms collectifs avec le verbe, 233, 238. Concordance des noms des tribus arabes avec les verbes, 235, 236. Concordance dans laquelle le verbe, quoique précédant le sujet duel ou pluriel, concorde cependant avec lui en genre et en nombre, 237. Concordance du verbe avec un sujet exprimé sous forme de complément, 238. Avec un sujet composé, 239. Concordance logique du verbe avec le second terme d'un rapport d'annexion, 240. Concordance d'attraction, 243, 256. Concordance du verbe avec le sujet, quant aux personnes, 244. Concordance des temps composés du verbe substantif et d'un autre verbe, avec le sujet, en genre et en nombre, 238. Règles de concordance à observer lorsqu'un même nom sert de sujet à plusieurs verbes, 247. Concordance du sujet et de l'attribut, 252 et suiv. Concordance des adjectifs, des articles démonstratifs et des pronoms avec les noms, 258 et suiv. La concordance irrégulière des adjectifs et des pronoms avec les noms n'est admise que quand on parle à la troisième personne, 264. Concordance des noms d'action employés à la place des adjectifs, 280. Concordance particulière des articles démonstratifs avec les personnes auxquelles on adresse la parole, 281, 282. Concordance de l'adjectif conjonctif, 282. Concordance des appositifs, 284 et suiv. Et des conjonctifs d'ordre, ou mots joints par des particules conjonctives, 291 et suiv. Concordance de genre entre les numératifs cardinaux et le nom de la chose nombrée, 326 et suiv. Concordance remarquable des pronoms avec les verbes, en ce qui concerne les personnes, 377. Concordance irrégulière employée par les poètes avec la seconde personne, 501. Observations sur les règles de concordance, 539 et suiv. Concordance du pronom de la première personne avec un antécédent de la troisième, 606, 607.

Conditionnel, mode de l'aoriste. Circonstances qui exigent l'emploi de ce mode, 32 et suiv., 571 et suiv. Le mode conditionnel employé en vertu d'une ellipse, 33. L'aoriste conditionnel précédé de la conjonction *si* est employé quelquefois pour exprimer une chose passée, 37. Il est aussi employé avec l'ellipse de la particule qui devrait exprimer le commandement, 39. Réflexions générales sur l'emploi du mode conditionnel, 39, 40. Emploi du mode conditionnel après le serment, 611 et suiv.

Conjonctif. Conjonctif explicatif, sorte d'appositif, 285, 526, 530. Conjonctif d'ordre, autre sorte d'appositif, *ibidem* et 202, 530. *Voyez* Appositif. Adjectif conjonctif. *Voyez* Adjectif. Particules conjonctives. *Voyez* Conjonctions. Noms conjonctifs; leur syntaxe, 356 et suiv. Propositions conjonctives énergiques, 349 et suiv. Ellipse de la proposition conjonctive après l'adjectif ou le nom conjonctif, 475. Observation sur ce que les grammairiens arabes entendent par *conjonctif*, 530.

Conjonctions ou particules conjonctives. En quoi les mots joints par des conjonctions diffèrent des appositifs, 291. Ce que les Arabes entendent par *particules conjonctives*, 292.

Conséquent d'un rapport, 8. *Voyez* Complément.

Construction. Ce qu'on entend par là, 2. Règles de la construction en arabe, 420 et suiv., 532 et suiv. Construction du sujet et de l'attribut, soit entre eux, soit avec le verbe, 421 et suiv. Construction des noms avec les adjectifs qualificatifs, 434. Avec les articles démonstratifs, 435 et suiv. Avec les numératifs, 438. Construction du verbe et de ses divers compléments, 438 et suiv. Construction du nom et de ses compléments, 441, 442. Construction des termes circonstanciels d'état et autres, 442 et suiv. Construction des prépositions relativement à leurs antécédents et à leurs conséquents, 448, 449.

Contestation au sujet de l'action entre deux verbes qui ont des régimes communs, 246 et suiv.

Contractions admises en poésie, 501, 502.

Corroboratif, sorte d'appositif, 285, 526. Deux sortes de corroboratifs, 287. Leur concordance avec le mot qu'ils corroborent, 287 et suiv. Les pronoms employés par forme de pléonasme comme corroboratifs, 375, 376.

D

Dates. De quelle manière les Arabes expriment le quantième du mois, 336 et suiv.

Dépendance. Ce qu'on entend par les règles de la dépendance, 7. Objet des règles de dépendance, 15. Règles de dépendance à observer quand un même nom sert de sujet à un verbe et de complément à un autre, 249. Des règles de la dépendance en général, 541.

Dieu. Ellipse du nom de Dieu, 457.

Duel. Règles à observer dans les rapports d'annexion dont les deux termes énoncent des duels, 142, 143. Les duels des noms d'agent, exerçant l'influence verbale sur leur complément ou sur leur sujet, peuvent éprouver le même retranchement que s'ils étaient les antécédents d'un rapport d'annexion, 184, 186. Concordance du sujet au duel avec les verbes, 236. Le verbe employé au duel pour tenir lieu de sa répétition, 237. Le nom au duel joint au numératif *deux*, 314. Nom mis au duel pour indiquer l'ellipse d'un nom analogue à celui qui est énoncé, 476. Le pluriel substitué au duel en poésie, 499. Sujet au duel, en concordance avec le verbe mis au singulier, 501.

E

Ellipses indiquées par l'emploi de l'accusatif, 81 et suiv. Ellipse du conséquent dans les rapports d'annexion, 152, 157. Ellipse de l'antécédent dans les mêmes rapports, 157, 158, 227. Ellipses qui peuvent avoir lieu avec les verbes de louange ou de blâme, 223. Ellipse du nom qualifié par un adjectif, 279. Ellipse du complément des adjectifs comparatifs, 305. Ellipse remarquable dans l'emploi des adjectifs comparatifs, 311, 312. Ellipse d'une préposition et de son complément, 348. Ellipse du pronom destiné à former le lien entre une proposition conjonctive et son antécédent, 346, 347, 348, 358. Ellipse des prépositions, 389, 390. Ellipse de l'attribut après لَّذْ, 417. Et de la proposition corrélative tout entière, 420. Diverses sortes d'ellipses, 450 et suiv., 611. Ellipse du nom de Dieu et de celui de Mahomet, 457. Ellipse d'une proposition dans les rapports conditionnels, 462 et suiv. Ellipse d'un verbe dont le sens est indiqué par un autre verbe, 465 et suiv. Ellipse du verbe *dire*, 468. Ellipse de l'antécédent d'une préposition, 471 et suiv. Ellipse de la négation avec le serment, 473, 474. Ellipse usitée quand on répond à une question, 475. Ellipse de la proposition conjonctive, 475. Ellipse d'une proposition après اِلَّا, 486. Ellipse du compellatif après يَا, 508. Ellipse de la réponse du serment ou de la réponse de la condition, 612, 613.

Énergique, mode de l'aoriste. Dans quels cas on en fait usage, 40 et suiv. Observation sur l'orthographe du mode énergique, 43.

Énonciatif ou Prédicat. Ce que c'est, 98, 514. Syntaxe et construction en ce qui concerne l'énonciatif, 517, 533.

Équivoque, recherchée par quelques écrivains arabes, 609.

État. Termes circonstanciels d'état, 72 et suiv., 81, 522, 523. L'antécédent de ces termes circonstanciels est quelquefois sous-entendu, 81. Construction du terme circonstanciel d'état avec le nom qu'il modifie, 537.

Exception. Syntaxe des particules d'exception, 402 et suiv. Noms employés pour exprimer l'exception, 406. Construction des exceptions, 538, 539. Influence grammaticale des particules d'exception, suivant le système des grammairiens arabes, 565 et suiv.

Exposant d'un rapport, 8. Exposant d'un rapport dont les deux termes sont des propositions, 11.

Expressions adverbiales complexes ou incomplexes, 68 et suiv.

F

Féminin. Féminin réel et féminin de convention, 230. Suivant quelques grammairiens, on peut employer comme masculins tous les noms féminins qui ne sont tels que par convention, 230. Les noms des tribus arabes sont du féminin, 235.

G

Génitif. Ses usages, 47 et suiv. On pourrait le nommer *cas complémentaire*, 47. Il s'emploie comme déterminatif des adjectifs, 50. Le génitif employé après l'adverbe négatif, 94, 95. Compléments mis au génitif, 524, 525. Leur construction avec leur antécédent, 538. Particules qui exigent le génitif, 561.

I

Imparfait, 300.

Inchoatif. Ce que c'est, 98, 514. Syntaxe et construction en ce qui concerne l'inchoatif, 514 et suiv., 533.

Indicatif, mode de l'aoriste. Son usage, 19.

Inversion. Son influence grammaticale sur les compléments des verbes, 203 et suiv. Inversion dans l'usage des adjectifs comparatifs, 306. Inversion du sujet et de l'attribut permise en certains cas, 426, 427. Dans quels cas il peut y avoir inversion entre le verbe abstrait et son attribut, 431. Inversion dans la construction des termes circonstanciels avec leurs antécédents, 443. Inversion par une licence poétique, 508, 608.

L

Licences poétiques, 494 et suiv., 618.

M

Mahomet. Ellipse de son nom, 457.

Masculin. Les féminins de convention peuvent être employés comme masculins, 230.

Mètres primitifs, 620. Mètres secondaires, 621. Exposition des mètres primitifs et des mètres secondaires auxquels chacun d'eux donne naissance, 629 et suiv. Mètres insolites, 646, 647. Les seize mètres primitifs divisés en cinq cercles, 648.

Métrique. Traité de l'art métrique des Arabes, 615 et suiv.

Modes des verbes, 19. Il n'y a de distinction de modes qu'à l'aoriste et à l'impératif, 19. Noms donnés par Erpénius aux divers modes de l'aoriste, 31, 32. Licences poétiques relatives à l'usage des modes, 502 et suiv. *Voyez* Aoriste, Indicatif, Impératif, Conditionnel, Subjonctif, Énergique.

N

Négation, employée pour affirmer avec plus de force, 408. Ellipse de la négation avec le serment,

473, 474. Pléonasme de la négation, 482 et suiv.
Nominatif. Circonstances où l'on doit faire usage de ce cas, 43 et suiv. On pourrait le nommer *cas subjectif*, 43. Employé d'une manière absolue, 45 et suiv. Sert à exprimer le compellatif, 47, 89 et suiv. Nominatif employé pour la louange ou le blâme, 94, 263. Nominatif absolu, 99, 202. Circonstances dans lesquelles un complément verbal placé par inversion devant le verbe doit ou peut être mis au nominatif, 204 et suiv. Raison de cet usage du nominatif, 209, 210. Attribut d'une proposition nominale mis au nominatif, le sujet étant à l'accusatif, 257.
Noms. Leur syntaxe en ce qui concerne l'emploi des cas, 43 et suiv. Noms propres formés de la réunion de plusieurs mots en rapport d'annexion, 50 et suiv. Noms de mesure. Leur influence grammaticale, 67. Nom d'action, devenant sujet du verbe mis à la voix objective, 128. Noms qui ne sont jamais employés hors d'un rapport d'annexion, 145 et suiv. Les noms qui expriment d'une manière vague le temps ou les portions de temps entrent en rapport d'annexion avec des propositions, 146 et suiv. Dans ce cas, ils peuvent être indéclinables, 149. Noms qui deviennent adverbes par la suppression de leurs compléments, 152, 153. Syntaxe des noms d'action, 161 et suiv. Deux sortes de noms d'action, 162. Ce qu'on entend par les *noms d'action*, 163. Les noms d'action peuvent être employés avec un sujet et des compléments, comme les verbes, 163 et suiv. Le nom d'action des verbes actifs peut être employé dans le sens actif et dans le sens passif, 164, 169. Les noms qui, sans être des noms d'action, en font la fonction, peuvent se comporter comme les verbes à l'égard du sujet et des compléments, 168. Dans quels cas les noms d'action peuvent exercer l'influence verbale, 174. En quels cas ils perdent cette influence, 175. Pluriel des noms d'action, 175. Le nom d'action est souvent représenté par le verbe mis à un temps personnel, 175. Concordance des adjectifs et des appositifs qui se rapportent aux régimes des noms d'action, 173. Noms d'agent. Leur syntaxe, 179 et suiv. *Voyez* Adjectifs. Noms de patient. Leur syntaxe, 191 et suiv. *Voyez* Adjectifs. Noms collectifs. Leur concordance, comme sujets ou agents, avec le verbe, 233, 238. Et avec les adjectifs et les pronoms, 267. Les noms des tribus arabes sont ordinairement du féminin, 235. Concordance des noms avec les adjectifs, les articles démonstratifs et les pronoms, 258 et suiv. Noms d'action faisant la fonction d'adjectifs, 280. Noms conjonctifs. Leur syntaxe, 356 et suiv. Noms démonstratifs, 382. Noms des verbes, sorte d'expressions adverbiales, 394

et suiv., 575. Construction du nom avec ses compléments, 441, 442. Des noms avec les adjectifs, 434, 435. Avec les articles démonstratifs, 435 et suiv. Avec les numératifs, 438. Influence des noms d'action sur leurs divers régimes, suivant le système des grammairiens arabes, 554 et suiv. Noms parfaits ou complets, 559. Leur influence grammaticale, 560. Noms qui, suivant le système des grammairiens arabes, régissent le mode conditionnel, 572. Noms d'une signification vague, 573. Leur influence grammaticale, 573, 574.

Numératifs. Syntaxe des numératifs cardinaux, 313 et suiv. Ces numératifs en rapport d'annexion avec le nom du possesseur de la chose nombrée, 319, 320. Ils peuvent être déterminés par l'article, 332 et suiv. Leur syntaxe dans les dates, 335. Syntaxe des numératifs ordinaux, 335, 338 et suiv. Ces numératifs employés comme antécédents d'un rapport d'annexion, 339 et suiv. Construction des noms avec les numératifs, 438.

P

Particules indéclinables. Leur syntaxe, 389 et suiv. *Voyez* Adverbes, Prépositions, Conjonctions et Interjections. Particules d'exception. Leur syntaxe, 402, 565 et suiv. *Voyez* Exception. Pléonasme dans l'emploi des particules, 486 et suiv., 490 et suiv. Particules qui régissent le génitif, 561. Particules qui ont deux régimes, suivant le système des grammairiens arabes, 561 et suiv. Influence grammaticale des particules négatives لا et ما, 563 et suiv. Particules qui mettent un nom à l'accusatif, 564 et suiv. Particules compellatives, 567 et suiv. Particules qui régissent le verbe au subjonctif, 569 et suiv. Au mode conditionnel, 571.

Patient. Ce qu'on entend par là, 521. *Voyez* Complément.

Permutatif, sorte d'appositif, 285, 526. Diverses sortes de permutatifs, 528. Leur syntaxe, 529.

Personne. Ce qu'on entend par la *personne la plus noble,* 244. Concordance du verbe avec le sujet quant aux personnes, 244. La concordance irrégulière, en genre et en nombre, des adjectifs et des pronoms avec les noms n'a lieu que quand on parle à la troisième personne, 264, 273. Concordance remarquable des pronoms avec les verbes, en ce qui concerne les personnes, 377. Gradation entre les différentes personnes, 378. Emploi des pronoms isolés qui représentent l'accusatif au lieu des affixes, 377, 378, 380, 381. La troisième personne employée dans les compellatifs, 606. Concordance dans laquelle le pronom de la première personne est employé au lieu de celui de la troisième, 606, 607.

Phrase. En quoi la *phrase* diffère de la *proposition,* 96, 510.

Pieds dans les vers arabes, 617.

Pieds primitifs, 618 et suiv. Éléments prosodiques dont se composent les pieds, suivant le système des grammairiens arabes, 619. Modifications et altérations des pieds primitifs, 623 et suiv. Comment on nomme les pieds primitifs, 624. Et les pieds secondaires, 624. Paradigmes des pieds primitifs, 618.

Pléonasme qui a lieu avec les verbes de louange ou de blâme, 224. Pléonasme dans l'usage des pronoms, 370, 375, 376. Diverses sortes de pléonasmes, 476 et suiv. Pléonasme de la négation, dans divers cas, 482 et suiv. Dans les propositions conditionnelles, 484 et suiv. Pléonasme consistant dans la répétition des mêmes mots, 486, 487.

Pluriel. Observations sur le pluriel des noms d'action, 175. Les pluriels des noms d'agent qui exercent l'influence verbale sur leur complément peuvent éprouver le même retranchement que s'ils étaient les antécédents d'un rapport d'annexion, 184. Il en est de même s'ils régissent un sujet au nominatif, 186. Pluriels féminins réguliers, en concordance avec des verbes masculins singuliers, 235. Le verbe employé au pluriel pour tenir lieu de sa répétition, 237. Pluriels qui, ayant la terminaison des pluriels masculins réguliers, sont cependant de vrais pluriels rompus ou irréguliers, 233. Le pluriel du verbe est employé pour indiquer le sujet indéterminé, 245. Désinences des verbes au pluriel, remplacées en poésie par des pronoms, 505.

Plus-que-parfait, 300.

Poésie arabe. En quoi elle consiste, 615.

Prédicat. *Voyez* Énonciatif.

Prépositions. Elles régissent le génitif, 54. Les prépositions qui lient les verbes intransitifs à leurs compléments influent sur le sens des verbes, 117. Elles indiquent souvent des verbes dont on fait l'ellipse, 119. Ellipse des prépositions après des verbes intransitifs, 121. L'emploi d'une préposition après un verbe le fait passer du sens propre au sens métaphorique, 113. La préposition et son complément peuvent remplacer le sujet du verbe à la voix objective, 129, 130. Prépositions remplacées par l'annexion, 133 et suiv., 170. Une préposition peut avoir pour régime immédiat une proposition, soit verbale, soit nominale, 216, 217. Ellipse d'une préposition et de son complément, 348. Syntaxe des prépositions, 389 et suiv. Prépositions explétives, 392, 394. Ellipse de la préposition, son complément restant au génitif, 393. Construction des prépositions, relativement à leurs antécédents et à leurs conséquents, 443, 449. Toute préposition est dans la dépendance d'un antécédent, 591.

Pronoms. Les pronoms de la troisième personne sont employés pour distinguer le sujet de l'attribut dans les propositions nominales, 103, 104. Cas où l'on doit employer à cet usage les pronoms personnels de toutes les personnes, 105. Le pronom personnel servant de sujet à une proposition nominale se met d'ordinaire au féminin, si l'attribut est de ce genre, 256. Concordance des pronoms avec les noms, 259 et suiv. Pronom servant de lien entre le nom qualifié et la proposition qualificative, 261. Cas où il faut après le verbe exprimer les pronoms personnels, 294. Pronom isolé, interposé entre un affixe et son appositif, 287. Pronom servant de lien entre une proposition conjonctive et le nom qu'elle qualifie, 345 et suiv. Ce pronom, dans certains cas, peut être sous-entendu, 346, 347, 348, 358. Syntaxe des pronoms, 368 et suiv. Pronom employé comme rappelant des êtres qui n'ont pas été nommés, 369. A la condition d'énoncer ensuite le nom, 370. Pronom représentant d'une manière vague le sujet d'une proposition, 371, 372, 586 et suiv. Le pronom remplacé par le nom, pour donner plus d'énergie au discours, 373. Pronom remplaçant un article démonstratif, 374. Répétition du pronom, par manière de pléonasme corroboratif, 375, 376. Avec les verbes, 376, 377. Concordance remarquable des pronoms avec les verbes, en ce qui concerne les personnes, 377. Pronom formant le lien d'une proposition circonstancielle d'état avec son antécédent, 383. Pronoms en rapport avec des antécédents dont on a fait ellipse, 452. Pléonasme dans l'emploi des pronoms, 477 et suiv. Pronoms isolés, substitués aux désinences du pluriel dans les verbes, 505. Pronom renfermé dans le verbe, 518. Observations sur quelques usages des pronoms, suivant le système des grammairiens arabes, 585 et suiv.

Pronoms affixes. Diverses formes de l'affixe singulier de la première personne quand il est joint au compellatif, 90. On peut attacher deux pronoms affixes aux noms d'action, 163. Usage particulier des pronoms affixes avec les noms d'agent, au duel et au pluriel, 184, 185. Les noms d'agent peuvent prendre deux pronoms affixes, 186. Usage des pronoms affixes avec les adjectifs verbaux simplement qualificatifs, 201. Après un pronom affixe, s'il survient un nouveau complément du même antécédent, il est d'usage de répéter l'antécédent, 295. Réunion de deux pronoms affixes à un même antécédent, 378. Pronoms affixes de la seconde personne, joints comme particule compellative à certains adverbes, 396.

Proposition. De quelles parties elle se compose, 3. Une proposition est simple ou composée, complexe ou incomplexe, 6. Propositions absolues et propositions relatives, 10. Elles sont de diverses sortes, 11. Propositions complémentaires, 11. Elles sont complexes ou incomplexes, 12. Propositions adverbiales, complexes ou incomplexes, 68 et suiv., 79 et suiv. En quoi la *proposition* diffère de la *phrase*, 96, 510. Propositions verbales, nominales et circonstancielles locales, 97, 514. Simples et composées, 98, 512. Propositions *à deux faces*, 99, 513. Proposition complète, employée comme sujet ou comme attribut, ou enfin comme complément, 110, 131. Propositions servant de complément à un rapport d'annexion, 140, 144. Particulièrement aux noms indéclinables ou déclinables qui signifient le temps ou les portions du temps, 146, 147. Et aux noms d'action, 172. Propositions servant de compléments à d'autres propositions. Leur syntaxe, 212 et suiv. Les propositions complémentaires sont de trois sortes, 213. Diverses manières d'indiquer le rapport qui est entre une proposition complémentaire et celle qui lui sert d'antécédent, 212. Proposition verbale ou nominale, régie immédiatement par une préposition, 216, 217. Analyse des propositions qui renferment un verbe de louange ou de blâme, 222. Propositions adjectives ou qualificatives, 259. Toute proposition, de sa nature, est considérée comme indéterminée, 259. Propositions conjonctives, 261. Propositions adverbiales qualificatives, faisant fonction de termes circonstanciels d'état, 269. Leur syntaxe, 270 et suiv., 383 et suiv. Syntaxe des propositions conditionnelles, 293. Propositions énergiques ayant pour sujet l'adjectif conjonctif, 349 et suiv. Ce qui distingue les propositions circonstancielles d'état des propositions qualificatives, 388. Propositions *verbales* et propositions *nominales* dans un sens différent de celui que donnent à ces dénominations les grammairiens arabes, 422. Ellipse de la proposition affirmative hypothétique après une proposition conditionnelle, 462 et suiv. Ellipse de la proposition conjonctive, 475. Les propositions verbales sont énonciatives, ou productives, ou conditionnelles, 513. Parties accessoires des propositions, 514. Parties de la proposition qui peuvent être remplacées par des propositions complètes, 531, 532. Propositions qui occupent une place dans l'analyse grammaticale, 596 et suiv. Propositions qui n'y occupent aucune place, 596, 599.

Prosodie arabe, 615 et suiv.

Q

Qualificatif, sorte d'appositif, 285, 527. Proposition qualificative ou adjective, 259 et suiv. En quoi elles diffèrent des propositions conjonctives, 260. Propositions qualificatives adverbiales, 269 et suiv. Ce qui distingue les propositions circonstancielles d'état des propositions qualificatives, 388. Qualificatif employé avec ellipse du nom qualifié, 452.

R

Rapport d'identité, 7. De détermination, 7. De quels termes se compose un rapport, 8. Rapport ayant pour termes des propositions, 11. Rapport d'annexion. *Voyez* Annexion.

Régime. *Voyez* Complément.

Régissants grammaticaux et régissants logiques, 541 et suiv. Régissants logiques, 583.

Rime dans les vers arabes, 653. Lettres et voyelles qui constituent la rime, 654 et suiv. Fautes qu'on commet dans la rime, 660.

S

Secours. Appeler au secours. *Voyez* Compellatif.

Serment. Ellipse de la négation avec le serment, 473. Pléonasme de la négation dans les formules de serment, 490. Ce qu'on entend par *réponse du serment*, 614.

Sobriquets. Observations sur leur syntaxe, 53.

Spécificatif. Ce qu'on entend par là, 523, 524. Construction du terme spécificatif avec son antécédent, 538.

Subjonctif, mode de l'aoriste. Sa destination, 19. Circonstances qui exigent l'emploi de ce mode, 20 et suiv., 31. Nom qu'on donne aux particules qui régissent le subjonctif, 31. Syntaxe de ces particules, 569 et suiv.

Sujet d'une proposition, 3. Il est simple ou composé, complexe ou incomplexe, 5, 6. Dans le sujet complexe, on doit distinguer le sujet logique et le sujet grammatical, 6. Règles de syntaxe relatives au sujet et à l'attribut dans les propositions nominales, 101 et suiv. Comment on distingue le sujet de l'attribut, 102 et suiv. Cas où le sujet peut être indéterminé, 106. Comment le verbe doit concorder avec le sujet, 226 et suiv. *Voyez* Concordance. Sujet indéterminé, 245. Verbes dont on n'énonce point le sujet, 245. Règles à observer quand un même nom sert de sujet à plusieurs verbes, 246. Ou de sujet à un verbe et de complément à un autre, 249. Concordance du sujet et de l'attribut, 252 et suiv. Le sujet étant formé de deux noms en rapport d'annexion, l'attribut peut quelquefois concorder avec le second terme de ce rapport, 254, 255. Le sujet d'une proposition nominale, étant un article démonstratif ou un pronom, se met ordinairement au genre féminin, si l'attribut est de ce genre, 256. Cas où le sujet d'une proposition doit être mis à l'accusatif, 257. Construction du sujet avec l'attribut et avec le verbe, 421 et suiv. Dans quels cas le sujet doit précéder le verbe en arabe, 422. Et le suivre, 423. Inversion du sujet et de l'attribut, 426 et suiv. Ellipse du sujet d'une proposition nominale, 450. De celui d'une proposition verbale, 451, 458. *Voyez* Inchoatif.

Superlatif. *Voyez* Comparatif.

Sur-attributs, 76, 87.

Syntaxe. Ce qu'on entend par là, 1. En quoi la syntaxe diffère de la construction, 2. Les règles de la syntaxe ont toutes pour objet la concordance et la dépendance, 7. Deux méthodes de classification des règles de la syntaxe, 13, 14.

T

Temps des verbes. Règles de syntaxe relatives à l'usage des temps, 17, 18. Les grammairiens arabes ne reconnaissent point de temps composés, 300.

Termes circonstanciels de temps et de lieu, 511, 512. Ils s'expriment tantôt par l'accusatif, tantôt par des prépositions, 69 et suiv. Termes circonstanciels d'état, 72 et suiv. *Voyez* État. Termes circonstanciels relatifs à l'action, 76, 77. Termes circonstanciels de comparaison, 77. Autres servant à déterminer et à restreindre, 78. A exprimer le motif ou l'intention, 79. Le terme circonstanciel de temps ou de lieu devient le sujet du verbe quand le verbe passe à la voix objective, 128. Construction des termes circonstanciels, 442 et suiv. Quels sont les termes circonstanciels qu'on nomme لَغْوٌ, 610.

Tribus arabes. Leurs noms sont des noms collectifs du genre féminin, 235.

V

Verbe, partie de la proposition, 3. Verbe substantif ou abstrait, 3. Verbes concrets ou attributifs, 4. Syntaxe des verbes en ce qui concerne l'emploi des temps et des modes, 16 et suiv. Influence des verbes sur leurs compléments, 57. Syntaxe du verbe abstrait et des verbes de la même catégorie, 57 et suiv. Observations sur le double régime des verbes de cœur et autres verbes de la même catégorie, 74 et suiv., 215. Le verbe abstrait en arabe peut être toujours considéré comme verbe attributif, 86. Un même verbe est transitif dans une acception et intransitif dans une autre, 118. Un même verbe intransitif prend divers sens, suivant les prépositions qui le lient à son complément, 117. Verbes qui expriment deux idées opposées, 119. Les divers verbes entre lesquels il y a analogie de signification se comportent de la même manière par rapport à leurs compléments, 120. Verbes intransitifs rendus transitifs par l'ellipse d'une préposition, 120 et 121. Verbes neutres qui dans l'origine paraissent avoir été transitifs, 121. Verbes de la quatrième forme employés comme neutres, 121. Verbes servant de compléments immédiats d'annexion aux noms qui signifient, d'une manière vague, le temps ou les portions de temps, 146 et suiv. Et même à d'autres noms, 150, 151. Verbes de proximité ou d'approximation. Leur syntaxe, 213, 214, 577 et suivantes. Syntaxe des verbes inchoatifs, 215. Des verbes admiratifs et exclamatifs, 217 et suiv., 584. Des verbes de louange et de blâme, 221 et suiv., 576 et suiv. Formes des verbes de louange et de blâme dérivés des verbes trilitères, 225. Concordance du verbe avec le sujet, 226 et suiv. Verbes dits *imper-*

sonnels, qu'on emploie sans énoncer aucun sujet, 245. Règles à observer, tant pour la dépendance que pour la concordance, quand un même régime est commun à plusieurs verbes actifs, 246 et suiv. Ou abstraits, 250. Ou verbes de cœur, 251. Syntaxe particulière des verbes de cœur, 296 et suiv., 577 et suiv. Des verbes abstraits, 299 et suiv., 575 et suiv. Verbes formés des numératifs, 341, 342. Construction du sujet et de l'attribut avec le verbe, 422 et suiv. Construction du verbe avec ses compléments, 433 et suiv. Dans quels cas, en arabe, on doit placer le sujet avant le verbe, 422. Et après le verbe, 425. Dans quels cas on peut mettre l'attribut du verbe abstrait avant le verbe, 431. Ellipse d'un verbe indiqué par un autre verbe d'une signification analogue, 465. Ou opposée, 466. Ou par un autre mot, 467. Licences poétiques dans l'usage des modes des verbes, 502 et suiv. Dans la conjugaison des verbes irréguliers, 502. Dans les désinences des verbes, 505, 506. Le verbe, considéré comme partie essentielle d'une proposition, 514. Ce que les grammairiens arabes renferment sous le nom de *verbe*, 518. Tout verbe est censé contenir un pronom, 518. Construction du verbe avec l'agent, 519 et suiv., 535. Avec ses compléments, 535 et suiv. Influence du verbe comme antécédent sur ses régimes, dans le système des grammairiens arabes, 542 et suiv.

Vers arabes. De quoi ils se composent, 619. Manière de les scander, 624.

Voix des verbes. Le principal usage de la voix objective, 122. Effet qu'elle produit sur les compléments objectifs des verbes transitifs, 123. Sur ceux des verbes doublement transitifs, 124. Et sur ceux des verbes dits *verbes de cœur*, 127. Son effet sur les compléments autres que le complément objectif, 128 et suiv. Certains verbes supposent toujours deux compléments, 118.

FIN DE LA TABLE DES MATIÈRES DU DEUXIÈME VOLUME

TABLE
DES PARTICULES ET AUTRES MOTS ARABES

QUI ONT DONNÉ LIEU
A QUELQUES OBSERVATIONS DANS CE DEUXIÈME VOLUME

أَبَتِ et أَبَتَ, 91.

أَبْتَعُ, fém. بَتْعَآءُ, 390.

أَبْصَعُ, fém. بَصْعَآءُ, 290.

آبْنَةَ et آبْنَ. Règles d'orthographe relatives à ces mots, 90.

أُوتِيَ et آنَى. Observations sur l'usage de ce verbe, 125, 126.

أَجْمَعُ, fém. جَمْعَآءُ, 289.

أَخَـوَاتُ كَانَ. Syntaxe des verbes ainsi nommés, 60. Ils peuvent toujours être considérés comme verbes attributifs, 86, 87.

إِذْ, adverbe conjonctif, peut avoir pour complément une proposition, soit verbale, soit nominale, 146. Cas où ce mot prend le *tenwin*, 147.

إِذَا, adverbe conjonctif de temps, doit, dans certains cas, être suivi du mode conditionnel, 37. Emploi de l'accusatif comme cas adverbial après إِذَا, 76. L'ad-

verbe conjonctif إِذَا ne peut avoir pour complément qu'une proposition verbale, 147, 424.

إِذَا ٱلْمُفَاجَأَةِ. Il est de la nature de cette particule d'être placée devant l'un des deux termes d'une proposition nominale, 205.

إِذَمَا, adverbe conjonctif de temps. Cas où il exige l'emploi du mode conditionnel, 33, 573.

إِذًا ou إِذَنْ. Cas où cette particule exige après elle le subjonctif, 29 et suiv. Noms que les grammairiens arabes donnent à cette particule, 32.

أَرَأَيْتَكَ, أَرَأَيْتَكُمْ, 479, 480.

أَكْتَعُ, fém. كَتْعَآءُ, 290.

آلْ, signifiant ٱلَّذِي, avec les noms d'agent et les noms de patient, 191, 193, 353 et suiv.

إِلَّا, particule d'exception, 403 et suiv. Suivie de la conjonction وَ, 409. Cette particule étant répétée, il y a diverses circonstances à distinguer, 410, 411. Elle n'admet point d'ordinaire les pronoms affixes, 412. Ellipse d'une proposition après إلَّا, 486.

أَلَّا pour أَنْ لَا, particule, exige le mode subjonctif, 22.

ٱلَّذْ pour ٱلَّذِى; ٱلَّذَا pour ٱلَّذَانِ; ٱلَّذِى pour ٱلَّذِينَ, 507.

ٱللَّوَا pour ٱللَّوَى et ٱللَّوَاتِى, 507.

أَمَامُ, 152.

أَمْتٌ et أَمْتِ, 91.

أَنْ, conjonction suivie du mode subjonctif, 20, 570. Elle est quelquefois suivie du prétérit, après les verbes qui signifient commandement, *ibid*. Dans quels cas elle exige le subjonctif, 22. Cas où elle peut être suivie de l'aoriste au mode indicatif, 22. Suivie d'un verbe, elle équivaut à un nom d'action, 100. أَنْ indiquant l'ellipse du verbe قَالَ, 468. Ellipse de أَنْ après لِ, 470.

إِنْ, conjonction, convertit le prétérit en futur, 17. Exige après elle le mode conditionnel de l'aoriste, 32, 571.

إِنْ. Influence grammaticale de cette particule et de celles qui lui sont analogues, 61.

أَنَّ. Son influence grammaticale, 61.

أَنَّى. Cas où cet adverbe exige après lui le mode conditionnel de l'aoriste, 33, 573.

أَوْ, conjonction. Cas où elle doit être suivie du subjonctif, 28, 570.

أَوْشَكَ. Observations sur ce verbe, 213.

أَوَّلُ, 152.

أَيْمَنُ et أَىُّ. Noms conjonctifs. Cas où ils exigent l'emploi du mode conditionnel, 33, 573. أَىُّ est un nom, 49. Syntaxe de أَىُّ et أَيَّةُ, 363 et suiv. أَىُّ paraît quelquefois devenir indéclinable, 364. أَىُّ et أَيَّةُ, employés pour indiquer le vocatif, 365. Employés pour exprimer une indication spéciale, 365. أَىُّ servant à exprimer l'admiration, 366, 367.

أَيَّانَ, adverbe de temps. Cas où il exige après lui l'emploi du mode conditionnel, 33.

أَيْنَمَا et أَيْنَ, adverbes de lieu.

ET AUTRES MOTS ARABES 685

Cas où ils exigent après eux le mode conditionnel de l'aoriste, 33, 573.

ب, préposition, employée d'une manière explétive, 55.

بَعْدُ et بَعْدَ. Observations sur ce mot, 152 et suiv.

بَنُو آلْ pour بَلْ, 502.

بَنُونَ. Observations sur ce pluriel, 233.

بَيْدَ, nom employé pour exprimer une exception, 406.

بِئْسَ. Syntaxe de ce verbe, 221 et suiv., 232.

تَحْتُ, 152.

ثُمَّ. Observation sur cet adverbe conjonctif, 294.

جَمِيعُ est un nom, 49.

حَاشَا est suivi du génitif ou de l'accusatif, 54. Employé comme particule d'exception, 407.

حُبَّ et حَبَّ, 226.

حُبَّ ذَا ou حَبَّذَا, 226.

حَتَّى. Dans quel cas cette particule exige après elle le subjonctif, 24, 570. Comme préposition, elle ne prend point les affixes, 55.

حَسْبُ, 152.

حَيْثُ peut avoir pour complément une proposition, soit nominale, soit verbale, 146.

حَيْثُمَا. Voyez مَا.

حَيَّ هَلَكَ, 396.

خَلَا régit le génitif ou l'accusatif, 54. Employé comme particule d'exception, 407.

خَلْفُ, 152.

دُونُ, 152.

ذُودٌ, 316, 317.

ذِي تَسْلَمُ. Observation sur cette expression, 150.

رُبَّ prend quelquefois un pronom affixe, 55.

رَهْطٌ, 316, 317.

رُوَيْدَكَ, 396.

سَآءَ. Observation sur ce verbe, 225.

سُوَى et سِوَى, سِوَآءَ, noms employés pour exprimer une exception, 406.

سِيَّمَا. Voyez لَا سِيَّمَا.

شَمَالُ, 152.

عَدَا régit le génitif ou l'accusatif, 54. Employé comme particule d'exception, 407.

عَسَى. Syntaxe de ce verbe, 213, 214.

عَلْ, 152.

لَعَلَّ et عَلَّ. Influence grammaticale de ces particules, 61.

عَنْ. Ellipse de عَنْ après فَضْلًا, 469.

عَيْنُ, corroboratif, 285.

غَيْرُ, 152.

غَيْرُ. Nature de ce mot, 49. Sa syntaxe quand il sert à exprimer une exception, 406.

فَ, conjonction. Dans quels cas elle exige le subjonctif, 25 et suiv., 293, 570. Elle suspend l'influence grammaticale d'un rapport conditionnel, 35. Cas où elle régit le génitif, 54. Observatns sur l'usage de cette conjonction, 396 et suiv., 607. Ellipse de فَ chez les poètes, 507, 508, 606.

فَوْقُ, 152.

قَبْلُ et قَبْلَ. Observation sur la syntaxe de ce mot, 152 et suiv.

قَدْ régit quelquefois un complément au génitif, 54. Usage de قَدْ et وَقَدْ dans les propositions circonstancielles d'état, 384 et suiv. Ellipse de قَدْ, 398.

قَطْ régit quelquefois un complément au génitif, 54.

قَالَ, قِيلَ. Ellipse de ce verbe, 468.

كَ, préposition. Elle est quelquefois suivie du nominatif, 45. Elle admet rarement les affixes, 55.

كَادَ, Observations sur ce verbe, 213, 214.

كَانَ. verbe abstrait. Son influence sur l'attribut, 57 et suiv. Il s'emploie pour signifier *avoir,* 61. Il peut être toujours considéré comme verbe attributif, 87. كَانَ, employé d'une manière pléonastique, 300, 480, 481. Ellipse du verbe كَانَ, l'attribut restant à l'accusatif, 458. Observation sur l'usage du prétérit de ce verbe, 601 et suiv. Autre observation sur l'emploi du verbe كَانَ, avec abstraction de toute valeur temporelle, 604.

كَأَنَّ. Voyez أَنَّ.

كَأَيٍّ et كَأَيِّنْ. Influence grammaticale de ces mots, 65, 66, 573.

كَذَا. Observation sur ce mot, 66. Son influence grammaticale, 66, 573, 574.

كَرَبَ. Observations sur ce verbe, 213, 214.

كُلُّ est un nom, 149.

كِلْتَ, كِلْتَا, كِلَتَا, كِلَا. Syntaxe de ces mots, 155, 156. Par rapport à la concordance,

ET AUTRES MOTS ARABES

243, 244, 255. Ces mots employés comme corroboratifs, 288.

كُلَّمَا. Voyez مَا.

كُلَّمَا. Voyez مَا.

كَمْ. Son influence grammaticale, 65, 66, 574.

كَوْنٌ, nom d'action de كَانَ, 299.

كَىْ, particule qui, ainsi que ses composés, exige après elle le mode subjonctif, 22, 23.

كَيْفَ et كَيْفَمَا, adverbes. Cas où ils exigent l'emploi du mode conditionnel, 33.

لَ employé à la place de لِ, en certains cas, 92, 93. لَ, adverbe d'affirmation, se place devant une proposition verbale, 205.

لِ, particule. Dans quels cas elle exige le subjonctif, 23, 571. Et le mode conditionnel, 38, 571. On peut faire ellipse de la particule لِ, signifiant le commandement, et cependant mettre le verbe à l'aoriste conditionnel, 39. Cette préposition employée pour fortifier l'influence de l'antécédent, 116. Usage de la préposition لِ, substituée au rapport d'annexion, avec les noms d'action, 170. La préposition لِ, employée pour joindre le nom d'agent à son complément objectif, 181. Ellipse de la préposition لِ devant أَنْ, 470. Cette préposition employée dans une formule de dénégation après le verbe كَانَ, 604.

لَا, adverbe négatif, employé dans le sens prohibitif, exige l'aoriste conditionnel, 39. Influence de لَا sur les noms qui font la fonction de sujet ou d'attribut, 63, 64, 563 et suiv. Observations sur la syntaxe de ces adverbes, 413 et suiv.

لَا, employé d'une manière pléonastique, 482 et suiv., 490.

لَا سِيَّمَا, formule d'exception, 407.

لَاكِنَّ pour لَاكِنْ, 508.

لَدُنْ. Observation sur ce mot, 154.

لَعَلَّ. Voyez عَلَّ.

لَكِنْ. Influence grammaticale de cette particule, 61.

لَمْ, adverbe négatif, exige toujours après lui l'aoriste conditionnel, 38, 571. Exception à cette règle, 38.

لَمَّا, adverbe négatif, exige après lui le mode conditionnel, 38, 571.

لَنْ, contraction de لَا أَنْ, 29. Exige le subjonctif, 29.

لَوْ, conjonction, donne au prétérit un sens suppositif. 18. Elle n'est point suivie du mode conditionnel, 37. Observation sur l'usage de la conjonction لَوْ quand elle se trouve jointe au serment, 613.

لَوْلَا. Syntaxe de cette particule suppositive et négative, 417 et suiv. Elle peut prendre les pronoms affixes, 418. Observation sur l'usage de cette particule quand elle se trouve jointe au serment, 613.

لَيْتَ, particule. Son influence grammaticale, 61, 63, 572, 611.

م pour مِنْ, 508.

مَا, nom conjonctif, exige après lui, dans certains cas, ainsi que ses composés, le mode conditionnel de l'aoriste, 32, 33, 573. مَا, en concordance avec un verbe au féminin, 242. Syntaxe de مَا, 356 et suiv. مَا, employé comme un nom déterminé ou indéterminé, 357 et suiv., 607. مَا servant à interroger, 349.

مَا, adverbe négatif. Son influence grammaticale sur le nom qui forme l'attribut d'une proposition nominale, 64, 65, 413, 563.

مَا, employé d'une manière explétive, entre une préposition et son complément, 56, 480. مَا, joint à إِنْ et aux autres particules de la même catégorie, détruit leur influence grammaticale, 63. مَا, suivi d'un verbe, équivaut à un nom d'action, 100. مَا, interposé entre les deux termes d'un rapport d'annexion, 160. Usage de مَا après les adjectifs comparatifs et son influence sur le sens de ces adjectifs, 312, 313.

مَا خَلَا, 407.

مَا عَدَا, 407.

مَا أَيَةً, 321.

مَتَى et مَا مَتَى, adverbes conjonctifs de temps. Cas où ils exigent l'emploi du mode conditionnel, 33, 573.

مُذْ et مُنْذُ. En quels cas ces

mots sont suivis du nominatif, 45. Et du génitif, 54. Ils ne prennent pas les affixes, 55.

مِنْ مَعَ, مَعَ, مَعَ, 155.

مِنْ, préposition, employée d'une manière explétive, 55. Usage de la préposition مِنْ, employée préférablement au rapport d'annexion, avec les noms d'action, 170. Pléonasmes dans l'emploi de la préposition مِنْ, 486 et suiv.

مَنْ. Cas où ce mot exige après lui le mode conditionnel de l'aoriste, 32, 573. مَنْ, en concordance logique avec un verbe au féminin, 242. Syntaxe de مَنْ, 356 et suiv. مَنْ, employé comme un nom déterminé ou indéterminé, 357 et suiv., 607.

مَنْ, servant à interroger, 359. Remplaçant l'adverbe interrogatif هَلْ, 359. مَنْ devient quelquefois déclinable, 361. S'emploie en rapport d'identité avec un nom, 362.

مَهْمَا. Voyez مَا.

نَاسٌ. Observation sur ce mot, 281.

نِعْمَ. Syntaxe de ce verbe, 221 et suiv., 232.

نَفَرُ, 317.

نَفْسُ, corroboratif, 285.

نِي, pronom affixe de la première personne, employé comme complément des noms d'agent en rapport d'annexion, 184, 185.

نَيِّفٌ et نَيْفٌ, 318.

هُوَ pour هُوَ, 507.

هَلْ, précédant le complément objectif d'un verbe dans le cas d'inversion, 206.

هَلُمَّ, 369. Suivi de لَكَ, لَكِ, etc., 396.

وَ, conjonction. Dans quels cas elle exige le subjonctif, 27, 293, 570. Cas où elle régit le génitif, 54. Elle régit l'accusatif quand elle signifie *avec*, 65. Usage de la conjonction وَ dans les propositions circonstancielles d'état, 384 et suiv. وَ après إِلَّا, 409.

وَا. Usage de cette particule et son influence grammaticale, 93.

وَحْدَ, sorte d'adverbe, 291.

وَرَاءَ, 152.

وَيْهِ, particule qui entre dans certains noms propres, 51.

يَا. Observations sur l'emploi de cette particule compellative, 91, 92. Elle est quelquefois employée avec ellipse du nom de la chose appelée, 508.

يَمِينُ, 152.

FIN DE LA TABLE DES PARTICULES ET AUTRES MOTS ARABES

TABLE
DES MOTS TECHNIQUES
QUI SE TROUVENT
DANS LE TRAITÉ DE LA PROSODIE ET DE L'ART MÉTRIQUE

Nota. — Les lettres *tab.* indiquent les termes techniques compris dans le Tableau annexé au n° 30 du Traité de la prosodie et de l'art métrique.

إِبْتِدَآءُ, 624.

أَقْصَمُ, tab.

أَبْتَرُ, tab.

بَتْرُ, tab.

أَثْرَمُ, tab.

بُحُورٌ, plur. بَحْرُ, 622.

أَثْلَمُ, tab.

بَسِيطٌ, 622, 633.

أَجَمُّ, tab.

بَيْتٌ, 621, 623.

أَحَذُّ, tab.

تَأْسِيسٌ, 654, 656.

أَحَذُّ مُضْمَرُ, tab.

تَذْيِيلٌ, 626, tab.

أَخْرَبُ, tab.

تَذْيِيلٌ وَإِضْمَارٌ, tab.

أَخْرَمُ, tab.

تَذْيِيلٌ وَخَبْلٌ, tab.

إِدَالَةٌ, 626.

تَذْيِيلٌ وَخَبْنٌ, tab.

إِشْبَاعٌ, 654.

تَذْيِيلٌ وَخَزْلٌ, tab.

أَشْتَرُ, tab.

تَذْيِيلٌ وَطَىٌّ, tab.

أَصْلُ, plur. أُصُولُ, 626.

تَذْيِيلٌ وَوَقْصٌ, tab.

أَصْلَمُ, tab.

تَرْفِيلٌ, 626, tab.

إِضْمَارٌ, tab.

تَرْفِيلٌ وَإِضْمَارٌ, tab.

إِضْمَارٌ وَقَطْعٌ, tab.

تَرْفِيلٌ وَخَزْلٌ, tab.

أَعْضَبُ, tab.

تَرْفِيلٌ وَوَقْصٌ, tab.

أَعْقَصُ, tab.

تَسْبِيغٌ, tab.

TABLE DES MOTS TECHNIQUES

tab. ,خَبْنٌ وَوَقْصٌ	tab. ,تَسْبِيغٌ وَخَبْنٌ
tab. ,خَرْبٌ	tab. ,تَشْعِيثٌ
tab, 625, خَرْمٌ	631. ,تَصْرِيعٌ
654, 658. ,خُرُوجٌ	620, 624. ,تَفْعِلَةُ plur. تَفَاعِيلُ
tab. ,خَزْلٌ	624. ,تَقْطِيعٌ
622, 643. ,خَفِيفٌ	631. ,تَقْفِيَةٌ
650. ,دَائِرَةٌ	654. ,تَوْجِيهٌ
651. ,دَائِرَةُ ٱلْمُتَّفِقِ	tab. ,ثَرْمٌ
650. ,دَائِرَةُ ٱلْمُجْتَلَبِ	tab. ,ثَلْمٌ
650. ,دَائِرَةُ ٱلْمُخْتَلِفِ	624. ,جُزْءٌ plur. أَجْزَآءٌ
651. ,دَائِرَةُ ٱلْمُشْتَبِهِ	tab. ,جَسْمٌ
650. ,دَائِرَةُ ٱلْمُؤْتَلِفِ	tab. ,حَذٌّ
654, 657. ,دَخِيلٌ	tab. ,حَذٌّ وَإِضْمَارٌ
639. ,رَاجِزٌ	627, tab. ,حَذْفٌ
622, 639. ,رَجَزٌ	tab. ,حَذْوٌ وَخَبْنٌ
654, 657. ,رِدْفٌ	654. ,حَذْوٌ
654. ,رَسٌّ	624. ,حَشْوٌ
648. ,رَكْضُ ٱلْخَيْلِ	639. ,حِمَارُ ٱلشُّعَرَآءِ
622, 640. ,رَمَلٌ	648. ,خَبَبٌ
654 et suiv. ,رَوِيٌّ	tab. ,خَبْلٌ
625. ,زِحَافٌ plur. زِحَافَاتٌ	tab. ,خَبْلٌ وَكَشْفٌ
621. ,سَبَبٌ ثَقِيلٌ	tab. ,خَبْنٌ
621. ,سَبَبٌ خَفِيفٌ	tab. ,خَبْنٌ وَكَشْفٌ

DU TRAITÉ DE L'ART MÉTRIQUE 693

فَاصِلَةٌ كُبْرَى, 621.
فَرْعٌ, plur. فُرُوعٌ, 626.
قَافِيَةٌ, 617.
قَبْضٌ, tab.
قَصْرٌ, tab.
قَصْرٌ وَخَبْنٌ, tab.
قَصْمٌ, tab.
قَطْعٌ, tab.
قَطْعٌ وَخَبْنٌ, tab.
قَطْفٌ, tab.
كَامِلٌ, 622, 635.
كَشْفٌ, tab.
كَفٌّ, tab.
مُتَدَارِكٌ, 622, 648, 653.
مُتَرَادِفٌ, 653.
مُتَرَاكِبٌ, 653.
مُتَّسَقٌ, 648.
مُتَقَارِبٌ, 622, 646, 653.
مُتَكَاوِسٌ, 553.
مُتَوَاتِرٌ, 653.
مُثَلَّثٌ, 650.
مُثَمَّنٌ, 623, 650.
مُثَنَّى, 650.

سَرِيعٌ, 622, 640.
شَتْرٌ, tab.
شَطْرٌ, 623, 649.
شَقِيقٌ, 648.
شَكْلٌ, tab.
صَدْرٌ, 624, 630.
صَلْمٌ, tab.
ضَرْبٌ, plur. ضُرُوبٌ, 624, 630.
ضَوَابِطُ, 620.
طَرَفَانِ, 630.
طَوِيلٌ, 622, 631.
طَيٌّ, 628, tab.
طَيٌّ وَكَشْفٌ, tab.
عَجُزٌ, 624, 630.
عَرُوضٌ, plur. أَعَارِيضُ, 624, 630.
عَضْبٌ, tab.
عَضْبٌ, tab.
عَقْصٌ, tab.
عَقْلٌ, tab.
عِلْمُ ٱلْعَرُوضِ, 617.
عِلَّةٌ, plur. عِلَلٌ, 625.
غَرِيبٌ, 648.
فَاصِلَةٌ صُغْرَى, 621.

694   TABLE DES MOTS TECHNIQUES

مُجْتَثٌ, 622, 646.
مُجَرَّدٌ, 658.
مُجْرَى, 655, 658.
مَجْزُوءٌ, 649.
مُحَدَّثٌ, 648.
مَحْذُوفٌ, tab.
مَحْذُوفٌ مَخْبُونٌ, tab.
مَخْبُولٌ, tab.
مَخْبُولٌ مَكْشُوفٌ, tab.
مَخْبُونٌ, tab.
مَخْبُونٌ مَكْشُوفٌ, tab.
مَخْبُونٌ مَوْقُوصٌ, tab.
مُخْتَرَعٌ, 648.
مَخْزُولٌ, tab.
مَدِيدٌ, 622, 632.
مُذَيَّلٌ, tab.
مُذَيَّلٌ مَخْبُولٌ, tab.
مُذَيَّلٌ مَخْبُونٌ, tab.
مُذَيَّلٌ مَخْزُولٌ, tab.
مُذَيَّلٌ مُضْمَرٌ, tab.
مُذَيَّلٌ مَطْوِىٌّ, tab.
مُذَيَّلٌ مَوْقُوصٌ, tab.
مُرَاقَبَةٌ, 629.

مُرَبَّعٌ, 650.
مُرْدَفٌ et مُرَدَّفٌ, 657.
مُرَقَّلٌ, tab.
مُرَقَّلٌ مَخْزُولٌ, tab.
مُرَقَّلٌ مُضْمَرٌ, tab.
مُرَقَّلٌ مَوْقُوصٌ, tab.
مُسَبَّغٌ, tab.
مُسَبَّغٌ مَخْبُونٌ, tab.
مُسْتَطِيلٌ, 649.
مُسَدَّسٌ, 623, 650.
مَشْطُورٌ, 639.
مَشْطُورُ آلْمَنْهُوكِ, 649.
مُشَعَّثٌ, tab.
مَشْكُولٌ, tab.
مِصْرَاعٌ, 623.
مُضَارِعٌ, 622, 645.
مُضْمَرٌ, tab.
مُضْمَرٌ مَقْطُوعٌ, tab.
مُطْلَقٌ, 654.
مَطْوِىٌّ, tab.
مَطْوِىٌّ مَكْشُوفٌ, tab.
مُعَاقَبَةٌ, 629.
مَعْصُوبٌ, tab.

مَعْقُولٌ, tab.	مَوْصُولٌ, 658.
مَقْبُوضٌ, tab.	مَوْصُول بِخُرُوج, 658.
مُقْتَضَبٌ, 622, 645.	مَوْقُوصٌ, tab.
مَقْصُورٌ, tab.	مَوْقُوفٌ, tab.
مَقْصُورٌ مَخْبُونٌ, tab.	مَوْقُوفٌ مَطْوِىٌّ, tab.
مَقْطُوعٌ, tab.	نَفَاذٌ, 654.
مَقْطُوعٌ مَخْبُونٌ, tab.	نَقْصٌ, tab.
مَقْطُوفٌ, tab.	نَقْطُ الْمِيزَانِ, 648.
مُقَيَّدٌ, 654.	نَهْكٌ, 649.
مُكَانَفَةٌ, 629.	هَجَزٌ, 622, 638.
مَكْشُوفٌ, tab.	وَافِرٌ, 622, 634.
مَكْفُوفٌ, tab.	وَتَدٌ مَجْمُوعٌ, 621.
مُمْتَدٌّ, 649.	وَتَدٌ مَفْرُوقٌ, 621.
مُنْسَرِحٌ, 622, 642.	وَصْلٌ, 654, 658.
مَنْقُوصٌ, tab.	وَقْصٌ, tab.
مَنْهُوكٌ, 649.	وَقْفٌ, tab.
مُوَحَّدٌ, 651.	وَقْفٌ وَطِىٌّ, tab.
مُوَسَّسٌ, 657.	

FIN DE LA TABLE DES MOTS TECHNIQUES DU TRAITÉ DE L'ART MÉTRIQUE

APPENDICE

QUELQUES MOTS
SUR
L'ORIGINE DE LA GRAMMAIRE ARABE
ET SUR
LES PREMIERS GRAMMAIRIENS [1]

Le Prophète Mahomet, disent les historiens arabes, était *oummi*, c'est-à-dire qu'il ne s'était livré à aucune étude, qu'il était naturellement inculte, ne sachant ni lire ni écrire, mais qu'il possédait d'intuition toutes les sciences humaines. Il connaissait parfaitement la langue arabe, qu'il parlait avec la plus grande pureté. « Je suis Koraïchite, disait-il, né dans la tribu des Beni-Sad; comment pourrais-je commettre quelque erreur dans mes expressions? » La langue du Coran était celle du Prophète; elle était, par suite, comprise par tous ceux qui appartenaient aux tribus arabes. Mais lorsque la religion musulmane commença à se répandre, que le Coran fut appris par des néophytes étrangers ou n'appartenant pas aux tribus de langue arabe pure, des erreurs de lecture et de prononciation ne tardèrent pas à se multiplier qui altérèrent le sens du texte sacré et menacèrent de le dénaturer. Déjà le Prophète s'était aperçu des fautes que faisaient les nouveaux convertis en récitant le Coran, et il avait appelé sur ce point l'attention de ses lieutenants. Essoyouti rappelle, dans son ouvrage *Elmouzher*, un récit fait par le lexicographe Abou Ettaïeb : « Sache, dit cet auteur, que les fautes contre les règles du langage arabe furent

[1] Pour la rédaction de cette note forcément restreinte, on a consulté les ouvrages suivants : نُزْهَة ٱلْأَلِبَّاء, par le cheikh Abderrahmane ben Mohamed Elanbari; ٱلْمُزْهِر, par le cheikh Djelal Eddin Abderrahman Essoyouti; كَشْف الظُّنون ; les prolégomènes d'Ibn Khaldoun; le dictionnaire biographique d'Ibn Kkellican.

constatées tout d'abord dans la bouche des esclaves et des étrangers convertis à l'islam. L'un d'eux, ayant parlé incorrectement devant le Prophète, celui-ci dit aux assistants : « Con-« duisez votre frère dans la voie droite, car il s'est égaré. »

Le khalife Ali ben Abi Taleb fut le premier qui essaya de fixer les règles de la grammaire. Il y fut amené, dit-on, par la constatation des nombreux solécismes que faisaient certains musulmans en lisant le Coran. Il avait entendu un jour prononcer la phrase لَا يَأْكُلُهُ إِلَّا ٱلْخَاطِئُونَ *(que les coupables seuls mangeront)* sous la forme إِلَّا ٱلْخَاطِئِينَ, le sujet ayant été mis à l'accusatif au lieu du nominatif.

Mais ce fut surtout Abou Laswed Eddouali ابو الاسود الدّؤلي (67)[1] qui fut le père de la grammaire arabe. Il commença à en codifier les règles sur les instances du khalife Ali. « J'entrai un jour, a-t-il raconté lui-même, chez le Prince des Croyants, Ali ben Abi Taleb, et le trouvai en train de lire un document écrit par lui. « Qu'est cela? lui demandai-je. — J'ai souvent constaté, « me répondit-il, que notre langue se corrompait au contact des « étrangers, et je cherche à en fixer les règles fondamentales « afin d'obvier à cet inconvénient. » Puis il me passa le document sur lequel il avait écrit différents principes de grammaire. Je me conformai à son désir et rédigeai un chapitre sur la conjonction, un autre sur le qualificatif, un troisième sur les mots interrogatifs, un sur إِنَّ et ses analogues..... Chaque fois que j'avais achevé un chapitre, je le lui soumettais. Lorsque j'eus terminé mon travail, le Khalife, satisfait, me dit : « Quelle « excellente voie tu as suivie! مَا أَحْسَنَ ٱلنَّحْوَ ٱلَّذِي نَحَوْتَ », et ce mot نَحْوُ a servi depuis à désigner la grammaire. »[2]

Voici une anecdote, racontée un peu différemment suivant les auteurs, qui prouve la facilité avec laquelle les étrangers

---

[1] Le nombre placé à côté du nom du grammairien indique la date de sa mort, ère hégirienne.

[2] Comparer le sens de نَحْوُ avec celui du mot *méthode* (méta, vers, odos, chemin, voie).

dénaturaient inconsciemment le sens du texte sacré. Un Arabe s'était rendu à Médine avec la ferme résolution de se faire musulman. Il chercha quelqu'un qui pût lui enseigner quelque chapitre du livre de Dieu. Un homme de bonne volonté s'offrit à lui apprendre la sourat *El Baraâ* (le pardon). Arrivé à la phrase إِنَّ ٱللَّهَ بَرِىٌّ مِنَ ٱلْمُشْرِكِينَ وَرَسُولُهُ il prononça le dernier mot وَرَسُولِهِ au cas indirect. « Comment, dit l'Arabe, Dieu se déclare irresponsable des actes de son Prophète !... Eh bien ! je me déclare irresponsable de lui. » L'incident arriva aux oreilles du khalife Omar, qui fit appeler l'Arabe et son initiateur. « Comment, dit le Khalife à l'Arabe, tu as dit que tu étais irresponsable du Prophète ? — Maître des Croyants, répondit l'Arabe, je suis venu à Médine bien décidé à me faire musulman; mais je ne connaissais pas un mot du Coran. Cet homme a bien voulu m'enseigner le chapitre *El Baraâ*, dans lequel il est dit que « Dieu se déclare irresponsable des actes des polythéistes et « de son Prophète ». Dans ce cas, je me déclare irresponsable, moi aussi, du Prophète. — Tel n'est point le sens du texte, dit le Khalife. Il signifie que Dieu et son Prophète sont irresponsables des actes des polythéistes. — Alors, dit l'Arabe, je me déclare irresponsable d'eux également. »

Le Khalife décida en conséquence que le Coran ne serait plus enseigné à l'avenir que par les personnes qui connaîtraient parfaitement la langue arabe, et il fit en même temps établir les règles de la grammaire par Abou Laswed.

On peut donc avancer avec certitude que la grammaire arabe est née de la nécessité où l'on s'est trouvé de bonne heure de fixer d'une manière définitive et précise la lecture et le sens des versets du Coran et des « hadits » qui constituent les fondements de la religion et de la législation des Musulmans, de ce qu'on appela ٱلْعِلْم *la science par excellence*. Cette science fut confiée tout d'abord à la mémoire et transmise ainsi de maître à élèves, suivant les recommandations mêmes du Prophète. « Je crains, avait-il répondu à un de ses disciples qui lui avait fait une observation sur ce point, que vous ne négligiez d'apprendre les textes par cœur, vous fiant par trop aux documents écrits. »

« Il vaudrait mieux, disait dans le même sens Abou Bekr, se tromper en omettant un mot par oubli que de commettre un solécisme. »

Comme, dans l'écriture arabe,[1] on ne marquait que les consonnes, il fallut trouver un procédé pour indiquer les voyelles. Ce fut, dit-on, Abou Laswed qui inventa ce procédé. « Prends, dit-il à l'homme qu'il avait choisi pour l'aider dans son travail, un exemplaire du Coran et une encre d'une couleur différente de celle du texte. Lorsque j'ouvrirai la bouche en séparant les lèvres, tu placeras un point sur la consonne (pour représenter le son *a*, le *fatha*); lorsque je contracterai les lèvres, place ce point à côté de la lettre (pour représenter le son *ou*, le *dhamma*); si j'écarte les lèvres, mets le point sous la consonne (pour représenter le son *i*, le *kesra*); si tu entends un son nasal (c'est-à-dire le *tanouîn*), double ces points pour en indiquer la prononciation. »

Les premiers grammairiens arabes se préoccupèrent tout d'abord des règles syntaxiques, pour préciser dans quels cas les mots devaient être prononcés avec telle voyelle ou telle lettre finale. Mais le *Nahou* comprit, dès le principe, la morphologie et la syntaxe. Les auteurs ne sont pas d'accord sur l'ordre dans lequel les questions grammaticales furent étudiées. Les anecdotes sur ce sujet abondent, sans grand intérêt, du reste. Nous ajouterons à celles que nous avons déjà racontées ci-dessus la suivante, à titre de curiosité. Un jour, la fille d'Abou Laswed lui dit : « مَا أَحْسَنُ ٱلسَّمَآءَ ».[2] — نُجُومُهَا, lui répondit-il. — Ce n'est pas ce que j'ai voulu dire, remarqua la jeune fille ; j'ai désiré manifester mon admiration en présence du firmament. — Dans ce cas, dit le père, il fallait t'exprimer ainsi : مَا أَحْسَنُ ٱلسَّمَآءَ (que le ciel est beau !). » Il aurait alors

---

[1] Il faut noter que dans l'écriture primitive des Arabes les lettres n'étaient pas différenciées par des points.

[2] La phrase signifie, à la façon dont la jeune fille prononce les mots : « Qu'est-ce qu'il y a de plus beau dans le ciel ? » D'où la réponse du père : « Ses étoiles ».

commencé son travail sur la grammaire par le chapitre des mots admiratifs.

Abou Laswed eut de nombreux disciples et d'illustres successeurs qui tous ajoutèrent des observations nouvelles ou des études originales aux notions déjà acquises. Les historiens citent parmi ces successeurs :

Les fils d'Abou Laswed ;

Mouad ben Mouslim Elherra مُعاد بن مُسلِم الهَرّاء ;

Anbasat Elfil عَنْبِسة الفيل ;

Maïmoun Elakren مَيْمون الأقْرن ;

Yahia ben Yamer Eladwani (129) ; يَحْيَى بن يَعْمر العدواني

Abdallah ben Abou Ishak, de Hadramout ; (117) عبد الله بن أبي اسحاق الحضرمي

Yssa ben Amor Ethekfi (149) ; عيسى بن عمر الثَّقفي

Abou Amr ben Elala (154) ; أبو عمرو بن العَلا

Khelil ben Ahmed Elfourhoudi (160) ; الخليل بن احمد الفُرهودي

Sibawaïhi, de Bassora (161) ; سِيبَوَيْه

Elkissaï, de Koufa (102). الكِسائي

Après ces deux maîtres, commence l'antagonisme entre les grammairiens de Bassora et ceux de Koufa, les premiers vivant au milieu de tribus parlant correctement la langue arabe et dépositaires des traditions littéraires de leurs ancêtres, les seconds prétendant avoir une connaissance plus approfondie des difficultés et des subtilités de la langue.

Les grammairiens les plus renommés des deux écoles sont :

Abou Elkhettab Elakhfech أبو الخطّاب الاخْفش ;

Yahia ben Ziad Elferra (207) ; يَحْيَى بن زياد الفَرّاء

Salah ben Ishak Eldjarami (225) ; صالح بن اسحاق الجرمي

Abou Otsman Bekr ben Mohammed Elmazani (249) ; ابو عُثمان بَكر بن محمّد المازني

Ben Yazid Elmoubarrid (285) ; ابن يزيد المُبَرّد

Abou Ishak Ezzedjadj (311) ; ابو اسحاق الـزجّاج

Abou Bekr ben Esserradj أبو بكر بن السّرّاج (316) ;
Ben Darestawaïh ابن دَرَسْتَوَيْه (347) ;
Abou Ali Elfarisi أبو علي الفارسي (377) ;
Essirafi السّيرافي (368) ;
Ali ben Issa Erroummani علي بن عيسى الرّمّاني (384) ;
Otsman ben Djounni عُثمان بن جُنّي (392) ;
Abdelqaher Eldjourdjani عبد القاهر الجُرْجاني ;
Ezzamakhchari الزّمَخْشَري (538).

 Cette liste pourrait être considérablement allongée, car tous les savants arabes ont été aussi des grammairiens, et il faudrait alors citer les commentateurs du Coran, les commentateurs des diwans de tous les poètes arabes, les littérateurs, les juristes, etc. Nous nous contenterons de clore cette note en indiquant les différents ouvrages classiques qui servent encore dans les pays musulmans à l'enseignement de la grammaire.

 Observons en terminant que l'étude des grammairiens est indispensable à la connaissance approfondie de la langue. Sans doute, plusieurs d'entre eux se sont attachés à développer des questions parfois futiles ; ils se sont plu à noter les subtilités de la langue, et ils leur ont fait une place trop grande dans leurs ouvrages ; ils ont même imaginé des exemples, des tournures ou des constructions qui ne se rencontrent pas dans la pratique ; mais on ne saurait leur refuser un esprit méthodique remarquable, une grande sagacité dans l'étude de leur langue et une analyse fine et souvent profonde des règles qui la régissent.

 Les arabisants qui n'auront pas fait une étude suffisante des grammairiens arabes seront dans l'impossibilité de lire avec profit les commentateurs des ouvrages de littérature, prose ou poésie. C'est pour leur faciliter cette étude que nous publions un vocabulaire des termes grammaticaux. Ce vocabulaire est sûrement incomplet, mais il sera loisible à chacun de l'augmenter en inscrivant à leur place les formules ou les termes qui auront pu être oubliés.

Principaux ouvrages de grammaire actuellement en usage dans les pays musulmans :

الأجْروميّة *Ladjroumîa*.

شَرْح سيدي خالد على الاجروميّة Le commentaire de Sidi Khaled sur *Ladjroumîa*.

حاشية ابى النجآء عليه Gloses sur ce commentaire, par Aboulnadja.

شَرْح الكفراوي على الاجرومية Le commentaire d'Elkefraoui sur *Ladjroumîa*.

القُطْر لابن هِشام Le *Katr*, par Ibn Hicham.

الشُّذور لابن هِشام *Echchoudzour*, par Ibn Hicham.

حاشية الشجاعى على القطر Les gloses d'Essoudjaï sur le *Katr*.

شَرْح الفاكهى على القطر Le commentaire d'Elfakihi sur le *Katr*.

التسهيل لابن مالك Le *Teshil*, par Ibn Malek.

شَرْح الدامينى على التسهيل Le commentaire d'Eddemamini sur le *Teshil*.

الالفية لابن مالك L'*Alfia*, par Ibn Malek.

شَرْح الأشْمونى على الالفية Le commentaire de l'*Alfia*, par Elouchmouni.

شَرْح الماكودي Le commentaire d'Elmakoudi.

شَرْح ابن عقيل Le commentaire d'Ibn Akil.

حاشية الصّبّان على شرح الأشْمونى Les gloses d'Essebban sur le commentaire d'Elouchmouni.

حاشية الحفناوي عليه Les gloses d'Elhefnaoui sur ce commentaire.

حاشية ابن سعيد عليه Les gloses d'Ibn Saïd sur ce commentaire.

حاشية الخُضَري على ابن عقيل Les gloses d'Elkhoudari sur le commentaire d'Ibn Akil.

شَرْح السيوطى على الالفية Le commentaire d'Essoyouti sur l'*Alfia*.

المُغْنى لابن هشام Le *Mour'ni*, par Ibn Hicham.

حاشية الدامينى عليه Les gloses d'Eddemamini sur cet ouvrage.

حاشية الشُمُنّى عليه	Les gloses d'Echchemounni sur cet ouvrage.
حاشية الدسّوقى عليه	Les gloses d'Eddessouqi sur cet ouvrage.
المُقدّمة فى الجُمل لابن هشام	« Traité élémentaire des propositions », par Ibn Hicham.
الكافية لابن حاجف	La *Kafia*, par Ibn Hadjef.
إلتصريح لسيدي خالد على التوضيح لابن هشام على الالفية	Le *Tasrih*, par Sidi Khaled, sur le *Tawdih*, commentaire d'Ibn Hicham sur l'*Alfia*.

VOCABULAIRE
DES
PRINCIPAUX TERMES TECHNIQUES
DE LA GRAMMAIRE ARABE

ا

أَثَّرَ‎ II. influer sur, avoir une influence sur...

أَثَرٌ‎ (pl. آثَارٌ‎) trace, marque, effet.

أَجَلٌ‎ cause, motif. V. مَفْعُولٌ‎.

أَخَّرَ‎ II. reporter à la fin, reculer, invertir, faire une inversion, تَأْخِيرٌ‎.

آخِرُ‎ dernier, final, ultième (pl. أَوَاخِرُ‎); le dernier mot, la dernière lettre, la finale.

أُخْتٌ‎ (pl. أَخَوَاتٌ‎) sœur.

mot semblable à..., analogue à...; أَخَوَاتُ إِنَّ‎ les analogues de إِنَّ‎;

أَخَوَاتُ كَانَ‎ les analogues de كَانَ‎.

أُخْتُ ٱلْكَسْرَة‎ la sœur du *kesra* (le ي‎). II, 60, 588.

أَدَاةٌ‎ (pl. أَدَوَاتٌ‎) outil, instrument.

أَدَاةُ ٱلتَّعْرِيفِ‎ l'article, l'organe de la détermination. I, 435.

أَسَّسَ‎ II. fonder.

مُؤَسِّسٌ‎ fondamental, ٱلْحَالُ ٱلْمُؤَسِّسَةُ‎ le terme circonstanciel d'état indispensable au sens fondamental, comme لَاعِبِينَ‎ dans cette phrase : مَا خَلَقْنَا ٱلْأَرْضَ لَاعِبِينَ‎ *nous n'avons pas créé la terre nous amusant (pour nous amuser)*.

أَسَلَةٌ pointe de la langue.

حُرُوفٌ أَسَلِيَّةٌ les lettres س, ص, ز sifflantes.

آسْمٌ V. سمو.

أَكَلَ (pl. يَأْكُلُ) manger.

أَكَلُونِي ٱلْبَرَاغِيثُ les puces m'ont dévoré. Règle de concordance insolite. II, 238.

أَصْلٌ (pl. أُصُولٌ) base, racine, principe, radicale; ce qui est fondamental.

أَصْلِيٌّ fondamental, principal, règle fondamentale.

أَصَالَةٌ qualité de ce qui est principal, fondamental. I, 30, 123, 275.

أَكَّدَ II. et وَكَّدَ affermir — confirmer, corroborer, certifier.

مُؤَكِّدٌ corroborant, corroboratif — مُؤَكِّدٌ لَفْظِيٌّ corroboratif formé par le même mot répété ou par un synonyme : قُمْ قُمْ lève-toi! debout! نَعَمْ جَيْرَ oui, certes!

مُؤَكِّدٌ مَعْنَوِيٌّ corroboratif logique formé habituellement à l'aide des mots : نَفْسٌ, عَيْنٌ, كُلٌّ.

مُؤَكَّدٌ corrobore, fortifié.

تَوْكِيدٌ et تَأْكِيدٌ corroboration, confirmation, corroboratif — لَامُ ٱلتَّأْكِيدِ la particule لَ qui sert à corroborer, à certifier avec énergie.

تَأْكِيدُ نَفِي ٱسْتِقْبَالِ action de corroborer, de fortifier la négation du futur, de nier le futur avec énergie, propriété de la particule du subjonctif لَنْ. I, 516; II, 113, 284, 287, 291, 375, 386, 478, 521, 526.

أَلِفٌ la lettre ا — ٱلْأَلِفُ وَٱللَّامُ l'alif et le lam, c'est-à-dire l'article. I, 435.

كُبْرَى‎ *plus* ‏alif écourté, comme dans أَلِفٌ مَقْصُورَةٌ
grande; أَلِفٌ مَمْدُودَةٌ alif prolongé, comme dans
عُلَمَاءُ *savants*; أَلِفُ ٱلْوَصْلِ alif d'union, comme dans
وَآسْكَتَ ; أَلِفُ ٱلْقَطْعِ alif de suspension, d'interruption, de rupture, comme dans أَكْرَمَ.

أَلَّفَ‎ II. composer, rédiger un ouvrage.

مُؤَلِّفٌ auteur, compositeur. قَالَ ٱلْمُؤَلِّفُ *l'auteur de l'ouvrage a dit...*

أَمْرٌ (pl. أُمُورٌ) chose, affaire, ordre.

ٱلْأَمْرُ l'impératif.

لَامُ ٱلْأَمْرِ le لِ du conditionnel : لِيَدْخُلْ *qu'il entre!* I, 147, 478; II, 26, 570.

أُمٌّ (pl. أُمَّهَاتٌ) mère.

إِنَّ et ses analogues. I, 105, 562.

أَنَّثَ II. rendre du genre féminin, mettre au féminin.

يُذَكَّرُ وَيُؤَنَّثُ [*ce mot*] *est du genre masculin et du genre féminin.*

تَأْنِيثٌ féminin, genre féminin.

مُؤَنَّثٌ du genre féminin — مُؤَنَّثٌ حَقِيقِيٌّ féminin réel — مُؤَنَّثٌ غَيْرُ حَقِيقِيٍّ féminin non réel, conventionnel, attribué par l'usage — مُؤَنَّثٌ لَفْظِيٌّ féminin reconnaissable par la prononciation : كَلْبَةٌ *une chienne* — مُؤَنَّثٌ مَعْنَوِيٌّ féminin par la signification : بِنْتٌ *une fille*;

أُنْثَى (pl. إِنَاثٌ) femelle. I, 149, 346, 347, 408; II, 230.

ٱسْتَأْنَفَ X. commencer, aborder quelque chose de nouveau.

اِسْتِئْنَافٌ action de commencer. Inchoatif.

عَلَى ٱلْاِسْتِئْنَافِ comme recommençant, comme n'ayant pas de rapport avec ce qui précède.

جُمْلَةٌ مُسْتَأْنَفٌ V. جُمْلَةٌ. I, 479; II, 294, 399, 599.

آلَةٌ (pl. آلَاتٌ) outil, instrument, organe.

اِسْمُ آلَةٍ nom d'instrument. I, 306.

أَوَّلَ II. commenter, interpréter.

تَأْوِيلٌ interprétation.

مُؤَوَّلٌ qui peut être interprété, supposé, considéré comme; qui ne doit pas être pris avec son sens propre. — Ainsi dans la phrase أَنْ تَصُومُوا خَيْرٌ لَكُمْ la proposition أَنْ تَصُومُوا peut être considérée, مُؤَوَّلٌ, comme équivalant au mot ٱلصَّوْمُ. II, 516, 519, 530.

ب

بآء la lettre ب; — la préposition ب; — la particule de serment ب.

ب : بآء ٱلثَّمَنِ signifiant au prix de... I, 470.

بَدَأَ f. a. commencer اِبْتَدَأَ VIII. commencer, débuter.

اِبْتِدَآءٌ début, origine اِبْتِدَائِيٌّ de début, initial, inchoatif.

جُمْلَةٌ ٱبْتِدَائِيَّةٌ V. جُمْلَةٌ.

حَرْفُ ٱلْاِبْتِدَآءِ particule inchoative (rôle de حَتَّى dans certains cas).

مُبْتَدَأٌ mot par lequel on commence. Inchoatif — nom qui n'est sous aucune dépendance. I, 479, 565; II, 98, 138, 360, 514.

بَدِيعٌ (pl. بَدَايِعُ) figure de rhétorique, trope. II, 454.

بَدَّلَ II. et أَبْدَلَ IV. changer, permuter, suppléer — أُبْدِلَ être changé, permuté, remplacé.

بَدَلٌ changement, permutation, permutatif — بَدَلُ ٱلْبَعْضِ permutatif partitif, permutatif de partie, de fraction — بَدَلُ ٱلْكُلِّ le permutatif de totalité — بَدَلُ ٱلْاِشْتِمَالِ le permutatif qui embrasse, qui comprend, qui s'étend à... — ٱلْبَدَلُ ٱلْمُطَابِقُ ou بَدَلُ ٱلْكُلِّ مِنَ ٱلْكُلِّ le permutatif de tout en tout — بَدَلٌ مِنَ ٱلْمُضَافِ إِلَيْهِ permutatif pour remplacer un complément d'un rapport d'annexion — بَدَلُ ٱلْغَلَطِ le permutatif d'erreur ou de méprise — بَدَلٌ دَالٌّ عَلَى مَعْنًى فِى مَتْبُوعِهِ permutatif énonçant un sens compris dans son antécédent. I, 437; II, 110, 138, 284, 286, 287, 318, 359, 370, 437, 526, 528, 549, 574.

* برر ٱلتَّبْرِئَةِ لَا ou ٱلنَّافِيَةُ لِلْجِنْسِ la particule لَا indiquant l'exemption. II, 414.

* برز بَارِزٌ apparent, visible, sensible — ضَمِيرٌ بَارِزٌ, ainsi dans ضَمِيرٌ بَارِزٌ, le ت est ضَرَبْتُ. I, 463; II, 519, 542, 548, 552.

* بسط بَسِيطٌ simple مَبْسُوطٌ id. تآء مَبْسُوطَةٌ; ت allongé, opposé à lié. تآء مَرْبُوطَةٌ; ت. I, 276.

بَعْضٌ partie, fraction, portion, v. بَدَلَ.

تَبْعِيضٌ fractionnement, action de prendre une partie seulement — تَبْعِيضِىٌّ partitif. I, 489, 527.

* بلغ بَالَغَ III. exagérer.

غَفَّارٌ très indulgent (اِسْمُ مُبَالَغَةٍ ou صِيغَةٌ nom d'intensité). I, 322.

بَنَى f. يَبْنِي construire, bâtir.

بِنَاء (pl. أَبْنِيَةٌ), construction, forme, paradigme, — caractère d'invariabilité, d'inflexibilité.

مَبْنِيٌّ inflexible, invariable, qui ne se décline pas apparemment. I, 394, 395, 398, 415, 430, 568.

بَهَمَ * مُبْهَمٌ — indéfini, vague, indéterminé — الْاِسْمُ الْمُبْهَمُ le nom indéfini (pronom démonstratif هَذَا, ذَلِكَ etc.). I, 267, 439; II, 66, 70.

بَابٌ (pl. أَبْوَابٌ) porte, chapitre, catégorie.

بَانَ * بَيَّنَ II. indiquer, éclaircir, spécifier, distinguer.

بَيَانٌ exposition, explication, éclaircissement.

بَيَانِيٌّ explicatif, expositif.

تَبْيِينٌ distinction, explication, détermination d'une signification.

بَيْنَ بَيْنَ employé prépositivement entre inachevé, imparfait, incomplet.

ت

تَاء — ت la lettre ت — la particule de serment — تَاءُ التَّأْنِيثِ le ت marquant le féminin, ضَرَبَتْ — تَاءٌ مَرْبُوطَةٌ le (ة) lié ت — تَاءٌ مَبْسُوطَةٌ et مَفْتُوحَةٌ le ت allongé.

تَبِعَ f. a. suivre أَتْبَعَ IV, faire suivre, faire concorder. اِسْتَتْبَعَ x, se faire suivre.

تَابِعٌ qui suit, suivant (pl. تَوَابِعُ) appositif, concordant, suivant... ce sont le بَدَل, le تَأْكِيد, le نَعْت.

إِتْبَاعُ الْمَحَلِّ accord ou concordance avec un mot suivant la position de ce mot et non suivant sa terminaison, ex.: لَا رَجُلَ فِي ٱلدَّارِ مُؤْمِنٌ *il n'y a pas dans la maison un homme musulman.* مُؤْمِنٌ est au nominatif, bien que رَجُلَ soit à l'accusatif.

مَتْبُوعٌ mot avec lequel un autre est en apposition. II, 138, 284, 359, 526, 539, 574, 586.

تَمَّ f. يَتِمُّ finir, être complet — تَمَّمَ II. et أَتَمَّ IV. finir, compléter, achever, parfaire.

تَامٌّ complet, parfait, achevé — كَلَامٌ تَامٌّ discours parfait, complet; phrase donnant un sens complet — ٱلْإِسْمُ ٱلتَّامُّ nom parfaitement déclinable. II, 67, 433, 559, 594.

ث

ثَبَتَ f. o. rester en un lieu, être stable, être certain.

ثَبَّتَ II, f. consolider, fixer, prouver; — أَثْبَتَ IV, id.

ثَابِتٌ étant certain, stable, établi.

مُثْبِتٌ affirmatif; — مُثْبَتٌ affermi, établi.

ثُبُوتٌ constatation, stabilité, présence réelle d'une lettre.

إِثْبَاتٌ fixation, maintien, affirmation.

ثَقَّلَ II. alourdir, aggraver, mettre un *chadda* sur une lettre. — ٱسْتَثْقَلَ x. trouver lourd, dur.

ثَقِيلٌ lourd, alourdi, surmontée d'un *chadda* (consonne), aoriste énergique lourd.

تَثْقِيلٌ aggravation, alourdissement (comme تَشْدِيدٌ).

مُثَقَّلٌ aggravé, appesanti, affecté d'un *chadda*. I, 52, 53, 155; II, 562.

ثَلَّثَ II. tripler, donner les trois voyelles à une consonne, mettre trois points sur une lettre (nom d'action تَثْلِيتٌ).

ثَلَاثَةٌ trois — فِعْلُ ذُو ٱلثَّلَاثَةِ verbe ayant trois lettres au prétérit, comme لُمْتُ *j'ai blâmé*, c'est-à-dire verbe concave.

ثُلَاثِىٌّ composé de trois lettres.

مُثَلَّثٌ ayant trois points (lettre). I, 11, 123, 274.

ثَنَى f. i. plier II. ثَنَّى doubler, réitérer, mettre au duel, mettre deux points sur une lettre — ٱسْتَثْنَى X. faire une exception, une réserve, excepter, exclure — تَثْنِيَةٌ duel.

ثَانٍ f. ثَانِيَةٌ deuxième, second — ثُنَائِىٌّ qui n'a que deux lettres, bilitère.

مُثَنًّى ayant deux points (lettre).

ٱسْتِثْنَاءٌ exception, restriction ; — ٱلْمُسْتَثْنَى la chose exceptée ; — ٱلْمُسْتَثْنَى مِنْهُ ce dont on a excepté quelque chose. I, 149, 274, 481 ; II, 402, 403, 514, 528, 538, 565.

ج

جَحَدَ f. a. nier, renier.

جَحْدٌ négation ; — جَحْدٌ مُسْتَغْرَقٌ négation absolue (لَمَّا) ne pas encore (لَمْ) جَحْدٌ مُطْلَقٌ).

جُحُودٌ négation ; — لَامُ ٱلْجُحُودِ le لِ qui gouverne le subjonctif et qui vient après une négation. I, 516 ; II, 604.

جَرَّ f. o. tirer, traîner, affecter d'un *kesra* une lettre finale ; mettre au cas indirect un nom.

جَرّ le cas indirect, marqué habituellement par un *kesra*. — حُرُوفُ ٱلْجَرِّ les prépositions.

جَارٌّ mettant au cas indirect (préposition).

مَجْرُورٌ mis au cas indirect, complément d'une préposition. I, 397, 468; II, 112, 113, 524, 525, 536, 561, 591.

جَرِدَ être nu; — جَرَّدَ II. mettre à nu, dépouiller; — تَجَرَّدَ V. être dépouillé, n'être sous l'influence d'aucun autre mot; — nom d'action تَجَرُّدٌ.

تَجْرِيدٌ dépouillement, caratère d'un verbe primitif.

مُجَرَّدٌ dépouillé, ٱلْمُجَرَّدُ عن ٱلْعَوَامِلِ qui ne se trouve sous l'influence d'aucun agent. (V. عارى), par suite, primitif (verbe). I, 123, 274; II, 583.

جَرَى f. يَجْرِى courir; — أَجْرَى IV. faire courir, soumettre à la même loi, à la même condition.

جَرَى مَجْرَى cours; — courir le cours de..., se comporter comme..., suivre la même voie, la même règle; pl. مَجَارِى finales, les voyelles finales.

جُزْءٌ (pl. أَجْزَاءٌ) partie, portion.

جُزْئِىٌّ partiel, secondaire.

جَزَمَ f. i., mettre au conditionnel (un verbe); gouverner le conditionnel (particules لَمْ, لَا, etc.).

جَزْمٌ séparation, césure; le signe ـْ; le conditionnel ou aoriste apocopé.

جَازِمٌ, pl. جَوَازِمُ particules qui gouvernent le conditionnel.

مَجْزُوم mis au conditionnel. I, 45, 151, 155, 396; II, 36, 40.

جَزَى f. يَجْزِى récompenser, rétribuer; — III. جَازَى id.

جَــزَآءٌ récompense, rétribution, compensation; — مُجَازَاةٌ id.

جَوَابُ ٱلشَّرْطِ ou جَزَآءُ ٱلشَّرْطِ compensation de la condition, réponse à la condition.

حَرْفُ جَوَابٍ وَجَزَآءٍ particule de réponse et de rétribution (la particule إِذَنْ). II, 32, 37, 42, 399, 571, 597.

جَمَدَ f. o. être figé; geler.

جَامِدٌ primitif (verbe) ou incomplètement conjugable, fixe (لَيْسَ, نِعْمَ, بِئْسَ, etc); nom qui n'est point dérivé d'un autre mot et qui ne donne point naissance à d'autres mots. I, 264, 271, 273; II, 530.

جَمَعَ f. a. réunir, rassembler; mettre au pluriel; — يُجْمَعُ عَلَى il fait au pluriel...

جَمْعٌ (pl. جُمُوعٌ) réunion, pluriel; — جَمْعُ ٱلْقِلَّةِ pluriel de petite quantité (de 3 à 10); — جَمْعُ ٱلْكَثْرَةِ pluriel de grande quantité; — جَمْعُ ٱلْجَمْعِ pluriel de pluriel; — مُنْتَهَى ٱلْجُمُوعِ la dernière limite, la limite extrême des pluriels, la forme la plus extrême que puissent prendre les pluriels; appelé aussi أَقْصَى شِبْهُ ٱلْجَمْعِ — (مَسَاكِينُ) ٱلْجُمُوعِ nom ressemblant à des pluriels, nom de pluralité, nom collectif, comme ثَمَرٌ, نَخْلٌ, قَوْمٌ; — جَمْعُ ٱلتَّكْسِيرِ ou مُكَسَّرٌ pluriel dit rompu, pluriel irrégulier. — جَمْعُ سَالِمٍ ou صَحِيحٌ pluriel parfait, sain, régulier.

جَمْعِيَّةٌ la faculté d'être mis au pluriel. I, 149, 346, 354, 372, 376, 381, 408, 417, 556.

جُمْلَةٌ (pl. جُمَلٌ) totalité, somme; proposition. II, 510.

VOCABULAIRE

جُمْلَةٌ لَهَا مَحَلٌّ مِنَ ٱلْإِعْرَابِ — proposition ayant une place dans l'analyse (il y en a sept).

جُمْلَةٌ لَيْسَ لَهَا مَحَلٌّ مِنَ ٱلْإِعْرَابِ — proposition n'ayant pas de place dans l'analyse (il y en a sept). II, 596.

جُمْلَةٌ وَاقِعَةٌ خَبَرًا — proposition servant d'énonciatif. Ex.: زَيْدٌ قَامَ أَبُوهُ

جُمْلَةٌ وَاقِعَةٌ حَالًا — proposition servant de terme circonstanciel d'état. Ex.: جَاءَ زَيْدٌ وَٱلشَّمْسُ طَالِعَةٌ

جُمْلَةٌ وَاقِعَةٌ مَفْعُولًا — proposition servant de complément. Ex.: ثُمَّ يُقَالُ هَذَا ٱلَّذِي كُنْتُمْ بِهِ تُكَذِّبُونَ

جُمْلَةٌ مُضَافٌ إِلَيْهَا — proposition servant de complément annectif. Ex.: أَنْذِرِ ٱلنَّاسَ يَوْمَ يَأْتِيهِمُ ٱلْعَذَابُ

جُمْلَةٌ وَاقِعَةٌ بَعْدَ ٱلْفَاءِ أَوْ إِذَا — proposition venant après فَ ou إِذَا. Ex.: مَنْ يُضْلِلِ ٱللَّهُ فَلَا هَادِيَ لَهُ

جُمْلَةٌ تَابِعَةٌ لِمُفْرَدٍ — proposition suivant un nom isolé. Exemple: مِنْ قَبْلِ أَنْ يَأْتِيَ يَوْمٌ لَا بَيْعٌ فِيهِ

جُمْلَةٌ تَابِعَةٌ لِجُمْلَةٍ لَهَا مَحَلٌّ مِنَ ٱلْإِعْرَابِ — proposition venant après une proposition de cette espèce. Ex.: زَيْدٌ قَامَ أَبُوهُ وَقَعَدَ أَخُوهُ

VOCABULAIRE

proposition inchoative, proposition indépendante. Ex.: ٱلْإِبْتِدَائِيَّةُ ou ٱلْمُسْتَأْنَفَةُ

II, 599. قَامَ زَيْدٌ – زَيْدٌ قَائِمٌ

proposition incidente ou incise. Ex.: ٱلْمُعْتَرِضَةُ ou ٱلْإِعْتِرَاضِيَّةُ

أَحْزَنَكَ أَظُنُّ وَفَاةُ أَبِيكَ

proposition explicative. Ex.: ٱلتَّفْسِيرِيَّةُ ou مُفَسِّرَةٌ

II, 527. أَمَرْنَا زَيْدًا أَنْ يَضْرِبَ عَمْرًا

proposition répondant à une formule de serment. Ex.: ٱلْمُجَابُ بِهَا ٱلْقَسَمُ

وَٱلْقُرْآنِ ٱلْحَكِيمِ إِنَّكَ لَمِنَ ٱلْمُرْسَلِينَ

proposition formant la réponse à une condition sans que le verbe soit à l'aoriste conditionnel. Ex.: ٱلْوَاقِعَةُ جَوَابًا لِلشَّرْطِ غَيْرِ جَازِمٍ

لَوْ جَاءَنِى زَيْدٌ لَأَكْرَمْتُهُ

proposition formant une proposition conjonctive. Ex.: ٱلْوَاقِعَةُ صِلَةً لِٱسْمٍ أَوْ لِحَرْفٍ

أَعْجَبَنِى أَنْ قُمْتَ – جَاءَ ٱلَّذِى قَامَ أَبُوهُ

proposition venant après une proposition de cette espèce. Ex.: ٱلتَّابِعَةُ لِمَا لَا مَحَلَّ لَهُ مِنَ ٱلْإِعْرَابِ

قَامَ زَيْدٌ وَلَمْ يَقُمْ عَمْرُو

proposition circonstancielle de lieu. Ex.: جُمْلَةٌ ظَرْفِيَّةٌ

II, 97, 511. زَيْدٌ عِنْدَكَ

proposition verbale, proposition commençant par un verbe. Ex. قَامَ زَيْدٌ. II, 97, 511. جُمْلَةٌ فِعْلِيَّةٌ

proposition nominale, commençant par un nom. Ex.: زَيْدٌ قَائِمٌ – زَيْدٌ قَامَ. II, 96, 511. جُمْلَةٌ ٱسْمِيَّةٌ

جُمْلَةٌ حَالِيَّةٌ proposition circonstancielle d'état. Ex.: لَا تَقْرَبُوا ٱلصَّلَاةَ وَأَنْتُمْ سُكَارَى. II, 383, 389.

جُمْلَةٌ شَرْطِيَّةٌ proposition conditionnelle. Ex.: إِنْ تَقُمْ أَقُمْ. II, 513.

جُمْلَةٌ خَبَرِيَّةٌ ou إِخْبَارِيَّةٌ proposition attributive, énonciative. Ex.: زَيْدٌ قَامَ أَبُوهُ. I, 147; II, 513.

جُمْلَةٌ ذَاتُ ٱلْوَجْهَيْن proposition à deux faces ou mixte. Ex.: زَيْدٌ أَبُوهُ فَقِيرٌ. II, 99.

جُمْلَةٌ إِنْشَائِيَّةٌ proposition productive ou volitive (impérative, interrogative, optative). Ex.: قُمْ — هَلْ قَامَ زَيْدٌ. I, 147; II, 513.

جُمْلَةٌ وَصْفِيَّةٌ proposition qualificative. Ex.: جَاءَ رَجُلٌ يَجُرُّ كَلْبًا. II, 598.

جُمْلَةٌ صُغْرَى proposition plus petite, simple. Exemp.: زَيْدٌ قَائِمٌ.

جُمْلَةٌ كُبْرَى proposition plus grande, complexe. Ex.: زَيْدٌ قَامَ أَبُوهُ.

جمل * بِٱلْإِجْمَالِ en résumé, en un mot.

مُجْمَلٌ résumé.

جنب * أَجْنَبِيٌّ étranger. II, 161, 208.

جِنْسٌ (pl. جُنُوسٌ) genre, espèce.

جِنْسِيٌّ se rapportant au genre, générique.

جِنْسِيَّةٌ propriété ou qualité relative au genre.

مُجَانَسَةٌ analogie, harmonie, assimilation.

مُجَانِسٌ qui s'harmonise avec... qui est assorti à...

مُتَجَانِسٌ homogène, semblable. I, 57, 58, 149, 435; II, 133, 161, 208.

جَهَلَ f. a. ignorer.

مَجْهُولٌ ignoré; le passif.

جَوَابٌ (pl. أَجْوِبَةٌ) réponse. — جَوَابُ ٱلشَّرْطِ la réponse à la condition, la proposition répondant à celle qui contient la condition. — جَوَابُ ٱلْقَسَمِ la réponse à un serment. II, 597, 612.

جَازَ f. o. يَجُوزُ passer; être admis, être permis, toléré.

جَائِزٌ passant, admis, permis, admissible, autorisé, facultatif.

جَوَازٌ possibilité, faculté, liberté de faire.

جَوَازًا facultativement.

مَجَازٌ sens figuré.

مَجَازِيٌّ qui a un sens figuré, métaphorique.

مُجَوَّزٌ toléré, admis.

فِعْلٌ مُجَاوِزٌ verbe transitif ou actif.

مُجَاوَزَةٌ action de passer outre (sens de la préposition عَنْ). I, 87, 130, 483; II, 230.

أَجْوَفُ creux, concave (verbe) syn. ذُو ٱلثَّلَاثَةِ. I, 241, 274.

جَوْهَرٌ (pl. جَوَاهِرُ) substance, essence, volume.

ح

حُجَّةٌ (pl. حُجَجٌ) argument, raisonnement.

ٱلْحِجَازُ Le Hidjaz, contrée de l'Arabie dont la langue était celle du Coran.

حَدٌّ (pl. حُدُودٌ) limite, règle, définition.

مَحْدُودٌ délimité, défini.

VOCABULAIRE 25

حَدَثٌ (pl. أَحْدَاثٌ) chose nouvelle, événement; attribut.

حَدِيثٌ V. ضَمِيرٌ.

حَذَّرَ II. avertir, mettre en garde.

تَحْذِيرٌ avertissement.

حَذَفَ f. i. ôter, enlever, supprimer.

حَذْفٌ suppression, retranchement, ellipse.

مَحْذُوفٌ ôté, supprimé, dont on a supprimé quelque chose. I, 274.

حَرْفٌ (pl. حُرُوفٌ) lettre, consonne, particule.

حَرْفِيًّا textuellement.

إِنْحِرَافٌ interversion; action de rendre la prononciation plus forte.

تَحْرِيفٌ erreur, faute, altération. I, 4, 30, 123, 466.

حَرَكَةٌ (pl. حَرَكَاتٌ) motion, voyelle.

مُحَرَّكٌ affecté d'une voyelle, portant une voyelle (lettre). I, 34, 50.

حَسَّ action de sentir, de percevoir. — أَفْعَالُ الْحَسِّ verbe de sensation, de perception (comme حَسِبَ, رَأَى, etc.).

حَشْوٌ remplissage; discours prolixe; proposition incidente.

حَاشِيَةٌ (pl. حَوَاشٍ) glose, commentaire mis en marge, glose marginale.

ٱلْمُحَشِّى le glossateur, le commentateur.

حضر * ٱلْحَاضِرُ le présent.

حَقٌّ (pl. حُقُوقٌ) droit.

حَقِيقَةٌ réalité, vérité.

حَقِيقَةً réellement, proprement, à proprement parler.

حَقِيقًا réellement, proprement, à proprement parler.

حَقِيقِيٌّ réel, véritable, propre.

غَيْرُ حَقِيقِيٍّ non véritable, fictif, conventionnel.

مُحَقَّقٌ réel, incontestable, assuré.

حَرْفُ تَحْقِيقٍ particule d'assurance (قَدْ).

حَقَّقَ II. certifier, vérifier.

تَحْقِيقٌ confirmation, conviction; action de bien accentuer, de bien faire ressortir (le *hamza*, par exemple). I, 64, 513.

حُكْمٌ (pl. أَحْكَامٌ) loi, règle, jugement.

حُكْمًا d'après la loi, censément.

مَحَلٌّ lieu, place. V. جُمْلَةٌ.

فِي مَحَلِّ ٱلنَّصْبِ mis censément à l'accusatif, tenant lieu de l'accusatif.

مَحَلًّا virtuellement, à cause de la place qu'il occupe.

مَرْفُوعٌ, مَنْصُوبٌ, مَجْزُومٌ, مَجْرُورٌ مَحَلًّا doit être considéré comme au nominatif, au cas direct, au cas indirect, au conditionnel virtuellement, à cause de la place qu'il occupe. II, 140, 172, 589, 595, 597.

حَسَبَ f. i. a. compter, calculer.

حِسَابٌ compte.

حَصْرٌ restriction.

حَرْفُ ٱلْحَصْرِ particule de restriction, particule restrictive (إِنَّمَا). I, 507, 531, 538, 560.

مَحْصُورٌ restreint (par إِلَّا, إِنَّمَا). II, 429.

تَحْضِيضٌ excitation.

حُرُوفُ ٱلتَّحْضِيضِ les particules telles que لَوْلَا, هَلَّا, لَوْمَا. I, 529.

مَحْفُوظٌ conservé dans la mémoire, fondé sur l'usage. I, 383.

حَكَى يَحْكِي f. i. narrer, raconter.

حِكَايَةٌ récit ; action d'employer en parlant d'une chose ou en la racontant la forme dont on se serait servi au moment où elle se passait ; sorte de présent narratif. I, 210, 431, 453 ; II, 188.

حِكَايَةُ صَوْتٍ onomatopée. — حِكَايَةُ إِعْرَابٍ prononciation d'un mot avec une voyelle différente de celle qu'indique la fonction de ce mot par une sorte d'attraction avec un mot précédent. Ex. — مَرَرْتُ بِزَيْدٍ مَنْ زَيْدٌ pour مَنْ زَيْدٍ.

حَلْقٌ gosier. ٱلْحُرُوفُ ٱلْحَلْقِيَّةُ les lettres gutturales. I, 26.

حَمَلَ f. i. porter ; assimiler, considérer comme, traiter comme, de la même façon que ; nom d'action حَمْلٌ.

مَحْمُولٌ porté.

ٱلْمَحْمُولُ l'attribut. II, 98.

حول * حَوَّلَ II. changer, transposer, transférer, permuter.

حَالٌ (pl. أَحْوَالٌ) état, situation ; terme circonstanciel d'état.

ٱلْحَالُ le temps présent.

صَاحِبُ ٱلْحَالِ, حَالٌ le mot auquel se rapporte le حَال, son antécédent. I, 148 ; II, 72, 73, 81, 113, 254, 259, 369, 373, 383, 443, 514, 522, 544.

حَالِيٌّ circonstanciel.

خ

خَبَرٌ énonciatif, l'attribut du مُبْتَدَأٍ. — Le خَبَرٌ de إِنَّ se met au nominatif; le خَبَرٌ de كَانَ et ses analogues se met au cas direct.

خَبَرِيٌّ se rapportant à l'énonciatif. V. جُمْلَةٌ.

إِخْبَارٌ énonciatif.

خَاتِمَةٌ conclusion, observation finale.

خِطَابٌ action d'appeler, d'interroger.

حَرْفُ ٱلْخِطَابِ, terminaison indiquant les secondes personnes dans les pronoms (كُنَّ, كُمَا, لِكِ, كَ, etc.). I, 440, 442; II, 356, 470.

مُخَاطَبٌ interrogé; la deuxième personne. I, 149.

خَفِيفٌ léger. — خَفِيفَةٌ aoriste énergique léger. I, 155.

تَخْفِيفٌ allégement, action d'alléger, de ne pas faire sentir dans certains cas le *hamza*. I, 53, 64, 100.

مُخَفَّفٌ allégé, privé du *chadda*. I, 53, 100, 568; II, 562, 570.

خَفَضَ f. i. abaisser la voix; prononcer une consonne avec la voyelle *i*.

خَفْضٌ la voyelle *i*. Cas indirect (génitif, datif, ablatif). I, 397, 469.

مَخْفُوضٌ prononcé avec le son *i* (consonne); mis au cas indirect (nom). I, 397.

خُلْفٌ opinion en désaccord.

خِلَافٌ contestation, controverse; opinion différente.

اخْتِلَافٌ variété, désaccord, diversité.

خُمَاسِيٌّ ayant cinq lettres (mot). I, 274.

د

دَخَلَ f. o. entrer; دَخَلَ عَلَى influer sur...; gouverner, régir.

أَدْرَجَ IV. insérer, introduire une chose dans...

دَرَجَ pli; — فِي دَرْجِ ٱلْكَلَامِ dans le corps du discours.

إِسْتِدْرَاكٌ action de faire une réserve.

حَرْفُ ٱلْإِسْتِدْرَاكِ les deux particules بَلْ et لَكِنْ qui servent à retenir, à modifier ou à annuler ce qui a été énoncé précédemment. I, 565.

دَلَّ f. o. indiquer, montrer.

دَالٌّ indiquant.

دَلِيلٌ indication, caractéristique, indice.

دِعَامَةٌ (pl. دَعَائِمُ) colonne, pilier, étai.

دَعَائِمُ ٱلْأَبْوَابِ les étais des portes, les trois formes principales du verbe primitif فَعَلَ, فَعُلَ et فَعِلَ.

دَعَا f. o. يَدْعُو invoquer.

دُعَاءٌ invocation, prière; ٱلدُّعَاءُ وَٱلنَّهْىُ la prière et la défense. II, 26.

ٱلْمَدْعُوُّ إِلَيْهِ la chose pour laquelle on est appelé. I, 475.

أَدْغَمَ IV. Insérer, faire pénétrer une consonne dans une autre.

إِدْغَامٌ insertion, contraction (رَدَدَ pour رَدَّ).

ذ

ذِهْنٌ (pl. أَذْهَانٌ) esprit, intelligence.

ذُو possesseur.

ذَاتٌ (pl. ذَوَاتٌ) substance.

ذَكَرَ f. o. mentionner.

ذَكَّرَ II. mettre au masculin, rendre du masculin.

يُذَكَّرُ وَيُؤَنَّثُ [ce mot] est des deux genres.

مُذَكَّرٌ masculin. I, 149.

تَذْكِيرٌ masculin.

ذَهَبَ f. a. avec إِلَى, penser, être d'avis que...

مَذْهَبٌ (pl. مَذَاهِبُ) opinion, avis, manière de voir, doctrine.

ذَيْلٌ queue, appendice (au propre et au figuré).

حُرُوفٌ ذَلْقِيَّةٌ les lettres liquides (ن ل ر). I, 26, 30.

ذَوْلَقِيَّةٌ idem.

ر

رَبَطَ f. o. lier, attacher.

رَابِطٌ qui lie; pronom conjonctif.

رَابِطَةٌ lien. II, 607.

تَاءٌ مَرْبُوطَةٌ le *ta* bouclé (ة).

ذُو الْأَرْبَعَةِ quatre (جَرَيْتُ). I, 249 (le verbe concave n'a que trois lettres à la première personne قُلْتُ).

رُبَاعِيٌّ ayant quatre lettres, quadrilitères. I, 123, 274.

رُتْبَةٌ (pl. رُتَبٌ) rang, place, position.

تَرْتِيبٌ classement, ordre.

رَجَّحَ II. préférer; au passif, être préférable.

تَرَجَّحَ V. être d'un meilleur emploi, être préférable.

رَجَعَ f. i. prévenir, se rapporter à... (pronom).

رَاجِعٌ se rapportant à...

مُرْتَجَلٌ improvisé (nom propre) سُعَادُ. I, 268, 437.

VOCABULAIRE

رَجَا f. يَرْجُو espérer, attendre. V. تَرَجَّى *idem*.

تَرَجّ espoir, attente.

رَخَّمَ II. adoucir la prononciation d'un mot, d'une articulation.

    تَرْخِيمٌ adoucissement, abréviation, raccourcissement, aphérèse. ٱلْحُمَى la mort, pour ٱلْحُمَامُ. II, 92, 182, 501, 569.

رِخْوٌ articulation faible d'une lettre. I, 29, 30.

مُرَخَّصٌ licite, permis.

حَرْفُ ٱلرَّدْعِ particule de répulsion (كلا). I, 534.

تَرَادُفٌ synonymie.

    مُتَرَادِفٌ ou مُرَادِفٌ synonyme. I, 416; II, 141.

رَسْمٌ orthographe.

رَفَعَ f. a. élever; prononcer une consonne avec le son *ou*; mettre ou lire au nominatif, à l'aoriste indicatif.

    رَفْعٌ la voyelle *ou*; le nominatif, cas marqué habituellement par la voyelle *ou*. I, 155, 396; II, 542.

    مَرْفُوعٌ mis au nominatif, à l'aoriste indicatif. I, 155, 397; II, 110, 263.

رَكَّبَ II. composer, construire [une phrase]. V. تَرَكَّبَ se composer de...

    مُرَكَّبٌ (pl. مُرَكَّبَاتٌ) composé. I, 269, 417, 430.

    غَيْرُ مُرَكَّبٍ non composé. I, 269.

    تَرْكِيبٌ composition, partie qui entre dans le tout; construction d'une proposition. I, 408.

    مُرَكَّبٌ إِسْنَادِىٌّ nom propre composé formant une proposition complète, comme تَأَبَّطَ شَرًّا.

مُرَكَّبٌ إِضَافِيٌّ nom propre formé de deux noms en rapport d'annexion, comme عَبْدُ ٱللَّهِ.

مُرَكَّبٌ تَضَمُّنِيٌّ nom composé renfermant une ellipse, comme صَبَاحَ مَسَاءَ *matin et soir*. II, 415.

مُرَكَّبٌ مَزْجِيٌّ nom propre composé de deux mots considérés comme n'en formant qu'un seul, comme بَعْلَ بَكَّ. I, 268, 339, 340, 406, 420.

رُكْنٌ (pl. أَرْكَان) base, appui, soutien, partie fondamentale, indispensable.

رَوْمٌ prononciation légère du *damma* et du *kesra* (plus forte que إِشْمَامٌ). I, 42.

ز

حَرْفُ ٱلزَّجْرِ particule de réprimande. I, 534.

لَامُ ٱلْمُزَحْلَقَةِ le poussé, avancé, glissé vers l'attribut إِنَّ زَيْدًا لَقَائِمٌ.

ظَرْفٌ temps, temps du verbe. V. زَمَانٌ. I, 147.

إِسْمُ ٱلزَّمَانِ وَٱلْمَكَانِ nom de temps et de lieu. I, 302.

مُزْدَوِجٌ de genre commun (substantif).

زَادَ f. i. يَزِيدُ ajouter, augmenter.

زَايِدٌ étant ajouté, étant en trop; pléonastique, explétif.

زَائِدَةٌ (pl. زَوَائِدُ) augment; lettre formative ou servile. I, 28, 30, 36, 438, 490 ; II, 344.

مَزِيدٌ augmenté; explétif, pléonastique.

مَزِيدٌ فِيهِ ou ٱلْفِعْلُ ٱلْمَزِيدُ verbe dérivé. I, 124, 274.

مُسْتَزَادٌ augmenté, ayant des lettres formatives. I, 275.

VOCABULAIRE

س

سَبَبٌ (pl. أَسْبَابٌ) cause, motif, moyen. II, 198, 208, 527.

سَبَبِيٌّ relatif à la cause. II, 198.

مُسَبَّبٌ motivé par une cause, causatif.

مُسَبِّبٌ qui cause.

مُسْتَتِرٌ * ستر caché, implicitement renfermé (dans ضَرَبَ, le pronom sujet est هُوَ (مُسْتَتِرٌ). I, 463 ; II, 519, 542, 548, 551.

سَجْعٌ prose rimée. I, 76.

مُسْتَفِلَةٌ abaissée (lettre). I, 29.

أَسْقَطَ faire tomber, supprimer [une lettre, par exemple].

سَكَتَ f. o. se taire, garder le silence.

سَكْتٌ silence ; هَاءُ ٱلسَّكْتِ, le ه dans قِهْ crains.

سَكَنَ f. o. demeurer, rester, mettre le *soukoun* (ْ) sur une consonne.

سَكَّنَ II. affecter une lettre d'un *soukoun*.

سَاكِنٌ f. سَاكِنَةٌ lettre affectée d'un *soukoun* ; lettre quiescente ou lettre de prolongation. I, 50, 51.

سُكُونٌ le signe (ْ) indiquant l'absence de voyelle. I, 47, 51.

تَسْكِينٌ suppression d'une voyelle, action de rendre quiescente une consonne.

سَلْبٌ signification privative. I, 132.

أُسْلُوبٌ (pl. أَسَالِيبُ) méthode, voie, chemin.

سَالِمٌ * سلم sain, régulier, qui ne renferme pas de lettres faibles (racine). V. جَمْع. I, 142, 226, 274.

غَيْرُ سَالِمٍ non sain, irrégulier. I, 142, 226, 274.

سَمِعَ f. a. entendre.

    سَمَاعٌ audition, usage. II, 541.

    سَمَاعِيٌّ fondée uniquement sur l'audition, sur l'usage. I, 347, 383.

    مَسْمُوعٌ entendu, observé, conforme à l'usage, à la pratique.

سَمَّى II. f. يُسَمِّى nommer, appeler.

    تَسْمِيَةٌ dénomination.

    مُسَمَّى nommé, appelé.

    إِسْمٌ (pl. أَسْمَاءٌ) nom, substantif. I, 123, 267, 281.

    إِسْمٌ مَعْنًى nom abstrait.

    إِسْمُ ٱلْإِشَارَةِ pronom démonstratif. I, 430, 439.

    إِسْمِيٌّ nominal.

سَنَدَ f. o. s'appuyer sur...

    أَسْنَدَ إِلَى IV. appuyer [ce qu'on avance] sur...

    إِسْنَادٌ connexion, rapport du verbe avec son sujet, rapport du sujet et de l'attribut. I, 340; II, 96, 510.

    إِسْنَادِيٌّ composé de plusieurs mots formant une proposition : تَأَبَّطَ شَرًّا (n. propre). I, 268; II, 51.

    ٱلْمُسْنَدُ l'appuyé, l'attribut ; ٱلْمُسْنَدُ إِلَيْهِ ce sur quoi on s'appuie, le sujet. II, 96, 510.

تَسْهِيلٌ action de faciliter.

    تَسْهِيلُ ٱلْهَمْزَةِ adoucissement de la prononciation du *hamza*.

    تَسْهِيلٌ بَيْنَ بَيْنَ adoucissement entre deux, incomplet. I, 64, 100.

VOCABULAIRE

مُسَهَّلَةٌ adoucie (hamza). I, 100.

مُسْتَوًى commun (genre). I, 149.

ش

شَأْنٌ (pl. شُؤُونٌ) affaire, événement.

ضَمِيرُ ٱلْقِصَّةِ ou ضَمِيرُ ٱلشَّأْنِ le pronom de l'événement, de la chose; le plus souvent le pronom affixe ه ajouté pour appuyer dans certains cas les particules du cas direct. II, 371, 373, 576.

شبع * أَشْبَعَ IV. rassasier, saturer; allonger une syllabe.

إِشْبَاعٌ action d'allonger une syllabe : فَأَنْظُورُو pour فَأَنْظُرُ. II, 497.

شَبَّهَ II. ressembler, assimiler à..., regarder comme analogue.

أَشْبَهَ IV. ressembler : وَمَا أَشْبَهَ ذَلِكَ et cætera (et tout ce qui ressemble à cela).

شِبْهٌ ressemblance, similitude; شِبْهُ ٱلْفِعْلِ quasi verbe, assimilable au verbe. I, 433; II, 527, 518.

تَشْبِيهٌ ressemblance, comparaison, I, 472.

حُرُوفٌ مُشَبَّهَةٌ بِٱلْفِعْلِ particules assimilées au verbe (لَعَلَّ, لَيْتَ). II, 561.

مُتَشَابِهٌ se ressemblant, analogue.

شَخْصٌ (pl. شُخُوصٌ et أَشْخَاصٌ) individu, personne (dans le verbe). I, 149.

شد * شَدَّدَ II. mettre le signe (ّ) chadda ou techdid sur une lettre.

تَشْدِيدٌ et شَدَّةٌ le techdid, le signe (ّ) indiquant le redoublement d'une lettre. I, 30, 52.

مُشَدَّدٌ portant un *chadda* (lettre). I, 53.

شَذَّ f. يَشِذُّ être isolé, séparé; être anormal, faire exception.

شَاذٌّ rare, très rarement employé, exceptionnel (forme, mot). I, 383.

شَرْطٌ (pl. شُرُوطٌ) condition. II, 37, 571.

شَرْطِيٌّ conditionnel.

مُشَارَكَةٌ association, participation, réciprocité (sens de la IIIe forme). I, 141.

مُشْتَرَكٌ homonyme.

شَغَلَ f. a. occuper quelqu'un.

اِشْتَغَلَ VIII. être occupé, être distrait de son objet. — Nom d'action اِشْتِغَالٌ. II, 203.

اَلْمَشْغُولُ عَنْهُ l'objet duquel est détournée ou distraite l'influence du verbe, c'est-à-dire le complément direct déplacé.

حُرُوفٌ شَفَهِيَّةٌ lettres labiales. I, 27.

مُشْتَقٌّ dérivé; غَيْرُ مُشْتَقٍّ non dérivé, primitif. I, 264, 270, 273.

اِشْتِقَاقٌ dérivation.

شَكْلٌ (pl. أَشْكَالٌ) forme, figure, signe orthographique (voyelles, djezm, etc.)

مَشْكُولٌ pourvu de tous les signes orthographiques.

حُرُوفٌ شَمْسِيَّةٌ lettres solaires. I, 32.

بَدَلُ اِشْتِمَالٍ V.

شَاهِدٌ (pl. شَوَاهِدُ) exemple donné en grammaire, qui vient témoigner en quelque sorte de l'exactitude de la règle. Citation.

أَشَارَ IV. indiquer, montrer.

VOCABULAIRE 37

إِشَارَةٌ indication.

إِسْمُ ٱلْإِشَارَةِ pronom démonstratif.

ٱلْمُشَارُ إِلَيْهِ l'objet du démonstratif.

ص

صَحَّ f. يَصِحُّ être valable, être correct, être autorisé.

صَحِيحٌ exact, correct, régulier, parfait. I, 226.

فِعْلٌ صَحِيحٌ verbe sourd ou hamzé, ne renfermant pas de lettre faible.

ٱلْمُصْحَفُ le Coran.

صَدْرٌ (pl. صُدُورٌ) poitrine, intérieur; première place; le fond même du discours.

مَصْدَرٌ (pl. مَصَادِرُ) nom d'action, peut être assimilé dans certains cas à notre infinitif.

مَصْدَرٌ مِيمِيٌّ nom d'action commençant par un م. I, 146, 278, 281, 284, 299; II. 113, 128, 161, 175, 554.

مَصْدَرِيٌّ se rapportant à un masdar, ayant le sens d'un masdar. Ainsi أَنْ est مَصْدَرِيَّةً dans cette phrase : أَنْ تُكْرِمَ يُرِيدُ أَنْ تُكْرِمَ زَيْدًا parce que équivaut à إِكْرَامَكَ. I, 569.

ٱلْحُرُوفُ ٱلْمَصْدَرِيَّةُ les particules أَنْ et مَا formant une proposition assimilable à un nom d'action. II, 172.

صَرِيحٌ clair, évident, véritable, proprement dit.

صرف * صَرَّفَ II. conjuguer, décliner. V. تَصَرَّفَ se conjuguer.

صَرْفٌ variation d'un mot dans ses inflexions; déclinaison, flexibilité; conjugaison.

عِلْمُ ٱلصَّرْفِ la partie de la grammaire qui s'occupe de la conjugaison. I. 397.

تَصْرِيفٌ conjugaison.

مُنْصَرِفٌ qui se conjugue ou se décline, variable, déclinable ; غَيْرُ مُنْصَرِفٍ indéclinable, qui ne se décline pas au cas indirect (mot diptote). I, 397.

تَصْغِيرٌ diminutif.

مُصَغَّرٌ mis au diminutif. I, 309.

إِصْطِلَاحٌ technologie, langage technique de telle ou telle science.

أَصَمُّ ٭ صَمَّ sourd. I, 227, 274.

صَوْتٌ (pl. أَصْوَاتٌ) voix, son, bruit. Les mots appelés أَسْمَاءُ ٱلْأَفْعَالِ appartiennent à la classe des mots. I, 574.

صُورَةٌ (pl. صُوَرٌ) forme, figure, comp. صِيغَةٌ.

وَزْنٌ et صُورَةٌ c. صِيغَةٌ forme, type, voix.

صِيغَةُ ٱلْفَاعِلِ ou ٱلْمَعْلُومِ voix active.

صِيغَةُ ٱلْمَفْعُولِ ou ٱلْمَجْهُولِ voix passive. I, 143, 144, 145.

ض

ضَبَطَ f. o. rendre exact ; mettre les voyelles.

أَضْبَطَ IV. fixer la voyelle ou le signe d'une lettre.

ضَبْطٌ précision.

ضَابِطٌ (pl. ضَوَابِطُ) règle.

إِضْبَاطٌ nom d'action ; fixation de la voyelle d'une lettre. I, 51.

ضِدٌّ (pl. أَضْدَادٌ) contraire.

ضَرُورَةٌ nécessité — لِلضَّرُورَةِ par suite de la nécessité.

VOCABULAIRE

ضَرَبَ f. i. frapper. iv. أَضْرَبَ avec عَنْ renoncer à...

ضَرْبٌ (pl. أَضْرَابٌ et ضُرُوبٌ) espèce, genre, catégorie.

إِضْرَابٌ renonciation, rétractation.

حَرْفُ إِضْرَابٍ nom qu'on donne à la particule بَلْ lorsqu'elle sert à indiquer qu'on passe d'un sujet à un autre. I, 565.

مُضَارِعٌ semblable, aoriste.

مُضَارِعٌ مَرْفُوعٌ aoriste indicatif.

مُضَارِعٌ مَنْصُوبٌ a. subjonctif.

مُضَارِعٌ مَجْزُومٌ a. conditionnel ou apocope. I, 148, 195; II, 572.

حُرُوفُ ٱلْمُضَارَعَةِ les créments de l'aoriste.

ضَعِيفٌ faible, n'ayant pas beaucoup de crédit (opinion, leçon, expression).

مُضَاعَفٌ verbe sourd, verbe à lettres redoublées, comme : زَلْزَلَ. I, 124, 227, 274.

تَضْعِيفٌ redoublement d'une lettre.

ضَمٌّ et ضَمَّةٌ le *damma*, voyelle *ou* (ُ). I, 134.

مَضْمُومٌ affectée d'un *damma* (lettre).

أَضْمَرَ iv. cacher, sous-entendre.

ضَمِيرٌ (pl. ضَمَائِرُ) pronom. I, 150, 430, 455; II, 412, 518.

ضَمِيرُ ٱلشَّأْنِ le pronom de la chose, pronom explétif qu'on ajoute aux particules du cas direct lorsqu'elles ne sont pas suivies d'un nom sur lequel elles influent. Dans قِيلَ أَنَّهُ كَانَ رَجُلٌ *on raconte qu'il y avait un homme*, le pronom ه est ضَمِيرُ ٱلشَّأْنِ --

ضَمِيرُ الحَدِيثِ – ضَمِيرُ الأَمْرِ – ضَمِيرُ القِصَّةِ *idem.* II, 59.

ضَمِيرٌ مُتَّصِلٌ pronom joint, pronom affixe, terminaison du prétérit تُ, تَ, etc. I, 462, 463; II, 520.

ضَمِيرٌ مُنْفَصِلٌ pronom isolé. I, 463; II, 520.

ضَمِيرٌ بَارِزٌ pronom apparent, explicite.

ضَمِيرٌ مُسْتَتِرٌ pronom caché, renfermé implicitement dans le verbe.

مُضْمَرٌ caché, renfermé dans l'esprit; pronom. I. 267, 455; II, 219, 370, 373, 382, 542, 548, 551, 552.

تَضَمَّنَ v. comprendre, renfermer implicitement, impliquer l'idée de...

ضَافَ ✱ أَضَافَ IV. joindre, annexer, lier à إلَى.

إِضَافَةٌ annexion. I, 413, 416, 469; II, 47, 113, 115, 132, 133, 407, 525, 555.

إِضَافِيٌّ en rapport d'annexion. I, 268, 339, 406; II, 51.

مُضَافٌ annexé, antécédent d'un complément, nom qui a un complément. I, 269, 414.

مُضَافٌ إِلَيْهِ ce à quoi on annexe, le complément annectif. I, 47, 112, 132, 525, 555, 557.

ط

طَبَقَ ✱ طَابَقَ III. s'adapter, concorder.

إِطْبَاقٌ action de rendre forte la prononciation d'une lettre. I, 30.

مُطَابَقَةٌ concordance, adaptation, symétrie. II, 539, 541.

مُضَاعَفٌ comme مُطْبَقٌ et مُطَابَقٌ concordant, correspondant, corrélatif.

مُطَّرِدٌ universel, général, sans exception (règle).

إِسْتِطْرَادٌ divagation, digression.

إِسْتِطْرَادًا en passant, incidemment.

طَلَبٌ demande.

مَطْلَبٌ (pl. مَطَالِبُ) demande, proposition, question soumise à l'examen.

مُطْلَقٌ universel, absolu. V. مَفْعُولٌ.

عَلَى سَبِيلِ ٱلْإِطْلَاقِ ou مُطْلَقًا universellement admis, sans réserve, sans restriction.

فِعْلٌ مُطَاوِعٌ verbe soumis, obéissant; verbe réfléchi.

ظ

ظَرْفٌ (pl. ظُرُوفٌ) vase, récipient; terme circonstanciel. II, 70, 51, 591.

ظَرْفُ ٱلزَّمَانِ terme circonstanciel de temps.

ظَرْفُ ٱلْمَكَانِ terme circonstanciel de lieu. I, 269, 430; II, 97, 114, 128, 472.

ظَرْفٌ مُسْتَقِرٌّ terme circonstanciel subsistant : زَيْدٌ عِنْدَكَ.

جُمْلَةٌ V. ظَرْفٌ. ظَرْفِيٌّ qualité de ce qui est ظَرْفٌ. II, 470, 487.

ظَنَّ f. o. penser, croire, s'imaginer (et ses analogues). II, 581.

ظَنٌّ (pl. ظُنُونٌ) pensée, conjecture.

ظَهَرَ f. o. paraître, apparaître.

ظَاهِرٌ apparent, exprimé.

إِظْهَارٌ manifestation, prononciation claire d'une lettre. I, 267, 409, 463.

مُظْهَر nom spécial, qui énonce clairement le sens. II, 219, 370, 382.

ع

اِعْتَبَرَ ∗ عَبَرَ VIII. considérer, avoir égard à...

اِعْتِبَارٌ considération.

اِعْتِبَارًا eu égard à... tenant compte de...

اِعْتِبَارِيٌّ relatif.

اِعْتِبَارِيًّا relativement.

اِعْتُبِطَ ∗ عبط VIII. enlever à la fleur de l'âge (mort subite).

اِعْتِبَاطِيٌّ violent, subit (retranchement).

أَفْعَالُ التَّعَجُّبِ verbe d'admiration. I, 264, 475; II, 93.

أَفْعَلَ التَّعَجُّبِ la forme أَفْعَلَ servant à former des verbes d'admiration.

عُجْمَةٌ qualité de nom étranger.

مُعْجَم ayant des points (lettre).

حُرُوفُ المُعْجَمِ les lettres de l'alphabet. I, 11; II, 408.

عَجَمِيٌّ étranger à la langue arabe.

أَعْرَبَ IV. décliner, analyser.

إِعْرَابٌ explication, déclinaison, flexion, analyse grammaticale. V. جُمْلَةٌ. I, 394; II, 530, 592.

مُعْرَبٌ déclinable.

عَرْضٌ exposition; invitation. I, 529; II, 26, 71.

عَرَضٌ accident.

عَارِضٌ accidentel. I, 73.

عَرَفَ f. i. savoir.

عَرَّفَ II. faire savoir, déterminer, définir.

VOCABULAIRE 43

عُرْفٌ usage, coutume.

عُرْفِيّ conforme à l'usage, conventionnel.

مُعَرَّفٌ déterminé (nom). II, 136.

تَعْرِيفٌ détermination. I, 414. أَدَاةُ التَّعْرِيفِ l'article.

مَعْرِفَةٌ détermination, déterminé. I, 469, 413; II, 133, 360, 537.

الْعَارِى عَنِ الْعَوَامِلِ عَارٍ * عَرِىَ (fém. عَارِيَةٌ) dépouillé de... n'étant sous l'influence d'aucun agent.

مُعَرًّى dépouillé, nu, primitif, ne renfermant que des lettres radicales (nom).

عَدَدٌ (pl. أَعْدَادٌ) nombre.

أَسْمَاءُ الْأَعْدَادِ les numératifs. I, 149, 269, 417, 430.

تَعْدَادٌ numération, énumération. II, 114, 521.

مُتَعَدِّدٌ nombreux, fréquent, multiple.

عَدْلٌ déviation, formation d'un mot par altération d'une autre forme. I, 405, 408.

مَعْدُولٌ dévié.

عَدَمٌ manque, absence de..., défaut de...

عُدْمِى négatif.

عَدَا f. يَعْدُو courir, passer. — V. تَعَدَّى passer; être ou devenir transitif (verbe).

مُتَعَدٍّ transitif (verbe) — غَيْرُ مُتَعَدٍّ intransitif. I, 122, 130.

تَعْدِيَةٌ action de rendre un verbe transitif, propriété d'un verbe d'être transitif. I, 470.

تَعَذُّرٌ difficulté, impossibilité.

عَطْفٌ conjonction, conjonctif.

حَرْفٌ عَاطِفٌ *idem*. I, 479, 509, 548, 549, 554, 566; II, 206.

عَطْفُ بَيَانٍ conjonctif explicatif. I, 349, 430; II, 284, 531.

عَطْفُ ٱلنَّسَقِ conjonctif d'ordre فِ, فَ, ثُمَّ, بَلْ, etc. II, 284, 292.

حُرُوفُ عَطْفٍ particules conjonctives. II, 292, 526.

مَعْطُوفٌ mot conjoint — مَعْطُوفٌ عَلَيْهِ mot sur lequel porte celui qui est conjoint. I, 417; II, 530, 548.

عَقْدٌ (pl. عُقُودٌ) et عَشَرَاتٌ dizaine. I, 417.

تَعْقِيدُ ٱلْكَلَامِ obscurité d'un terme, d'une expression.

عَكَسَ f. I. retourner, intervenir.

ٱنْعَكَسَ VII. être renversé.

وَلَا يَنْعَكِسُ la réciproque n'est pas vraie...

وَٱلْعَكْسُ et inversion; بِٱلْعَكْسِ au contraire; عَكْسٌ réciproquement; وَلَا ٱلْعَكْسُ la réciproque n'est pas vraie.

ٱعْتَلَّ VIII. être malade; avoir une lettre ا, و, ي à la racine.

عِلَّةٌ cause, motif d'un événement, faiblesse, infirmité.

حُرُوفُ ٱلْعِلَّةِ les lettres faibles. I, 28, 36, 92, 236, 474; II, 504.

تَعْلِيلٌ motif, cause d'un événement, affaiblissement. I, 470, 474, 489, 548.

حَرْفُ ٱلتَّعْلِيلِ particule énonciative de la cause (كَيْ). I, 561.

مُعْتَلٌّ infirme, régulier, verbe ayant une lettre faible. I, 226, 236, 274.

VOCABULAIRE

تَعَلَّقَ v. se rapporter à... dépendre de... être dans la dépendance de... (...بِ) II, 591

تَعْلِيق action de rattacher, action de laisser en suspens, suspension; action de faire cesser une dépendance. إِبْطَالُ ٱلْعَلَاقَةِ. II, 297, 365, 582.

تَعْلِيق sorte d'écriture employée particulièrement par les Persans. I, 7.

مُتَعَلِّقَات dépendances. II, 54.

عَلَمٌ (pl. أَعْلَامٌ) nom propre.

ٱلْعَلَمُ بِٱلْغَلَبَةِ nom employé comme nom propre par antonomase. I, 268; II, 50.

عَلَامَةٌ marque, indice, ce qui caractérise, caractéristique.

عَلَمِيَّةٌ qualité de nom propre. I, 408.

مَعْلُومٌ connu (voix active). I, 144.

مُسْتَعْلِيَةٌ lettres élevées (lettres emphatiques ظ, ط, ص, ض, خ, ق, غ). I, 29.

عَمَّ f. o. être général, embrasser tout.

عَامٌّ général.

عُمُومٌ généralité.

مُعْتَمِدٌ s'appuyant sur... (عَلَى).

عُمْدَةٌ soutien, appui.

عِمَادٌ soutien; نُونُ ٱلْعِمَادِ le *noun* dans le pronom نِي.

عَمِلَ f. a. agir, régir, gouverner.

عَامِلٌ (pl. عَوَامِلُ) agent, antécédent, régissant. II, 15, 246, 516, 541, 580.

مَعْمُولٌ sur lequel on agit, par suite complément. II, 15, 541, 588.

مُسْتَعْمَل usité, employé; غَيْرُ مُسْتَعْمَل inusité.

إِسْتِعْمَال emploi.

عَنَى f. يَعْنِي signifier, vouloir dire. — يَعْنِي c'est-à-dire.

إِسْمُ مَعْنًى (pl. مَعَانٍ) sens, signification. — مَعْنًى nom abstrait.

حُرُوفُ ٱلْمَعَانِي les particules. I, 269.

مَعْنَوِيٌّ conforme à la signification, logique. II, 526, 557.

عَهْدٌ promesse, souvenir, connaissance.

مَعْهُودٌ habituel, accoutumé, courant, connu. I, 435.

ٱلْعَهْدُ ٱلْخَارِجِيُّ أَوِ ٱلذِّكْرِي le souvenir extérieur, rappelant une chose précédemment dite, comme l'article de ٱلرَّجُلَ dans la phrase : جَاءَنِي رَجُلٌ فَأَكْرَمْتُ ٱلرَّجُلَ.

ٱلْعَهْدُ ٱلذِّهْنِي le souvenir renfermé dans l'esprit. Dans la phrase جَاءَ ٱلْقَاضِي l'article indique de quel cadi on veut parler. I, 435, 436.

عَادَ f. يَعُودُ إِلَى se rapporter à... (nom, pronom, etc.).

عَائِدٌ se rapportant à... (nom, pronom). I, 444; II, 346, 532.

عَوَّضَ II. remplacer, compenser par...

عِوَضٌ équivalence.

مُعَاوَضَةٌ compensation, remplacement.

غ

غَابِرٌ aoriste ou futur.

غَبَرَ idem.

غرق * إِسْتِغْرَاقٌ généralisation.

VOCABULAIRE 47

عَلَى سَبِيلِ ٱلْاِسْتِغْرَاقِ d'une manière complète et absolue.

أَغْرَى IV. pousser, exciter, encourager; nom d'action إِغْرَاءٌ. Ex.: دُونَكَ زَيْدًا *attrape Zaïd!*

غلب * مُغَالَبَةٌ lutte, émulation, dispute.

غُنَّةٌ nasillement.

غني * أَغْنَى عَنْ IV. dispenser de... tenir la place de... اِسْتَغْنَى X. n'avoir pas besoin de... nom d'action اِسْتِغْنَاءٌ.

مُغْنٍ qui dispense de...

غَاثَ f. يَغُوثُ secourir, aider.

اِسْتِغَاثَةٌ action d'appeler au secours.

ٱلْمُسْتَغَاثُ la personne qu'on appelle au secours ou la chose dont on implore le secours. I, 475.

ٱلْمُسْتَغَاثُ مِنْ أَجْلِهِ la personne contre laquelle on implore le secours. I, 475; II, 92.

غَابَ f. يَغِيبُ être absent.

غَائِبٌ absent; la 3e personne. I, 149.

غَيَّرَ II. modifier, altérer, varier.

غَيْرٌ différence; غَيْرُ autre que, différent (marque le contraire, l'opposé); غَيْرُ مُنْصَرِفٍ indéclinable au cas direct (mot diptote). I, 398.

تَغْيِيرٌ modification, altération, variation. II, 590.

غَايَةٌ excès, terme, extrémité. I, 479.

ف

فَتْحٌ et فَتْحَةٌ la voyelle *a*. I, 33.

VOCABULAIRE

مَفْتُوحٌ portant un *fatha* (lettre).

حَرْفُ ٱسْتِفْتَاحٍ particule de début, par laquelle on débute, comme أَلَا dans cette phrase : أَلَا أَيُّهَا ٱللَّيْلُ ٱلطَّوِيلُ.

فـرع * مُفَاجَأَةٌ action de surprendre, d'arriver subitement, soudainement : إِذَا ٱلْفُجَائِيَةُ ou إِذَا ٱلْمُفَاجَأَةُ. L'adverbe إِذَا, exprimant un événement imprévu, subit, équivalant à notre expression *voilà que, tout à coup*. II, 205.

فَرْدٌ (pl. أَفْرَادٌ) individu.

مُفْرَدٌ isolé, singulier. I, 149, 417.

مُنْفَرِدٌ isolé, unique.

فـرع * تَفَرَّعَ v. se ramifier, se subdiviser.

فَرْعٌ (pl. فُرُوعٌ) branche, ramification, subdivision, annexe.

فَرْعِيٌّ secondaire.

فـسـر II. expliquer.

تَفْسِيرٌ explication, commentaire. V. جُمْلَةٌ.

فَصْلٌ (pl. فُصُولٌ) séparation, section, subdivision, article.

حَرْفُ ٱلْفَصْلِ particule de séparation, nom que l'on donne quelquefois aux pronoms isolés, comme dans cette proposition : ٱللَّهُ هُوَ ٱلْمُسْتَعَانُ. II, 104, 586.

حَرْفُ تَفْصِيلٍ séparation. — تَفْصِيلٌ particule partitive.

مُنْفَصِلٌ séparé, disjoint (pronom). II, 565.

فَضْلَةٌ (pl. فَضَلَاتٌ) complément des verbes, ou plutôt tout mot accessoire qui n'est pas absolument nécessaire au sens ; dans la phrase جَاءَ زَيْدٌ رَاكِبًا le mot رَاكِبًا est فَضْلَةٌ.

VOCABULAIRE

إِسْمُ ٱلتَّفْضِيلِ le nom de supériorité, le superlatif, appartenant à la forme أَفْعَلُ. I, 324.

فَعَلَ f. يَفْعَلُ, faire. — (Les trois lettres de cette racine servent à former les différents paradigmes des mots : la lettre ف représentant la première radicale, la lettre ع la seconde, et la lettre ل la troisième.)

فِعْلٌ (pl. أَفْعَالٌ) action, acte. Verbe. I, 120, 123 ; II, 98, 514.

بِٱلْفِعْلِ effectivement, dans la pratique, de fait.

إِسْمُ ٱلْأَفْعَالِ noms de verbe, qui font fonction de verbes, qui expriment au moyen d'une ellipse la valeur de certains verbes. Ex.: دُونَكَ زَيْدًا *à toi Zaïd! prends Zaïd!* إِيهًا *arrête!* صَهْ *silence!* I, 270, 430, 498, 508, 510, 512, 545, 575 ; II, 83, 394, 473, 574.

فَاعِلٌ agent, celui qui fait, participe présent, sujet d'un verbe actif. — ٱلنَّائِبُ عَنِ ٱلْفَاعِلِ le sujet du verbe passif. — إِسْمُ ٱلْفَاعِلِ *idem.* I, 146, 319 ; II, 98, 122, 514, 518.

مَفْعُولٌ patient, objet sur lequel tombe l'action marquée par le verbe ; pl. مَفَاعِيلُ complément. — ٱلْمَفْعُولُ ٱلَّذِي لَمْ يُسَمَّ فَاعِلُهُ, le patient dont l'agent n'est pas nommé, la voix passive. I, 144 ; II, 112, 114, 514, 535, 549.

مَفْعُولٌ مُطْلَقٌ complément absolu, le nom d'action au cas direct après le verbe d'où il est tiré : ضَرَبْتُهُ ضَرْبًا. I, 298 ; II, 113, 128, 521, 543, 554.

مَفْعُولٌ فِيهِ terme circonstanciel de temps et de lieu : II, 70, 114, 128, 536, 543.

مَفْعُولٌ صَرِيحٌ patient pur, parfait, le complément à l'accusatif sans l'intermédiaire d'une préposition.

مَفْعُولٌ غَيْرُ صَرِيحٍ le complément avec une préposition. II, 112, 525, 544, 550.

مَفْعُولٌ بِهِ celui qui est l'objet de l'action marquée par le verbe, qui la subit : le complément direct, le complément objectif. II, 71, 114, 138, 472, 521, 535, 542.

مَفْعُولٌ مِنْ أَجْلِهِ ou مَفْعُولٌ لَهُ terme circonstanciel indiquant le mobile, le motif de l'action : ضَرَبْتُ زَيْدًا تَأْدِيبًا لَهُ. II, 114, 522, 544.

مَفْعُولٌ مَعَهُ le complément indiquant celui avec lequel la chose est faite.

فـــقـــر * اِفْتِقَارِيٌّ obligatoire, nécessaire.

فـــهـــم f. a. comprendre.

اِسْتَفْهَمَ x. interroger.

اِسْتِفْهَامٌ interrogation. II, 26, 570.

أَفَادَ يُفِيدُ iv. être utile, profitable.

فَائِدَةٌ (pl. فَوَائِدُ) utilité, profit.

إِفَادَةٌ *idem*.

مُفِيدٌ profitable, utile.

ق

قَـــبِـــل f. a. accepter.

قَابَلَ iii. correspondre à...

مُقَابِلٌ correspondant à...

VOCABULAIRE

مُسْتَقْبَل et إِسْتِقْبَال futur, avenir. I, 504.

أَقْحَمَ IV. introduire, insérer un nom entre un autre nom qui en est le régime : ضَرَبَ pour ضَرَبَ بِنْتَ وَطِفْلَ جَارِهِ بِنْتَ جَارِهِ وَطِفْلَهُ.

قَرَّرَ II. confirmer, corroborer.

اِسْتَقَرَّ X. être établi d'une façon ferme, définitive.

قَرَأَ f. يَقْرَأُ lire. Au passif وَقُرِئَ on lit aussi...

قِرَاءَة lecture, variante, leçon, manière de lire.

قَرَبَ * مُقَارَبَة proximité — أَفْعَالُ ٱلْمُقَارَبَة verbe de proximité, comme كَادَ, أَوْشَكَ, etc. I, 23, 577.

مُتَقَارِب homogène.

قَرِين joint, accouplé.

قَرِينَة (pl. قَرَائِنُ) indication probante, circonstance.

مُقَارِن associé, concomitant.

قَدَّرَ II. supposer.

مَا يُقَدَّرُ بِ ce qui peut être expliqué en sous-entendant.

تَقْدِير action de supposer.

تَقْدِيرًا suppositivement, par supposition, virtuellement. II, 533, 577.

تَقْدِيرِيّ virtuel, supposé.

مُقَدَّر supposé, virtuellement contenu dans ; dans ٱلْقَاضِى, le ي, suivant la fonction du mot dans la phrase, a un *dhamma* ou un *kesra* مُقَدَّر.

قَدَّمَ II. placer devant.

تَقَدَّمَ V. être placé devant, précéder.

VOCABULAIRE

مُتَقَدِّمٌ qui a précédé. — ٱلْمُتَقَدِّمُ ذِكْرُهُ dont on a parlé plus haut, dont il a été question ci-dessus, précédemment.

تَقْدِيمٌ action de mettre devant, avant : بِتَقْدِيمِ ٱلسِّينِ la première lettre étant un س.

قَسَمٌ serment.

حُرُوفُ ٱلْقَسَمِ les particules de serment .تْ, بِ, وَ. I, 469.

لَ لَامُ ٱلْقَسَمِ le لَ de serment. I, 504.

قَصْرٌ brièveté, abréviation. — أَلِفْ مَقْصُورَةٌ ou أَلِفُ ٱلْقَصْرِ la terminaison ى, comme dans كُبْرَى. I, 37, 408.

قَاصِرٌ neutre, intransitif.

إِقْتِصَارٌ restriction, raccourcissement, diminution.

مَقْصُورٌ bref, privé, restreint.

قضى * اِقْتَضَى VIII. exiger, décider, régir.

إِقْتِضَاءٌ exigence, nécessité, régime.

قَاعِدَةٌ (pl. قَوَاعِدُ) règle, principe.

قَطْعٌ coupure, interruption, discordance.

مُنْقَطِعٌ disjoint, séparé. II, 463, 565.

قَلْبٌ interversion, permutation, conversion (prononciation du ن comme م devant un ب). I, 206.

Cœur م أَفْعَالُ ٱلْقُلُوبِ et أَفْعَالُ ٱلْقَلْبِ verbes de cœur. II, 296, 544, 580.

قَمَرِيٌّ lunaire (lettre).

قَامَ f. يَقُومُ se tenir debout, tenir la place de, remplacer.

مَقَامٌ lieu, place.

VOCABULAIRE

آلْقَائِمُ مَقَامَ qui tient la place de, qui remplace. II, 542, 549.

قَوَّى f. يُقَوِّى II. rendre plus fort, fortifier, renforcer.

تَقْوِيَةٌ action de fortifier. — تَقْوِيَةُ ٱلْعَامِلِ action de fortifier l'influence du verbe sur son complément (rôle de لِ). I, 475; II, 116.

قَاسَ f. يَقِيسُ. قِيسَ يُقَاسُ mesurer, comparer. Au passif être comparé, prendre pour modèle, pour règle.

قِيَاسٌ mesure, règle, analogie. II, 541.

عَلَى غَيْرِ قِيَاسٍ non conforme à l'analogie, anormal. I, 383.

قِيَاسِىٌّ analogique, conforme à la règle. I, 347, 383; II, 541.

ك

كَثَّرَ II. mettre en abondance, augmenter; nom d'action تَكْثِيرٌ.

كَثْرَةٌ abondance.

كَرَّرَ II. répéter, réitérer.

تَكْرِيرٌ répétition. — تَكْرَارٌ idem.

كَسْرٌ et كَسْرَةٌ le kesra; le son i. I, 34.

مَكْسُورَةٌ ayant un kesra (lettre). I, 150.

جَمْعُ V. تَكْسِيرٌ et مُكَسَّرٌ.

كَفَّ f. يَكُفُّ éloigner, écarter, empêcher.

كَلَّمَ II. adresser la parole, apostropher. V. تَكَلَّمَ parler.

كَلِمَةٌ mot. — كَلِمَةُ تَضَجُّرٍ وَتَوَجُّعٍ expression de désespoir et de désolation : (آهًا hélas!). I, 507.

كَلَامٌ discours, phrase composée de deux mots au moins, donnant un sens complet. II, 509.

مُتَكَلِّمٌ qui parle (1ʳᵉ personne). I, 149.

كَنّ ♦ مُسْتَكِنٌّ (مُسْتَتِرٌ) caché (comme). I, 483; II, 519.

مُكَنًّى et كِنَايَةٌ nom substitué à un autre (pronom). I, 455. pl. كِنَايَاتٌ métonymie, expression substituée. I, 430, 434; II, 66.

كُنْيَةٌ surnom formé par آبْنُ, أُمّ, أَبُو. II, 51.

كَانَ il a existé (et ses analogues). II, 101, 575, 576.

كَيْفِيَّةٌ manière d'être, propriété d'être régulier ou irrégulier (verbe). 142.

ل

لَامٌ la lettre ل, le *lam*. I, 124.

لَا la particule لَا avec ses différents sens. I, 87, 518; II, 34, 582.

لِ préposition avec ses différentes acceptions.

لِ particule gouvernant le subjonctif. II, 570, 604.

لِ particule gouvernant le conditionnel (وَلْ, فَلْ).

لَبَسَ f. i. obscurcir une chose.

اَلْتَبَسَ vIII. être confus, obscur; laisser dans l'indécision.

لُبْسٌ obscurité.

لَحِقَ f. a. rejoindre.

أَلْحَقَ IV. adjoindre, ajouter.

مُلْحَقٌ qui est rejoint, qui est assimilé à..., qui est classé dans la même catégorie que... I, 125, 278, 290.

لَحَنَ (pl. أَلْحَانٌ) solécisme, faute contre la grammaire, faute

VOCABULAIRE

dans la lecture d'un mot. نَحْنُ جَلِيٌّ faute évidente.

لَزِمَ f. a. être obligatoire.

    أَلْزَمَ iv. obliger, rendre obligatoire.

    لَازِمٌ obligatoire, indispensable, nécessaire, inhérent à; neutre, intransitif (verbe). I, 73, 87, 130; II, 344.

    لُزُومٌ obligation, nécessité; qualité d'être neutre (verbe).

لِسَانٌ (pl. أَلْسِنَةٌ) langue, idiome.

    لِسَانِيَّةٌ dentale (lettre).

لصق ✶ إِلْصَاقٌ adhésion, adhérence. I, 469.

إِلْغَاءٌ et لَغْوٌ action de faire cesser toute dépendance entre les verbes, (comme ظَنَّ, حَسِبَ, خَالَ) et leurs compléments objectifs; action de négliger, de mettre de côté, d'abroger, d'annuler les termes circonstanciels d'une phrase qui ne sont pas essentiels à la constitution du discours. II, 34, 247, 581, 609.

    لُغَةٌ expression, idiotisme, dialecte.

لَفَّ ✶ لَفِيفٌ compliqué, ayant une lettre faible (verbe); — لَفِيفٌ مَفْرُوقٌ verbe irrégulier, ayant un intervalle entre les deux lettres, comme وَشَى; — لَفِيفٌ مَقْرُونٌ verbe irrégulier dont les deux lettres se suivent, comme شَوَى, I, 558, 559.

لفت ✶ اَلْاِلْتِفَاتُ la syllepse.

لَفْظٌ (pl. أَلْفَاظٌ) mot, vocable.

    لَفْظًا conformément à la prononciation, réellement, grammaticalement. II, 577.

    لَفْظِيٌّ représenté par un mot, énoncé, réel, consistant

VOCABULAIRE

dans l'expression même du mot. I, 409; II, 526, 577.

لَقَبٌ l'homme (pl. أَلْقَابٌ) surnom, sobriquet : فَخْرُ ٱلدَّوْلَةِ l'homme de l'Etat. II, 50, 52.

* لَمْحٌ action de regarder à la dérobée; action de briller.

لِلَمْحِ ٱلصِّفَةِ (article mis) pour mettre en relief la qualité, pour indiquer une qualité dominante : ٱلضَّحَّاكُ le rieur. I, 438.

لَيْنٌ douceur; حُرُوفٌ لَيْنِيَّةٌ ou حُرُوفُ ٱللَّيْنِ les lettres douces, les lettres ى, و, ا. I, 28, 36, 52.

م

مَا particule négative avec ses différentes acceptions.

مَا explétif dans les expressions إِنَّمَا; لَيْتَمَا, etc., et appelé alors مَا كَافَّةٌ, c'est-à-dire مَا qui empêche. I, 541; II, 63.

مَا ayant le sens de لَيْسَ. II, 563.

مَا niant l'espèce : مَا لِنَفْيِ ٱلْجِنْسِ. II, 564.

مَا ٱلدَّيْمُومِيَّةِ ma indiquant la durée (tant que...). I, 180, 532.

مَا زَائِدَةٌ ma explétif (dans حَيْثُمَا, كُلَّمَا, etc.). I, 538.

مَا مَصْدَرِيَّةٌ ma faisant fonction d'un nom d'action (إِرَادَتَكَ pour قُلْ مَا أَرَدْتَ).

مَا نَاقِصَةٌ ma d'une signification incomplète, ma conjonctif.

مَا تَامَّةٌ ma complet.

مَتْنٌ (pl. مُتُونٌ) texte fondamental de toute science.

مِثَالٌ (pl. أَمْثِلَةٌ) forme, espèce, modèle, exemple; فِعْلُ مِثَالٍ verbe assimilé. I, 125, 237, 274.

مَحْضٌ pur, sans mélange.

مَدٌّ et مَدَّةٌ le *medda*, signe ayant cette forme آ et indiquant le prolongement de l'*alif*. I, 28, 36.

مَدٌّ عَارِضٌ *medda* accidentel.

مَدٌّ لَازِمٌ *medda* obligatoire. I, 72.

مَمْدُودٌ allongé. I, 408.

مَدَحَ f. a. louer, louanger.

أَفْعَالُ ٱلْمَدْحِ وَٱلذَّمِّ verbes de louange et de blâme. I, 263; II, 221, 579.

مَزَجَ f. o. mêler, mélanger.

مَزْجِيٌّ intimement combiné. I, 268; II, 51.

مَضَى f. i. passer, s'écouler.

مَاضٍ passé. — ٱلْمَاضِي le passé, le prétérit.

مَعَ avec.

مَعِيَّةٌ concomitance.

مُتَمَكِّنٌ ✱ مكن raffermi, consolidé.

مُتَمَكِّنٌ أَمْكَنُ susceptible de variation et très susceptible (nom).

مُتَمَكِّنٌ غَيْرُ أَمْكَنَ susceptible de variation, mais non très susceptible (nom diptote). I, 398.

مَنَعَ f. a. priver de...

مَانِعٌ empêchant, privant de... (pl. مَوَانِعُ) empêchement.

مَمْنُوعٌ مِنَ ٱلصَّرْفِ indéclinable. I, 398.

ٱلتَّمَنِّي – تَمَنَّ ✱ منى souhait, désir; optatif: لَيْتَ est appelé حَرْفُ ٱلتَّمَنِّي.

مَاهِيَّةٌ nature, essence d'une chose.

مَيَّزَ II. discerner, distinguer, spécifier.

    تَمْيِيزٌ terme spécificatif. II, 113, 138, 446, 514, 538, 544, 551.

    مُمَيِّزٌ déterminatif, spécifiant, terme spécificatif.

    مُمَيَّزٌ spécifié. مُمَيَّزٌ بِهِ mot à l'aide duquel on spécifie. II, 66, 113, 138, 446, 524, 538, 559, 574.

مَالَ f. يَمِيلُ pencher, incliner.

    مَيْلٌ inclinaison, action de pencher.

    إِمَالَةٌ inclinaison, prononciation de la voyelle *a* en l'inclinant vers le *i*. I, 40.

ن

نَبَّهَ II. avertir, observer.

    تَنْبِيهٌ avertissement, remarque.

نَثْرٌ prose.

نَحْوٌ (pl. أَنْحَاءٌ) côté, plage, voie, chemin; grammaire syntaxe; نَحْوٌ exemple, comme application d'une règle ou forme de mot.

    نَحْوِيٌّ (pl. نَحْوِيُّونَ) et نَاحٍ (pl. نُحَاةٌ) grammairien.

نِدَاءٌ et مُنَادَاةٌ appel, invocation. II, 190.

    حَرْفُ ٱلنِّدَاءِ particule d'appel, particule du vocatif. II, 88, 478.

    ٱلْمُنَادَى la chose ou la personne appelée; mot au vocatif, mot en apostrophe. I, 475.

نَدَبَ f. o. se lamenter.

    نُدْبَةٌ plainte, complainte; حَرْفُ ٱلنُّدْبَةِ la particule وَا.

VOCABULAIRE 59

أَلِفُ ٱلتَّذَبُّبِ *alif* de complainte, celui qu'on ajoute à la fin des formes interjectives : وَا زَيْدَاهُ *oh Zaid !*

ٱلْمَنْدُوبُ ce qui est pleuré, ce dont on déplore la perte. I, 577 ; II, 93.

نَادِرٌ rare. I, 383.

نَزَعَ f. i. ôter, enlever.

 نَازَعَ iii. avoir une contestation.

 تَنَازَعَ iv. être en contestation, en compétition.

 ٱلتَّنَازُعُ فِي ٱلْعَمَلِ la compétition dans l'influence que les mots pourraient également exercer ; contestation au sujet de l'action. II, 246.

 نَزْعٌ suppression, ellipse.

نَاسَبَ iii. convenir à...

 نَسَبٌ origine, parenté.

 نِسْبَةٌ relation, rapport, adjectif relatif.

 بِٱلنِّسْبَةِ إِلَى... par rapport à...

 ٱلْاِسْمُ ٱلْمَنْسُوبُ adjectif relatif. I, 272, 331.

نَاسِخٌ (pl. نَوَاسِخُ) abrogeant, abrogatif, particule ou verbe qui, placé devant un inchoatif ou un énonciatif, en change la forme grammaticale ou le sens (كَانَ et ses analogues, إِنَّ et ses analogues, ظَنَّ et ses analogues, etc.). II, 562, 589.

 نَسْخِيٌّ écriture cursive. I, 50.

نَسَقٌ ordre, symétrie.

أَنْشَأَ iv. créer, commencer, inventer ; nom d'action إِنْشَاءٌ.

 أَفْعَالُ ٱلشُّرُوعِ ou أَفْعَالُ ٱلْإِنْشَاءِ verbes inchoatifs.

 إِنْشَائِيٌّ subjectif, opposé à خَبَرِيٌّ objectif.

نَصٌّ (pl. نُصُوصٌ) texte; conjonctif particulier. I, 444.

عَلَى سَبِيلِ ٱلتَّنْصِيصِ d'une façon absolue. II, 414.

نَصَبَ f. i. mettre au cas direct, exiger l'aoriste subjonctif (particule).

نَصْبٌ le son *a*; le cas direct. I, 155, 396; II, 31, 542.

نَاصِبٌ (pl. نَوَاصِبُ) mettant au cas direct (particules), faisant prononcer le verbe au subjonctif (particule). II, 31.

مَنْصُوبٌ mis au cas direct (nom), mis au subjonctif (verbe). II, 101, 263, 300, 366, 415.

نَظِيرٌ semblable, analogue.

نَظَمَ f. o. enfiler des perles; versifier.

نَظْمٌ poésie, versification.

نَاظِمٌ poète, versificateur, l'auteur d'un traité en vers.

نَعْتٌ (pl. نُعُوتٌ) adjectif qualificatif. II, 258, 284, 526, 598.

مَنْعُوتٌ mot qualifié. I, 519; II, 258.

Le نَعْتٌ est حَقِيقِيٌّ dans زَيْدٌ ٱلْعَاقِلُ; il est سَبَبِيٌّ dans زَيْدٌ ٱلْعَاقِلُ أَبُوهُ.

نَفْسٌ (pl. نُفُوسٌ) âme, personne. نَفْسُ ٱلْمُتَكَلِّمِ la 1ʳᵉ personne. I, 149.

سَ. la particule حَرْفُ ٱلتَّنْفِيسِ; تَنْفِيسٌ répit. I, 504.

نَفَى f. i. يَنْفِى nier.

نَفْىٌ négation. I, 516; II, 26, 65, 262, 413, 570.

نَافٍ niant, fém. نَافِيَةٌ.

مَنْفِىٌّ nié.

نَقَصَ f. o. diminuer, décroître, manquer, être en moins.

VOCABULAIRE 61

جَرَىٰ .Ex. مُعْتَلُّ ٱلْآخِر ناقِصٌ défectueux (verbe), comme
I, 249, 274.

أَفْعَالٌ نَاقِصَةٌ verbes incomplets (كَانَ et ses analogues).
II, 575.

مَنْقُوصٌ défectueux, diminué, raccourci. I, 409.

نُقْطَةٌ point.

مَنْقُوطٌ ayant un point (lettre). I, 10.

نَقْلٌ transport de la voyelle d'une consonne sur celle qui
la précède, conversion, transposition, transport.
I, 226.

مَنْقُولٌ transporté, transcrit, passant de telle forme à
telle autre forme.

نَكِرَ f. a. ignorer. — IV. nier.

نَكِرَةٌ indétermination, indéterminé. I, 269, 413; II,
133, 259, 360, 537.

إِنْكَارٌ négation, désapprobation. I, 577.

مُنَكَّرٌ indéterminé, indéfini. I, 413, 414.

تَنْكِيرٌ indétermination. I, 413.

نَهَى f. i. يَنْهَى défendre, prohiber.

نَاهِيَةٌ fem. نَاهٍ défendant, niant; prohibitif.

نَهْيٌ défense, prohibition. II, 26, 570.

إِنْتِهَاءٌ fin, terme, extrémité. I, 478, 489.

مُنْتَهًى V. جَمْعٌ.

نَابَ f. يَنُوبُ remplacer, tenir la place de...

نَائِبٌ remplaçant, qui tient lieu de... ٱلنَّائِبُ عَنِ ٱلْفَاعِلِ
tenant la place de l'agent actif, sujet du verbe passif. II, 122.

نَوْعَ (pl. أَنْوَاعٌ) sorte, espèce, genre, manière. I, 125; II, 114, 521.

نَوَّنَ II. prononcer avec un ن ; prononcer avec le *tanouine*. نُونٌ la lettre ن. — نُونُ ٱلتَّوْكِيدِ le ن de l'aoriste énergique. — نُونُ ٱلْعِمَادِ le ن d'appui ou de soutien, ou نُونُ ٱلْوِقَايَةِ le ن de précaution, celui qu'on met devant le pronom affixe de la 1re personne : ضَرَبَنِى, لَيْتَنِى. I, 457; II, 506.

تَنْوِينٌ action de prononcer un ن, nunnation; son nasal; indétermination. I, 38.

تَنْوِينُ ٱلتَّنْكِيرِ ou ٱلتَّنْكِرَةِ le *tanouine* d'indétermination, dans صَهْ *silence!*

تَنْوِينُ ٱلتَّمْكِينِ *tanouine* de déclinaison, dans رَجُلٌ, زَيْدٌ. تَنْوِينُ ٱلتَّرَنُّمِ *tanouine* rythmique. Ex.: ٱلْعِتَابَا pour ٱلْعِتَابْ.

تَنْوِينُ ٱلْعِوَضِ *tanouine* de remplacement, comme dans يَوْمَئِذٍ, جَوَارٍ pour جَوَارِى, et dans قَاضٍ pour قَاضِىٌ.

تَنْوِينُ ٱلْمُقَابَلَةِ *tanouine* de correspondance, de compensation dans les pluriels féminins réguliers. Ex.: مُسْلِمَاتٌ. I, 410, 411, 412.

تَنْوِينُ ٱلْغَالِى le *tanouine* d'exagération; se rencontre en poésie. Ex.: إِنَّا pour إِنْ.

نَوَى f. يَنْوِى penser, avoir l'idée de..., sous-entendre. نِيَّةٌ intention, vue; بِنِيَّةِ avec l'intention de..., ayant en vue.

ه

هَآءٌ la lettre ه.

هَآءُ ٱلسَّكْتِ le ه du silence dans وَ اوْلَدَاهْ. I, 577.

هَآءُ ٱلسُّكُوتِ le ه du silence dans قِهْ. I, 31, 252.

هَآءُ ٱلْوَقْفِ le ه de pause.

هِجَآءٌ et تَهْجِيَةٌ épellation.

حُرُوفُ ٱلتَّهَجِّي, حُرُوفُ ٱلْهِجَآءِ les lettres de l'alphabet. I, 4.

هَمْزٌ et هَمْزَةٌ la lettre ء. I, 60.

هَمْزَةُ ٱلْقَطْعِ le *hamza* de séparation, de coupure, non susceptible d'union.

هَمْزَةُ ٱلْأَمْرِ le *hamza* de l'impératif.

هَمْزَةُ ٱلْوَصْلِ le *hamza* d'union. I, 48, 66.

مَهْمُوزٌ affecté d'un *hamza* : verbe hamzé, ayant un ء à la racine, comme قَرَأَ, سَأَلَ, أَخَذَ.

مُهْمَلٌ inusité (mot); dépourvu de point (lettre). I, 11.

إِهْمَالٌ privation d'une lettre de point, de voyelle. I, 51.

هَيْئَةٌ (pl. هَيْئَاتٌ) manière d'être.

و

وَاوٌ la lettre و — la conjonction و avec ses différents sens. I, 556, 557. La particule de serment وَ.

وُجُوبٌ obligation. وَاجِبٌ obligatoire, nécessaire.

إِيجَابٌ obligation, affirmation.

وُجُودٌ existence.

مَوْجُودٌ connu, existant.

VOCABULAIRE

وَجَــزَ f. يَجِزُ être concis, succinct. أَوْجَزَ IV. *idem*.

بَالْإِيجَازِ concision; إِيجَازٌ succinctement, brièvement.

أَوْجَزُ plus bref, plus abrégé.

وَاحِدٌ unique, singulier.

مُوَحَّدَةٌ ayant un seul point. I, 11.

وَزَنَ f. يَزِنُ peser.

وَزْنٌ poids, forme; عَلَى وَزْنِ مِفْعَالٍ du type, de la forme

وَزْنُ الْفِعْلِ; مِفْعَالٌ forme qui ressemble à celle du verbe. I, 408.

مِيزَانٌ (pl. مَوَازِينُ) forme, paradigme. I, 142.

مَوْزُونٌ conjugué suivant le paradigme.

وَصَفَ f. يَصِفُ décrire.

وَصْفٌ description, qualité d'adjectif. I, 408.

صِفَةٌ qualité d'adjectif qualificatif. I, 267, 319.

صِفَةٌ مُشَبَّهَةٌ adjectif assimilé au verbe. II, 137, 551.

مَوْصُوفٌ qualifié (substantif). I, 267, 319; II, 258, 389, 415, 526, 598.

وَصْلٌ liaison; le signe (آ) placé sur l'*alif* initial lorsque le mot aurait dû commencer par un *djezm*. I, 38, 64.

اِتَّصَلَ VIII. se joindre, s'ajouter à... (...بِ).

صِلَةٌ annexe, appendice; proposition conjonctive. I, 444; II, 259, 261.

مَوْصُولٌ conjoint, pronom conjoint. I, 443; II, 259.

اَلْمَوْصُولُ إِلَيْهِ l'antécédent de l'adjectif conjonctif.

مُتَّصِلٌ conjoint. V. ضَمِيرٌ. I, 73, 403, 565.

VOCABULAIRE 65

وَضَّحَ II. éclaircir, rendre évident, élucider, nom d'action تَوْضِيحٌ.

وَاضِحٌ évident, clair.

وَضَعَ affectation de tel sens à tel mot.

مَوْضُوعٌ posé, placé, destiné à... — اَلْمَوْضُوعُ le sujet (en logique); le but, la destination, le sujet à traiter, le canevas. II, 98.

وَفْقٌ convenance. — وَفْقُ ٱلْفَتْحَةِ convenant avec le *fatha* (la lettre ا de prolongation). I, 35.

اِسْتَوْفَى X. être complet, être fini, être épuisé (influence).

مَوْطِنٌ (pl. مَوَاطِنُ) circonstance, cas, conjoncture.

وَاقِعٌ qui tombe; verbe actif, transitif, comme مُتَعَدٍّ. I, 130.

تَوَقُّعٌ action de s'attendre à quelque chose; possibilité de survenir. I, 533.

وَقْفٌ pause. I, 38, 47, 74; II, 362.

وِقَايَةٌ défense, préservation, garde; فَعَلُوا dans أَلِفُ ٱلْوِقَايَةِ dans ضَرَبَنِى dans نُونُ ٱلْوِقَايَةِ.

أَكَّدَ V. د.ك.د.

TABLE
DES CORRECTIONS ET DES MODIFICATIONS
FAITES A LA DEUXIÈME ÉDITION
DE LA
GRAMMAIRE DE SILVESTRE DE SACY

Notre seule intention, en signalant plusieurs de ces corrections, est de permettre aux personnes qui possèdent la deuxième édition de les reporter sur leur exemplaire.

PREMIER VOLUME

Pages	Lignes	
4	14	الهَجَاء au lieu de حروف الهِجَاء.
11	16, 17, 18 et 19	مُوَحَدَة, مُثَنَّاة, مُثَلَّثَة au lieu de مُوَحَّدة, مُثَلَّثَة, مُثَنَاة.
12	18	مُهْمَلَة au lieu de مُهْملة.
16	11	Le *hamza* n'est pas une *sorte* de consonne, mais une véritable consonne, la douce du ع, qui peut avoir, non seulement les trois voyelles, mais le *djezm* et le *chadda*. Il n'y a pas d'aspiration dans la prononciation de cette consonne.
26	22	اللَّحْيَيْن au lieu de اللَّحْيَيْن.
27	8	لَيْنِيَةٌ et non لِينِيَةٌ.
28	5	اللَّيْن et non اللَّيْن.
30	3	مُذْلَقَة au lieu de مُذْلَقَة.
30	9	الإنْحَرَاف et non الإنْجِراف.

TABLE DES CORRECTIONS

Pages	Lignes	
33	4	البَذَل et non البَذَل.
33	18	مِراح et non مَراح.
34	12	Un texte pourvu de toutes ses voyelles et de tous les signes est dit مَشْكول ou مَضْبوط.
42	En note	Nous avons dû corriger le texte donné par M. de Sacy, qui renfermait plusieurs fautes, et, par suite, donner une traduction toute différente de celle de l'illustre grammairien.
47	Note	En Algérie, le جَــزْم est appelé وقْــف par les maîtres coraniques.
48	id.	La remarque faite au n° 94 n'est pas juste.
52	id.	La remarque faite au n° 106 n'est pas exacte, car le و est bien une consonne comme toutes les autres consonnes de l'alphabet, et dans وَالِدْ la syllabe وَا est semblable à la syllabe كَا dans كَاتِبْ, de même que dans وَلَدْ la syllabe وَ ressemble à la syllabe بَ dans بَدَلُ.
65	17	Il faut ajouter *trilitères*. L'auteur aurait mieux fait de dire : dans les impératifs des verbes primitifs trilitères, réguliers ou appartenant à des racines défectueuses, assimilées ou même sourdes.
66	1 et 2	Lire آمْرُءُ et آبْنُمْ.
72	61	L'auteur nous semble confondre le *madda* et la *metta*. Il y a *metta* dans ce cas أَصَمّ pour أَالأَصَمّ, *est-il sourd?*
157	2	Peut-être serait-il préférable de mettre *je vous ai préférés*, au lieu de *je vous ai rendus supérieurs*.
158	21	Je crois qu'il vaudrait mieux traduire ainsi :

Il en tira des papiers, écrits à des heures de loisir avec des encres de diverses couleurs.

Pages	Lignes	
159	16	Lire قَبِلْتَ et non قَبَلْتَ.
162	16	Lire إِبْلَى au lieu de إِبِلَى.
164	9	Il faut lire يَطْرَبُ ou يَطْرُبُ.
164	av. dern.	Lire البَشَاشَة et non البِشَاشَة.
228	id.	Plusieurs erreurs sont à corriger dans le tableau des verbes sourds.
234	24	Lire يَسْأَلُ et non يَضْأَلُ.
238	18	Lire يَوَدُّ et non يُوَدُّ.
271	23	Mettre *coing* au lieu de *grenade*.
274	12	Mettre *coing* au lieu de *grenade*.
274	15	Cette remarque n'est pas tout à fait exacte, car on dit au duel de يَدٌ, يَدَانِ et au pluriel أَيَادٍ.
282	23	Lire كَٱلْعَلَمِ et non كَٱلْعِلْمِ.
287	18	Au lieu de *tant d'instruction*, je préférerais *tant d'éducation, tant de moralité*, le mot تَأْدِيب signifiant *la bonne éducation, le savoir vivre* plutôt que l'*instruction*.
317	15	Lire عَضَهَ et non عِضَهَ. A la ligne suivante, donner plutôt au mot عِضَهٌ le sens de *mensonge, calomnie*.
368	5	Mettre *sourde* au lieu de *concave*.
390	7	Ajouter avant حَامِل : فَوَاعِلُ.
406	23	Lire بَرَقَ نَحْرُهُ et non فَرِقَ نَحْرُهُ.
407	8	Lire بُصَعُ, أَخَارَى, جُمَاعَى, بُتَاعَى, بُصَاعَى.
408	4	Lire وَزْنُ et non وَزْنٌ.

Pages	Lignes	
408	8	Lire الْعَجْمَة et non اَلْعَجْمَة.
408	20 et 24	Lire كِلْتَا et كِلْتَىْ
409	10	Lire لَفْظِى et non لَفْظِىٌّ.
423	22	Lire سِنِين et non سَنِين.
423	30	Lire الخُلاصة et non الخَلاصة.
450	dernière	Peut-être les mots المُصَدِّقِين et المُصَدِّقَات sont-ils pour المُتَصَدِّقِين; il faudrait alors traduire par *ceux et celles qui ont fait l'aumône*.
470	27	Lire فَأْتُوا et non فَآتُوا.
473	13	Lire كَالْبَرَدِ.
518	25	Lire اِعْتِدَاءً à l'accusatif.
519	11	L'exemple ne semble pas bien choisi, la particule لَا ne pouvant pas avoir l'influence de لَيْسَ quand le nom est déterminé.
501	12	Cette phrase, que l'auteur traduit d'une façon un peu différente à la page 580, me semble signifier plutôt *on n'est avare qu'avec un avare*.
535	30	Je crois qu'il est préférable de lire à l'indicatif les verbes فَيُعَدِّيهَا, وَيُجَرِّيهَا, فَيَقُولُ.
550	5	Lire عَطِش et non عَطَش.
551	15	Lire شَطْرَ et non شَرْطَ.
551	21	Il y a dans le Coran فَلَاخَوْفٌ et خَوْفٌ.
554	15	Lire مُنْزَل et non مُنْزِل.
556	6	M. de Sacy avait mis وَاوُ مَعَة; nous avons cru

Pages	Lignes	
		préférable de mettre وَاوُ ٱلْمَعِيَةِ qui est l'expression courante.
556	7	L'exemple classique est إِسْتَوَى ٱلْمَاءَ وَٱلْخَشَبَةَ *L'eau est arrivé à la hauteur du morceau de bois.*
557	19	Il faut فَوْقَ et non عَلَى.
563	1	Peut-être serait-il préférable de traduire ainsi : *Il faut qu'il soit mis à la torture, qu'il l'ait ou qu'il ne l'ait pas tué.*
563	9	Lire تَوَدُّ et non تَوَدُّ.
564	1	Lire يَوَدُّ.
566	3	Lire قُلُوبُنَا غُلْفٌ *nos cœurs sont enveloppés d'une taie.*
568	dernière	L'expression grammaticale habituelle est : ٱلْمُخَفَّفَةُ مِنَ ٱلثَّقِيلَةِ.
572	9	Lire وَلَمْ أُبَالِ.
573	10	Lire تَثْقَفَنَّهُمْ.

DEUXIÈME VOLUME

21	1	Il serait peut-être préférable de supposer que le copiste a commis une erreur en écrivant نَادَى pour نَادِ, à l'impératif. C'est ainsi qu'on trouve dans le Coran فَأَوْحَيْنَا إِلَيْهِ أَنِ ٱصْنَعِ ٱلْفُلْكَ *Nous révélâmes à Noé ceci: Construis l'arche.* Sour. 23; verset 27.
23	7	Lire دَوْلَةَ et non دُولَةَ.
23	15	Lire ٱلْعُمُرُ et non ٱلْعُمْرُ.

TABLE DES CORRECTIONS

Pages	Lignes	
23	25	Cet exemple est mal choisi, car لِ est ici لَامُ الْجُحُود « lam de négation », après lequel on ne peut pas sous-entendre أَنْ.
25	9	Lire فَأَصْلَحَ.
25	13	Cet exemple est erroné.
25	en note	Nous avons dû corriger plusieurs erreurs contenues dans le texte arabe, soit dans les mots, soit dans la voyellation.
27	18	Il faut rétablir ainsi le vers qui appartient au كامل :

$$\text{لا تَنْهَ عَنْ خُلُقٍ وَتَأْتِيَ مِثْلَهُ}$$
$$\text{عَارٌ عَلَيْكَ إِذَا فَعَلْتَ عَظِيمُ}$$

29	en note	Faire les corrections suivantes : تُوَبِّدُهُ, يَنْصِبُ.
33	32	Lire إِذَا مَا au lieu de مَا.
33	en note	Lire تُنْجِيكُمْ au lieu de تُنْجُكُمْ et ajouter la fin du verset وَيُدْخِلْكُمْ جَنَّاتٍ.
34	18	Lire حَرَمٌ au lieu de حَرَمْ. — Je propose une autre traduction de ce vers qui est extrait du diwan de Zoheïr ibn Selma : « Si un homme dans le dénuement vient le trouver en un jour de famine, il lui dit : « Ma fortune « est à ta disposition et personne ne t'em- « pêche d'y avoir recours. »
35	23	Il faut lire رَهْقًا نَحْسًا et non بَحْسًا وَلَا رَهْقًا.
44	dern. exemp.	وَٱلْفِتْنَةُ أَكْبَرُ مِنَ ٱلْقَتْلِ me semble signifier : « Semer la discorde est un acte encore plus grave que celui de tuer. »
49	9	Lire ٱلْحَيَوَانَاتُ.

ET DES MODIFICATIONS

Pages	Lignes	
50	av. dern.	On lit plutôt أَنْفُ ٱلتَّاقَةِ.
56	20	Le texte porte مِمَّا et non عَمَّا.
58	12	Le texte porte وَرِثَاهُ au singulier et non وَرِثَتُهُ au duel.
62	1	Lire تَوَدُّ.
62	8	Nous croyons qu'il faut traduire par « de dessus leurs demeures » au lieu de « de dessus leurs têtes ».
62	23	Nous proposons cette traduction : « Certes, dans la vallée qui est avant Sela, il y a un mort ».
65	16	Il faut وَزَوْجُكَ et c'est la leçon du Coran. Du reste, avec les pronoms isolés أَنْتَ, أَنَا, etc., on ne met pas l'accusatif après وَ.
67	3	Lire جوخًا et رُطْلَان.
68	14	Lire جُوخًا et non جَوْخًا.
69	av. dern.	Lire ٱلْخَيمَة et non ٱلْخَيْمَة.
71	id.	Lire تَحُوزُهُ et non تَحَوُّزُهُ.
72	14	Lire تَعْثُوا et non وَلَا تَعْثَوْا.
72	à la fin	Lire صَعَدت et non صَعِدتَّ.
76	23	Le texte porte سَوَآءٌ et non سُوءٍ.
80	1	Le texte porte مِنْ ذِكْرٍ مِنْ رَبِّهِمْ et non مِنْ ذِكْرٍ رَبِّهِمْ.
83	29	Lire ٱلعَجْزِ et non ٱلعُجُزِ.
85	13	Lire تَقُصُّهُمْ et non نَقْصُصْهُمْ.

TABLE DES CORRECTIONS

Pages	Lignes	
88	12 et 13	Lire رَطْل.
94	4	Lire مُزَمَّل au lieu de مُزَمِّل.
101	11	Lire عَدَمُ au lieu de عَدَمْ.
104	28	Lire جِئْىً et non جِىىً.
120	av. dern.	Lire قَرُبَ et non قَرُبْ.
127	5	Lire لَعْبًا et non لَعِبًا.
136	17	Corriger les erreurs suivantes: تَلِى au lieu de تَلَى; يَصْلَح au lieu de يَصْلَح; وَأَخْصَصْ au lieu de وَأَخْصَصْ.
137	22	Lire رُكُوبَهم à l'accusatif.
140	5	Lire فَقَطَّعَ à la IIᵉ forme.
141	17	Lire سَحْقُ et non سَحْفُ.
141	note 2	Le mot تَرَادُفٌ veut dire *synonyme*.
142	12	Il y a dans le Coran وَلَا تَكُونُ.
142	16	Il y a dans le Coran بِبَكَّةَ.
147	12	Il vaut mieux lire au nominatif حَيْثُ لَىٌّ.
153	12	Lire أَغُضُّ.
156	12	Lire عَضُدًا au lieu de عَضُدًا. — Lire partout كِلْتَا au lieu de كِلْتَىْ et كِلْتَا.
162	3	Lire حَمَدَ et non حَمِدَ.
165	17	Le texte porte ذِى مَسْغَبَةٍ sans article.
166	7	Une autre leçon porte كُوِّرَتْ au lieu de

ET DES MODIFICATIONS

Pages	Lignes	
		ضَرَبَتْ. Un commentateur dit que مِسْمَعًا est le nom d'un homme.
167	17	Une autre leçon donne نَفَى et تَنْفِي au lieu de نَقَى et تَنْقِي. — Le sens alors est différent. Nous proposons la traduction suivante : « Ses deux pieds de devant arrachent, dans la plus grande ardeur du jour, les cailloux du chemin comme les changeurs arrachent leurs pièces de monnaie pour effectuer leurs versements ».
168	17	Régulièrement, les noms d'action terminés par un ة ne gouvernent pas l'accusatif.
170	12 et 13	Il faut sans doute lire سَفَى et non نَفَى.
180	13	Une autre leçon, que nous préférons, donne حُرَمَا au lieu de جُرَمَا. Le sens est un peu différent.
181	16	Lire لِلْكَذِب et non لِلْكَذِب. On lit aussi de préférence لِلسُّحْت. La traduction *qui mangent des aliments impurs* nous semble erronée. Le texte veut dire *qui mangent ce qui est défendu*, c'est-à-dire *qui font l'usure*.
182	6	Le texte porte à la fin du verset قِبْلَةَ بَعْض et non بَعْضِهِم.
182	9	Lire جَنَّة.
182	12	La traduction de ce vers ne nous satisfait pas. Malheureusement, nous n'avons pas trouvé le poème d'où il est extrait pour vérifier le sens par le contexte. Nous proposons la traduction suivante : « L'individu (dont le poète fait l'éloge) était du nombre de ces enfants conçus malgré leur mère dont le

TABLE DES CORRECTIONS

Pages	Lignes	
		vêtement était resté serré à la ceinture, et l'enfant était arrivé à l'âge de l'adolescence plein de vigueur (proprement, sans être atteint de folie) ».
182	17	Une autre leçon donne ثُمَّ زَادُوا أَنَّهُمْ فِي قَوْمِهِمْ غُفُرَ ذَنْبَهُمْ غَيْرُ فُخُرٍ Le sens est alors un peu différent.
182	24	Lire à la fin du vers آخْمَى et non آخْمِى.
196	12	Lire ٱلْهَوَاءَ.
204	19	Lire أَحْزَنَنِى.
205	13	Lire ثَقِفْتُهُ.
207	17	Lire *Amor* et non *Zaïd*.
215	3	Lire طَبَقَ et أَنْشَأ. Supprimer طَفِقَ.
215	6	— تَعُضَّ et non تَعَضَّ — حُلَلٍ et non جِلَلٍ — بِنَانَ et non بَنَانَ.
215	13	Lire طَفِقَ et non طَفَقَ.
218	13	Lire ٱلْبَلاغَة et non ٱلْبَلاغَة.
219	13	Lire حَمِيدًا et non حميدًا.
220	11	Il faut lire خَلِيلَىَّ au duel et non خَلِيلِى au singulier. Nous croyons utile de donner le vers en entier : خَلِيلَىَّ مَا أَحْرَى بِذِى ٱللُّبِّ أَنْ يُرَى صَبُورًا وَلَكِنْ لَا سَبِيلَ إِلَى ٱلصَّبْرِ
220	17	Il faut lire بِأَنْ تَكُونَ ٱلْمُتَفَقِّدَمَا et non نكونَ ٱلْمُتَفَقِّدَمَا. Le sens change naturellement.

ET DES MODIFICATIONS

Pages	Lignes	
230	29	Il faut lire قَبْرٌ et non قَبْرًا.
231	11	Lire واحدةً et non واحدةٌ.
233	2	Lire طَلوح et non طَلوحٍ.
237	6	Lire مُبْعَدٌ et non مُبْعِدٌ.
240	12	Lire واحدةٌ et non واحدةً.
243	15	Lire كِلْتَا ٱلْجَنَّتَيْنِ آنَتْ أَكُلَهَا.
245	6	Lire اَحضُروا et non ٱحضَروا.
253	dernière	Lire تَصَلَّى et non تَصَلَّى.
255	3	Remplacer إلى par عَلَى.
255	20	Lire شَرِبْتُها; ajouter لِيَ après طَابَ.
255	21	Lire سَأَشْرُبُ et non سَأَشْرَبُ.
260	1	Il est préférable de prononcer يَنَامُ plutôt que يَنُومُ que portait la seconde édition.
262	2	Nous croyons intéressant de donner le vers qui accompagne celui qu'a pris M. de Sacy comme exemple: كَتَبْتُ إِلَيْهِمْ كُتُبًا مِرَارًا فَلَمْ يَرْجِعْ إِلَىَّ لَهَا جَوَابٌ
266	7	Lire جُزْءٌ.
267	17	M. de Sacy a ponctué هَلْ أَنَاْ pour أَنَا. Je ne sais pas si cette licence est autorisée par les grammairiens; je ne l'ai vue mentionnée nulle part. V. la note 2, page 507.
271	27	Lire يَتَوَفَّاهُمْ au lieu de تَتَوَفَّاهُمْ.

TABLE DES CORRECTIONS

Pages	Lignes	
272	7	Lire لَا تَعْتُوا et non لَا تَعْتَوْا.
273	5	Lire أَحَدُهُمَا et non أَحَدُهُمْ.
274	18	Nous avons conservé la traduction de M. de Sacy que nous croyons erronée. On appelait رَصِيعة (pl. رَصَايِعُ) les objets qu'on accrochait aux armes pour les orner et qu'on incrustait dans le bois (des arcs en particulier).
277	18	Lire مَنْظُرُهَا et non مَنْظُرُهُنَّ.
282	24	Lire أَذُوهُمَا et non فَآذُوهُمَا.
283	2 et 9	Lire أَسْكَتَا et non أَسْكَتَّا.
287	3	Lire أَنْفُسُ et non أَنْفُسُ.
288	21, 23 et 27	Lire كِلْتَا, كِلْتَى et كِلْتَا.
290	10 et 15	Lire بَصْعَاءَ, أَبْصَعُ avec un ص et non un ض.
290	19	آلذَّلْفَاءَ est plutôt ici un nom propre.
295	17	Nous avons conservé l'exemple tel que l'a donné M. de Sacy, mais le texte exact du Coran est وَكَفَرُ بِهِ.
296	22	Lire يَزْعُمَانِ et non يَزْعَمَانِ.
297	25	Lire أَظُنُّ et non أَظَنُّ.
307	3	Une autre leçon donne جَنَى آلنَّخْلِ que nous préférons. Le sens est alors un peu modifié.
308	27	Lire الكَحْلُ et non الكُحْلُ.
315	12	Mettre *coloquinte* au lieu de *sénevé*.

ET DES MODIFICATIONS

Pages	Lignes	
318	28	Mettre أَثْنَتَىْ au lieu de أَثْنَتَىْ.
320	3	Il faut lire ثَلَاتُكَ et non ثَلَاثُوكَ.
320	7	Ni le *Kamous* ni le *Sihah* ne donnent au mot ضَمُوز le sens de *fatigue*. Je pense qu'il est préférable de le traduire par *faim*, étant donnée la signification du verbe ضَمَزَ *ne pas ruminer*.
323	1	Lire إِذَا et non إِذْ.
323	23	Lire رُطُل et non رِطْل.
324	15 et 16	Lire تَبَلْبُل et سِنِين.
327	6	Lire سِنِين.
327	9	Il y a dans le Coran مِنْهُمْ مَنْ et non مَا.
330	2	Lire إِنَاث et non أَنَاث.
346	25	Lire يُعْنَ et non يُعْنِ.
354	13	Lire ٱلْمُبَلِّغ.
357	16	Lire ٱللَّوْمُ et non ٱللَّوَّمُ.
365	13	Lire أَيَّتُهَا العِصَابَةُ au nominatif et non à l'accusatif. La règle formulée au § 631 nous semble erronée.
370	25	Lire حَسْرَةٌ, ainsi que dans les exemples de la note à la page suivante.
371	28	Lire مُفْتَرَةٌ.
373	16	Lire آلُ et non آلْ.
380	32	Il faut lire أَمَّا ٱلصِّدِّيقُ فَكُنْتُهُ et non أَمَّا ٱلصَّدِيقُ.

TABLE DES CORRECTIONS

Pages	Lignes	
		et traduire par : *Pour être très véridique, très fidèle à ses engagements, je le suis.*
380	29	Lire تُسَلَّطَ et non تُسَلَّطُ et وإِنْ لَمْ et non وإِنْ لا. Nous proposons la traduction suivante : *Si c'est lui* (l'antéchrist, le دَجَّال) *tu n'auras aucune puissance sur lui, et si ce n'est pas lui, tu n'as rien à gagner à le tuer.*
381	17	Voici la traduction qu'a faite de ce vers M. Caussin de Perceval : *La peur porte dans son cœur un trouble extrême; il se croit perdu, quoiqu'il n'y ait point d'ennemis sur la route.*
382	21	أَعْيَتْ مَذَاهِبُهُ signifie plutôt : *dont les efforts ont été vains pour atteindre la fortune.*
386	12	Lire حَصَرَتْ et non حَصِرَتْ.
387	13	Nous préférons le sens de *routes, voies* à celui de *collines* pour traduire le mot ثَنَايَا.
387	24	Lire فَرِيقًا et non فَرِيقًا.
398	8	Lire يُؤْمِنُ et non رُفْقًا.
399	16	Il y a dans le texte فَعَسَى رَبِّى أَنْ يَأْتِيَنِى.
399	20	Il faut سَرَقَ et يَسْرَقُ au lieu de سَرَقَ et يَسْرِقُ.
400	20	Il faut يَقْنَطُونَ et non يَقْنِطُونَ.
404	6 et 7	Lire إِتْبَاعٌ et آنْتُخِبَ. Mettre dans la traduction : *On doit préférer...* »
408	3	Mettre لَكَتَ au lieu de كَانَ.
410	18	Lire غَيَابُهَا et non غِيَابُهَا.

Pages	Lignes	
411	dernière	Lire أَمْرَءُ et non أَمْرُءَ.
413	25	M. de Sacy a mis dans sa traduction ......*et il n'est aucun* charme *qui puisse préserver de ce que Dieu a décrété.* Il faut remplacer *charme* par *château, forteresse, abri*.
439	4	Mettre *hérissons* au lieu de *porcs-épics*.
439	6	Lire إِنْ كُنْتُمْ لِلرُّؤْيَا تَعْبُرُونَ.
441	21 et 22	Lire أَلْبَسُ et non أَلْبِسُ.
450	18	M. de Sacy a mis dans sa traduction : *Certes, dans cette vallée qui est sous un rocher......* Nous proposons une autre leçon : *Certes, dans la vallée qui est avant Sela......*
451	4	Ajouter l'article à اكَذّينَ.
452	1	Lire ظَلَامُهَا et non ظَلَامُهَا.
452	7	Lire جِرْجٍ et non حَرْجٍ.
452	19	M. Caussin de Perceval a traduit ce vers de la manière suivante : *Quand cette beauté sourit, ses lèvres, en s'entr'ouvrant, laissent voir des dents aussi blanches que la camomille fleurissant sur un tertre humide qui s'élève au milieu d'un sable doux et pur.*
455	14	Lire يَعْزِلُ et non يَعْزِلُ.
459	14	Lire مُجَزِّيُّونَ et non مُجَزَّوْنَ.
460	24	Lire الوَنَاقِ et non الوثاقِ.
461	14	Lire ذَاوُ avec un ذ. Faire la même correction à la page 472. On dit شِنَّ et شَنَّ.
461	22	Lire لِلْاِخْتِصَارِ et non لِلْاِخْتِصَارِ.

TABLE DES CORRECTIONS

Pages	Lignes	
464	1	Lire بِٱلْأَدْوِيَةِ et ٱلدُّهْنِ. Au lieu de *l'on ne peut pas empêcher l'effet du poison,* nous préférons la traduction suivante : *La victime ne tarde pas à succomber.* Il y a une nuance.
466	11	Il est préférable de lire مُنِعَ au lieu de مُنِعُوا. Il vaut mieux aussi lire رُكُوبَهُمْ à l'accusatif et les deux mots suivants au nominatif.
469	24	Lire يَعْرِفْ et non لَمْ يَعْرِفْ.
470	3	Lire ٱلزِّنَا et non ٱلزِّنَا.
474	1	Il y a dans le Coran وَٱللَّهِ et non تَٱللَّهِ.
474	4	Lire مَوْضُونَةٌ et non مَوْضُونَةٌ.
475	19	Lire بِمَذْقٍ et non بِمَذْقٍ.
484	4	Lire أَمَمْ et non أَمَمَ.
484	dernière	Lire شَرِبَتْ et non شَرِبَتْ.
487	7	M. de Sacy avait imprimé إِلَى au lieu de إِلَى — ٱللَّاحِقُوكَ au lieu de ٱلنَّجَاةُ — ٱلنَّجَآءُ au lieu de ٱللَّاحِقُونَ.
490	4	Lire بِي et non بِهِ.
493	20	Nous croyons qu'il faut prononcer عَوَانَةُ ٱلضَّبَعِيّ et non عَوَانَةُ ٱلضَّبَعِيّ.
494	29	Voici la traduction de M. Caussin de Perceval : *Ses joues sont douces au toucher comme le papier de Damas; ses lèvres sont comme le cuir moelleux du Yaman, dont les bords soigneusement coupés n'offrent aucune irrégularité.*

ET DES MODIFICATIONS

Pages	Lignes	
495	5	Lire جَرَّبْتَ et non مَهْلًا et جَرَّبْتَ et non .مَهْلًا Le sens de ce vers, que M. de Sacy a mal lu, est le suivant : *Tout doux! censeur sévère! Tu sais, pour l'avoir éprouvé, que mon naturel me pousse à répandre mes bienfaits sur les hommes, même s'ils ne doivent pas m'en être reconnaissants.*
495	10	Lire بِالْعَشَآءِ au lieu de بِالْعَشِيِّ.
501	13	Lire أُمٌّ et non أُمَّ.
501	27	Lire عَنْوَ et non ضَوْءَ.
504	11	Lire رَحَمْتِ au lieu de رَحِمْتِ.
505	11	Lire الْوِصَالَ et non الْوُصَالَ.
506	1	Nous croyons qu'il faut lire صَدَرًا et non صَدِرًا. Le sens de ce vers nous paraît douteux.
506	18	Lire قَبْلَ et non قَبْلُ.
523	1	L'exemple classique est رَكِبْتُ الْفَرَسَ مُسْرَجًا.
525	19	Lire مُسْتَثْنًى.
526	21	Lire أَبْضَعُ et non أَبَضَعُ.
526	25	Lire كُلُّهُ et non كُلُّهُمْ.
537	1	Lire ثَقَفْتُمُوهُمْ et non ثَقِفْتُمُوهُمْ.
556	29	Lire تَعَبَّتُ et non تَعِبْتُ.
557	4	Lire اعجبنى et non أُعْجَبَنِى.
559	17	On trouve aussi يَعْدَلُ pour يَعْزَلُ.
560	19	Lire مُنَيِّرٍ et non مُنِيرٍ.

TABLE DES CORRECTIONS FTC.

Pages	Lignes	
577	13	Lire طَفِقَ et non طَفَقَ — كَرَبَ et non كَرُبَ.
588	26	Prononcer سَلْمَى et non سُلْمَى.
588	30	Après يَا il faut sous-entendre قَوْمِي ; par suite, on ne peut pas traduire par *O vie!*
589	13	Lire مَعْ et non مَعَ.
593	15	Lire وَقُلْ et non وَقَلَّ. — Faire la même correction dans l'exemple de la page 594.
596	9	Faire les corrections suivantes : مَرْفُوعٌ et non مرفوعة — بِأَنَّهُ et non بِأَنَّهَا — عَمَلَ لَيْسَ et non عَمَلَ كَانَ.
598	17	Mettre *émir* à la place de *ami*.
601	17	Faire les corrections suivantes dans le texte arabe : عَلِمْتَهُ au lieu de عَلِمْتُهُ — فَآظْهَرُوا au lieu de صَرِيحًا au lieu de صَرِيحَا — فَآظْهَرُوا.
603	12	Lire دِرْهَمًا et non درهمًا.
608	27	Lire أَذَنَ et non أَذِنَ.
612	12	Mettre *les filles de son oncle paternel...* et non *les filles de son cousin...*

www.ingramcontent.com/pod-product-compliance
Lightning Source LLC
Chambersburg PA
CBHW070717020526
44115CB00031B/1131